《大丰年鉴》要目

DAFENG ANNUAL CONTENTS

特 载

大 事 记

大 丰 概 况

中共大丰市委员会

大丰市人民代表大会

大丰市人民政府

政协大丰市委员会

人民团体·工商联

工　业

沿海开发

开放型经济

开发区・特色园区

民营经济·市场体系建设

商贸服务业

旅游·麋鹿保护

农　业

水　　利

建筑业·房地产业

城镇建设·环境保护

财政·税务

金　融

交通·邮电·供电

经济管理与监督

武装·法治

科学技术

教　育

文　化

卫　生

体　育

社 会 生 活

人力资源·社会保障

各镇概况

驻丰农场

人物

荣誉栏

文件目录

统计资料

附　录

索　引

转型升级　内涵发展
努力创造经济新常态下的新业绩

——在市委十一届五次全体（扩大）会议上的讲话

盐城市委常委、大丰市委书记　倪　峰

（2015年1月5日）

同志们：

这次全会的主要任务是，深入学习贯彻习近平总书记视察江苏重要讲话、党的十八届四中全会、中央经济工作会议和省委、盐城市委全会精神，总结2014年工作，部署2015年任务，动员全市上下进一步凝心聚力、开拓进取，推动转型升级、内涵发展，努力创造经济新常态下的新业绩。

2014年，全市经济社会发展取得新成绩。预计全年实现GDP482亿元，增长11.7%；公共财政预算收入60.02亿元，增长19.9%；固定资产投资308亿元，增长24.3%。GDP、公共财政预算收入、固定资产投资、全口径工业开票销售、规模以上工业增加值等指标增幅盐城第一，全口径工业开票销售、工业用电量、进出口总额、注册外资实际到账、固定资产抵扣等指标总量盐城第一。

——转型发展稳步推进。新能源装备制造、海洋生物、电子信息等战略性新兴产业开票销售突破120亿元，占全市工业开票销售22.6%，海洋生物产业园在建成国家科技兴海示范区的基础上又建成国家农业科技园，高新区建成国家级科技孵化器，风电产业园建成“江苏省特色产业集群”，丰东公司在全省唯一获得国家重点新产品计划战略性创新产品立项。电商产业取得突破，阿里巴巴落户大丰。东方1号创意产业园22款产品入选南京青奥会特许商品，建成省级文化科技产业园。实施千万元以上技改项目97个，建成省级以上创新服务平台34个，引进外籍院士1人、国家“千人计划”专家5人，区域人才竞争力列苏北第一。海晶创投上海股交中心大丰联络处开通股权报价系统，8家企业成功挂牌，焕鑫股份成为盐城首家“新三板”挂牌企业。招商银行大丰支行投入营运，全市金融机构总数达16家。

——沿海开发持续升温。港城建设突破年围绕绿化提升、功能完善，推进工程，集聚人气，滨河公园建

2015年1月5日，中共大丰市委十一届五次全体（扩大）会议会场

邱　鹏　摄

成开放，大丰港汽车客运站、威尼斯人海鲜美食街建成，小镇影院对外开放，建成省级绿色节能示范区。大丰港三期通用码头建成通航，万吨级以上泊位达到16个，全年完成货物吞吐量5103万吨、10万标箱。成功举办'2014大丰港海洋生物博览会，签约投资与贸易总额92.14亿元。江苏博汇开票销售突破100亿元，建成世界首台套兆瓦级非并网风电淡化海水示范项目。中汽汽车试验场项目部分建成营运。大丰港大宗商品展示交易中心正式上线，临港物流服务业产值突破85亿元。

——项目建设势头强劲。立德绿色建筑、和顺电子等61个亿元以上项目开工建设，新韩机械、华尚高档汽车玻璃、迪皮埃风电叶片等35个亿元以上项目竣工，中亚风电叶片、惠浦储存卡、金壳甲壳生物多糖等28个5亿元以上项目落户，百项重点工程累计完成投资178.5亿元。举办韩国、上海、深圳、香港、北京等境内外招商签约活动，集中签约项目215个，其中5亿元以上项目41个。

——旅游发展成效显著。大丰港动物园及大熊猫乐园建成开放，熊猫、麋鹿、丹顶鹤齐聚大丰。海洋乐园建成营运，海豚海豹海狮表演为海洋世界增添新的亮点。荷兰花海花市、智慧旅游建成营运，创单日游客接待量31.68万人次记录。受邀参加上海国际旅游节花车大巡游引起海内外游客高度关注。中华麋鹿园通过国家AAAAA级旅游景区景观质量评审，知青农场、海洋世界建成国家AAAA级景区，全市AAAA级景区达3家，希望的田野荣获省级四星级乡村旅游点。开通上海、南京、盐城达大丰旅游直通车。全年吸引海内外游客590万人次，实现旅游总收入55亿元，分别增长84.3%、52.7%。

——城乡统筹步伐加快。组织实施5大类64项城建重点工程，完成投资65.2亿元，老旧小区基础设施改造基本完成，后街小巷黑色化全覆盖。镇工业园区新建标房36.28万平方米，新落户千万元以上项目33个。丰收大地、盐土大地建成全国四星级休闲农业与乡村旅游示范区，东沙紫菜荣获国家地理标志保护产品称号。恒北村建成全国农村科普示范基地，草堰村入选中国传统村落，新团村、太兴村建成省级美丽乡村示范点。

——生态环境不断提升。新增成片造林面积2.25万亩，市区绿化覆盖率达36.3%。建成新团河备用水源，完成城乡自来水深化处理工程。在盐城率先建成省级生态县（市），10个镇建成国家级生态镇，国家园林城市通过省级考核，创建国家级生态市、国家环保模范城市通过国家级技术评估，大丰港建成江苏省绿色循环低碳主题性示范港口。

——民生事业协调发展。大力实施10大民生实事工程，财政新增1亿元支出，实施12件提升民生保障水平工程。建成保障性住房5.07万平方米，公共自行车系统试营运，盐丰公交开通。建成居家养老服务指挥平台，老年福利水平和优待政策全省领先。实施村卫生室提档升级工程，乡村医生签约服务工作得到国家卫计委肯定并推广。有线数字电视实现全覆盖。市档案馆建成国家二级综合档案馆。连续两年被评为省、国家群众体育工作先进集体。“平安大丰”“法治大丰”建设稳步推进，被评为省社会治安综合治理先进县（市）。安全生产检查整改和“六打六治”打非治违专项行动扎实开展。幸福大丰官方微博人气上升，影响较大。

——群众路线教育实践活动扎实开展。坚持学习教育、查摆问题、整改落实、改善民生、发展导向“五个贯穿始终”，举办各类培训班、专题讲座、报告会168期，培训党员干部2.83万人次；开展“四走访、四问清”（走访基层干群、问清所思所想，走访服务对象、问清所需所求，走访困难群众、问清所急所盼，走访信访老户、问清所诉所怨）、“三解三促一加强”（了解民情民意、破解发展难题、化解社会矛盾，促进干群关系融洽、促进基层发展稳定、促进机关作风转变，加强基层组织建设活动）、“进村入户”等活动，收集建议、意见1500多条，解决群众急需事项160个；选派138名村（居）党建富民工作指导员，群众满意率98.2%。开通“大丰党建”微信平台，建立“江苏先锋”拓展服务点22个，实现216个村级远程教育站点全覆盖。评选出“大丰好党员”20名，打造“大丰好党员”精神文化品牌。开展“廉政文化建设年”活动，明查暗访320余次，立案查处各类违纪违法案件126件，挽回经济损失900多万元。

市人大、市政协认真履行参政议政职能，积极发挥监督作用。统战、台办、人武、工会、共青团、妇联、老干部、党史、档案、老龄委、关工委等围绕中心、服务大局，取得了新成绩。

这些成绩的取得，是省市党委、政府正确领导的结果，是全市广大干部群众团结奋斗的结果，是离退休老同志和社会各界关心支持的结果。在此，我代表市委，向全市广大党员和干部群众，向各位老同志，向各人民团体，向所有支持大丰经济社会发展的社会各界人士，致以崇高的敬意和衷心的感谢！

在肯定成绩的同时，我们也清醒地看到工作中存在的问题与不足：一是转型升级的成效不明显；二是镇域经济发展不平衡；三是民生改善仍有欠账，农村基础设施还需完善提升；四是个别干部作风和廉政方面还存在问题。对此我们必须高度重视，在今后的工作中切实加以解决。

关于2015年工作，我根据市委常委会研究的意见，讲四个方面。

一、认真学习贯彻落实习近平总书记视察江苏重要讲话精神，汇聚“建设新大丰、发展上台阶”的强大力量

前不久，习近平总书记在江苏视察指导工作并发表重要讲话，这是江苏发展史上具有里程碑意义的一件大事。我们要以总书记视察江苏为强大动力，以总书记重要讲话精神统一思想和行动，迈步从头越，谱写新篇章，一步一个脚印把总书记为江苏描绘的美好蓝图在大丰变为现实。

一要以总书记重要讲话精神为谋划发展的根本遵循，把握工作新方向、新要求。总书记的重要讲话，高瞻远瞩、内容丰富，深刻精辟、语重心长，对于我们做好当前工作，谋划“十三五”甚至更长时间的发展，都具有重大意义。要准确把握“建设新江苏”的新定位，总书记殷切希望江苏紧紧围绕“两个率先”（率先全面建成小康社会、率先基本实现现代化）的光荣使命，努力建设经济强、百姓富、环境美、文明程度高的新江苏，这是中国梦在江苏的具体体现，既是鼓舞人心的目标，更是沉甸甸的责任，要求我们认清发展的历史方位，树立更高目标追求，以新的作为、新的创造开创新的局面。要准确把握“五个迈上新台阶”（推动经济发展、现代农业建设、文化建设、民生建设、全面从严治党等五个方面迈上新台阶）的重点任务，近年来大丰不少工作走在前列，但对照总书记的最新要求，还存在很大差距，我们要坚持问题导向，更有针对性地抓重点、攻难点，努力向更高水平和层次攀登。要准确把握“四个全面”的总体框架，这是总书记首次将“全面建成小康社会、全面深化改革、全面推进依法治国、全面从严治党”并列提出，我们必须紧扣建成高水平小康社会这个目标，同步推进深化改革和依法治市，强化全面从严治党这个根本保证，把大丰的改革发展之路不断推向前进。要准确把握“为全国发展探路”的谆谆嘱托，这是中央对江苏的巨大信任，也是对江苏的全方位考验，具体到大丰，就是要求我们进一步强化责任和使命意识，不懈创新，大胆实践，勇于担当，当好盐城沿海开发的主力军，打造江苏沿海新的增长极。

二要以总书记重要讲话精神为学习宣传的核心内容，营造社会新氛围、新气象。全市各级党组织要把学习宣传贯彻总书记视察江苏重要讲话精神，作为当前和今后一个时期的重大政治任务，与贯彻落实党的十八大和十八届三中、四中全会精神紧密结合，与深入学习贯彻习总书记系列重要讲话精神紧密结合，与转型升级、内涵发展、绿色增长紧密结合，融会贯通，推动实践。要利用市委中心组“每月一课”“星期六”党校、基层党组织统一活动日等平台，组织党员干部集中学习、座谈研讨，把总书记的最新要求传达到每一名党员干部。要组织巡回宣讲团进区园、进农村、进企业，使总书记重要讲话精神家喻户晓、深入人心。新闻媒体要开辟专题专栏，大力宣传报道，推动全市上下增强政治自觉、行动自觉，使总书记的重要讲话精神在大丰落地生根、开花结果。

三要以总书记重要讲话精神为狠抓落实的行动指南，成就发展新业绩、新作为。总书记对江苏发展提出的新要求，是我们做好今后各项工作的总纲领。要以总书记重要讲话精神为指导，按照省委和盐城市委决策部署，提升目标追求，深化工作部署，创新思路举措，探索发展新路，努力建设经济强、百姓富、环境美、社会文明程度高的新大丰。要把大丰发展放到“两个一百年”目标和江苏“两个率先”中来谋划，对照“建设新江苏”的内涵要求，围绕“迈上新台阶”的重点任务，结合大丰实际，逐项逐条分解，落实到转型升级、沿海开发、城乡统筹、生态建设、民生改善、党的建设上，具体到重大项目、重点工程、重要事项上，扎扎实实提高全面建设小康社会的质量和水平。要坚持绿色发展，充分发挥大丰生态资源优势，加快形成以绿色发展为主导的增长模式、产业体系、城乡形态和生活方式，推动大丰发展上台阶。

二、认真学习贯彻党的十八届四中全会精神，坚定有力地推进依法治市

党的十八届四中全会开启了依法治国新时代，标志着我们党治国理政理念的重大飞跃。习近平总书记的重要讲话，为全面推进依法治国指明了方向。全市上下要吃透精神实质，深入贯彻落实，建设法治大丰，争创全国法治创建工作先进县（市、区）、省法治建设示范县（市、区）。

一要深刻领会依法治国的精神内涵。依法治国是党领导人民治理国家的基本方略，事关我们党执政兴国，事关人民幸福安康，事关党和国家长治久安。要深刻领会全面推进依法治国的方向目标，坚持党的领导，坚持中国特色社会主义制度。要深刻领会全面推进依法治国的工作布局和基本格局，坚持依法治市、法治政府、法治社会一体建设，落实好严格执法、公正司法、全民守法等重点任务。要深刻领会全面推进依法治国的改革取向，坚定不移推进法治领域改革。要深刻领会全面推进依法治国的实践要求，把法治建设贯穿我市经济社会发展始终，为改革开放和建设高水平小康社会保驾护航。

二要把法治思维融入到经济社会各项工作。贯彻落实党的十八届四中全会精神，就是要积极运用法治思维和法治方式深化改革、推动发展、维护稳定。要运用法治思维和法治方式深化改革。随着改革的深入推进，遇到的都是涉及利益关系和权力格局调整的“硬骨头”。我们必须更加注重发挥法治对于改革的“压舱石”作用，做到重大改革于法有据，确保改革有秩序、不走样，行稳致远。要运用法治思维和法治方式推动发展。当前宏观经济正在步入新常态，广大党员干部要更自觉地用法治眼光审视发展问题、用法治思维谋划发展思路、用法治手段破解发展难题，依法推进沿海开发、旅游发展、重大项目、城乡统筹、民生幸福等重点工作，确保经济社会在法治轨道上向前迈进。要运用法治思维和法治方式维护稳定。面对各种社会矛盾多发频发的现实，要更加注重运用法治思维和法治方式妥善协调利益关系、有效化解矛盾纠纷，确保解决办法和处理结果经得起实践检验。

三要全力以赴推动法治大丰建设。依法治市是依法治国方略在大丰的具体实践。全市上下要全面落实中央、省委和盐城市委部署，努力建设法治大丰。要深入推进依法行政，加快法治政府建设。形成高效的法治实施体系，建设法治政府是重点，依法行政是关键。要强化对公权力的规范和约束，推行政府权力清单制度，加强行政审批事项目录清单管理，做到法定职责必须为、法无授权不可为。认真落实公众参与、专家认证、风险评估、合法性审查、集体讨论决定等重大行政决策法定程序，建立重大决策终身责任追究制度及责任倒查机制。完善行政执法程序和具体操作流程，建立执法过程全过程记录制度。全面推进政务公开，做到决策公开、执行公开、管理公开、服务公开、结果公开。要坚守公正生命线，提升司法公信力。全力支持法院、检察院依法独立行使职权，建立领导干部干预司法活动、插手具体案件处理的记录、通报和责任追究制度。完善人民陪审员制度，建设审判公开、裁判文书公开、执行信息公开三大平台，依法及时公开执法司法依据、程序、结果和生效法律文书。加强对法律服务市场尤其是律师队伍的监督管理，依法维护公民和法人的合法权益。要增强法治观念，推进法治社会建设。深入实施“六五普法”规划，在全社会形成守法光荣、违法可耻的浓厚氛围。加强法治文化宣传阵地建设，完善市、镇、村三级法治主题公园建设。深化基层组织和部门、行业依法治理，发挥市民公约、乡规民约、行业规章等社会规范在社会治理中的积极作用，提高社会治理法治化水平。健全依法维权和矛盾纠纷化解机制，坚决扭转“信访不信法”的局面，使法律真正成为解决纠纷的基本方式。

三、准确把握和主动适应新常态，推动“建设新大丰、发展上台阶”

2015年是全面完成“十二五”规划的收官之年、全面深化改革的关键之年、全面推进依法治国的开局之年。对今年经济形势，中央经济工作会议和省委全会作了深刻分析和科学判断，认识新常态、适应新常态、引领新常态，是当前和今后一个时期经济发展的大逻辑、大背景。进入新常态，我国经济总体向好的基本面没有改变，经济结构持续改善，增长质量逐步提高，创新动力加快集聚，新技术、新业态、新商业模式、新消费需求不断兴起，但经济下行与稳增长的压力加大。近年来，大丰抢抓江苏沿海发展国家战略机遇，拓展空间、增加主体、创造特色、竞相发展，产业、区园、城市框架基本拉开，基础设施不断完善；新能源风电装备、海洋生物等战略性新兴产业初具规模，旅游业、现代服务业发展势头良好；推动区域融合，加强与先进地区合作共建园区，借智借力发展；对外开放起步早、基础好，外向型经济水平不断提升，科技、金融、人才等先进要素加快集聚。大丰适应经济新常态韧性好、潜力足、回旋空间大，为建设新大丰、发展上台阶提供了重要保证。

2015年全市经济社会发展的总基调是：“稳中求进、提质增效”。总体思路是：“适应经济新常态，推动转型升级、内涵发展、绿色增长”。面对我国经济发展新常态，我们观念上要适应，认识上要到位，方法上要对路，工作上要得力。要围绕“建设新大丰、发展上台阶”的发展定位，主动转变“外延扩张”“投资拉动”等发展模式，整合现有资源，扩大有效投入，提升发展内涵，坚持绿色增长，努力实现有质量有效益的可持续发展。一要攻坚克难稳增长。稳增长是调结构的基础和前提。对大丰来说，我们的经济总量相对苏南等发达地区还有较大差距，城乡建设、民生改善、生态环保等工作需要一定的经济实力作支撑，稳增长仍然是我们的首要任务。要咬定发展不放松，坚持调速不减势、增量质更优，努力推动新产业经济、园区经济、镇村经济大发展，为稳增长撑起四梁八柱。在现有的发展框架内堆满做实，抓项目、抓载体、抓服务，做大做强现有经济主体，深挖深掘现有企业、项目产能潜力，积极稳妥地组织经济运行，确保主要经济指标增幅不低于盐城平均水平。二要改革创新促提升。新常态伴随着新问题、新矛盾，能否适应新常态，关键在于改革创新。要坚定不移深化改革，在中央的顶层设计下，按照省和盐城市的决策部署，重点推进简政放权、市场主体培育、国有企业体制改革、农业农村体制改革、金融和投资体制改革、沿海开放开发等工作，调动各方资源，释放市场活力。要大力建平台、创品牌、引人才，强化科技和金融创新，加大技改扩能力度，实现经济存量效益最大化。三要千方百计增内涵。大丰已经走过做框架、打基础的发展阶段，充实内容、提升品质势在必行。要坚持增长与转型协调、经济与生态互动的绿色发展，形成以绿色增长为标志的增长模式，以绿色产业为标志的产业结构，以绿色开发为标志的建设形态，以绿色生活为代表的城乡环境。要坚持集约开发，做实开发区、特色园区，依靠提高质效做大区园经济体量。要坚持高端引领，做强制造业、突破服务业、提升现代农业。要坚持以人为本，统筹城乡发展，做优做美形态，围绕“现代、生态、宜居”提升城市内涵，紧扣“树绿、水清、村美”建设美丽乡村，突出“产城融合、宜业宜居”做优生态园区，不断增强大丰城市的外围辐射力、人气吸引力和区域影响力。

2015年全市经济社会发展的指导思想是：深入贯彻党的十八大、十八届三中四中全会和习近平总书记系列重要讲话精神，全面落实习总书记对江苏工作的最新要求，按照中央经济工作会议和省委、盐城市委全会部署，适应经济新常态，推动转型升级、内涵发展，重抓结构调整，重抓沿海开放开发，重抓现代服务业，重抓城镇建设，重抓绿色生态，重抓民生改善，努力创造经济新常态下的新业绩。

2015年全市经济社会发展的总体目标是：地区生产总值增长10%，固定资产投资增长18%，公共财政预算收入增长13%。社会消费品零售总额增长13%，城镇居民人均可支配收入和农村居民人均可支配收入分别增长10.5%、11%。城镇登记失业率控制在3%以内，万元GDP能耗下降3.5个百分点，环境质量综合指数90以上，确保完成主要污染物减排目标任务。

2015年的工作要做到“六重抓、六发展”：

1.重抓结构调整，实现转型发展。大力推动产业结构由中低端向中高端迈进。一要牢牢把握稳增长首要任务。紧紧围绕充实内涵的项目、外资、公共财政预算收入和开票销售、规模企业培育、增值税征收“3+3”核心指标，常态化开展“两服务”，按照保资金、保订单、保用电、保用工、解决矛盾“四保一解”的要求，进一步落实四套班子成员、科级干部挂钩责任，确保现有企业满负荷运行。加快培植新的增长点，抓好要素保障，落户一批、开工一批、竣工一批、投产一批大项目、好项目，确保全年新开工亿元以上项目80个，竣工亿元以上项目35个。二要发展壮大战略性新兴产业。围绕新能源装备制造、海洋生物、电子信息等战略性新兴产业，强化专业招商、委托招商、基地招商、以商引商，主攻世界500强企业、大型跨国公司、上市公司以及央企、大型国企等，招引行业龙头企业及关联项目落户大丰，全年新签约亿元以上项目200个，其中高端产业项目不少于60%。要发展壮大新能源装备制造、海洋生物及海水淡化、电子信息、文化创意、软件及大数据、电子商务、汽车测试、港口服务、旅游目的地、健康等"十大新兴产业和现代服务业特色基地"，通过会审协调、考核调节等办法，统筹项目布局，引导高端产业项目向园区集中，力争年内战略性新兴产业开票销售突破150亿元。三要提档升级传统产业。通过政府引导，加快传统产业技术改造、研发设计、品牌提升和产业链整合步伐。要引导企业引进先进技术和关键设备，推动纺织、抛丸机、空压机等传统产业提档升级，鼓励企业与高新技术企业"攀亲""联姻"，促进传统产业走上创新型、效益型、集约型发展道路。要加快"腾笼换鸟"步伐，将有限的宝贵资源集聚到高端产业项目上来。四要培大育强规模骨干企业。进一步完善培育大企业（集团）激励政策，用好工业大企业培育专项资金，在审批、融资、用工等方面给予更多支持，打造一批具有行业话语权的"企业航母"，年内培育销售超100亿元大企业1家，超50亿元大企业3家，税收超千万元工业企业30家。要实施企业家培育行动计划，激发企业家加快发展的雄心和斗志，打造一批具有世界眼光、战略思维的企业家队伍。五要强化创新驱动。加快构建以企业为主体、市场为导向、产学研相结合的科技创新体系，推动产学研深度融合，实现科技同产业无缝对接，力争在苏北率先建成省创新型城市。引导和鼓励企业加大研发投入，支持金风科技、南车电机、明进机械等企业建立重点实验室、院士工作站等，力争全市研发经费支出占GDP比重提升3个百分点。要大力招才引智，加强国外智力基地建设，全年引进诺贝尔奖获得者或外籍院士1名、国家"千人计划"专家5名、海外高端人才30名。要鼓励园区和企业积极申报研究中心、创新基地等，年内建成院士工作站1家、博士后工作站2家，国家级工程技术研究中心1家、省级工程技术研究中心4家，国家火炬计划特色产业基地1个，国家级高新技术企业总数突破40家，风电产业园争创全国科普教育基地。

适应经济新常态，唯勇于改革者胜。要围绕解决发展面临的突出问题，推进以经济体制改革为牵引的各项改革工作，既有年度特点，又有利于长远制度安排。进一步完善并规范执行行政审批权力清单，提升网上审批、市镇村三级服务两个平台，实现线上线下并轨运行，争创国家级行政服务标准化精品展示基地。加快建立统一的市场准入制度，推进工商注册制度便利化。深化以大丰港集团公司为重点的国有企业改革，加快转变经营机制，完善现代企业制度。深入实施"区镇合一"管理体制，推动资源整合、优势互补、协同发展。

2.重抓沿海开放开发，实现集约发展。沿海兴则大丰兴。内涵发展落实到沿海就是要做到资源集约、产业集群、项目集聚。要抢抓"一带一路"（丝绸之路经济带和21世纪海上丝绸之路）机遇，实现开放开发。一要集中做强港口功能。围绕建设亿吨大港目标，加快码头建设，二期码头扩建、滚装码头上半年建成，10万吨~15万吨级深水航道一期年底竣工，规划建设大丰港码头四期工程和游轮码头。要拓展港口辐射范围，新开辟日本航线、上海航线、宁波航线等国际国内航线，开通至韩国的客货滚装航线，加快与西班牙TCB集团的重组步伐，推进与丹麦马士基、新加坡太平船务等合作，在扬州、宿迁等地加快"无水港"内陆网点建设，全年货物吞吐量突破6000万吨、15万标箱。要提升集疏运能力，加快通用机场报批，盐徐高速大丰港段年底主体竣工。要推动特色口岸建设，建成保税物流中心、进口木材检验检疫除害处理中心，推进中韩陆海联运口岸建设，加快申报国家汽车整车进口口岸、粮食进口指定口岸。二要集群发展临港产业。做大临港产业集群，推动石化新材料、特钢新材料、高档造纸、高档石材、木材深加工等产业形成规模。要做强新特产业集群，海洋生物产业园创诺一期、明月海藻二期、金壳医药、环球海藻等项目年内竣工投产，新能源淡化海水产业园研发中心上半年建成使用，新能源淡化海水成套设备项目开工建设，加快推进浓盐水综合利用、大输液等项目，鸿明重工、和顺电子一期竣工投产，汽车2.5产业园上半年主体竣工。要做特港口服务业集群，石材交易中心年底前建成，加快国储能源、中矿煤炭、汽车物流基地等项目建设，打造江苏沿海中部的港口服务业基地。三要集聚建设海港新城。依托大丰港国际商务大厦、港务大厦，吸引金融、商务等机构入驻，迅速在总部经济上形成新突破。完善港城交通等基础设施功能，提升道路绿化、亮化、美化水平，加快建设港城小学、特色医院、休闲健身保健基地等配套设施。推动特色服务业进驻，建设韩国小商品城，招引大型购物中心、快捷酒店等项目落户大丰港。开放威尼斯人海鲜美食街，精心策划，着力集聚莎士比亚小镇人气。进一步强化激励措施，加快集聚港城人气，港区机关干部、国有企业员工要带头入驻港城。四要全力加快开放步伐。深度对接上海自贸区，招引高端制造业、现代服务业项目，推动各经济主体、重点企业到自贸区设立分支机构，参与国际竞争与合作。要深化园区合作共建，加快推进沪苏大丰产业联动集聚区建设，光明工业园创建省级科技产业园，苏盐合作园区、常州高新区大丰工业园、盐丰临港工业园形成产业集聚。要加快企业"走出去"步伐，大丰海港控股集团海外公司上半年香港上市，港口物流板块力争早日主板上市，努力把集团公司建成开发主体、融资载体、盈利实体、上市公司。加快大丰港印尼产业园建设，集聚资源资金反哺沿海开发。要加快建设国际贸易港，采取优惠政策吸引更多的贸易公司和货代、船代、电子商务、租赁、金融等企业入驻大丰港，努力提高大丰港经济开发区的开放水平。

3.重抓现代服务业，实现爆发式发展。调结构、增内涵的重中之重是发展现代服务业，也是我市今年重点重抓、需要集中精力形成突破的工作。一要繁荣壮大旅游业。坚持景点为王，加快发展“工业游”“近海游”等旅游新业态，逐步累加旅游资源，确保年年都有新项目、新形态、新景区。要加快发展蓝色旅游，突出“海洋世界、海盗王国、熊猫乐园、英伦风情”四大板块组团发展，海盗王国一期建成开放，梦汇田园项目开工建设。要着力打造乡村旅游“六朵金花”（大中、新丰、三龙、草庙、白驹、草堰6个镇的乡村旅游），荷兰花海圣劳伦斯中心、中华水浒园、龙溪古镇对外开放，加快大中农耕文化园、草庙自驾游野营基地、西郊生态公园等项目建设。要加大景区创牌力度，中华麋鹿园确保建成苏北首家AAAAA级景区，荷兰花海、大丰港动物园建成AAAA级景区，新增AAA级景区3个。加强与旅游龙头企业合作，围绕麋鹿、知青、花海、海洋、乡村游等主题，精心组织策划旅游活动，实现“天天有团队、周周有活动、月月有狂欢、季季有震撼”，唱好大丰旅游“四季歌”。按照“中央媒体做品牌、重点区域争游客”的要求，集中投入，在主流媒体强势推介，精准投放网络广告，让“请到麋鹿故乡来——大丰好玩呢”品牌在全国闻名，在上海家喻户晓，力争全年接待游客突破1000万人次，旅游总收入70亿元。二要全力突破电商产业。树立网络思维，像抓工业和园区建设一样抓电商产业，力争全市规模企业应用电子商务比例达60%以上，电子商务网络交易额达110亿元。要加快培植电商主体，引导传统企业应用电子商务开拓市场，招引京东商城、苏宁易购等大型电商企业入驻大丰，支持阿里巴巴拓展市场，争创全国电子商务进农村综合示范县。要加快电商产业园建设，完善软硬件设施，重点构建以B2B、B2C为核心的电子商务交易平台，吸引企业入驻，建成省级电子商务示范基地。要完善电商产业服务配套，加快开发区、专业市场集聚区的物流园区规划建设，鼓励EMS等物流企业进村、进社区，开展网络代购代销业务，建成盐城市农副产品网络营销中心。要优化网络基础设施，提升无线宽带和光纤到户接入率，加快公共场所和热点区域无线Wi-Fi建设，为电商产业发展铺通网络“高速路”。三要做大做强创意产业。东方1号创意产业园要做精做深工业设计文章，重点发展3D打印技术中心、江苏省工业设计国际合作平台等项目，打造全省一流、全国有影响的创意产业高地。大地丰收现代农业创意园要深入对接各类农业主体，整合资源，打造品牌，提高农业附加值。知青文化创意产业园要围绕知青文化展示及体验，精心打造知青影视基地、教育基地、旅游基地。高新技术区大数据产业园要建成大数据中心，风电微网成为大数据能源形成突破；国际软件产业园集聚软件和大数据企业150家以上，集聚人才2000名。总部经济园、江苏沿海人才资源产业园要建成招商，迅速集聚人气，形成产业。四要加快发展现代金融业。发展多样化金融产品和业态，做大做实海晶创投、高新创投两大创投中心，综合利用融资租赁、股权融资等方式扩大融资规模。要探索推广无形资产质押融资，推动银行利用企业商标、专利等质押贷款。要推动企业加快进入资本市场，富奥电梯在上海股交中心E板挂牌，鼓励辉丰、丰东通过配股、发行公司债等方式融资。坚持招商引行，吸引股份制银行设立分支机构，年内中信、兴业等银行开业。加强金融监管，坚决遏制和依法打击非法集资，营造良好的金融环境。

4.重抓城镇建设，实现协调发展。城镇建设是适应经济新常态最直观的物化表现。一要提升功能品质。组织实施旧城改造、基础设施、绿化生态等5大类50项重点工程，文化会展中心、图书馆新馆建成开放，城东新区城市综合体主体工程封顶。加快社区医疗卫生、文化体育、便民服务等配套设施建设，增强休闲功能。加快推进智慧城管、智慧旅游、智慧治理，建设智慧城市。集镇要抓好基础设施“六个一”（一条园林式街道、一个住宅小区、一块街头绿地、一幢标志性建筑、一条精品水景、改造一条老街道）和绿化“五个一”（新建一条林荫大道、一条园林式道路、一条河滨绿化带、一块森林公共绿化、一个街头游园）重点工程建设，完善功能，提升形象。二要做优做美形态。深化城市空间设计，加强对建筑形态、风格、色调的总体设计，增强垃圾箱、候车亭、指示牌等“城市家具”的设计感，打造市政设施精品工程。实施城市水环境整治、绿化扩量提质等工程，全年新增绿地80万平方米，加快形成有文化艺术品位的城市园林绿化体系，建成国家园林城市。三要推进城乡一体化发展。全面提升农村“3+1”（实施农村水环境整治、农村生活垃圾处理、农村生活污水处理和城乡供水一体化）工程，突出抓好生活垃圾处理、河道沟塘清理、养殖排污整治，建立健全长效管理机制，美化农村生产生活环境。重抓列入盐城“三镇一城”以及我市确定的24个试点镇村建设，打造一批示范工程。大力发展镇村经济，推动全民创业，提升镇工业集中区配套功能，全年新开工建设标房30万平方米、落户千万元以上项目30个，以“12+4”全民创业孵化器为基地，推动各类主体投资兴业，年内新注册个体工商户9000户、私营企业2800家。四要加快发展现代农业。大力推进“一带五沿十八园”建设，重点发展设施农业、休闲农业、品牌农业，规划建设沿海现代渔业示范带，全年新增设施农业3万亩。全力推进荷兰花海、梨园风光、希望的田野等休闲观光农业示范点建设，恒北村创建全国最美乡村，争创全国休闲农业与乡村旅游示范县。培植品牌农业，主打“丰收大地”商标，全年确保“三品一标”（无公害农产品、绿色食品、有机食品和农产品地理标志）认证产品数40个。积极推进农村土地承包经营权确权登记颁证工作，80%的镇村年底前确权登记颁证到位。鼓励和引导各类社会资本投资农业，培育新型农业经营主体，全年新办规模农业龙头企业20家，新培植年销售超亿元的农业龙头企业5家，创建盐城市级示范家庭农场10家、示范土地股份合作社3家。深化联耕联种，启动营运市镇两级土地流转交易服务网络，全年新增土地流转面积15万亩。着力发展现代农业服务业，完善农资综合服务，加快农业技术推广，开展农村小额信贷，推动农村电商和物流发展，逐步实现农业生产条件和生产技术现代化。

5.重抓绿色生态，实现可持续发展。保护生态环境、提高生态文明水平，是转方式、调结构、上台阶的重要内容。一要完善生态文明制度。建立生态环境源头保护制度，探索编制自然资源资产负债表，对领导干部实行自然资源资产离任审计，建立领导干部任期环境质量考核制度和生态环境损害责任终身追究制度。要建立监管所有污染物排放的环境保护管理制度，加大陆海统筹的生态系统保护修复和污染防治区域联动力度，实行资源有偿使用。要建立大气污染防治和水环境整治长效管理机制，严控建筑扬尘，抓好秸秆禁烧和综合利用，加快通榆河清水廊道整治和建设，给人民群众更多碧水蓝天。二要加强生态保护。严格落实生态红线保护规划，加快推进生态功能区湿地恢复工程，加大植树造林、生物多样性保护恢复力度，全年新增成片造林1.8万亩、绿色通道40公里。三要推动绿色环保。实施最严格的产业准入政策和节能环保标准，以更大力度开展工业园区生态化改造，加大纺织、化工等产业的升级改造力度，淘汰小纺织、小化工等落后产能，特别是对一些环境污染严重、安全隐患突出的企业，要坚决“请出去”。要大力节能减排，确保完成全年和“十二五”减排目标任务，单位GDP污染排放强度达到国内先进水平。四要共建共享生态品牌。坚持“市镇同创”，实现国家级生态镇全覆盖，建成国家级生态市、国家环保模范城市，稳步推进全国文明城市创建工作。要广泛开展生态文明教育，推进企业生态责任体制建设，让保护生态、建设生态、共享生态成为全社会的自觉行动。

6.重抓民生改善，实现和谐发展。转型升级、内涵发展的最终目的是让人民群众过上更加安康、舒心、有品位的生活。要像抓经济建设一样抓民生保障，像落实发展指标一样落实民生任务。一要促进社会事业优质均衡发展。优化教育资源配置，加快高新区初级中学、港区小学等建设，新建改建校舍9.3万平方米。要大力推行公共文化服务标准化，建设云媒体电视、广电智慧社区，提升完善CUTV大丰分台和“掌上大丰”等新媒体，各级文化馆（站、室）、图书馆免费开放。完成村卫生室提档升级工程，年内全部达到省定标准，扩大乡村医生签约服务范围，新建社区卫生服务站6个，建成人民医院高新区分院。要加快基本公共体育服务示范区建设，加密城市社区“10分钟体育健身圈”，全年举办全民健身活动不少于150场次。要推进全国计划生育优质服务先进单位（示范）创建，扩大幸福家庭建设社会影响力。二要大力为民兴办实事。重点实施农村路桥提升改造、镇村医院提升、校车安全等民生工程。要加快住房保障扩面工作，年内建设保障性住房5.1万平方米，新建拆迁安置房38万平方米，逐步将实物配租保障对象扩大到低收入无房家庭。大力推进社会居家养老全覆盖工程，做到有阵地平台、有服务队伍、有资金保障、有网络信息支撑，加大投入，形成政府主导、社会资源进入、全社会共建共享的具有大丰特色的养老体系，全力打造现代民政发展先行区，努力建成盐城乃至全省养老服务业发展的示范区。三要提升社会保障水平。大力实施就业富民工程，全年新增社会就业人数不少于1万人。建立市镇村三级人力资源社会保障服务信息网络，打造“十五分钟人力资源社会保障服务圈”。加快完善社会保障体系，实施征地补偿和被征地农民社会保障办法，做到应保尽保，建成江苏省被征地农民社会保障示范县（市）。四要创新和完善社会治理。建立立体化社会治安防控体系，形成党政主导、社会共治的社会治理体制。要完善领导干部接访下访工作机制，推行“阳光信访”和初信初访办理办法。深入贯彻落实新《中华人民共和国安全生产法》，建立健全安全生产责任体系，提高安全生产保障能力。整合食品药品监管资源，加强基层监管力量。发挥门户网站、官方微博、政务微信等平台的宣传推介与民生服务功能，打造网络大丰特色品牌。全方位加强正面宣传引导，讲好大丰故事，集聚社会正能量，掌握舆论主动权，确保社会大局和谐稳定。

四、全面持续深入推进党的建设

建设新大丰、发展上台阶，关键在党，成败在各级干部。要全面持续深入推进党的建设，为全市新一轮改革发展提供坚强的组织保障。

1.突出务实创新，提振精神状态。适应新常态是当前和今后一个时期经济发展的大逻辑，对于广大党员干部来说，就是要有新境界、新作为、新成效。一要解放思想。大丰近年来的发展，得益于解放思想，得益于我们向先进发达地区学习，知道最好的在哪里，最新的什么样。面对新常态，我们更要解放思想，要坚定办法总比困难多的信念，准确把握经济发展新常态，切实增强行动自觉。要继续弘扬“大气、包容、创新、争先”的大丰精神，引领各级干部始终踏实干事、激情干事、智慧干事。二要勇于担当。面对经济形势新转向带来的新问题，广大党员干部要坚决破除“只防出错、不求出新，只图保险、不担风险”的思想，积极作为，不等待观望。要做到“为官有为”，勇于面对失误、勇于触及矛盾，在重大项目、镇域经济发展等薄弱环节上务求突破。三要创新方法。经济发展进入新常态，国家宏观调控、政策发生变化，各层各级做好经济工作的观念、方法也要更加注重创新，真正做到与时俱进。要及时转变思路，提高组织经济工作法治化水平，增强经济工作专业化能力，更多地向市场要资源，用法治的思维、市场的方法推动大丰在经济新常态下实现新发展。四要敬业实干。“谋事在思，成事在干。”各级干部要增强发展敏锐性，带头适应经济新常态，放远眼光，务实进取，在招商引资、城镇化建设、改善民生等重点工作中，既看数字更比质量，既看规模更比效益，既看当前更比长远。要立说立行，对市委市政府确定的目标、议定的工作、敲定的项目，不讲条件、不拖延、不迟缓，不折不扣完成任务。要坚持督查问责，改进考核评价，既看工作过程，更看实际效果，营造“无功即过、平庸即错”的氛围，激发各级干部干事创业的内在动力。

2. 坚持从严治党，建强干部队伍。从严治党是党做好一切工作的重要保障，一个信仰坚定、纪律严明、作风过硬、清正廉洁的政党，在任何时候都能立于不败之地。我们要始终绷紧党纪国法这根弦，切实把从严治党的要求落到实处。一要从严落实治党责任。全市各级党组织要牢固确立抓好党建是最大政绩的理念，真正把从严治党责任牢牢扛在肩上、紧紧抓在手上。书记要带头担责，落实主体责任关键是坚持书记抓、抓书记，各级党组织书记要严格履行“第一责任人”责任，确保思想到位、精力到位、工作到位，特别是要认真抓班子、抓队伍，动真抓作风、抓反腐，以自身示范引领带动干部队伍形成良好作风。要层层履职尽责，建立党建工作责任清单，推动各级党组织书记严格履行“第一责任”，做到党建工作与中心工作同谋划、共部署、齐推进，确保每个条线、每个环节的党建工作抓深、抓透、抓到位。要严格考核问责，坚持考核考党建、述职述党建、任用干部看党建，健全党组织书记抓党建工作述职制度，认真落实党建工作目标考核和责任追究制度，对履行管党治党责任不落实、工作不到位的，要严肃追责。二要从严管理干部。各级党组织要贯彻“管理全面、标准严格、环节衔接、措施配套、责任分明”要求，以更高标准、更严措施管理干部，做到干部随管理成长、管理伴干部一生。要按照“信念坚定、服务群众、勤政务实、敢于担当、清正廉洁”标准，严格执行干部任用条例，树立鲜明导向，鼓励干事创业，为改革者鼓劲，为实干者撑腰，真正把想干事、会干事、干成事的优秀干部选出来、用起来。要加强干部源头治理，建立干部选拔任用首提责任制、违规选拔责任倒查制等，坚决杜绝干部“带病上岗”“带病提拔”。要完善主要领导经济责任事项离任交接、“三责联审”（用人责任审查、编制责任审核、经济责任审计）等制度，将权力关进制度的笼子。各级干部要倍加珍惜组织重托，时刻牢记群众期盼，坚持把党纪国法、制度规定作为立身之本和行为准则，自觉践行“三严三实”（严以修身、严以用权、严以律己，谋事要实、创业要实、做人要实），树立为民务实清廉形象。

3. 围绕服务群众，夯实基层基础。基层党组织是联系党和人民群众的“桥梁和纽带”，服务群众是基层党组织的核心任务。一要巩固和拓展群众路线教育实践活动成果。教育实践活动开展以来，全市党员干部大兴亲民、为民之风，与群众“一块苦”“一块干”，心与群众靠得更近，工作与群众需求贴得更紧。活动虽然告一段落，但贯彻群众路线、保持党同群众血肉联系的进程永远不会结束。要深化教育实践活动成果，持续深入开展领导干部“进村入户”“深化两服务、发展保稳定”等活动，密切党群关系，促进干群和谐。二要加强基层服务型党组织建设。优化组织设置，扩大组织覆盖，城市着重在片区、楼宇和流动党员集中点建立党组织，农村着重在农民专业合作社、专业协会建立党组织。农村党组织要围绕带领农民致富、维护农村稳定搞好服务，选优配强村支书。要加强村务公开，促进基层民主自治。要继续整顿软弱涣散党组织，提高基层党组织战斗力。三要为群众解难题办实事。扎实开展领导干部“三解三促一加强”活动，村（居）党建富民指导员要发挥作用，为基层组织建设作贡献。发挥“12345”政府公共服务平台和市委、市政府总值班室的作用，倾听群众呼声“零距离、常态化”。

4. 严格落实责任，永葆清正廉洁。发展是硬道理，反腐是硬任务。一要不折不扣落实“两个责任”。党委要主动承担主体责任，定期研究分析党风廉政建设状况，党委主要负责同志要做到重要工作亲自部署、重大问题亲自过问、重点环节亲自协调、重要案件亲自督办，班子其他成员要认真履行“一岗双责”，抓好分管领域的党风廉政建设和反腐败斗争。纪委要切实履行监督责任，扎实推进纪检监察机关“转职能、转方式、转作风”，使纪委回归主责主业。对因领导不力、不抓不管，导致组织涣散、纪律松弛、“四风”问题突出、腐败问题频发的，要严肃追究党委、纪委及其负责人的责任。二要以“零容忍”态度惩治腐败。坚持有腐必反、有贪必肃，形成有力震慑。要严肃查处领导干部贪污贿赂、滥用职权、玩忽职守等案件，严肃查处发生在项目审批、工程建设、土地管理等重点领域的腐败案件，营造良好的发展环境。要加强对民生项目落实和民生资金使用的监督，在监督中发现问题线索，严肃查处发生在群众身边的腐败问题，维护好群众的切身利益。三要坚持不懈抓作风反“四风”。严守党的政治纪律、组织纪律、财经纪律，严格执行中央“八项规定”和省市委各项规定、禁令，紧盯重要节点、重要领域、重点人群，既要发现隐身的、变化的“病状”，又要瞪大眼睛，发现和纠正各种“为官不为”的现象。要深入开展党性党风党纪教育，建立作风建设长效机制，巩固和扩大作风建设成果，促进党员干部既勤政又廉政、既干事又干净。

同志们，新的机遇孕育新的希望，新的挑战激发新的动力。让我们紧密团结在以习近平同志为总书记的党中央周围，以更加昂扬的斗志、更加务实的作风、更加创新的举措，坚定信心、创新实干，为建设幸福大丰而努力奋斗！

政府工作报告

——2015年1月13日在大丰市第十四届人民代表大会第四次会议上

市长 陈平

各位代表：

现在，我代表市人民政府向大会报告工作，请予审议，并请各位政协委员和其他列席人员提出意见。

一、2014年工作回顾

2014年是全面深化改革的起步之年，也是实施"十二五"规划的攻坚之年。我们在中共大丰市委的正确领导下，在市人大、市政协的支持监督下，团结和带领全市人民，以科学发展观为指导，认真贯彻落实党的十八大和十八届三中、四中全会精神，牢牢把握"转型发展、稳中求进"总基调，紧扣"五个更加突出"（更加突出转型发展、更加突出港城建设、更加突出城乡统筹、更加突出生态文明、更加突出民生改善）工作重点，全力推进改革创新，经济社会呈现稳中有进、质效同升的良好态势，较好地完成了市十四届人大三次会议确定的目标任务。

（一）综合实力登上新台阶。一是主要指标稳步攀升。预计全年实现GDP482亿元，同比增长11.7%；公共财政预算收入60.02亿元，同比增长19.9%；规模以上工业增加值176亿元，同比增长13.6%，新增规模以上工业企业57家；固定资产投资308亿元，同比增长24.3%；全口径工业开票销售625.74亿元，同比增长24.7%，首次实现开票销售超100亿元企业1家；入库税收超亿元工业企业3家；城镇居民人均可支配收入26498元、农村居民人均可支配收入16399元，同比分别增长9.8%和11.5%。GDP、公共财政预算收入、固定资产投资、规模以上工业增加值等指标增幅盐城第一，全口径工业开票销售、工业用电量、新增贷款、进出口总额、注册外资实际到账、固定资产抵扣等指标总量盐城第一。全国县域经济基本竞争力百强县（市）排名首次跃进50强，列第48位，较上年前移6位。二是新兴产业加速集聚。狠抓重大项目建设，精心组织上海、深圳、港台、日韩等境内外招商活动，双月组织重大项目集中开竣工，立德绿色建筑、盛安汽配等61个亿元以上项目开工建设，新韩汽配、华尚高档汽车玻璃一期、迪皮埃风电一期等35个亿元以上项目竣工。新能源装备制造、海洋生物、电子信息等新兴产业开票销售突破120亿元，金风科技风电装机容量中国第一、世界第二，海上风电实验平台建成使用，风电产业园建成省新型工业化产业示范基地和特色产业集群，海洋生物产业园"黄海药谷"生物医药研发中心建成运营。三是旅游发展亮点纷呈。中华麋鹿园通过国家AAAAA级旅游景区景观质量评审，上海知青纪念馆、海洋世界获批国家AAAA级旅游景区。乡村旅游"六朵金花"绽放新姿，荷兰花海智慧旅游建成运营，创下单日接待游客31.68万人次盐城最高纪录，西郊生态公园二期对外开放。大丰城市形象宣传片登陆美国纽约时代广场，列"玩转盐城·最美旅游"评选活动榜首，上海—大丰旅游直通车开通。全年接待国内外游客590万人次，实现旅游综合收入55亿元。四是现代服务业发展迅猛。电商产业蓬勃兴起，江苏首家阿里巴巴农村淘宝项目落户大丰，鸡毛箭、宅办公等企业进驻电商产业园运营。软件和信息服务业加快发展，百度、58同城网等150家企业入驻国际软件园，大数据产业园硬件建设加快推进。现代物流发展步入快车道，大丰港大宗商品展示交易中心正式上线，港口现代物流业总产值达85亿元。预计全年实现服务业增加值196亿元，完成服务业投资110亿元。

（二）沿海发展开创新局面。一是港口建设势头强劲。10万吨级集装箱码头和粮食专用码头、通用码头建成通航并正式对外开放，滚装码头开工建设，深水航道工程全面启动，盐丰高速加快建设。新开辟宁波港、上海港等外贸内支航线3条，与西班牙TCB集团签署战略合作协议。港

2015年1月13日，大丰市第十四届人民代表大会第四次会议会场

邱鹏 摄

口完成货物吞吐量5109万吨、集装箱10万标箱，建成万吨级以上泊位16个。二是临港产业加速集聚。成功举办首届大丰港海洋生物博览会。亚洲最大、世界一流的中汽汽车试验场部分建成投入使用。建成世界首个兆瓦级非并网风电淡化海水示范项目，新能源淡化海水产业园建成国家海洋经济创新发展区域示范区。三鼎石化、迈进石材等项目实质性开工建设，明月海藻一期、碧海石化一期等项目竣工。博汇集团开票销售109.2亿元，联鑫钢铁开票销售超50亿元。三是港城建设步伐加快。港城建设"突破年"活动深入开展，大丰港汽车客运站、实验幼儿园启用，大熊猫乐园及大丰港动物园开园，海盗王国游乐园加快建设，威尼斯人美食街、港城小镇影院对外营业。

（三）改革开放取得新成效。一是重点领域改革稳步推进。围绕"4321"，即实现"四个联合"、完成"三集中三到位"、做到"两个规范"、建立"一个平台"，改革行政审批制度，加快政府职能转变，行政效能明显提升。推进简政放权，依法取消审批事项20项，合并事项5项，审批部门全部进驻行政服务中心，审批时限压缩50%以上。国有企业和市级国有平台公司改革积极稳妥推进，大丰港集团公司清产核资工作全面展开。二是创新驱动能力显著增强。40家规模骨干企业研发机构实现全覆盖，丰东股份获批我市首家国家级企业技术中心，南车电机等4家企业被认定为首批省重点企业研发机构。高新区被认定为省三网融合试点园区、省软件产业公共服务平台，创业服务中心被认定为国家级科技孵化器。东方1号创意产业园获批省级科技孵化器、省文化科技产业园、省中小企业五星级公共服务平台。建成省级以上创新平台34个，引进外籍院士1名、国家"千人计划"专家5名、海外高端人才31名、外国专家52名、创新创业领军人才58名。招商银行、中信银行成功入驻，商业银行在大丰设立机构总数列盐城第一。三是开放合作取得突破。"引进来、走出去"步伐加快，全年新批外资企业15个，其中总投资3000万美元以上项目5个，海聆梦家纺、开乐纺织等3家企业在境外投资，获批省玩具出口基地，率先在苏北建成省级轻纺产品出口基地。合作共建取得新进展。常州高新区大丰工业园连续5年被评为省共建园区先进单位；苏盐合作园区启动区道路框架基本形成，研发中心投入使用；盐丰临港工业园新兴际华重卡改装、圣西朗大功率节能灯等项目正式落户。江苏省政府和上海市政府联合下发《关于共同发展沪苏大丰产业联动集聚区的意见》，沪苏大丰产业联动集聚区建设全面启动，管委会和开发建设投资公司筹建方案基本确定。

（四）城乡面貌展现新形象。一是城市建设力度加大。城市总体规划通过省住建厅专家论证，城市污水截流规划、城市抗震防灾规划等专业规划编制完成。文化会展中心主体封顶，图书馆新馆开工建设，东沿河路、育红中路等城市道路竣工通车，大四河一期立面出新、供电北沟污水截流、五小南侧停车场建成。城市环境综合整治深入推进，老旧小区基础设施改造基本完成，后街小巷黑色化实现全覆盖。投放自行车316辆，在盐城首家建成公共自行车系统。新开通盐丰公交专线。国家园林城市创建通过省级验收。沈海高速出入口绿化、南翔大道绿化提升、常新南路绿化等城市绿化工程竣工，市区绿化覆盖率达36.34%。二是生态建设全面加强。国家生态市和国家环保模范城市创建通过国家技术评估，10个镇建成国家级生态镇，在盐城率先实现省级生态镇全覆盖，被命名为省级生态市。修订完成《大丰市生态红线区域保护规划》，高标准完成盐城湿地珍禽国家级自然保护区"退渔还湿"工作。加强污染防控，推进节能减排，实施华丰工业园环境专项整治，全市共关停高污染、高耗能企业11家。绿化造林力度加大，新增成片造林2.3万亩，全市林木覆盖率达26.8%。秸秆禁烧禁抛工作有力推进，实现考核"零火点"目标。三是城乡统筹扎实推进。深入开展镇村环境整治，疏浚农村大中沟108条，完成土方975万立方米，新建镇级污水管道130公里；城乡水环境进一步优化，通榆河专项整治取得明显成效，完成城乡自来水深度处理工程，新团河应急供水工程建成投运。各镇工业园区新建标房36.28万平方米，新落户千万元以上项目33个。全市统筹城乡发展试点镇村实施新村庄、新产业、党群服务中心等项目113个，当年完成投入12.8亿元；镇"六个一"和绿化"五个一"工程完成投资39.8亿元。连续三年被表彰为省村庄环境整治工作先进县（市），建成省级美丽乡村示范点2个，大中镇恒北村建成全国农村科普示范基地。四是现代农业加快发展。全市新增高效种植业面积11万亩、设施农业面积3万亩、"一户一棚"8250户，新办家庭农场55家，新增土地流转面积11.5万亩。新办投资500万元以上农业龙头企业项目12个，其中亿元以上项目5个。"恒喜"食用油商标获得中国驰名商标，南阳辣根、大中早酥梨分别被评定为蔬菜类和果品类全国名特优新农产品，东沙紫菜获得国家地理标志保护产品称号。

（五）民生福祉增添新内涵。一是民生工程顺利实施。持续加大财政投入，科学组织推进建设，十大民生实事项目完成年度目标。新建保障房5.07万平方米，建成农村四级公路236.87公里、农桥300座，改造危桥45座，开通镇村公交线路10条。在年初兴办10件实事的基础上，新增1亿元财政投入，追加实施12件民生保障提升工程。重抓群众路线教育实践活动期间基层干群反映强烈的8个方面48项具体问题，制订出台了《大丰市农村环境综合治理长效管理办法》《大丰市畜禽养殖污染综合治理实施方案》《大丰市征地补偿和被征地农民社会保障实施办法》《关于进一步完善农村、城镇居委会干部有关激励保障措施》等政策文件。二是保障体系不断健全。全力抓好就业再就业工作，落实创业扶持政策，在全省首家成立创业银行，全年新增城镇就业22661人，转移农村劳动力

6292人，城镇登记失业率1.91%。各类保险覆盖面不断扩大，五项社会保险新增参保5.12万人次。在苏北率先将城乡居民社会养老保险基础养老金提高到100元/月。新农合人均筹资标准盐城市最高，达到430元，参合率100%。提高医疗保险支付标准，大额住院费用和慢性（大）病门诊费用报销比例提高5个百分点。提高尊老金和城乡低保标准，设立临时救助专项基金500万元，保障低保边缘困难家庭基本生活。积极开展大病保险工作，提高困难群众医疗救助比例，救助贫困患者6171人，发放医疗救助金3500万元。市残疾人托养中心投入运行，3122名重度残疾人获得重残生活补助。实施敬老院提档升级工程，建成省级养老服务中心（站）示范点11个、星级敬老院9家，福利院三期主体工程开工。建设居家养老服务指挥中心，在城区先行试点开展居家养老服务。三是各项事业协调发展。教育工作成效显著，义务教育均衡发展水平不断提升，城东实验小学、幼儿园建成使用，创成省优质幼儿园3所。卫生事业长足发展，全市人均期望寿命达79.6岁，超过省基本现代化目标值。城西社区卫生服务中心、妇幼保健所业务综合大楼建成使用，人民医院高新区分院一期主体封顶。实施村卫生室提档升级工程，新建、改扩建村卫生室106个，成为全省唯一的乡村医生签约服务工作国家联系县（市）。人口计生工作有序推进，被命名为全省首批幸福家庭建设项目县（市）。公共文化服务设施水平明显提升，完成全市有线电视数字化整转和村组“大喇叭”工程。文艺创作成果丰硕，一批作品荣获省五星工程奖。市档案馆建成国家二级综合档案馆。群众体育活动蓬勃开展，连续两年被表彰为国家、省群众体育先进集体。四是社会大局和谐稳定。深入开展精神文明创建，获批全国文明城市提名资格市，并通过省级暗访测评，2人入选“江苏好人”。创新社区治理体制，健全社区“一委一居一办一站”网格化管理体系。“12345”公共服务热线高效运行，办结率达99%。平安大丰、法治大丰建设力度加大，被表彰为2011~2014年度全省社会治安综合治理先进县（市）。加强企业安全生产标准化建设工作，强化企业安全生产主体责任，深入开展“六打六治”打非治违专项行动，安全生产形势保持平稳。“幸福大丰”官方微博列全国政务微博百强第69位，网络舆情安全可控。与此同时，人武、统计、审计、行政服务、招投标、食药监、工商、质监、通信、邮政、人防、盐务、住房公积金、粮食、保险、供销、气象、地方志、外事侨务、对台事务、民族宗教、防震减灾、慈善、红十字、妇女儿童、青少年、关心下一代、老龄工作、老区开发、扶贫开发等事业取得新业绩。

回顾一年来的工作，我们深感成绩来之不易。这些成绩的取得，是上级党委、政府和市委正确领导的结果，是全市广大干部群众共同奋斗的结果，是市人大、市政协积极有效监督以及社会各界关心支持的结果。在此，我代表市人民政府，向各位人大代表和政协委员，向全市工人、农民、知识分子、干部、离退休老同志，向人民解放军驻丰部队指战员、武警官兵和公安干警，向所有关心、支持我市经济和社会发展的社会各界人士表示衷心的感谢和崇高的敬意！

审视过去一年的工作，我们深刻认识到，我市经济社会发展还存在不少矛盾和问题，主要是：新兴产业规模不大、支撑作用不强，领军企业还比较少；传统产业转型升级步伐不快，中小企业运行比较困难；镇域经济发展不平衡，整体水平不高；城市带动能力不强，人气不旺；资源、环境等要素制约矛盾加剧，缺少行之有效的破解办法，等等。对此，我们将高度重视，在今后工作中，采取有效措施，认真加以解决。

二、2015年工作安排

2015年是全面完成“十二五”规划的收官之年，是全面深化改革的关键之年，也是全面推进依法治国的开局之年。客观分析当前形势，经济发展进入新常态，增长的速度，发展的结构、方式、动力都在发生前所未有的革命性变化。但是发展仍然处于重要战略机遇期的判断没有变，经济发展总体向好的基本面没有变。习近平总书记在江苏视察时，对江苏工作提出了“五个迈上新台阶”的新任务、“四个方面”的新部署和“建设新江苏”的新定位。省委十二届九次全会在认真学习、深刻领会习近平总书记重要讲话精神的基础上，向全省发出了“迈上新台阶、建设新江苏”的动员令。盐城市委六届六次全会提出了围绕“建设新盐城、发展上台阶”的总定位，加快形成以绿色发展为主导的增长模式、产业体系、城乡形态和生活方式，全面建设创业开放生态幸福的美丽盐城。这一系列重大决策部署为我们做好今年工作，谋划未来更长时期发展指明了方向。面对新形势新任务，我们将以习近平总书记重要讲话为指引，按照省委省政府、盐城市委市政府和市委的部署要求，主动把大丰发展放到更大坐标系中来考量，打破惯性思维，增强进取意识，始终保持创新创业、务实干事、引领发展的闯劲和锐气，谋划好既利当前、更惠长远的思路举措，努力保持新常态下经济社会发展的良好态势。

2015年政府工作的总体要求是：深入贯彻落实习近平总书记视察江苏重要讲话以及党的十八届三中、四中全会、中央经济工作会议精神，按照省委十二届九次全会、盐城市委六届六次全会和市委十一届五次全会的部署，围绕“建设新大丰、发展上台阶”的发展总定位，坚持“稳中求进、提质增效”的总基调、“适应经济新常态，推动转型升级、内涵发展、绿色增长”的总思路和“六重抓、六发展”的工作重点，重抓结构调整、沿海开放开发、现代服务业、城镇建设、绿色生态、民生改善，实现转型发展、集约发展、爆发式发展、协调发展、可持续发展、和谐发展，努力创造经济新常态下的新业绩。

全市国民经济和社会发展的主要预期目标是：地区生产总值增长10%以上，固定资产投资增长18%以上，工业投资增长18%以上，公共财政预算收入增长12%以上，社会消费品零售总额增长13%以上，城镇居民人均可支配收入增长10.5%以上，农村居民人均可支配收入增长11%以上，城镇登记失业率控制在3%以内，确保完成节能和主要污染物减排目标任务。围绕上述目标，我们将重点抓好以下八个方面的工作：

（一）更加注重提升质量效益，千方百计保持稳健增长。把稳增长作为经济工作的首要任务，狠抓经济运行调控，大力开展“项目载体突破年活动”，着力打造园区经济高地，努力实现有质量、有效益、有速度的发展。一是扎实组织经济运行。常态化开展“深化两服务、发展保稳定”活动，加大部门和机关干部挂钩服务重点企业、项目的组织力度，推动生产要素、政策资源、政府服务向实体经济集聚。创新组织经济工作的方式方法，更多地运用市场的办法和手段保障企业要素供给，做大做强政策性担保公司，探索设立企业转型升级基金、中小企业应急过桥资金，帮助企业解决融资难题。用好用足用活国家和省、市出台的支持中小企业发展政策措施，认真落实定向减税和降费政策，切实为企业松绑减负，力保现有企业平稳健康运行。全力培大育强规模企业，支持丰山集团等企业上市融资。二是主攻重大项目。强化“项目为零、一切为零”的理念，始终坚持把招商引资项目建设作为贯穿全年工作的主线，集中精力、集聚要素、紧抓不放。创新招商方法。坚持高端引领，强化招商选资，高频次组织小分队出击，主攻世界500强企业、大型跨国公司、上市公司及央企，力争落户一批带动力强、支撑作用明显的大项目、好项目、高科技项目。坚持委托招商、以商引商，发挥韩国中小企业协会、台湾资策会等平台作用，利用好明进、丰东等企业的国内外客户、合作伙伴资源，确保在港台地区和日韩招商上取得更大成效。抢工会战项目建设。紧扣达产达效，强化协调服务，全力抓好要素保障，力争项目早竣工、早见效，尽快转化为现实增长点。全年新开工亿元以上项目80个，竣工亿元以上项目35个。三是重抓园区经济。以打造生态型、创新型、开放型园区为方向，坚持区城、产城融合发展，完善基础设施和公共服务配套功能，在载体平台建设上取得更大突破。加快推进经济开发区建设，扶优培强优势主导产业，集中资源要素建设韩资工业园、电子信息产业园等特色园区，加快完善生产生活配套，邻里中心、新韩医院、同仁医院等项目一季度开工建设，努力把经济开发区打造成转型升级的示范区，力争年内建成国家级开发区。进一步加强合作共建园区建设，积极承接优质产业转移，实现优势互补、融合联动发展。加强与上海市有关部门以及临港集团的沟通对接，全力推动沪苏大丰产业联动集聚区快启动、快建设。常州高新区大丰工业园启动乐业中心项目，苏州光电缆、迪皮埃风电二期等项目上半年开工建设。苏盐合作园区加快维德木业、康源印刷版等项目建设，引进苏州国有公司参与园区开发。盐丰临港工业园进一步推动世贸中心建设，确保移山重工等项目落地开工。

（二）更快步伐促进转型升级，着力构建现代产业体系。坚持先进制造业和现代服务业双轮驱动，推进发展新产业、新业态、新模式，拔高新产业经济标杆，加快构建优势明显、竞争力强的现代产业体系。一是大力发展战略性新兴产业。持续重抓新能源装备制造、海洋生物、电子信息等“2+1”战略性新兴产业，全力招引产业龙头企业和产业链配套企业落户，力争战略性新兴产业开票销售突破150亿元。做强新能源装备制造产业，加快海力风电塔筒、阿特斯逆变器等项目落户，促进双菱重工、华天能源、中亚叶片等项目全面达产达效，推进全国风电设备信息监测与评价系统、鉴衡认证海上风电检测中心等国家和省级研发平台建设，努力打造国家级特色产业基地。做大海洋生物产业，强势推进海洋生物产业园明月海藻二期、环球卡拉胶、金壳甲壳生物多糖等项目，迅速形成集聚效应，推进产业裂变扩张。做优电子信息产业，招引深圳、台湾平板和显屏生产企业落户，推进博敏电子国家级喷墨打印实验室落户，建设“长三角”有影响力的印制电路板产业基地。二是提速发展现代服务业。优先突破电商产业。建设运营好电商产业园、工业企业互联网营销中心、丰收大地农产品营销中心等载体平台，积极培育以荷兰花海、恒北村及家纺、玩具、抛丸机等产业集群为主体的电商团队，大力发展跨境电商贸易。建成省级电子商务示范基地1个，培育省级电子商务示范村2个、省级电子商务示范企业3家，创建全国电子商务进农村综合示范县（市），全年力争实现电子商务交易额110亿元。加快国际软件园、大数据产业园建设，招引国内外领军企业入驻，加强与中兴通讯等知名企业的合作，走产业化、精品化、规模化发展道路。做实创意产业。加快东方1号创意产业园二期项目建设，着力抓好入园企业和机构业务拓展，增强园区发展造血功能，打造全省一流、全国有影响的创意产业高地。重视发展现代物流业。抓紧制定完善经济开发区和专业市场集聚区物流园区发展规划，高起点、高标准建设工业品配送物流园、电商物流园、城市配送物流园等专业物流园区，大力引进第三方、第四方物流企业，打造高效便捷的物流体系。三是发力推进旅游业。深入实施“旅游兴市”战略，坚持景点为王、快字当头抓建设，全力打造一批具有核心竞争力的旅游景区、旅游产品。加快中华麋鹿园游客服务中心、生态博物馆等21个项目建设，确保年内通过国家AAAAA级景区验收。深度挖掘文化资源，丰富乡村旅游内涵，建设靓丽“六朵金花”，荷兰花海圣劳伦斯中心、中华水浒园“五一”对外开放，三龙渔家风情一条街10月份建成开街，大中农耕文化园年底前投入营运，建成国家AAAA级景区2个、AAA级景区3个。强力组织旅游营销推广，继续在央视、东方卫视、江苏卫视等主流媒体投放旅游广告，全面打响“请到麋鹿故乡来——大丰好玩呢”旅游品牌。全年力争接待游客突破1000万人次，实现旅游总收入70亿元。四是改造提升传统产业。推动现有企业实施战略性重组，引导纺织、抛丸机、空压机、阀门铸造等传统产业企业挂大靠强，积极与央企、外企等大企业、大财团开展合作。鼓励企业加大技改投入，充分放大市财政转型升级引导资金的导向作用和杠杆效应，引导和督促企业改进工艺、提升装备，增强市场竞争力，全年实施千万元以上技改项目50个。

（三）更深层次突破沿海开发，全力增创区域竞争优势。沿海是大丰最大的经济增长极，是进位争先的优势所在，必须持之以恒坚持“三港”联动，在推进资源集约利用、产业集群发展、项目集聚建设上开创新局面。一是重抓港口建设。围绕建设亿吨大港目标，优化完善港口发展规划，进一步加大建设投入，全面提升港口通过能力、集疏运能力、物流集聚能力、服务能力和对外开放能力。抢工会战港口码头建设，二期码头改扩建、滚装码头工程确保上半年建成，深水航道一期工程年底竣工，15万吨级通用码头、5万～10万吨级集装箱专用码头、邮轮码头等四期工程前期工作全面展开，迅速提升港口能级。策应“一带一路”国家战略，进一步加强与国内外大港的合作，开通至韩国客货滚装航线，新开辟日本、青岛、营口等国际国内航线，建成苏北内河集装箱出海新通道。抢抓长江流域通关一体化契机，优化码头运营管理，提高口岸通关效率和服务水平。强化行政推动和市场运作，面向周边企业招商，全力拓展大丰港经济腹地，在扬州、泰州、淮安、宿迁等地加快“无水港”内陆网点建设，提供优惠便捷货运服务，不断扩大港口知名度和影响力。加大智慧港建设力度，大宗货物电子交易市场年底初步建成。积极申报中韩陆海联运、国家汽车整车进口、粮食指定进口等特色口岸，大丰港保税物流中心启动区上半年实现封关运作。加快悦达汽车物流基地、国储能源等项目建设，大力发展航运金融、船代、货代等高端服务业。全力推进盐丰高速建设，着力提升港口集疏运能力。全年货物吞吐量突破6000万吨，港口现代物流业总产值达150亿元。二是壮大临港产业。以扩总量、增效益为目标，围绕石化、造纸、海洋生物、石材等主导产业，集中精力突破一批层次高、业态新、体量大的临港产业项目。英茂糖业、金圆新材料等项目一季度实质性开工建设，达伯埃纸业一期、鸿明重工等项目年内竣工投产，临港工业开票销售达270亿元。围绕产业发展和企业生产经营需求，坚持政府主导、市场化运作，全力推进供热中心、深海排放、海王围垦、工业水厂等重大公共服务配套工程，不断提升园区承载力，增强重大产业项目吸引力。三是促进港城繁荣。按照“区镇合一，产城融合”要求，优化人口、产业和空间布局，建设“现代、生态、宜居”的海港新城。进一步完善配套功能，成立港城出租汽车公司，建成小学、污水处理站、垃圾中转站等项目，生活污水处理覆盖率达100%。实施日月湖南侧、中港大道西延段绿化景观带等工程，新增绿化面积25万平方米。发挥资源优势，实行“海洋世界、海盗王国、熊猫珍禽园”组团发展、联动开发，海盗王国游乐园一期“五一”正式营业，开发近海游、工业游等新兴旅游项目，建成江苏沿海独具特色的蓝色旅游度假区。发挥行政和市场“两只手”作用，吸引专家人才、产业工人、企业管理人员、商务办公人士入住港城，鼓励市民及周边农民到港城购房置业，迅速集聚港城人气。四是深化改革开放。创新体制机制，研究制定支持口岸开放、航线开辟、港口物流的政策措施，增强沿海开发内生动力。稳步推进以大丰港集团公司为重点的国有企业改革，建立产权清晰、权责明确、政企分开、管理科学的现代企业制度。进一步优化行政管理职能，制订出台行政审批事项、政府行政权力、行政事业性收费、政府部门专项资金管理“四张清单”。推进行政执法体制改革，整合队伍，合理配置执法力量。着力扩大对外开放，狠抓外资项目，调整推进机制，切实提升利用外资水平，力争全年新开工3000万美元以上外资项目10个。鼓励企业开拓国际市场，在境外设立销售基地，开展境外商标品牌和专利技术等知识产权注册登记。全力扩大对外出口，完成外贸出口7亿美元。

（四）更新理念推动绿色增长，切实加强生态文明建设。面对日趋从紧的资源环境约束，必须顺应人民群众对良好生态环境的期待，全面推进生态文明建设，促进增长与转型协调、经济与生态互动的绿色发展，努力打造天蓝、水净、地绿的生态美丽大丰。一是推动绿色经济发展。严格执行产业准入和节能环保标准，大力开展工业园区生态化改造，鼓励发展绿色产业，加快淘汰落后产能和落后工艺，确保完成全年和“十二五”减排目标。实施最严格的耕地保护制度，科学安排开发强度，提高集聚、集约利用国土水平。二是加强生态环境保护。严格落实生态红线保护规划，加快推进生态功能区湿地修复工程。强化污染综合防控，深入开展华丰工业园环境提升整治工程，保障空气质量优良。扎实推进生态镇村、园区建设，确保在盐城率先实现国家级生态镇全覆盖，全面建成国家生态市和国家环保模范城市。三是狠抓农村环境整治。巩固农村“3+1”工程成果，大力实施农村河道整治三年行动计划，加大生活垃圾处理力度，强化畜禽养殖污染治理，建立健全村庄、道路、河道、绿化、垃圾“五位一体”长效管理体系，不断改善农村生产生活环境。多措并举推进秸秆综合利用，积极扶持和培植农民经纪人、合作经济组织开展秸秆收贮业务。深入推进通榆河专项治理，突出抓好通榆河干线疏浚、河坡防护设施配套、西岸敞口封闭等项目建设，确保通榆河“清水走廊”建设取得实效。四是加快绿色大丰建设。加大绿化造林力度，突出土地流转和联耕联种地块农田林网，突出农村沿路沿河退耕还林、退渔还林，突出沈海高速、盐丰高速、临海高等级公路等绿色通道，做大绿量，提升品质。继续实施各镇2条以上大沟河堤退耕还林、2000亩农田林网示范片、1个村庄绿化示范村、1条县级以上道路绿色通道“2211”绿化重点工程，确保全年新增成片造林1.8万亩，新增绿色通道40公里。按照“四季常绿、季季有花、处处有景”的要求，重抓城市绿化，力争全年新增和改造绿地80万平方米，建成国家园林城市。

（五）更高标准统筹协调发展，合力建设美好宜居城乡。加快推进新型城镇化和城乡发展一体化，突出规划引领，完善功能，优化管理，努力建设更加宜居宜业的美好城乡。一是着力提升城市品质。完善城市规划修编，优化空间布局形态，彰显城市个性，构建面向未来的新型城镇化体系。精心组织实施功能完善、旧城改造、基础设施、安居工程、绿化生态等5大类50项城建重点工程。着力提升主城区，深化城市核心街区、建筑立面、形态色彩、重要道路节点设计，加快建设主城区城市综合体等功能项目。完善社区医疗卫生、文化体育、便民服务等配套设施，增建城市小品，增设服务和无障碍设施，增强休闲和游憩功能。提升市政公用基础设施，加快实施雨污分流及污水处理工程，扎实推进城市环境综合整治，提升后街小巷环境，积极稳妥推进旧城改造。加快建设城东新区，文化会展中心、丰华国际商务大厦、图书馆新馆等重点工程年内竣工。进一步加强城市管理，推进相对集中行政处罚权工作，常态化开展城市交通秩序综合整治行动，建立科学规范高效有序的管理体系，建成省优秀管理城市。二是发展壮大镇村经济。广泛发动全民创业，进一步降低市场准入门槛，从规划、土地、金融等方面强化政策扶持，支持农民、大学生、返乡人员等各类主体创新创业，形成大众创业、万众创新的生动局面，催生“铺天盖地”的新增长点。重点以“12＋4”全民创业孵化器为基地，推动各类主体投资兴业，年内新注册个体工商户9000户、私营企业2800家。拓展镇村经济业态，宜农则农、宜工则工、宜商则商、宜游则游，大力发展劳动密集型产业、农产品加工流通业、生态旅游业和家政服务业，繁荣农村消费市场，促进要素流通，激发镇村经济发展活力。做强镇村经济发展载体，做实填满镇工业集中区，提升配套功能，全年新开工建设标房30万平方米、落户千万元以上项目30个。发展壮大村级集体经济，确保全市村级集体经营性收入增长15%，所有村集体经营性收入均达到15万元。三是加快现代农业规模化。始终坚持以农民增收为核心，坚定不移加快转变农业发展方式，着力推进农业适度规模经营。加快实施农村土地承包经营权确权登记工作，全面启动营运市镇两级土地流转交易服务市场，按照“镇万亩、村千亩、组百亩”的标准，坚持依法、自愿、有偿原则，推进农村土地流转和联耕联种，全年新增土地流转面积15万亩，农业适度规模经营面积累计达150万亩。鼓励兴办家庭农场，在小农水配套、土地整治项目等方面予以倾斜支持，全年新办家庭农场30家、土地股份合作社15家。加快农业现代化工程建设，大力推进“一带五沿十八园”建设，积极实施农业基地“双十计划”，重点发展设施农业、休闲农业、盐土农业和品牌农业，全年新增设施农业3万亩，新增“一户一棚”8500户。支持农民经纪人、专业合作社、种养大户加快发展，发挥农业龙头企业带动作用，积极推广“公司+农户”合作经营模式，完善产加销产业链，全年新办规模农业企业20家，新培植销售超亿元农业龙头企业5家。四是推进城乡一体化。科学编制新型城镇化与城乡发展一体化规划，推动公共服务向基层延伸覆盖，向均等化方向发展。突出抓好列入盐城“三镇一城”和我市确定的24个统筹城乡试点镇村建设，努力打造一批乡村旅游、特色产业、美好乡村示范工程。重抓市域交通体系完善，加密道路网络，提升通达水平，开通万盈、大桥、小海镇村公交。

（六）更富成效改善民生保障，努力维护社会和谐稳定。把“人民对美好生活的向往”作为政府工作目标，办实事、惠民生，不断加强社会保障和民生改善，为全社会提供优质的公共服务。一是大力兴办民生实事。坚持问题导向，按照“关注民生、惠及面广、资金有保障、当年见成效”要求，2015年为民兴办十二件重点实事工程。（1）保障性住房建设工程，总投资1.42亿元，建筑面积5.12万平方米，建设经济适用住房520套。（2）农村路桥建设工程，总投资1.06亿元，建设农村道路160公里、桥梁230座。（3）农村河道疏浚整治工程，总投资6500万元，拓浚江界河、生产马路河、小洋河等骨干河道，疏浚二竖河、中竖河等南北向引排大沟。草庙、万盈、小海、草堰等四镇整体推进，其他各镇重点村整村推进。（4）川东港拓浚工程，总投资7.96亿元，拓浚老川东港和老闸下段河道，疏浚河道32.5公里，拆建跨河桥梁6座，拆建圩口闸14座、引水泵站1座。（5）基层现代医疗卫生体系建设工程，总投资1亿元，改造升级大中、白驹、小海、三龙、万盈、草庙、方强等7个镇级卫生院，新建和改造省示范标准村卫生室79个。（6）城乡供水一体化提升工程，总投资1.74亿元，实施通榆河取水口整治提升、强化预处理、主管网环网扫尾等工程。（7）居家养老服务全覆盖工程，总投资1200万元，各镇（区）居家养老服务中心（站）建设覆盖率100%，建成省AAA级标准镇（区）居家养老服务中心14个，建成省AA级标准农村社区居家养老服务站33个。（8）残疾人康复中心建设工程，总投资1300万元，建筑面积4100平方米，为残疾人开展康复治疗及辅助器具适配供应。（9）高新区初级中学建设工程，总投资1.2亿元，占地面积107亩、建筑面积4.3万平方米。（10）校车安全工程，总投资2000万元，9月份正式投入运行。（11）城中村及城郊结合部整治工程，总投资2000万元，对城中村及城郊结合部进行全面整治，完善垃圾收集清运体系，实施常态化管理。（12）城市公共自行车服务系统建设工程，总投资1100万元，新建公共自行车站点80个，投放公共自行车1000辆。二是着力完善保障体系。大力实施就业富民工程，加强职业技能培训，职教中心实训基地9月份建成投入使用，全年新增就业1万人，转移农村劳动力5000人。加大社会保险扩面征缴力度，健全社会保险全覆盖机制，推进城乡保障逐步并轨，完善城乡居民基本养老保险制度，整合基本医疗保险制度，加快实现社会保障均等化。实施困难群众参加企业职工养老保险援助办法，广泛开展慈善和红十字助医、助学、助困、救护培训活动，扩大爱心助保受益人群范围。整合城乡低保、特困人员供养、受灾人员救助、医疗救助、教育救助、住房救助、临时救助等社会救助资源，建立“一门受理、协同办理”制度，形成规范有序、集约高效、顺畅便民的社会救助运行机制。三是加快发展社会事业。坚持科教优先。大力实施创新驱动战略，加快建设省创新型城市，争创新一轮全国科技进步先进县（市）。积极建平台、引人才，引导和鼓励企业加大研发投入，支持金风科技、南车电机、明进机械等企业建立重点实验室、院士工作站。推动各类教育优质均衡发展，大力推进校舍安全工程。加快现代公共文化服务体系建设，大力推行服务标准化，基本完成镇文化站、村（社区）文化室规范化建设任务。深化公立医院改革，大力推广社区、乡村医生契约式服务，加快推进智慧医疗、远程医疗，构建现代医疗卫生服务体系。扎实推进全国文明城市创建，大力培育践行社会主义核心价值观，广泛开展道德实践活动，着力培树文明风尚，全面弘扬新时期大丰精神。

（七）更大力度推进依法治市，不断提升法治建设水平。适应新常态，提升法治建设水平，增强依法治市、执政兴市的能力，需要牢固树立法治思维意识，善于运用法治方式研究新情况、解决新问题，形成办事依法、遇事找法、解决问题用法、化解矛盾靠法的新局面。一是坚持依法行政。把“办事有依据、行为讲规矩、工作受监督、决策靠大家”作为依法行政的关键环节，进一步约束和规范行政权力运行。增强履职意识，坚持法定职责必须为、法无授权不可为，坚决纠正不作为、乱作为，坚决克服懒政、怠政，坚决惩处失职、渎职。加快转变政府职能，提高行政效能，依法改革行政审批制度，全力打造服务企业、服务项目盖章最少、收费最少、申报材料最少、审批流程最短“三少一短”的良好环境。健全依法决策制度，认真落实公众参与、专家论证、风险评估、合法性审查和集体讨论决定重大行政决策法定程序，建立重大决策终身责任追究制及责任倒查机制，确保决策制度科学、程序合法、过程公开、责任明确。建立科学有效的制约和监督体系，防止权力滥用。二是强化普法宣传。建立健全各级干部学法制度，把四中全会《决定》和法治建设内容纳入全市各级行政机关领导班子学法计划和公务员培训课程，定期组织学习，着力增强各级干部法律意识和法治观念。落实“谁执法谁普法”责任制，领导干部带头普法、执法部门一线普法，深入基层，带领群众一道学法守法用法。深入实施“六五”普法规划，加强法治文化建设，把普法宣传作为全国文明城市创建的重要内容，组织开展富有成效的法制宣传活动，提升全民法律素养，营造全民遵法守法的浓烈氛围。三是创新社会治理。建立立体化社会治安防控体系和社会矛盾预防化解体系，推行“阳光信访”和初信初访办理办法。健全安全生产责任体系，夯实安全生产工作基础，力保安全生产形势持续稳定。加强基层民主法治建设，坚持村民自治，完善村务公开，保障群众知情权、参与权。发挥门户网站、官方微博、政务微信、“12345”热线等网络平台宣传推介与民生服务功能，全力打造网络大丰特色品牌。健全社会稳定风险评估机制，强化网络舆情监测预警，构建依法治访、依法维稳的新格局。

（八）更实举措改进政府工作，倾力打造人民满意政府。新常态下政府工作要有新作为。我们将紧紧围绕人民所盼、发展所需，进一步加强自身建设，切实改进工作作风，为开创政府工作新局面提供坚强的组织和队伍保障。一是建设为民政府。始终把大丰老百姓满意不满意作为一切工作的出发点和落脚点，坚持问政于民、问需于民、问计于民，尊重群众首创精神，从群众中汲取营养。持续开展“进村入户”“三解三促一加强”等活动，深入困难和矛盾集中、群众意见大的地方，及时了解群众想什么、盼什么，把惠泽百姓的好事办好、实事办实、难事办妥。多做一些打基础、利长远的事，进一步加大农村路桥、水利基础设施等建设力度，推动社保、医疗、文化、教育、交通等公共服务向基层延伸，真正把统筹城乡发展、扶助弱势群体等工作做到群众满意。严格落实领导干部信访接待日制度，面对面听取群众呼声，摸透民情脉搏，维护群众切身利益。二是建设务实政府。狠抓工作落实，对市委确定的重大决策和重要任务，发扬“钉钉子”作风，一抓到底，紧盯不放，做到踏石留印、抓铁有痕。坚持紧张快干，强化时间概念和效率意识，对定下来的事、看准了的事、形成共识的事，立说立行，雷厉风行，迅速落实，确保工作到位。增强担当意识，勇于迎难而上，千方百计破解经济社会发展过程中遇到的用地、资金等瓶颈制约。坚决改进文风会风，严格控制会议数量和规模，大力提倡开短会、讲短话，腾出更多精力抓落实。严格考核奖惩，健全完善重点工作常态化督查推进机制，不断提升执行力和行政效能。三是建设清廉政府。严格落实中央、省、盐城和市委关于改进工作作风、密切联系群众的各项规定，把权力关进制度的笼子，从源头上预防和减少腐败现象发生。严明政治纪律，严格执行“十个一律不得”，确保政令畅通。自觉接受人大法律监督和政协民主监督，主动接受新闻媒体和社会公众监督，全面推进行政权力网上公开透明运行。严格控制“三公”经费支出，严禁新建楼堂馆所，从严控减各类节庆论坛展会和达标评比表彰活动，切实加强编制和国资管理，推行勤俭节约办事。加强对重大投资项目、重大资金支出的审计监督，强化对政府部门依法行政的监察检查，严厉查处各类违纪违法案件，坚决纠正和遏制不正之风，努力实现干部清正、政府清廉、政治清明。

各位代表，大丰正处于转型升级、内涵发展的关键时期，我们肩负的任务艰巨而繁重、责任重大而光荣。让我们紧密团结在以习近平同志为总书记的党中央周围，在上级党委、政府和中共大丰市委的坚强领导下，团结带领全市人民，同心同德，攻坚克难，真抓实干，锐意进取，为建设经济强、百姓富、环境美、社会文明程度高的新大丰而不懈努力！

〖编辑　刘洪芳〗

1月

1日 江苏蓝科减震科技有限公司自主研发的年产8000套减震产品项目，在大丰市经济开发区开工建设。项目总投资1.5亿元，建筑用房2万平方米，成为大丰市“项目推进年”首个开工项目。

3日 大丰市国家卫生城市通过第一个“三年复查”，再度被全国爱卫会命名为“国家卫生城市”。

3~5日 政协大丰市第十三届三次会议召开。会议期间，委员们听取盐城市委常委、大丰市委书记倪峰的讲话，审议通过市政协第十三届委员会常务委员会工作报告和提案工作报告。列席十四届人大三次会议，听取并讨论市长陈平所作的《政府工作报告》等，举行议政会议，通过会议决议，选举增补3名政协常委。

4~6日 大丰市第十四届人民代表大会第三次会议召开。人大代表听取并审议市长陈平所作的《政府工作报告》、市人大常委会副主任吴家祥所作的《市人大常委会工作报告》、市人民法院院长宋长琴所作的《市人民法院工作报告》、市人民检察院检察长张春山所作的《市人民检察院工作报告》，对市十四届人大三次会议代表提出的议案处理意见和市2013年国民经济社会发展计划及财政预算执行情况与2014年计划和预算进行了审议。人大代表通过相关决议，并选举夏继永为大丰市第十四届人大常务委员会副主任。

7日 大丰市召开全市党建工作会议，盐城市委常委、大丰市委书记倪峰要求全市党员干部，深入学习贯彻十八届三中全会精神，全面提高党的建设科学水平。会上，市委常委向倪峰递交“党风廉政建设责任书”，倪峰代表市委向市纪委递交“党风廉政建设责任书”。各镇、各部门分别向市委递交“党风廉政建设责任书”“党建工作责任书”。

△ 大丰市政府召开第24次常务会议。会议听取《2014年政府工作报告主要目标任务分解落实方案》和《2014年市直部门和单位重点工作任务》编排情况汇报，并讨论研究大丰市安全生产责任制规定等事项。

8日 大丰市召开安全生产工作会议。市长陈平要求，时刻牢记安全生产使命，坚决落实安全生产各项措施，从头抓起，从严要求，确保全市安全生产形势持续稳定。

8~9日 科技部农业司副司长郭志伟一行到大丰市，考察国家级农业科技园区建设情况。郭志伟等实地察看丰收大地现代农业示范区、大丰林场生态林区、东方绿洲现代农业产业园、华丰种业、盐土大地海洋生物产业园等。

9~10日 大丰市农村干部学习十八届三中全会精神培训班开班，盐城市委常委、大丰市委书记倪峰作动员讲话，要求农村干部要当好农村改革发展的领头人。

10日 盐城市委常委、大丰市委书记倪峰，在万盈镇开展“进村入户转作风”活动，调研农村环境整治和规模种养项目建设情况，面对群众话增收、谈民生、了解社情民意。

△ 省新闻中心工委在大丰市召开学习中共十八届三中全会精神研讨会。大丰市新闻信息中心介绍了进一步创新新闻宣传的做法。

△ 大丰市举行“慈善大丰、情暖人间”募捐大会。盐城市委常委、大丰市委书记、市慈善总会名誉会长倪峰讲话。市长、市慈善总会会长陈平对各镇及“两区”（经济开发区、港区）的慈善分会和近3年被选出的“慈善之星”授牌。大会进行现场募捐。市四套班子领导、协议认捐企业、其他代表分别捐赠，一次性捐助到账205万元。

11日 大丰市全市领导干部党风廉政建设警示教育大会在大丰剧院召开。盐城市委常委、大丰市委书记倪峰讲话。市长陈平主持。市委常委、纪委书记宋勇通报剖析全市执纪执法机关查处的典型案例。各镇、各园区、各部门签订并递交“廉洁过年承诺书”。与会人员观看廉政警示教育片。

△ 广东省佛山市委副书记、佛山对口帮扶云浮指挥部总指挥周天明率队到大丰市考察，重点了解共建园区建设情况。

17日 大丰市召开全市人口和计划生育工作会议。会议要求，坚持计划生育基本国策，齐抓共管，促进人口长期均衡发展。

△ 美国东部时间1月17日，大丰城市形象宣传片在美国纽约时代广场大屏幕播出，片长30秒，全天滚动播出20次。

△ 大丰市召开国家级生态市暨国家环保模范城市建设推进会。市长陈平讲话。会议要求把创建国家生态市和国家环保模范城市作为生态文明建设的重点，作为倒逼转型升级的有效手段，作为发展惠民的具体行动，精心组织，全面部署，扎实推进，志在必得。

18日 大丰市卫生系统千名机关干部、医护人员走进各镇敬老院和部分村，开展进村入户暨志愿服务活动，弘扬志愿医疗服务精神，推动服务基层活动常态化。

20日 大丰市设立分会场，收听收看中央党的群众路线教育实践活动第一批总结暨第二批部署电视电话会议。倪峰要求认真贯彻落实习近平总书记重要讲话精神，确保大丰市的群众路线教育实践活动取得成效。

△ 大丰市在上海举办“2014江苏大丰（上海）——新春贺年汇”旅游推介活动。大丰上海知青纪念馆、大丰港丹顶鹤珍禽园等8个景区分别与上海新天地、上海华夏等旅行社签订旅游合作协议。

△ 大丰市委召开常委扩大会议，传达学习习近平总书记在十八届中央纪委三次全会上的重要讲话精神。会议要求以更加坚定的决心和更加有力的举措，推进党风廉政建设和反腐败斗争。

21日 山东省邹城市委常委、宣传部部长王永玲一行到大丰市，考察网络文化建设和管理工作。

22日 盐城市委常委、大丰市委书记倪峰会见南车株洲电机有限公司执行董事、党委书记周军军，双方就进一步深化合作事项进行交流。

△ 大丰市举行陈云成功捐献造血干细胞归来欢迎会。陈云，37岁，自由职业者。2013年12月24日、25日，两次为1名白血病患者捐献392毫升造血干细胞，成为大丰市捐献造血干细胞第一人。同时也是盐城市捐献造血干细胞志愿者中唯一的1位女性。

24日 大丰市设分会场，收听收看全省党的群众路线教育实践活动第一批总结暨第二批部署电视电话会议。

△ 苏州市副市长徐明一行到大丰市调研，并与大丰市市长陈平共商苏（苏州）盐（盐城）沿海合作开发园区建设工作。

25日 大丰港汽车客运站正式启用。该站按国家四级汽车客运站标准建设，总建筑面积约3500平方米，初期开通大丰港至上海、淄博、济南、南京、无锡、徐州、连云港、盐城等地。港城内部公交也同时开通。

27日 省安监局副局长柏利忠带领省安委会督查组一行，到大丰市督查春节期间安全生产工作，实地检查大润发超市、四卯酉渔港等。

31日 1月31日是农历正月初一。盐城市委常委、大丰市委书记倪峰及市长陈平分别到新韩汽配项目建设工地、森威精锻有限公司、大丰港集装箱码头、博汇纸业有限公司、江苏辉丰农化股份公司等单位看望坚守在工作生产一线的职工，以及坚守岗位的公安边防官兵。

△ 省商务厅和省知识产权局共同印发《关于同意南京经济开发区等28家单位为江苏省知识产权试点园区的批复》。大丰市经济开发区名列其中，成为首批省级知识产权试点园区。

是月 刘大线航道整治工程16座桥梁中的最后一座北中心河桥，以及大中水上服务区房建工程通过交工验收。至此，刘大线航道整治主体工程全部结束。刘大线航道整治工程全长55.7千米，按四级航道标准建设。

2月

7日 盐城市召开2013年度目标任务综合考核表彰大会，大丰市继2012年度后再次获综合先进奖第一名，并获得11个单项工作先进奖〔招商引资和项目推进、科技创新和转型升级（第一）、沿海开发和区域合作（第一）、开放型经济（第一）、农业现代化和统筹城乡发展、民生幸福和社会事业（第一）、城镇化和基础设施建设、生态文明建设、社会管理创新和信访稳定（第一）、党建创新和精神文明建设、反腐倡廉和作风建设〕，其中5个第一。此外，大丰港经济区、大丰经济开发区、大丰风电产业园、草庙镇4个单位也分别获得单项奖。

8日 大丰市召开全市重大项目推进暨重大载体建设动员大会。盐城市委常委、大丰市委书记倪峰讲话，要求全力以赴推进重大项目，重点围绕风电装备制造、海洋生物、电子信息等战略性新兴产业，主攻科技含量高、装备水平高的重大产业，努力打造百亿级产业园区、十亿级重点企业，加快转型发展步伐，推动全市经济社会更好更快发展。

10日 大丰市举行2月重大项目集中开工活动。迪讯科技大丰有限公司年产100万台高档电视与电子元器件项目、江苏创诺药业有限公司年产200亿片固体制剂项目、江苏大吉环保能源大丰有限公司垃圾焚烧发电项目等15个重大项目集中开工，总投资41亿元。

△ 在农业部举办的现代种业发展培训班上，大丰市被农业部确定为“国家级杂交水稻种子生产基地”并授牌。

13日 上午9:00，中央电视台《新闻直播间》播放大丰市76岁诚信老人单德凤，在老伴和儿子去世后，用自己种田的收入，还清儿子生前治病欠下的5万多元债务，并独自抚养小孙女的新闻特写。

14日 华润集团党委委员、副总经理、华润创业有限公司董事会主席陈朗一行到大丰，实地察看盐城新能源淡化海水产业示范园海水淡化车间灌装线和微网设备等。

15日 中共大丰市第十一届纪律检查委员会第四次全体会议召开。

盐城市委常委、大丰市委书记倪峰讲话。市委常委、纪委书记宋勇作市纪委常委会工作报告。会议通过相关《决议》。

△ 中共大丰市委党的群众路线教育实践活动领导小组召开第一次会议。盐城市委常委、大丰市委书记、市委教育实践活动领导小组组长倪峰要求，领导小组各成员要坚决贯彻执行中央精神和省、盐城市委部署，明确目标责任，认真履行工作职责，推动教育实践活动扎实有效开展。会议通过《领导小组工作规则》。

△ 大丰市召开全市农村工作会议。盐城市委常委、大丰市委书记倪峰讲话。市委副书记殷勇作农村工作报告。会议要求强农惠民，改革创新，推动农村工作再上新台阶。会议表彰全市“十佳环境整洁村”“十佳种养大户”“十佳农业龙头企业”“十佳农民经纪人”。

18日 盐城市委常委、大丰市委书记倪峰会见台湾机器同业公会理事长李太郎一行，双方就推进合作事项进行沟通与交流。

18~19日 江苏省发改委副主任、青海省海南藏族自治州州委常委、副州长杭海一行到大丰市考察，实地参观明进机械、金风科技、东方1号创意产业园、顺和科技公司、海洋世界、高新技术区等。

20日 由集团总部设在香港，分支机构遍布新加坡、越南、印尼等地的协鑫（集团）控股有限公司投资建设的600万吨液化天然气接收站系列项目签约。该项目落户大丰港经济开发区。

△ 盐都区委书记羊维达、区长吴本辉带领党政代表团到大丰市考察，先后参观常州高新区大丰工业园、谷登工程机械装备有限公司、南车电机有限公司、大丰港通用码头等。

25日 大丰市委召开全市党的群众路线教育实践活动动员会议。传达中央、省和盐城市委要求，部署安排全市教育实践活动。省委督导组副组长程裕松、盐城市委督导组组长叶守民到会。会上，各镇区主要负责人向市委递交了“大丰市‘一把手’抓群众路线教育实践活动责任书”，对市级领导班子和党员领导干部进行了民主评议。根据上级要求，大丰市有2500多个党组织及所属的49000多名党员参加第二批教育实践活动。

28日 副省长史和平到大丰实地视察非并网风电淡化海水示范项目建设情况，主持召开座谈会。大丰市市长陈平介绍。示范项目6个系统中的20个土建工程全部结束，进入设备调试阶段。史和平要求按照示范要求，加快推进项目建设，确保早日出水，一次成功，并科学安排项目营运管理。

是月 大丰市被江苏省民政厅授予“全省和谐社区建设示范市”称号。

是月 省推进企业研发机构建设工作联席会议办公室，认定全省387个企业研发机构为“首批江苏省重点企业研发机构”。大丰市的江苏丰东热技术股份有限公司、江苏南车电机有限公司、江苏辉丰农化股份有限公司、江苏丰山集团有限公司4个企业入选。

3月

3日 大丰市召开“重大项目推进年”招商引资督查推进会议。会议要求坚持高端引领，讲究质量，招商选资，提高招商实效，以主体招商、专业招商、委托招商、以商引商为主，形成制度化、规范化、常态化，确保招商引资工作取得明显成效。

5日 大丰市在南京举行沿海开发暨金融对接工作汇报会。省政府副秘书长徐立讲话。省发改委、省金融办、省经信委、省商务厅、省住建厅等部门和工行、中行、建行江苏分行、江苏银行等单位负责人出席。会上，签约项目22个，其中金融战略合作项目3个，金融合作协议19个。活动期间，签约项目75个，授信总额147.4亿元，1亿美元。

6日 省发改委副主任赵芝明一行到大丰，实地参观考察金风科技、南车电机、东方1号创意产业园等生产现场。

7日 大丰港经济开发区在哈尔滨与哈电集团发电设备国家工程研究中心有限公司，签署新能源淡化海水关键技术研发和装备制造基地建设战略合作协议。双方以大丰新能源淡化海水产业示范园区为依托，开展涵盖风力发电、太阳能发电、海洋潮流能发电等新能源领域的关键技术和装备的合作研发。

8日 大丰市首批138位村（居）党建富民工作指导员上岗履职。

10日 副省长傅自应到大丰调研园区建设、旅游发展和对台合作等情况。傅自应在大丰经济开发区、城东新区和大丰港经济开发区，进企业、看项目、问规划、听汇报，详细了解情况，对大丰所取得的成绩给予肯定，并勉励大丰要进一步调结构、转方式，实现更有质量的发展。

11日 盐城市政协主席李驰到大丰市调研村级集体经济发展工作。李驰到经济薄弱的草堰镇合新村召开干群座谈会，实地察看合新村标房项目建设、农田林网及村庄绿化等现场，听取大丰市及草堰镇经济社会发展及扶贫开发工作汇报。其间，参观博敏电子有限公司和大地丰收农业创意产业园。

△ 大丰市旅游行业协会成立，并召开第一届理事会。会议审议通过《大丰市旅游行业协会章程（草案）》，选举产生协会组织机构。

12日 江苏海事局“海巡0691”艇抵大丰港。在大丰期间，该艇对大丰港水域实施巡航，巡察大丰港进出港航道船舶流量，南北航线附近水域的通航环境状况，检查船舶和设施倾废排污等情况。

13日 全国政协常委、全国政协提案委员会副主任委员、九三学社中央副主席赖明到大丰市，调研新型城镇化背景下绿色建筑与建筑产业现代化发展情况，实地察看江苏金风科技有限公司、上海新型建材岩棉大丰有限公司、江苏立德绿色建筑产业园规划展示厅及项目建设现场。

△ 省委宣传部副部长、省委外宣办主任、省政府新闻办主任司锦泉到大丰调研，参观考察东方1号创意产业园、大地丰收农业创意产业园、孙桥现代农业科技馆和大丰知青农场。

15日 大丰市在市区永泰广场举行以“新消法、新权益、新责任”为主题的“3·15”消费者权益日宣传咨询活动，共发放宣传资料3万多份，接受消费者咨询6000多人次。

16日 大丰市义工联合会正式成立。50名注册义工参加大丰义工联第一次会员代表大会。会议审议通过《大丰义工联合会章程》，选举义工联合会负责人。

19~23日 盐城市委常委、大丰市委书记倪峰用3天时间，在新丰镇长坍村等村居开展“三解三促一加强”（了解民情民意、破解发展难题、化解社会矛盾，促进干群关系融洽、促进基层发展稳定、促进机关作风转变，加强基层组织建设活动）驻点调研，检查指导基层教育实践活动，听取镇村干部群众意见，共商加快镇村经济发展、增加农民收入和改善民生的新办法。

20日 盐城市市长魏国强到大丰市调研新型城镇化工作，实地察看大中镇恒北村、南阳镇规划展示馆等，并要求坚持改革创新，积极稳妥推进新型城镇化建设。

22日 大丰港石化码头靠泊第一艘装载柴油的“顺达油77号”船。该船舶的成功靠泊装卸，标志着大丰港石化码头可为大型化工企业提供一个价廉、便捷、安全的物料供应通道。

26日 省海洋与渔业局副局长夏前宝一行到大丰市调研海域管理工作。夏前宝实地察看海王2号匡围工程、海王3号匡围工程及圩堤加固工程，大丰港二期码头海洋环保设施工程现场，对大丰的海域管理工作给予肯定。

△ 江苏海斯特液压科技有限公司在上海股权托管交易中心中小企业股权报价系统（Q板）成功挂牌（企业代码200599），实现大丰市企业在上海股交中心挂牌零的突破。

27日 大丰市邀请北京交通大学、广州铁路局、中铁工程总公司等单位的专家，对新建盐城大丰港支线铁路工程可行性报告进行研讨。大丰港支线铁路正线43.9千米、港区内支线22千米。

△ 大丰市文化创意产业协会成立。

28日 大丰市在苏州举办项目集中签约仪式，现场签约项目13个，计划总投资25.3亿元，主要涉及海上风电基础平台设计与制造、数控设备、热处理装备制造、食品加工等领域。

30日 中国汽车技术研究中心主任赵航到大丰，考察中汽中心盐城汽车试验场项目建设现场。该项目2011年12月31日开工建设，总投资20亿元。

△ 上海江苏（大丰）产业联动集聚区专题座谈会议在大丰市召开，专题研究推进上海江苏（大丰）产业联动集聚区发展事项。副省长徐鸣、上海市副市长时光辉，及盐城市、大丰市领导出席。

是月 在国家标准化管理委员会下达的第八批国家农业综合标准化示范项目中，大丰市被确定为“国家现代农业综合标准化示范区”。这是继弱筋小麦、大蒜、蔬菜等标准化示范项目后，大丰获批建设的第四个国家级农业标准化示范区。

4月

1日 省委派驻盐城市党的群众路线教育实践活动督导组组长、省人大民族宗教侨务委员会主任邵军一行到大丰市，走访调研，听取汇报，召开镇党委书记、市直部门负责人、人大代表、政协委员座谈会，全面了解大丰教育实践活动开展情况。

2日 大丰市市长陈平会见美国TPI集团公司总裁史蒂夫·罗卡德一行，双方就风电叶片项目合作进行友好会谈。

△ 苏州高新区党工委副书记、管委会主任周旭东一行到大丰，实地考察明进机械和大中镇恒北村等现场。

3日 苏州盐城沿海合作开发园区10个重大项目集中开工，总投资23.8亿元。省委常委、省人大常委会副主任、苏州市委书记蒋宏坤宣布开工。盐城市委书记朱克江、苏州市市长周乃翔分别讲话。盐城市市长魏国强，盐城市委常委、大丰市委书记倪峰，盐城市副市长周绍泉，大丰市市长陈平出席。

6日 盐城市委书记朱克江到大丰港经济开发区调研，察看江苏丰海新能源淡化海水发展有限公司生产一线、大丰港三期通用码头等，要求大丰更大力度推进三港联动开发，围绕现代产业建设现代港城。

8~15日 第二届江苏·恒北梨园风光乡村游活动举行。此次乡村游活动，大中镇恒北村接待社会旅游团体50多个，吸引游客近5万人。

10日 省委副书记石泰峰到大丰调研，具体了解高效渔业发展、夏熟作物生长、农村改革等情况，实地察看东方绿洲现代农业产业园、华丰农场和盐土大地现代农业科技园。

10~13日 省长李学勇在党的群众路线教育实践活动深入开展之际，到大丰市大中镇恒北村开展“三解三促”（了解民情民意、破解发展难题、化解社会矛盾，促进干群关系融洽、促进基层发展稳定、促进机关作风转变）驻点调研。4天时间里，他住农家、干农活、问农事、谈农经，走园区、到社区、进企业、看沿海，和基层干部群众亲切交流，对大丰市城乡统筹、经济转型、沿海开发取得的成绩表示充分肯定，勉励大丰市在新一轮沿海开发中抓住有利机遇，深化改革，扩大开放，突出提质增效升级，大力推进国家可持续发展实验区建设。在沿海开发中，充分发挥港口龙头带动作用，努力形成港产城联动发展、互动融合的良性循环。

12日 中国·大丰荷兰花海2014婚庆博览会暨麋鹿生态国际旅

游季开幕。

13日 中英科技文化协会、英国英创基金执行主席王雷一行到大丰考察人才工作。在大丰期间，王雷一行参观考察大丰留学人员创业园、高新区，并就与留创园全面合作共建英国创业园和大丰相关负责人进行洽谈交流。

15日 大丰市在深圳举行项目集中签约活动，现场签约项目15个，涉及电子数码、智慧城市、海洋生物、平板显示屏、白色家电等多个高端产业，计划总投资90.4亿元。

17日 广东省云浮市委书记、市人大常委会主任黄强，市委副书记、市长卓志强带领党政代表团到大丰市考察。在大丰期间，参观谷登工程机械装备有限公司、明进机械有限责任公司、金风科技有限公司、东方1号创意产业园等。

20日 大丰市市长陈平与美国卡森市市长詹姆斯·劳伦·迪尔分别代表两市签订缔结友好城市意向书，以促进两市之间的友好交往。

21日 大丰市召开全市创建国家园林城市动员大会。会议要求，全市总动员，打造天蓝地绿水净的美好家园。

△ 大丰市委召开常委（扩大）会议，传达学习习近平总书记在兰考县委常委扩大会议上的讲话精神，认真学习焦裕禄精神，坚持为民宗旨，推进教育实践活动深入开展。

23~24日 上海市经信委副主任马静及临港集团副总裁袁国华一行到大丰，就沪苏大丰产业联动集聚区合作有关事项进行调研，实地察看上海杨浦区大丰工业园、上海纺织大丰产业园、上海光明工业区和知青纪念馆等，对园区发展规划、产业定位、基础设施建设等取得的初步成效给予肯定。

24日 《大丰日报》登载大丰市委部署开展十项专项清理、治“四风”顽疾工作，把边学边改、即知即改贯穿于党的群众路线教育实践活动全过程。

△ 大丰市政府在《大丰日报》登发贺信，祝贺“裕华大蒜”商标被国家工商行政管理总局商标局认定为地理标志证明商标，实现了大丰市地理标志证明商标零的突破。

26日 大丰市举行4月重大项目集中开工活动。江苏立德绿色建筑系统集成有限公司绿色建筑产业园项目、江苏海兴化工有限公司13万吨/年环氧氯丙烷项目、江苏索弗电子科技发展有限公司保健器材项目等14个重大项目集中开工，总投资36.09亿元。

△ 建设创新型国家战略推进委员会顾问、中国人民解放军总装备部原副部长、中国载人航天常务副指挥、中将胡世祥一行到大丰市考察，并参观麋鹿保护区和知青纪念馆。

30日 盐城市在大丰召开农村环境综合整治工作推进会。大丰市作交流发言。与会人员集中观摩大丰市西团镇众心村新型社区、众心村大龙庄点，大中镇恒南村1号庄点、恒丰村1号庄点、恒北村四组庄点，南阳镇诚心村18号庄点，新丰镇荷兰花海等现场。

是月 省新技术新产品推广应用工作联席会议办公室发布《省重点推广应用的新技术新产品目录（第四批）》，大丰市丰东股份、丰泰流体、海纳机械、万达纺织等企业的4个新技术新产品被收入目录，将优先享受省有关政策的支持。

是月 大丰市被省环保厅正式命名为“江苏省省级生态市”，成为盐城市第一家获此荣誉的县（市、区）。

5月

1日 《大丰日报》公布24个市级机关执法服务单位边学边改、边查边改整改项目的公开承诺，这在大丰尚属首次。这些市级单位是行政服务中心、卫生局、环境保护局、民政局、公安局、消防大队、人口和计生委、国土资源局、质监局、法院、住房和城乡建设局、地税局、安全生产监督管理局、人力资源和社会保障局、城市管理局、食品药品监督管理局、文化广电新闻出版局、教育局、体育局、司法局、信访局、检察院、工商局、农委。

3日 大丰港物联大厦智慧港务研发中心投入使用。该中心的使用可有效改善大丰港口岸各类作业的运作环境，实现从传统低端物流向现代物流的转变。

4日 盐城市委常委、大丰市委书记倪峰拜访上海临港经济发展（集团）有限公司，对接沪苏大丰产业联动集聚区合作有关事项，受到上海市经信委副主任马静和临港集团副总裁袁国华的热情接待。

5日 盐城市人大常委会副主任谷家栋带领检查组到大丰，开展《中华人民共和国防洪法》和《江苏省防洪条例》执法检查。

6日 上海股权托管交易中心在大丰联络服务代表处，举行中小企业股权报价系统江苏专场挂牌活动。大丰市的银河工贸有限公司、大丰港成品油有限公司、盛泰不锈钢有限公司、丰乐铸造有限公司4个企业成功挂牌。另有2个企业进行E板签约。

6~7日 国家发改委资源节约和环境保护司副司长李静一行到大丰市，考察新能源淡化海水产业示范项目。

8日 国务院原副总理吴仪一行到大丰调研。调研期间，考察麋鹿国家级自然保护区等地。

△ 省纪委党风政风监督室副主任、副厅级纪检监察员张俭率省纪委督查组一行到大丰市，督查大丰市对中央“八项规定”、省委“十项规定”的贯彻落实情况。盐城市委常委、大丰市委书记倪峰介绍有关工作情况。市委副书记、纪委书记宋勇作工作汇报。

9日 大丰市召开全市集镇和农村环境综合整治推进会，全面检阅集镇和农村环境综合整治阶段性成果。会议集中观摩三龙和新丰两镇集镇和农村环境综合整治现场。会议要求，进一步落实责任，全面推进镇村环境综合整治，建设天蓝地绿水净的美丽新镇村。

△ 盐城市人大常委会副主任

肖紫英带领检查组到大丰市，开展《中华人民共和国旅游法》执法检查。

9~10日 科技部农村司副司长王喆一行到大丰市考察，实地察看东方绿洲、大丰港三期码头、盐土大地现代农业科技园、丰收大地现代农业示范园、恒北村等，对大丰市的科技创新工作给予高度评价。

10日 省经信委主任徐一平到大丰市调研，重点了解新能源淡化海水产业示范项目、园区建设、旅游发展等情况。

12日 出席盐城市沿海重大项目推进会的与会人员，到大丰市观摩盐城海洋生物产业园高端海藻酸钠项目、大丰港特钢新材料产业园和顺镍合金项目、大丰港现代物流园区物联大厦和苏盐沿海合作开发园标准厂房项目等。

14日 省政府节能考核组到大丰，对2013年节能工作目标责任开展评价考核，并实地察看博汇纸业和大丰港三期通用码头现场，对大丰发展节能环保产业，推进"腾笼换鸟"，促进工业企业节能降耗的做法给予肯定。

△ 盐城市组织的"厚德盐城"先进典型事迹报告团到大丰宣讲。郑巧玲、王凤良、宋敏、李晓霞、王周斌5人分别讲述自己或同事在岗位上的感人事迹及大丰港的奋斗历程。

15日 南通市委常委陈照煌、副市长单晓鸣带领党政代表团到大丰市考察，实地察看江苏南车电机有限公司、大丰港三期码头及大丰港国际商务大厦、海晶创投中心等。

17日 由大丰市委、市政府和新华社江苏分社共同打造的江苏省首家党政客户端发布平台——"中国大丰"在南京举行上线仪式。

19日 江苏丰海新能源淡化海水发展有限公司1万吨非并网风电淡化海水示范项目，首台生产线正式调试出水。

22日 科技部副部长曹健林在省科技厅副厅长蒋跃建的陪同下到大丰市，考察新能源淡化海水产业示范园和海洋生物产业园等项目建设情况。

△ 省关工委主任曹鸿鸣到大丰市，调研关心下一代工作，察看大丰市经济社会发展情况。

23日 全国政协常委、提案委主任孙淦带领全国政协提案委员会调研组一行，在省政协副主席何权的陪同下，到大丰市调研日产1万吨非并网风电淡化海水示范项目。

24日 哈电发电设备国家工程研究中心有限公司增资江苏丰海新能源淡化海水发展有限公司协议正式签署。

27日 2014年中国大丰（香港）新兴产业项目签约仪式在香港举行。此次洽谈签约项目32个，其中集中签约项目23个。32个项目总投资568亿元，其中外资17.5亿美元。签约项目涉及资本市场、新能源、现代物流、电子机械、海洋生物、节能建材等领域。其中与协鑫集团合作1000万吨LNG接收站及配套设施项目单体总投资400亿元。

27~28日 江苏沿海14县（市、区）政协工作研讨会第二次会议在大丰市召开。会议就"江苏沿海开发战略"课题进行讨论交流。与会人员集中参观大丰的金风科技、东方1号创意产业园、大丰港海洋世界、博汇纸业、三期通用码头、大丰港规划展示馆等现场。

29日 中央电视台第一套综合频道晚间直播间《热点扫描》栏目播出《江苏大丰：把剧场搬进课堂，德育课好玩不说教》，介绍大丰市推行"行知互动剧场"，让未成年人自编自创自演节目，潜移默化接受教育，践行社会主义核心价值观。

6月

3日 省召开民营经济发展表彰大会。大丰市辉丰农化股份有限公司受到表彰。

4日 省商务厅副厅长赵进一行到大丰市，考察海水淡化项目建设情况。

5日 省政府副秘书长王志忠、省政府办公厅副主任吴剑铭率各地级市接待办负责人到大丰市，考察海水淡化项目建设情况。

6日 江苏海外集团董事长黄宏亮一行到大丰考察。在大丰期间，黄宏亮考察了大丰港木材产业园、石化产业园、石化码头、二期码头、大丰港规划展示馆、莎士比亚小镇等。黄宏亮表示努力寻求深层次、广层面、多形式的战略合作。

△ 2014年鹿王争霸赛大型电视现场直播活动开机仪式，在江苏大丰麋鹿国家级自然保护区举行。7日上午8:30~10:00，中央电视台新闻频道、上海电视台新闻综合频道，以及盐城、大丰电视台进行现场直播。广东南方电视台、河北经视、湖北经视等省级电视台和人民网、新华网等媒体也参与直播。

8日 大丰港通用码头正式通航。大丰港三期通用码头总投资12亿元，码头平台长560米、宽53米，正面为两个10万吨级泊位，内侧为3个2万吨级泊位，装备45吨专用门机14台，年装卸能力1200万吨。至2014年6月，该码头是大丰港体量最大、能力最强、泊位最多的专用装卸平台。

△ 2014年大丰港海洋生物博览会暨全国海洋宣传日江苏主场活动在大丰市海洋博览中心开幕。开幕式上，有关领导为"国家科技兴海产业示范基地""国家农业科技园"揭牌。该博览会是全国首次举办的海洋生物产业领域综合性展会，国内外从事海洋生物医药、海洋食品、海洋生态育种养殖、海洋生物能源生产研究的企业和科研机构参展。活动签约项目与贸易合同33个，总投资92.14亿元，协议利用外资1.6亿美元，贸易合同出口额3.37亿美元。当晚，中央电视台《新闻联播》报道大丰海博会相关情况。

△ 2014年海洋生物产业研讨会在大丰港半岛温泉酒店召开。会议以"谋政产学研金合作，推海洋生物产业发展"为主题，共同研讨未来发展。会议发布《2014年海洋生物博览会大丰宣言》。

9日 大丰市委召开常委会，听取盐城市委督导组关于大丰市市级领导班子和县处级以上党员领导干部作风建设情况和问题反映通报，讨论市委常委会群众路线教育实践活动对照检查工作。

10~12日 以中国环境科学研究院水所研究员苏一兵为组长的国家环保模范城市技术评估组，对大丰市创建国家环保模范城市工作进行技术评估。经过听取汇报、审阅台账资料、实地核查评估，评估组肯定了大丰的创建工作，并提出改进意见。

16日 盐城市委常委、大丰市委书记倪峰会见日本株式会社IHI机械系统代表董事社长瓦谷立身一行，双方就合作事项进行深入沟通与交流。

17日 丰东热技术股份有限公司与日本株式会社IHI机械系统举行合作签约仪式。

18日 大丰市西郊生态公园二期工程正式对外开放。西郊生态公园项目占地133公顷，投资概算5亿元。2013年9月一期工程建成开放。

20日 盐城市委副书记陈正邦带领有关部门负责人，到大丰市检查防汛备汛工作，实地察看四卯酉闸、王港新闸、竹港闸、川东港新闸等现场。

26日 大丰市举行6月全市重大项目开竣工活动。当月重点开竣工项目18个。当天开工的亿然阀门整机制造项目落户南阳镇阀门工业园区，总投资1.2亿元，占地3.3公顷。

27~29日 在北京召开的第五次全国边海防工作会议上，江苏盐城边防支队大丰港边防派出所被国家边海防委员会、人力资源社会保障部、总参谋部、总政治部联合表彰为全国边海防工作先进单位。

30日 上海市政府和江苏省政府联合印发《关于共同发展沪苏大丰产业联动集聚区的意见》，标志着沪苏大丰产业联动集聚区建设正式启动。集聚区以上海光明工业区为基础，先期规划开发12平方千米，比照江苏省级开发区和上海市级开发区管理，在规划导向、土地、财税、人才、金融等政策方面给予支持。

△ 大丰市召开纪念中国共产党建党93周年座谈会，共同回顾党的光辉历程，表彰全市先进基层党组织、优秀共产党员和优秀党务工作者。

△ 国家旅游局发文，大丰市中华麋鹿园景区的《景观质量评分细则》获得90.6分，达到申报创建AAAAA级旅游景区景观质量的基本要求。全国旅游景区质量等级评定委员会同意中华麋鹿园通过评审，并将中华麋鹿园列入创建AAAAA级旅游景区预备名单。

是月 “幸福大丰”官方微信服务号公众平台正式上线运行。

是月 大丰市上报盐城市委宣传部的影视剧《铁军号手李增援》《回家》，图书《麋鹿之恋》《沼泽之光》，歌曲《家园》，工艺美术《齐白石》6件作品入选盐城市第六届“五个一工程”奖，获奖数居盐城各县（市、区）之首。

7月

2日 大丰市委常委会召开党的群众路线教育实践活动专题民主生活会。会前市委全体常委走访座谈，面向基层群众征求意见和建议1500多条，其中突出的问题300多条。市委书记倪峰主持起草了常委班子对照检查材料。常委各自撰写个人对照检查材料。生活会聚焦反对“四风”，以整风精神开展批评与自我批评。生活会严肃认真，达到预期目标。

3日 大丰港成功申报省级低碳主题性港口。2013年6月省政府提出2020年将率先全面建成绿色循环低碳交通运输示范省。大丰港口管理局抢抓机遇，全面推进低碳示范岗创建，申报实施的《大丰港绿色循环低碳港口主题性项目实施方案》通过交通运输部组织的评审。大丰港是继连云港之后全省的第二个低碳主题性港口。

5日 大丰市遭遇2014年入夏以来最强降雨，雨量150毫米。全市内河水位逼近警戒水位。

△ 大丰市人大常委会党组召开党的群众路线教育实践活动专题民主生活会，以反对“四风”为重点，按照“照镜子、正衣冠、洗洗澡、治治病”的总要求，以整风精神开展批评与自我批评，认真解决作风方面存在的问题。

7日 大丰市政府党组召开党的群众路线教育实践活动专题民主生活会，以“为民、务实、清廉”为主题，以反对“四风”、服务群众为重点，以整风精神开展批评与自我批评，深剖根源，明确整改方向和措施。

8日 大丰市政协党组召开党的群众路线教育实践活动专题民主生活会。会上，党组成员积极开展批评和自我批评，开门见山，坦诚相见，富有成效。

9日 宿迁市委书记蓝绍敏、市长王天琦率党政代表团在盐城市委书记朱克江、市长魏国强的陪同下，到大丰市参观考察。代表团参观金风科技、东方1号创意产业园、博汇集团、大丰港三期通用码头、新能源淡化海水项目产业示范园、大丰港规划展示馆、莎士比亚小镇等现场，对大丰的经济社会发展留下深刻印象。

△ 省妇联副主席顾敏一行到大丰市调研妇女积极投身经济建设工作，对大丰市深入推进妇女创业、创建2个省级示范基地表示肯定，并对大丰市申报省级巾帼农家乐示范基地恒北春秋餐饮有限公司进行现场评估。

10日 省环保厅副厅长柏仇勇一行到大丰市调研，实地察看大四河环境整治、市自来水公司增加深度处理工艺情况，并对此表示满意和肯定。

△ 省新闻出版局纪检组组长沈辉一行到大丰市，调研“农家书屋”建设和农民读书活动开展情况。

△ 如东县委副书记周建飞带领考察团到大丰市考察港口及沿海开发情况。

10~13日 由省体育局、省教

育厅主办，大丰市人民政府承办的2014年江苏省青少年阳光体育运动联赛田径锦标赛暨县组田径比赛（第一赛区）在大丰市体育场举行。全省35支代表队近560名运动员、裁判员参加了19个项目的比赛。经过3天比赛，张家港市、武进区、太仓市代表队分获团体总分前3名。大丰代表队获团体总分144分，位居第十名。

11日 2014年大丰（上海）沿海开发投资环境推介会在上海国际会议中心举行，现场集中签约项目28个，总投资90.5亿元，协议利用外资1.7亿美元。巴斯夫、中石化、华为等世界500强及跨国公司参加了推介会。集中签约项目涉及生物医药、新能源、机电制造等多个高端产业。

△ 河北省唐山市曹妃甸区副区长、工业区管委会副主任张贵宝率考察团到大丰市考察海水淡化项目建设。

21~25日 省纪委常委、第一巡视组组长臧巧华，副组长王军带领省委第一巡视组，到大丰市开展回访巡视工作，检查大丰市关于巡视反馈意见落实情况。

22日 商务部外资管理司副巡视员曹宏瑛一行到大丰市，考察海水淡化项目建设情况。

23日 省委党校副校长杨明一行到大丰市，调研干部教育培训工作。

29日 由东方1号创意园承办，为期15天的“魅力东方·梦想起航”全国青年设计师工作营闭营仪式暨国际创意设计高峰论坛，在大丰市全国科普教育基地——东方1号创意产业园举行。

30~31日 省科技厅副厅长段雄一行到大丰，调研沿海科技创新工作，察看东方绿洲现代渔业精品园、丰收大地现代农业示范区、海丰奶牛养殖基地、盐土大地现代农业科技园等现场。

31日 大丰市委工作会议在大丰剧院召开。盐城市委常委、大丰市委书记倪峰作《振奋精气神 改革促发展》工作报告，总结上半年工作，部署下半年工作任务，要求全面超额完成全年目标任务。

是月 大中镇恒北村被国家科协命名为全国农村科普示范基地。

8月

1日 大丰港动物园正式开园迎客。动物园分为3个区域：北区为麋鹿苑，中区为珍禽园，南区为大熊猫乐园、虎狮熊豹猛兽馆等景点。

5日 中国科协国际部部长、海智办主任张建生一行到大丰市，调研“江苏大丰海智工作基地”创建工作，及开展国际科技交流与人才智力合作工作，实地察看了留学人员创业园、海洋世界、东方1号创意产业园，并听取了相关情况汇报。

6日 省水利厅专家组到大丰，对堤东灌区（大丰片）2011年度续建配套与节水改造项目进行验收。该项目涉及白驹、草堰、小海、万盈、大桥、草庙共6个镇，新、拆建泵站43座、水闸22座、涵洞35座、渡槽18座；维修水闸1座、防渗渠11.3千米；疏浚渠道7.4千米。专家组实地察看部分现场、查阅台账、听汇报，一致同意通过验收。

6~8日 省委常委、常务副省长李云峰到大丰调研，重点了解大丰市沿海开发建设情况，实地察看了金风科技、沪苏大丰产业联动集聚区启动区、大丰港口、荷兰花海、上海知青农场等，并在新丰镇裕南村与蚕农一同劳动，走访慰问新中国成立前老党员和困难党员。

7日 中组部党员教育中心副主任赵安华一行，在省委组织部副部长郑跃奇，盐城市委常委、组织部部长庄兆林陪同下，到大丰市调研党员远程教育工作，察看大中镇恒北村映像展示厅和远程教育点，召开群众座谈会。

11日 省环保厅督查组一行到大丰督查华丰工业园环保工作。

12日 省农委副主任李俊超率调研组到大丰市，调研农业面源污染问题。调研组实地考察申河畜牧场、光明海丰奶牛场、苏港和顺生物科技公司禽粪污集中处理和新丰镇裕南村畜禽粪污综合处理等现场。

13日 科技部科技评估中心副处长田德录一行，到大丰调研国家可持续发展示范区建设和发展情况。

△ “迎青奥·畅游江苏”大丰旅游推介会在南京举行。南京青奥会期间，中华麋鹿园是苏北唯一一家“青奥之旅指定接待景区”。会上，江苏中青旅、江苏中旅等与中华麋鹿园、海洋世界等8家景区签订旅游战略合作协议。

16日 省沿海地区发展办公室和大丰市举办大丰沿海开发综合示范带发展规划研究评审会。专家组通过了该规划的评审。

18日 下午4时26分，来自四川中国大熊猫保护研究中心都江堰基地的熊猫兄弟——卯卯和西西，乘坐南航波音737专机，历经8个多小时，行程2000多千米，抵达盐城南洋国际机场，并乘专车到达大丰港动物园大熊猫乐园。

26日 大丰市举行8月重大项目集中开工活动，17个重大项目同时开工，总投资73.85亿元。江苏环球海洋生物科技有限公司年产11000吨卡拉胶、琼脂项目是集中开工的主现场。

△ 省委党史工作办公室主任崔广怀率全省各地级市党史办主任到大丰市调研党史工作，实地察看东方1号创意产业园、知青纪念馆，听取大丰市党史工作情况汇报。崔广怀对大丰的党史工作成绩给予肯定，并勉励大丰要进一步开创党史工作新局面。

27日 省经信委副主任李强率运行局、节能处和交通处负责人一行到大丰市，重点就节能环保企业、东方1号创意产业园开展调研，实地察看金风科技生产车间、东方1号创意产业园运行情况。

△ 新四军先辈足迹寻访团一行到大丰，瞻仰裕华、西团革命烈士纪念碑、参观八路军新四军白驹狮子口会师纪念碑等地。寻访团主要成员有粟裕之子、北京军区原副司令

员、中将粟戎生，粟裕秘书、少将朱楹及夫人，叶飞之女、全国人大常委会外事局原副局长叶葳葳等19人。

27~28日　国家新闻出版广电总局副局长童刚一行到大丰市，调研地方电视频道建设和管理工作。

29日　大丰市在上海举办2014年大丰（上海）旅游推介活动。上海国旅、上航国旅、上海1057车友俱乐部、上海国际旅游集团等12家上海旅游单位分别与大丰市中华麋鹿园、熊猫乐园等12家景点签订合作协议。

是月　由江苏省人民政府新闻办公室主办的“2014最美江苏”形象宣传片征集评选活动结束。《中国·大丰》等18部城市形象宣传片获“最美江苏”城市宣传片称号。获此称号的县级城市有3家，大丰是苏中、苏北地区唯一获奖的县级城市。

是月　大丰港新建的石化专用码头，通过省级验收组的对外开放正式验收。

9月

1日　大丰市有37人获得“苏北发展急需人才引进计划”资助，人数列盐城市各县（市、区）第一。

4日　盐城市委书记朱克江到大丰刘庄镇东联村、草堰镇草堰村、白驹镇团结村等镇村调研，到田头查苗情，与基层干部群众交谈。

5日　大丰市召开严格落实“八项规定”切实加强作风建设推进会。会议要求要认真落实“两个责任”，持续深入改进作风。会议通报全市近期查处的违反“八项规定”典型案例。

6日　大丰港“大熊猫乐园”正式开门迎客。活动现场，相关部门为参与大熊猫征名活动的市民和获奖者颁奖。

10日　大丰市召开第30个教师节庆祝表彰大会。市政府对“最美教师”“优秀班主任”和“十佳校长”进行表彰。

11日　商务部亚洲司副司长宋耀明到大丰市，考察港口和海水淡化项目。

△　盐城市人大常委会副主任曹友琥率调研组到大丰调研省级开发区发展情况，考察大丰港经济开发区海洋生物产业园、集装箱专用码头和海水淡化产业园。

12日　大丰市在上海市静安寺广场举行“请到麋鹿故乡来——大丰好玩呢”发布会暨“跟着花车去大丰”自驾游活动启动仪式。大丰市旅游局向上海近万名私家车车主发放大丰国庆自驾游手册。同时，还展销了恒北村的早酥梨、白驹镇的草鸡蛋等大丰特色产品。

13日　2014年上海旅游节开幕花车大巡游，在上海淮海路开启。以“北上海，大丰老灵哦！”为主题的大丰花车再度亮相，和国外24支表演团体，国内8支表演团队以及22辆花车一起巡游夜上海。

16日　青海省海南藏族自治州州长索南东智率考察团到大丰，了解大丰市经济社会发展情况，实地参观明进机械、金风科技、海洋世界、大丰港集装箱码头、东方1号创意产业园等现场，实地感受大丰的经济和社会发展。

△　教育部、共青团中央、国家林业局授予江苏大丰麋鹿国家级自然保护区“国家生态文明教育基地”称号。

17日　省人大常委会环资城建委主任夏鸣一行，到大丰市考察调研“旅游法”贯彻实施情况，听取汇报，并实地考察东方1号创意产业园、上海知青主题馆、大丰港动物园等现场，对大丰认真贯彻“旅游法”给予充分肯定。

18日　海安县委书记陆卫东率领考察团，到大丰市考察旅游发展和现代农业发展情况。

△　江苏台协会长联谊会会长、实联集团董事长林伯实一行近50人到大丰，参观考察大丰港三期通用码头和新能源淡化海水产业示范园。

18~19日　省科技厅副巡视员周贡生一行到大丰市考察省富民强县项目实施现场，并召开省苏北科技发展计划调研座谈会。

19日　盐城市秋播农业结构调整暨联耕联种现场推进会议在大丰市召开。大丰市长陈平作典型发言。会前，与会人员集中观摩大桥镇千亩油桃基地和白驹镇团结村联耕联种现场。

△　江苏焕鑫新材料股份有限公司在全国中小企业股份转让系统挂牌，成为盐城市首家成功挂牌“新三板”的企业。

22日　2014年大丰（深圳）投资环境说明会在深圳京基晶都酒店举行，现场集中签约项目20个，计划总投资65亿元，其中协议利用外资9500万美元。

23日　全国政协常委、提案委副主任、九三学社中央副主席赖明，全国政协常委、九三学社中央副主席、中科院院士武维华一行到大丰，调研农业盐碱地治理与利用情况，实地察看盐土大地现代农业科技园、海洋世界，对大丰市海洋生物产业发展给予肯定。

△　来自五大洲18个国家27家媒体的“文化中国——2014海外媒体盐城行”采访团到大丰考察。采访团一行察看大中镇恒北村、东方1号创意产业园、大丰港集装箱码头、非并网风电淡化海水示范项目、大丰麋鹿国家级自然保护区等现场，并在半岛温泉酒店观看了“经济社会发展成就图片展”，对大丰的发展留下深刻印象。

23~24日　省环保厅苏北环保督查中心在大丰市召开苏北地区环境问题整改推进会。大丰市专题作了化工园区环境整治工作典型发言。与会人员参观考察华丰工业园园区监控中心、沿海平原监测站、丰山集团、辉丰股份、联合环境水处理、跃龙化学、新宇辉丰等现场。

25日　盐城市政协副主席陈还堂到大丰，考察调研城镇化建设情况。

27日　意大利威尼托大区农业部长佛朗科·曼扎托一行到大丰考察农业发展情况，实地察看丰收大地、麋鹿保护区等现场。

△ 新疆克孜勒苏柯尔克孜自治州州委常委鲍广途带领代表团一行到大丰市参观考察。代表团参观了大地丰收农业创意园、麋鹿保护区、大丰港动物园、海洋世界、大丰港集装箱码头、莎士比亚小镇、大丰港规划展示馆、奥特莱斯国际名品展示中心。

△ 由盐城市委常委、组织部部长、市委教育实践活动领导小组副组长兼办公室主任庄兆林率队的盐城市委教育实践活动办公室到大丰调研，重点了解教育实践活动整改落实、建章立制环节和总结工作情况。调研组先后到新丰镇长坍村、市行政服务中心察看现场，召开座谈会，听取大丰的情况汇报，与大中镇、教育局、辉丰农化公司等党组织负责人面对面交谈。对大丰的教育实践活动表示肯定。

30日 9月30日是国家设立的首个烈士纪念日。当天上午，大丰市在市烈士陵园举行公祭烈士活动。盐城市委常委、大丰市委书记倪峰出席。大丰市长陈平主持并讲话。市四套班子领导，以及老战士、烈属、驻大丰部队、机关干部、学生及社会各界代表500多人参加公祭活动。

是月 大丰市获省科协批准设立省级海智工作基地。

10月

1日 大丰港海洋儿童乐园正式开园。儿童乐园位于盐土大地海洋生物产业园内，占地3000平方米，有海盗街区、默契积木坊、海底淘堡厂、勇者之屋四大主题区域。

8日 《大丰日报》登载大丰市人大常委会党组、大丰市人民政府党组、大丰市政协党组党的群众路线教育实践活动整改方案。

△ 环保部公告，大丰市刘庄镇等9个镇成为国家级生态镇。至此，加上之前的大中镇，大丰市有10个镇获此称号。全市国家级生态镇比例为83%，达到国家级生态市考核要求。

11日 省政府研究室副巡视员沈和带领调研组，到大丰市调研沿海开发情况。

△ 省环保厅副巡视员陈志鹏率环保厅、财政厅联合考核组到大丰市考核生态红线区域监督管理情况。考核组实地察看新团河备用水源保护区、珍禽保护区退渔还湿现场、大丰林场、麋鹿保护区等处，并听汇报，对大丰的工作给予充分肯定。

13日 上海临港集团副总裁袁国华一行到大丰市考察，实地察看东方1号创意产业园、大丰港集装箱码头、市职教中心、沪苏大丰产业联动集聚区。

14日 省沿海办副主任乔德正一行到大丰，对大丰市沿海开发“六大行动”方案实施情况进行督查，实地查看中汽盐城汽车试验场、江苏创诺制药有限公司、新能源海水淡化园、大丰港集装箱码头和东方1号创意产业园，并听汇报。督查组对大丰抢占沿海开发制高点的做法给予肯定。

△ 农业部渔船检验局局长李杰人一行到大丰市，调研海洋养殖船舶管理工作。调研组察看东方绿洲渔业养殖现场，并召开海洋养殖船舶管理工作座谈会。

△ 《新华日报》公示8月“江苏好人榜”。大丰市草庙镇敬老院院长沈淦入选。

14~15日 大丰市在韩国举办2014年中国·大丰（首尔）重大项目签约活动，并参加盐城市组织的中国·盐城（首尔）经贸说明会。大丰共洽谈和签约项目24个，总投资8.65亿美元。其中，集中签约项目11个，总投资5.2亿美元。

15日 台湾实联集团董事长、台玻集团总裁林伯实一行到大丰市参观考察，实地察看大丰正辉太阳能电力有限公司。

16日 盐城市副市长马成志到大丰市调研文化遗址保护工作。

17日 常州市政协主席邹宏国一行，在盐城市政协主席李驰等陪同下，到大丰市参观考察现代工业和生态文明建设等方面的发展成果和经验。

19日 大丰港滚装码头开工，总投资1.2亿元，计划2015年年底建成，形成年40万车台的运送能力。

△ 大丰市举行2014年金秋经贸恳谈会。签约项目37个，协议总投资299亿元，其中协议利用外资3.6亿美元，涉及新能源高效利用产业集群、成品油煤油共炼产业基地、新能源及生物医药、LED研发生产、医用空气净化设备制造等领域。

△ 上海大丰商会成立大会暨首届金麋鹿俱乐部高峰论坛在招商银行上海大厦举行。

21日 省住建厅领导专家组到大丰市，对创建国家园林城市工作进行资格核验和专项评价。在大丰期间，专家组察看创园现场、查阅台账资料、审查创建技术报告等，详细了解大丰创建国家园林城市工作情况。

△ 北京振兴盐城咨询委员会主任王俊一行到大丰市考察。

△ 省林业局副巡视员严宏生一行到大丰，对大丰市沿海林场纳入国有林场系列管理进行调研评审。

22日 省人大常委会常务副主任、党组副书记蒋宏坤一行，到大丰市考察《江苏省海洋环境保护条例》贯彻实施情况，实地察看大丰港集装箱码头、华丰工业园区的联合环境水处理（大丰）有限公司、荷兰花海等地。考察中，蒋宏坤对大丰海洋资源开发与保护工作表示肯定。

△ 省委研究室副巡视员仲红岩一行到大丰市考察沿海发展情况。

23日 盐城市委常委、大丰市委书记倪峰会见美国TPI集团公司总裁兼首席执行官史蒂夫，双方就进一步深化合作事项进行深入交谈。

△ 省水利厅厅长李亚平到大丰市检查通榆河整治和管理工作，现场察看通榆河大丰取水口、白驹二桥通榆河两岸坍塌断面以及兴盐界河与串场河交界处等现场。

△ 省残疾人联合会副理事长蔡振康一行到大丰市调研残疾人联合会工作，察看大丰市残疾人托养中

心、草庙镇残疾人联合会办公机构场所，走访慰问特殊困难残疾人。

23~24日 以人民日报社经济部副主任龚雯等为主要成员的《人民日报》采访组，围绕“深入推进绿色发展战略，加快建设创业开放生态幸福的美丽盐城”主题，到大丰参观采访。

24日 《大丰日报》登载24个市级机关执法服务单位“边学边改、边查边改整改成效公示”，这24个单位分别是：市行政服务中心、市卫生局、市环保局、市民政局、市公安局、市人口计生委、市国土局、大丰质监局、市法院、市住建局、市交通运输局、大丰地税局、市安监局、市人社局、市城管局、市食品药品监督管理局、市文广新局、市教育局、市体育局、市司法局、市信访局、市检察院、大丰工商局、市农委。

△ 大丰市召开全市党的群众路线教育实践活动总结大会。盐城市委常委、大丰市委书记倪峰总结了自第二批党的群众路线教育实践活动开展以来的活动情况，要求巩固拓展活动成果，全面推进从严治党。盐城市委督导组组长叶守民出席并讲话。

△ 全国政协常委、海峡两岸关系协会会长陈德铭一行，在盐城市委副书记、代市长王荣平的陪同下，到大丰参观考察。陈德铭察看龙源风电项目现场、知青农场等，表示将通过海协会平台，推介大丰的生态环境和投资环境，吸引更多的台商到大丰寻求合作。

△ 科技部下达的2014年度国家星火计划立项名单中，大丰市有10个项目获国家星火计划扶持

25日 大丰市举行重大项目集中开工活动。当月，全市有15个重大项目开工建设，总投资56亿元。其中有总投资8300万美元的培耘电子印制电路板项目，总投资6亿元的源源山富数码喷绘新材料项目和总投资5亿元的江苏道诚生物公司科技大厦项目。

26日 由大丰市城管局负责建设的全免费纯公益公共自行车系统在城区投入试运行。这在盐城市各县（市、区）尚属首家。

29日 环保部华东督查中心副主任刘国才一行到大丰市，检查国控重点污染源自动监控情况。大丰市共有10个国控重点污染源企业。督查组重点检查大丰阳光热电有限公司和凌云海热电有限公司。督查组总体肯定，并对发现的问题提出指导性意见。

30日 科技部党组书记、副部长王志刚到大丰市考察创新驱动发展战略实施情况。在大丰期间，王志刚进园区，深入到金风科技、新能源淡化海水示范项目等现场，详细了解大丰创新驱动发展战略落地执行情况。

△ 新华社江苏分社《江苏领导参考》总编辑、《智库》工作部主任周国洪等一行4人，到大丰市调研创意农业发展及沿海开发情况。

是月 大丰市上海知青纪念馆，经江苏省旅游局批准晋级为AAAA级景区。

是月 江苏东方创意文化产业有限公司被省科协授予“江苏省科普产品研发基地”称号。

11月

1日 《2014年度县域经济发展报告》在北京发布。报告公布第十四届全国县域经济与县域基本竞争力百强县。大丰市首次进入50强，列第48位，比2013年前移6位。

1~2日 大丰市举行“百名海外博士江苏行”大丰洽谈会。海外博士集中参观考察留学人员创业园、风电研发展示中心、高新区国际软件园、大丰港规划展示馆。此次活动共达成合作意向26个，涉及生物医药、电子信息、机械加工等领域。

△ 大丰市举行中国工程院咨询项目“棉花生产规模化、机械化、信息化、智能化”调研暨长江流域沿海棉区机采棉观摩活动。专家、学者、创新团队成员及江苏省各产棉市、县作物栽培专家100余人参加活动，并观看了现场演示。

5日 省经信委副主任陆元刚一行到大丰市考察调研产业园区发展情况，实地察看金风科技、南车电机、久昌机械、龙发机械、丰特机械等现场。

11日 大丰市与盐城师范学院共同举行江苏海洋药物研发协同创新中心暨盐城师范学院大学科技园（大丰园区）揭牌仪式。

13日 省群众文化学会会长王世华及省文化厅党委委员、省图书馆党委书记方标军，到大丰市调研公共图书馆总分馆服务体系建设工作。

14日 省委老干部局领导到大丰调研评审“精品社区”工作。

15日 省扶贫基金会、扶贫协会会长丁解民一行到大丰，专题调研扶贫开发示范项目建设情况，并对大丰市扶贫协会工作，尤其是扶贫项目建设和扶贫助学给予高度评价。

△ 大丰市委召开常委会，传达学习中央巡视组巡视江苏省情况反馈会和省委巡视组巡视盐城市情况反馈会精神，研究讨论巡视反馈意见整改落实工作。会议要求举一反三，落实责任，确保巡视反馈意见整改落实到位。

△ 大丰福到乐水产食品有限公司生产的“福到乐”系列虾酱，获在山东省青岛市举办的第十二届中国国际农产品交易会金奖，是盐城市唯一获金奖的农产品。

△ 盐城市副市长朱传耿带领盐城市环保局、农委等部门负责人到大丰市，督查秋季秸秆禁烧禁抛工作。

19日 省委宣传部副部长、外宣办主任司锦泉率领省委第七联合督查组到大丰市，督查中央巡视组对江苏巡视反馈意见整改落实情况。

△ 台湾玻璃集团董事长林伯丰带领工商协进会、新光银行、友利实业、华声食品、振兴医院等台企负责人到大丰市参观考察。

△ 原国家人口计生委国际合作司巡视员、副司长汝小美一行到大丰市，调研督导“新家庭计划——

家庭发展能力建设”项目试点工作，实地察看项目试点的大中镇恒北村现场。

20日 2014年江苏大丰（深圳）重大项目签约活动在深圳举行，共签约重大产业项目24个，总投资82.7亿元，其中外资6000万美元。

24日 盐城市委常委、大丰市委书记倪峰，在天津、北京分别拜访中国汽车技术研究中心主任赵航和中国南车股份有限公司总裁刘化龙，就进一步深化合作进行洽谈交流。

25日 省政府法制办主任于爱荣、省军区装备部副部长司启富一行，到大丰市进行《江苏省征兵工作条例（修订草案）》立法调研。

27日 泥浆泵施工人员黄春洪，在丁溪河大丰市草堰段拓宽工程施工中，发现一较完整的麋鹿角亚化石，进一步证实大丰市6000年前就是麋鹿故乡。

△ 启东市委书记徐锋、市长黄卫锋率党政代表团到大丰市考察沿海开发与发展情况。

28日 省长李学勇在盐城调研考察时专门安排时间，回访“三解三促”驻村住户调研的大中镇恒北村，对恒北村7个月后的新变化给予了鼓励，并对恒北村今后发展提出了新的希望。

12月

1日 盐城市在大丰举行盐丰（盐城—大丰）公交开通仪式。盐城市副市长王荣宣布开通。大丰市市长陈平致辞。盐丰公交运营全程64千米，票价9元。

△ 大丰市“12345”热线居家养老服务版块正式运行。该服务主要面向城区60周岁以上老人试点运行。至年底，全市有354位老人在社区签订服务协议。

2日 盐城市乡村旅游建设工作座谈会在大丰召开。会前与会人员集中观摩大中镇恒北村、新丰镇荷兰花海。

3日 副省长史和平到大丰市调研海水淡化示范项目，要求按照示范性、经济性、持续性发展方向，全力推进海水淡化示范项目加快发展。

5日 江苏大丰（上海）人才工作站挂牌成立。上海市人社局副局长毛大立，盐城市委常委、大丰市委书记倪峰，共同为工作站揭牌。上海市人才服务中心还与大丰市人社局签订《大丰上海人才合作协议书》。

6日 盐城市委常委、大丰市委书记倪峰，在上海拜访上海纺织控股（集团）公司党委书记、董事长童继生等高层领导，就深化双方合作，做大做强上海纺控大丰产业基地，进行深入交流。

8日 大丰市委召开常委扩大会议，学习党中央关于对周永康严重违纪案审查情况和处理决定的精神，表示坚决拥护党中央对周永康的审查处理决定，坚定不移推进党风廉政建设和反腐败斗争。

10日 省环保厅厅长陈蒙蒙一行到大丰市考察调研，察看华丰工业园污染源监控中心、江苏沿海平原大丰监测站、丰山集团、辉丰股份等现场，对大丰市相关工作给予高度评价。

△ 省农业农村政策督查组到大丰督查农业农村政策贯彻落实情况，通过实地走访，座谈等方式了解。督查组认为大丰落实农业农村政策成效显著，农民反映良好。

12日 省商务厅发文确认大丰市为“江苏省玩具出口基地”，标志大丰市成为苏北地区轻纺产品类的首家省级出口基地。

15日 大丰市在昆山举办投资说明会，共签约项目8个、协议总投资8.7亿元，其中外资500万美元。60多名台湾客商应邀参加会议。

16日 盐城市副市长吴晓丹率队到大丰市调研现代农业发展情况，实地察看郁金香农园（采摘园）、荷兰花市、海丰奶牛场、久禾生物科技有限公司、大地丰收农业创意产业园等。

18日 大丰市与清华大学科研院深化全面合作协议签约。根据协议，大丰将在区域经济发展、产业结构调整、重大项目建设等方面与清华大学科研院合作。

△ 川东港闸下移工程通过专家组验收。验收过程中，专家组听取参建单位汇报、审计决定及质量监督与竣工技术预验收工作报告，查阅工程建设相关资料，经过讨论形成验收鉴定书，同意工程通过验收。该工程2010年元月开工，总投资1.51亿元。

19日 农业部作出《关于表扬2014年全国粮食生产先进单位和先进个人的决定》。大丰市草庙镇新东村种粮大户石万明受表彰，获“全国种粮大户”称号。

22~23日 中国生态文明研究与促进会秘书长朱广庆，率国家生态市技术评估组一行到大丰，对大丰市建设国家生态市进行技术评估。评估组通过实地调查、听取汇报、查阅资料、了解民意等方式，逐项评估大丰市国家生态市建设工作，一致同意大丰市通过国家生态市建设技术评估。

25日 大丰市委召开常委会议，要求认真学习贯彻习近平总书记在江苏视察调研时的重要讲话精神和省委十二届九次全会精神，全面把握精神实质，按照建设新江苏要求建设新大丰，努力推进各项工作迈上新台阶。

27日 盐城市委副书记、代市长王荣平带领检查组到大丰，检查大丰市2014年党风廉政建设责任制落实工作。王荣平对大丰市落实党风廉政建设工作给予充分肯定，并要求严守责任、严格履职、全面落实从严治党新要求。

29日 大丰港区召开领导干部大会。盐城市委常委、大丰市委书记倪峰在会上提要求。市长陈平讲话。韦新、宋勇等市领导出席。会议宣布了港区党工委、管委会、集团公司的有关人士任免。〔中共盐城市委盐委组〔2014〕209号、231号通知：罗强任江苏大丰港经济开发区党工委书记；褚国栋任大丰港经济开发区管委会主任。市委决定：罗强不再担任大丰市政府党组成员、大丰港经济开发区管委会常务副主任职务；倪向荣任大丰海港控股集团有限公司董事长、总裁、党委书记，不再担任大丰港经济开发区管委会主任、党委副书记、委员，市海洋科教城党工委书记、大丰港城党工委书记，盐城新能源淡化海水产业示范园党工委书记职务；褚国栋任大丰港经济开发区党委副书记（列罗强后）]。

30日 由江苏省人才创新创业促进会、武汉工程大学人才发展研究中心联合举办的《江苏区域人才竞争力报告（2014）》发布会在南京举行。大丰市在全省45个县市中排名第19位，连续2年居盐城第一，综合排名跃居苏北第一。

△ 盐城市深入推进全民创业加快镇村经济发展现场会（南片区）在大丰市召开。会前，与会人员集中观摩大中镇磨锐通用机械、丰收大地农副产品网络营销中心等全民创业典型。会上，盐城市委副书记、代市长王荣平讲话。大丰市市长陈平介绍大丰市创业情况。

是月 国家工商总局认定大丰市佳丰油脂有限责任公司“恒喜”食用油商标为中国驰名商标。这是大丰市继“丰山”“辉丰”“大丰港”之后被国家工商总局认定的第四个中国驰名商标，也是首例大丰市农产品驰名商标。

是月 科技部火炬中心认定，依托高新区申报的大丰市高鑫投资有限责任公司，为2014年国家级科技企业孵化器。

是月 大丰市被江苏省教育厅表彰为家庭教育先进市。

是月 江苏博汇集团开票销售超过100亿元，成为盐城市非车企业第一家开票销售超100亿元企业。

是月 大丰港口货物吞吐量超过5100万吨，集装箱达10万标箱。

是月 大丰港大宗商品展示交易中心正式上线，临港物流服务业产值超过85亿元。

（杨长国 冯永生）

〖编辑 刘洪芳〗

2014年11月1日，《2014年度县域经济发展报告》在北京发布。报告公布第十四届全国县域经济与县域基本竞争力百强县。大丰市首次进入50强，列第48位

市情简介

【地理位置】 大丰市位于江苏省东部，盐城市东南的黄海之滨，北纬32°56′~33°36′、东经120°13′~120°56′，海岸线112千米。北与盐城市亭湖区交界，南与东台市接壤，西与兴化市毗邻，东濒黄海，总面积3008平方千米。年底，境内有上海市属农场1个〔境内原驻有隶属上海市的上海农场、川东农场、海丰农场3个。2013年12月，上海农场、川东农场行政归并为上海市上海农场。2014年4月，上海市上海农场、海丰农场（上海海丰总公司）进行行政归并，新定名为上海市上海农场。至此境内驻有上海市属农场1个〕、江苏省属农场3个。

【地形地貌】 大丰市是长江和黄河东流入海泥沙长期淤积而成的滨海平原，地形南宽北窄，呈不规则三角形，似葫芦。东西宽44千米，南北长63千米。地面高程1.8米~4.5米。除沿海滩涂外，全市地势东高（2.8米~3.5米）西低（2.4米~2.8米）、南高（3.3米~4.5米）北低（1.9米~2.2米）。中部老斗龙港两侧为槽形洼地，宽3千米~6千米，自西南向东北纵贯全市。地面高程在1.8米~2.4米之间。中南部古河、小洋河两侧也为槽形洼地，宽2千米~3千米，自东南向西北纵贯中南部，地面高程在2.2米~2.8米之间。东南部川东港以南地区为高亢地，地面高程在3.5米~4.5米之间。

【自然资源】 土地资源。大丰市有耕地13.07万公顷，人均占有耕地0.18公顷。大丰沿海滩涂1000多平方千米，列全国各县（市）之最。另有辐射沙洲东沙岛1000多平方千米，受洋流影响每年新增土地1300多公顷。

水资源。市内常年自然降水量约1066毫米，丰水年有2000多毫米，欠水年也有500毫米左右。市境内有川东港河、疆界河、王港河、四卯西河、斗龙港河、南直河、西潮河、大丰干河等入海水道，平均地面年径流量5.1亿立方米，客水过境量约25亿立方米。地下淡水资源丰富，根据实凿眼井观察，深160米左右的可供人畜饮用淡水日涌量约200立方米，深400米左右的热淡水（水温约27℃）时涌量约60立方米。海水取之不尽。

生物资源。市内物产丰富，品种繁多。农产品量大质优，是全国十大产棉县之一。常年产棉花4万吨、粮食79万吨、水果7.3万吨、蚕茧1200吨，生猪饲养量190万头，家禽饲养量4400万羽，水产品产量12万吨。其他木本、草本、地被植物500多种，药材除人工培植的80多种外，还有罗布麻、茵陈、龙胆草、益母草、墨旱莲、苍耳子、马鞭草等野生药材200多种。陆上脊椎动物100多种。有世界珍稀麋鹿2360头，有丹顶鹤、天鹅、白尾海雕、牙獐等30种国家一、二级保护动物。近海资源丰富，潮间带浮游植物145种，浮游动物68种，底栖固着性藻类47种，水生动物中有各种鱼类20种，其中黄鲫、银鲳、小带鱼等优势品种10多种。贝类以文蛤、青蛤、四角蛤、鲜蛏、泥螺等为多，年产5000吨左右。

林业资源。全市有林业用地面积4.73万公顷。森林覆盖面积4.57万公顷，其中有林地面积2.38万公顷，分别为杨树1.86万公顷、水杉0.09万公顷、其他经济树木及杂树0.43万公顷。全市有活立木蓄积总量130万立方米，其中有林地蓄积量91.3万立方米，分别为杨树76.9万立方米、水杉10.1万立方米、其他经济树木及杂树4.3万立方米；四旁树总株数1591万株、蓄积量38.7万立方米，其中杨树360万株、蓄积量19.4万立方米，水杉59万株、蓄积量13.3万立方米。纸浆和木材加工等开发前景广阔。

港口与岸线。大丰港是国家一类对外开放口岸，开通至韩国、日本等多条国际航线，至上海港、宁波港、青岛港等外贸集装箱航线，与中国台湾基隆港实现直航。大丰港建成集装箱、煤炭、矿石、液体化工、木材、粮食、大重件等1万吨级以上泊位16个。深水航道工程启动。2014年，货物吞吐量5109万吨，集装箱10万标箱，实现了小型港口向中型港口的跃升。大丰港海关、检验检疫、海事、边检等联检机构功能完善，实行“一站式”服务。

风能和光能。大丰风电场（包

括潮间带）规划总容量1000万千瓦以上，占江苏省的1/3。中国电力投资集团20万千瓦风电场项目建成营运。金风科技海上风电装备制造业基地项目建成投产。2014年，大丰全年日照时间2193小时，适宜发展光伏电产业。

【气候特征】 大丰市属于亚热带与暖温带的过渡地带，适宜喜温作物生长。海洋性气候，春温回升慢，秋温稳定，下降也缓，初霜迟，无霜期长。季风性气候，冬季受大陆季风冷空气影响，多西北风，以少雨天气为主，并常出现低温和霜冻；夏季受海洋性季风影响，多东南风，降水充沛，雨热同期；春秋两季处于交替时期，形成干、湿、暖、冷多变气候。春夏季、秋冬季界限不明显。近年来，冬季气温偏暖，少见大雪冰冻封河现象。常年平均气温14.4℃，无霜期203.8天，常年降水量1066.7毫米，日照2214.4小时。

2014年，年平均气温与常年值比较正常略高，年降水量与常年值比较偏多，年日照总量与常年值比较正常略少。总体来说，全年气候对部分农作物生长有一定影响。

【灾害性天气事件】 2014年8月7日6~17时，大丰市遭受短时强降水袭击，局部暴雨、特大暴雨，大桥镇农作物受淹，造成经济损失400万元左右。8月13日3时~14日16时，大丰市普降暴雨—大暴雨、局部特大暴雨，三龙镇、港区农作物受淹，造成经济损失720万元左右。

【主要气象要素分析】 2014年年平均气温14.9℃，比常年高0.5℃；年极端最高气温36.4℃，出现在5月30日；年极端最低气温-8.5℃，出现在1月22日。年降水总量1366.1毫米，比常年多299.4毫米；一日最大降水量131.0毫米，出现在8月14日。年日照时数2192.8小时，比常年少21.6小时。

5月极端最高气温36.4℃，创历史同期新高；1月平均最高气温9.3℃，创历史同期新高；2月降水量103.1毫米，创历史同期新高；8月降水量489.2毫米，创历史同期新高；8月降水量≥50.0毫米的日数为5天，创历史新高；8月日照时数为119.0小时，创历史同期新低。

6月25日起，进入梅雨期。7月18日出梅，梅期正常。梅雨量187.1毫米。

2014年大丰市气象资料（一）

表1

项目	雷暴	霜	结冰	雪	最低气温≤0.0℃	地面最低≤0.0℃
初日	2014.6.1	2013.11.17	2013.11.19	2014.2.5	2013.11.19	2013.11.18
终日	2014.11.30	2014.4.6	2014.3.21	2014.2.19	2014.3.9	2014.3.22
初终间日数	8	141	123	15	111	125

2014年大丰市气象资料（二）

表2

要素＼月份	1	2	3	4	5	6	7	8	9	10	11	12
平均气温（0.0℃）	3.3	3.5	9.3	14.7	20.8	22.6	25.9	24.7	22.3	17.4	11.6	2.6
降水量（毫米）	24.1	103.1	52.9	71.9	73.6	120.9	191.4	489.2	160.0	20.6	55.9	2.5
降水日数（≥0.1毫米）	3	12	8	10	6	10	13	18	16	4	10	2
蒸发量（毫米）	27.6	20.8	55.0	64.3	108.1	66.3	64.1	52.3	51.8	73.0	40.9	44.1
日照（小时）	184.0	104.7	196.4	205.9	266.9	169.3	182.7	119.0	144.5	247.2	157.0	215.2
大风日数	0	0	0	0	0	0	0	0	0	0	0	0

（耿　健）

【行政区划】 大丰市辖有草堰、白驹、刘庄、西团、小海、大桥、草庙、万盈、南阳、三龙、新丰、大中12个镇，及大丰经济开发区、大丰港经济开发区2个省级开发区。各镇及开发区共辖208个村民委员会54个居委会。境内驻有隶属上海市的上海农场，及江苏省的大中农场、方强农场、东坝头农场。

【民族人口】 大丰市境内居民以汉族为主。少数民族人口主要由婚进少数民族妇女及其子女构成，共有29个少数民族，分别为蒙古族、回族、藏族、苗族、彝族、壮族、布依族、满族、侗族、瑶族、白族、土家族、哈尼族、傣族、黎族、傈僳族、仡佬族、高山族、拉祜族、水族、纳西族、土族、布朗族、锡伯族、仫佬族、怒族、维吾尔族、景颇族、独龙族，1755户，共3430人。

2014年全市年末户籍人口72.54万人，年末常住人口70.19万人。在户籍人口中，男性人口36.22万人，女性人口36.32万人。全年人口出生率8.53‰，比2013年上升0.65个千分点；人口死亡率7.77‰，比2013年下降0.31个千分点；人口自然增长率0.76‰，比2013年上升0.96个千分点。

【建置沿革】 大丰自唐朝始有盐场建制，其时属扬州海陵县。北宋起隶属泰州海陵。清乾隆三十三年（1768）属东台县管辖。1942年5月，建立台北县，隶属于苏中行署第二专员公署。1949年5月，泰州专员公署成立，台北县隶属于泰州专员公署。1950年1月，台北县改隶属于盐城专员公署。台北县因与台湾省台北市同名，1951年8月，经国家政务院批准，台北县改名为大丰县。1953年1月，大丰县隶属盐城专区，1983年隶属盐城市。1996年8月，经国务院批准，撤销大丰县，设立大丰市。

（刘洪芳）

2014年大丰市国民经济和社会发展统计公报

2014年，面对复杂严峻的宏观经济形势和不断加大的经济下行压力，全市上下认真贯彻落实党的十八大和十八届三中、四中全会精神，牢牢把握"转型发展、稳中求进"总基调，紧扣"五个更加突出"工作重点，全力推进改革创新，经济运行总体呈现"速度趋稳、结构趋优、质量趋升"的新常态运行态势。

一、综合

人口总量略有上升。全市年末户籍人口72.54万人，年末常住人口70.19万人。在户籍人口中，男性人口为36.22万人，女性人口为36.32万人；0-18岁人口为9.02万人，18-35岁人口为13.57万人，35-60岁人口为33.76万人，60岁以上人口为16.20万人。全年人口出生率为8.53‰，比上年上升0.65个千分点；人口死亡率为7.77‰，比上年下降0.31个千分点；人口自然增长率为0.76‰，比上年上升0.96个千分点。

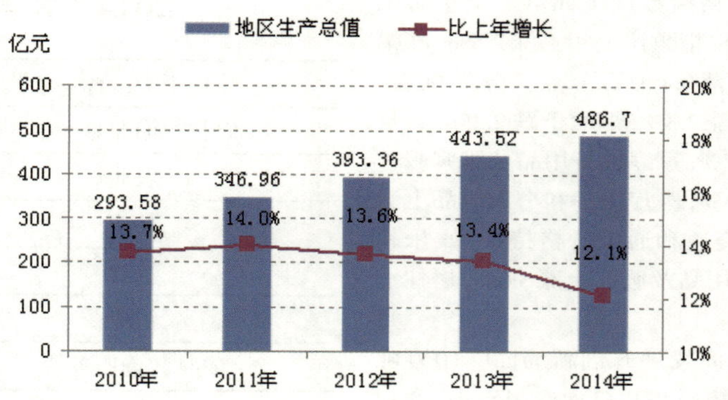

图1 2010~2014年大丰市地区生产总值及其增长速度

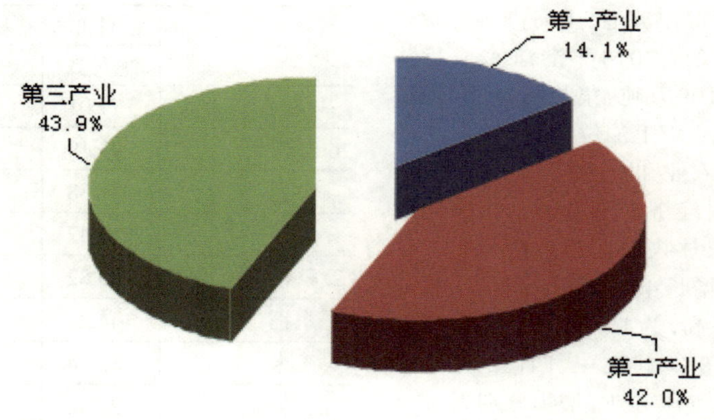

图2 2014年大丰市地区生产总值构成

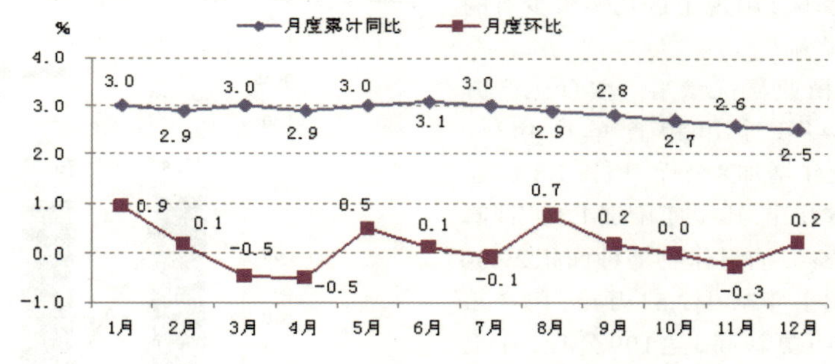

图3 2014年大丰市居民消费价格月度涨跌幅度

转型发展步伐加快。全年实现地区生产总值486.7亿元，按可比价计算，比上年增长12.1%。其中，第一产业增加值68.68亿元，增长3.6%；第二产业增加值204.42亿元，增长13.5%；第三产业增加值213.6亿元，增长12.1%。全市人均地区生产总值69350元。三次产业增加值比例调整为14.1∶42.0∶43.9，其中第三产业占比较上年提高3.1个百分点。全国县域经济基本竞争力百强县（市）排名首次跃进50强，列第48位，较上年前移6位。

就业形势总体稳定。全年新增城镇就业22661人，下岗失业人员再就业9684人，年末城镇登记失业率1.91%。新增农村劳动力转移6292人。民营企业从业人员达12.1万人。

价格指数逐步回落。全年居民消费价格指数比上年上涨2.5%，涨幅同比回落0.4个百分点。分类别看，食品上涨2.3%，烟酒下跌2.2%，衣着上涨2.7%，家庭设备用品及维修服务上涨2.3%，医疗保健和个人用品上涨7.8%，交通和通讯价格持平，娱乐教育文化用品及服务上涨3.6%，居住上涨2.7%。

沿海发展开创新局面。10万吨级集装箱码头和粮食专用码头、通用码头建成通航并正式对外开放，滚装码头开工建设，深水航道工程全面启动。新开辟宁波港、上海港等外贸内支航线3条。2014年港口完成货物吞吐量5109万吨、集装箱10万标箱，建成万吨级以上泊位16个。

二、农业和农村

农村经济平稳增长。2014年我市实现农林牧渔业总产值162.02亿元，同比增长4.3%。分行业看，林业的增幅最高，为13.6%；其次为渔业，增幅为8.8%；排在三、四位的是农业和农林牧渔服务业，增幅分别为6.5%和2.0%；牧业由于受生猪周期性行情低迷、H7N9禽流感和羊小反刍兽疫疫情影响，出现了近几年来少有的4.4%的降幅。

种植业喜忧参半。粮食生产方面，2014年，全市粮食单产443公斤，比上年增加8公斤，增长1.8%，总产79.26万吨，比上年增加1.34万吨，增长1.7%。油料作物播种面积29.36万亩，比上年减少2.51万亩，单产水平再创历史新高，达199公斤，比上年增加5公斤，总产5.84万吨，比上年减少0.35万吨，下降5.7%。棉花种植面积32.84万亩，比上年减少10.05万亩，下降23.4%，连续七年减少；单产79公斤，比上年减少18公斤，下降18.6%；总产2.59万吨，比上年减少1.57万吨，下降37.7%。

畜牧业平稳发展。2014年，全市生猪饲养量184.08万头，比上年增长42.1%，其中出栏123.80万头，同比增长44.5%。家禽养殖业受H7N9影响，家禽饲养量出现下跌，全年全市家禽饲养量4231万只，比上年下降11.0%，其中出栏2972万只，同比下降15.1%。全年肉类总产量13.77万吨；禽蛋产量7.13万吨。

渔业生产量价齐升。2014年，全市水产品总产量17.41万吨，比上年增长3.0%，其中海水产品7.50万吨，淡水产品9.91万吨；受畜禽需求下降，作为替代品的鱼类需求旺盛，带动鱼类价格普遍上扬，鲤鱼、鲫鱼、鲢鱼、草鱼、带鱼等5个品种全年平均价格较上年分别上涨2.1%、4.8%、3.1%、4.0%和3.2%。

农村条件显著改善。建成省级生态市，10个镇命名为国家级生态镇，4个村建成国家级生态村。农村“3+1”工程和村庄环境全面整治提升，并全面实施综合长效管理。2014

2014年大丰农林牧渔业总产值构成情况

表3

指　　标	绝对值（万元）	同比±%
农林牧渔业总产值	1620200	4.3
农业	789100	6.5
林业	335553	13.6
牧业	220434	-4.4
渔业	71311	8.8
农林牧渔服务业	90918	2

2014年主要农产品播种面积及产量情况

表4

	播种面积（万亩）		单产（公斤）		总产（万吨）	
	绝对数	±%	绝对数	±%	绝对数	±%
一、粮食	179.01	0	443	1.8	79.26	1.7
1. 夏粮	93.19	-1.9	389	2.1	36.24	0.2
小麦	71.88	6.2	397	2.3	28.52	8.6
大麦	18.47	-24	391	0.8	7.22	-23.4
2. 秋粮	85.82	2.2	501	0.8	43.02	3
水稻	44.24	2.3	613	-0.6	27.11	1.6
玉米	30.14	5.2	456	2.2	13.73	7.5
二、油料	29.36	-7.9	199	2.6	5.84	-5.7
油菜子	24.75	-8.7	196	2.1	4.85	-6.9
三、棉花	32.84	-23.4	79	-18.6	2.59	-37.7

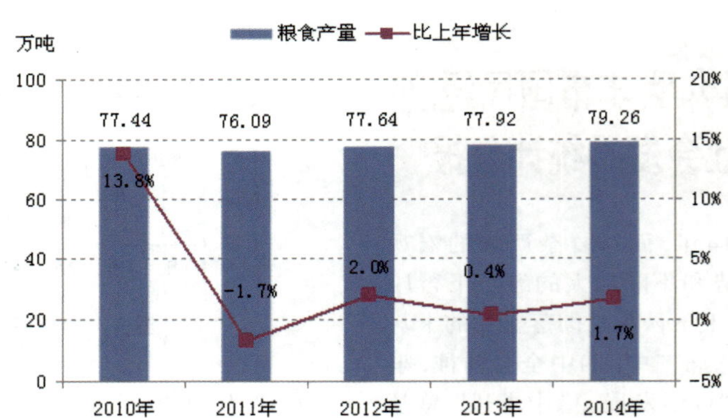

图4　2010~2014年大丰市粮食产量及其增长速度

2014年大丰市畜牧业生产情况

表5

指　　标	单位	2014年	比上年±%
一、牛饲养量	万头	1.93	19.9
#出栏	万头	0.16	-50
二、生猪饲养量	万头	184.08	42.1
#出栏	万头	123.8	44.5
三、羊饲养量	万只	56.99	-0.2
#出栏	万只	34.24	-1.8
四、家禽饲养量	万只	4231	-11
#出栏	万只	2972	-15.1
五、兔饲养量	万只	244.99	-11.9
#出栏	万只	101.68	-23.5
六、禽蛋产量	万吨	7.13	-12.2
七、肉类总产量	万吨	13.77	9.5

年，丰收大地、盐土大地被授予全国四星级休闲农业与乡村旅游示范园区，同时被授予盐城市十佳现代农业园区，丰收大地、盐土大地、梨园风光入选首届盐城最具魅力休闲农业园。建成锦绣大地、丰禾大地、万丰绿茵、兴海苑、郁金香农园等特色农业园区。

三、工业和建筑业

工业经济难中有进。在经济下行压力持续加大的宏观背景下，全市工业经济总量继续保持盐城首位，主要工业经济指标增速稳居盐城前列。2014年，全市实现全口径工业开票销售收入625.74亿元，遥遥领先周边县（市），列苏北第一。全年实现规模以上工业增加值176.48亿元，同比增长13.9%，增幅列盐城各县（市、区）第一。规模以上工业总产值736.75亿元，同比增长15.2%。

企业效益持续改善。全年规模以上工业企业实现主营业务收入729.5亿元，比上年增长9%；利税68.5亿元，比上年增长12.2%；利润42.59亿元，比上年增长19.6%。亏损企业60个，企业亏损面13.7%，亏损企业亏损额2.17亿元，工业经济效益综合指数为252.8。规模以上工业企业总资产贡献率比上年下降0.51个百分点，成本费用利润率比上年上升0.37个百分点。

主要行业实现齐增。全市机械、化工、食品、纺织等四大主要行业开票销售和入库税金等主要指标均实现同比正增长。机械行业占据主导。作为全市第一大行业的机械行业，在联鑫、金风、盛川等大企业的拉动下，全年实现规模以上开票销售179.24亿元、入库税金5.38亿元，同比分别增长为46.9%、6.8%，增长面分别为54.9%和56.2%。化工行业增长面广。全市规模以上化工行业开票销售和入库税金同比分别增长11.8%和20.7%，增长面分别达81.3%和71.9%，在四大主要行业中均居首位。食品行业贡献提升。2014年，全市规模以上食品行业实现开票销售43.15亿元，入库税金0.41亿元，分别同比增长10.5%和4.5%，对全市规模以上工业开票销售和入库税金的贡献率分别为3.69%和0.96%，贡献率较2013年分别上升了1.18个和7.0个百

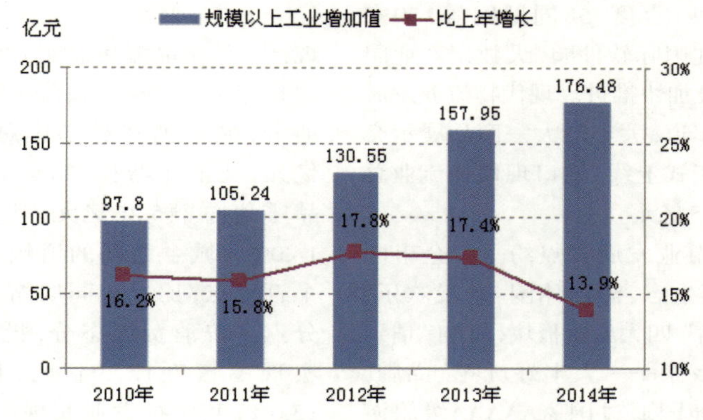

图5　2010~2014年大丰市规模以上工业增加值及其增长速度

2014年大丰市规模以上工业分行业主要指标情况

表6

指　　标	开票销售（万元）			入库税金（万元）			用电量（万千瓦时）		
	实绩	同比%	增长面%	实绩	同比%	增长面%	实绩	同比%	增长面%
规上工业合计	4704800	25.8	55.8	142230	14.5	56.3	400185	15.4	43
其中：食品行业	431492	10.5	52.9	4056	4.5	55.9	3404	19	58.8
纺织行业	550760	4.8	49.5	20046	4.7	54.6	37874	-4.9	35.1
化工行业	1411529	11.8	81.3	42059	20.7	71.9	166179	-2.3	58.6
机械行业	1792367	46.9	54.9	53832	6.8	56.2	179481	48.6	56.8

分点。纺织行业低谷徘徊。纺织行业受市场行情影响一直维持小幅增长，全年全市规模以上纺织行业实现开票销售55.08亿元，入库税金2.00亿元，分别同比增长4.8%和4.7%。

建筑业稳步发展。全年实现建筑业总产值65.46亿元，同比增长11.3%，其中竣工产值49.39亿元。建筑业增加值28.77亿元，房屋建筑施工面积496.63万平方米，房屋建筑竣工面积218.9万平方米，其中住宅竣工面积130万平方米。培植施工总承包一级企业2家，专业承包一级企业1家，新增资质施工企业9家。

四、服务业、旅游业和内外贸易

服务业贡献份额提升。全年实现服务业增加值213.6亿元，同比增长12.1%，服务业占GDP比重达43.9%。服务业用电量2.79亿千瓦时，同比增长1.5%。实现服务业地税收入23.55亿元，同比增长4.6%。规模以上服务业企业307个，比上年增长19.9%。现代服务业发展迅猛。电商产业蓬勃兴起，江苏首家阿里巴巴农村淘宝项目落户大丰，鸡毛箭、宅办公等企业进驻电商产业园运营。软件和信息服务业加快发展，百度、58同城网等150家企业入驻国际软件园，大数据产业园硬件建设加快推进。现代物流业发展步入快车道，大丰港大宗商品展示交易中心正式上线，港口现代物流业总产值达85亿元。

旅游业发展亮点纷呈。全市围绕"麋鹿生态、海洋休闲、动漫欢乐、乡村旅游"四大旅游板块，打响"请到麋鹿故乡来——大丰好玩呢"品牌。中华麋鹿园通过国家AAAAA级旅游景区景观质量评审，上海知青纪念馆、海洋世界获批国家AAAA级旅游景区。乡村旅游"六朵金花"绽放新姿，荷兰花海智慧旅游建成运营，创下单日接待游客31.68万人次盐城最高纪录，西郊生态公园二期对外开放。大丰城市形象宣传片登陆美国纽约时代广场，列"玩转盐城·最美旅游"评选活动榜首，上海—大丰旅游直通车开通。全年接待国内外游客590万人次，实现旅游综合收入55亿元。

消费品市场缓中趋稳。全年实现社会消费品零售总额139.36亿元，同比增长12.9%。按经营单位所在地分，城镇消费品零售总额134.10亿元，比上年增长12.8%；农村消费品零售总额5.26亿元，比上年增长14.0%。城乡之间的增幅差距为1.2个百分点，比上年同期缩小0.4个百分点。按消费形态分，批发零售业实现零售额127.9亿元，同比增长13.0%，其中批发业实现零售额10.3亿元，同比增长11.2%，增幅较上年增长2.3个百分点，零售业实现零售额117.6亿元，同比增长13.2%；住宿餐饮业实现零售额11.4亿元，同比增长11.2%，较上年增长0.2个百分点，其中住宿业实现零售额1734万元，同比增长13.2%，餐饮业实现零售额11.3亿元，同比增长11.1%。

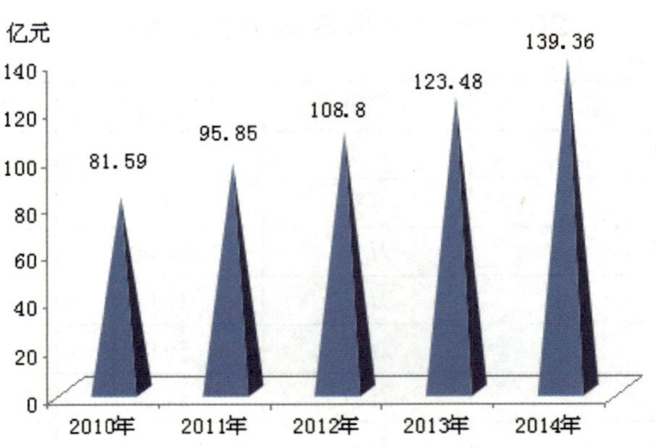

图6　2010~2014年大丰市社会消费品零售总额

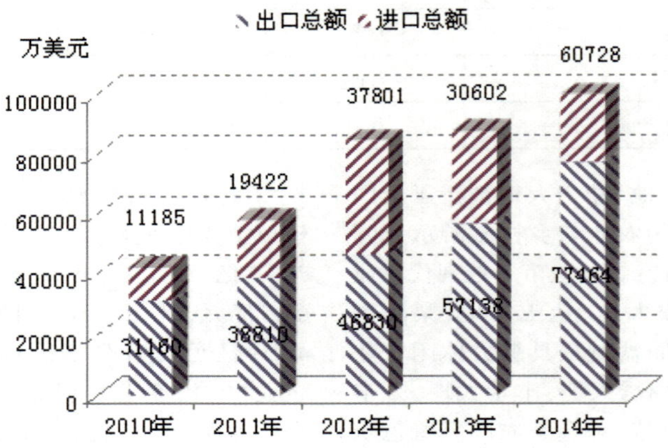

图7　2010~2014年大丰市进出口总额

对外贸易总量攀升。全年进出口总额138192万美元，比上年增长57.5%。其中，出口77464万美元，增长35.6%；进口60728万美元，增长98.4%。进出口、出口和进口总额均列盐城各县（市、区）第一。

外商投资规模领先。全年协议注册外资18266万美元，实际利用外资20602万美元，同比增长16.8%，总量和增幅均列盐城各县（市、区）第一。全年新批外资项目15个，其中总投资3000万美元以上项目5个。

五、固定资产投资和房地产业

固定资产投资较快增长。全年完成固定资产投资322.67亿元，比上年增长24.7%。其中，工业投资196.96亿元，同比增长21.6%。固定资产投资和工业投资增幅均列盐城各县（市、区）第一。

高新产业投资增长加快。海洋生物、电子信息、新材料、新能源等战略性新兴产业共完成固定资产投资39.8亿元，同比增长24.3%，比工业投资增幅高出2.7个百分点，新兴行业建设明显加快。

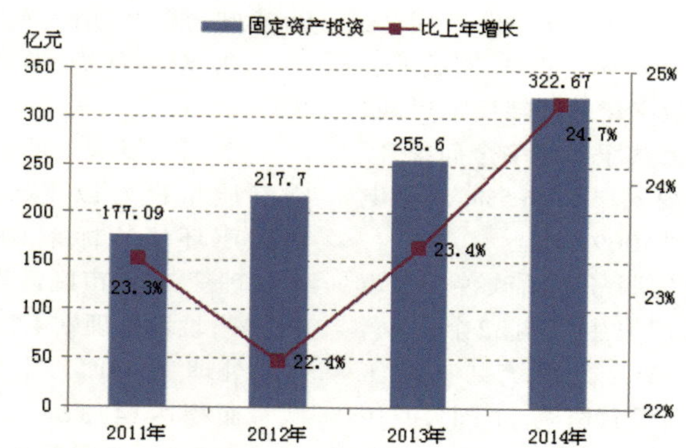

图8 2011~2014年大丰市固定资产投资及其增长速度

亿元项目建设成果显著。2014年，全市在建亿元以上项目达167个，完成投资225.36亿元，同比增长28.7%，新入库亿元以上项目45个，完成投资45.3亿元，同比增长7%。

房地产行业发展趋缓。全年完成房地产投资36.33亿元，同比增长25.3%，其中住宅投资26.98亿元，同比增长29.5%。实现商品房销售额33.07亿元，同比下降5.2%，其中住宅销售24.06亿元，同比下降16.5%。

六、交通运输和邮政电信业

交通运输业发展平稳。全年公路客运量989.83万人，公路货运量1191.49万吨，内河港口货物吞吐量613.4万吨。年末公路里程3088公里，其中高速公路里程38.75公里。年末民用汽车拥有量7.1万辆，净增1.2万辆，同比增长20.3%。私人汽车拥有量5.8万辆，净增1.45万辆，同比增长33.3%。

邮政电信业稳步发展。全年邮政电信业务收入59800.54万元，其中，邮政业务收入6991.54万元，电信业务收入52809万元。年末固定电话用户17.4万户，其中，农村电话用户10.87万户。年末移动电话用户61.76万户。年末互联网用户16.8万户。

七、财政、金融和保险业

财政收入总量攀升。全年实现财政收入（不含基金）77.4亿元，比上年增长19.5%，其中：一般公共预算收入60.02亿元，比上年增长19.9%，总量、增幅分别列全省各县（市）第十三和第五位。财政支出结构持续优化。一般公共预算支出82.9亿元，比上年增长20.8%，其中教育支出121439万元，医疗卫生与计划生育支出50170万元，社会保障和就业支出50563万元，科学技术支出29724万元。

金融市场规模进一步扩大。年末全市金融机构本外币存款余额439.75亿元，比年初增加56.94亿元，同比增长14.9%。其中，储蓄存款274.73亿元，比年初增加39.42亿元；企业存款152.47亿元，比年初增加13.32亿元。年末金融机构本外币

表7

2014年大丰市财政收入分项情况

指　　标	绝对数（万元）	比上年增长（%）
财政收入	773983	19.5
#上划中央收入	173817	18.24
#消费税	4155	0.85
增值税（75%）	98319	0.19
#一般公共预算收入	600166	19.87
#增值税（25%）	45532	39.19
企业所得税（40%）	30928	50.1
个人所得税（40%）	16633	80.21
营业税	225312	88.14

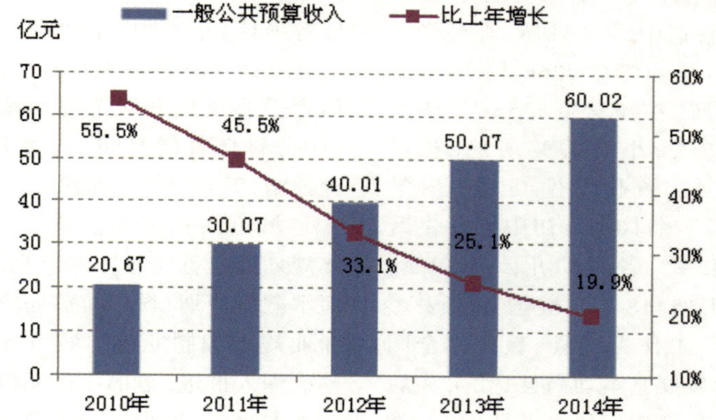

图9 2010~2014年大丰市一般公共预算收入及其增长速度

表8

年末金融机构本外币存贷款情况

指　　标	年末余额（万元）	比年初增减（万元）
金融机构存款余额	4397474	569413
企业存款	1524726	133169
储蓄存款	2747311	394182
金融机构贷款余额	2862198	442234
短期贷款	1251355	242997
中长期贷款	1261072	138875
票据融资	349365	63476

贷款余额286.22亿元，比年初增加44.22亿元，同比增长18.3%。其中，中长期贷款126.11亿元，比年初增加13.89亿元。

保险业稳步健康发展。全年保费收入44633万元。其中，财产险收入14042万元；寿险收入30591万元。全年赔款和给付22338万元。其中，财产险赔付9711万元；寿险赔付12627万元。

八、科学技术和社会事业

科技创新能力持续提升。全市共有各类专业技术人员45260人，比上年增加2010人，其中：农业技术人员4239人。全年专利申请受理量3250件，比上年净增536件，其中发明601件，比上年增加152件；专利申请授权量803件，其中发明50件。全社会研究与发展（R&D）经费内部支出7.95亿元。全市从事科技活动人员3774人，其中研究与发展（R&D）人员2642人。

教育事业全面均衡发展。全市中小学专任教师4792人，其中普通中学2507人、小学2044人、中等职业学校241人。全市共有学校65所，其中普通中学共31所，在校学生24194人，毕业学生9266人；中等职业学校1所，在校学生5355人，毕业学生2727人；小学共33所，在校学生27783人，毕业学生4871人。学龄儿童入学率100%，初中毕业生升学率99.45%。各类幼儿园共39所，在园幼儿15418人。被国务院表彰为“两基”工作先进县、教育部全国义务教育发展基本均衡县（市），先后获江苏省教育现代化先进县（市）、省教育工作先进县（市）、省义务教育均衡发展先进县（市）、省师资队伍建设先进（县）市称号。

公共文化服务水平提高。全市有国家一级文化馆和公共图书馆各1个，博物馆1个，歌舞团1个。国家等级镇综合文化站12个，镇广电站13个。全年开展各类公益性展演展示活动超过300场次。万人拥有公共文化设施面积达1597.9平方米，公共文化设施覆盖率100%。在苏北率先实现有线广播电视“户户通”，实施农村有线广播“村村响、户户通”工程，完成了村、组“大喇叭”工程，完成了全市有线电视数字化整体转换工程，农村广播电视公共服务网络全面提升。全市有线电视入户率96.5%，广播电视综合覆盖率100%。

医疗卫生服务不断改善。全市共有公立医疗卫生机构22个，民营医疗机构15个。全系统共有职工2049人（不含民营医院，下同），其中卫生技术人员1742人，每千人拥有医生数2.31人，实际开放床位3216张。城乡基层卫生服务网络更加健全，镇卫生院16个，村卫生室215个，注册乡村医生653人。新型农村合作医疗覆盖率达100%。全市人民群众健康水平达到苏北地区先进水平。居民平均期望寿命79.6岁，婴儿死亡率3.72‰，孕产妇死亡率为零。

体育事业蓬勃发展。群众体育活动蓬勃开展，连续两年被表彰为国家、省群众体育先进集体。全年举办群众体育健身活动150多场次。被授予江苏省县级体育总会工作先进单位荣誉称号、江苏省群众体育工作先进集体荣誉称号。成功创成江苏省体育强县（市）、国家高水平体育后备人才基地。体育设施日益完善，农村体育设施提档升级工程和城市社区“10分钟体育健身圈”全面建成，体育公园、健身设施遍布城乡。

城市面貌展现新形象。城市总体规划通过省住建厅专家论证，城市污水截流规划、城市抗震防灾规划等专业规划编制完成。城市环境综合整治深入推进，老旧小区基础设施改造基本完成，后街小巷黑色化实现全覆盖。在盐城首家建成公共自行车系统，投放公共自行车316辆。新开通盐丰公交专线。国家园林城市创建通过省级验收。新型城镇化和城乡一体化扎实推进，年末城镇化率为55.99%，比上年提高1.19个百分点。市区建成区面积达27.77平方公里。城市供水综合生产能力15万吨/日，全年市区供水总量1740万吨，其中：居民生活用水量1162万吨；煤气供气总量1248万立方米，煤气用气人口10.99万人；液化石油气供应总量8900吨，液化气用气人口9.9万人。

九、环境保护、节能降耗和安全生产

生态建设成效明显。城市环境空气质量良好以上天数达87.9%；市区声环境达标率100%。市区污水处理厂2座，市区污水集中处理率88.1%；垃圾处理站4个，生活垃圾无害化处理率100%。生态红线保护区域总面积达1473.64平方公里，其中陆域1214.73平方公里，占全市国土面积的比例达39.71%。全市新增成片造林2.3万亩，新增城市绿化面积44.56公顷，林木覆盖率和城市绿化覆盖率分别达26.8%和41.99%。国家生态市和国家环保模范城市创建通过国家技术评估，在盐城率先实现省级生态镇全覆盖，被命名为省级生态市。

节能降耗不容松懈。2014年，全市规模以上工业能耗158.89万吨标煤，同比增长5%，增幅较上年同期下降58.4个百分点。万元产值能耗为0.2157吨标准煤/万元，同比降低8.8%。但全市仍有部分行业和企业能耗增幅较高，黑色金属冶炼、金属制品等部分行业能耗分别同比增长38%和32%，盈德气体、华港建材等28家企业能耗同比增长超过100%。

安全生产形势保持平稳。深入开展事故隐患检查整改专项行动和安全生产大检查，强化道路交通、危险化学品、冶金铸造、建筑施工、人员密集场所、消防、涉镁涉铝粉尘、职业卫生等重点行业领域专项整治，集中开展“六打六治”打非治违专项行动，全市安全生产形势持续稳定。安全生产绝对指标和相对指标均控制在盐城市政府下达的目标控制值内。

十、人民生活和社会保障

城乡居民收入稳步增长。2014年全市居民人均可支配收入21344元，同比增长10.1%。城镇常住居民人均可支配收入26354元，同比增长9.2%；人均消费性支出15331元，同比增长8.3%，其中食品支出占比为32%。农村常住居民人均可支配收入16414元，同比增长11.6%；人均生活

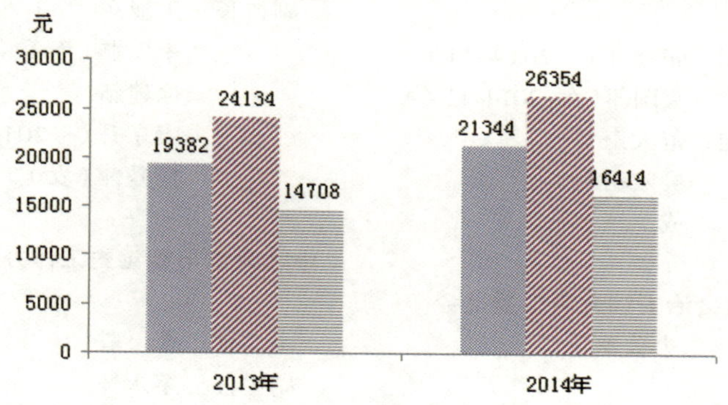

图10 2013~2014年大丰市居民收入

消费支出10988元，同比增长11.3%，其中食品支出占比为29%。城乡居民居住条件持续改善，年末城镇居民人均居住房屋面积为40平方米，农村居民人均居住房屋面积为55.8平方米。

社会保障水平稳步提高。城乡基本养老保险参保人数515340人，城乡基本养老保险覆盖率97.56%；城乡基本医疗保险参保人数723938人，城乡基本医疗保险覆盖率97.14%；失业保险参保人数72279人，城镇失业保险覆盖率97.97%。在苏北率先将城乡居民社会养老保险基础养老金提高到每月100元，社会化发放率100%。新建保障房5.07万平方米，建成农村四级公路236.87公里、农桥300座，改造危桥45座，开通镇村公交线路10条。

注：（1）本公报使用的数据为快报数，最终以《大丰统计年鉴》公布数据为准。

（2）地区生产总值、规模以上工业增加值及其分类项目增长速度按可比价计算，为实际增长速度；其他指标除特殊说明外，按现价计算，为名义增长速度。

（市统计局）

组织机构及其领导人

中共大丰市委员会

书　记　倪　峰
副书记　陈　平
　　　　殷　勇（~2014-04）
　　　　宋　勇（2014-04~）
常　委　倪　峰
　　　　陈　平
　　　　殷　勇（~2014-04）
　　　　宋　勇
　　　　袁冬青
　　　　范大玉
　　　　李东前（~2014-04）
　　　　张建洋（~2014-11）
　　　　袁国萍（女）
　　　　徐卫东
　　　　郭　超
　　　　蒋林明
　　　　石根美（2014-09~）
　　　　罗　强（2014-11~）
　　　　董　坤（2014-12~）

中共大丰市委办公室

主　任　韦应生
副主任　孟祥龙（~2014-01）
　　　　赵晓庆（~2014-12）
　　　　黄　磊
　　　　陈　明
　　　　顾　斌（~2014-12）
　　　　姜华新（2014-12~）

中共大丰市委研究室

主　任　孟祥龙（~2014-01）
　　　　顾　斌（2014-12~）

大丰市国家保密工作局

局　长　黄　磊
副局长　孙卫东
　　　　张袁丰（~2014-07）
　　　　卢红梅（女，2014-12~）

中共大丰市委全面深化改革领导小组办公室

主　任　宋　勇（2014-07~）
常务副主任
　　　　韦应生（2014-07~）
副主任　张袁丰（2014-07~）

中共大丰市纪律检查委员会

书　记　宋　勇（~2014-09）
　　　　郭　超（2014-09~）
副书记　方启柏
　　　　仲明桓
常　委　袁　璇（女，~2014-01）
　　　　张锦存
　　　　朱　薇
　　　　周云冲
　　　　徐　俊（2014-12~）

中共大丰市委组织部

部　长　袁冬青
副部长　唐亚标
　　　　吴桂荣
　　　　高新东

中共大丰市委组织员办公室

主　任　吴桂荣

中共大丰市委市级机关工作委员会

书　记　唐亚标
副书记　陈新江

中共大丰市委企业工作委员会

书　记　高金荣（2014-01~）
副书记　高金荣（~2014-01）

中共大丰市委社区工作委员会

副书记　沈彬彬（女）
　　　　韩志勇

大丰市人才工作办公室

主　任　高新东
副主任　阮国华
　　　　顾剑锋（挂，2014-09~）

中共大丰市委宣传部

部　长　李东前（~2014-04）
　　　　石根美（2014-09~）
副部长　孙　杰
　　　　顾保荣
　　　　袁金荣
　　　　周　昕

中共大丰市委对外宣传办公室

主　任　孙　杰
副主任　沈　文（女）

大丰市精神文明建设指导委员会办公室

主　任　顾保荣（2014-01~）
副主任　冯永义

中共大丰市委统一战线工作部

部　长　韦稳元
副部长　刘兴乐
　　　　陈月华
　　　　周　兵（2014-11~）

大丰市民族宗教事务局

局　长　陈月华
副局长　吴海丰

中共大丰市委农村工作办公室

主　任　潘　伟
副主任　陈小沛（~2014-12）
　　　　孟　宇
　　　　周正群
　　　　周兴权（2014-12~）
纪检组组长
　　　　周兴权（~2014-12）

中共大丰市委政法委员会

书　记　张建洋（~2014-11）
　　　　袁国萍（女，2014-11~）
副书记　范大玉
　　　　吴宏祖
　　　　成　星

大丰市社会治安综合治理委员会办公室

主　任　吴宏祖
副主任　束必怀
　　　　骆　荣
　　　　朱同干

中共大丰市委台湾工作办公室
大丰市人民政府台湾事务办公室

主　任　张　丰（~2014-12）
副主任　许荣军

中共大丰市委老干部局

局　长　任　嵘（~2014-12）
　　　　夏　寅（2014-12~）
副局长　杨淑华（女，~2014-12）
　　　　季顺龙
　　　　陈正元（~2014-01）
　　　　纪　丽（女，2014-12~）

大丰市机构编制委员会办公室

主　任　唐亚标
副主任　何建明

中共大丰市委党校

校　长　殷　勇（~2014-04）
　　　　宋　勇（2014-04~）
常务副校长　顾仲荣
副校长　李　燕（女）
　　　　徐建新
　　　　康东升（~2014-01）
　　　　杨爱萍（女）

大丰市行政学校

校　长　范大玉
常务副校长　顾仲荣
副校长　王亚东
　　　　李　燕（女）
　　　　徐建新
　　　　康东升（~2014-01）
　　　　杨爱萍（女）

中共大丰市委党史工作办公室

主　任　曹　骅
副主任　茅永怀
　　　　张　平（女）

大丰市地方志编纂委员会办公室

主　任　曹　骅

大丰市档案馆（局）

馆（局）长　戚月兰（女）
副馆（局）长
　　　　陈国涛（~2014-12）
　　　　刘文萍（女）
　　　　徐　玲（女）

大丰市人大常委会

主　任　倪　峰（~2014-12）
　　　　吴家祥（2014-12~）
副主任　吴家祥（~2014-12）
　　　　江志坚
　　　　夏继永
　　　　王周斌
　　　　江　波（女）

大丰市人大常委会办公室

主　任　陈桂官（~2014-12）
　　　　陈爱华（2014-12~）
副主任　黄　艳（女）

大丰市人大常委会研究室

主　任　黄　艳（女）

大丰市人大常委会人事代表联络工作委员会

主　任　黄　静（女）

大丰市人大常委会内务司法工作委员会

主　任　曹　震
副主任　李　勇（~2014-12）

大丰市人大常委会财政经济工作委员会

主　任　夏　寅（~2014-12）
副主任　杨海慧（女）

大丰市人大常委会科教文卫工作委员会

主　任　周　健（~2014-12）
副主任　李　勇（2014-12~）

大丰市人大常委会农村工作委员会

主　任　王连军

大丰市人大常委会环境资源城乡建设工作委员会

主　任　王海滨
副主任　徐文忠（2014-12~）

大丰市人民政府

市　长　陈　平
副市长　范大玉
　　　　黄正桂
　　　　顾富昌
　　　　石根美（~2014-09）
　　　　罗　强（~2014-11）
　　　　赵玉霞（女）
　　　　邓既明（挂）
　　　　石玉军（挂，~2014-10）
　　　　董　毅
　　　　陈万华（挂，2014-04~）
　　　　韦应生（2014-09~）
　　　　陆嘉昂（挂，2014-09~）
　　　　朱国新（2014-12~）

大丰市人民政府办公室

主　任　钱　江（~2014-12）
　　　　张林海（2014-12~）
副主任　肖　甦（~2014-01）
　　　　陈爱华（~2014-12）
　　　　程　维
　　　　沈旭峰
　　　　杨国峰（~2014-01）
　　　　徐金宏
　　　　明恒楼（~2014-12）
　　　　陈　林
　　　　戴　珺（女，~2014-12）
　　　　张　强（~2014-12）
　　　　柏传卫
　　　　石永明（~2014-12）
　　　　施茂盛
　　　　刘亚和
　　　　茅曙峰
　　　　朱海东

大丰市人民政府法制办公室

主　任　杨国峰（~2014-01）
副主任　黄海明

大丰市人民防空办公室

主　任　顾培森
党组书记　陶　宇
党组副书记　顾培森
副主任　韩小宁（~2014-01）
　　　　丁亚东（~2014-01）
　　　　蔡惠民

大丰市人民政府外事与侨务办公室

主　任　沈旭峰

大丰市人民政府金融与企业上市办公室

主　任　程　维
副主任　李生鹏
　　　　褚小慧（女）

大丰市信访局

局　长　陈　林
副局长　陈永华
　　　　刘为民（~2014-12）
　　　　顾建忠
　　　　葛玉贵

大丰市发展和改革委员会

主任、党委副书记　朱国新
党委书记、副主任　严如鹏
副主任　黄　峰
　　　　王秋枫
　　　　陈　玲（女）
　　　　夏怀先
　　　　肖忠楼
　　　　杨新文
　　　　陈雨晴
　　　　谢世平
　　　　陈　伟
　　　　杨一峰
　　　　孔晓荣
　　　　吴光辉
　　　　殷桂祥
纪委书记　潘瑞森（~2014-12）
　　　　俞　平（2014-12~）
工会主任　俞　平（~2014-12）

大丰市物价局

局　长　黄　峰

大丰市粮食局

局　长、党委书记　王秋枫
副局长　杨建强（~2014-12）
　　　　刘正华

大丰市服务业发展办公室

主任、党委书记　陈　玲（女）
副主任　吴红俊（~2014-12）
　　　　吴慧露
　　　　叶泽海（2014-01~）
纪委书记　吴红俊（~2014-12）

大丰市沿海地区发展办公室

主　任　朱国新
副主任　杨一峰
　　　　贾桂芬（女）

殷　昊

大丰市经济和信息化委员会

主　任　陆　斌
党委书记　夏文锦（~2014-01）
　　　　　沈明智（2014-01~）
党委副书记　陆　斌
副主任　夏文锦（~2014-01）
　　　　沈明智（2014-01~）
　　　　陈书岷
　　　　朱俊逵（~2014-12）
　　　　朱庆祝
　　　　陶正明
　　　　季　涛（~2014-01）
　　　　王春梅（女）
　　　　朱红斌
　　　　周正云
　　　　丁　军
纪委书记　李生鹏
工会主任　徐文忠（~2014-12）

大丰市教育局

局长、党委书记　成秋生
副局长　韦　国
　　　　何　钢
　　　　茅锦秀
　　　　陈　林
　　　　王武驷
　　　　高智华
　　　　卞玉林（~2014-12）
纪委书记　王武驷
工会主任
　　　　姚绍淮（女，~2014-01）

大丰市体育局

局长、党组书记　王国平
党组副书记　奚　俊
副局长　奚　俊
　　　　刘春宁（~2014-12）
　　　　骆晓娟（女）
　　　　宋春生

大丰市科学技术局

局长、党组书记　陈苏萍（女）
副局长　陆卫红（女）
　　　　仇宏伟
　　　　陈　彬
　　　　陈　静
　　　　董　慧
　　　　殷蓓蓓（女）
　　　　郑　涛（挂，2014-09~）
　　　　孙守昌（挂，2014-09~）
纪检组组长　王　炳
工会主任
　王蓉华（女，2014-01~2014-12）

大丰市地震局

局　长　陈苏萍（女）
副局长　陈　静（~2014-12）
　　　　王蓉华（女，2014-12~）

大丰市知识产权局

局　长　陈苏萍（女）
副局长　陈　茵（女）

大丰市公安局

局长、党委书记　顾富昌
政委、党委副书记　张　辉
党委副书记　张建忠
副局长　姜正平
　　　　陈寿松
　　　　吴建坤
　　　　张建忠
　　　　郑华金
　　　　赵建荣
　　　　顾建忠
副政委　李　平（~2014-12）
　　　　练恒桃
纪委书记　练恒桃
工会主任　李　平（~2014-12）

大丰市监察局

局　长　方启柏
副局长　易　娟（女）
　　　　袁　璇（女，~2014-01）

大丰市民政局

局长、党委副书记
　　　　杨建平（~2014-01）
　　　　孟祥龙（2014-01~）
党委书记　王海涛
副局长　王海涛
　　　　吴汉钧
　　　　吴　淳
　　　　潘正忠（2014-12~）
纪委书记　潘正忠（~2014-12）
　　　　　陆　标（2014-12~）
工会主任　陆　标（~2014-12）

大丰市司法局

局　长、党组书记　宗兴荣
副局长　周　建（~2014-12）
　　　　邓　智（~2014-12）
　　　　黄新袁
　　　　种修环
　　　　鲁丽霞（女）
　　　　张旭飞
纪检组组长　高　岭
工会主任
　　　　纪　丽（女，~2014-12）

大丰市财政局

局　长　卞松岭
党组书记　陶培华（~2014-01）
　　　　　卞松岭（2014-01~）
党组副书记
　　　　卞松岭（~2014-01）
副局长　黄　浩
　　　　曹锦平
　　　　吴育青（女）
　　　　曹　冰（2014-12~）
纪检组组长　吴育青（女）
工会主任　曹　冰（~2014-12）

大丰市人民政府国有资产监督管理办公室

主　任　卞松岭
副主任　史　涛
　　　　李欣中
　　　　仇正阳

大丰市沿海滩涂投资发展有限公司

总经理　苏兴国
副总经理　沈文静

仇正阳

大丰市投资公司

副经理 史 涛

大丰市人力资源和社会保障局

局 长、党委书记 王亚东
副局长 吴 卫
李如平
张遇春（女）
王永新
徐安桂
周 健
丁祥友
纪委书记 丁祥友

大丰市专门办公室

主 任 张遇春（女）

大丰市住房和城乡建设局

局长、党委副书记 顾国华
党委书记、副局长 曹建伟
党委副书记 毛建东
副局长 陈良忠（~2014-12）
石永明（2014-12~）
周 俊
臧正明
王 政
夏爱根（~2014-12）
卞爱和
徐永跃
管宏贵
陆一川
刘 宾
纪委书记 毛建东
工会主任 刘咏枫

大丰市城市管理局

局长、党委书记
陈良忠（~2014-12）
副局长、党委副书记
石永明（2014-12~）
党委副书记 何 宇
副局长 张战凯（~2014-01）
陈 标（~2014-12）
潘春海
丁宏生
杨 毅
陈卫东
陈 飞
纪委书记 何 宇
工会主任 吕晋升

大丰市交通运输局

局 长 朱学忠（~2014-01）
陈新明（2014-01~）
党委书记 朱学忠（~2014-12）
陈新明（2014-12~）
党委副书记
陈新明（2014-01~2014-12）
副局长 徐文新
顾汝中（~2014-12）
刘中海
陈 黎
仲海波
丁同权
胡德玉（女）
纪委书记 胡德玉（女）
工会主任 盛晓红

大丰市水利局

局长、党委书记
陈新明（~2014-01）
季明珍（2014-01~）
副局长 李 伟
季祥华
徐海峰
陈春平（~2014-06）
周 俊
陈志兵
纪委书记 陈桂俊
工会主任 周淑兰（女）

大丰市农业委员会

主 任 丁仁俊（~2014-01）
杨国峰（2014-01~）
党委书记 丁仁俊
党委副书记
卞泰鹏（~2014-01）
杨国峰（2014-01~）
副主任 卞泰鹏（~2014-01）
单干情（~2014-03）
李国华（~2014-01）
许玉明
邵正林（~2014-12）
杨永涛
张成军（~2014-04）
姜 海（~2014-12）
李城静
房仓耘
顾龙林
李 浩（~2014-12）
杨建华（~2014-12）
纪委书记 李 浩（~2014-12）
何承祥（2014-12~）
工会主任 杨建华（~2014-12）

大丰市林业局

局 长 卞泰鹏（~2014-01）
杨国峰（2014-01~）
副局长 徐金林

大丰市滩涂海洋与渔业局

局长 单干情（~2014-03）
朱晓扣（2014-12~）
党委书记
李国华（~2014-01）
单干情（2014-01~2014-03）
朱晓扣（2014-12~）
副书记 单干情（~2014-01）
姚正坤
副局长 李国华（~2014-01）
孙国平（~2014-01）
姚正坤
景 曙
沈文静
许 锋
肖龙泉
王树柏
纪委书记 王树柏

大丰市商务局

局长、党委书记
蔡 东（~2014-12）
陈良忠（2014-12~）
党委副书记 罗 星

副局长　罗　星
任美红（女）
许　峰
王　英（女）
姚学文
陆　波
徐　峰
汪应明
纪委书记　汪应明
工会主任　陆　波

大丰市文化广电新闻出版局

局长、党委书记　汤云庆
党委副书记　郭治中
副局长　李　捷
郭治中
倪　红
陈　德（~2014–12）
卞寿海
周立新
周正华
周汉忠
孙　平（2014–01~）
纪委书记　周立新
工会主任
沈素月（女，~2014–12）

大丰市卫生局

局长、党委书记　徐向东
副局长　李　磊
卞晓莉（女）
沙文彪
倪志勇
葛　祥
宣维群
朱　慧
纪委书记　宣维群
工会主任　顾亚军（女）

大丰市人口和计划生育委员会

主　任　丁　扬
党组书记　施建飞（~2014–01）
党组副书记　丁　扬
副主任　董迎庆（女）
张金元（~2014–01）
叶海涛
常春贵
纪检组组长　常春贵

大丰市旅游局

局　长　徐国祥
党组书记　肖　甦（~2014–01）
党组副书记
徐国祥
陶　耸（2014–01~）
副局长　陶　耸
周雪晴（女）
马　丽（女）
孙　平（~2014–01）
李　萍（女）

大丰市审计局

局长、党组副书记　孙志强
党组书记、副局长　杨进达
副局长　黄海峰
单德勇
季　辉
周　铭（~2014–12）
总审计师　吕金生
纪检组组长
周　铭（~2014–12）

大丰市环境保护局

局长、党组书记　夏恒林
副局长　王书怀（~2014–01）
王继勇
韩小平
周啸尘
陈相前
曹嘉庚
江建新
任仕明
总工程师　胡　俊
纪检组组长　曹嘉庚

大丰市统计局

局长、党组书记
张林海（~2014–12）
张　强（2014–12~）
副局长　李凤琴（女）
顾大华
周锐进

大丰市安全生产监督管理局

局长、党组书记　刘桂先
副局长　陈亚平
冯天明
王兴珍
丁和平（~2014–12）
许建华（女）
总工程师　张　红（女）
纪检组组长　汤洪源

大丰市食品药品监督管理局

局长、党组书记　姜正清
副局长　薛学斌
包红杰
肖　袁
晁心怡（女）

大丰市行政服务中心

主任、党委书记　戴　珺（女）
副主任　蔡春雷
袁　璇（女，~2014–01）
晁心华
唐月华（女）
纪委书记　裔春婷（女）
工会主任　许　洁（~2014–12）

大丰市招标采购管理办公室

主任、党组书记　戴　珺（女）
副主任　李欣中
纪检组组长　董学云
工会主任　管兆龙

大丰市盐务管理局

局长、党委书记　吴树建
副局长　季　涓（女）
张秀松
纪委书记　龚桂祥（~2014–12）
工会主任　季　涓（女）

大丰市供销合作总社

主任、党委书记　明恒楼

副主任　陈　海
卢　平（女，~2014-12）
韩翠萍（女）
孙习东（~2014-01）
纪委书记　倪志华（女）

大丰市口岸管理委员会

主　任　陈　平
常务副主任　张锦生
副主任　王瑜生（~2014-12）
施剑峰
袁建祥（2014-04~）

大丰市港口管理局

局长、党组书记　褚国栋
副局长、党组副书记
陶　莹（~2014-12）
葛曙光（~2014-12）
副局长　俞兴敏（~2014-12）
江　波（女）
季安兵（~2014-12）
施晓钟
陆建平（挂，~2014-07）
杨照兵
宋　双

政协大丰市委员会

主　席　韦　新
副主席　陈同远
汤小山
陈仕祥
韦　国
韦稳元
秘书长　肖　斌

办公室

主　任　肖　斌
副主任　王　路（2014-12~）

提案委员会

主　任　朱　刚

科教文卫体委员会

主　任　冯民军（~2014-12）
王步中（2014-12~）
副主任　王步中（~2014-12）

经济委员会

副主任　季晓路（女）

港澳台侨委员会

主　任　陈永清（2014-12~）
副主任　陈永清（~2014-12）

大丰市人民法院

院长、党组书记　宋长琴（女）
副院长
徐　祥（~2014-07）
徐远峰
吴汉国
徐俊华（2014-01~2014-07）
郑　刚（2014-01~）
周瑞星（挂，2014-11~）
纪检组组长　韩云龙
工会主任　吕晨阳（~2014-12）

大丰市人民检察院

检察长、党组书记　张春山
副检察长　朱梅芳（女）
许永进
李智祥
顾兴俊
纪检组组长　刘同清
工会主任　李智祥

群众团体

大丰市总工会

主　席　李国城（~2014-12）
党组书记　李国城（~2014-12）
蔡　东（2014-12~）
副主席　蔡　东（2014-12~）
陈　梅（女）
张　成
吴永健（~2014-12）
陈　辉（女）

共青团大丰市委员会

书　记　王婷婷（女）
副书记　黄　斌（~2014-12）
蒋真雅（女）
张洪国（挂，2014-02~）

大丰市妇女联合会

主　席　冯晓晴（女）
副主席　李　兰（女）
密　云（女，~2014-12）
蔡　雪（女）
申晓芸（女）

大丰市科学技术协会

主　席　杨为高（~2014-01）
赵　健（2014-12~）
副主席　赵　健（~2014-12）
王金华（~2014-01）
吴永健（2014-12~）

大丰市文学艺术界联合会

副主席　王晓华（女）

大丰市归侨侨眷联合会

主　席　单　平

大丰市工商业联合会

主　席　汤小山
党组书记、副主席　刘兴乐
副主席　顾文广

大丰市总商会

会　长　汤小山
副会长　刘兴乐
顾文广

大丰市残疾人联合会

理事长、党组书记

陈汉成（~2014–01）
蔡永兴（2014–01~）
副理事长 潘俊山
周 勇
刘凤堂

大丰市红十字会

会 长 黄正桂（~2014–02）
赵玉霞（女，2014–02~）
常务副会长
王 静（~2014–12）
副会长 王红宇（女）
刘正和
秘书长 刘正和

园、区、专业招商局

江苏大丰经济开发区

党委书记 赵晓庆
党工委书记
赵晓庆（2014–08~）
主 任 唐文龙（~2014–10）
钱 江（2014–12~）
党委副书记
唐文龙（~2014–10）
钱 江（2014–12~）
金桂华
葛中亚
副主任 金桂华
蔡永兴（~2014–01）
刘兴宏
沈明智（~2014–01）
范 扬（~2014–12）
刘晓敏
赵维海
郁 冰
蒋普义（~2014–01）
徐 韡（女）
茅晓峰
徐忠良
周善余
马 琳（女）
蔡平伯
骆文富
张亚华
顾剑锋（挂，2014–09~）

纪委书记 张亚华
工会主席 陈 钧（女）

江苏大丰经济开发区管理委员会项目服务中心

主 任 金桂华
副主任 叶玉斌
蒋 峥
朱佩文
顾德根
汤明涛
韩贵生
顾海荣（2014–01~）

大丰市人民政府装备制造产业招商局

局 长 沈明智（~2014–01）
副局长 陈惠娟（女）
丁 汉（2014–01~）

大丰市人民政府汽配及热处理产业招商局

局 长 范 扬（~2014–12）
副局长 杨 艳（女）
顾汉东

大丰市人民政府泵阀及不锈钢产业招商局

局 长 刘晓敏
副局长 宗江亚
葛爱华
陈 勇

大丰市人民政府境外招商一局

局 长 林 雁

常州高新技术产业开发区大丰工业园

党工委书记、主任 陈万华
常务副主任 赵维海
副主任 汤明涛
刘 奔
工会主席 王瑞珍（女）

大丰市人民政府机电产业招商局

副局长 吴少平

江苏大丰港经济开发区

党委书记 倪 峰（~2014–07）
罗 强（2014–07~）
党委第一副书记
陈 平（~2014–07）
党工委书记
罗 强（2014–11~）
党委副书记
宋 勇（2014–04~2014–07）
倪向荣（~2014–12）
褚国栋（2014–12~）
王周斌
殷 勇（~2014–04）
罗 强（~2014–07）
姚保平
主 任 倪向荣（~2014–12）
褚国栋（2014–12~）
常务副主任
王周斌
罗 强（~2014–12）
褚国栋（~2014–12）
副主任 陈建丰（~2014–12）
张锦生
程 功
陈高亚
单干情（~2014–03）
周宏奎
柏 健
吴光辉
朱晓扣
韦桂和
潘 健（~2014–12）
陆 峰（~2014–12）
王继勇
王益军（~2014–12）
蔡 宁
夏爱根（~2014–12）
束剑峰（~2014–12）
姜福才（~2014–12）
袁 宏
缪存美（~2014–12）
李 平（~2014–12）
杨一峰

刘必利（挂，~2014-07）
陈友根（挂，~2014-07）
张渊涛
蒋美萍（女）
郑　涛（挂，2014-09~）
纪委书记
缪存美（~2014-12）
陈军和（2014-12~）
工会主任　陈建丰（~2014-12）
团委书记　邹　杰

江苏大丰港经济开发区管理委员会项目服务中心

主　任　罗　强
副主任　邵正林（~2014-12）
蒋美萍（女）
沈卫兵
陈劲松（~2014-12）
陈根生
李　升（挂，~2014-07）
刘必利（挂，~2014-07）
李　斌（~2014-12）

大丰市人民政府新能源与新材料产业招商局

局　长　蔡　宁

大丰市人民政府境外招商二局

局　长　王益军（~2014-12）

大丰市风电产业园

党工委书记　赵晓庆
常务副主任　陈雨晴
副主任　康　红
黄新袁

大丰市人民政府风电产业招商局

局　长　康　红
副局长　王　前

大丰电子信息产业园

党工委书记　范大玉
主　任
蔡永兴（~2014-01）
唐文龙（2014-01~2014-10）
常务副主任
林　雁（2014-01~）
副主任　蒋普义（~2014-01）
林　雁（~2014-01）

大丰市木材产业园

党工委书记、主任
殷　勇（~2014-04）
常务副主任　张渊涛
副主任
陈友根（挂，~2014-07）
史中军
陈丰来

大丰市人民政府木材产业招商局

局　长　张渊涛
副局长　葛中跃（~2014-12）
吴卫平
史中军
陈丰来

大丰市海洋生物医药产业园

党工委书记、主任　袁冬青
常务副主任　程　功
副主任　沈卫兵
仲爱军

大丰市石化产业园

党工委书记、主任　郭　超
常务副主任　王继勇
副主任　智　捷
李奇峰（~2014-12）
薛友祥（挂，~2014-07）
夏　伟

大丰市人民政府石化产业招商局

局　长　王继勇
副局长　智　捷
李奇峰（~2014-07）
杨　俊

大丰市海洋科教城

党工委书记　倪向荣（~2014-12）
主　任　黄正桂（~2014-12）
韦　国（2014-12~）
常务副主任　韦　国（~2014-12）
副主任　曹海忠

大丰市人民政府科技教育招商局

副局长　曹海忠

江苏海洋产业研究院

院　长　乔　旭
党工委书记、副院长
朱晓扣（~2014-12）
常务副院长　陈集双
副院长　王桂兰（女）
陈　彬
孙永德（挂，~2014-07）
郝圣响

大丰市华丰工业园

党工委书记　罗　强
主　任　程　功
副主任　沈卫兵
张玉国（挂，~2014-07）
包卫东

江苏大丰盐土大地海洋生物产业科技园

党工委书记、主任　罗　强
常务副主任
邵正林（~2014-12）
副主任
袁永军（挂，~2014-07）
朱海宝（挂，~2014-07）
韦　峰
孙国平（~2014-01）
张　莉（女）

大丰市人民政府海洋生物产业招商局

局　长　朱晓扣（~2014-12）
副局长　邵正林（~2014-12）
季明春

朱海宝（挂，~2014-07）
韦　峰

大丰市重型装备产业园

党工委书记、主任
李东前（~2014-04）
副主任　单激文（女）
许　峰
王志军

大丰市人民政府重型装备招商局

副局长　单激文（女）
王平生
顾洪林
柏建荣

大丰港海晶创投中心

主　任　郭　超
常务副主任
陈劲松（~2014-12）

盐城新能源淡化海水产业示范区

党工委书记
倪向荣（~2014-12）
主　任　罗　强
副主任　吴光辉
韦　峰
陈　锋

大丰市丰收大地现代农业示范区

党工委书记
赵玉霞（女，~2014-02）
主　任　沈　刚
常务副主任　席　刚
副主任　李城静
朱寿海
崔恒骏

大丰市人民政府现代农业招商局

局　长　沈　刚
副局长　席　刚
李城静
刘荣根
朱寿海

大丰市专业市场集聚区

党工委书记、主任　宋　勇
常务副主任　邢　程
副主任　管宏贵
潘春海
戴子朋

大丰市人民政府专业市场招商局

局　长　邢　程
副局长　管宏贵

江苏大丰经济开发区上海光明食品工业园

党工委书记　吴家祥
主　任　王德民
副主任　马勇健
丁瑞云（女）
李国华
罗　星
蔡惠民

大丰市人民政府光明工业区招商局

副局长　罗　星

大丰市高新技术区

党工委书记、主任
张建洋（~2014-12）
常务副主任
徐瑞斌（~2014-01）
陆卫红（女，2014-01~）
副主任　陆卫红（女，~2014-01）
陶　成
孔晓荣
密　云（女）
管仁刚
骆　荣
万　强
孙守昌（挂，2014-09~）

大丰市人民政府高新技术区招商局

局　长　陆卫红（女）
副局长　陶　成
管仁刚
骆　荣

大丰市麋鹿生态旅游度假区

党工委书记、主任
袁国萍（女）
常务副主任
肖　甦（~2014-01）
袁　伟（2014-12~）
副主任　储冬生
袁　伟（~2014-12）
刘海丰（女）

大丰市人民政府旅游产业招商局

局　长　肖　甦（~2014-01）
袁　伟（2014-12~）
副局长　袁　伟（~2014-12）

大丰市城东新区

党工委书记　石根美
主　任　曹建伟（~2014-12）
周　俊（2014-12~）
副主任　王　政
周如荣（~2014-12）
刘桂根
沈明智（~2014-01）
倪　红
孙　平
姜　华
刘卫东
顾　丰
纪工委书记　奚圣珠

大丰市东方1号创意产业园

党工委书记　石根美
主　任　曹建伟（~2014-12）
周　俊（2014-12~）
副主任　孙　平

大丰市大丰港城

党工委书记
倪向荣（~2014-12）
主　任　王周斌

常务副主任
夏爱根（~2014-12）
副主任 杨建生
张 勇（挂，~2014-07）
陈 飞

大丰市重大事项督查考核办公室

主 任 殷 勇（~2014-04）
宋 勇（2014-04~）
常务副主任 陈同远
副主任 韦应生
钱 江（~2014-12）
张林海（2014-12~）
方启柏
唐亚标
黄 磊

大丰市重大项目招商引资办公室

主 任 韦 新
常务副主任
夏文锦（~2014-01）
沈明智（2014-01~）
副主任 奚晓平（女）
周传邦
王 路（~2014-12）

大丰市交通重点工程指挥部

总指挥 陈 平
常务副总指挥 石根美
办公室主任
朱学忠（~2014-01）
陈新明（2014-01~）
办公室副主任
顾汝中（~2014-12）

各 镇

草堰镇

党委书记 夏红霞（女）
副书记 商明华
丁卫伟
人大主席 夏红霞（女）
副主席 袁葆春（~2014-12）
唐 军（2014-12~）
镇 长 商明华
副镇长 唐 军（~2014-12）
朱 高
王怀珠
黄冬霞（女）
梅海江
组织委员 刘杏芬（女）
纪委书记 金 晖
宣传委员 季自庆
统战委员 季自庆
政法委员 陈长青
人武部长 宗志祥
工会主席 查晓程（女）

白驹镇

党委书记 杨荣富
副书记 王志建
葛余柏
人大主席 刘汉权
镇 长 王志建
副镇长 陈东平（~2014-12）
沈 辉
朱 锐
管蔚蓉（女）
朱 平
周 进（~2014-12）
组织委员
周 进（~2014-12）
纪委书记 黄爱华（女）
宣传委员
陈东平（2014-12~）
统战委员 陈小平
政法委员 宗圣勇
人武部长
丁 汉（~2014-01）
朱 锐（2014-06~）
工会主席 李 鹏

刘庄镇

党委书记 冯银芳（女）
副书记 朱晓春
沈韶霞（女）
黄永健
人大主席 陈安丰
副主席 汤卫中（~2014-12）
镇 长 朱晓春
副镇长 曹永新
申友益
杨银珠（女）
顾海燕（女）
葛余美
黄 斌（2014-12~）
组织委员 王 婧（女）
纪委书记 黄道平
宣传委员 陆 锋
统战委员 陆 锋
政法委员 顾兴东
人武部长 蒋元林
工会主席 汤卫中（~2014-12）

西团镇

党委书记 刘兴宏
副书记 郁 冰
姚日新
朱新德（挂，2014-09~）
人大主席 赵业龙
镇 长 郁 冰
副镇长 陈相明（~2014-12）
詹桂玉（女）
吉建平
夏一涛
吴君祥
组织委员 孙令贵
纪委书记 朱 闽（女）
宣传委员 杨丽华（女）
统战委员 陈 刚
政法委员 管卫兵
人武部长 周正华
工会主席 沈海涛

小海镇

党委书记 骆 顺
副书记 陈杰峰
李桂荣
人大主席 顾松平
镇 长 陈杰峰
副镇长 景小俊
金德斌
吴守祥
黄 翊
周普华
组织委员 陈秀芹（女）
纪委书记 郑建峰
宣传委员 黄晓梅（女）

统战委员　单金华
政法委员　赵桂存
人武部长　陆进红
工会主席　施春香（女）

大桥镇

党委书记　陈国军
副书记　徐中健
　　　　周　瑾（女）
人大主席　金千生
副主席　任以进（~2014-01）
镇　长　徐中健
副镇长　董建超
　　　　卞天群
　　　　吴恒圣
　　　　罗卫东
　　　　胡业飞
组织委员　单春芳（女）
纪委书记　张凤鸣
宣传委员　冷亚妍（女）
统战委员　冷亚妍（女）
政法委员　李宏斌
人武部长　郑鹏飞（~2014-04）
　　　　　吴恒圣（2014-06~）
工会主席　单春芳（女）

草庙镇

党委书记　郁兴忠
副书记　钱锡军
　　　　顾海荣（~2014-01）
　　　　张　津（2014-12~）
人大主席　郁兴忠
副主席　杨建辉（~2014-12）
　　　　王俊鸿（2014-12~）
镇　长　钱锡军
副镇长　王俊鸿（~2014-12）
　　　　朱成安
　　　　袁　军
　　　　吴少卿
　　　　吴金星
　　　　张　津（~2014-12）
　　　　单金华
组织委员　吴少卿
纪委书记　管佩均（女）
宣传委员　陈　慧（女）
统战委员　殷桂荣
政法委员　张英武
人武部长　丁东升
工会主席　金　玫（女）

万盈镇

党委书记　仇兆华
副书记　薛文杰
　　　　陈纪忠
人大主席　宗汝千
镇　长　薛文杰
副镇长　席卫东
　　　　陈邑新
　　　　刘正昌
　　　　顾春林
　　　　吕秀凤（女）
组织委员　王卫东
纪委书记　张春枝
宣传委员　王学武
统战委员　陈　敏（女）
政法委员　李小武
人武部长　金祎臣
工会主席　许秀平

南阳镇

党委书记　季明珍（~2014-01）
　　　　　夏文锦（2014-01~）
副书记　杨正锋
　　　　陈　锋
　　　　周红霞（女）
人大主席　彭金明
镇　长　杨正锋
副镇长　丁志勇
　　　　施云飞
　　　　景仰列
　　　　张冠华
　　　　束伶俐（女）
组织委员　朱　燕（女）
纪委书记　郁　刚
宣传委员　刘永杰
统战委员　刘永杰
政法委员　盛月华
人武部长　何爱军
工会主席　朱　燕（女）

三龙镇

党委书记　周宏奎
副书记　韦桂和
　　　　王凤书
　　　　单宏祥
人大主席　沈菊兵（女）
镇　长　韦桂和
副镇长　张汉林
　　　　韦　峰
　　　　陈　兵
　　　　杨艳存
　　　　朱吉恺
组织委员　丁　宇（女）
纪委书记　计晓红（女）
宣传委员　朱一鸣
统战委员　王　丹（女）
政法委员　蔡　枫（女）
人武部长　周长安
工会主席　成宝明

新丰镇

党委书记　李实业
副书记　仇　飞
　　　　何承祥（~2014-12）
　　　　杜卫国
　　　　马绍良
人大主席　李南丰
镇　长　仇　飞
副镇长　周安保
　　　　张来平
　　　　吴海燕
　　　　钱　康
　　　　朱文勇
　　　　潘　勇
组织委员　徐　辉
纪委书记　陈亦龙
政法委员　耿忠义
人武部长　沈　辉
工会主席　蒋同海

大中镇

党委书记　董　坤
副书记　沈　刚
　　　　席　刚
　　　　陈学根（~2014-12）
　　　　邢　程
　　　　陈寿松
　　　　韩志勇
　　　　蒋广震（挂，2014-09~）
人大主席　董　坤

副主席 顾云彬（~2014–12）
镇 长 沈 刚
副镇长 管仁刚
杨建明
顾广荣
孙素芳（女）
许春华
周荷凤（女）
赵长春
组织委员 韩志勇
纪委书记 何 菊（女）
宣传委员 王小华（女）
统战委员 杨骐菲（女）
政法委员 邓颖峰
人武部长 陈卫忠
工会主席 成晓驹（女）

（市委组织部）

垂直单位

大丰市供电公司

总经理、党委副书记
唐 云（女，~2014–12）
金 海（2014–12~）
党委书记、副总经理 葛华根
副总经理 王洪卫
唐建春
刘 亚
纪委书记、工会主席
张 运（~2014–01）
李志勇（2014–01~）

中国电信股份有限公司大丰分公司

总经理、党委书记 张苏军
副总经理、纪委书记 何晓昌
副总经理 韩小明

中国移动通信集团江苏有限公司大丰分公司

总经理 刘 波
副总经理
吴 骏
周广明（2014–06~）
马春艳（女，~2014–06）

大丰市邮政局

局长、党委书记 张培红
副局长、纪检书记、工会主席
蒋秀华（女，2014–01~）
史爱军（~2014–01）
副局长 蒋秀华（女，~2014–01）

中国人民银行大丰市支行

党组书记、行长 朱达铭
副行长、纪检组组长
王元宏（~2014–07）
纪检组组长
刘爱民（2014–07~）
副行长 刘爱民

中国工商银行股份有限公司大丰支行

行长、党委书记 赵文晖
副行长、副书记 彭毅霞（女）
副行长 袁双庆
钱 洁（女，2014–04~）
郑苗苗（女，~2014–01）
纪检员 李玉生

中国农业银行股份有限公司大丰市支行

行长、党委书记
陈必森（~2014–05）
江志宏（2014–05~）
副行长、党委副书记 徐 刚
副行长 柏劲松
副行长、纪委书记 王 维

中国银行股份有限公司大丰支行

党支部书记、行长
刘小璇（女）
党支部副书记
江 舟（2013–09~）
副行长 邵 斌
沈浴波
姚 华
朱宏宽（2014–02~）

中国建设银行股份有限公司大丰支行

行长、党委书记 戴兢业
副行长 刘景复
严 超
纪委书记 吴雪梅（女）

江苏大丰农村商业银行股份有限公司

董事长、党委书记 卞玉叶
行 长 刘荣华（~2014–01）
李纪荣（2014–01~）
监事长 唐为彩（~2014–12）
孙海燕（女，2014–12~）
副书记 徐志庚
副行长 袁 涛（女）
张洪国
李俊峰
许 兵

中国农业发展银行大丰市支行

行长、党支部书记
王晓东（~2014–01）
副行长
郑 彦（2014–01 主持工作）
蔡卫萍（女）
沈小军（2014–07~）

江苏银行股份有限公司大丰支行

行 长 施前宏（~2014–11）
副行长
顾海燕（女，2014–11 主持工作）

中国邮政储蓄银行大丰支行

行 长 李 晔（~2014–11）
王国强（2014–11~）
副行长 蔡 强（~2014–11）
黄瑜萍（女）

交通银行股份有限公司盐城大丰支行

行 长 肖 锋（~2014–08）
房鹏飞（2014–08~）
副行长 施小敏
丁耀东（2014–01~）

江苏大丰江南村镇银行股份有限公司

董事长　王玉冰（2014-03~）
行　长　钱仲伟（2014-03~）
　　　　黄　波（~2014-03）
副行长　张文新（~2014-03）
　　　　葛　静（女）
　　　　朱永芳（女）

上海浦东发展银行股份有限公司大丰支行

行　长　袁晓明
副行长　张延军

江苏太仓农村商业银行股份有限公司大丰支行

行　长　刘　洪
副行长　王春野
　　　　王利国

苏州银行股份有限公司大丰支行

副行长　董　浩（主持工作）
行长助理　陈少鹏

中国人民财产保险股份有限公司大丰支公司

总经理、党组书记、盐城市分公司
　高级业务主管　钱洪达
副经理　周凌峰
　　　　杨金余
　　　　顾加强

中国人寿保险股份有限公司大丰支公司

经理、党支部书记
　　　　崔良兵（~2014-04）
　　　　李建明（2014-04~）
副经理　冯金房
　　　　杨谢军

中国太平洋财产保险股份有限公司大丰支公司

经　理　房　慧（女）
副经理　王春友

大丰市国土资源局

局长、党委书记　商明星
副局长、党委副书记　单金海
副局长　朱　曦
　　　　王宏盾（~2014-02）
　　　　吴桂宏
　　　　蔡国庆
　　　　朱兰云（女）
　　　　纪建军
土地复垦中心主任
　　　　宣　俊（2014-03~）
土地储备中心主任
　　　　开启金（2014-03~）
纪委书记　单金海（2014-01~）

大丰市气象局

局　长　蒋　伟
副局长　张　伟（2014-06~）

盐城市大丰工商行政管理局

局长、党组书记　栾建军
副局长、党组副书记　陈曙翔
副局长　张爱民（~2014-02）
　　　　王建华
　　　　冯钧生（2014-02~）
纪检组组长
　　　　冯钧生（~2014-02）
　　　　张　利（2014-02~）

大丰市国家税务局

局长、党组书记
　　　　赵学中（~2014-10）
　　　　王世华（2014-10~）
副局长　康达国
　　　　黄晓冲
　　　　高　峰
　　　　卞松建
纪检组组长　高　峰（兼）

盐城市大丰地方税务局

党组书记、局长
　　　　杨茬竣（~2014-10）
　　　　周克标（2014-10~）
副局长　夏晓林
　　　　林　彬
　　　　董江龙
纪检组组长　顾　宏

江苏省大丰市烟草专卖局

局长、党组书记
　　　　骆银海（2014-08~）
　　　　徐迎晨（~2014-08）

盐城市大丰质量技术监督局

局长、党组书记　徐社文
副局长　孙汉林（~2014-08）
　　　　王　钧
　　　　冯永进
纪检组长　王　钧（兼）

盐城海关驻大丰港办事处

主　任　宋文林
副主任　崔克静

盐城出入境检验检疫局大丰港办事处

主　任　申于盐
副主任　钱　成

盐城大丰海事处

支部书记、副处长　惠　绘
副处长　陈海涛（2014-03~）
　　　　时兴业（2014-05~）

盐城市住房公积金管理中心大丰管理部

主　任　单萍萍（女）
副主任　陈月华（女）
　　　　秦　隽

（各部门　供）

〖编辑　丁彩前〗

市委重要会议

【市委工作会议】 7月31日，市委召开市委工作会议。会议的主要任务是深入贯彻落实中共十八大、十八届三中全会和习近平总书记系列重要讲话精神，按照省委十二届七次全会、盐城市委六届五次全会要求，总结上半年工作，明确下半年任务，对全面深化经济体制改革作出具体部署，动员全市上下振奋精气神，一心促改革，全力稳增长，全面超额完成全年目标任务，努力实现科学发展新跨越。盐城市委常委、大丰市委书记倪峰着重强调4个方面工作：①全力以赴落实稳增长调结构惠民生防风险各项工作。②以经济体制改革为核心全面深化改革。③坚定不移实施沿海开发战略。④聚精会神扎实开展党的群众路线教育实践活动。

【市委十一届五次全体(扩大)会议】 2015年1月5日，市委召开十一届五次全体(扩大)会议。会议的主要任务是，深入学习贯彻习近平总书记视察江苏重要讲话、中共十八届四中全会、中央经济工作会议和省委、盐城市委全会精神，总结2014年工作，部署2015年任务，动员全市上下进一步凝心聚力、开拓进取，推动转型升级、内涵发展，努力创造经济新常态下的新业绩。市委书记倪峰作了题为《转型升级、内涵发展，努力创造经济新常态下的新业绩》的报告。倪峰着重讲了4个方面的工作：①认真学习贯彻落实习近平总书记视察江苏重要讲话精神，汇聚“建设新大丰、发展上台阶”的强大力量；②认真学习贯彻中共十八届四中全会精神，坚定有力地推进依法治市；③准确把握和主动适应新常态，推动“建设新大丰、发展上台阶”；④全面持续深入推进党的建设。

（杨　波）

2014年7月31日，中共大丰市委工作会议会场　邱鹏 摄

市委重要决策和工作部署

【开展党的群众路线教育实践活动】 1月7日，市委召开党建工作会议，动员全市党员干部深入学习贯彻中共十八届三中全会精神，扎实开展党的群众路线教育实践活动，加强党的基层组织建设，合力构建风清气正的良好环境，全面提高党的建设科学化水平。1月11日，市委、市政府召开全市领导干部党风廉政建设警示教育大会。会议要求，全市各级领导干部要坚守政治品德，做信仰坚定的表率。要坚定信念，保持理想崇高。要坚守原则，做到公正无私。要坚持学习，提升思想境界。2月21日，市委印发《关于深入开展党的群众路线教育实践活动的实施意见》。2月25日，市委召开全市党的群众路线教育实践活动动员会议，学习贯彻习近平总书记系列重要讲话精神，按照中央、省和盐城市委的要求，对全市教育实

2014年10月24日，大丰市党的群众路线教育实践活动总结大会会场 邱鹏 摄

践活动作出部署安排。7月10日，市委、市政府召开群众路线教育实践活动即知即改现场推进会，检验全市教育实践活动即知即改成效，推动教育实践活动深入开展。会议要求，着力解决群众反映强烈的突出问题，真正做到立说立行、即知即改、早改真改，全面转变作风，让群众切身感受到教育实践活动带来的实惠和变化。10月24日，市委召开全市党的群众路线教育实践活动总结大会。会议要求认真学习贯彻习近平总书记重要讲话精神，巩固拓展活动成果，持续加强作风建设，全面推进从严治党。

【转型发展】 1月17日，市委、市政府召开金融工作座谈会，会议要求全市各金融机构要解放思想，抢抓机遇，做到与大丰经济社会发展同频共振，共同发展；要抬高工作目标，不仅要比总量、比增幅，还要比位次、比进位，努力创造良好的金融业绩。1月29日，市委办、市政府办印发《关于开展“重大项目推进年”活动的实施方案》《关于开展“重大载体建设年”活动的实施方案》的通知。2月8日，市委、市政府召开重大项目推进暨重大载体建设动员大会，会议要求全力突破重大项目和载体，加快转型发展步伐，推动全市经济社会更好更快发展。3月3日，市委、市政府召开“重大项目推进年”招商引资督查推进会，要求全市上下要高度重视，坚持高端引领，讲究质量，提高招商实效。3月5日，市委、市政府在南京举行沿海开发暨金融对接工作汇报会，会议巩固和扩大全省首批金融生态优秀县（市）创建成果，进一步优化金融发展环境，在政银企之间构建信任、合作、互利的和谐关系，为沿海开发提供强有力的金融支撑。3月25日，市委、市政府召开扩大对外开放工作会议，要求全面提高扩大对外开放水平，以开放促改革促转型促发展。4月21日，市委、市政府召开科技创新暨人才工作会议，动员全市上下加快建设创新型城市，全力推进大丰转型发展。8月1日，市委、市政府召开旅游发展暨中华麋鹿园创建国家AAAAA级景区动员大会。会议要求深入实施旅游兴市战略，加快推进中华麋鹿园创建国家AAAAA级旅游景区，打造“长三角”富有吸引力的旅游目的地。9月15日，市委、市政府召开招商引资项目建设座谈会，要求坚持将项目作为经济工作第一抓手，进一步增强紧迫感、危机感和责任感，迅速升温加压，不断创新体制机制，全面加大组织力度，实现招商引资项目建设新突破，为新一轮发展打下坚实基础。9月25日，市委、市政府召开招商引资项目建设冲刺全年目标动员会，推动全市上下加大组织力度，全面发动，进一步升温加压，再掀招商引资项目建设新热潮。10月9日，市委、市政府召开旅游委员会联席会暨国庆黄金周总结会议，会议要求全市上下牢固树立“旅游兴市”战略意识，总结经验，乘势而上，全面提升全市旅游工作水平，推动旅游产业发展。12月12日，市委、市政府召开2015年工作思路研讨会，积极谋划在新常态下创新开展2015年工作。要求深入学习贯彻中央经济工作会议精神，根据省委和盐城市委的工作要求，牢牢把握“稳中求进、提质增效”工作总基调，突出转型升级、内涵发展，适应新常态，创造新业绩。

【实施沿海开发】 2月12日，市委、市政府召开大丰港经济开发区2014年工作会议暨港城建设动员大会。会议要求全力突破港城建设，加快沿海开发步伐。4月2日，市委办、市政府办印发《“港城建设突破年”活动实施意见》和《大丰市沿海开发重点项目（工程）督查考核办法》。4月11日，市委主要领导实地察看海洋生物产业园和港城建设现场，推进沿海重点工程建设。要求深入贯彻省沿海开发“六大行动”（组织实施港口功能提升、沿海产业升级、临海城镇培育、滩涂开发利用、沿海环境保护和重大载体建设）方案，积极抢抓政策机遇，突破港城，以港城建设倒逼、带动码头建设和临港特色产业发展，推动大丰沿海地区科学发展。5月20日，市委主要领导到大丰港经济开发区调研重点项目建设情况，要求坚定不移抢工会战重点项目，全力提升沿海开发整体水平。6月21日，市委、市政府召开大丰沿海开发综合示范带规划初步成果汇报会。会议要求编制高水平战略规划，引领大丰沿海开发。8月11日，市委主要领导到大丰港经济开发区调研重点项目建设情况，要求始终坚持高端引领，加快推进新兴产业发展，不断提升港区产业层次。11月11日，市委主要领导到大丰港经济开发区，调研沿海重点项目建设情况。要求以学习贯彻省委十二届八次全会精神为强大动力，打造一流环境，加快突破重点项目，不断提升沿海产业发展层次。

【推进城乡统筹】 2月15日，市委、市政府召开农村工作会议，会议要求全市上下强农惠民，改革创新，推动农村工作再上新台阶，会上印发《关于全面深化改革推进全市统筹城乡发展的意见》。3月21日，市委主要领导到新丰镇察看新型城镇化建设情况，要求全市上下坚持旅游开发和城镇建设相结合、产业发展和城镇建设相结合，城镇化和产业化互动并进，加快推进全市新型城镇化。3月25日，市委召开新型城镇化建设会办会，就做好新型城镇化工作提出要求。会议要求深入推进党的群众路线教育实践活动，坚持问题导向、民生导向，以新型城镇化建设为重点，迅速提高城乡统筹发展水平。11月10日，市委主要领导到西团镇龙窑村、南阳镇城乡村、万盈镇六里村和益民村等镇村调研，重点了解农业产业结构调整、联耕联种、秸秆"双禁"、村务公开、环境整治等工作情况。要求深入学习贯彻中共十八届四中全会和习近平总书记系列重要讲话精神，按照省委十二届八次全会和市委部署，紧密结合大丰实际，突出富民惠民，坚持重点重抓，以科学态度、法治思维、群众观念和务实作风，落实各项关键举措，全面提升农业农村工作水平。

【生态文明建设】 1月17日，全市召开国家级生态市暨国家环保模范城市建设推进会。会议要求，把创建国家生态市和国家环保模范城市作为生态文明建设的重点，作为倒逼转型升级的有效手段，作为发展惠民的具体行动，精心组织，全面部署，扎实推进，志在必得。4月21日，市委、市政府召开创建国家园林城市动员大会。会议要求全市上下要以建设高水平小康社会的高度，提高认识，强化责任，扎扎实实打好创建国家园林城市攻坚战。要迅速掀起国家园林城市创建热潮。着力提升绿化水平，扎实整治市容市貌，加快完善市政配套，大力创建生态品牌，确保2015年建成国家园林城市。4月30日，市委、市政府举行绿化会战重点工程观摩活动，盐城市委常委、大丰市委书记倪峰在观摩中强调，要增加绿量，提升品位，加强管护，确保建成国家园林城市。5月9日，市委、市政府召开集镇和农村环境综合整治推进会，全面检阅集镇和农村环境综合整治阶段性成果，研究部署下一阶段工作任务，要求高度重视镇村环境综合整治，进一步升温加压，推动镇村环境综合整治深入开展。

【改善民生】 6月27日，市委主要领导到港区察看正宏菜市场经营管理情况，要求港区深入开展党的群众路线教育实践活动，以即知即改、立说立行的要求，积极完善基础设施，切实改善民生。7月22日，市委主要领导调研为民办实事工程建设情况，要求高度重视为民办实事工程，按时间节点要求加快推进，确保按时保质保量完成任务，真正以民生改善取信于民。8月15日，市委专题听取第二水源和自来水深度处理工程建设情况汇报。会议要求将安全供水作为民生第一事，切实增强饮用水安全意识，工程化提高安全可靠程度，将大丰水质提高到一个新的水平，让百姓喝上安全放心的饮用水。9月20日，市委召开常委会议，传达学习全省推进民生幸福工程暨建设现代医疗卫生体系会议精神，要求认真学习贯彻省会议精神，下大力气抓好现代医疗卫生体系建设，进一步提升民生保障和公共服务水平。

【党管武装工作】 7月25日，市委召开常委议军会议。盐城市委常委、大丰市委书记、市人武部党委第一书记倪峰主持会议，并就推动军民融合深度发展作重要讲话。市长、市国防动员委员会主任陈平就如何加强国防后备力量建设作工作部署。11月18日，市委、市政府印发《大丰市军民融合式发展三年实施规划（2014~2016）》。

（陈　炜）

信　息

【概述】 2014年，大丰市委办信息工作围绕党委工作大局，紧扣全市改革发展稳定中的大事要事和社会各界关注的热点难点，为省委、盐城市委和大丰市委提供了大量具有重要参考价值的信息，不断增强信息的服务功能与作用，提高信息服务的针对性和有效性。先后被省委办公厅表彰为全省党委系统信息工作先进单位，被盐城市委办公室表彰为全市党委系统信息工作先进单位。

【信息报送】 大丰市委办加强大丰当地信息、基层建议、市外动态、互联网信息报送，全年组织上报省委办公厅信息4762条，其中175条被省采用、22条获省领导批示；组织上报盐城市委办信息5100余条，其中478条被盐城采用、6条获盐城市领导批示。在党委系统信息工作考核中，大丰位居全省前列。

【服务党委】 强化大局意识，突出全天候服务，对重要紧急信息、突发事件第一时间上报，全年办理信息快报109期，市领导批示68批次；并实行紧跟办理，及时反馈，确保了领导指示迅速落实。对信访、安监、环保、公安、宣传5部门，分别实行信访稳定、安全生产、环境保护、社会治安、舆情每日上报制度。及时编发《维稳信息日报》，为市领导及时处置各类突发事件、维护社会大局稳定发挥了重要的"耳目"作用。

【大丰市情调研】 围绕稳增长调结构惠民生、全面深化改革、实施沿海开发战略等方面，加强综合信息、调研信息等深层次信息的开发，积极争取上级对大丰发展的关心和支持。《大丰市认真贯彻落实李学勇省长驻村调研讲话精神 打造生态宜居文明祥和新农村》《大丰市主动对接全面融入"大上海"》等4条综合调研信息，被省市重点刊物采用，为省市领导掌握情况、科学决策、推动工作发挥了积极作用。

（顾　益）

督　查

【概述】 2014年，市重大事项督查考核办公室紧贴领导工作思路，坚持突出重点、注重实效，着力提升督查工作水平和服务质量，较好地发挥了督促检查的职能作用，有力地推动了全市经济社会更好更快发展。

【督查推进力度】 市重大事项督查考核办公室按照市委主要领导“月月查、家家到”的要求，重点突出“三天、周、旬、月、季”等时间节点，督查市委、市政府重要部署的落实情况、重大事项的推进情况、重点工作的进展情况和重点工程的推进情况。坚持开展专项督查、联合督查、节点督查、跟踪督查、现场督查和“飞行”检查，不断创新督查方式，对市委市政府关注的重点事项坚持日查日报，全年组织重点督查70多项100余次，编发督查报告147期，其中《督查快报》64期、《督查专报》57期、《督查通报》26期。

【督查考核对接】 围绕市委、市政府部署的重点工作，组织督查。结合督查结果开展考核，将重大事项推进情况纳入全市年度目标任务综合考核。印发督查考核文件近20份，体现考核激励导向，形成“事中督查推进，事后考核兑现”的有效机制。

【督查反馈】 坚持督查与调研相结合，在督查中发现问题，查找根源，结合督查报告提出解决问题的思路和建议，推动工作落实。建立健全“快报、专报、通报”3层反馈机制，快报注重反映实情，专报注重分析建议，通报注重面上指导，实现督查工作“实抓、抓实”的目的，较好地体现了市委、市政府抓督查促落实的要求。

（丁虎翼）

纪检监察

【概述】 2014年，大丰市纪检监察组织按照各级纪委全会部署，结合大丰市情实际，坚持服务中心大局，围绕“三转”（转职能、转方式、转作风）工作要求，更新观念、优化措施，重点重抓、狠抓落实，全力营造风清气正、勤廉干事的发展环境，努力保障全面深化改革和高水平小康社会建设，全市党风廉政建设和反腐败工作取得新成效。

【市纪委四次全会】 2月15日，中共大丰市纪律检查委员会召开第四次全体会议。13名市纪委委员参加会议。中共大丰市纪律检查委员会常务委员会主持会议。全会审议通过宋勇代表市纪委常委会所作的《全面聚焦中心，加快推进“三转”，以新的工作成效为建设高水平小康社会保驾护航》的工作报告和全会决议。各镇纪委书记、纪委副书记、监察室主任（干事），各区（园）纪委书记（纪工委书记）、监察室主任，市直各单位纪委书记（纪检组长）、监察室主任、专职纪检监察员，驻大丰场（厂）纪委书记，大丰市纪委机关全体干部，各纪检监察工作室全体人员列席会议。

【“两个责任”落实】 大丰市委研究出台《关于落实党风廉政建设党委主体责任和纪委监督责任的实施意见》和《考核办法》。8月，召开纪检监察工作推进暨落实纪委监督责任座谈会，对57个纪检监察组织负责人进行集体交责谈话，推动纪委监督责任有效落实。积极做好党风廉政建设责任制的任务分解、检查考核和结果反馈等工作，严格实施推荐表彰“一票否决”和责任追究等措施。年初，根据考核结果否决2家单位和2名个人的评先进资格，对11起重点人员去北京上访事件涉及的20余名党员干部实施责任追究。市委召开专题常委会，就盐城市对大丰市反馈的党风廉政建设责任制检查考核结果进行会办研究，并以市委文件形式细化分解整改任务，将整改措施落实到6个主办单位和27个协办单位。

【纪检监察“三转”工作】 市纪委严格落实中央纪委“转职能、转方式、转作风”“三转”工作要求，及时调整机关内设机构，撤销党风廉政室、执法监察室、纠风室、效能室，新设立党风政风监督室，增设纪检监察三室、四室和干部监督室，在人员总数不变的情况下，将力量往执纪监督条线倾斜。调整后纪检监察室4个，直接从事办案一线人员34人，占总人数的

2014年9月5日，大丰市召开严格落实“八项规定”、切实加强作风建设推进会　胡金波 摄

50.7%。同时，全面清理2005年来纪检监察机关牵头或参与的议事协调机构，共梳理出186个，确定取消或不再参与的172个，保留或继续参与的14个，取消率92.5%，为集中精力抓好监督执纪问责夯实基础。

【行政监察职能】 市纪委加强对市委、市政府确定的重大工程、重点项目、重要工作推进情况的监督检查，保证市委、市政府各类决策部署按节点保质保量完成。实施环境保护、安全生产、秸秆“双禁”、村庄环境综合整治、农村公路建设和养护资金管理等工作专项监察，关闭重污染企业4个，对13起安全事故9名责任人进行党政纪立案处理，其中2名移送司法机关。深化工程建设领域突出问题专项治理，对12个超1000万元以上国有资金项目进行廉情约谈，检查国有资金在建项目61个，查处涉嫌串标案件2起，通报6个监理企业和6个施工企业，对1家监理单位和2个施工企业实行限制准入。加大行政执法责任追究力度，排查2013年33起行政诉讼案件，对4名相关责任人进行党政纪处理。

【机关作风建设】 市纪委严格落实关于加强作风建设新要求，及时重申中央八项规定、厉行勤俭节约反对浪费条例、“十项禁令”等纪律。结合党的群众路线教育实践活动，牵头开展“10+2”（清理文风会风问题、清理办公用房和新建楼堂馆所问题、清理公款吃喝问题、清理公车管理使用问题、清理机关事业单位人员在编不在岗问题、清理涉及民生资金管理使用问题、清理涉企收费以及事业收费和村居负担问题、清理机关干部慵懒散拖问题、清理行政审批服务问题、清理公共资源交易市场秩序问题、生态环境专项治理行动和信访积案专项治理行动）专项清理，着力整治文风会风、办公用房、机关事业单位人员在编不在岗、慵懒散拖等群众反映强烈的“四风”问题，加强正风肃纪。建立节假日公车定点停放、公务接待事前报备等制度。聘请20人担任作风建设监督员，进一步整合监督力量，抓住五一国际劳动节、端午节等重点时段，突出查处公款吃喝、公车私用等重点问题，加大明查暗访力度，严肃查处顶风违纪行为。全年组织各类明查暗访320余次，向17家单位发放整改提醒函，对25人进行诫勉谈话，对12人给予党政纪处分，公开通报12起典型案例。

【效能革命建设】 市纪委扎实推进行政审批改革，不断深化“三集中、三到位”（部门行政审批职能向一个科室集中，承担审批职能的科室向行政服务中心集中，行政审批事项向网上权力运行平台集中，切实做到审批事项进驻落实到位、授权到位、人员到位），出台《关于优化行政审批服务的六项措施》，深入开展“标准化服务窗口”建设，开通“五区十八园”服务直通车，落实集中联审、定期会签、限时办结和AB岗制度，畅通重大项目服务BRT，推行容缺预审机制和“一体化”联审联办，进一步优化审批流程，提高审批效能。严格执行《关于进一步支持“两区”发展的实施意见》，对落户“两区”的重大工业项目实行行政事业性收费“零收费”。完善“三制”（部门检查准入制、收费扎口管理制、行政处罚申报制）保护和“贵宾证”措施，设立10家优化营商环境监测点，召开规模企业家优化营商环境专题座谈会。继续实施第三方监督，加大明查暗访力度，认真办理各类投诉，提升服务水平。

【党风廉政教育】 市纪委调整反腐倡廉大宣教工作领导小组，健全大宣教工作格局，实现教育经常化、阵地化、专业化。制订反腐倡廉宣传教育工作考核办法，充实纪检监察宣传报道员队伍，举办业务知识培训，依托“金丰廉韵”宣教平台，加大宣传报道力度，提升“金丰廉韵”品牌影响力。强化年关预警教育、“510”自警教育，深化“三排一降”（排险点、排险种、排险象、降险情）岗位风险教育制度，增强党员干部廉洁自律意识。全市上交“510”账户59笔59.03万元。开展“廉政文化建设年”活动，组织“十佳勤政廉政干部”评选、廉政书画笔会、廉政话剧巡演，编撰新四军廉政文化专题文集，丰富廉政主题公园内容，建成开放廉政教育展示馆，创建廉政文化旅游专线，增强教育的广泛性、趣味性和实效性。

【反腐倡廉制度建设】 大丰市委出台贯彻落实中共中央《建立健全惩治和预防腐败体系2013~2017年工作规划》的实施意见，系统谋划大丰新一轮惩防体系基本框架。及时分解重点制度建设任务，制订党政机关作风建设积分管理办法、信访举报综合受理实施细则等制度，推进大丰特色反腐倡廉制度建设。组织反腐倡廉制度执行情况综合考评，通过职能室专项检查和工作室驻点巡查等方式，对“十项禁令”、厉行节约规定、“三重一大”（重大问题决策、重要干部任免、重大项目投资决策、大额资金使用）事项报备、“一把手”监督等重点制度执行情况进行检查评估，确保制度执行到位。

【权力运行监督】 市纪委认真监督全市各镇和市各部门主要领导干部“四个不直接分管”（不直接分管人事、财务、工程建设、招投标工作）和“一个末位表态”（集体讨论末位表态）规定执行情况，继续实施市领导与分管范围科级干部特别是“一把手”廉政谈话制度，全面清理二线干部在企业兼职取酬问题，对5名党政领导干部开展“三责联审”（用人责任审查、编制责任审核、经济责任审计），切实规范从政行为。严格落实领导干部个人重大事项申报和拟提拔干部财产公示制度，更新800余名科级领导干部廉政档案，加强领导干部日常监管。坚持“四议四公开一监督”（村党组织委员会提议、村“两委”会商议、党员议事会或党员大会审议、村民代表会议或村民会议决议，事前公告、事决公示、事中公察、事后公布，村监委会监督），规范农村集体“三资”（资金、资产、资源）管理，健全村情发言人制度，组织“勤廉指数”测评，强化农村基层干部权力运行情况监督。推进行政权力网上公开透明运行，完善政风行风热线“四位一体”（广播有声、电视有形、报刊可读、网络互动）联动模式，定期维护“纠风e家”博客，积极引导社会舆情，及时回应社会关切。

【违纪违法案件查处】 市纪委完善反腐败协调工作实施细则，建立联席会议制度，明确线索移送、联合办案、配合调查等具体规定，加强与执纪执法单位和司法机关的协作，形成工作合力。健全信访网络，畅通举报渠道，开通短信受理平台，充分发挥信访发现案件线索主渠道作用。按照“大起底、不留死角”要求，梳理全年信访反映和案件查办中涉及的科级干部问题线索，建立违纪违法案件线索库，实行分类登记，集中管理。同时注重结合执法监察、专项检查、工作室督查巡查等工作，主动挖掘排查线索，重点查处一批有影响的典型案件。2014年受理信访举报479件，立案查处各类案件126件，其中科级干部12件，实施“两规”措施4件，挽回经济损失900多万元。

【文明办案】 市纪委加大投入，高标准建成科学化、规范化、智能化的新办案点，安装数字监控设备，健全日常管理制度，完善“两规”“两指”措施实施细则，做到“物防、技防、人防、制防”“四防合一”。执行查办案件安全督查制度，实行案件主办人责任制，严格落实办案纪律要求，规范基层纪检监察组织谈话场所建设，加强监督检查，确保办案安全。完善纪检监察标准化办案考评暂行办法，实施机关人员参办、协办基层重要案件，基层人员抽办、跟办全市大要案件的联动机制，定期组织案件办理、案卷整理“双评”活动，提升纪检监察干部办案能力。

【办案综合质效】 市纪委坚持审理助辩和处分执行情况备案制度，开展“乡镇案件协助审、简单案件简易审、直属案件联合审、案件质量相互评”“三审一评”工作，提升案件审理质量。严格执行“一案五报告”（案件调查报告、案件剖析报告、检查监察建议报告、检查忏悔报告、案件总结报告）机制，注重以查促治，强化治本功能，做到“查处一案、规范一块、治理一线”。年初，利用大丰市查处的工程建设领域的典型案件，拍摄《塔吊下的阴影》教育片，在全市领导干部警示教育大会上播放，用身边案例教育、震慑、警示党员干部，最大限度发挥查办案件的综合效应，取得较好的效果。

【纪检监察工作创新】 市纪委围绕上级关注重点、群众反映热点和日常工作难点，主动开展调研，大力创新创优。修订基层纪检监察工作考核办法，加大特色工作培植力度。出台《2014年创新等“四项工作”任务分解方案》，组织基层申报创新特色课题，实行创新工作项目化管理，提升创新工作实效。大丰市创新方式强化工作室督查巡查职能、建立健全纪检监察系统工作人员问责规定以及突出重点持续推进机关作风建设等做法被省和盐城市纪委转发。

【党的群众路线教育实践活动】 2014年，市纪委在党的群众路线教育实践活动中突出问题导向，排查整改涉及“四风”方面问题15个，完善机关管理制度10多项。活动期间，积极参加“走进社区转作风、服务群众促和谐”活动，委局机关56名在职党员到所在社区自愿认岗；开展“支部办实事、党员做好事”活动，深入挂钩联系的白驹镇马家村，刘庄镇东方村、润民村扶贫帮困和化解矛盾，协调落实帮扶物品和资金近30万元；安排12名30岁以下年轻干部挂任村党风廉政建设指导员，深入基层一线，强化实践锻炼。严抓队伍监管，严明纪检监察干部“六项禁令”，出台纪检监察系统工作人员问责规定，对纪检监察干部办事效率低下等16种行为严格问责问效，坚决防止“灯下黑”。

（张　晗）

组　织

【概述】 2014年，大丰市组织工作坚持以深化改革为统领，以教育实践活动为动力，以党建工作创新工程为重点，统筹推进各项工作，为大丰新一轮改革发展提供坚强组织保证。

【群众路线教育实践活动开展】 2014年，大丰市有2531个党组织、49710名党员参加第二批教育实践活动。全市各级党组织坚持“两手抓、两促进”，取得一批实践成果、制度成果和理论成果，纯洁了党的肌体、凝聚了党心民心。市委坚持把学习教育作为推进活动的首要任务，对各类对象实行差别化要求，充分发挥市委中心组“每月一课”“基层党组织统一活动日”等学习平台，编印学习资料摘编2万本、简明应知应会知识问答3万册。围绕群众观点、“三严三实”（严以修身、严以用权、严以律己，谋事要实、创业要实、做人要实）、“弘扬大气包容精神，汇聚和谐发展正能量”等10个专题，开展集中学习。组织市委常委、党员副市长和机关党员干部重温入党誓词，开通大丰党建微信，进行新闻、图片、案例等“立体化授课”。组织“厚德盐城”先进典型事迹报告团到大丰宣讲，选树大丰港、市行政服务中心两个集体典型和恒北村党委书记李晓霞、市植保站站长王凤良两个个人典型，通过“身边典型大家评”“我与先进比差距”等方式，引导大家在学习中比学赶超，形成党风政风民风互动并进的局面。通过网络媒体、微信平台、电子邮箱、12345热线电话等多种途径，聚焦“四风”，查摆不足。市委常委、党员副市长积极参加“四走访、四问清”（走访基层干群、问清所思所想，走访服务对象、问清所需所求，走访困难群众、问清所急所盼，走访信访老户、问清所诉所怨）、“三解三促一加强”、机关干部“进村入户转作风”等活动，通过自身体验的方式，多渠道

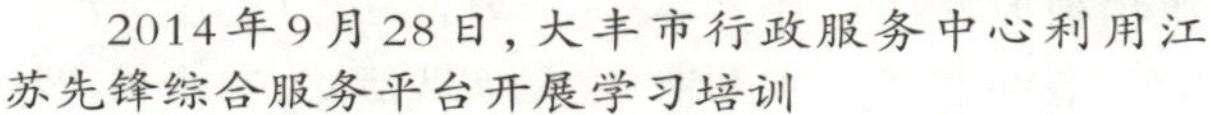
2014年9月28日，大丰市行政服务中心利用江苏先锋综合服务平台开展学习培训

2014年11月2日，“百名海外博士江苏行”大丰洽谈会举行

单位供图

收集建议、意见1500多条。市委常委分条线主持召开42场专题座谈会，“会诊”梳理出常委班子的57条共性问题和88条个性问题，并自觉对号入座，172条（含盐城市委督导组反馈给常委班子27条共性问题）问题全部被主动认领。市委主要负责人主持起草常委会整改方案，提出八个方面36项具体整改措施。市委常委、党员副市长结合分工，牵头制订22项长效制度。集中开展文山会海、违规新建楼堂馆所、公款吃喝、公车配备超标等十大专项清理和生态环境、信访积案专项治理行动，集中整治群众反映强烈的党员干部参赌涉赌、党政领导干部企业兼职等问题，专题部署开展整治奢华浪费建设问题。全市精简各类简报15份，腾退办公用房18143.9平方米，公务接待、公车购置费用、因公出国（境）费用分别下降21.8%、47.2%、43%。清理取缔各类节庆、论坛、展会活动18次。6次派出督查组明察暗访，查纠公务接待方面问题6个，查处违规违纪问题14件、23人次，依法取消审批事项20项，合并事项5项，审批时限压缩50%以上。坚持把解决问题贯穿活动各环节和全过程，投入28.89亿元实施保障性住房、农村路桥、教育基础设施、老年养护康复中心等十大实事工程；财政增加支出1亿元，实施提升民生保障水平12件实事。全力推进市镇村三级便民服务网络建设，专题交办群众急需解决事项11次160个。各镇（区）专项治理方案重在落实市“10+2”专项整治方案基础上，着力突出解决农村村卫生室的提升和养殖污染两大问题。高度重视长效制度建设，注重从体制机制上解决各类民生问题，各参学单位结合大丰实际，出台500多项长效制度。

【干部队伍能力建设】 市委组织部以“大规模培训干部、大幅度提高干部素质”为目标，全面贯彻落实《2013~2017年全国干部教育培训规划》，以实施“基层干部大轮训工程”为重点，坚持“党校主阵地培训”“每月一课”“中浦院轮训”“星期六党校”同步推进，提升各级干部推动科学发展、服务基层群众、促进社会和谐的能力。全年举办各类培训班168期，培训学员2.83万人次，为“改革创新、转型发展”提供有力保障。在全市组织系统开展“阳光组工、模范部门”机关品牌创建工作，深化组工干部队伍自身建设，充实“年轻组工干部成长体验营”活动内容，加速年轻组工干部成长成才，塑造年轻组工干部“坚韧、自信、活力、向上”新形象。

【干部人事制度改革】 市委组织部组织实施市委全委会提名推荐南阳等镇党委书记人选工作，在选优配强“一把手”的同时，坚持德才标准、突出岗位要求，合理用好各年龄段干部，努力让各个层面的优秀干部有干头、有奔头。积极引入“两测三必谈”（在民主测评中，除进行评价等次、任职建议等内容测评之外，还实行不良行为专项测评。访谈时与干部群众普谈、与考察对象家属或邻居访谈、与纪检、干部监督等部门约谈）机制，最大限度提高干部考察精准度。突出“3+3”（项目、外资、公共财政预算收入和开票销售、规模企业培育、增值税征收）等主要经济指标目标任务完成情况，科学设置干部考核内容，全面推行工作目标制、目标责任制、责任考核制和实绩公示制，动真碰硬，末位淘汰；对工作不称职和不宜担任现职的干部及时进行调整。加大《干部选拔任用条例》学习贯彻，确保领导干部熟悉、组工干部精通、党员干部了解。建立领导干部个人有关事项信息库，开展全市专项清理机关事业单位人员在编不在岗工作，做好科级干部超职数配备专项治理。强化对“一把手”的监督，确保党政“一把手”正确行使权力。扎实有效推进“三员一网”〔地方选派督导员、系统（行业）选聘监督员、党委选用联络员，构建立体、开放、高效的监督网络〕建设。

【人才强市战略实施】 市委组织部牢固确立“人才是第一资源”理念，坚持人才工作优先投入，设立市人才发展专项资金1.51亿元，其中7500万元直接用于高层次人才引进、培养和服务。将人才工作纳入全市经济社会发展综合考核体系，入选“千人计划”、引进“千人计划”创业，列为全市目标任务绩效考核加分项目，催生镇、区（园）、部门人才工作“内生动力”。严格落实市政府出台的《关于进一步加强人才引进工作的意见》和市委市政府出台的《关于进一步扩大对外开放 加快推动经济国际化进程的实施意见》等文件精神，评选资助大丰市第四批“双创”领军人才，资助姜辛等10名人才（团队）3120万元。对成功自主申报“千人计划”的多为公司博士马瑟配套资助200万元，对辉丰公司引进“千人计划”到大丰创业的博士杜振宁配套资助100万元，对引进的310名海内外高层次人才和紧缺专业本科毕业生发放生活和住房补贴240万元。大力实施“15351”（全年力争引进诺贝尔奖获得者或外籍院士1名、“千人计划”专家5名、海外高端人才30名、外国专家50名、留学回国人才100名）英才计划，举办2014年中国大丰港海洋生物博览会、“海外博士大丰行”活动，借助“大连海创周”、第四届沿海发展人才峰会、省第三届海智大会等平台，达成合作意向26个，签约引进各类高层次人才71名。以“名校优生工程”为重点，建立高校人才工作站9家，60名“985”“211”高校毕业生到大丰驻村实习。组织参加盐城市第二届高层次人才创业大赛，26人参加创业大赛，有2个创业项目入围决赛，5个项目落户大丰。帮助企业申报国家“千人计划”、省“外专百人计划”等人才项目87个，入选省首批“外专百人计划”1个、省“双创计划”2个、省“博士计划”3个、省“苏北人才计划”37个，人才项目申报数量和质量实现同步提升。围绕新能源、新材料、海洋生物医药、高端装备制造、电子信息等战略性新兴产业和传统优势产业，深化政产学研合作，推动企业与高校共建研究生工作站，加快集聚沿海产业发展急需人才。做好“第七批科技镇长团”6名专家到大丰市挂职服务工作，发挥科技镇长团成员联系高校、辐射带动作用。举办2014年中国大丰港海洋生物博览会，签约人才合作项目16个。实施“高技能人才振兴工程”，举办全市高技能人才大赛，为临港产业储备急需技能型人才。强化科技人才载体建设，新能源淡化海水产业园建成国家海洋经济创新发展区域示范区，江苏海洋药物研发协同创新中心揭牌成立，东方创意公司建成盐城首家省级科普产品研发基地；大丰创建为省“海智工作基地”。大丰留学人员创业园新入驻企业6个，引进海外人才15名。邀请英国英创基金、北美洲学人国际交流中心等机构到大丰对接洽谈，引进留学生13名，签约落户人才项目3个。全年新建省级工程技术研究中心1个、省级博士后创新实践基地1个、省级企业研究生工作站8个，有56个项目获得省级以上科技项目立项，获各类资金近3500万元。提请市委出台《大丰市高层次人才服务“绿卡”实施办法（试行）》。高层次人才持卡享受10个方面的优惠政策（领导结对服务、住房安居服务、医疗保健服务、文化阅览服务、交通便捷服务、学术交流服务、社会保障服务、休闲观光服务、子女入学服务、配偶安置服务）。

【基层组织建设】 市委组织部积极探索“家庭农场+党组织”新模式，成立小海镇爱华粮食种植家庭农场党支部和草庙镇万明家庭农场党支部。组织开展整顿基层后进和软弱涣散党组织工作，重点整顿软弱涣散的24个村（居），调整充实16名村（居）党组织书记。选派138名村（居）党建富民工作指导员，构建机关干部“进村入户”转作风活动长效机制。实施村书记“五有”（科学发展治村有方、群众增收致富有路、村情民意心中有数、困难群众需求有助、信访矛盾诉求有解）工作法，实行“首问负责制、服务承诺制、限时办结制”，切实把“民意代言、事务代办、便民代理，帮群众反映诉求、帮群众解决问题、帮群众兴办实事”的“三代三帮”要求落到实处，村党组织和村书记作用发挥群众满意率98.2%。推进社区党组织设置网格化，构建了“街道设党委、社区设总支、三级网格成立党支部、五级网格划设党小组”的组织体系。推进非公有制企业党组织设置区域化，将规模较小、党员人数少的非公有制企业党的工作和党员的教育管理纳入园区党组织管理，实现非公有制企业党的组织设置和党建工作“两个全覆盖”。在非公有制企业，组织开展以党组织挂红色标牌、党组织书记挂红色标记、党员挂红色标识为主要内容的“三挂”行动，取得较好的效果。在机关、企事业单位在职党员中开展“走进社区转作风、服务群众促和谐”主题实践活动，24个城市社区全部成立在职党员服务站，设置四大类20种基本服务岗位，全市有9541名在职党员到社区报到登记，认领党员服务岗12878个。以“星期六党校”为平台，坚持抓学习、提素质，组织开展“读原著、摆进去、找差距、明方向”学习竞赛活动，98个参学单位的213名机关党员干部参加了竞赛。遴选20名讲师成立“星期六党校”讲师团，开展党课巡回宣讲，使广大机关党员干部接受教育、拓宽视野，提高了党课教育的质量。深化科级干部挂钩服务企业、“机关+农村”党组织联建等工作，建立机关党组织一线组织生活机制，引导机关党员干部深入村镇农家、田间地头、企业车间、拆迁现场，面对面、心贴心地解决基层党员所需、群众所期、企业所盼。围绕规模适度、结构合理、素质优良、纪律严明、作用突出的目标，强化党员管理，处置不合格党员，严格党内组织生活。深入推进“三解三促一加强”和“进村入户转作风”活动，在联系服务群众中增强各级党员干部的群众观念。准确把握建设服务型远程教育的内在要求，投入近100万元，加快“江苏先锋”综合服务平台建设，建立拓展服务点22个，实现216个村级远程教育站点的全覆盖。中组部、省委组织部两次到大丰实地调研远程教育及新平台推广应用工作，并给予充分肯定。在盐城首家开通“大丰党建”微信平台，编发微信1000多条，方便党员群众查阅党建信息，掌握活动动态。建立“远教议事日”制度，推行“望闻问切”工作法，组织百名专家进百村，加大生产经营型、技能服务型和致富创业型的“三型”职业农民培养力度，提高党员干部的致富和带富本领，全市248个远程教育站点组织开展各类培训500多批次，参培党员干部和群众28000多人次。

（张国庆 汪 倩）

2014年大丰市党组织、党员基本情况统计

表9

党组织	数量（个）	党 员		数量（个）	党 员		数量（个）
党 委	41	党员总数		51869	2014年发展新党员		463
党 组	27	其中	新中国成立前入党	1205	其中	镇	363
党总支	305		女性	10909		女性	190
党支部	2270		35岁以下	7768		35岁以下	301
党小组	5698		高中以上学历	32596		—	—

（陈忠斌）

宣 传

【概述】 2014年，大丰市宣传思想文化工作围绕学习贯彻中共十八大、十八届三中四中全会精神和习近平总书记系列重要讲话精神，全力服务转型升级，着力推动内涵发展，充分发挥思想引领、舆论引导、精神激励、文化支撑作用，为建设新大丰、发展上台阶凝聚强大精神力量。

【理论武装】 市委宣传部继续发挥市委中心组“每月一课”学习示范引领作用，邀请12名专家学者就新时期党群关系和群众工作创新、招商引资若干重要问题的认识、培育与弘扬社会主义核心价值观共筑中国梦、中国传统伦理文化的当代价值、科学思维与领导决策等12个专题作报告。在“每月一课”集中学习的基础上，以“星期六党校”为载体，打造学习型机关，制订《关于切实改进学风的实施意见》和《大丰市学习型党组织建设考核指标评价体系》，发放学习读本，组织学习研讨，提高全市党政机关干部学习力、创造力和执行力。继续加强基层党委中心组学习巡听力度，以巡促学，以督强学，完善“督学、促学、考学、评学”制度体系。组织开展冬训冬学活动，坚持因材施教，创新方式载体，取得明显成效。开展以“党员大课堂”“群企大走访”“百姓大舞台”为载体的“三大行动”；开辟“宣讲大课堂”“科技大课堂”和“评议大课堂”为平台的“三大课堂”，开讲200余场，受众5万余人次。大丰市被省委宣传部授予“全省冬训工作综合先进奖”及“全省冬训工作示范市”称号。南阳镇获“全省冬训工作示范镇”称号。《三大行动 为梦启航》获盐城市创新案例奖。冬训工作获得奖项总数为盐城市各县（市、区）第一。南阳镇冬训试点工作活动掠影连续刊登在省委宣传部主办的《支部党课》2014年第2期和3期上。开展“弘扬大气包容精神，汇聚和谐发展正能量”大讨论活动，组织征文评选，收到征文360余篇，并评出了组织奖，一、二、三等奖。

【对内宣传】 市委宣传部学习宣传中共十八届四中全会精神和习近平总书记视察江苏重要讲话精神，贯彻落实中央经济工作会议，省委十二届七次、八次、九次全会，盐城市委六届五次、六次全会，及市委十一届五次全会等会议精神。通过电视台、《大丰日报》、“大丰学习网”等平台，在全市范围内开展“学习宣传贯彻党的十八届四中全会精神”“践行群众路线、实现科学发展”“培育和践行社会主义核心价值观”等主题宣传活动，开展专题报道、评论、访谈，为活动有序开展做好舆论保障。积极参与首季开门红、双过半、冲刺夺全年、村庄环境整治、秸秆“双禁”、金秋经贸恳谈会、全国文明城市创建等宣传工作，营造良好的舆论氛围。

2014年5月24日，大丰市委中心组举行每月一课学习辅导

单位供图

做好宿迁市党政代表团到大丰、盐城市农村环境综合整治现场推进会、盐城市沿海开发重大项目家家到观摩会、全省沿海开发会议等市内重点活动沿途解说和直播工作。充分挖掘典型示范作用，在全市党的群众路线教育实践活动中，培养树立大丰港经济开发区、大丰市行政服务中心两个先进集体典型，及李晓霞、王凤良两个先进个人典型，在全市组织先进典型事迹宣讲；大丰市委印发《关于开展向陈亚平同志学习活动的决定》，并在全市组织开展学习活动；选树一批创业典型，编印《先进典型事迹材料》全市发放；李晓霞先进事迹入选《凡人善举 厚德盐城先进典型事迹汇编》。充分利用冬训冬学平台，组织十八届三中四中全会宣讲团到12个镇、2个区和10个市直单位开展宣讲，受众2万余人次。

【对外宣传】 市委宣传部积极开展对外新闻宣传，全年在中央、省级以上主流媒体用稿120篇。其中，央视《新闻联播》用稿4条、《人民日报》用稿8篇、《新华日报》用稿35篇，上海《解放日报》《新民晚报》、东方卫视等主流媒体用稿30余篇。全年在中央电视台、江苏电视台、盐城电视台的电视新闻用稿均列盐城市各县（市、区）第一。紧扣元旦、春节、清明、端午、五一、中秋、国庆、圣诞等节点，以麋鹿生态国际旅游季、第二届恒北梨园风光乡村游、大丰花车亮相上海旅游节、大熊猫迎亲开园、“荷兰风情 欢乐花海——大丰好玩呢”国庆主题游等活动为契机，策划实施系列对外宣传行动，取得良好效果。积极参与“玩转盐城·最美旅游”——寻找盐城最美旅游景点推选活动，大丰市获“最美旅游城市”称号及5个单项第一。配合省政府新闻办公室，举办1万吨非并网风电淡化海水示范项目首台生产线调试出水新闻发布会。举办2014年大丰港海洋生物博览会媒体见面会和成果发布会，邀请40多家国内知名媒体参加。中央电视台《新闻联播》报道该次博览会。《中国·大丰》城市宣传片，在省政府新闻办公室主办的“最美江苏”形象宣传片评选中，获三等奖，是苏中、苏北地区唯一获奖的县级城市。30秒城市形象宣传片在美国纽约时代广场大屏播放，提升了大丰知名度美誉度。首次在中央电视台《朝闻天下》以及江苏卫视、上海电视台、盐城电视台投放15秒城市旅游广告。中央电视台中文国际频道《寻找最美花园》栏目专程到大丰，拍摄并播出15分钟专题片《大丰花海——绽放在盐碱地上的郁金香》，进一步打响“大丰好玩呢”旅游品牌。与新华社江苏分社联合推出江苏首个党政客户端，共同打造对外宣传的手机终端新阵地。

2014年6月4日，由中宣部、中央文明办主办，中国文明网承办的“中国好人”评选活动候选人正式确定，大丰市种地还债的诚信老人单德凤入选

【舆论安全】 市委宣传部完善重要舆情预警研判工作机制，实行日研判、周督办、月分析、季例会、年总结，增强舆情预警研判能力和舆情应对处置的主动性。建立网络舆情研判处置联席会议制度，遇有突发事件，联席会议领导小组统一扎口，正面引导，权威发布，应急协调，快速有效地使负面影响降到最低。践行网上党的群众路线，通过收集、疏导、交办、督办，受理群众在网上反映的问题532件，推动了一批网民集中反映的合理诉求有效解决。开展“净网2014”和“网上舆论引导”专项行动，梳理排查网上重大舆情隐患、网上信访人头，会同公安部门清理和打击网上不实信息。推动传统主流媒体和网络新媒体融合发展，充分发挥政府门户网站、新华社党政客户端、幸福大丰官方微博、12345政务微信等新媒体优势，加强大丰电视台“掌上大丰”新媒体、大丰日报官方微博、微信的平台建设，加强正面舆论引导，用正面声音占领网络阵地，实现舆论引导效果最大化。组织人员赴上海、宁波等地，学习考察互联网管理、舆论引导、网络平台建设等先进经验，提升队伍素质。加强内部制度管理，大丰市制订完善《大丰市网络舆情研判处置联席会议制度》《关于进一步加强和改进新闻宣传工作的意见》《大丰市网络舆情管理和新闻应急协调工作实施意见（试行）》等文件，为网络宣传和舆情引导工作提供制度保障。全年处置各类网络舆情4258起，召集各类舆情分析会27次，向市委、市政府报送《舆情信息摘报》《舆情快报》《每日舆情通报》379期，未出现因处置不当造成重大舆情危机的现象。

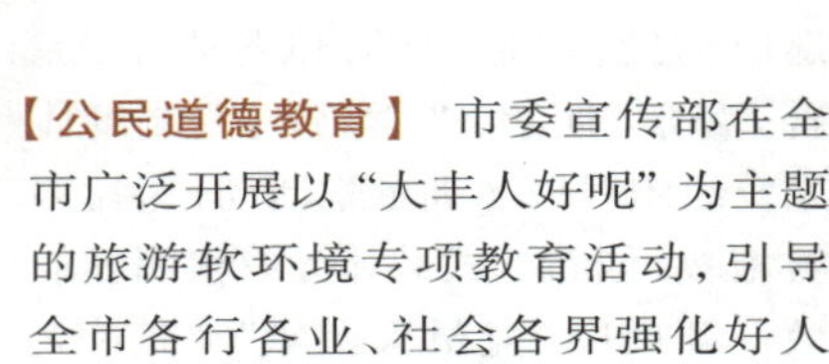

【公民道德教育】 市委宣传部在全市广泛开展以“大丰人好呢”为主题的旅游软环境专项教育活动，引导全市各行各业、社会各界强化好人

意识。组织开展“身边好人”评选，单德凤候选“中国好人”，当选“江苏好人”；4人当选“盐城好人”；30余人当选“大丰好人”。大丰市建成全省首家志愿培训基地，全市注册志愿者5.3万人，占城镇人口总数14%。开展“微关爱进社区”“彩云妈妈阳光爸爸”“七彩丝带”等形式多样的志愿服务，常态化推进医疗保健、健身指导、法律援助、网络文明传播等志愿服务。连续8年组织“众人携手、爱心助学、共建和谐”关爱贫困大学生活动，2014年全市120多个单位和群众参加活动，资助贫困大学生120名，发放助学金近60万元。组织开展“我们的节日”“七彩夏日”“缤纷冬日”等道德实践活动，编印文明礼仪图书读本，征集、评选、传唱优秀童谣，丰富未成年人思想道德建设。在全市60多所中小学推进“行知互动剧场”，规范制度，提升层次。“行知互动剧场”活动品牌被省文明办列入2014年江苏省精神文明建设工作要点。集中表彰2012~2013年各类大丰市级文明创建先进集体178个，全面展示大丰市基层精神文明创建成果。扎实推进全国文明城市创建，开展“一进六整治”（社会主义核心价值观“24字”进社区、进机关、进企业等场所和交通秩序、集贸市场、小区、后街小巷、城郊结合部和主次干道“门前四旁三包”综合整治）专项行动，广泛发动宣传，强化素质教育，改善城市面貌，完善基础设施，规范市场秩序，营造了浓厚创建氛围。年底，大丰市被中央文明办确定为全国文明城市提名市。

【文化建设】 2014年，全市建成国家等级镇综合文化站12个和村、社区示范文化室115个；启动图书馆总分馆建设，在镇、村（社区）、学校、园区等建成通借通还的分馆55个；总投资1.7亿元，建筑面积约1.5万平方米的市青少年教育基地建成开放。举办以春节团拜会、第九届青年歌手电视大奖赛、新春书画笔会等春节系列活动，开展纪念五一国际劳动节杨海宽国画作品邀请展、顾晓燕书法展、经济发展成就展、国庆群众文化活动等公益文化活动300场次，惠及群众超过10万余人。举办以“江苏·恒北梨园风光乡村游”“荷兰风情 温馨花海——大丰好玩呢”乡村旅游季等为代表的旅游文化活动。邀请省音乐家协会、摄影家协会专题采风及著名诗人作家大丰行等，进一步提升了大丰市旅游文化的知名度。东方1号创意产业园应邀参加苏州文化创意设计产业交易博览会，其自主品牌“微米你”“欢乐麋鹿园”“知青农场”等新产品获得游客青睐。举办“魅力东方·梦想起航”全国青年设计师工作营及国际创意设计高峰论坛，吸引国内文化创意界关注。影视剧作品《铁军号手李增援》《回家》等6件作品获盐城市第六届精神文明建设“五个一工程”奖。报告文学《麋鹿之恋》等9件作品获盐城市政府文艺奖。小品《留守娘们留守男》入围全国小戏小品文大赛展演。陈曙文作品《生命历程》入选第十二届全国美术作品展。广场舞蹈《千年等一回》、小品《留守》入围江苏省第十一届五星工程奖决赛。开通苏北首家文学艺术类综合性网站——大丰文联网。《鹿乡文艺》由月刊报纸改版为季刊综合文艺杂志，并推出《艺苑人生》《文学评论》《卯酉史话》《工作动态》等新栏目。编印《“美好大丰”美术书法摄影作品集》，收录95幅大丰书法美术摄影作品，展示大丰良好形象和文化内涵。

（韦伟　洪伟）

精神文明建设

【概述】 2014年，大丰市以培育践行社会主义核心价值观为主线，以创建全国文明城市为龙头，稳步提升公民文明素质和社会文明程度，精神文明建设工作取得新突破：大丰市被中央文明办确定为江苏省12个县级市之一、盐城唯一的全国文明城市提名市，并在省文明办测评中列全省第三名；大中镇恒北村、大丰市实验小学分别被中央文明办表彰为全国文明村、全国文明单位。

【社会主义核心价值观宣传教育】 市文明办联系干群工作生活实际，运用理论普及、媒体传播、文艺创作、道德实践、干部培训、学校教育等多种载体，开展形式多样的教育实践活动，使社会主义核心价值观成为全市广大干群的自觉追求。“24字”（富强、民主、文明、和谐、自由、平等、公正、法治、爱国、敬业、诚信、友善）在机关、学校、社区、企业、商铺及公共场所随处可见，各单位组织党员干部学习讨论，入心入脑。在全市开展“大丰人好呢”主题教育活动，引导各行各业、社会各界强化好人意识。“窗口”单位突出优质服务，党政机关突出勤政为民，经营业主突出诚信经营，市民群众突出和谐友善，教育活动得到社会各界好评。

【全国文明城市创建】 大丰市将文明创建与经济发展、城市建设和社会进步统筹考虑，同部署、同推进、同考核，作为市委、市政府为民办实事的有效载体。实行文明创建“网格化”管理，市直100个党政机关、事业单位与23个社区挂钩结对，明确文明创建包干区域。组织开展“做文明人、建文明城”主题实践活动，机关干部带头到小区、商店、菜场，向市民宣传社会主义核心价值观、文明礼仪知识，每周六到包干区义务劳动，清理环境卫生。利用各类宣传阵地、载体，广泛开展“厚德大丰”先进典型宣传。开展明察暗访和问卷调查，开通创建投诉热线，第一时间解决群众关注的热点、难点问题。在全市开展群众关切度高、社会影响力大的集中行动，实施交通秩序、集贸市场、小区、后街小巷、城郊结合部和主次干道“门前四旁三包”综合整治，抽调警力加大交通秩序整治力度，对人车混行、闯红灯、乱穿马路、乱停乱放等违章行为进行教育处罚，出新道路标线、标识48200平方米，增设隔离栏杆160组。突出18个老旧小区及原

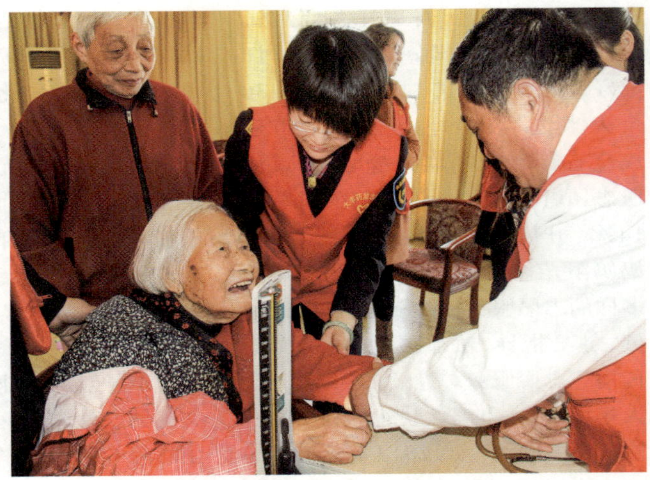

2014年3月16日，大丰市义工联正式成立。年内，先后组织了40多次义务帮助弱势群体的活动

改制破产企业宿舍区的综合整治，清运垃圾460多吨，拆除违章建筑275起，对29个小区368个楼幢1楼以下外墙立面及楼道进行刷白出新。出动执法车辆380多次、执法队员4700人次，拆除市场外乱搭乱建，有效遏制占道设摊经营现象。“黑化”后街小巷232条（处）18万平方米，浇筑混凝土1250平方米。建立“五部门包保、城管部门兜底”的责任网络，签订“门前四旁三包”责任书3000多份，聘请150多名志愿者常年负责主次干道非机动车停放秩序管理。年底，大丰市被中央文明办确定为全国文明城市提名市。

【公民道德教育】 全市“道德讲堂”实现境内盐城市级文明单位全覆盖，镇、街道、社区、学校常态组织活动。以“9·20”公民道德宣传日为重点，深入开展“道德宣传月”活动，广泛设置“厚德大丰”榜，开展道德模范座谈、交流会70多场次。深化“讲文明树新风”公益宣传，实现媒体、网站、户外媒介刊播展示公益广告的全覆盖和长效化。年内，2人入围“中国好人”。产生8名省、盐城市道德模范，158名“大丰好人”和“大丰市十佳道德模范”，凡人善举得到弘扬。

【基层文明创建】 市文明办推进文明餐桌、文明旅游、文明交通、文明上网系列活动，倡导文明风尚，推动基层文明创建常抓常新。深入开展“五美五福”（以发展之美、人文之美、生态之美、平安之美、民生之美“五美”为内容，开展“创美丽乡村”活动；以富裕之福、和睦之福、宜居之福、愉悦之福、安康之福“五福”为内容，开展“创幸福农家”活动）双创活动，组织文明单位开展结对共建活动，以城带乡，城乡共建，互动发展。对申报基层文明创建先进集体进行动态考评，开展“五个一”（一次研讨交流、一次结对共建、一次学习观摩、一次业务培训、一次成果展示）活动，截至2014年底，全市共创成省文明单位24家、盐城市文明单位52家。省、盐城市文明单位数量居盐城市各县（市、区）第一。

【未成年人思想道德建设】 市文明办突出抓好养成“八礼四仪”（“八礼”为仪表之礼、餐饮之礼、言谈之礼、待人之礼、行走之礼、观赏之礼、游览之礼、仪式之礼；“四仪”为入学仪式、成长仪式、青春仪式、成人仪式）教育，编印文明礼仪图书读本，征集、评选、传唱优秀童谣。“日行一善，月习一德”“我们的节日”“七彩夏日”“缤纷冬日”等道德实践活动丰富多彩，被《精神文明报》、江苏卫视、盐城电视台、《盐阜大众报》等媒体专题报道。在全市60多所中小学推进“行知互动剧场”，规范制度，提升层次，学生、家长和社会群众互动。“行知互动剧场”被列入2014年江苏省精神文明建设工作要点，并被中央电视台一套《新闻直播间》、新华社《江苏领导参考》《精神文明报》等报道。建成1个江苏省未成年人社会实践基地和3个中央级、3个省级彩票公益金支持的乡村少年宫，规范运行和管理，拓展未成年人活动领域。组织开展以网络、网吧、荧屏声频视频、校园周边环境和出版物市场为重点的专项整治行动，为未成年人健康成长保驾护航。市委宣传部副部长、文明办主任顾保荣被中央文明办表彰为全国未成年人思想道德建设工作先进个人。

【学雷锋志愿服务】 大丰市志愿者协会设80多支分队，注册志愿者5.23万人，占城镇人口总数14%。建成1个市级志愿服务培训基地。市区主干道首批建成4个志愿服务驿站。“窗口”单位、各类公共场所建立280个志愿服务岗和10个志愿服务爱心大篷车。以“雷锋之花季季红”活动为重点，以志愿服务进社区为主题，开展“微关爱进社区”“彩云妈妈阳光爸爸”“七彩丝带”等形式多样的志愿服务，常态化推进医疗保健、健身指导、法律援助、网络文明传播等志愿服务。连续8年组织“众人携手、爱心助学、共建和谐”关爱贫困大学生活动，全市有560多个单位和个人参与，共捐善款550余万元，先后资助3100名贫困大学生。2014年共募集捐款54万余元。

【烟花爆竹限放】 市文明办、公安局、城管局、卫生局、环保局、安监局等部门联手从销售源头开始，进行限放烟花爆竹宣传引导，党政机关、事业单位干部职工带头执行规定。市区烟花爆竹销售量减少，因燃放烟花爆竹导致的安全事故降低，市民支持限放烟花爆竹者增多。2014年，市公安局“110”指挥中心接到违规燃放举报投诉电话229起，90多人次受到批评教育，立案、经济处罚3起。

（冯永义　陈　璐）

统　战

【概述】 2014年，大丰市委统战部贯彻落实省、盐城市统战工作要求，努力服务沿海开发，促进经济社会转型发展，维护社会和谐稳定。对各镇统战干部进行轮训，提升统战干部业务水平，为统战系统服务经济社会发展提供智力支持。鼓励统战委员深入基层，为全市统战系统开展“同心”活动、维护社会和谐稳定做贡献。在党外代表人士中开展践行社会主义核心价值体系主题教育活动，开展中国特色社会主义理论体系、中国特色社会主义制度教育，增强党外代表人士的政治共识。开展党的群众路线教育实践活动，全面深入排查整改，改进工作作风。在民族宗教界开展宣讲法制知识专题会，选送党外干部和统战干部参加上级统战部门组织的培训会，提升统一战线队伍素质。结合“三解三促一加强”“进村入户”等活动，实地走访挂钩的大中镇恒南村困难农户，与农户同吃同住同劳动，了解民情，梳理困难，为挂钩的镇村解决协调矛盾17个，支持帮扶资金1万元。

【服务非公有制企业】 市委统战部结合“深化两服务（服务现有企业、服务在建项目）、发展保稳定”活动，跟踪服务企业和项目，月月到企业了解生产经营状况，力所能及帮助企业解决问题。组织非公有制企业参加2014年新春企业用工招聘会，200多个非公有制企业提供近8000个工作岗位；组织参加“周五劳务市场”，缓解部分非公有制企业的用工矛盾。联合科技部门调研部分中小企业，加强科技型中小企业培育和备案工作，助力中小企业做大做强、加快发展。与市工商联联合组织60多个非公有制企业，参加“百名海外博士江苏行”大丰洽谈会，为非公有制经济人士及其企业发展搭建桥梁。会上参会的非公有制企业达成合作意向26个，涉及生物医药、电子信息、机械加工等多个领域。

【非公有制经济人士视野拓宽】 市委统战部与市工商联联合组织部分非公有制企业，参加全国工商联在天津举办的“国际金融洽谈会”，参观考察天津海河教育园区、八里台工业区、天津飞机制造厂空客A320生产现场，提高非公有制经济人士对改革发展、产业布局、职业教育培训、新技术应用的认识，增长了见识，明晰了思路。

【非公有制企业参与社会公益事业】 市委统战部组织引导市非公有制企业向社会公益事业捐款近100万元。全市150户各类困难家庭得到帮扶，200多名尿毒症患者得到捐助，11所学校23名品学兼优的孤贫儿童得到助学。组织全市非公有制经济代表人士，参加盐城市委统战部、盐城市经信委、盐城市工商局、盐城市人社局等部门共同举办的争当“中国优秀社会主义事业建设者”评选活动。经过推荐、考察，正大丰海制药有限公司总经理吴玉潮当选“中国优秀社会主义事业建设者”。

【党外代表人士队伍建设】 10月，市委统战部呈请市委出台《关于加强新形势下党外代表人士队伍建设的实施意见》，对党外代表人士的选拔、培养、锻炼、使用等方面提出具体要求。市委主要领导多次要求加大发现、培养、选拔和使用在工作一线的党外干部的力度，要把加强党外人士队伍建设纳入人才和干部队伍建设总体规划、纳入领导班子和干部队伍建设的考核内容。年内，市委组织部和统战部按照管理权限和综合评价体系的要求，选拔5名年轻的党外人士担任副科级领导干部。年底，全市有27名无党派代表人士担任副科级及以上领导职务。市委统战部与市工商联通过非公有制综合评价体系对全市参与评价的非有制公经济代表人士进行综合评价，促进全市非公经济“两个健康”发展。在人社、环保、安监、税务等部门的协助下，建立起约100人的非公有制经济代表人士队伍。开展争创和谐寺观教堂等活动，提高宗教界整体素质，培养了一支30人左右的爱国爱党的宗教教职人员队伍。

2014年12月4日，大丰市委统战部召开党外代表人士座谈会

单位供图

【基层统战网络体系构建】 2014年，全市12个镇均配备统战委员，使镇统战工作有人管、有人抓。加强基层商会、工商联分会组织建设，整合统一战线资源，建立健全基层业务工作网络。聘请民族宗教矛盾纠纷调解员、舆情社情信息员以及各类特约人员，建立统战工作的社会化网络，增大统战工作辐射面。

（王　琨）

机构编制

【概述】 2014年，大丰市机构编制工作继续坚持“严格控制，规范管理，理顺关系，服务大局”的工作思路，不断创新和完善机构编制管理方式，提升机构编制工作水平，为助推全市经济持续、稳定、健康发展提供坚实的体制机制保障。

【机构编制管理】 9月，市编办会同市委组织部、市人社局、市财政局印发《关于进一步加强机关事业单位人员编制管理的通知》，继续落实好实名制信息库核准制度、机构编制年审制度。进一步发挥各职能部门的作用，明确职责，形成合力，维护好机构编制管理的源头地位。

【机构编制核查】 6月中旬，根据省、盐城市编办的统一部署，大丰市全面启动机构编制核查工作，围绕机构编制核查和深化实名制管理“四清两对应”（机构清、编制清、领导职数清、实有人员清，实现具体机构设置与按规定审批的机构相对应、实际配备人员和财政供养人员与批准的编制和职数对应）的工作目标，加强领导，健全组织，实行核查工作有人管和有时间约束的“双管”机制，及时跟进指导解决核查工作中出现的问题，严格按照核查指标要求，全面摸清和掌握全市71个行政单位、571个事业单位的机构、编制和各类人员情况，核查上报数据精、细、准。

【网上中文域名注册】 按照中央、省、盐城市编办关于进一步做好政务和公益专用中文域名注册管理工作文件精神，市编办加强领导，精心组织。市政府将政务和公益专用中文域名注册所需费用列入政府财政支出项目，切实推进全市政务和公益专用中文域名注册工作。全市完成报送域名数573个，注册域名数571个，域名注册量、注册率均列盐城市各县（市、区）首位。

【行政许可职能整合】 市编办对市直24个部门通过撤一建一、合并建一、更名等方式，按照“不增加人员编制，不增加内设机构数量、不新增中层职数”“三不增”，各自设立行政服务科，将全部行政审批和公共服务事项整合到行政服务科，并整建制进驻行政服务中心，集中行使部门所承担的行政许可职能，做到事项、授权、人员“三集中三到位”。按照“最少审批、最简手续”的要求，实现流程再造，全市累计减少25项前置审批条件，优化服务流程35个。

2014年6月10日，大丰市编办开展业务培训　　单位供图

【事业单位法人登记】 市编办围绕事业单位年检和日常登记管理工作，进一步规范事业单位登记，强化政策宣传、规范登记程序、加强信息管理等各个环节，坚持把好材料的收理、审核、核准和复核关。在事业单位年检中，检查参检单位的事业单位证书管理、登记业务范围执行等情况，对检查中发现的问题，督促纠正和整改。通过年检，系统掌握事业单位的运行情况，实现对全市事业单位的实时监督和常态管理，为2015年开展事业单位法人年度报告公开制度打下基础。2014年完成325个事业单位法人年度检验工作，完成率100%。

（周　荣）

保　密

【概述】 2014年，大丰市保密工作紧扣年初工作安排，贯彻落实上级保密部门的工作部署和要求，扎实推进各项工作，较好地发挥了“保安全、保发展、保和谐、保稳定”的职能作用，取得了较好的工作成效，被盐城市委办、市政府办表彰为全市保密工作先进集体。

【保密组织领导】 大丰市国家保密工作局（简称市保密局）根据人事变动，按照“配齐、配强、配优”的原则，及时提请市委对市委保密委员会进行调整。结合新的形势任务和上级有关保密工作的新要求，进一步修订完善“党政领导干部履行保密工作责任书”的相关内容，并组织全市副科级以上干部签订“保密工作责任书”，对新任科级领导干部及时签订“保密工作承诺书”，促使保密工作各项任务要求落到实处。做好党政领导干部履行保密工作责任制考核工作，切实增强各级领导干部履职的意识和能力。对照《机关、单位自查自评表》要求，对机关单位保密工作开展情况进行考评，有力保证了保密工作各项措施的落实。

【保密宣传】 市保密局抓住《中华人民共和国保守国家秘密法》颁布纪念日、保密法制宣传月、“12·4”全国法制宣传日等重要时段，以“保密法”为主要内容，利用横幅、板报、宣传标语以及发送保密提醒短信息等方式，深入开展保密法制宣传教育活动。并与各镇、各部门联动开展形式多样的保密法制宣传活动，重点突出网络安全和技术防范，有效增强各级领导干部、机关工作人员的保密意识和防范能力。

【保密监管】 2014年年初，市保密局对2013年大丰市产生的涉密文件资料发放情况进行登记备案。在全市范围内对2013年中央、省、盐城市、大丰市产生的涉密文件资料进行集中清理、回收、销毁，共回收涉密文件983份。对大丰市级涉密文件，严格按发文单位发文清单做到逐个单位、逐份回收。开展涉密文件资料非法交易清理取缔工作。联合工商、公安等部门对城区所有废旧物品收购站、2个国家秘密载体定点复制单位进行检查，未发现有涉密文件资料交易现象。

【保密检查】 市保密局根据上级保密部门的统一部署，组织对全市各镇、各部门涉密网络、非涉密网络、不与任何网络连接的单台计算机进行核查分类和登记备案。组织开展非涉密网络保密管理专项检查，各单位对照检查内容，及时对单位非涉密网络保密管理情况进行自查，发现隐患，查找漏洞，加以整改，并填写《非涉密网络保密管理情况检查表》。

【国家统一考试保密工作】 大丰市及时调整市国家统一考试保密领导小组、应急处置领导小组成员，制订周密、翔实的国家统一考试保密工作应急预案。联合公安、教育等部门检查试卷保密室和各考点的保密工作，重点检查各考点国家教育考试标准化教室、试卷保管室安全防护及监控设施状况、保密规章制度落实情况等，保证了普通学业水平测试、中高考、成人高考的顺利进行。

（王一波）

台湾事务

【概述】 2014年，大丰市贯彻落实中央、省对台工作会议精神，准确把握对台工作的新形势新任务，以深化大丰台湾经贸合作为重点，加快推进台资产业集聚、台企创新发展、台商投资环境和两岸交流交往，对台工作取得新成绩。全年接待台商台胞到大丰考察10批180多人次，到台湾和台资密集区招商引资5批50多人次，新增台资833万美元。

开展对台湾宣传。结合市领导率团赴台湾考察，多形式地宣传推介大丰。在“中国台湾网”“华夏经纬网”、《台湾工作动态》《盐城对台工作》《大丰日报》用稿50余篇。开展大丰中小型台资企业经营情况专题调研，发现市台资企业经营发展基本情况良好，小部分台资企业陷入生产经营困境。企业期望出台新的扶持政策，帮助走出困境。做好涉台信访维稳，发挥市台湾同胞投资权益保障委员会的组织协调作用，保护台胞合法权益。针对百岁台胞龚展成特殊身份，协调法院将10多万元医药赔偿费执行到位。贯彻省台办、盐城市台办《关于加强台资企业安全生产监管的通知》，印发《大丰市处理涉台突发事件应急预案》，开展台资企业安全生产监管。

【陈德铭到大丰参观考察】 10月24日，全国政协常委、海峡两岸关系协会会长陈德铭一行，在盐城市委副书记、代市长王荣平的陪同下，到大丰市参观考察。盐城市委常委、大丰市委书记倪峰，大丰市市长陈平等陪同。陈德铭参观考察龙源风电项目现场，详细了解市风电项目投产运营及并网发电情况，对大丰市利用资源换项目，发展绿色能源产业等做法给予肯定；参观知青农场，希望大丰市做深做透知青文化文章，把知青农场打造成全国知青文化建设的重要平台和窗口。考察中，陈德铭表示，将通过海协会平台，全面宣传推介大丰的生态环境和投资环境，吸引更多的台企台商到大丰寻求合作。

【傅自应到大丰调研】 3月10日，副省长傅自应到大丰调研，重点了解园区建设、旅游发展和对台合作等情况。盐城市委常委、常务副市长戴元湖，盐城市委常委、大丰市委书记倪峰等陪同调研。傅自应深入经济开发区、城东新区和大丰港经济开发区，进企业、看项目，问规划、听汇报，对大丰市在开发区建设、旅游发展以及对台合作等方面取得的成绩表示肯定，勉励大丰市进一步调结构、转方式，实现更有质量的发展。在东方1号，傅自应详细了解创意机构入驻情况，对与台湾文创企业的合作交流成果表示肯定。在大丰港集装箱码头，傅自应希望大丰港在加快码头建设的同时，加大与台湾高雄港等港口的合作，在班轮、航线上实现新突破。

【李太郎到大丰】 2月18日，台湾机器商业同业公会联合会理事长李太郎一行到大丰。盐城市委常委、大丰市委书记倪峰，常务副市长范大玉与其会见，双方就推进合作事项进行沟通与交流。倪峰向李太郎介绍大丰市经济社会发展情况，希望多宣传大丰，介绍台资企业到大丰市投资兴业。李太郎表示，将进一步加强与大丰市的交流合作，把大丰独特的资源和优越的环境推介给更多的台湾企业，介绍更多的台湾企业到大丰发展。

【黄宛华到大丰】 5月6日，台湾资策会产业研究情报所副所长黄宛华一行到大丰。盐城市委常委、大丰市委书记倪峰，政协主席韦新与其会见，并听取大丰产业规划建议书编制情况。倪峰对台湾资策会产业研究情报所前期研究成果表示满意，希望该所进一步了解大丰市情，深入研究，通过编制大丰产业规划建议书，帮助大丰破解转型发展中亟待破解的一些现实问题。

【林伯实一行到大丰考察】 9月18日，江苏台协会长联谊会会长、实联集团董事长林伯实一行近50人到大丰市参观考察。市领导陈平、袁国萍、王周斌陪同。考察组参观考察大丰港三期通用码头和盐城新能源淡化海水产业示范园。考察中，林伯实对大丰市良好的生态环境、优越的投资环境给予高度评价，希望双方进一步加强沟通联系，建立相关产业领域的合作。

【盐城市台资企业协会会员大会在大丰召开】 6月21日，盐城市台资企业协会在常州高新区大丰工业园召开全体会员大会。会议邀请中华仲裁协会专家讲解商务纠纷仲裁，邀请律师开展商务法律常识讲座。会后，与会人员参观丹顶鹤珍禽园、大丰港三期通用码头和海洋世界等现场。

【台湾桃园县农会理事到大丰考察】 9月27日，参加第十六届江苏农业国际合作洽谈会的台湾桃园县农会理事一行到大丰市参观考察。副市长黄正桂向农会理事推介大丰市优质农副产品和对台合作项目。桃园县农会理事一行对大丰市的生态环境和现代农业发展取得的成绩给予高度评价。其间，农会理事一行参观考察荷兰花海、丰收大地农业示范区、大丰港规划展示馆、大丰港动物园等现场。

【台湾青年创业协会总会代表团到大丰参观考察】 5月19日，台湾青年创业协会总会代表团一行16人到大丰参观考察。代表团参观大丰港规划展示馆、大丰港一期码头、大丰港木材产业园和大丰麋鹿国家级自然保护区，与大丰港高层次青年人才联谊会进行交流，对大丰临港产业发展及规划进行考察，并就部分投资意向进行商谈。

【陈平率队赴台湾招商】 4月22~24日，市长陈平一行5人赴台湾开展招商活动。在台湾期间，陈平一行拜访台湾耀华电子有限公司、台盐股份有限公司、正德防火工业股份有限公司和台湾资策会高层。在洽谈会上，陈平介绍大丰经济社会发展和上海大丰产业联动情况，与耀华电子有限公司商洽落户大丰的相关事项，与台盐股份有限公司商谈海水淡化项目。

【大丰在昆山召开台企招商督查汇报会】 4月28日和10月21日，市委、市政府两次在昆山召开台资企业招商督查汇报会。大丰市经济开发区、大丰港经济开发区、常州高新区大丰工业园区、苏盐合作区、盐丰合作区、光明工业区、高新技术区、大中镇分管负责人分别汇报拜访台资企业情况和项目信息。其间，市领导拜访昆山统一企业食品有限公司、昆山市台湾同胞投资企业协会、昆山金利表面材料应用科技股份有限公司、昆山源进塑胶电子有限公司、苏州鸿本机械制造有限公司，推介宣传大丰，邀请昆山台协组织台商到大丰参观考察。

2014年4月22~24日，大丰市市长陈平一行5人赴台湾招商

单位供图

【两岸精密机械与印刷电路板产业交流会举办】 12月16日，由大丰市政府主办的“大展鸿业、乘丰而起——两岸精密机械与印刷电路板产业交流会”在台湾台北寒舍艾美酒店举行。台湾禾鉑股份董事长郘中和、台达电副总裁蔡荣腾、财团法人资讯工业策进会数位教育研究所副所长黄宛华、DIGITIMES总经理黄钦勇、李国鼎科技发展基金会秘书长万其超、立凯电能董事卞钟石、元利盛精密机械公司董事长温健宗等嘉宾，以及台湾电路板协会、欣强科技、华德动能、元稼企业、瀚薪科技、富士康安泰汽车电气系统等近30个企业、单位参加会议。交流会上，大丰市委副书记、市长陈平致辞；元利盛精密机械公司董事长温健宗、DIGITIMES总经理黄钦勇分别作专题发言；市经济开发区党委书记赵晓庆介绍大丰经济社会发展情况，并举行项目集中签约仪式，签约项目4个，涉及绿能动力系统、绿能电动车、自动化工业机器人制造、新型建材等产业，协议总投资1.3亿美元。

（沈　滢）

机关党建

【概述】 2014年，市委市级机关工委以开展“星期六党校”学习、“星期六党校”讲师团轮流上党课、科级干部挂钩服务企业、机关党组织服务全民创业项目、"机关+农村"党组织联建、"机关服务品牌"创优等活动为重点，着力打造能推动发展、服务群众、凝聚人心、促进和谐的机关党组织，全面提升机关党建工作科学化水平。

【"星期六党校"学习】 市级机关工委坚持"星期六党校"学习活动常抓不懈，要求参学单位领导带头、精心组织学习，确保每周六上午都要集中学习，时间不少于2个小时。加大对参学率的考评，组织人员采取面上督查与随机抽查相结合，对"星期六党校"学习情况进行督查，及时通报督查结果。编发《星期六党校》简报18期，传递最新动态，介绍先进典型。以"星期六党校"为平台，在全市机关开展"读原著、摆进去、找差距、明方向"学习竞赛活动，不断增强机关党员干部的宗旨意识和群众观点。组织两次全市"星期六党校"应知应会知识抽查考试，98个参学单位的近400名机关干部参加考试，进一步造浓学习氛围。

【科级干部挂钩服务企业】 市级机关工委会同市经信委印发《关于进一步做好科级干部挂钩服务企业工作的通知》，部署2014年科级干部挂钩服务企业工作，将挂钩服务的规模以上企业数量由2013年的373户增加到398户。落实科级干部挂钩服务企业工作，采取"三轮驱动"（每月要求挂钩服务人员反馈服务情况，每季度组织督查人员深入企业了解挂钩人员服务情况，每半年组织各单位交流挂钩服务情况）办法加强督查，采取分片召开座谈会、"家家到"等形式进行抽查，增强工作执行力。全年市直部门所有在职科级干部为挂钩服务企业协调解决矛盾和问题600多件，开展政银企对接活动3次，帮助企业招聘工人12000余人。

大丰市委市级机关工委组织机关党员干部观看外事礼仪录像

单位供图

【"机关+农村"党组织联建】 市级机关工委继续组织开展"机关+农村"党组织联建工作，调整市级机关挂钩服务的农村联系点，组织和调整联建村的机关党组织与新的联建村进行对接，要求市级机关发挥自身职能优势，把联建村培植成为对外有影响的工作示范点。全市72个市级机关分别与所联建的村签订联建协议，为联建村办实事500余件。将"机关+农村"工作与领导干部党建富民联系点、机关干部"进村入户"转作风、"三解三促一加强"活动紧密结合起来，整合资源，合力推进。

（王　磊）

老干部管理

【概述】 2014年，大丰市委老干部局从政治、思想、生活上尊重、关心老干部，落实老干部政治待遇和生活待遇规定，加强老干部党支部建设，积极举办各种老干部活动。老干部老有所为，参与关心下一代工作、扶贫工作、社会调研、编写史志等。组织老干部参观市法制宣传教育中心、市平安建设展示馆、市交通工程、新丰镇敬老院等现场。以"追记光辉历程、传承老干部精神"为主题，征编老干部回忆录。编辑出版《大丰学者论文专辑——施耐庵研究论文集萃》《水浒事物杂考》（《耐庵学刊》增刊）、《大丰诗草》。市老干部活动中心工程进入室内装修及室外附属工程建设阶段。

【老干部"两项"建设】 市委老干部局加强老干部党支部建设、老干部思想政治建设，印发《关于组织引导全市离退休干部党员参加第二批群众路线教育实践活动的通知》，组织老干部参加群众路线教育实践活动。召开全市老干部党支部书记会议，学习中共十八届四中全会精神。以"学网用网参与办网"为主题，对全市老干部党支部书记进行电脑培训，使参学老干部能够用电脑办公；并利用各单位的老年大学，把学到的知识传授给其他老干部，形成全市老干部"学网用网参与办网"的热潮。召开"五好"（支部班子好、党员队伍好、组织设置好、活动开展好、群众反映好）老干部党支部、"四好"（学习活动好、教育后代好、发挥作用好、保持本色好）老干部党员表彰大会，6个老干部党支部被市委组织部、市委老干部局联合表彰为"五好"老干部党支部；103名老干部党员被表彰为"四好"老干部党员，6名老干部党支部书记被表彰为老有所为先进个人。白驹老干部党支部受中组部表彰。

【老干部"两个待遇"落实】 大丰市落实老干部的政治待遇和生活待遇。1月8日，大丰市召开老干部春节慰问暨形势报告大会。会上，盐城市委常委、大丰市委书记倪峰出席并讲话；市长陈平通报全市经济社会发展情况。发放春节慰问信、慰问册、慰问金。1月15日，市委组织部、市委老干部局联合印发通知，对在春节期间慰问老干部工作提出明确要求。春节前夕，市委书记、市长等四套班子领导分别带队走访慰问老干部，发放慰问金31.03万元，慰问住院离休干部90人次，走访老干部80人次，慰问易地安置离休干部60人次。三八、七一、中秋、国庆期间，市委、市政府和各镇、各部门开展走访慰问老干部活动。6月、10月、11月，分批组织市四套班子老领导、全市老干部党支部书记、市老年大学学员，参观大丰港海洋生物博览会、常州高新区大丰工业园等。全年接待130人次老干部及其子女的来访和信访，帮助老干部和老干部遗属协调解决医疗费、抚恤金发放以及生活等方面的困难，没有出现老干部越级上访和群体上访。

【老干部活动】 市委老干部局以老干部的兴趣为重点，开展老干部活动。门球协会组织实施全市门球大循环赛，增加“双人赛”“夫妻赛”等比赛项目；参加全省县级市门球比赛及盐城市老年人门球赛，在盐城市老年人门球赛中获第八名。在启东、大丰两地举行老干部桥牌交流活动。市退休干部协会联合老年人体育协会共同举办乒乓球比赛、象棋比赛、扑克比赛、桥牌比赛等。南山艺术团参加市体育协会举办的全民健身运动开幕式文艺表演、市组织的广场舞比赛、盐城市健身操比赛、盐城市广电系统组织的广场舞比赛，其中在盐城市广电系统广场舞比赛中获一等奖；在大丰剧院举行银色年华专场文艺演出；配合市慈善总会到部分敬老院慰问演出。

【市老年大学】 市老年大学 新开设政治课，每周一次。组织学习十八大和十八届三、四中全会精神及社会主义核心价值观。老人节期间，组织教师、班长到港口参观珍禽馆和港口风光。七一和元旦，组织文艺汇演。开辟学习专栏，刊登诗词、书法、国画等180多篇（幅）和学习心得90多篇。组织学员参与社会活动，电脑班学员利用文字、图片、PPT、PPS等形式，反映大丰经济社会发展成果和自然风光。多位学员作品在国家、省、市级报刊上发表并获奖。开展以庆祝建国65周年“中国梦、我的梦”为主题的老年书画展，展出30多幅书画作品；编印第49期《心怡集》，发表作品近100篇（幅）。年底，获“省老年大学示范校”称号。

2014年5月26日，大丰市老年摄影协会成立

【市诗画社获全国大奖】 2014年，市诗画社把诗词和书画有机地结合在一起，举办庆祝中华人民共和国成立65周年书画展，受到社会好评。为《中华诗词集成·江苏卷》和盐城《湖海诗词》组织了一批优质的稿件。组织诗友到施耐庵公园、施耐庵纪念馆采风，创作了一批充满生活气息的作品。精心编辑出版年刊《大丰诗草》，为离退休老干部提供一个开放的学习、创作园地，共出版21期。市诗画社获全国诗词工作者协会“全国诗词工作先进集体”称号。市诗画社秘书长仓显获全国诗词工作者协会“全国诗词工作先进个人”称号。

（吴开清）

党 校

【概述】 2014年，大丰市委党校以开展党的群众路线教育实践活动为重点，以提升核心竞争力和综合实力为主线，抓培训质量、抓科研项目、抓管理精细、抓队伍凝聚，深化改革，创新突破，努力为全市社会经济发展服务，完成年度目标工作任务。年底，市委党校在盐城市党校系统综合考核中名列第一，获大丰市委、市政府服务发展创新创优奖。

【党的群众路线教育实践活动开展】 2014年，市委党校按照上级统一部署，深入开展第二批党的群众路线教育实践活动，完成学习教育、听取意见，查摆问题、批评帮助和整改落实、建章立制3个环节的教育任务。组织全校教职员工赴河南省兰考县和山东省蒙阴县、沂南县开展党性教育和革命传统教育，查摆思想和工作上存在的问题和不足，开展整改，较好地解决校领导在“四风”方面存在的突出问题，达到政治上进步、作风上改变、工作上改进的效果。

【党的政策理论宣讲】 市委党校坚持先学习、先践行的理念，精心谋划，组织教学人员对“习总书记系列重要讲话精神”“党的群众路线”等相关专题备课，集中说课评议，深刻把握习近平系列重要讲话的重要意义和精神实质。向全市机关、镇发送服务函200余份，发布学习辅导课题22个。选拔优秀教师到“两区”、市直机关、镇，开展理论辅导40多场/5000人次。把中共十八届三中全会精神、习近平系列重要讲话精神推进机关、推向社区、走进基层，使践行群众路线成为党员干部的自觉行动。

【党员干部培训轮训】 市委党校根据省委组织部、省人社厅、省委党校、省行政学院《关于进一步规范县级党校（行政党校）办学的通知》精神，修改完善年度干部教育培训计划，全方位推进干部教育培训事业，全年举办科级干部、机关公务员、村党组织书记、学习十八届三中全会及习近平系列讲话精神轮训班等10期，培训党员干部7560人次。开办科级领导干部进修班暨中浦院能力培训班、党务工作者能力培训班、大学生村官培训班、优秀年轻村党组织书记能力提升班、青年干部能力培训班等13个主体班次。邀请省委党校、省委组织部、盐城以及大丰市的知名专家学者授课。开设习近平系列讲话精神解读、提升领导者的影响力、领导干部的人文素养、传统文化与社会主义核心价值观等课程，让党的创新理论及市委重大战略与决策进教案、进课堂、进头脑，把党员干部的思想统一到党的指导思想上、落实到市委的决策上，发挥党校主阵地作用。

【调研科研水平提升】 市委党校立足县级党校实际，调科研工作由理论探讨为主向进言献策、资政应用为主转变，服务市委市政府重大战略决策、服务全市经济社会发展，建立“教学出题目，科研出成果，成果进课堂、进大脑、进决策”的教科研一体化机制。重点从沿海大开发、“长三角”一体化两个国家战略叠加实施后，对全市经济社会发展战略形成中的重点、难点问题及实施过程中苗头性、趋势性问题中提炼出年度调研重点课题，取得一批具有学术与应用价值的成果。全年发表论文32篇，其中省级以上13篇；完成省级立项课题4个，市级立项课题5个。

【人才强校】 从2010年起，市委党校共引进9名新教师，形成教师队伍的合理梯形结构。制订青年教师专业成长计划，规范指导带教制度，按教学专业和兴趣把年轻教师和骨干教师结成帮扶对子，以老带新，传授干部教育培训的理念和备课、授课经验。按课题专业由老教师牵头带领年轻教师拿方案搞调研，指导撰写科研文章。多名教师被选派参加中国浦东干部学院、国家行政学院、浙江大学和上级党校组织的培训。全市科级干部的“每月一课”都安排教师听课。每季度组织1次年轻教师课题试讲活动，提升教学能力，培养教学技能。7名年轻教师通过说评课后走上主体班讲台。

【农民培训】 2014年，市农业干部学校发挥全市农民培训主渠道作用，开展农业职业技能培训、新型农民培育试点培训、基层农技推广人员培训、农业部新型职业农民培育培训等，培训2300多人，获培训项目资金170多万元。采用理论与实践相结合的办学模式，组织学员到实训基地实训，提升学员农业专业化生产和职业技能水平。涉农专业中专各年级班级教学活动正常开展。开办和承办村书记、村主任、农资经营人员、畜牧兽医人员等培训班31期，培训13118人次。

（成　斌）

党　史

【概述】 2014年，大丰市党史工作突出“弘扬党史文化、建设幸福大丰”主题，深入挖掘党史资料，精心研究，组编成书，多种形式传播党史，充分发挥“存史、资政、育人”效能。大丰市委党史工作办公室被盐城市人力资源和社会保障局、盐城市委党史工作办公室联合表彰为先进集体。

【崔广怀到大丰调研】 8月26日，省委党史工作办公室主任崔广怀带领出席省党史部门主任会议的各地级市党史办主任，到大丰调研党史工作，市领导袁冬青、赵玉霞陪同。崔广怀一行实地察看盐城市党史教育基地——大丰市知青纪念馆、听取大丰市党史工作情况汇报，对大丰市党史工作取得的成绩给予肯定。崔广怀要求大丰市党史工作要进一步突出工作重点，深化党史研究，强化党史宣传教育和学习，多出研究成果；党史人员要积极探索党史工作和队伍建设的新路子，围绕党委中心工作，研究好、记载好党的历史，服务好地方经济社会的发展，不断提高党史资政水平。

2014年9月2日，大丰市委党史办联合宣传部、档案局、烈士陵园、抗日史料研究会等部门，举行中国人民抗日战争胜利纪念日座谈会

庄世彬 摄

【新四军先辈足迹寻访团参观大丰】 8月27日，由粟裕之子、北京军区原副司令员粟戎生等新四军后代自行组织的新四军先辈足迹寻访团到大丰，先后瞻仰裕华、西团革命烈士纪念碑，参观八路军新四军白驹狮子口会师纪念碑、草堰镇、大丰港集装箱码头、海洋世界，回顾先辈们英勇的战斗历程，高度评价大丰市经济社会发展所取得的成绩。

【刘华苏一行到大丰参观】 5月30日，北京新四军暨华中抗日根据地研究会副会长、中国人民解放军工程兵指挥学院原政委刘华苏，北京新四军暨华中抗日根据地研究会顾问管新凯等到大丰参观。刘华苏一行瞻仰烈士陵园革命烈士纪念碑，参观草庙镇、草堰镇等地，并与党史工作者、新四军后代等开展座谈，宣讲爱国主义和革命传统。

【《铁军号手李增援》获盐城“五个一工程”奖】 11月，市委党史工作办公室、市民政局、西团镇政府和相关艺术团体联合创作的党史专题片《铁军号手李增援》，获盐城市第六届精神文明建设“五个一工程”优秀作品奖。该专题片反映新四军文艺工作者李增援革命的一生。

【《中共大丰地方史(第三卷)》编纂启动】 7月，市委党史工作办公室组建《中共大丰地方史(第三卷)》工作班子，启动编纂工作。10月底，初步形成《中共大丰地方史(第三卷)》的纲目，明确编纂起讫时间1978~2012年，拟分5编、33章，按编、章、节、目层次排列。

【“新四军与群众路线”座谈会】 4月8日，市委党史办举行“新四军与群众路线”座谈会暨党的群众路线教育实践活动辅导讲座。会上，盐城市党史专家结合新四军在盐城的史实，讲解了铁军精神内涵。大丰市部分党史工作者畅谈新四军亲民爱民以及群众拥军的历史故事，探讨新四军与群众路线的丰富内涵。座谈会宣传新四军在盐城、大丰的事迹，深化大家对党的群众路线的认识，推动群众路线教育实践活动深入开展。

【抗日战争胜利纪念日座谈会】 9月3日，市委宣传部、市委党史工作办公室、市档案局、市烈士陵园管理处、市抗日史料研究会等单位，联合开展中国人民抗日战争胜利纪念日座谈。会上，与会人员讲述大丰军民抗日的故事，宣传抗日烈士典型事迹，并提出进一步弘扬红色文化的相关建议。

【群众路线教育实践活动论文集组编】 5月，市委党史工作办公室结合党的群众路线教育实践活动，组织编纂《新四军一师与群众路线》论文集，为开展群众路线教育实践提供学习辅导。组织党史工作者编撰的《秉承铁军精神、弘扬廉政文化》《艰苦奋斗、以海为家的苏中海防纵队》等3篇论文被收入盐城市委宣传部、盐城市哲学社会科学联合会等单位联合编纂的《铁军精神与群众路线论文集》。

【《新四军与大丰》公开发行】 8月，市委党史工作办公室、市人民武装部、市烈士陵园管理处合作编纂的《新四军与大丰》一书，由中共党史出版社出版发行。全书共9章36万字，真实记录新四军与大丰人民共同抗击日军的历史，及新四军廉政文化建设，表现新四军和人民群众间的鱼水之情。该书面向全市党员干部发行。

【《开辟苏中抗日根据地》内部发行】 12月，市政协文史委员会、市委党史工作办公室、市民政局合编的《开辟苏中抗日根据地》一书内部发行。全书15万字，讲述苏中抗日根据地开辟建立和发展壮大的历程。

【《苏中区党委新四军一师红色记忆》编纂完成】 年底，市委党史工作办公室、北京新四军暨华中抗日根据地研究会合作的《苏中区党委新四军一师红色记忆》一书完成编纂。全书30万字，通过新四军指挥员粟裕、陈丕显、叶飞等人的回忆文章，讲述新四军在苏中人民的支持下，开辟苏中抗日根据地，同日军浴血奋战的历程。该书面向全市党员干部发行。

【《党员干部党史读本》完稿】 年底，市委组织部、市委党校、市委党史工作办公室合作编纂的《党员干部党史读本》一书完稿。全书选编党史讲稿，选辑毛泽东等学习历史、研究历史的论述，摘选习近平关于领导干部要读点历史的讲话，及部分专家学者的著作。该读本是帮助党员干部学习中共党史的辅导读物，有较强的针对性。

(周剑飞)

档　案

【概述】 2014年，大丰市档案局围绕市委、市政府中心工作，努力做到中心工作主动作为、职能工作争先进位，不断促进档案事业的发展。在拆迁征收、企业“三服务”、党的群众路线教育实践活动、创建文明城市等中心工作中，取得优异成绩。其中，育红中路拆迁竞赛时，市档案局取得第二名；在教育实践活动时，落实“规定动作”，创新“自选动作”，达到了“团结—批评—团结”的教育目的。年内市档案局被省档案局表彰为档案宣传工作一等奖，被盐城市档案局表彰为2014年度盐城市档案网站信息工作先进单位(一等奖)，被大丰市委、市政府表彰为全市综合先进单位；市档案局党支部被市委组织部表彰为先进基层党组织；市档案馆通过国家二级综合档案馆测评验收。

【档案基础建设】 市档案局规范馆内基础业务，对153个全宗卷进行“回头看”，完善《全宗指南》20家，健全各种文件专题级目录239册，增加全引目录300本；整理5万多卷馆藏全宗档案，装盒15000多个；分类、调整11119册馆藏图书资料，将

2014年2月18日，大丰市档案局召开总结大会。会上，向先进单位和个人颁奖　　冯永生 摄

所有目录数字化；及时对馆藏档案数量状况、档案接收、划控开放、抢救修复等各类统计台账进行数据更新。召开全市档案工作会议，部署机关档案进档案新馆准备工作，提请市委办、政府办印发《关于进一步加强全市档案工作的意见》《大丰市档案馆档案移交进馆要求和案卷质量统一标准》，明确工作要求，确保进馆档案质量。深化化工园区档案工作，会同环保局、安监局、华丰工业园管委会，印发《关于规范化工企业档案工作的通知》，对化工企业档案工作提出明确要求。加快档案信息化进程，整理、分类、扫描照片档案3000多张，刻录馆藏档案数字化数据和视频档案共10张光盘；大丰从汉代到2013年的《大事记》全部实现数字化；完成馆藏重要档案异地备份工作；开展馆藏档案的数字化扫描工作，年底扫描了50多万页。开展新农村建设档案工作，对全市12个镇、214个行政村组织开展镇村档案事业基本情况统计，并提出具体指导性意见。

【档案业务培训指导】 年内，举办2期档案移交进馆业务培训班，400多人次参加培训；对化工园区内27个化工企业近80人进行业务培训；举办继续教育培训、岗前培训，组织法制集中学习，参训人员500余人次；组织32名企业档案员参加省档案工作人员上岗培训，取得上岗证书；组织10名档案业务骨干参加苏州大学档案高级研修班，通过多种形式的培训，提高了档案从业人员的整体素质和业务水平。10月，冯永生撰写的《论县、市级档案馆如何争创国家级中小学档案教育社会实践基地》论文，获2014年江苏省档案学术交流大会二等奖，并在大会上交流发言；冯永生、樊小凤被盐城市档案局表彰为优秀信息员。以档案年检为契机，开展档案业务指导，通过发文、大丰档案交流群、电话联系等形式明确年检要求，使各单位都能重视年检工作。10月，市档案局业务人员分3个小组，实地检查指导全市立档单位档案进馆准备工作；同月完成全市120多家立档机关事业单位的年检工作，对不符合要求的单位及时提出整改意见。12月底前全部完成复查。

【档案开发利用】 市档案局优化“窗口服务”，开通预约服务、延时服务、上门服务等查档渠道，全年接待5000多人次，查阅档案5000多卷，复印、摘抄15000多页，为编史、修志、工作查考、调解纠纷、核实工龄、工作调动、户口迁移等方面提供第一手资料。加大档案编研力度，印发大丰市档案局《关于进一步做好征集档案资料工作的通知》，加大社会珍贵档案、地方特色档案、名人档案的征集力度，年内征集到宗教档案，弥补了大丰档案馆馆藏空白；利用馆藏档案资料编辑《大丰古今大事记》《大丰古今自然灾害及救灾防治大事记》《大丰市清朝以来档案资料精品选》《大丰市档案馆馆藏革命历史档案资料珍品选》《大丰市档案局2013年信息汇编》，总计90.78万字，图片200多张；根据大丰市委宣传部要求，配合做好大丰经济社会发展成就图片展、沿海开发五周年图片展；按月完成《大事记》。

（冯永生）

〖编辑　刘洪芳〗

综 述

2014年，大丰市人民代表大会常务委员会（以下简称市人大常委会）以中共十八大、十八届三中、四中全会和习近平总书记系列重要讲话精神为指导，深入开展党的群众路线教育实践活动，履行宪法和法律赋予的职责。全年召开常委会会议9次，主任会议15次，听取和审议"一府两院"21项专项工作报告，作出审议意见、主任会议纪要16项，作出决议、决定5项。组织视察、执法检查26次，审查备案规范性文件4件，依法补选盐城市、大丰市人大代表10名，任免国家机关工作人员56人次，任命人民陪审员115人，完成市十四届人大三次会议确定的各项任务。

推动经济发展。市人大常委会围绕市委全面深化改革重大战略部署，发挥职能作用。围绕实现全市经济工作目标，听取和审议全市国民经济社会发展情况报告，组织委员和代表到重点经济部门、镇、区（园）、企业调研视察，推进新项目运行、经济转型升级。听取和审议全市生态文明建设、水环境保护专项工作报告；听取和审议全市土地流转、农业规模经营情况报告；听取农业公共服务体系建设工作汇报，开展林业工作视察；专题调研"两化"（城镇化、工业化）工作，推动城乡统筹发展。多次听取财政预决算及审计工作情况报告，依法审查批准市本级财政决算和预算调整，举办新《中华人民共和国预算法》培训讲座，组织专门人员对2015年全市公共财政预算、政府性基金预算、社会保险基金预算、国有资本经营预算、市本级部门预算初审，开展全口径预算审查，推动政府加强经济运行调节，为稳增长、调结构、惠民生提供保障。听取和审议行政审批改革服务专项工作报告，依法对市卫生局、市质监局开展专项工作评议。

关注民生幸福。市人大常委会把推动解决老百姓最关心、反映最强烈、涉及面最广的问题，作为人大工作的出发点和落脚点，加强监督，着力解决。以督办市十四届人大三次会议《进一步提升饮用水质量，从源头保护人民生命健康安全》议案为重点，组织委员和代表深入通榆河沿线村、企业，以及饮用水生产企业、备用水源建设工地等现场视察调查，听取报告，提出建议。听取和审议学前教育工作报告，专题听取健康服务业发展、计划生育惠民、困难群众冬春生活安排情况汇报，对保障性住房建设及使用情况审议意见的落实情况跟踪监督，组织代表对城乡环境综合整治、川东港疏浚、福利院建设、保险便民服务等开展视察调研，推动民生工程实事办实。

促进依法治市。市人大常委会履行法律监督职能，促进依法行政、公正司法，维护人民群众合法权益。对《食品安全法》贯彻实施情况开展执法检查，配合省、盐城市人大对《通榆河水污染防治条例》《海洋环境保护条例》等法律法规开展执法检查，推动相关法律的贯彻落实。听取和审议法院人民陪审员、检察院监所检察工作情况报告，听取村委会换届选举、市政府规范性文件制定备案和管理情况汇报，备案审查市政府规范性文件4件，督促各方依法行政、公正司法。举办《中华人民共和国民事诉讼法（修正案）》《环境行政处罚办法》等法规讲座，通过多种方式充分利用国家宪法日、法制宣传日等，努力向广大干部群众开展普法宣传教育活动。把来信来访作为倾听民声、为民解忧的重要途径，全年受理群众来信30件，接待来访30多人次，积极化解社会矛盾。

创新代表活动。市人大常委会鼓励人大代表闭会期间开展工作，发挥代表的重要作用。在代表中开展以"建设幸福大丰、争当模范代表"为主题的"五争当、五个一"（争当"服务大局、创业创新"的模范、争当"带头致富、带领致富"的模范、争当"联系选民、服务群众"的模范、争当"关注民生、扶贫解困"的模范、争当"维护稳定、促进和谐"的模范，"五个一"活动主要围绕"服务一个企业、帮扶一个贫困户、为群众办一件实事、参加一次代表接待选民活动、提出一条事关民生大局的建议"等五个方面开展）实践活动，全市人大代表全年走访接待选民1877人次，帮扶企业159个，办实事307件，提供帮扶资金近30万元。推动“双联系、双接待”（常委会组成人员联系选民、代表联系选民，主任接待代表、代表接待选民）工作常态化，开展“百名代表参与常委会审议”“百名代表进选区、听意见”的“双百”活动，全年有300多人次的代表列席常委会、参加视察调研、执法检查、工作评议等活动，组织321名市、镇人大代表向选民述职。安排代表人代会前培训和组织代表集中视察调研，开展优秀议案建议评选活动，提高议案建议质量，加大开门办理力度，坚持重点建议督办制和代表不满意重新办理制，增强办理实效。全年代表提出的112件议案建议全部按期办结并答复代表，代表满意率98%。

强化自身建设。市人大常委会领导在区园建设、沿海开发、“两服务”（服务项目、服务企业）、保稳定等工作中主动作为。市人大常委会组织机关全体人员参与文明创建、进村入户、两化建设、扶贫攻坚、安全检查、支部联建等工作，完成各项任务。通过多种形式深入排查“四风”问题，召开专题民主生活会开展批评与自我批评，研究提出整改措施，扎实开展群众路线教育实践活动，先后出台党组议事规则、加强和改进调查研究意见、询问质询办法、“双联双接”办法等方面制度文件十多项。把宣传调研作为促进人大工作的有力推手，开展人大调研好成果、新闻好稿件、摄影好作品“三好评比”活动，《永不竣工的“一号工程”》《巍巍华表倚天立》获省人大征文二等奖。8篇优秀报告呈送市委、市政府主要领导参阅，5篇印发“一府两院”有关部门。深入开展人民代表大会成立60周年纪念活动，配合市委召开纪念座谈会，举办专题讲座，在《大丰日报》、大丰人大网开设专版专栏，全面回顾大丰市人大60载风雨历程。注重与上级人大常委会的工作联系，组织参加全国、省市人大举办的培训学习，与有关市、县开展人大工作交流。通过召开工作座谈会、邀请镇、区人大负责人参与视察调研、列席市人大常委会会议等方式，加强和镇、区人大工作的交流，提升全市人大工作水平。

人大重要会议与活动

【大丰市第十四届人民代表大会第三次会议】 2014年1月4~6日，大丰市第十四届人民代表大会第三次会议在市区举行。会议应到代表275名，实到264名，因事因病请假11名。应邀列席会议的有：出席市十三届政协三次会议的全体委员；不是市人大代表的市四套班子领导，市四套班子离退休人员；市人大常委会各委室副主任，“两区”人大工作联络处负责人，市人民法院副院长、市人民检察院副检察长，市直党政部门党政主要负责人，垂直单位党政主要负责人，各区（园）主要负责人，镇人大专职副主席、镇长，驻丰厂场、部队及办事机构主要负责人，在大丰的省人大代表、部分盐城市人大代表400人左右。

会议听取和审议市人民政府市长陈平作的《政府工作报告》；审查和批准市2013年国民经济和社会发展计划执行情况的报告与2014年国民经济和社会发展计划；审查和批准市2013年财政预算执行情况报告和2014年财政预算；听取和审查市人大常委会副主任、党组副书记吴家祥作的《市人大常委会工作报告》、市人民法院院长宋长琴作的《市人民法院工作报告》、市人民检察院检察长张春生作的《市人民检察院工作报告》；审议市人民政府关于市十四届人民代表大会第二次会议期间代表议案及建议、批评和意见办理情况报告；选举夏继永为大丰市第十四届人民代表大会常务委员会副主任。

大会预备会宣读表彰市十佳模范人大代表、人大代表优秀议案建议等决定，全体市人大代表投票推选2014年接受专项工作评议的市政府组成部门和垂直管理单位。会议期间，大会秘书处组织部分代表围绕“大力发展特色农业，加快农业现代化进程”开展专题审议。

大会闭幕前，盐城市委常委、大丰市委书记、市人大常委会主任倪峰作了题为《汇聚改革创新的强大正能量》的重要讲话。

【市人大常委会会议】 2014年，市人大常委会召开9次会议。

第15次会议于1月28日召开，会议审议通过《大丰市人民政府关于提请审议授予卢荣来大丰市荣誉市民称号的议案》。会议进行有关人事任免事项。

第16次会议于3月25~26日召开，会议听取和审议市政府关于加快土地流转、推进农业规模经营和全市学前教育工作情况报告；听取市政府关于科技创新工作和《社会保险法》执法检查审议意见落实情况报告，听取市国税局、住建局关于专项工作综合评议意见落实整改情况报告，并进行满意度测评；对市十四届人大三次会议代表1号议案提出交办意见。会议通过关于接受单干情辞去大丰市第十四届人民代表大会代表职务请求的决定。会议进行有关人事任免事项。

第17次会议于4月22日召开，会议进行有关人事任命事项，组织市人大常委会组成人员进行集中学习。

第18次会议于5月27日召开，会议听取和审议市政府关于《中华人民共和国食品安全法》贯彻实施情况报告、市政府关于生态文明建设情况报告、市人民法院关于落实人民陪审员工作制度情况报告；听取市政府关于保障房建设及使用审议意见落实情况汇报，并进行满意度测评；审议通过《大丰市人民代表大会常务委员询问和质询办法（试行）》。会议通过关于接受蔡云山辞去大丰市第十四届人民代表大会代表职务请求的决定。会议进行有关人事任命事项。

第19次会议于7月28日召开，会议听取和审议市政府关于上半年国民经济和社会发展计划执行情况报告，重点审议企业转型升级、新项目运行情况、农业农村（林业发展）等工作；听取和审议市政府关于

①2014年11月19日，大丰市十四届人大常委会召开第23次会议

②2014年9月20日，大丰市纪念全国人民代表大会成立60周年座谈会会场

③2014年7月28日，大丰市十四届人大常委会召开第19次会议，进行投票选举

李方然 摄

2013年市本级财政决算的报告；听取和审议市审计局关于2013年市本级财政预算执行和其他财政收支情况的审计工作报告；审议通过大丰市人大常委会关于批准2013年市本级财政决算的决议。会议通过关于接受金福玉辞去大丰市第十四届人民代表大会代表职务请求的决定。会议进行有关人事任命事项。

第20次会议于9月18日召开，会议传达学习习近平总书记在庆祝全国人民代表大会成立60周年大会上的重要讲话精神。会议进行有关人事任免事项。

第21次会议于9月26日召开，会议听取和审议市政府关于行政审批改革和服务工作情况报告；听取和审议市政府关于市十四届人大三次会议代表议案办理情况报告；听取和审议市政府关于市十四届人大三次会议期间代表建议、批评和意见办理情况报告；听取市政府关于加快土地流转、推进农业规模经营审议意见和学前教育工作审议意见落实情况汇报，并进行满意度测评；会议对市卫生局、市质监局进行专项工作评议。会议进行有关人事任免事项。

第22次会议于11月1日召开，会议传达学习党的十八届四中全会精神。会议通过关于接受唐文龙辞去大丰市第十四届人民代表大会代表职务请求的决定。

第23次会议于11月19日召开，会议依法补选盐城市委副书记、代市长王荣平为盐城市第七届人民代表大会代表；听取和审议市政府关于全市水环境整治和保护工作情况报告；听取和审议市人民检察院监所检察工作情况报告；听取和审议市政府关于2014年市本级财政预算1~10月执行情况的报告，并作出决议；听取市政府关于《食品安全法》执法检查、生态文明建设情况汇报；听取市人民法院人民陪审员工作制度审议意见落实情况的汇报，并进行满意度测评。会议进行有关人事任命事项。

【市人大常委会主任会议】 2014年，市人大常委会举行15次主任会议。

第24次主任会议于1月27日召开，听取有关议案（市政府授予荣誉市民称号）情况；研究常委会召开时间。

第25次主任会议于3月3日召开，听取市人民政府关于第十届村委会换届选举工作情况汇报；研究议案及重点办理建议督办工作安排；研究确定2014年度接受专项工作评议的政府部门。

第26次主任会议于3月17日召开，听取市十四届人大常委会第16次会议议题调查情况汇报；研究常委会召开时间。

第27次主任会议于4月20日召开，听取市人民政府关于全市农业公共服务体系建设情况汇报；听取市人民政府关于规范性文件制定、备案和管理工作情况汇报。

第28次主任会议于5月20日召开，听取市十四届人大常委会第18次会议议题调查情况汇报；研究常委会召开时间。

第29次主任会议于6月26日召开，听取市人民政府关于计划生育惠民政策落实情况汇报。

第30次主任会议于7月21日召开，听取市十四届人大常委会第19次会议议题调查情况汇报；讨论通过《大丰市人大常委会办公室关于进一步加强老干部工作的实施办法》；研究常委会召开时间。

第31次主任会议于8月19日召开，举行《环境行政处罚办法》法制讲座；听取重点建议办理情况汇报；讨论通过《关于组织市人大代表评议市卫生局、市质监局专项工作的方案》；讨论通过《大丰市人大调研好成果、新闻好稿件、摄影好作品“三好评比”活动实施细则》。

第32次主任会议于9月18日召开，听取市十四届人大常委会第21次会议议题调查情况汇报，研究确定常委会召开时间。

第33次主任会议于10月22日召开，听取市人民政府关于全市健康服务业发展工作情况汇报，听取市人民政府关于交通重点工程决战“十二五”工作情况汇报。

第34次主任会议于11月14日召开，听取市十四届人大常委会第23次会议议题调查准备情况汇报；研究确定常委会召开时间，讨论研究人大代表优秀议案、建议评选办法；讨论研究“三好评比”工作；研究常委会召开时间。

第35次主任会议于12月8日召开，讨论研究江苏丰收大地投资发展有限公司融资事项。

第36次主任会议于12月12日召开，讨论研究大丰市城建国有资产经营有限公司融资事项。

第37次主任会议于12月26日召开，听取市人民政府关于城乡困难群众冬春生活安排情况汇报；听取市人民政府关于实事工程推进完成情况汇报；听取2015年财政预算初审工作情况汇报；听取关于补选代表资格审查情况汇报；讨论研究市十四届人大四次会议召开事项；研究常委会召开时间。

第38次主任会议于12月30日召开，讨论研究大丰市裕丰城镇建设发展有限公司融资事项。

【大丰市纪念人民代表大会成立60周年座谈会】 2014年9月20日，大丰市委召开纪念人民代表大会成立60周年座谈会，深入贯彻习近平总书记在庆祝全国人民代表大会成立60周年大会上的重要讲话精神，回顾人民代表大会制度建立和发展的历程，总结人民代表大会制度在大丰的实践经验和启示，进一步坚定走中国特色社会主义的道路自信、理论自信、制度自信，为谱写伟大中国梦大丰篇充分发挥市人大常委会的重要作用。盐城市委常委、大丰市委书记、市人大常委会主任倪峰，市委副书记、市长陈平在座谈会上讲话。市政协主席韦新、市委副书记宋勇出席。市人大常委会副主任、党组副书记吴家祥主持。

市人民法院院长宋长琴，市人民检察院副检察长朱梅芳，市人大常委会委员、刘庄镇人大主席陈安丰，市人大常委会委员、大中镇光明村党总支书记焦恒昌作了交流发言。

在大丰的市委常委，市人大常委会副主任，部分市人大常委会原领导，市人大常委会各委、办、室主要负责人，市各有关部门和单位主要负责人，各镇人大主席或主持工作的副主席，“两区”人大工作联络处主任等参加座谈会。

人大各工作委员会

【人事代表联络工作委员会】 2014年，市人大人事代表联络工作委员会深入开展“建设幸福大丰、争当模范代表”主题实践活动，组织人大代表积极参与“五个一”（服务一个企业、帮扶一个贫困户、办一件实事、接待一次选民、提出一条民生建议）活动；全年提出有关全市经济发展、行政效能、民生改善等各类议案建议近400件。加大代表建议办理力度，改进办前、办中、办后公示方式，加强与各工委沟通协作，共同督办，提高办理效率；实行人大常委会领导牵头督办重点建议制度，提升全市饮用水源质量、裕华境内设立交通信号灯及配套设施、城北新区天然气供应等建议得到了较好落实；组织“百名代表进选区”听取百姓意见，开展优秀议案建议评比，邀请提议代表深入办理现场实地察看，召开重点承办单位与领衔代表现场见面答复会，并对2件代表反馈为不满意的建议重新办理，得到代表的高度认可。发挥代表主体作用，以“双联系”“双接待”为平台，加强常委会与代表、代表与选民的沟通联系，全年驻会组成人员联系挂钩镇人大活动23次，召开代表座谈会40余次，收集代表意见52条，各级代表联系选民1800多次，321名市镇人大代表向选民述职，对代表和选民提出的意见与建议，做到事事有答复、件件有回应；加大代表对常委会工作的参与度，大幅度提高代表列席常委会会议、参加议题视察调研、执法检查活动的次数和比例，邀请300多人次代表参加常委会组织的各类调研视察、执法检查等活动；全程参与调研、审议等过程；建立基层代表参加常委会活动补助制度，提高代表服务水平，激发代表履职热情。履行法定职责，做好人事任免工作，坚持党管干部原则，发扬民主，依法办事，全年依法补选盐城市、大丰市人大代表10名、任免国家机关工作人员56人次、人民陪审员115人。

【内务司法工作委员会】 2014年，市人大内务司法工作委员会以促进司法公正和依法行政为重点，强化监督。2月，主任会议听取市人民政府关于第十届村委会换届选举工作情况汇报，建议要做好新老班子交接、新当选成员培训等后续工作，着力解决村委会后备干部乏人问题，加强基层民主法治建设，加大村务公开推进力度，提高村民自治能力，努力把农村民主政治做得更好。3月，对市人民法院2012年以来落实人民陪审员工作制度情况进行专题视察、召开座谈会、个别走访、开展问卷调查、查阅案件卷宗和台账资料等方式开展调查研究，听取各方面的意见和反映，形成调查报告向市人大常委会第18次会议汇报。针对薄弱环节，建议市人民法院注重宣传，为推动工作营造氛围；严格标准，把好选任入口关；强化培训，为陪审员依法履职打好基础；科学使用，提高陪审员参与审判的实效；加强管理，激发陪审员的工作热情。4月，组织代表视察人民防空工作情况，实地察看现场后开展集中审议，形成视察报告以人大办文件的形式转交市政府研究处理，市政府办公室针对代表提出的建议和意见专门研究制定了实施方案。11月，常委会第23次会议听取和审议市人民检察院监所检察工作情况汇报，提出要进一步加强刑罚执行和监管活动的监督，加强刑罚执行和监管活动中职务犯罪案件的查办工作，全面履行监所检察职能，加强监所检察基础工作的审议意见。重点督办“关于在裕华境内设立交通信号灯及配套设施”建议，督促公安部门克服连续阴雨天气的不利条件，在8月底前完成了电子监控设备的安装调试。全年受理群众来信28件，接待来访代表和群众30多人次，对人民信访反映的问题作详细了解，对群众有误解的问题，做好说服教育工作，对人民信访合法诉求，督促主管部门负责办理，认真办理每一件信访案件，维护信访人的合法权益。

2014年9月23日，大丰市人大常委会领导视察1号议案办理情况
姜玲 摄

【财政经济工作委员会】 2014年，市人大财政经济工作委员会抓住计划和预算的制定、执行等各个关键环节的跟踪监督，推进全口径预算工作，保证计划、预算的可行性和实施的有效性。人代会前，组织预算审查小组对计划和预算进行初审。人代会期间，预算审查委员会提出要突出转型升级，加快港城建设，坚持城乡统筹，推进生态文明，培植财源经济，增进民生福祉等建议。7月，在常委会第19次会议上对上年度市本级财政决算进行审查，提出要强化项目培植和为企业服务，发展壮大财源；科学组织税收征管，提高收入质量；规范财政预决算管理，提高财政资金使用效益；认真执行相关规定，积极推进预决算公开等建议。市人民政府首次公开2013年公共财政预算收支执行情况表、政府性基金收支执行情况表和社会保险基金收支执行情况表等市本级决算的详细数据报表。8月，启动全口径预算编制的审查监督工作，在部门预算“定盘”前向政府及财政部门提出针对性的意见和建议，要求进一步完善预算体系，积极推进预算信息公开，细化部门收支预算。11月，围绕年初人代会确定的计划目标，到相关部门和部分镇、区调查市本级财政预算1~10月的执行情况，建议市政府及相关部门要坚持依法理财，强化资金使用监管，狠抓措施落实，按时保质完成全年预算目标，合理确定目标，科学编制新一年预算等建议。12月，举办新《预算法》培训讲座；首次组织相关专业人员、人大代表对2015年市本级预算草案和市直部门预算草案进行初步审查，并将市民政局、市粮食局2个部门列入人代会人大代表预算初审的重点部门，进行深入审查，提出初审意见；组织召开专题审议部署会，为市十四届人大四次会议上财政预算专题审议活动做好各项准备工作。

紧扣经济建设中心，开展工作监督。7月，组织视察区园建设和重大项目推进情况，在常委会第19次会议上提出要强化协调服务全力促发展，加快项目发展培植经济增长点，狠抓关键措施推进企业转型升级，坚持“两化”（城镇化、工业化）并进加快镇域经济发展，发挥产业示范带动农民增收致富等建议。9月，对行政审批改革和服务工作情况进行调研，在常委会第21次会议上作调查报告，建议市政府要高度重视抓整改，坚决杜绝窗口收件和审批办理“两张皮”现象；要提高窗口人员素质，努力提升办事效率和服务水平等建议。重点督办“关于进一步提高行政机关办事效率和服务水平”建议，继续加强对2012年1号议案“被征地农民社会保障工作”的跟踪督办，12月听取市政府关于城镇困难职工冬春生活安排情况报告。组织部分市人大常委会组成人员和人大代表成立评议工作组，对市质监局开展专项工作评议。通过召开动员大会、发放意见征求表、个别走访、实地察看、组织座谈等形式，对市质监局2012年以来执行法律法规、履行职能、服务地方经济、接受代表和群众监督、改进工作作风、提高工作效能等方面的情况展开调查，提出了要进一步加强质量技术监督工作和相关法律法规的宣传，提高质监工作服务水平，加大依法监督管理的力度，强化机构和队伍建设等建议，促进部门提升管理服务水平。

【科教文卫工作委员会】 2014年，市人大科教文卫工作委员会围绕群众关注度较高的热点进行监督。3月，围绕市学前教育工作情况进行调研视察，向常委会第16次会议作调查报告，提出要完善“政府统一领导、教育部门组织协调、相关职能部门各司其职、社会各界积极支持”的工作机制，制定与城乡统筹发展相适应的学前教育规划，推动学前教育工作良性发展；采取切实措施，提升学前教育整体水平；严格执法督查，完善学前教育安全防范管理机制等建议。6月，主任会议听取市政府关于全市计划生育惠民政策落实情况的汇报，针对工作薄弱环节，提出要加强政策宣传、推动计划生育基本国策的落实；妥善解决历史遗留问题，简化审批流程确保惠民政策的落实；加强对失独人群的关注关爱，对特困失独家庭予以生活和医疗救助等建议。10月，主任会议听取市政府关于全市健康服务业发展工作情况汇报，提出统筹制定健康服务业发展规划，努力打造结构合理的健康服务业体系；积极探索加快发展新途径，建立健全健康服务网络，推进公共健康服务设施向社会免费、低收费的惠民措施；强化保障，完善健康服务业发展要素等建议。

市人大常委会组织部分常委会组成人员和人大代表组成执法检查组，制定详细的执法检查方案，对《中华人民共和国食品安全法》在全市的贯彻实施情况开展执法检查。4月，在工作方案拟定、执法检查组成立，相关学法及业务培训等前期准备工作已陆续展开的基础上，召开执法检查动员会议。会议要求明确时间节点、职责任务，确保执法检查工作稳步有序推进。执法检查组前往相关部门，深入镇（区），走进农产品检验检测中心、学校食堂、菜场和超市等生产、加工、销售现场，查阅相关部门和单位的台账资料，走访村和居委会群众，深入调查研究、组织专题视察，并向常委会第18次会议作执法检查报告，提出要加大宣传教育，进一步增强全社会食品安全意识；完善监管机制，进一步提升食品安全监管能力；加强执法监管，进一步提升食品安全监管实效等建议。10月，执法检查组再次对全市贯彻实施“食品安全法”情况进行视察，检验执法检查效果。11月，常委会第23次会议听取执法检查审议意见的落实情况汇报并进行满意度测评。年底，组稿策划食品安全法执法检查专版在《大丰日报》上刊登，加大宣传力度，推动“食品安全法”的贯彻实施。

2014年5月21日，大丰市人大常委会开展《中华人民共和国食品安全法》执法检查　　李方然 摄

【农村工作委员会】 2014年，市人大农村工作委员会聚焦“三农”问题，增强监督实效。3月，组织对全市土地流转工作进行视察调研，形成调查报告向常委会第16次会议汇报，针对农民流转热情不够高，流转程序不够规范，服务体系不够完善等问题，提出要遵循平等协商、依法自愿的原则，因地制宜引导农民向有实力的经营主体流转；建立规范有序的市场化流转机制，做到程序合法、合同规范，不改变土地性质和用途；建立健全市镇村三级服务网络和就业保障机制、风险防范机制和纠纷调解机制等建议。4月，组织《农业技术推广法》学法活动，主任会议听取全市农业公共服务体系建设情况汇报，建议制定更具操作性、可行性的优惠政策，探索行政驱动与市场引导相结合的运行机制，加大农业科技投入力度，加强服务队伍建设，提升农村金融服务水平，健全市镇村三级服务网络建设等建议。7月，就全市上半年农业农村工作的调研形成调查报告，向常委会第19次会议汇报，提出大力发展特色农业增加农民收入，发展加工业提升农业产业化水平，推进土地流转深化农村改革，推进农产品质量监管加大品牌创建，统筹城乡发展增强村级发展活力等建议。12月，主任会议听取市政府关于城乡困难群众冬春生活安排情况汇报，建议要进一步加强组织领导，健全长效帮扶机制，实施帮扶工作动态管理，切实将解困工作做细、做实、做好。

市十四届人大三次会议期间，人大代表提出的《进一步提升饮用水质量，从源头保护人民生命健康安全的议案》被列为1号议案。3月，经过与提案代表面对面沟通和深入调研，在常委会第16次会议上提出“高度重视、认真办理，明确目标、落实措施，强化领导、统筹推进”的交办意见。议案交办后，加强与交通、水利、农委、卫生、环保等部门联系，通过召开座谈会、实地视察、外出学习等方式发现市有关部门在源头整治、备用水源建设、深度处理、检验检测、管网管理等方面的不足并提出建议，形成两篇人大工作情况调研版，供市主要领导决策参考。9月，向常委会第21次会议作出督办报告，提出切实加强水源地保护，加快推进水质提升工程，继续落实长效管理机制，进一步强化组织领导等建议。市政府把落实1号议案列为政府实事工程，重点重抓，投入巨资，整治力度超过历史，通榆河水环境明显改善，备用水源建设全面启动，检测监督体系日趋完善，全市饮用水质量明显提升，得到广大群众的赞同。全年，对涉及饮用水质量安全、现代农业发展、村级债务化解、农村环境整治及土地流转、农资市场管理等30件代表建议对口督办，促进建议办理的落实。

【环境资源城乡建设工作委员会】 2014年，市人大环境资源城乡建设工作委员会重点监督环境保护，推进生态文明建设。3月，以国家生态市创建、化工园区整治、群众反映较为集中的环境问题为重点展开调研视察，赴先进地区学习秸秆综合利用、畜禽粪污处理和镇级污水处理设施建设运行等方面的做法和经验，向常委会第18次会议作调查报告，提出建立健全考核体系，强化组织保障；重点重抓，着力破解农村环境综合整治、化工园区深度治理、饮用水安全、农业面源污染防治等难题；加强主管部门职能和监管设施建设，提高监管能力；加强政策引导，培育生态文化等建议。市委、市政府高度重视，出台了《大丰市农村畜禽排泄物综合整治方案》《大丰市秸秆综合利用工作的实施意见》等专项整治文件。8月，参与盐城市人大开展《江苏省通榆河水污染防治条例》执法检查，通过到水利、环保、交通、海事等部门调研，对通榆河两岸排污、水体种养殖、堤岸坍塌等情况实地视察，检查危化品运输船只的安全措施和执法情况，形成调查报告提供给盐城市人大执法检查组，及大丰市委、市政府，为在大丰开展长达4个月的通榆河专项整治工作提供了可靠的依据。11月，围绕全市水环境整治和保护工作，从通榆河水源保护、农村水环境整治和城市河道清理三个方面进行重点调研，在常委会第23次会议上作调查报告，针对饮用水源水质仍需改善、养殖业污染治理缺乏力度、全民护水意识不强等问题，建议要开展法制宣传，强化全民依法护水意识，建立统一的水环境整治保护领导机制，积极推进养殖业污染专项整治，围绕改善水质目标保护好饮用水源，对省政府“清水走廊”计划加强跟踪，争取对大丰市更为有利的方案。关注交通基础设施建设，10月，主任会议听取市政府关于交通重点工程决战“十二五”工作情况汇报，提出要瞄准目标，加快推进，确保完成目标任务；重视市镇公路、农村道路的建设与升级，构建覆盖全市城乡的交通运输体系；采取切实措施加大统筹，管控资金运作，确保交通重点工程建设健康可持续。在配合一号议案跟踪督办工作的同时，重点督办“关于加大农村水泥公路投入和养护管理力度”建议，提出要进一步完善农村公路项目库，优化资金投入，明确管护责任，争取惠及更多百姓。市政府在年初制定的建设95千米农村公路的计划上，又加大到180.47千米，增加投资近3000万元，代表们对建议的落实表示满意。

【研究室】 2014年，市人大研究室围绕市委工作中心、常委会工作重点及人大自身建设，开展调研宣传工作，建言献策，当好参谋助手。组稿《关于2014年为民办实事工程及提升民生保障水平工作视察调研报告》等10期《人大工作情况》调研版，为推动幸福大丰建设建言献策。对加大实体经济支持力度、提高行政服务水平、加强水环境整治等课题展开调研，为常委会依法履职提供参考。撰写《人大常委会审议意见如何规范抓落实》《以创新推动人大工作与时俱进》，对常委会审议（评议）意见满意度测评工作实施效果进行调研分析，为提高常委会有效监督积极建言。加强工作制度研究，制定《进一步加强和改进调查研究的意见》《询问和质询办法》《镇区人大座谈会制度》以及机关管理、财务管理、老干部服务、公务接待等7项制度，促进机关廉洁高效运转。围绕服务“三会”（人代会、人大常委会、人大常委会主任会议）和常委会重要活动，做好汇报交流、综合性文稿的起草工作，精益求精提升文稿质量，发挥参谋助手作用。加强内外宣传，增强社会影响。出台《人大宣传工作意见》，建立通讯员队伍，做好宣传策划，办好平台载体。编辑5期《常委会会报》，及时向全市人大代表通报常委会重点工作；组稿10期《人大工作情况》综合版，全方位展现市镇人大工作开展情况；及时更新人大网站内容，加强维护，发挥宣传载体作用；在《大丰日报》开展系列、专题报道，8月，对人大督办政府为民办实事工程的进展情况进行连续报道，9月，《巍巍华表倚天立》专版回顾了大丰人民代表大会制度60周年风雨历程，11月，《一场“特殊”的民生考试》现场报道代表向选民述职情况，12月，连续报道6名人大代表的先进事迹，与相关工委组织食品安全法执法检查、1号议案办理、水环境整治等3个专版和电视台的专题报道。丰富活动形式，增强宣传活力。举办《人民代表大会制度理论与实践》专题讲座，启动《大丰人大志》编撰工作，在《大丰日报》、大丰人大网开设纪念专版专栏，深入开展人民代表大会制度成立60周年纪念活动。组织人大调研好成果、新闻好稿件、摄影好作品“三好评比”活动，征集各类作品140篇（幅），极大调动人大系统调研宣传和社会各界关注人大工作的积极性。全年向外报送信息100多条、稿件50多篇，组稿《人民与权力》“市县巡礼”1篇，《盐城人大》“大丰人大专版”6篇，《巍巍华表倚天立》《永不竣工的一号工程》获省人大征文二等奖，《“麋鹿之父”演绎的奇迹》获人民与权力好稿件三等奖，大丰市人大获省通联、盐城市宣传调研先进集体。

（夏萍娟　程　曦）

〖编辑　朱晓华〗

市政府重要会议

【市政府召开十四届二次全体（扩大）会议】 1月8日，市政府召开十四届二次全体（扩大）会议，主要目的是全面贯彻落实市委十一届四次全体（扩大）会议精神，细化分解落实2015年目标任务，动员全市上下干部群众统一思想，咬定目标，从头抓紧，扎实工作，为创造经济新常态下的新业绩打牢坚实基础。市长陈平出席并讲话。市委常委、常务副市长范大玉主持。

【市政府常务会议】 2014年，市政府召开12次常务会议。

1月7日，市政府召开第24次常务会议，听取《2014年政府工作报告主要目标任务分解落实方案》和《2014年市直部门和单位重点工作任务》编排情况汇报，讨论研究大丰市安全生产责任制规定，讨论研究《大丰市荣誉市民评选办法》。会议还通报市政府领导分工，并对当前重点工作进行部署。

2月10日，市政府召开第25次常务会议，传达贯彻全省安全生产工作会议精神，讨论研究2014年提升民生保障水平的12件实事，交流2月工作安排。

3月4日，市政府召开第26次常务会议，传达学习盐城市转型发展大会精神，要求大力推进项目建设，加快转型发展步伐。会议交流3月工作安排，对有些具体事项提出明确要求。

4月4日，市政府召开第27次常务会议，听取2014年市政府为民办实事工程推进情况和提升民生保障水平的12件实事进展情况、国家级生态市及国家环保模范城市创建工作情况汇报，研究华丰工业园及石化产业园环境整治、2014年安全生产专项整治实施方案，交流4月工作安排。

5月6日，市政府召开第28次常务会议，讨论研究《关于优化行政审批服务的六项措施》《大丰市2014年“安全生产月”活动实施方案》，部署5月重点工作。

6月3日，市政府召开第29次常务会议，听取国家环保模范城市创建工作情况汇报，讨论研究关于进一步加强村卫生室建设的意见，听取2014年市直部门和单位工作任务推进情况汇报，交流6月工作安排。

7月12日，市政府召开第30次常务会议，学习《中华人民共和国行政诉讼法》，研究农村环境综合整治长效管理办法、秸秆禁烧禁抛奖补办法，以及土地流转政策配套、统筹城乡试点村集中居住点建设、被征地农民保险补贴、农村基础设施建设等问题，部署7月重点工作。

8月6日，市政府召开第31次常务会议，学习《中华人民共和国行政许可法》与深入推进行政审批制度改革的相关理论，研究提高农村社区干部待遇和农村畜禽养殖排泄物治理、全市债务化解等问题，听取全市安全生产检查整改专项行动开展情况，部署8月重点工作。

9月1日，市政府召开第32次常务会议，学习土地管理办法及相关规定，听取镇级污水处理厂建设和运行情况汇报，讨论研究《大丰市生态红线区域保护实施方案》《大丰市饮用水源保护区核定及规范化建设实施计划》《大丰市市区经济适用住房分配销售管理办法》《大丰市新型农村合作医疗大病保险实施办法》和《大丰市城镇职工和居民大病保险实施办法》，部署9月重点工作。

9月30日，市政府召开第33次常务会议，学习《中华人民共和国城乡规划法》，讨论研究失地农民社会保障办法，部署10月重点工作。

11月4日，市政府召开第34次常务会议，学习《中华人民共和国环境保护法》，讨论研究大丰市人民政府《关于加快转变政府职能 建设服务型政府的意见》，听取2014年市直部门和单位重点工作进展情况汇报，部署11月重点工作。

12月3日，市政府召开第35次常务会议，学习新《中华人民共和国预算法》和国务院《关于加强地方政府性债务管理的意见》，讨论研究《大丰市城乡困难居民医疗救助办法》，部署12月重点工作。

重要施政

【为民办实事工程】 1月，市政府印发《关于2014年为民办实事工程的通知》，决定实施涉及民生保障、科教文卫社会事业、交通基础设施建设、水利改善、城市功能改善等方面共10件为民办实事工程。具体为：（1）保障性住房建设工程，总投资1.48亿元，建设保障性住房50784平方米。（2）备用水源整治提升工程，总投资4750万元，实施新团河备用水源地整治。（3）农村路桥建设工程，总投资1.81亿元，修建乡村道路170千米；新建农村桥梁230座；进行农村道路路面黑色化改造95千米。（4）图书馆新馆建设工程，总投资1.5亿元，建设集阅览、外借、参考咨询、数据库检索、文献传递、数字图书、文化信息共享等功能于一体的大丰市图书馆新馆，建筑面积1万平方米。（5）川东港整治工程，总投资2.3亿元，拓浚整治川东港丁溪河段8.3千米，新建跨河桥梁1座、节制闸2座。（6）城市环境综合整治工程，总投资1.06亿元，整治城市河道水环境和市区低洼易淹易涝片区；改造老旧小区基础设施；市区建成区范围内所有后街小巷实现路面黑色化全覆盖。（7）市社会福利院三期建设工程，总投资9230万元，建设占地1.1公顷、总建筑面积1.5万平方米的养老康复服务中心。（8）人民医院高新区分院建设工程，总投资6.5亿元，在高新区建设占地面积14.27公顷、建筑面积13.6万平方米的人民医院分院。（9）社会保险便民快捷服务工程，总投资3700万元，建设社会保障基层公共服务平台，发放社保卡50万张。（10）镇村公交开通工程，总投资6500万元，完成南阳、草庙、西团、万盈、小海5个镇镇村公交，投入车辆20辆；建设候车亭45对；提档、升级、改造通往农村公交的道路总里程150千米。截至2014年年底，项目完成情况：新建保障房5.07万平方米。新团河应急供水工程建成投运。建成农村四级公路236.87千米、农桥300座，改造危桥45座。图书馆新馆开工建设。川东港工程，开挖丁溪河河道8.3千米，完成河道开挖及堤防填筑等各类土方322万立方米。供电北沟污水截流，老旧小区基础设施改造基本完成，后街小巷黑色化实现全覆盖。福利院三期主体工程开工。人民医院高新区分院一期主体封顶。完成“社会保险快捷便民服务”工程，全市215个村（居）全部建成社会保险便民快捷服务“四个不出村”（群众参保登记不出村、个人缴费不出村、权益查询不出村、待遇领取不出村）便民服务点。开通镇村公交线路10条。

【加强村卫生室建设的文件出台】 6月，市政府印发《关于进一步加强村卫生室建设的意见》，提出通过两年努力，全市新建成村卫生室90个左右、改扩建村卫生室60个左右，所有行政村都有1个达标卫生室，20%左右的村卫生室达到省示范标准；增加村卫生室服务手段，实用型设备配备率100%；加强村医队伍建设，提高村医服务能力；全市村卫生室建设和管理水平进入省内先进行列。

【加快棚户区（危旧房）改造工作的文件印发】 6月，市政府印发《关于加快棚户区（危旧房）改造工作的实施意见》。文件分为总体要求、基本原则、实施方式和规划建设、强化政策保障、加强组织保障5个部分，明确坚持“政府主导、群众自愿、市场参与”原则，根据实际情况，采取不同实施方式，推进棚户区（危旧房）改造工作。

【强化耕地保护工作的文件出台】 9月，根据省政府《关于进一步加强耕地保护工作的意见》，大丰市政府出台《关于强化耕地保护工作的实施意见》，确立全面落实最严格的耕地保护制度和最严格的节约集约用地制度，落实耕地保护责任，坚守耕地红线，稳定耕地保有量，提出“十三五”期间大丰市完成耕地保有量任务13.61万公顷。并明确4条具体措施：一是加强组织领导，落实耕地保护责任；二是强化总体规划的执行力，严格土地用途管制；三是大力实施土地综合整治项目；四是严格耕地保护执法监管。

【绿色大丰建设的文件出台】 12月，市政府出台《关于2015年绿色大丰建设的实施意见》，提出“2015年全市计划完成造林总面积1.8万亩，其中国债防护林0.9万亩（含河堤退耕还林0.5万亩）、一般造林0.25万亩、拓果0.15万亩、花卉苗木0.5万亩，建设村庄绿化示范村12个、专业村2

2014年，大丰市新建保障性住房50784平方米。图为德惠花园保障性住房一期工程

个，新建和完善农田林网15万亩，四旁植树150万株，新建和完善绿色通道101.1公里，森林抚育面积2万亩，林木覆盖率提高0.8个百分点”的目标任务，并明确沿海防护林工程、河堤退耕还林工程、村庄绿化示范村工程、绿色通道工程、农田林网工程、高效林业工程、湿地公园创建工程7项重点工程。

（杨金辉）

行政审批

2014年，大丰市行政服务中心连续8年在盐城政务服务系统综合考核中排名第一

【概述】 2014年，大丰市行政服务中心按照省政府《关于加强政务服务体系建设的实施意见》的要求，扎实推进行政审批制度改革，全年累计受理各类行政审批和便民服务事项228534件，其中即办件191197件，承诺件37311件，上报件26件。即办事项办结率保持100%，承诺件平均提前办结率99.9%。市行政服务中心连续8年在盐城政务服务系统综合考核中排名第一，获大丰市委、市政府表彰的反腐倡廉和作风建设工作奖、服务发展创新创优和深化改革工作奖等多项奖。

【行政审批制度改革】 2014年，市行政服务中心将水、电、气、电视、电话、网络、市民卡等便民服务事项全部进驻行政服务中心办理。进驻行政服务中心的19家公共服务机构涵盖环评、注册代理、房屋评估、税务事务等服务内容，做到企业、群众只要进中心，就能办成行政服务方面的所有事。按照“三集中三到位”[部门行政审批职能（行政许可、行政服务）向一个科室集中，承担审批职能的科室向行政服务中心集中，行政审批事项向网上权力运行平台集中，切实做到审批事项进驻落实到位、授权到位、人员到位]的要求，全市35个行政审批部门全部进驻中心，涉及便民服务和项目审批的47个部门148个服务流程全部在大丰门户网站上公示，服务内容、咨询电话、服务流程、办理时限、可容缺材料、收费标准实行“六公开”，做到审批部门100%进驻，审批内容100%公示。按照“减、转、放”工作的要求，及时将国家、省、盐城市下放的、涉及大丰的9批次114个事项，逐条对接到位，依法取消事项20项，合并事项5项。探索行政审批目录清单、收费清单管理模式，逐一核查206个收费项目，取消收费3个，压降收费9个，做到清单之外无收费。按照依法行政的要求，进一步优化服务流程，取消无法律依据前置条件25项。专题研究审批中涉及到的国土、住建、消防等审批难点和重点，进一步压降前置条件。大丰市推进行政审批制度改革的经验被《江苏改革简报》报道。

【开展联合服务】 2014年，市行政服务中心按照“三少一短”（章盖得最少、收费最少、申报材料最少和审批流程最短）的要求，制订了《项目办理“一次答复、二次办结”制度》等，使得窗口服务更加规范高效。同时，开辟项目服务直通车，围绕企业困难，2014年召开会审协调会22次，联合会审1亿元以上项目51个，容缺审批42次，协调解决问题30多个。

【重大项目专窗服务】 2014年，市行政服务中心在一楼大厅设立重大项目服务专窗，对全市重大项目实行“专窗受理、专有时限、专属流程”的“三专”式VIP服务，使重大项目实现了一站式受理、一车式踏勘、一站式审批。盐城思达德民力阀门12000吨阀门及配件制造项目、江苏康源印刷材料年产高科技印刷材料印版800万平方米项目等51个项目进入服务专窗，平均审批时间比2013年缩短10%。积极落实市委、市政府的优惠政策，对“两区”工业项目实行“零收费”，全年发放免缴证37本，减免相关费用175.68万元。

【容缺预审办法实行】 2014年，市行政服务中心出台容缺预审工作办法，明确11个部门15个事项和61个可容缺材料，扩展了可容缺的面，实行业主与审批窗口之间容缺预审、上下道审批窗口间容缺预审，有效减少了业主等待审批的时间。

【政务服务平台扩展】 2014年，按照市政府《关于加强全市镇（村）级便民服务中心（站）建设的实施意见》，加大推进镇、村便民服务中心建设的力度。镇级便民中心实行“8+X”服务模式，村级便民服务站做到“十个一”标准，有效为群众开展服务。充分利用项目服务BRT系统，尝试在镇、村和便民服务中心搭建网上审批平台，逐步实现项目远程申报、网上预审。强化中介服务窗口的考核，组织业务科室对中介机构的资质、经营范围进行审查，对外公示服务流程、收费标准及相同性质中介机构名称，由群众自主选择，通过引入市场竞争机制的办法来压降创业成本。行政服务中心实行末位淘汰制，年终考核末位的窗口，取消其在中心设立服务窗口的资格。

【市行政服务中心作风建设】 市行政服务中心开展党的群众路线教育实践活动，对查摆出的19个问题进行认真整改，并建章立制。加强党风廉政建设，参观大丰廉政文化主题公园和“悔恨的泪”警示教育展，提升党员的廉政意识。每季度开展一次“红旗窗口”和“服务标兵”评比，营造人人争先氛围。聘请行风监督员、公布投诉电话、向办件群众发放服务对象评议表，主动接受群众监督评议，全年接受群众评议1300多人次，群众满意率为99.9%。年底6人获评全市“十佳服务标兵”“五一巾帼标兵”。

（董海霞）

信 访

【概述】 2014年，大丰市信访局以改革完善信访工作机制为主线，以推动依法逐级信访和及时就地化解问题为重点，强化责任，较好地完成了工作任务，全市信访形势平稳有序。在江苏省信访工作绩效考核中，大丰市在99个县（市、区）中排名第四，受到省信访工作联席会议的表彰；在盐城市信访工作绩效考核中名列第一。

【信访工作责任】 市委、市政府将信访工作纳入全面工作考核，年初与12个镇、4个区和27个市直部门主要负责人签订信访稳定工作责任状，强化了全市各级党政组织一把手负总责、分管领导具体负责、其他班子成员“一岗双责”的信访工作责任体系。市委常委会每月听取信访工作汇报，

2014年，大丰市在全省信访工作绩效考核中排名第四，受到了省信访工作联席会议的表彰

全年还召开23次信访稳定工作专题会议。市委、市政府主要领导批阅人民来信，督办、调研信访工作。市分管领导包保重要信访事项，会办协调疑难信访问题30余件。对省和盐城市联席办交办的63件信访件全部落实处级领导牵头包案，有关镇和部门的主要负责人为具体包案责任人。对大丰市集中交办的73件重点信访件和重要时期滚动交办的167件信访事项全部由相关镇和市直部门的领导干部包案。对排查出的新问题，实行领导包案，包调查、包处理、包做思想工作、包化解、包稳控，一包到底。同时严格落实信访工作领导责任追究制，对思想不重视、工作不负责、包案责任不落实的11个责任单位和21名责任人启动责任追究程序，进一步增强了各级领导干部的信访工作责任意识。

【领导接访、下访、约访】 市信访局把领导干部接访、下访和约访作为践行群众路线、畅通信访渠道的重要措施来落实。“大接访”更加注重实效性，注重对口接待，注重当场会办，强化督查反馈。年内，市四套班子领导接待来访群众369批950人次，其中集体来访38批453人次。“下访”活动结合“金桥行动”“进村入户”和“三解三促一加强”，坚持“三个全覆盖”〔市委、市政府党政领导参与全覆盖，市部门、镇领导以及所有机关干部联系包干村（社区）全覆盖，重点信访案件落实领导包案全覆盖〕。下访活动中，各级领导干部接待来访群众568批2423人次，包案处理问题347个，走访慰问困难党员和群众989户，写民情日记284篇。2014年，约请领导接待来访42次，形成《约访纪要》，为解决问题提供依据。

【重要活动期间信访】 市委、市政府高度重视重要活动期间的信访稳定工作，专题研究部署全国“两会”、南京青奥会、中央巡视组驻苏巡视、十八届四中全会、北京APEC会议和国家公祭日等重要时间的社会稳定工作，以“有数、可控、到位”为目标，部署落实信访稳定工作的各项措施。市委、市政府在重要活动期间抽调人员成立联合办公室，负责情报信息、督查督办、应急处置，同时实行24小时值班、“零报告”等措施。整合政法、宣传、信访、公安、维稳等部门，实现信息互通、力量联合、工作联动，较好地完成了市委、市政府提出的“四个确保”（确保不发生进京登记访、非访、集体访、异常访和群体性事件；确保不发生重特大环保安全生产事故；确保不发生重特大治安案件和恶性刑事案件；确保不发生影响大丰形象的负面新闻报道）工作目标。

【信访积案化解】 大丰市开展以解决信访突出问题为重点的矛盾纠纷排查化解专项行动，围绕重点区域、重点群体和重点对象，通过定期排查、定向排查、动态排查、拉网排查等，排查出各类矛盾纠纷367件。市信访局从中梳理出73件，连同省、盐城市交办的39件计112件作为重点信访件，提交市委、市政府交办相关镇及部门落实，要求各责任单位做到诉求合理地解决问题到位、诉求无理的思想教育到位、生活困难的帮扶救助到位、行为违法的依法处理到位。年底，省、盐城市交办的39件信访积案化解37件，化解率95%；大丰市集中交办的73件信访积案和信访突出问题，全部规范化解。

【基层基础建设】 大丰市深入开展"基层基础建设提高年"活动，镇（区）、村（社区）调整充实专（兼）职信访干部，建立了信息员、联络员和代理员网络队伍。全面完善村周查、镇半月查、市月查、重要时段集中排查的工作制度，对排查出的矛盾，及时交领导落实包案。加强源头防范，强化初信初访的接待处理，实行初信初访首问负责制。强化信息系统建设，在市、镇两级建设使用了"阳光信访"视频系统，方便了基层信访群众。"阳光信访"信息系统的建立得到省、盐城市领导的肯定。

【规范信访秩序】 各级信访工作机构规范信访事项受理办理程序，按照"属地管理、分级负责，谁主管、谁负责，依法、及时、就地解决问题与疏导教育相结合"的原则和有关规定，分级受理职责范围内的信访事项，并按规定的程序和期限办理。坚持依法规范信访行为，引导信访人依法理性表达诉求。对采取极端方式闹访，造成严重后果的，依法严肃处理；对以上访为名制造事端、煽动闹事的，依法打击。2014年，处理违法的上访人员36人次（其中治安拘留17人次，训诫谈话19人次）。

（陈　炜）

外事、接待

【概述】 2014年，大丰市人民政府外事与侨务办公室以展示大丰形象、搭建平台、联络感情、促进对外交流为宗旨，主动适应新形势新要求，加快转变调整，全面提高接待工作水平，全年接待国内党政代表团、外国来宾、重要客商、省部级以上领导及其他来客139批2265人次。全面贯彻中央、省、盐城市有关规范国家工作人员因公临时出国（境）管理的规定，全年办理因公出国（境）团组22批67人次。

【李小虎一行到大丰考察】 1月16日，人社部调解仲裁管理司副司长李小虎一行在盐城市人力资源和社会保障局局长吴敏超的陪同下到大丰考察。受到大丰市领导陈平、范大玉等的热情接待。其间，李小虎一行考察了大丰港海洋科技馆、国家级麋鹿自然保护区等地。

【协鑫集团清洁能源产业项目框架协议签约仪式举办】 2月20日，协鑫（集团）控股有限公司副董事长、协鑫燃气集团控股有限公司董事长、江苏协鑫石油天然气有限公司董事长王由礼一行到大丰，受到大丰市领导倪峰、殷勇等的热情接待，并在东苑书香酒店举行大丰港600万吨液化天然气接收站系列项目签约仪式。

【盐都区党政代表团到大丰考察】 2月20日，盐都区委书记、区人大常委会主任羊维达率党政代表团一行到大丰参观考察，受到大丰市领导陈平、韦新等的热情接待。其间，代表团一行考察了南车电机、东方1号创意产业园、博汇纸业等地。

【国际禁化武组织一行到大丰考察】 3月10~15日，国际禁化武组织视察组一行在省经信委处长李健的陪同下到大丰江苏腾龙生物药业有限公司及江苏丰山集团有限公司海洋分公司进行现场核查，受到大丰市领导倪峰、陈平、郭超等的热情接待。

【李志群一行到大丰调研】 3月27日，国务院国有重点大型企业监事会主席李志群一行，在副省长史和平的陪同下到大丰调研，受到大丰市领导倪峰、陈平等的热情接待。其间，李志群一行视察新能源淡化海水产业园淡化海水工厂等地，并在半岛温泉

2014年3月27日，国务院国有重点大型企业监事会主席李志群一行，在副省长史和平的陪同下到大丰调研，视察了新能源淡化海水产业园等地　邱鹏摄

酒店举行江苏丰海新能源淡化海水发展有限公司投资签约仪式。

【李学勇一行到大丰调研】 4月10~13日，省长李学勇一行在盐城市委书记朱克江的陪同下到大丰恒北村驻村调研，受到大丰市领导倪峰、陈平等的热情接待。其间，李学勇一行视察恒北村的便民服务中心、早酥梨合作社，大中镇的大蒜基地、裕华垃圾压缩中转站及大富豪企业，考察丰东公司、南车电机、海洋产业研究院、大丰港三期通用码头等地，对大丰经济社会发展表示肯定。

【黄强一行到大丰考察】 4月17日，广东省云浮市委书记黄强率党政代表团一行到大丰考察，受到大丰市领导倪峰、范大玉等的热情接待。其间，黄强一行考察明进机械、金风科技、东方1号创意产业园等地。

【詹姆斯·劳伦·迪尔一行到大丰考察】 4月20日，美国卡森市市长詹姆斯·劳伦·迪尔率政府代表团一行到大丰考察，受到大丰市领导陈平、范大玉等的热情接待。其间，代表团一行考察风电产业研发展示中心、荷兰花海、国家级麋鹿自然保护区、大丰港集装箱码头、大丰港规划展示馆等地，并在半岛温泉酒店举行美国卡森市·中国大丰市缔结友好城市签约仪式。

【王兆国一行到大丰调研】 4月20日，中共中央政治局原委员、全国人大常委会原副委员长、中华全国总工会原主席王兆国一行在省人大常委会副主任刘永忠的陪同下到大丰调研，受到大丰市领导倪峰、陈平等的热情接待。调研期间，王兆国一行考察麋鹿国家级自然保护区等地。

【吴仪一行到大丰调研】 5月8日，国务院原副总理吴仪一行在省人大常委会党组副书记、常务副主任张卫国的陪同下到大丰调研，受到大丰市领导倪峰、陈平、吴家祥等的热情接待。调研期间，吴仪一行考察麋鹿国家级自然保护区等地。

【2014年大丰港海洋生物博览会举办】 6月8~15日，以“海洋，让生命更美好”为主题的2014年大丰港海洋生物博览会在大丰市海洋生物博览中心开幕。国家海洋局战略经济与规划司原司长王殿昌、英国王朝生物技术有限公司首席执行官西蒙·哈沃斯等800余人前来参加活动。其间，举行大丰港通用码头通航仪式及江苏金壳生物医药科技有限公司开工仪式，并在半岛温泉酒店举行相关项目与贸易合同签约仪式。

【杨建忠一行到大丰考察】 6月26日，南通滨海园区党工委书记杨建忠率党政代表团到大丰考察，受到大丰市领导倪峰、陈平等的热情接待。其间，代表团考察海洋世界、博汇科技大厦、三期通用码头、大丰港国际商务大厦海晶创投中心等地。

【曹宏瑛一行到大丰调研】 7月22日，商务部外资管理司副巡视员曹宏瑛一行在省商务厅副厅长赵进的陪同下到大丰调研，受到大丰市领导陈平、罗强等的热情接待。其间，调研组一行考察大丰港集装箱码头、新能源淡化海水产业园等地。

【赵安华一行到大丰考察】 8月7日，中组部党员教育中心副主任赵安华一行在省委组织部副部长郑跃奇的陪同下到大丰调研，受到大丰市领导倪峰、陈平等的热情接待。其间，调研组一行考察大中镇滨河社区及恒北村远程教育点，并在大中镇恒北村村部召开基层代表座谈会。

2014年10月19日，大丰市举办金秋经贸恳谈会，中外客商300余人应邀参加　　万成 摄

【陆卫东一行到大丰考察】 9月18日，海安县委书记陆卫东率党政代表团到大丰考察，受到大丰市领导陈平、宋勇等的热情接待。其间，代表团考察明进机械、金风科技、东方1号创意产业园、麋鹿国家级自然保护区等地。

【鲍广途一行到大丰考察】 9月27日，新疆维吾尔自治区克孜勒苏柯尔克孜自治州委常委鲍广途率代表团到大丰考察，受到大丰市领导倪峰、陈平、范大玉等的热情接待。其间，代表团一行考察大地丰收农业创意产业园、麋鹿国家级自然保护区、大丰港集装箱码头等地。

【王志刚一行到大丰考察】 10月30日，科技部党组书记、副部长王志刚一行在省政协副主席、省政府党组成员、省科技创新工作领导小组副组长徐南平的陪同下到大丰考察，受到大丰市领倪峰 、陈平等的热情接待。其间，王志刚一行考察金风科技、新能源淡化海水产业园、海洋产业研究院等地。

【2014年大丰市金秋经贸恳谈会举办】 10月19日，2014年大丰市金秋经贸恳谈会举办。西班牙TCB集团公司总裁Francisco Javier SOUCHEIRON、福清市五环车辆部件实业有限公司总经理高龙彪等中外客商300余人应邀参加，受到大丰市领导倪峰、陈平等的热情接待。其间，举行大丰港滚装码头开工活动及大丰经济社会发展成就图片展，并于半岛温泉酒店召开金秋经贸恳谈会。盛安汽车配件有限公司董事长林盛、哈尔滨电气集团发电设备国家工程研究中心董事长杨其国代表客商作发言，并对大丰投资环境给予高度评价，表示将全力推进签约项目在大丰的建设发展。

【徐锋一行到大丰考察】 11月27日，启东市委书记、市人大常委会主任徐锋率党政代表团一行到大丰考察，受到大丰市领导倪峰、韦新等的热情接待。其间，代表团考察明进机械、东方1号创意产业园、新能源淡化海水产业园等地。

【江绵恒一行到大丰考察】 12月3日，上海科技大学校长江绵恒一行在省委副秘书长黄根清的陪同下到大丰考察，受到大丰市领导倪峰、陈平等的热情接待，并于半岛温泉酒店召开有关上海农场项目技术洽谈会议。

（金　琳）

法治政府建设

【概述】 2014年，大丰市贯彻落实国务院依法行政纲要，按照盐城市法治政府建设三年行动计划和2014年依法行政工作要点要求，抓制度建设和抓特色创新，积极推进依法行政工作，建成国家级行政服务标准化示范单位1个、省级依法行政示范点2个、盐城市依法行政示范点4个。市政府完成法治政府建设阶段性目标任务。市政府的听证中心建成盐城市依法行政示范点优秀示范项目。

【决策听证】 大丰市政府在重大决策前，积极发挥市政府听证中心平台作用，共召开4次听证会，充分听取当事人和公众意见，对棚户区（危旧房）改造、经济适用房管理、廉住房管理等涉及社会公共利益和人民群众切身利益的决策，听取群众的建议，并接受社会监督。

【规范性文件管理】 年初，市政府制订政府规范性文件制定计划，明确要求对未纳入计划的规范性文件，原则上不审核、不签发，从源头上加强规范性文件制定管理。在制定规范性文件过程中，注重调查研究和听取社会各方面意见，提高文件执行时的可行性、操作性。政府规范性文件起草部门在办文过程中，在政府门户网站公布文件草案4件，召开座谈会、听证会4次，征求意见9条，采纳5条。制定重大、复杂规范性文件时，市政府法制办提前介入，全程参与文件起草工作。政府规范性文件出台前，由市政府法制办审核把关，确保依法办文。全年，大丰市制定《大丰市存量房网上交易和资金监管暂行办法》《关于加快棚户区（危旧房）改造工作的实施意见》《大丰市区经济适用房分配销售管理办法》《关于推进公共租赁住房和廉租住房并轨运行的实施意见》共4件政府规范性文件。

【行政复议】 大丰市落实行政复议法及其条例，拓宽行政复议受理渠道，积极受理行政复议申请，着重监督纠正滥用行政处罚自由裁量权、执法不公开、执法不文明、乱收费乱罚款、渎职侵权等6个方面违法问题。全年市政府法制办收到各类行政复议申请15件，受理15件，审结12件，其中维持11件，驳回复议申请1件。

【领导干部依法行政讲座】 12月6日，大丰市举行全市领导干部依法行政讲座。省政府法制办副主任、省委宣传部十八届四中全会精神宣讲团成员马太建作培训辅导。讲座上，马太建围绕深入推进依法行政、加快法治政府主题，阐述法治思维、法治方式、法治政府的深刻内涵，讲解治国理政、法治理念、法治政府的总体要求和主要任务，明确提出基层政府依法行政工作任务。

【城管综合执法局挂牌运行】 12月26日，大丰市城市管理行政执法局正式挂牌成立，与大丰市城管局合署办公。该局主要职能是负责全市城市管理相对集中行政处罚权工作，行使组织协调、教育培训、检查监督及考核奖惩等行政管理职能。相对集中行政处罚权在市主城区和大丰港城范围内开展。

（袁康勇）

地方志、年鉴编纂

【概述】 2014年，大丰市地方志编纂委员会办公室（简称市地方志办）落实江苏省、盐城市地方志工作会议精神，围绕年鉴争创国家级特等奖、出精品佳志的工作目标，开展志鉴编修。年底，《大丰年鉴（2014）》被评为全国年鉴编纂出版质量综合特等奖，为苏北唯一获得此荣誉的县级年鉴。

【《大丰年鉴（2014）》再获特等奖】 继2004年版《大丰年鉴》获全国首届中国地方志年鉴评选特等奖之后，2014年，大丰年鉴编辑部按照中国出版协会的评比要求，认真修改年鉴框架结构，进一步规范条目编写，创新装帧设计，完善检索手段，努力提高年鉴质量。年底,《大丰年鉴（2014）》以较高的编纂出版质量,被中国出版协会评为第五届年鉴编纂出版质量综合特等奖。另获框架设计特等奖、条目编写特等奖、装帧设计特等奖。

【年鉴框架调整】 2014年，大丰年鉴编辑部把握时代特点，抓住重点题材，及时补充新分目，调整完善老分目。根据中央提出的五大建设，在《大丰概况》栏目中增设《经济建设》《政治建设》《文化建设》《社会建设》《生态建设》分目；根据实际情况和工作职能，将市委、市政府的《重大活动》分目调整为市委《重要决策》和市政府《重要施政》，将人大、政协各专门委员会工作分目调整为条目，将各银行、保险分目压缩为条目，从而使年鉴框架更加规范，内容更加精炼。2014年《大丰年鉴》设38个类目、303个分目。

【装帧设计创新】 大丰年鉴编辑部创新装帧设计，选择“煮海为盐”浮雕作为年鉴封面设计主题，凸显大丰“沧海桑田”的特色，彰显大丰市历史文化底蕴。卷首彩图由往年的领导考察，改为生态旅游、特色经济等地域特色鲜明的六大宣传板块，增强年鉴时效性。内设压题图片30幅、随文图片156幅，丰富年鉴资料形式，使年鉴图文并茂，增强年鉴的可读性和感染力。

【镇志部门志编修】 在2013年评审验收的基础上，上半年《大丰市民政志》和《大丰市经济综合管理志》公开出版发行。下半年，市地方志办按照《大丰市地方志书审查验收及出版办法》的要求，组织人员对《大中镇志》《小海镇志》《万盈镇志》《新丰镇志》《大丰市农业志》进行评审，从体例、纲目、内容、资料、行文、特色、编校上把关。年内，完成《小海镇志》《万盈镇志》初审。

【《大丰方言志》评审】 12月16日，市地方志办邀请复旦大学中文系教授陈忠敏，南京大学中文系教授、《江苏方言志》通泰篇主编顾黔，以及上海地方史志学会、盐城地方志办的专家学者共12人到大丰，评审《大丰方言志》。专家肯定《大丰方言志》的专业水准，认为该志是大丰精神文化建设的硕果，并提出多条修改意见。《大丰方言志》是盐城市编纂的第一本县（市、区）方言志，收集了大量大丰方言词汇，并进行注音、诠释、举例，记述方言的形成与差异。

【年鉴业务培训】 加强业务培训，提升编辑、撰稿人业务水平。1月，举办地方志业务技能培训班。邀请经验丰富的地方志工作者授课。市地方志办全员参训。2月，对全市155名年鉴撰稿人进行业务培训，印发《年鉴撰稿规范》。5~7月，分3批组织年鉴编辑外出学习，参加有关单位举办的专题业务培训班。8月，选派2名业务骨干参加中国出版协会年鉴工作委员会举办的年鉴业务培训。

（周剑飞）

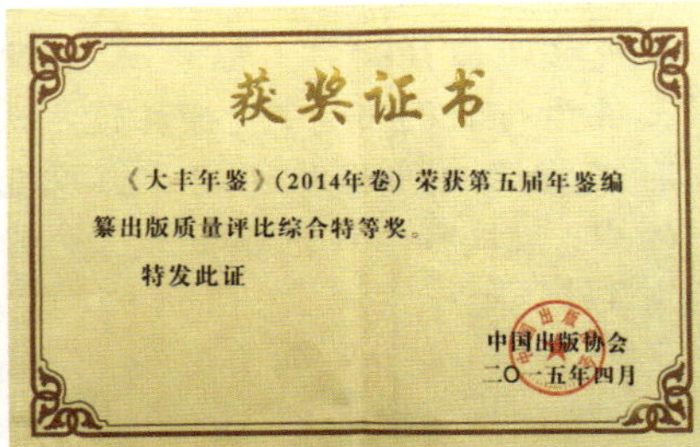
获奖证书

《大丰年鉴》（2014年卷）荣获第五届年鉴编纂出版质量评比综合特等奖。

特发此证

中国出版协会
二〇一五年四月

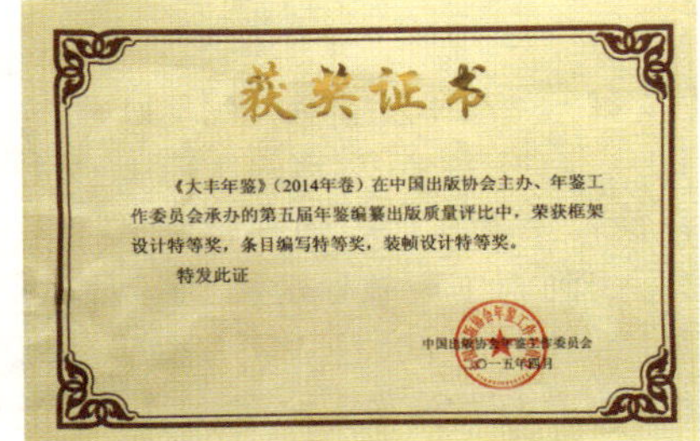
获奖证书

《大丰年鉴》（2014年卷）在中国出版协会主办、年鉴工作委员会承办的第五届年鉴编纂出版质量评比中，荣获框架设计特等奖，条目编写特等奖，装帧设计特等奖。

特发此证

中国出版协会年鉴工作委员会
二〇一五年四月

《大丰年鉴（2014）》被中国出版协会评为第五届年鉴编纂出版质量综合特等奖；被中国出版协会年鉴工作委员会评为框架设计特等奖、条目编写特等奖、装帧设计特等奖

单位供图

机关事务管理

2014年，大丰市市级机关事务管理处对行政中心车辆实行“一车一卡”加油和ETC充值管理，公车运行费整体下降15%

【概述】 大丰市市级机关事务管理处贯彻落实《机关事务管理条例》和《党政机关厉行节约反对浪费条例》，优化服务水平，提升保障能力，较好地履行了工作职责。深入挂钩企业迪赛诺集团开展“三服务”，向企业献计献策，帮助融通资金、拓宽销路，协调解决企业运行过程中遇到的矛盾困难。开展“进村入户”活动，帮助困难农户脱贫致富。积极参与全国文明城市创建工作，组织人员在包干区开展义务劳动。

【办公用房清理】 按照中央、省、盐城市的统一部署，大丰市强化办公用房清理的组织领导，落实牵头责任，认真开展摸排登记、按实填报、自查自纠、整改落实等工作。在前期清理整改的基础上，开展“回头看”，严格督查，防止反弹。进一步加强对出租、出借和租用的办公用房清理管理，合同到期的及时收回，合同未到期的加强监督，确保租金全部纳入财政收支两条线管理。按照“属地管理，分层负责”的原则，采取“统筹调度优化配置、转变功能服务发展、盘活资产创造效益、迎合改革做好准备”4项措施，对腾退的办公用房规范管理。专项整治以来，全市无新建楼堂馆所，清理腾退办公用房26174.33平方米，其中调剂使用7921.78平方米，腾退封存办公用房18252.55平方米，达到办公用房清理相关要求。

【服务保障】 市级机关事务管理处改进服务质量，推行精细管理，提高为全市重大活动及重要会议提供服务保障的水平，全年服务市委、市政府招商引资推介、旅游季、金秋经贸恳谈会、项目观摩等重大活动30多次，服务各类会议490多场次，做到了“零失误、零差错”。严格执行财务相关规定，加强预算和财务管理，编实编细行政中心25个会计集中核算单位的预算，并加强预算执行，强化会计监督，扎实做好财务服务工作。抓好机关食堂管理，建立每周菜谱，强化业务监管，重抓菜肴品质，定期考核测评，做好机关就餐服务，提高干部职工就餐满意度。

【公共机构节能】 市级机关加强与电信公司合作，全面启用江苏省节能管理信息化新系统，探索节能工作新路径。对全市能耗统计工作实行正常化培训，夯实节能管理基础。按照省、市统一部署，对2012年、2013年全市公共机构能源资源消费信息和基础数据进行核对核查和整改完善，提高了公共机构基础建设整体质量水平。2014年人均能耗同比下降3.5%，人均水耗同比下降3.5%，单位建筑面积能耗同比下降3%以上。坚持以点带面，积极发挥示范引领作用，推动全市节水型示范单位创建工作，市人民法院创建省级节能示范单位通过验收。

【公车管理】 市级机关事务管理处对行政中心车辆实行集中统一管理，维护良好的车辆停放秩序。按照上级要求，会同财政、人社部门部署公车改革基础信息统计工作，全面核定参改单位公车、费用及人员信息，完成公车改革前期调研统计工作，基本摸清家底。经核查，全市有一般公务用车375辆，执法执勤用车327辆，无新购公务用车。开展超编、超标及违规借用车辆的清理整改，全市清理超编车2辆、超标车1辆，归还违规借用车辆40辆，完善租用手续5辆，达到了公务用车清理规范要求。完善《大丰市一般公务用车管理工作联席会议制度》《机关车辆管理制度》等规章制度，进一步强化对全市公务用车的规范管理。定期邀请交警部门开展交通法规及安全驾驶知识培训，强化安全行车意识。严格执行节假日公车集中封存制度，维护机关良好形象。对行政中心车辆实行“一车一卡”加油和ETC充值管理，压降车辆运行成本，公车运行费整体下降15%。

（陈雯婷）

〖编辑 刘洪芳〗

政协大丰市委员会

综　述

2014年，政协大丰市委员会在中共大丰市委的领导下，以习近平总书记系列重要讲话精神为指导，贯彻落实中共十八大和十八届三中、四中全会精神，牢牢把握团结民主两大主题，按照“争当三好委员、建设五型政协”工作要求，加强自身建设，履行职能，做到政治协商有序、民主监督有力、参政议政有效，为大丰经济社会发展发挥政协组织的作用。重视提案办理。探索“重点提案办理高端协商、类似提案办理集中协商、综合提案办理联合协商、专题提案办理对口协商、累积提案办理持续协商”等五种协商方式。通过提案交办会、督办会、推进会、协商会、调研、汇报会、情况视察、总结会“八个一”系列活动，推进提案办理进度，委员对提案工作的满意和基本满意率99%。政协大丰市十三届三次会议以来，收到委员提案208件，审查立案206件，由44个单位办理落实。开展调研视察。全年组织各类视察活动30多次，撰写各类调研报告和议政材料110多篇，为市委市政府科学决策提供参考。强化民主监督。就市政府2014年为民兴办10件实事工程、饮用水源保护、自来水水质检测、城乡供水一体化等工作开展多层面、多频次的监督。对“一府两院”工作情况议政建言，对提案承办量大、民生关注度高的8个重点部门开展民主评议性监督。支持150多名委员到相关单位开展特邀性行风政风监督。编辑印发《水浒传事物杂考》《大丰诗草》第19辑、《大丰政协简报》12期，7篇稿件被《江苏政协》等省级以上刊物登载。成立三个征编小组编撰盐韵大丰、大丰往事、魅力大丰等文史资料。

【服务发展】 市政协围绕转型升级重大课题，形成《关于推进我市转型发展的建议案》，得到市委、市政府高度重视；市政协专题协商讨论旅游兴市战略，调研文化创意产业发展，深入分析现状，探讨加快发展途径，都形成了质量较高的调研理论成果。市政协邀请省政协特邀人士界（三组）委员到大丰视察，形成《关于推动“三港”联动建设，加快沿海开发情况的视察报告》，省委书记罗志军作出重要批示，并引起省发改委、交通厅等多个部门的重视。市政协牵头组织召开江苏沿海十四县（市、区）政协工作研讨会第二次会议，交流沿海发展经验，共商政协助力沿海开发的思路措施。市政协对行政审批事项“三集中、三到位”（部门的行政职能向行政服务科集中、行政服务科向行政服务中心集中、行政许可事项向网上权力公开运行平台集中和人员到位、事项到位、授权到位）工作跟踪协商，促进和加快相关行政审批事项入驻服务中心的进程。市政协主席会议大部分成员投

2014年1月3~5日，政协大丰市第十三届委员会第三次会议在新词大酒店举行　张雷磊 摄

身经济社会发展实践，承担经济方面具体领导工作。政协机关深化“服务企业、服务项目”，帮助挂钩企业、政协委员任负责人的企业协调解决实际困难。

【促进社会和谐】 全年收到社情民意信息277条，编印《社情民意》信息简报12期。专题协商讨论全市养老服务工作，为推进养老服务与医疗、家政、教育、健身、旅游等融合发展出谋划策。开展食品药品安全工作专题调研，建议进一步加大联合执法、宣传教育、重点工程建设、食药企业服务力度，确保食品药品安全。专题协商讨论全市统筹城乡发展工作，形成了《关于推进我市统筹城乡发展的建议案》。组织委员开展城乡环境综合整治视察调研，为不断改善市容市貌，提升居民生活质量，献计献策。团结带领广大委员关心社会弱势群体，动员委员向困难群众、弱势群体送温暖、献爱心。

【汇聚各界力量】 市政协加强与港澳台侨界联系，接待港澳同胞、台湾同胞、海外侨胞32批250多人次，走访慰问归侨侨眷60多人次。深化大丰与台湾经贸合作，深入台湾和台资密集区招商引资10多批次。加强与新阶层人士、宗教界人士、少数民族群众等方面联系。为全国政协、江苏省政协和盐城市政协到大丰市调研海工产业发展、盐碱地治理与利用、村级集体经济发展、文化事业创新和国家可持续发展实验区建设等做好接待服务工作。加强与其他地区政协的互动，外出考察交流，宣传大丰发展，提高大丰知名度。赴北京、南京、盐城，向全国政协、江苏省政协和盐城市政协，汇报大丰市经济社会发展和政协工作情况，得到全国政协副主席马培华、副秘书长孙怀山、民进中央副主席朱永新和江苏省政协主席张连珍、盐城市政协主席李驰等领导的亲切接见。

【政协队伍建设】 举办庆祝人民政协成立65周年活动，召开人民政协成立65周年座谈会。举办政协知识竞赛、书画艺术展。开展大视察活动，组织驻城委员视察新农村建设，驻镇委员视察沿海开发和城市建设，离退休老干部视察经济社会建设亮点工程。开展学习习近平总书记在庆祝人民政协成立65周年大会上重要讲话精神的心得交流。重视委员队伍建设。成立委员联络委员会，建立健全委员联系、管理、服务机制。召开“健全社会主义协商民主制度”理论研讨会，提升委员对社会主义协商民主的认识。举办党的十八届三中全会《决定》解读、国学与人生等7次培训。开展向陈亚平委员学习和争当“三好”委员活动。组织市政协常委述职演讲，积极发挥“一岗双职”作用。活跃委组、界别工作。推进专委会各项工作，开展与对口部门的广泛联系。定期召开工作组、联络组组长会议，沟通情况，部署工作。部分联络组成立了委员活动室。开展界别月活动。提升机关服务水平。增设老干部科，进一步强化服务工作。加强机关人员考核，促进工作作风转变。

【践行群众路线】 2014年，市政协党组、市政协机关党支部扎实开展了党的群众路线教育实践活动，认真开展学习教育、听取意见，查摆问题、开展批评，整改落实、建章立制等环节工作。活动期间，参加盐城市委、大丰市委组织的各类活动，召开7次党组（扩大）会议，向各镇、各区（园）、各相关部门和政协委员发放《征求意见表》200多份，走访14个镇（区）政协联络组，召开7次座谈会。市政协党组排查出“四风”等方面问题和表现28条，就6个方面落实19条具体整改措施，制定和修改完善规章制度32项。结合开展“三解三促一加强”活动，帮助挂钩的新丰镇小团村改建危桥两座。

市政协重要会议与活动

【政协大丰市十三届三次会议】 1月3~5日，政协大丰市第十三届委员会第三次会议在新词大酒店举行。市十三届政协全体委员参加会议。会议期间，委员们听取和讨论了大丰市委书记、市人大常委会主任倪峰所作的题为《同心同德，群策群力，为全面深化改革贡献智慧和力量》的重要讲话；听取、审议市政协主席韦新所作的市十三届政协《常务委员会工作报告》和副主席陈同远所作的《提案工作报告》；列席市十四届人大三次会议，听取并讨论了市长陈平所作的《政府工作报告》；举行议政大会；表

2014年9月29日，政协大丰市第十三届委员会召开人民政协成立65周年座谈会　　张雷磊 摄

2014年3月17日，政协大丰市第十三届委员会12次常委会议

2014年6月30日，大丰市政协开展《大丰盐文化》《大丰往事》《魅力大丰》3本文史资料征集工作　张雷磊 摄

彰2013年度政协工作先进集体、先进个人以及优秀提案和优秀议政材料；通过《中国人民政治协商会议大丰市第十三届委员会第三次会议决议》。

【市政协常委会议】 2014年，市十三届政协召开常委会5次。

1月4日，市政协召开十三届11次常委会议，会议协商讨论了政协十三届委员会常委候选人建议名单；协商讨论了政协十三届三次会议选举办法（草案）、决议（草案）。

3月17日，市政协召开十三届12次常委会议，专题协商讨论港城发展，实地参观市珍禽园、沿海开发行政服务中心和江苏沿海海外人才交流中心。

5月15日，市政协召开十三届13次常委会议暨转型发展研讨会，听取了市经信委关于全市工业经济转型升级情况的汇报、市政协科技工作组赴浙江富阳市等地的调研报告，江苏丰东热处理股份有限公司、辉丰股份有限公司等企业和部分政协常委、委员进行了协商建言。

8月4日，市政协召开十三届14次常委会，会议听取了《关于全市上半年经济社会发展情况和下半年工作安排的通报》《今年以来全市党风廉政建设和反腐败工作情况通报》、人民法院和人民检察院《关于上半年工作情况和下半年工作安排的报告》，并开展专题协商。

10月15日，市政协召开十三届15次常委会议，会议听取了市委农工办《关于我市统筹城乡发展情况的汇报》、市政协调研组的调研发言，部分政协常委、委员围绕推动全市统筹城乡发展工作进行了协商讨论。

【市政协主席会议】 2014年，市十三届政协召开主席会议10次。

1月4日，市政协召开了十三届第16次主席会议，协商通过市政协工作组、联络组负责人变动情况；协商通过2013年度政协工作先进集体、先进个人名单；协商讨论有关选举事宜。

1月27日，市政协召开十三届第17次主席会议，研究2014年常委会议和主席会议协商议题、工作要点等事项；部署2014年调查研究、走访委员、提案办理、“界别月”活动和社情民意等工作；通报市政协常委和机关人员2013年度考核情况。

2月19日，市政协召开十三届第18次主席会议，会上听取了全市营商环境建设情况，会议针对如何优化营商环境工作开展协商讨论，并提出建议。

4月14日，市政协召开十三届第19次主席会议，会议听取了市旅游局关于全市旅游发展情况汇报，并针对全市旅游业发展开展协商讨论。

4月25日，市政协召开十三届第20次主席会议，专题视察了大中镇、新丰镇快付通便民服务点，听取大丰农商行关于金融创新工作的情况汇报，并协商讨论全市金融创新工作。

6月16日，市政协召开十三届第21次主席会议，听取市文广新局、东方1号创意产业园关于全市文化创意产业发展情况汇报，及政协文体工作组外出考察情况汇报，并协商讨论全市文化创意产业发展工作。

8月15日，市政协召开十三届第22次主席会议，专题视察调研裕华老年关爱之家、大中福利院、浦江名苑社区居家养老服务中心、大中镇敬老院等。会议听取了市民政局关于全市养老服务工作情况的汇报，观看了先进地区居家养老服务工作专题宣传片，并协商讨论全市养老服务工作。

9月15日，市政协召开十三届第23次主席会议，听取市城管局关于城市环境综合整治实施情况的汇报，并协商讨论城市环境综合整治工作。

9月26日，市政协召开十三届第24次主席会议，专题视察了保障性住房、图书馆新馆、人民医院高新区分院等工程建设现场，听取市政府为民办实事工程进展情况的通报，并协商讨论全市为民兴办10件重点实事工程工作。另协商通过了政协有关规章制度。

11月14日，市政协召开十三届第25次主席会议，听取市食品药品监督管理局关于全市食品药品安全监管工作情况的汇报，听取了市政协医卫工作组赴镇江、张家港等先进地区考察学习食品药品安全监管工作经验的汇报，并协商食品药品安全工作，提出建议。

市政协各专门委员会

【经济委员会】 2014年，市政协经济委围绕经济建设中心和市委、市政府重大决策部署，加强调查研究，开展协商议政。组织召开十三届第18次主席会议；协助做好政协十三届十三次常委会议的相关工作，做好建议案的撰写和报送工作；承办十三届十五次常委会议；积极策应江苏“沿海开发”战略，牵头做好沿海十四县（市、区）政协工作研讨会的筹备和相关会务工作。围绕全市营商环境建设、镇域经济发展、工业经济运行和金融创新、现代物流发展、电力事业发展和城乡一体化等课题进行专题调研。组织视察高效农业、高效林业、苗木良种繁殖基地和市人防工程、市供电交通重点工程建设、电信网络建设工作，并积极建言献策。组织驻镇政协委员到市经济开发区、恒北村、大丰港经济开发区视察城市建设、园区发展和沿海开发；组织驻城委员赴新丰镇荷兰花海、西团镇众心村视察新农村建设。围绕转型发展、文化建设、新农村建设等主题，组织开展界别月活动。每月按时编辑出版《大丰政协简报》，通报政协工作情况。

【提案委员会】 2014年，市政协提案委员会遵循“围绕中心、服务大局、提高质量、讲求实效”的提案工作方针，推进提案和社会法制工作。市政协十三届三次会议以来，收到委员提案208件，经审查立案206件，分别交由44个部门办理，解决问题和采纳建议的115件，占55.8%；列入计划拟解决或拟采纳的81件，占39.3%；所提问题一时难以采纳、留作参考的10件，占4.9%。提案办复率100%，委员满意和基本满意率99%。

【港澳台侨委员会】 2014年，港澳台侨委员会按照市政协十三届三次会议的要求，组织委员开展活动，有效发挥委员的主体作用和专委会的基础作用。组织委员视察大丰港二期码头、有关企业和大丰港动物园，以及市社会福利院、大中镇敬老院、裕华村级养老院等养老机构。组织视察三鑫食品有限公司、华盛酒业公司和花都美食城等侨资企业，调研全市侨资企业发展情况。鼓励港澳台侨届政协委员履行职能，在提交政协提案和反映社情民意的同时，港澳台侨届政协委员撰写的提案《关于城西设立社区医院》被评为优秀提案；议政材料《加强与上海自贸区对接合作，促进全方位开放新发展》，在市政协十三届三次会议议政大会上作交流发言并被评为优秀议政材料，外向工作组副组长张丰委员反映的《关于“贺卡”之风当刹》信息被评为优秀社情民意信息。港澳台侨委员会和市归侨侨眷联合会协调有关部门努力为港澳台侨人士办实事。

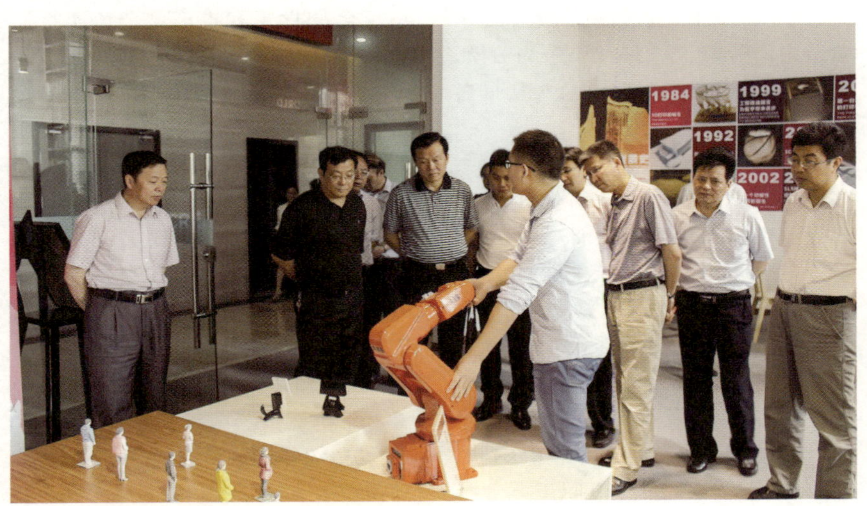

2014年6月11日，政协大丰市第十三届委员会组织常委深入企业调研　张雷磊 摄

【科教文卫体委员会】 2014年，科教文卫体委员会承办市政协十三届13次常委会议暨转型发展研讨会，并参与组织转型发展座谈会和赴苏州吴江区和浙江富阳市、嘉善县考察调研，完成研讨会材料和调研文稿汇编。围绕全市旅游业发展、文化创意产业发展、环境综合整治、食品药品安全监管工作等主题承办了4次市政协主席会议。邀请南京图书馆馆长徐小跃为全体政协委员作“国学与人生”讲座。组织对市政协十三届新增委员的业务学习培训。专门编写《纪念人民政协成立65周年政协基本知识测试复习题》，并组织全体委员集中测试竞赛。外出考察学习旅游发展经验和文化创意发展经验。围绕市打击非法行医综合整治工作、人民医院新区建设和公立医院改革进展、市旅游项目、沿海生态旅游、乡镇交通和高速公路建设、农村“3+1”工程和环境整治、新农村建设等工作开展视察调研活动。

【学习文史委员会】 2014年，学习文史委员会编辑出版《水浒传事物杂考》《大丰诗草》第19辑，举办大丰市庆祝建国65周年和人民政协成立65周年书法美术作品展。《大丰盐文化》《大丰往事》《魅力大丰》三本文史资料编辑达到预期进度。印发《2014—2016年大丰市政协文史资料征编选题规划纲要》和《征集建国后史料参考提纲》。邀请扬州市政协文史委主任、作协副主席王虎华到大丰作“秉笔直书，存史资政”专题讲座，盐城市政协学习文史委副主任徐于斌作文史征编工作讲座，作家吴瑛作“散文创作与欣赏”专题讲座。特邀省政协三组委员到大丰以“加快港口港产港城联动建设，开创沿海发展新局面”为主题的调研活动，调研报告得到省委书记罗志军的批示。

（张　慧）

〖编辑　朱晓华〗

大丰市总工会

【概述】 2014年，大丰市总工会（以下简称市总工会）围绕中心，服务大局，履行工会职责，完成全年各项目标任务，各项工作得到了江苏省总工会、盐城市总工会和大丰市委、大丰市政府的充分肯定，获得盐城市工会工作综合考核第一名和大丰市委、市政府表彰的服务发展创新创优和深化改革工作奖。先后被全国总工会表彰为《工会信息》发行宣传工作先进单位；被江苏省总工会表彰为全省工会新闻宣传先进单位；被盐城市总工会表彰为工会组织工作先进单位、工会干部培训工作先进单位、职工职业技能竞赛组织工作先进单位、工会财务工作评比一等奖、安康杯竞赛组织工作优秀单位、工资集体协商工作先进单位。

【“双争”活动】 2014年，市总工会在盐城市率先组织开展“争创合格、模范职工之家，争当优秀工会干部”活动，创建模范职工之家62家，合格职工之家273家，超额完成盐城市总工会下达的目标任务，为完成“双争”（争创模范、合格职工之家，争做优秀工会干部）三年创建目标奠定了良好基础。“双争”创建工作得到盐城市总工会的充分肯定，《江苏工人报》《盐城工运》分别介绍了大丰“双争”工作经验，扩大了大丰工会工作的影响力。

【普建工会】 市总工会坚持将工会组建作为常抓不懈的工作。在普建工会的同时，按照“增量与提质并举，组建与规范齐抓”的工作思路，注重质的提升。2014年，新建基层工会65个，完成68个单位的换届选举工作，会员入会率持续保持98%以上。

【劳模示范】 市总工会提请市政府出台政策，加强劳模管理，提升劳模待遇，促进劳模作用发挥。推进劳模工作室的创建，新建劳模工作室16个，并注重用劳模的先进事迹、崇高思想和优秀品质教育广大干部、群众及学生，不断放大劳模示范效应。在全市庆祝“五一”节活动中，盐城市委常委、大丰市委书记倪峰要求全市上下营造崇尚劳模、学习劳模、争当劳模、关爱劳模的良好氛围，并会见历届各级劳模代表，并合影留念。

【技能竞赛】 2014年，市总工会开展行业性多工种职业技能竞赛活动，承办盐城市港口职业技能竞赛1场，参与了盐城市级钳工、移动通信、动物防疫等多项技能竞赛，有5人被授予“盐城市五一劳动奖章”、10人被授予“盐城市五一创新能手”称号；联合市人社局、市经信委、市妇联、团市委等单位举办全市职工职业技能大赛16场，17人被授予“大丰市五一劳动奖章”、34人被授予“大丰市五一创新能手”。

【节能减排】 全市10个企业参加盐城市节能减排达标和创新升级竞赛，260个企业参加大丰市级竞赛，职工参与技术革新6000多项，提出合理化建议2万多件。其中有4项成果获得盐城市“三十佳”（十佳科技成果、十佳先进操作法、十佳合理化建议）成果奖，有1项成果获得全省职工技术创新十大成果提名奖。

【民主管理】 市总工会重抓基层民主管理规范化、制度化、长效化和实效性建设，积极发挥企业民主管理的促进发展、保障权益、增进和谐的作用。推进企业协商民主制度建设，全市企业协商民主、职代会、工资集体协商工作经验受到江苏省总工会、盐城市总工会的肯定和推广。全市实行厂务公开民主管理的企事业单位1792个，占建会企事业单位的96.2%。全市95%以上企业参与和谐劳动关系创建活动。

【工资协商】 全市开展工资集体协商企业1710个，占全市建会企业的97.2%。其中，开展行业（区域）工资集体协商7个，独立开展工资集体协商企业634个。

【劳动争议预先调查】 大丰市坚持劳动关系三方联席会议制度。开展“劳动关系状况季季清”和“困难职工季季访”活动，市总工会出台《大丰市总工会维护劳动关系稳定工作的意见》，加强对因劳动关系矛盾引发的群体性事件或公共事件预警处置力度。各基层职工服务中心（站点）及时掌握本区域、本单位劳动关系状况，预警劳动争议发展趋势。全年，有效化解劳动争议371件，维护了社会和谐稳定。

【服务职工】 2014年，全市15个镇（区）全部建立了职工服务中心，324个规模企业职工服务中心（站、点）也初步建成，服务平台不断升级。积极推进“工会会员服务基地”建设，大丰港职工服务中心、大丰辉丰农化职工服务中心、大丰电信公司、大丰同仁医院等6个单位积极申报工会会员服务基地。为了更好地服务职工特别是困难职工，市总工会与市农村商业银行自2013年起联合成立“爱心救助基金”，双方每年各投入50万元，加大对困难职工的帮扶力度。2014年，投入114.94万元，帮助困难职工1377人次，先后与33名优秀贫困学子签订了长期助学协议，直至他们完成大学学业。结合“同劳动、搞宣讲、转作风”等活动，市总工会在认真听取职工群众意见的基础上，为职工量身定制服务项目，服务内容不断务实。每季度联合市人社局、市安监局、市司法局、市卫生局、市文广新局等部门，将“服务职工大篷车”开进企业，有针对性地开展安全法律、工会业务知识讲座、法律咨询、健康体检、送文化送电影进企业等服务活动。2014年，投入近70万元，累计服务企业40多个。劳动保护不断加强。依法履行工会劳动保护监督检查职责，建立分片包干巡查机制、职工群众参与机制、工会劳动保护监督检查员机制、重大隐患挂牌督查机制，各级工会层层落实责任，全面排查安全生产隐患，监督落实整改，促进企业安全发展，维护职工安康权益。

2014年4月12日，大丰市总工会举行职工大合唱比赛　　单位供图

【职工素质提升工程】 2014年，全市已建成了职工文化长廊208个，打造弘扬社会主义核心价值观主阵地和职工思想政治工作平台。组织开展“五一”畅想职工大合唱和职工趣味体育比赛系列活动。评选表彰全市“最美劳动者”10名和“十佳劳动标兵”等十类十佳100名，并在市电视台分期分批进行重点采访宣传，进一步弘扬劳动光荣，创造伟大的精神。开展职工书屋建设活动，2014年建成省级职工书屋1家、盐城市级职工书屋11家。通过夏季“三送”“服务大篷车活动”，向职工赠送《做正能量的员工》一书近500本，引导职工为企业、为社会多作贡献，凝聚起广大职工建设幸福大丰的正能量。同时，以“提升素质、驱动创新、服务强化”三大活动为载体，组织和带领广大女职工有序推进“女职工娘家驿站”建设活动。

【市总工会服务全市中心工作】 根据市委统一部署，深入开展党的群众路线教育实践活动，先后征得意见建议20条，对查摆出的问题做到即知即改、立行立改，并建立长效管理机制。坚持重心下移，组织机关干部进镇入企开展“同劳动、搞宣讲、转作风”主题实践活动，在与职工同劳动的过程中，加强工会工作宣传，帮助企业和职工解决他们力所不能及的问题。根据大丰市委组织部的统一部署，积极开展“党建富民”和“机关+农村”党组织联建活动。与大丰市小海镇徐南村签订联建协议，出资16万多元帮助发展村级集体经济、农民致富和改善老百姓的生产生活环境。与小海镇江北村结成帮扶对子，开展经济薄弱村扶贫开发工作，筹集6万多元为该村购置了农用机械。

（高　峰）

共青团大丰市委员会

【概述】 2014年，大丰团市委深入贯彻中共十八大和十八届三中、四中全会精神，围绕幸福大丰、实力大丰、美丽大丰的目标定位，以开展“青春助力 跨越发展”主题年系列活动为主线，以扩大共青团组织的覆盖面和影响力为目标，认真履行团的职能，引导广大团员青年为促进全市经济文化和社会全面协调发展，全面建成高水平小康社会贡献青春和力量。全市党的群众路线教育实践活动启动后，团市委党支部在市委的统一部署下，带领全市各基层团组织，按照“照镜子、正衣冠、洗洗澡、治治病”的总要求，紧扣“为民务实清廉”主题，以“提升服务力、争当青年友”为目标，结合共青团工作实际，聚焦“四风”突出问题和青少年群众切身利益问题，积极开展“青春邀约走基层、服务青年听转办”“党建带团建统一活动日”等活动，强化了全市团干部的群众观念。

【青少年思想引领】 2014年，为加强青少年思想道德建设，继续发挥大丰青联、青商杂志、团市委网站、微信、微博等团属平台的宣传作用，以青少年喜闻乐见的方式，吸引、凝聚、引导好青年，不断增进青年对党的信赖、信念、信心。10月，在少先队建队日活动期间，开展少儿公益绘画大赛暨大丰市青年社会组织风尚节活动，全市150余名学生参加绘画大赛。

【开展“大丰青年看大丰”活动】 2014年，团市委为服务全市创新驱动、转型跨越，围绕“聚焦沿海、会战沿海、决胜沿海”，继续在全市范围内开展“大丰青年看大丰”系列活动，每月分批次组织青年群众赴港区参观学习，激发青年投身沿海开发的热潮。全年组织青年赴港区参观学习2000人次。

【打造志愿服务品牌】 深化大丰青年志愿者服务品牌——彩虹丝带志愿者，彩虹丝带志愿者项目获得2014年“江苏省十佳青年志愿者服务项目”，在市委、市政府举办的各类大型活动中，彩虹丝带志愿者们在需要服务的一线全心全意主动提供志愿服务。2014年以来，团市委分别组织彩虹丝带志愿者服务旅游节、海博会等重大活动，参与志愿服务达到4000人次，得到了市领导、群众和来宾的好评。

【服务旅游兴市战略】 2014年，团市委为扩大大丰旅游知名度，利用团组织覆盖面广、青年人多等特点，对接十余所盐城院校等单位，张贴海报2300张，悬挂易拉宝60幅。邀请盐城各院校团委及有关单位官方微博及微信帮助宣传大丰旅游。吸引了盐城师范学院、盐城工学院等高校师生到大丰观光旅游。5月，团市委还联合市教育局、市旅游局在全市中小学范围内启动了“智慧旅游——美丽大丰我来说”比赛。活动以麋鹿园、珍禽园、荷兰花海等大丰特色旅游景点为主要介绍对象，鼓励全市中小学生积极参与到“蓝色之旅”的热潮中来。6月，团市委以“美丽大丰我来说”活动为载体，精心准备一场汇报演出，以演讲、小品等多样的形式展现大丰建设的美好图景及其建设中可爱的人，并邀请盐城团市委主要领导到大丰观摩指导，取得了良好的宣传效果。

2014年11月13日，大丰市青年创新创业大赛现场　　单位供图

【服务青年创业】 2014年，团市委深化实施“大丰青年创业推进年”的实施意见，举行青年创业典型报告会、组建青年创业导师团、实施“青年创易贷”小额贷款项目、举办青年创业项目推介会、创建青年创业园（孵化器）、建设青年创业指导综合线上平台。以大丰农商行创业支行为依托，为创业青年开通“创业融资绿色通道”，实行优惠的贷款利率，简化审批手续，降低青年创业的融资成本。2014年，通过创业支行为青年发放贷款2000多万元，服务创业主体68户，涉及全市建筑、纺织、铸造、养殖等行业。联合市全民创业办、经信委、农商行举办全市首届青年创意创业大赛，10月底启动，历时一个月的时间，有67名选手参与，征集各类创意创业项目67个。经过初赛、复赛，有12名选手的12个项目进入决赛。最终陈正东的萌香草牌蔬菜、陈银付的非物质文化遗产大丰瓷刻分别获得创意、创业组一等奖。

【新媒体宣传】 团市委通过打造覆盖市、镇、村三级的“微信群”加强农村青年之间的联系，通过“微信群”让党团的声音、青年的交流、学习的内容融入日常生活。在公众微信平台上每天都有新资讯，每天都有新话题。努力改变以往以说教形式为主的宣传，采取图文并茂的方式、采用时下流行的网络语言、时尚的话语体系，提高了实效性。

【优秀青少年典型选树】 5月4日下午，团市委召开纪念五四运动95周年暨十大青年创新创业先锋表彰大会。市委常委、组织部部长袁冬青出席并讲话。会上，对全市优秀团员团干以及团组织，全市十大青年创新创业先锋进行了表彰。大丰团市委积极组织全市各级团组织参与“我身边的好青年”“创业好青年”等评选活动，选树了一大批奋斗在基层建设一线、项目攻关前沿、服务群众岗位、教研求学课堂的好青年，为全市各类青年树立了学习榜样。

【动漫《青春丰采》首映】 6月18日，在第二届“我是小小讲解员”之“智慧旅游，美丽大丰我来说”汇报演出上，共青团大丰市委员会制作的官方宣传微动漫《青春丰采》进行了首映。在卡通人物“丰丰”的带领下，广大青年对团市委的工作有一个较为清晰的了解，通过对彩虹丝带志愿者联盟、新媒体宣传、服务青年创业等品牌工作的重点介绍，更加突出了大丰团市委组织青年、引导青年、服务青年，维护青少年合法权益的工作职能。该动漫宣传片通过国内知名视频网站如优酷、腾讯、幸福大丰官方微博、大丰本地知名网站、共青团大丰市委员会官方网站、微博、微信等平台进行推广传播，浏览量逾4.5万人次。改版《大丰青联》，整合为沿海开发、身边、网络、风采等栏目，吸引更多的阅读者，扩大团组织的影响力。

【帮扶困难青少年群体】 2014年，团市委进一步完善全市贫困中小学生信息库，并利用“彩虹丝带”平台，定期组织开展爱心助学活动。其中，“麋鹿之乡”助学社开展爱心助学活动2次，每次资助贫困中小学生10名，资助金额每位500元，并捐赠书籍、文具用品等十套；开展“彩虹丝带在行动”之爱心助学活动3场，出席的志愿者达40人，为60名品学兼优的贫困中小学生资助助学金计5000余元。电信公司设立了“彩虹丝带·书海明灯”爱心阅览室，免费为学生提供读书、阅览的场所。恒北村建设“希望来吧”，7月联合大丰市供电公司在“希望来吧”开展用电安全知识普及讲座。

【打造“青春有约”相亲交友品牌】为帮助单身适龄男女青年提供相互认识、交流的机会，2014年团市委成功举办第二、三届“青春有约”千人相亲会。每次活动网上和现场报名人数都突破千人。活动在青春活力的舞蹈中拉开帷幕，参加活动青年先后通过自我介绍、爱情宣言、自由相亲、真情表白等环节拉近距离。在活动期间还进行了精彩的文艺演出和游戏互动活动，进一步活跃了现场气氛。两次活动最终促成43对青年男女成功牵手。

【团干部培训工作】 2014年，由市委组织部、团市委、市妇联联合举办的第二届大丰市青年干部培训班，提升基层团委书记、妇女干部的综合素质和业务能力，教学方式多元化，包含了讲授式、案例式、现场式和互动式四种。培训期间，还组织观摩市检察院、市看守所等廉政教育基地，以耳濡目染的方式教育青年干部要廉洁自律。培训基层团干部83人，受训后的团干部开展工作有特色，如白驹镇水浒情志愿者团队、新丰镇荷兰花海青年服务中心，高新区正能量相亲交友公益化平台等。

【青年社会组织公益创投大赛】 2014年，团市委积极联系民政部门、爱心企业家，培育一批优秀社会公益组织，团市委在资金和能力建设方面给予大力支持。大丰市青年社会组织公益创投大赛经过项目申报、初审、培训等程序最终确定17个获奖项目，团市委为获奖项目发放总额为7.2万元的扶持资金。

【维护青少年权益】 2014年，团市委与市综治办、市关工委等11家单位联合发文，实施“幸福大丰——重点青少年群体青春护航工程”。全年开展“幸福大丰——重点青少年群体青春护航工程”专题报告会6场，演讲比赛、征文活动等37次，活动覆盖全市范围。完善依托网格化管理开展重点青少年群体服务管理试点工作，进一步完善重点青少年群体动态数据库。加强“社区青少年阳光家园”建设力度，深入实施“社区青少年阳光工程”，加强对重点青少年群体的服务和管理。专门联合市预防青少年违法犯罪领导小组成员单位召开会议，研究部署“未成年人零犯罪社区（村）”创建工作。团市委积极联系政法委在市社会治理服务中心成立大丰市预防青少年违法犯罪中心暨青少年综合服务平台——“丰心小筑”。团市委获“全省预防青少年违法犯罪工作先进单位”。

（洪大伟）

大丰市妇女联合会

【概述】 2014年，大丰市妇联坚持服务中心大局这一主线，夯实妇女内在素质提升和外在组织完善两大基础，推进妇女创业就业、维护妇女儿童合法权益和建设和谐文明社会三轨并行，巩固发展了“万名妇女发展现代农业建设”“家庭文化建设”和“困境儿童守护”三大工作品牌，各项工作取得新成绩，妇女事业取得新进步。

【妇女创业就业】 2014年，市妇联引导妇女依托特色创业就业，不断深化“双学双比”和“巾帼建功”竞赛活动。开展“十大巾帼创业之星”评选活动，引导女企业家强化社会责任，带动创业就业。联合市人社局举办用工招聘会，为务工妇女、农村留守妇女、失地失业妇女等提供就业岗位8293个。积极推荐女大学生村官参加盐城市妇联第二届女大学生（村官）创业设计大赛，为女大学生、女村官指明创业方向。深入推进万名妇女参与现代农业建设，共建高效设施农业种养面积666.67公顷，有1万多名妇女参与各类现代农业项目生产经营，示范带动了3万名女农民增收致富。挂牌成立巾帼创业指导服务中心，培养扶持“巾帼创业示范基地”和“巾帼创业培训基地”，示范引领妇女创业。年内新增两个省级示范基地，分别系大中镇恒北春秋餐饮有限公司被命名为“省级巾帼农家乐示范基地”，刘庄镇佳佳玩具厂被命名为“省级来料加工示范基地”。另外，大中镇舒润床上用品有限公司、大丰市银滩耐盐海水蔬菜生产专业合作社、南阳镇万羽孔雀园等基地的建成，示范带动了周边36名妇女成功创业。打造“苏馨港湾”社工服务项目，争取公益创投资金3万元用于扶持“农民工陪读母亲”就业指导。与此同时，全年举办两期巾帼创业家政服务员培训班，来自全市12个镇（区）的400多名贫困妇女、下岗女工

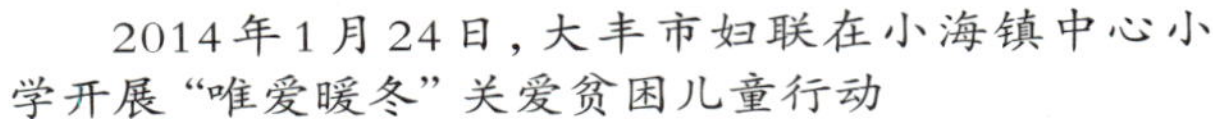

2014年1月24日，大丰市妇联在小海镇中心小学开展“唯爱暖冬”关爱贫困儿童行动

2014年10月17日，大丰市妇联到白驹镇慰问贫困妇女

单位供图

以及有相关就业意向的妇女参加培训，提升了广大妇女的就业水平和创业能力。与市财政局、市人社局、江南村镇银行等部门通力合作，认真抓好“贷、用、还”三个环节，确保贷款放得出、收得回、见实效。2014年度，发放妇女小贷819万元，回收612万元，贴息43.57万元，帮助273名妇女创业，带动2000多名妇女就近就业。

【家庭文化品牌】 2014年，市妇联以开展丰富多彩的文化活动为载体，进一步扩大影响，培植品牌，做精家庭文化建设。按照《大丰市妇联关于在全市开展特色文明家庭创建活动的实施意见》，发动各级妇联组织选典型、学典型、做典型，用身边人、身边事、身边家庭感染人、教育人、催人奋进，最终选出首批特色文明家庭200户，在庆祝国际劳动妇女节104周年表彰大会上进行表彰，并择优开展先进事迹宣讲，倡议全市广大妇女在特色文明家庭创建中“凝聚巾帼力量，筑梦美丽大丰”。结合全国妇联寻找“最美家庭”及省妇联“千名妇联干部进千村（社区）”活动，积极组织各级妇联干部进村入户，发动群众，在全市范围内开展“寻找大丰最美家庭”活动。诚信奶奶单德凤入选全国最美家庭候选家庭，并被评为江苏省最美家庭，陈云家庭、丁一凡家庭等8个家庭被评为盐城最美家庭。与大丰市体育局、东方1号创意产业园，联合举办大丰市“东方1号·印象城”杯最美广场舞评选大赛，近万人次参加活动，倡导了积极健康的生活方式，增强了参与家庭凝聚力。在全市开展“爱住我家·乐享童年”最萌宝宝随手拍创意征集活动，展现童真童趣，展示家庭风采。倡议巾帼志愿者开展志愿服务进家庭活动。以“助人助己”的精神在开展志愿服务过程中不断发展壮大巾帼志愿者队伍，打造巾帼志愿服务品牌，西团镇“龙之队”牵手花蕾助学志愿队脱颖而出，被省妇联评为“十佳巾帼志愿服务队”。

【妇儿实事工程】 2014年，市妇联贯彻落实省、盐城市妇女儿童工作会议精神，推动大丰市政府“十二五”妇女儿童发展规划全面实施。在市委、市政府的关心下，将市妇儿工委的工作经费纳入市财政年初预算，并从16万元增至18万元。同时，将妇女儿童工作纳入全市目标任务综合考核，占全市社会事业工作考核分值的15%，此做法系盐城首家。代表盐城接受省政府妇儿工委办的督导评估，顺利通过“十二五”中期监测统计评估。开展农村妇女“两癌”筛查及贫困母亲救助，为9名患者申请到救助资金，每位患者1万元。针对困境妇女儿童群体开展爱心守护活动，全年各级妇联组织共走访慰问贫困留守儿童、空巢老人等200余名，捐赠母亲邮包165份，帮扶贫困失学儿童5名，慰问金额5万余元。坚持“一手抓发展，一手抓维权”，探索部门联动，社会化维权格局，将妇儿维权工作从坐等上访解决问题到预防发生问题转变。年内，市妇联接待处理来信来访37起，12338热线电话18个，做到件件有落实，事事有回复，切实为妇女群众释疑解难，被省妇联表彰为江苏省“平安家庭”创建活动先进集体。

【妇联基层组织】 2014年，市妇联传达学习贯彻中国妇女十一大、江苏省妇联十二大会议精神，立足“强基础、提素质、树形象”，不断提振妇联组织精气神。举办庆“三八”女性人文素养讲座，引导女干部、女职工发扬“自尊、自信、自立、自强”精神，在本职岗位上建功立业；由大丰市委组织部牵头，联合市委党校、团市委开办青年干部培训班，通过专题讲座、拓展训练、现场教学、互动交流等形式，着力提升青年干部的综合素质。结合党的群众路线教育实践活动，妇联机关工作人员分成四个小组，深入42个市直单位调研妇女工作开展情况。通过听汇报、召开妇女代表座谈会等方式，了解机关事业单位基层一线妇女干部对妇女工作的新期待、新要求，与单位分管负责人就如何开展好妇女工作交换意见，并实地察看妇女活动阵地等，为更加有的放矢地开展工作奠定坚实基础。全市各镇（区）、各市直单位换届选举工作在11月全部完成，严格践行了换届选举制度，为姐妹县（市、区）积累了先行经验。

积极做好各级示范“妇女儿童之家”自查、督查和申报评选工作，2014年成功申报8家省级标准妇女儿童之家，为8个社区争取到奖补资金4万元。聚合女大学生村官、女知识分子、女企业家、女作家等团体力量，搭建交流互动平台，成果丰硕。女企业家、江苏成越科技有限公司董事长潘茜被盐城市妇联评为十大巾帼创业之星；女村官罗婷婷在盐城市妇联创业设计大赛中获奖。

（王翼飞）

大丰市科学技术协会

【概述】 2014年，大丰市科学技术协会（以下简称市科协）高点谋划，主动作为，推动科协工作不断创新发展。市科协获盐城市科协工作综合先进单位第一名和大丰市综合工作先进奖。

【提高全民科学素质】 2014年，市科协充分发挥市全民科学素质工作领导小组的牵头作用，制定出台考核细则16条，提出工作规划，分解任务，明确职责，实现全民科学素质工作制度化、规范化。科学素质工作各成员单位结合本单位实际，针对节能减排、防灾减灾、环境保护、气候变化等内容，组织开展节能周、防灾减灾日、环境日、气象日等重点科普活动，引导公众用科学精神、科学方法来指导生产生活。举办9月全国科普日大型系列科普活动，组织了13项市级重点活动，掀起了新一轮学科学、爱科学、讲科学、用科学的热潮。9月27日，邀请中国科学院原党组副书记、中国科技大学原党委书记郭传杰为全市领导干部和公务员作“科学思维与领导决策”专题科普报告。市科协连续第三年被中国科协评选为全国科普日活动优秀组织单位。

【海智工作】 2014年，成功创建“江苏（大丰）海智工作基地”，英国驻沪总领事馆科技领事提姆·史丹在海门市举办的第二届中国（江苏）国际科技交流与人才智力合作大会上为大丰市授牌。海智工作基地建成后，征集海外高层次人才需求信息18项、科技项目需求信息17项；及时向市相关企业推介盐城海智大会项目6批300多项，并积极落实项目对接单位；与美国生物医药科技协会、中欧国际技术转移中心等建立合作关系，在人才引进、项目合作方面开展经常性合作。在参加盐城海智大会上，促成正大丰海制药公司等5个企业分别与美国生物医药科技协会等达成合作意向，签约了项目合作书；市经济开发区与俄罗斯IDEA科技园签约结对共建。做好专利信息资源数据库应用推动和企业技术需求调查工作，江苏丰东热技术股份公司等13个企业完成协议签订、信息反馈及网上注册、研发使用人员业务培训。

【学会建设】 市科协制定出台《大丰市科学技术协会市级学会管理办法（试行）》，对部分市级学会支撑单位、业务主管单位等组织架构混淆的学会组织进行彻底整顿、规范，截至2014年年底，市水利学会、市药学会、市医学会、市老年科技工作者协会经市科协、市民政局发文规范到位；安排专项经费12万元，启动实施市“学会能力提升计划”，设立3个“优秀科技社团”奖项，资助6项重点学术活动；按照成熟一个发展一个的原则，积极筹建新的学会组织，吸引优秀学会工作者和科技工作者到学会中来，学协会工作得到进一步发展。新成立市文化创意产业协会。

【学术交流活动】 市科协鼓励市级学会广泛开展形式多样的学术交流，推动学术资源向自主创新活动倾斜。成功承办江苏省科普场馆协会水族馆专业委员会第一次全体会议，省科普场馆协会理事长吴国彬等出席会议并讲话，与会领导和专家对大丰市近年来大力推进科普场馆建设所取得的成绩予以高度赞扬；与市文化创意产业协会联合举办国际创意设计高峰论坛，省科协领导出席了此次活动；市创意农业研究会、市环科学会等均举办了多层次、高水平的学术交流活动。10月17日，市科协印发《关于组建大丰市科学传播专家团的通知》，遴选具有较高学术造诣和科普能力的专家，组建市科学传播专家团。

【基层科协组织建设】 2014年，经市民政局登记注册，成立31个县（市）级农技协，全市农技协组织实行了有效覆盖，并成为省农技协理事单位。6月9日，市科协出台《关于进一步

2014年9月22日，大丰市在“全国科普日”活动开幕式上为先进单位授牌 单位供图

加强企业科协工作的实施意见》，7月25日，江苏丰东热技术股份公司召开科协成立大会，100多名科技工作者代表参加了会议，全市各镇、两区科协秘书长，有关企业科技负责人46人到会观摩学习。经市科协批复，全市新建企业科协39个。

【举贤荐才】 2014年，市科协开展优秀科技工作者评选，与市委组织部、市人社局联合授予冯春华等10人首届“大丰市优秀科技工作者”称号。积极推荐、参与全省优秀科技工作者、省青年科学家等评选，江苏丰东热技术股份公司高级工程师韩伯群被评选为第11届“江苏省优秀科技工作者”；推荐市植保站高级农艺师王风良参加省科协“乡村情·科技梦”——优秀农村基层科技工作者推选宣传活动；获江苏省“讲理想、比贡献，奋力实现中国梦”先进集体、创新团队和优秀组织者3个（人）。

【青少年科普教育活动】 4月17~18日，市科协承办省青少年科技竞赛系列活动辅导教师、教练员培训班，来自全市各学校及部分外县（市、区）的科技辅导员或科学教师近100人参加学习。5月18日，在市第一小学进行了电子百拼、纸模拼搭和橡皮筋动力飞机等科技项目比赛，来自南通、盐城市等地2100多名中小学生参加了省青少年科技竞赛大丰分赛区系列活动。9月24日，组织职教中心50名学生深入市经济开发区高新技术企业，参观工业生产与工程操作等全过程。组织2万名中小学生参加第26届江苏省、第14届盐城市青少年科技创新大赛和第26届江苏省“金钥匙”科技竞赛活动。10月12日，承办第20届全国信息学奥赛江苏赛区初赛活动，有33名学生进入全省复赛。11月19日，在市青少年活动中心举行“江苏省流动科技馆”盐城巡展首站走进大丰启动仪式，布置700平方米的三个展厅，有3万多名中小学生和公众在两个月时间内分批参观了省流动科技馆。

【科普惠农兴村计划】 2014年，市科协继续实施科普惠农计划，发挥协会组织在农业发展中的独特作用，通过统一标识，整体包装，提升项目基地农产品的市场竞争力，构建“公司+协会+基地+科普惠农服务站”科普惠农新模式。大中镇恒北村早酥梨标准化生产基地获得中国科协、财政部门表彰奖励，争取奖补资金20万元，为发挥全市科普基地辐射示范带动作用打下了坚实的基础。万盈镇六里村、大中镇红花村被省科协命名为“江苏省科普示范村”；万盈镇六里村香芋专业技术协会科普惠农服务站、大中镇恒丰村科普惠农服务站被省科协命名为“江苏省科普惠农服务站”，其中万盈镇六里香芋专业技术协会科普惠农服务站被省科协表彰为“江苏省优秀科普惠农服务站”，获奖补资金2万元；新增盐城市科普惠农服务站3家。

【社区科普益民计划】 市科协以广泛开展社区科普工作为基础，评选、奖励了一批具有示范引领作用的科普示范社区。积极推动各单位和部门紧密合作，在硬件设施、信息渠道、队伍建设与管理等方面共建共享，形成大联合、大协作的社区科普工作格局，初步形成社区搭台、科协出题、部门唱戏、居民参与的“四位一体”社区科普工作新模式。市科协划拨科普专项经费，重点打造人民北路、新东苑等科普示范社区，推动以社区科普画廊、科普图书室、科普大学为重点的科普基础设施建设。9月下旬，市科协联合大中镇科协在城区人民北路社区、大中镇红花村、万盈镇六里村等社区（村）开展12期讲座，切实起到了宣传科学思想、传播科学知识、提高广大市民生活质量的作用。12月11~12日，省人民医院临床营养科主任李群应邀到大丰走村进社区，举办了3场“合理营养 预防慢病”健康知识讲座，受到好评。大中镇新德社区引进网络科普阅览屏，为新兴产业发展及2015年全市推广使用营造良好氛围。大中镇人民北路社区被命名为“江苏省科普示范社区”；新增盐城市社区科普益民服务站、社区科普学校6所。

【科普旅游】 2014年，市科协通过《江苏公众科技网》介绍大丰市科普旅游项目，让更多群众了解科普旅游，在全省重点推介大丰市麋鹿保护区、东方1号创意产业园、海洋科技馆和大丰港动物园“东方湿地生态游”科普旅游精品线路。在东方1号创意产业园开展为期15天的“魅力东方 梦想起航”全国青年设计师工作营活动，共创作了机电、麋鹿主题科普旅游产品等235件作品。东方1号创意产业园被命名为“江苏省科普产品研发基地”，获奖补资金10万元。科普日期间，大丰未来科技馆开馆。常设展厅三层，布展面积约1628平方米，科技馆全天候免费向社会开放，成为科普教育的新阵地。积极争取省、盐城市科协的支持，帮助大丰港海洋世界等场馆申报并开展创建全国、省科普教育基地工作。新丰镇荷兰花海、上海知青纪念馆、“丰收大地”现代农业示范区已顺利获得省科协命名。新建盐城市科普教育基地5个。

（吴永健）

大丰市文学艺术界联合会

【概述】 2014年，大丰市文联坚持“二为”方向和“双百”方针，加强文艺队伍思想作风建设，着力于出作品、出人才，积极开展丰富多彩的文艺活动，充分发挥文学艺术在和谐社会建设中的积极作用，全市文艺事业呈现出了队伍壮大、创作繁荣、团结和谐、充满活力的良好局面。年内，市文联召开全市文艺创作会议，表彰奖励省、市五个一工程获奖作者。成立盐城市首家老年摄影家协会。编印各文艺协会通讯录，组织文艺会员的申报工作。有1人加入中国作协，3人加入省书法家协会，3人加入省摄影家协会，1人加入省民间文艺家协会，20人加入盐城市级文艺家协会。

【参与全市重大节庆活动】 市文联围绕元旦、春节、五一、国庆等重大节日，与市委宣传部联合策划，举办新年音乐会、新春团拜会、"和谐新春"、国庆群众游园、韩国歌星演唱会等文化活动，为全市人民献上丰盛的文化套餐。组织全市20多位知名文艺家开展"中国梦 大丰新篇章"文艺采风创作活动，创作不少优秀作品参加"中国梦·我心中的梦"文艺作品征集评选活动。与新丰镇联手举办荷兰花海文化交流会和形象歌曲征集大赛，并在荷兰花海成立首个文艺采风创作基地，定期组织专题采风创作活动。在中国大丰政府门户网站专门设立了美丽大丰摄影图片专题栏目，在广大会员中征集了1000多幅反映大丰内容的摄影精品，分美丽城市、美丽港口、美丽湿地、美丽生态、美丽乡村、美丽人文等六个板块集中对外展示，引起社会的较大反响，收到了市领导和广大群众的赞扬和好评。策应全市重大活动，举办大丰经济社会发展成就展10余次，并赴上海、深圳等地展出，大力宣传全市经济社会发展新成就、人民昂扬向上的新风貌、美丽迷人的自然风光，进一步提升大丰的美誉度和影响力。

【少儿书画考级】 市文联组织春季、秋季少儿书画考级活动，为提高少年儿童书画水平，培养艺术创造能力提供交流、学习和展示的平台，推动全市艺术考级工作与素质教育的蓬勃发展。2014年，考级人数达到1100余名，全市通过省文联书画等级考核达10级水平的超百人。

2014年5月22日，大丰市文联组织文艺工作者采风

【艺术交流展览】 4月11~13日，市文联开展为期3天的著名诗人作家大丰行采风创作活动，创作一批反映大丰经济社会建设亮点的文学作品，大力展示大丰良好形象和文化内涵，唱响新时期大丰精神。成功举办顾晓燕书法画展、江苏省农民书画展、翰墨溢彩五人书法展等各类艺术交流活动20多次，有力提升了全市文艺作品和文化名家的影响力。组织东方1号和大丰瓷刻公司参加南京市文化产业博览交易会，现场展示创意产品和瓷刻工艺，吸引参观者。

【多部文艺精品获奖】 2014年，三大主流文艺奖项获奖情况：大丰市广场舞《千年等一回》、小品《留守娘们留守男》、李生甫、徐中林、吴奇书画篆刻作品分获第十一届江苏省"五星工程奖"金、银、铜奖；影视剧作品《铁军号手李增援》等6件作品获盐城市第六届精神文明建设"五个一工程"奖，舞蹈《流动娃》等9件作品获盐城市政府文艺奖，获奖数量均居盐城市首位。其他各大赛事获奖情况：吴瑛作品《到我的山上来吧》获得江苏省"中国梦·我心中的梦"征文大赛散文类优秀奖，刘伟获首届"美丽深圳"全国诗歌大奖赛特等奖，卢群获全国微型小说比赛三等奖，朱明贵作品获全国农业征文大赛三等奖。陈曙文作品《生命历程》入选第十二届全国美术作品展，葛定明国画获江苏省第五届新人美术作品展优秀奖，张德祥、李生甫、束珩的3件作品入选江苏省第九届新人书法篆刻作品展，吴有防获第二届"伟人颂·中国梦"全国诗文书画大赛一等奖。杨国美、严正东、李玉生有5幅摄影作品入选第8届阿联酋阿布扎比国际摄影展。严正东《田夫晨歌》和陆军《牧歌》分别获"郎静山摄影艺术奖"金像奖和金牌奖，朱兆平《馒头大嫂》获第二届"在希望的田野上"摄影作品比赛金奖。戏剧《留守娘们留守男》获得"中华颂"第五届全国小戏小品曲艺大赛银奖，《晚景》和《拜师》获得铜奖。图书出版情况：文学创作氛围日渐浓郁，优秀作品不断涌现，《月光下的村庄》《蝴蝶眨了几下眼睛》《母亲不是没有泪》《雕刻心中的理想》《窗外》《倾镇之恋》《预约报警的女人》等一批图书相继发行，掀起新一轮图书出版的热潮。

【三大文艺平台搭建】 2014年，市文联将《鹿乡文艺》由月刊报纸改版为季刊综合文艺杂志，在继续刊登大丰本土原创文艺作品的同时，加强对中长篇小说的刊载力度，并推出《艺苑人生》《文学评论》《卯酉史话》《工作动态》等新栏目，宣传全市文化名家、推介重点文艺作品、介绍地方历史文化、及时报道文艺要闻，为展示精品力作，哺育文艺新秀，营造精神家园提供服务。开通了苏北首家文学艺术类综合性网站——大丰文联网，网站设立文联概况、文艺新闻、艺术协会、文学园地、视频点播、音乐视听、专题典藏、文联刊物8个栏目。具体介绍市文联下属8个艺术协会的情况，推介文艺名家，反映全市文艺动态，展示本土原创文学、书法、美术、摄影、音乐、舞蹈等多个方面的艺术成果，转载分享全国优秀文艺成果及艺术理论，为广大文艺工作者提供艺术展示、交流的新平台。收集95幅本土艺术家创作的书美摄作品编印《“美好大丰”美术书法摄影作品集》，全面展现大丰市经济社会建设亮点、人民群众崭新面貌、优美的自然环境，让大家一同发现大丰之美、感受大丰之美、记录大丰之美，唱响大丰文艺土声音。

（张素萍）

大丰市归侨侨眷联合会

【概述】 2014年，大丰市归侨侨眷联合会（以下简称市侨联）学习贯彻中国侨联九代会精神，围绕市委十一届四次全会精神，围绕中心，服务大局，充分履行侨联四项基本职能，即：群众工作、参政议政、维护侨益、海外联谊，积极开展参政议政和联谊工作，为侨服务，为经济建设服务，各项工作取得较好成绩。被盐城市侨联表彰为全市侨联工作先进单位、获得全市侨联信息宣传量化工作金奖。

【参政议政】 市侨联围绕市委市政府中心工作组织开展视察调研、参政议政工作。2月，组织政协外向组委员学习研究“协商民主”理论，集思广益撰写了《强化界别协商，推进协商民主》论文，并在政协理论研讨会上作了交流发言。3月，组织外向组的委员到大丰港视察了“三港”建设。6月，组织外向组委员视察了全市部分养老机构并且围绕养老机构建设、服务人员队伍建设、制度建设提出意见和建议。8月，市政协副主席汤小山率领外向组委员视察了三鑫食品、华盛酒业、花都美食城等侨资企业。在市政协的会议期间，外向组8名委员向大会提交了13件提案（集体提案1件，联名提案2件）。其中6件被列为市政协常委重点督办提案。在市政协三次会议上：外向组的议政材料《加强与上海自贸区对接合作，促进全方位开放新发展》被评为优秀议政材料。《关于城西设立社区医院》被评为优秀提案。《“贺卡”之风当刹》被评为优秀社情民意。外向型被评为先进工作组。2014年重点督办的6件提案通过跟踪督办，取得了实实在在的效果。如：养老服务工作已经引起市有关部门的高度重视，荣海菜市场加强了有效管理，秩序和卫生状况得到明显的改观。

【招商引资和招才引智】 市侨联积极开展招商引资，充分发挥侨联资源的优势，将招商引资与海外联谊紧密结合起来，并取得了一定的实效。为侨资企业牵线城市公共自行车项目进行推介、协调，正式投入使用。由市侨联牵线并跟踪服务的侨资项目——“木制品及防火阻燃材料”项目在苏盐工业园正式开工。该项目由香港维德木业集团投资兴建，总投资1亿美元，年产出规模约20亿元。为申报“江苏省侨界人才创新创业示范基地”多次与省侨联对接工作。

【为侨服务】 市侨联开展扶贫济困活动。市侨联组织开展春节慰问、扶贫济困、爱心助学等慰问帮扶活动，共走访归侨侨眷100余人次，慰问特困归侨侨眷50余人次，并送上了慰问金及慰问品。维护侨眷合法权益。协助开发区协调处理侨商纠纷有关事宜。为到大丰市投资浴城的阿联酋华侨徐群平协调商业用地土地变更事宜。为侨眷张女士寻找到30多年没有联系过的亲人。协助日本华侨杨玉琴女士咨询办理居民身份证、子女入学、驾驶证变更等相关政策和手续。为原侨资企业职工薛建华兑付铁路借资款。为归侨子女卓开龙协调养老保险事宜。协助省、市侨联协调处理意大利华侨潘永长先生在大丰经济纠纷。继续开展侨情普查工作。认真开展了春节期间海外华侨、侨商的接待工作及侨情搜集工作，开展了留学归国人员登记、普查工作。对重点侨资企业、留学归国创业人员、新华侨、新移民进行了侨情普查工作。反映侨界群众的社情民意10多条，并得到有关部门的高度重视。

2014年8月21日，大丰市归侨侨眷联合会组织侨界政协委员到侨资企业视察 单位供图

【联络联谊活动】 市侨联开展侨联委员交流视察活动。组织侨联委员赴兴化市侨联考察学习关爱侨界空巢老人工作。做好海外社团、华侨、华人接待工作。在春节、清明节、端午节和中秋国庆期间，接待美国、英国、日本、加拿大、新加坡等国家华侨华人20批100多人次。3月，接待了美

国华侨张明军博士。11月，接待了美国瑞奇咨询公司总裁纪红博士。在春节前，向海内外侨界人士寄送贺年卡、电子邮件200多份。

【信息报送】 2014年，市侨联向盐城市侨联报送信息34篇，其中，被省侨联网站刊登有28篇，图片20幅，其中有10篇同时被登在省侨联网站的主页面上。用稿数量居盐城市第一。被盐城市侨联评为全市侨联信息宣传量化工作金奖。

（朱爱凤）

大丰市工商业联合会

【概述】 2014年，大丰市工商业联合会（以下简称工商联）按照《关于加强和改进新形势下工商联工作的意见》精神和江苏省工商联、盐城市工商联部署要求，积极履行职能，发挥作用，组织开展党的群众路线教育实践活动，抓好“学习教育，听取意见”“查摆问题，开展批评”“整改落实，建章立制”三个环节的工作，积极推动非公有制经济人士理想信念教育活动，加强“五好工商联”（领导班子好、会员发展好、商会建设好、作用发挥好、工作保障好）创建工作，为促进大丰非公有制经济健康发展作出较好贡献。在盐城市工商联系统2014年度综合评比考核中，位列第一。

【非公有制经济人士理想信念教育实践活动】 6月，市工商联按照中共中央、江苏省委、盐城市委关于非公有制经济人士理想信念教育实践活动的要求，组织非公有制企业家代表、行业商会负责人参加了在宿迁、南京召开的江苏省非公有制经济人士理想信念教育实践活动报告会。

【服务会员企业】 市工商联发挥工商联、总商会网络优势，及时向会员企业提供政策、法规和经济信息服务工作，全年向会员提供各类服务信息136条、印发学习读本1100册。对接挂钩企业，开展“深化两服务、发展保稳定”活动。深入江苏天生药业有限公司、大丰新禾纺织有限公司，了解企业生产开工情况，协调要素，及时出谋划策，帮助解决有关问题，确保了企业生产秩序井然，销售正常。走访调研民营企业115个。主动联合市总工会、市人社局、市经信委等单位对企业劳动法执行、企业工会制度、职代会制度、工资集体协商制度、厂务公开、女职工保护等制度的落实进行监督和帮扶，推动了和谐劳动关系的建立。积极推荐大丰市民营企业家子女参加省委统战部、省工商联举办的“二代企业家”培训班。

【“五好”工商联创建】 按照省工商联、盐城市工商联要求，开展以领导班子好、会员发展好、商会建设好、作用发挥好、工作保障好为主要内容的“五好工商联”创建工作，着力推动工商联建设上新水平。

【参政议政与调查研究】 市工商联组织引导担任各级人大代表、政协委员、工商联执委的非公有制经济代表人士、民营企业家开展调查研究活动，撰写提案、议案、建议。提交提案、议案、建议35件。完成江苏省工商联会员数据库的信息更新和补录工作；对大丰市农民创业情况开展调研，撰写了《大丰市农民创业情况调研报告》；积极开展民营企业履行社会责任调查工作，完成大丰民营企业履行社会责任的统计报表28份；对大丰市上规模民营企业（年销售3亿元以上）经营情况调研，完成调研材料6份；对5个外向型企业开展调研，协助省、盐城市工商联开展民营企业参与国企改革调研，完成《私营企业抽样调查问卷》15份，完成江苏优秀民营企业参与苏北扶贫济困情况统计调查。

【市工商联十届三次执委（扩大）会议】 4月9日，市工商联召开十届三次执委（扩大）会议，学习贯彻中共十八届三中全会精神，传达落实市委十一届四次全会部署要求，传达省工商联、盐城市工商联工会会议精神，市政协副主席、工商联主席汤小山作了年度工作报告，回顾总结2013年工作，对2014年工作提出要求。

【交流学习活动】 5月，组织部分企业家代表和商会负责人赴天津参加了全国工商联的“国际金融洽谈会”“全国民企天津行”活动。参观考察了天津海河教育园区、华明工业园、天津飞机制造厂。

【行业组织基层商会建设】 市工商联会同市民政局对行业组织进行检查督导，促进行业组织建设建立健全规章制度、台账管理、活动开展正常化。积极发挥行业组织孵化作用，对有可能成立行业组织的行业进行梳理、调研、培育，推进成立行业商会。6月，成立了大丰市家居建材行业商会；11月，成立大丰市花木行业商会。积极推进3区12镇工商联基层组织建设工作，2014年，大丰港区工商联（商会）、大中镇商会被盐城市工商联系统评为先进基层商会。

【在沪企业家商会成立】 10月，大丰在沪企业家商会成立大会暨首届金麋鹿俱乐部高峰论坛在上海招商银行大厦举行。大丰市委常委袁国萍、大丰市政协副主席、工商联主席汤小山出席并讲话。

（陈永斌）

〖编辑　朱晓华〗

综　述

2014年，大丰市工业经济围绕大丰市委市政府提的“转型发展、稳中求进”的总基调，以“两化融合”（信息化与工业化融合）为着力点，以服务创新为重点，坚持工业经济“快增”与“快转”互融互促，加快战略性结构调整和产业转型升级，工业经济运行总体呈现快速稳定的发展势头。全市开票销售收入超100亿元企业1个；入库税收超1亿元工业企业3个；固定资产投资、规模以上工业增加值、全口径工业开票收入等指标增幅在全盐城市第一，全口径工业开票销售收入、规模以上工业企业开票销售收入、工业用电量等指标总量在全盐城市第一。新韩汽配、华尚高档汽车玻璃一期、迪皮埃风电一期等35个1亿元以上项目竣工。新能源装备制造、海洋生物、电子信息等新兴行业开票销售收入突破120亿元。

【工业经济稳中有升】 2014年，大丰市实现全口径工业开票销售收入625.7亿元，比2013年增长24.74%，总量列全盐城市第一，增幅列全盐城市第二。规模以上工业企业开票销售收入470.5亿元，比2013年增长25.78%；规模以上工业企业完成工业增加值176.48亿元，比2013年增长13.9%；规模以上工业企业增长面56%，企业达标率60.4%。规模以上工业企业实现应税销售收入408.5亿元，比2013年增长26.2%；完成入库税14.2亿元，比2013年增长14.5%。全年新申报规模以上工业企业57个，新增数为2011年以来最多，其中镇级新增规模以上企业较多，12个镇共申报规模以上企业32个，比2013年增长76.5%。全市工业用电量44.6亿千瓦时，比2013年增长12.63%，总量列全盐城市第一，增幅列全盐城市第二。

【工业重点企业支撑有力】 2014年，通过鼓励企业加大技改投入、加快战略重组、推进股改上市、发展电商经济等措施，助推20个大企业（集团）、40个规模骨干企业、407个规模以上企业做大做强；通过分解任务、落实责任、协调服务、督查考核等措施，强化目标管理。江苏博汇集团开票销售收入超100亿元，是大丰市首个开票销售收入突破100亿元的企业，也是全盐城市第2个开票销售收入超100亿元的企业。大丰市全口径开票销售收入、规模以上工业企业开票销售收入、规模以上工业企业投资增幅、固定资产抵扣税等经济指标在盐城市保持第一。重点培育的20个大企业（集团）全年开票销售收入314.1亿元，比2013年增长36.6%，占全市规模以上工业企业62.8%，增长部分拉动全市工业增长22个百分点，企业增长面达70%，超出全市平均水平14个百分点。开票销售收入超5000万元的企业134个，其中超1亿元的企业73个，超10亿元9个，比2013年分别增加19个、6个、1个。列入盐城市培植的6个大企业（集团）开票销售收入227.5亿元，比2013年增长50%，其中博汇集团开票销售收入109.2亿元，比2013年增长27.5%；联鑫钢铁51.3亿元，增长47.9%；南车电机23.2亿元，金风科技19.7亿元，辉丰农化19.1 亿元，森威精锻5.1亿元。

【开票销售收入】 2014年，大丰市完成全口径工业开票销售收入占全年目标的103.4%。16个镇、区（园）中，进度排名前5位的分别是南阳镇（115.8%）、草堰镇（113.6%）、草庙镇（104.3%）、光明工业园（101.9%）、大桥镇（101.4%）；16个镇、区（园）中，增速排名前5位的分别是草堰镇（51.9%）、光明工业园（31.5%）、大丰港经济开发区（24%）、草庙镇（23.9%）、小海镇（22.8%）。大丰市完成规模以上企业开票销售收入占全年目标的101.4%，超时序1.4个百分点。16个镇、区（园）中，进度排名前5位的分别是草堰镇（124.1%）、小海镇（120.3%）、常州高新区大丰工业园（102%）、大桥镇（102%）、大丰港经济开发区（101%）；全市增速25.8%，16个镇、区（园）中增速排名前5位的分别是草堰镇（73%）、大丰港经济开发区（35.8%）、小海镇（28.2%）、开发区（26.2%）、三龙镇（24.7%）。

【工业投资】 2014年，完成工业投资196.96亿元，比2013年增长21.6%，增幅继续保持全盐城市第一。“三百工程”实施顺利。完成“三百工程”新开工1亿元以上项目25个，其中5亿元以上项目8个，分别占盐城市下达目标任务的113.6%、133.3%；竣工1亿元以上重点工业项目22个，完成盐城市下达的目标任务；新增5亿元以上重大储备项目20个，其中10亿元以上项目8个。技术改造稳步推进。列入盐城市1000个企业升级计划的143个企业，实施1000万元以上技改项目97个，总投资117.59亿元，其中1亿元以上项目27个，新开工项目79个。技改企业覆盖率100%。

【工业新增长点】 2014年，大丰市把工业技术改造作为工业增长的重点，每月召开项目集中审批环节协调会，解决技改项目建设中的具体困难，督促、指导现有企业加快技改项目建设步伐，促成项目早动工、早建成、早见效。帮助大富豪啤酒、南车电机、森威精锻、辉丰股份、联鑫钢铁、博汇纸业等企业争取2014年度省工业和信息化转型升级专项资金670万元。跟踪全市50个重点竣工项目和销售收入1000万元以上规模以下企业产出情况，对开票销售收入达到2000万元的项目及时组织申报，加强协调，将其培植为规模以上企业。百项重点新增长点投产96项。50个规模以上企业新增长点新增开票销售收入107.7亿元，拉动全市规模以上工业企业增长28.8个百分点，完成全年目标的92.4%。其中，海力化工新增销售收入28.8亿元；联鑫钢铁新增销售收入29.5亿元；博汇纸业新增销售收入15.2亿元；辉丰农化新增销售收入1.9亿元。50个重点竣工项目开票销售收入21亿元，完成全年目标的62.8%。其中，盛川材料开票销售收入4.9亿元；瑞克医药科技开票销售收入1.14亿元；新韩汽配开票销售收入2.2亿元，22个企业进入规模以上工业企业行列。

【新特产业增长】 2014年，大丰市引导各相关园区制定年度发展计划；完善新特产业推进体系，明确推进特色产业工作重点；新能源及装备、海洋生物两大新特产业主要经济指标均超额完成年度目标。全市海洋生物产业，建设国家级工程中心1个，省级研发机构15个，中国驰名商标、省著名商标、省名牌产品各1个。新能源及装备产业园成为江苏省风电装备特色产业集群、江苏省新型工业化产业示范基地、江苏省科技产业园、江苏省特色产业园，江苏金风、江苏南车成为省级高新技术企业。新能源风电装备产业销售回升，实现开票销售收入59.7亿元，比2013年增长41.4%。海洋生物医药产业稳定增长，实现开票销售收入71.6亿元，比2013年增长14.6%。石化产业增速较快，实现开票销售收入81.5亿元，比2013年增长14.5%。高档造纸业成倍增长，实现开票销售收入26.3亿元，比2013年增长121%。特钢新材料产业逆势高增。虽然市场形势低迷，但受联鑫、盛川等新增长点项目拉动，实现开票销售收入91亿元，比2013年增长66%，新能源及装备、海洋生物、石化、高档造纸、新材料等新特产业全年开票销售收入突破300亿元，占全市工业的比重超过60%，增速超过50%。

【工业节能降耗】 2014年，大丰市规模以上工业企业综合能源消耗144.33万吨标准煤，实现工业总产值668.98亿元，工业增加值160.2亿元；单位产值综合能耗0.22吨标准煤/万元，比2013年下降9.82%；工业增加值能耗0.90吨标准煤/万元，比2013年下降7.44%。实施绿色发展战略，紧扣单位地区生产总值能耗下降3.5%的年度目标任务，落实节能调控政策，将节能目标落实到各镇（区）及30个年耗2000吨标准煤以上企业。做好重点耗能企业节能管理，强化列入国家“万家企业低碳行动”的5个企业的管理。开展节能专项执法行动，对涉及全市涉限和能耗较大的25个重点耗能工业企业和1个耗能较大的公共机构的用电、用热通用设备进行节能监测，对部分存在的问题与企业沟通，发整改通知，责令限期整改到位。以博敏电子、新韩汽配、大富豪啤酒等企业为重点，深入开展园林式工厂创建活动，着力打造“厂在绿中、园在林中，人在景中”的现代生态式工厂，改善投资经营环境，提升园区环境品位和档次。

2014年，丰东公司ASPN-120/150型活性屏等离子渗氮炉、丰泰流体RPP-4同步回转油气混输装置，获“江苏省首台（套）重大装备及关键部件”认定

【技术创新】 2014年，丰东公司被评为国家级企业技术中心；兄弟维生素、腾龙药业2个企业成功通过2014年省“两化”融合试点企业认定；组

织申报省重点推广应用的新技术、新产品，辉丰股份技术中心二噻农的研制及产业化开发研究项目、思隆机电6千瓦风冷静音机组、盐城汇百实业有限公司稻壳汽化炉3项创新能力建设和新技术、新产品开发类项目列入省重点技术创新项目计划；丰东公司ASPN-120/150型活性屏等离子渗氮炉、丰泰流体RPP-4同步回转油气混输装置获江苏省经济和信息化委员会“江苏省首台（套）重大装备及关键部件”认定；森威精锻法兰轴精密锻件、丰东股份新型活性屏等离子渗氮设备、丰泰流体同步回转油气混输泵、海纳机械轿车冷却水泵专用叶轮及其铸造工艺等12个企业13个新产品列入《省重点推广应用的新技术新产品目录》。

【技术中心等载体建设】 2014年，在原有9个省级企业技术中心（腾龙、丰山、丰东、森威、辉丰、谷登、正大丰海、大奇磨料、南车电机）的基础上，新增金风科技、海嘉诺药业等2个省级企业技术中心，总数11个；帮助全市风电装备产业争创“江苏省特色产业集群”，协助风电园区申报“江苏省新型工业化产业示范基地”；东方创意产业园获得盐城市唯一的“江苏省中小企业五星级公共服务平台”；刘庄镇小企业创业园被授予“江苏省重点培育小企业创业基地”；大丰市城北新区工业园小企业创业基地被授予“江苏省重点培育小企业创业基地”；常州高新区大丰工业园外来投资者创业园被授予“江苏省小企业创业示范基地”；大丰市科技创业园有限公司获得“江苏省中小企业公共技术服务示范平台”。

【全民创业】 2014年，大丰市新注册私营企业2918户、新注册个体工商户7398户，分别完成全年目标任务的132.6%、98.5%；各镇全民创业园新建标准厂房36.13万平方米，完成目标任务的103.66%；培训创业人员8500多人次。市金茂担保公司在保余额5亿元，为全市89个企业解决融资问题。全省首创服务全民创业的金融专营机构——大丰农商行创业支行开始运营，为各类创业主体提供专业化服务，发放贷款，化解创业者贷款难题。服务关口前移，在全市16个全民创业园设立服务窗口，统一标牌标识，安排专人负责创业项目融资的需求调查、业务咨询、申报材料等前期工作。在市职教中心设立市全民创业培训中心，投入600万元用于购买培训设施，设立导师咨询室、创业培训教师、实训教师，按照产业发展方向设置10个行业的24个创业实训岗位，建成盐城市创业培训示范基地。按照建设开发区的模式，加大全民创业园的建设力度，推动项目落户、创业主体入住。12个镇全民创业园框架面积超过1400公顷，建成面积1066.67公顷，建设标房272万平方米。白驹镇水浒街、西团镇抛丸机配套一条街等全民创业特色街、上川五金机电市场、海聚汽配城、富民农副产品交易市场、欧蓓莎等一批服务业专业市场建成对外开放，丰收大地农民创业园、草庙镇“希望的田野”、新丰镇“荷兰花海”等一批农业创业基地加快建设和完善。

【电商平台覆盖面扩大】 2014年，以鼓励电子商务创新发展为重要路径推动全市企业创新发展，多方合作，高起点建设各类电商平台，扩大电商平台覆盖面。市经信委与市高新技术区联手共建，采取政府主导，主体资质企业联合投资，协作企业参与运作的模式，新建大丰市工业企业互联网营销平台。高新技术区被省经信委授予“三网融合试验区”。丰山集团、劲力化肥、多为集团等10多个规模企业签约入驻，正式运营。按照打造面向中小企业、立足大丰、辐射苏北的电子商务平台的要求，携手华丰投资、中兴软创科技等公司，为全市中小企业建设各自行业的营销平台，全市约有三分之一的企业实现网上营销，网上营销收入占总销售收入40%以上。

【工业管理措施】 大丰市加大组织力度，认真排查工业企业产销节奏、关键节点，确保开票销售收入不流失。密切关注经济走势，每月组织召开工业经济形势月度分析会，加强对经济运行走势以及主要矛盾问题进行专项研究，对开票销售收入增长面情况进行督查，并及时予以通报。化解要素矛盾。针对中小企业资金困难，每季度都组织全市中小企业的银企对接活动，不断加强跟踪督查，切实帮助企业解决融资难题。拓展新的融资渠道，积极帮助中小企业与招商银行、中信银行、兴业银行、农商行全民创业支行等金融机构对接；整合各部门的专业人员，成立全市专业化服务团，针对企业需求，组织全市专业化服务企业（项目）活动。建立服

2014年12月，大丰市电商产业园一期数据中心和办公区投入使用。阿里巴巴集团农村淘宝项目、辉丰股份农一网、鸡毛箭网购平台、宅办公等10个电商入驻经营

务企业“绿色通道”，提升服务企业专业化水平和工作效率，使全市的“两服务”工作向纵深推进；建立服务企业联系制、企业运行预警制、服务对接会办制、难题破解责任制四项工作制度，定期督查科级干部挂钩服务企业工作，实行“周联系、旬活动、月反馈”制度，激发挂钩部门（干部）服务企业的积极性，帮助企业化解发展难题。提高运行质量。注重企业运行质量的提升，加强组织协调、通报，强化考核，提高企业销售增长面。将销售下降超10%的企业按照市场、生产要素、项目等进行分类，落实全市各镇区（园）领导驻企解剖，找出根源，进行现场指导，鼓励企业加快转型升级，通过资产重组、产品创新等途径，改变企业现状，挖掘增长潜力；加强规模以上工业企业开票销售收入达标工作，对长期停产无法恢复生产的规模以上企业，进行适时淘汰，对生产经营正常的企业，引导企业主动研究市场、开发新品、增加投入，落实服务企业个性化措施，促进企业尽快达标；及时排查销售收入下降幅度不大的企业，加强研究，采取必要的措施，督促企业拓展销售。

【落后产能淘汰】 大丰市完成2014年度省级淘汰落后产能任务，指导企业完善软件台账资料，邀请专家组现场考评并顺利通过验收。在摸清全市重点行业落后产能、低端产能、过剩产能情况基础上，编制2015年重点行业淘汰落后产能计划上报盐城市经信委。实施“腾笼换鸟”工程，在开发区围绕小纺织、港区围绕小化工各淘汰10个高污染、高耗能、小规模的企业。推进窑业整治，在7个镇关闭14个砖瓦生产企业基础上，进一步推进砖瓦窑业专项整治工作。7月，市政府决定关闭2个24门以下的轮窑企业。11月，所涉及的2个企业全面停产关闭。

【新型墙体材料推广】 大丰市发展上档次、上规模的优质新墙材，加快散装水泥、预拌混凝土和预拌砂浆“三位一体”产业的全面协调可持续发展，走低碳模式发展之路。建立和完善墙材革新监管机制，形成以政府主导、部门主抓、镇区主管、企业主体的联动机制，开展窑业专项整治工作，保留企业生产原料全部采用水下淤泥，每年节约土地53.3公顷、能耗2.6万吨标煤。严格执行国家省市有关规定，禁止生产和使用黏土实心砖，限制使用黏土空心砖。对全市行政区域内建筑工程使用的墙体材料监管检查，发现违规现象，及时宣传教育，督促整改。强化企业培训，先后组织13个企业参加省市政策法规、专业技术应用、质检员资格等各类专题培训班，先后有15人获得省市质验员资格证书。组织部分重点企业赴上海等外省市参观学习新墙材发展典型，了解和掌握国内外新墙材发展政策导向和发展动态，引导生产企业向新项目、新墙材、新技术、新工艺方向发展。通过城区“禁粘”创建和“禁粘”示范镇创建工作的验收。全年生产水泥88万吨，其中散装80万吨，完成盐城市下达的年度目标任务；水泥散装率达89%以上，完成盐城市下达85%的目标任务。2014年年末，全市有15个预拌混凝土企业，年设计生产能力720万立方米。全市12个镇中，有5个镇建成设计生产能力60万立方米以上的预拌混凝土生产企业。全市所有镇的镇区建筑工程全部使用预拌混凝土，全年生产商品混凝土160万立方米以上，完成盐城市下达全年任务。预拌砂浆生产量3万吨，完成盐城市下达的全年任务。

纺 织

【概述】 2014年，大丰市纺织行业有企业560多个，定报企业98个，拥有总资产53.9亿元。实现主营业务收入85.4亿元，比2013年下降13%；开票销售收入55.7亿元，比2013年增长5%；利税6.5亿元，比2013年下降16.6%；利润3.2亿元，比2013年下降11.5%。主要设备有环纺纱锭90万锭、气流纺2万头、布机1.2万台、各种缝纫机1万多台。主要产品产量情况：年产纱16万吨、布3.5亿米、短纤3.5万吨、服装2000万件、坯绸350万米、家纺产品1亿套。

【纺织行业重点企业】 2014年，大丰市纺织行业有年开票销售收入1亿元以上企业15个，行业重点企业有海聆梦家纺（开票销售收入8.7亿元）、万达纺织（开票销售收入3.3亿元）、无锡庆丰纺织（开票销售收入2.1亿元）、上海纺织（开票销售收入1.5亿元）。

机 械

【概述】 2014年，大丰市机械行业有企业700多个，其中规模以上企业128个，拥有总资产166.6亿元。实现主营业务收入244.9亿元、开票销售收入160.7亿元、利税24.1亿元、利润14.6亿元，同比分别增长12.2%、42.9%、30%和40.6%。主要产品产量情况：年产空压机25万台、齿轮2400万只、轧花机械1000台、热处理设备500台套、抛丸机4000台套、水泵总成180万套、阀门1.3万吨、铸件15万吨。

【机械行业重点企业】 大丰市机械行业重点企业有明进机械（开票销售收入19.9亿元）、森威精锻（开票销售收入5.1亿元）、丰东热技术（开票销售收入2.7亿元）、理研精密（开票销售收入2.7亿元）、奥泰机械（开票销售收入2.4亿元）。

化 工

【概述】 2014年，全市化工行业有企业40多个，其中规模以上企业34个，拥有总资产175.6亿元。行业实现主营业务收入169.4亿元、开票销售收入148.6亿元、利税19.3亿元、利润13亿元，分别比2013年增长7.5%、

小海化纤纺织产业园今达生产车间

民进机械汽配自动化装配生产线

辉丰股份化工原料仓储

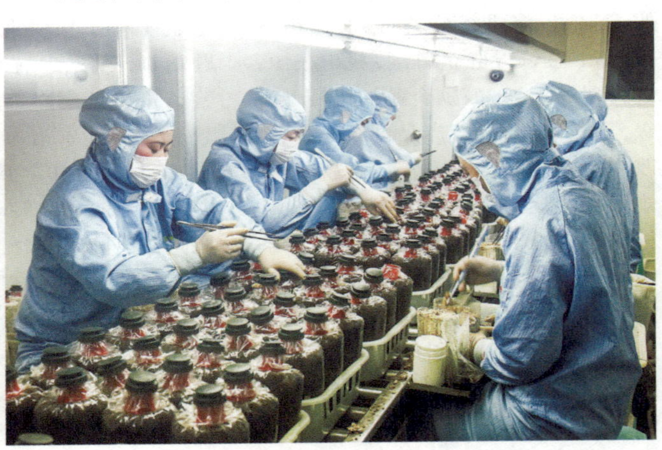
久禾食用菌加工车间

13.7%、7.3%和19.3%。主要产品产量情况：年产尿素24万吨、原药5万吨、土盐4000吨、蒽醌1000吨、咔唑300吨。

【化工行业重点企业】 行业重点企业有辉丰农化（开票销售收入17.3亿元）、海兴化工（开票销售收入8.8亿元）、海力化工（开票销售收入69.1亿元）、劲力化肥（开票销售收入5.3亿元）、丰山集团（开票销售收入7.7亿元）、正大丰海（开票销售收入7.8亿元）、海嘉诺药业（开票销售收入2.5亿元）。

【化工企业整治】 2014年，大丰市按照第三轮化工生产企业专项整治工作的时间节点要求，完成了年度目标任务。关停部分小企业：奥耐斯特公司申请破产，江苏焕新化工有限公司计划收购；艾文格林公司已停产，新法人出资收购，并出资拆除旧设备，重建生产线。提升园内企业生产规模。中兴化工、华达化工、科菲特等企业分别通过加大技改投入的方式完成企业提档升级。按照省、盐城市化治办有关通知精神，对全市化工集中区实施"腾笼换鸟"工程，港区淘汰10个小化工企业。

食　品

【概述】 2014年，大丰市食品行业有企业500多个，其中规模以上企业35个，拥有总资产45.2亿元。行业实现主营业务收入67.7亿元，比2013年下降4.9%；开票销售43.4亿元，比2013年增长10.3%；利税3.6亿元，比2013年下降29.1%；利润1.9亿元比2013年下降32.9%。主要产品产量情况：年生产啤酒7万吨、植物油25万吨、麦芽3万吨、龙虾5000吨、大米22万吨、饲料30万吨。

【食品行业重点企业】 行业重点企业有北大荒米业油脂公司（开票销售收入11.8亿元）、佳丰油脂公司（开票销售收入5.8亿元）、兄弟维生素（开票销售收入1.9亿元）。

（肖红锁）

新能源及装备产业

【概述】 2014年，大丰市新能源及装备产业实现主营业务收入63.3亿元、开票销售收入59.7亿元、利税6.3亿元、利润5.4亿元，分别比2013年增长55.2%、41.4%、29.7%、31.6%，新能源及装备产业园区基础设施完成投入1.5亿，实施1亿元以上重点工业项目8个，完成投资18.2亿元。

【新能源及装备产业重点企业】 2014年，江苏金风风电设备制造有限公司实现销售收入19.7亿元、利润1.9亿元、入库税收2682万元。生产1.5兆瓦机舱叶轮273台套、2.5兆瓦机舱叶轮189台套。江苏南车电机有限公司实现销售收入23.2亿元、利润1.8亿元、入库税收4066万元。达到日产8台永磁直驱风电定子的生产能力，生产1.5兆瓦、2.5兆瓦、3兆瓦整机2000余台。

【园区基础设施建设】 突出安置房建设，组织新开工3栋多层安置房工程施工单位进场施工，有3栋小高层安置房审图、编标、招标，启动龙门家苑17~22号楼重新施工。重点实施新村路及大桥、排涝站、内河码头等工程，实施了S332省道、永为路、运河路等道路的绿化和北区重点项目的供电工程。推进北城中央生活区的建设，加快职工公寓工程桩基施工。

【新上重点项目】 2014年，实施新能源及装备产业重点工业项目9个，均为1亿元以上项目。金风科技海上风电试验平台项目设备完成安装；鸿邦能源LED项目竣工投产；金悦风机铸件项目厂房竣工、安装设备；鼎海风电设备精加工二期项目厂房主体封顶；双菱重工定转子结构件项目、华天能源装备项目完成厂房钢结构安装；龙源8万千瓦风力发电项目竣工并网发电。此外，建设风场拓展市场空间，重点推进龙源大丰海上20万千瓦海上风电特许权项目、金风科技海上30万千瓦风电示范项目、金风科技大丰4.9万千瓦分散式风电场项目。

【科技研发平台建设】 大丰市风电产业研发中心被认定为盐城市科普教育基地。帮助江苏金风申报省级工程技术研究中心、省级企业技术中心，推进江苏南车申报省级工程中心、省级企业技术中心、省高新技术企业。中国南车首席技术专家李进泽团队入驻。依托金风科技背靠背动态新能源全工况仿真试验平台，加快省6兆瓦级及以上直驱永磁风力发电机组工程中心建设进度，加深与国家风电设备质量监督检验中心共建实验室的力度。园区与金风科技合作，在风电研发中心内建立以风机、光伏为主要供能方式的智能微网系统，供应园区和周边企业用电。先后组织企业赴上海、南京、盐城等地参加人才交流会，为企业招引实用性、高层次人才5名。江苏金风倪维斗院士工作站申报省级院士工作站，江苏金风白洛林博士申报江苏省双创人才计划、江苏省企业博士集聚计划，江苏金风白洛林研发团队、江苏南车李进泽研发团队申报省科技创新团队。

【新能源及装备产业招商】 新能源及装备产业园精心承办金风科技第四届（大丰）供应商大会，邀请南车株洲电机、天诚同创等88个国内外知名供应商参会；参加上海世界500强企业专题推介会、麋鹿生态旅游季等推介活动，先后接待客商15批次，意向签约1亿元项目1个（北京中联佳华投资4亿元的风机部件及精加工项目）。此外，南车株洲电动机、天诚同创电气控制、中亚叶片等项目投资大丰意向明确。密切跟踪吉鑫铸件、高澜水技术、时代电器材料、大安晨飞叶片、泰科电子等一批项目。

（肖红锁）

海洋生物产业

【概述】 2014年，大丰市海洋生物产业实现主营业务收入105.7亿元、开票销售收入71.6亿元、利税11.2亿元、利润8.2亿元，分别比2013年增长55.2%、41.4%、29.7%、31.6%。园区基础设施完成投入1.4亿元，实施1亿元以上重点工业项目10个，完成投资20.8亿元。

【海洋生物产业重点企业】 2014年，正大丰海医药公司完成开票销售收入7.8亿元，比2013年增长13.5%，完成入库税收1.2亿元，比2013年增长7%；大丰海嘉诺药业有限公司完成开票销售收入2.5亿元，比2013年增长11.6%；兄弟维生素公司完成开票销售收入1.9亿元，比2013年增长11.2%。

【园区基础设施建设】 海洋生物产业园完成黄海药谷主干道A1、A2、A3路水稳施工30200平方米，D1路水稳施工25460平方米，次干道C1路及C2、B1、D2、F1、F2水泥土、石灰土路基51476平方米。1号研发楼内外粉刷，2号研发楼一层框架、3号研发楼

2014年4月13日，中科院上海生化所院士刘新垣与南工大教授陈集双在港区江苏海洋产业研究院，观察中药材半夏无性繁殖情况 单位供图

基础，4号、5号研发楼二层框架工程以及主干道基础工程，景观绿化工程同步建设中。

【新上重点项目】 2014年，实施重点项目10个，均为1亿元以上项目。年产100吨亚胺培南等医药原料药生产搬迁项目（由江苏新洲医药科技有限公司总投资2.5亿元）、盐城苏海制药有限公司总投资2亿元的制药搬迁项目竣工。年产3万吨的海洋生物产业化项目（由青岛明月海藻集团有限公司总投资13亿元），完成项目前期所有准备工作，正进行道路和围墙的建设。

【建设对外合作平台】 海洋科学研究院举行揭牌仪式并进入试运行。与国家海洋局三所合作的生物疫苗研制项目取得突破性进展，疫苗试制试验效果明显；与南京农业大学企业共建的研究生工作站获省教育厅批准并运行。

【海洋生物产业招商园】 大丰市海洋生物产业招商园成立上海招商站，使招商站增加到3个。围绕海洋生物产业定位，重点突破海洋生物医药和海洋生物食品项目，到山东、上海、浙江、厦门、福建等地，采取超常规措施，招引海洋生物产业项目。青岛明月海藻集团公司计划投资13亿元建设年产3万吨海洋活性物质产业化项目，并与东海制药公司签订了框架协议。

（肖红锁）

规模企业

【概述】 2014年，大丰市委、市政府实施大企业大集团培育战略，加快工业转型升级，推动全市经济社会发展。江苏博汇集团实现开票销售收入首次突破100亿元大关，达109.2亿元。61个1亿元以上项目开工建设，35个1亿元以上项目竣工。40个规模骨干企业实现开票销售收入384.7亿元，比2013年增长31.4%，占全市规模以上工业企业的81.8%。20个工业大企业集团实现开票销售收入314.1亿元，比2013年增长36.6%。联鑫钢铁实现开票销售收入51.3亿元，南车电机实现开票销售收入23.2亿元。博汇集团、正大丰海、明进机械入库税收超1亿元，分别为1.16亿元、1.16亿元、1.12亿元。

2014年，森威精锻开票销售收入5.1亿元。图为精锻车间

【规模企业贡献份额提高】 2014年，20个工业大企业（集团）实现开票销售收入314.1亿元，比2013年增长36.6%，其中超10亿元企业7个，江苏博汇超100亿元、联鑫钢铁超50亿元。40个规模骨干企业开票销售收入超过10亿元的企业8个，博汇集团实现开票销售收入109.2亿元。其中，江苏海力化工有限公司69.1亿元、江苏海兴化工有限公司8.8亿元。辉丰农化公司实现开票销售收入19.1亿元，比2013年增长10.1%；明进机械公司实现开票销售收入22.1亿元，比2013年增长31.4%；金风科技公司实现开票销售收入19.7亿元，比2013年增长209.1%；联鑫钢铁公司实现开票销售收入达51.3亿元，比2013年增长47.9%；北大荒米业（油脂）公司实现开票销售收入11.8亿元，比2013年下降8.1%；江苏南车电机有限公司实现开票销售收入23.2亿元，比2013年增长6.9%；江苏正大丰海制药有限公司实现开票销售收入7.8亿元，比2013年增长13.5%；江苏丰山集团有限公司实现开票销售收入7.8亿元，比2013年增长20.5%。全年入库税超1000万元的规模骨干企业25家，其中博汇集团、正大丰海、明进机械税收超1亿元；辉丰股份、海聆梦家纺税收超5000万元；丰山集团、丰东热处理、联鑫钢铁、南车电机、森威精锻、金风科技、万达纺织、港华燃气、纽威工业、海嘉诺药业、腾龙集团超2000万元；丰泰流体、奥泰机械、龙源风电、百威大富豪、理研精密等企业超1000万元。

【规模企业培植】 大丰市委、市政府出台《加快培育工业大企业（集团）的意见》重点培育20个大企业（集团）。支持博汇、联鑫、金风、南车、辉丰、丰东等重点企业向大型化、集团化、现代化发展。加快企业合作重组步伐，鼓励企业拿出优质资产与国内外大企业（集团）实施战略合作重组，实现裂变式发展。鼓励企业技改投入，对企业实施的工业项目投入达一定规模给予扶持、贴息、补助。特别是将新型工业化资金落到实处。对年开票销售收入首次达到10亿元、30亿元、50亿元、100亿元及以上的大企业（集团），且当年开票销售收入增幅达到全市平均增幅的，分别给予企业20万元、50万元、100万元、200万元的一次性奖励。市财政每年出资不少于2000万元，设立工业大企业（集团）培育专项资金，用于支持列入培育计划大企业（集团）加快发展。建立市领导挂钩服务制度，实现个性化的“一企一策”，对20个大企业（集团），实行一位市领导牵头、一套班子挂钩服务制度，建立一个责任部门负责、3~4个相关部门及一个商业银行参与的挂钩服务班子，重点协调解决企业发展壮大过程中的困难和问题。

（肖红锁）

江苏省名牌产品统计

表10

序号	企业名称	产品名称
1	江苏丰山集团有限公司	丰山牌毒死蜱、氟乐灵、精喹禾灵
2	江苏森威集团有限责任公司	飞达牌、森威牌 自行车飞轮、拨链器
3	江苏宝龙集团有限公司	宝龙牌淡水小龙虾
4	盐城市丰特铸造机械有限公司	丰特牌通过式抛丸清理机
5	江苏腾龙生物药业有限公司	威力士牌稻丰散原药、50%稻丰散乳油晶体乐果、40%乐果乳油
6	大丰市裕华镇大蒜生产协会	裕华牌（青蒜、蒜薹、蒜头）
7	江苏正大丰海制药有限公司	丰海能牌果糖注射液　新海能牌混合糖电解质注射液
8	江苏劲力化肥有限责任公司	劲力牌尿素
9	江苏北大荒米业有限公司	喜登门牌大米
10	江苏龙城铸造机械科技有限公司	龙城牌辊道式抛丸机
11	江苏东方创意文化产业有限公司	东方创意牌创意产品
12	大丰万达纺织有限公司	万盈牌普梳涤与棉混纺本色纱线
13	大丰市大龙铸造机械厂	丰远牌抛丸清理机
14	盐城市联鑫钢铁有限公司	黄海牌热轧钢筋
15	大丰海港港口有限责任公司	港口装卸服务

盐城市名牌产品统计

表11

序号	企业名称	产品名称
1	盐城南翔食品有限公司	南祥牌辣根片
2	江苏人酒业江苏有限公司	江苏人牌系列酒
3	大丰市三川麦业有限公司	鹿缘牌麦仁
4	大丰市神王天然食品厂	神王牌黄泥螺
5	盐城海瑞食品有限公司	黄海东沙牌条斑紫菜
6	大丰市祥鸿皮蛋厂	祥鸿牌皮蛋
7	大丰市福到乐水产食品有限公司	福到乐牌麻虾酱
8	大丰市宏丰米业有限公司	宏丰牌大米
9	江苏腾龙建材有限公司	山海牌通用硅酸盐水泥
10	盐城汇百实业有限公司	龙驹牌高纯度精致咔唑
11	大丰市大奇金属磨料有限公司	DAQI牌强化钢丸
12	盐城市久昌机械有限公司	九昌牌履带式抛丸机
13	大丰市万达纺织有限公司	万盈牌普梳、精梳涤与棉混纺本色纱线
14	大丰市气流纺厂	金丰牌气流纺棉本色纱

续表11

序号	企业名称	产品名称
15	江苏灵创太阳能科技有限公司	灵创牌太阳能热水器
16	大丰市巨龙铸造机械有限公司	巨龙丰达牌履带式抛丸清理机
17	大丰市龙发铸造除锈设备有限公司	龙发牌抛丸清理机
18	盐城市双龙机械制造有限公司	双龙牌抛丸清理机
19	大丰市鸣球车业有限公司	鸣球牌飞轮

大丰市驰名商标统计

表12

序号	企业名称	商标	核定商品	国际分类	注册证号
1	江苏丰山集团有限公司	丰山	农药	5	667271
2	江苏辉丰农化股份有限公司	辉丰	杀虫剂	5	708820
3	大丰市佳丰油脂有限责任公司	恒喜	食用油	29	1942432

大丰市著名商标统计

表13

序号	企业名称	商标	核定商品	国际分类	注册证号
1	江苏丰山集团有限公司	丰山	农药	5	667271
2	江苏超力机械有限公司	大力	空气压缩机	7	342475
3	江苏森威集团有限责任公司	森威	飞轮	12	780560
4	江苏劲力化肥有限公司	劲力	尿素	1	874062
5	江苏人酒业江苏有限公司	斗龙	酒	33	121764
6	江苏丰东热技术股份有限公司	丰东	加热元件，电加热装置	11	1634090
7	江苏腾龙生物药业有限公司	威力士	农药	5	661156
8	江苏辉丰农化股份有限公司	辉丰	杀虫剂	5	708820
9	大丰市佳丰油脂有限责任公司	恒喜	食用油	29	1942432
10	江苏银都集团有限责任公司	银都	棉花、棉纤维	22	1144003
11	大丰市橡塑制品有限公司	凯志	机用皮件等	7	1625728
12	江苏正大丰海药业有限公司	丰海能	药品	5	3135062
13	江苏晶隆海洋产业发展有限公司	晶隆	海水蔬菜	31	4105787
14	盐城市丰特铸造机械有限公司	丰特	铸造机械	7	4340794
15	大丰市添寿禽蛋专业合作社	添寿	蛋、咸蛋、干蔬菜	29	3867543
16	江苏人酒业江苏有限公司	江苏人	酒	33	4012424
17	大丰市海聆梦家纺有限公司	海聆梦	床单、被子、枕套等	24	4038290
18	江苏申川种业有限公司	申川	谷种、植物种子、未加工谷种等	31	4130560
19	江苏大丰港控股集团有限公司	大丰港	海上运输、货物贮存、装卸货物等	39	4388983
20	江苏龙城铸造有限公司	龙城	铸造机械	7	4916016
21	江苏绿洲米面厂	碧绿及图	米	30	981533

大丰市知名商标统计

表14

序号	企业名称	商标	核定商品	国际分类	注册证号
1	江苏丰山集团有限公司	丰山	农药	5	667271
2	江苏超力机械有限公司	大力	空气压缩机	7	342475
3	江苏森威集团有限责任公司	森威	飞轮	12	780560
4	江苏劲力化肥有限公司	劲力	尿素	1	874062
5	江苏人酒业江苏有限公司	斗龙	酒	33	121764
6	江苏丰东热技术股份有限公司	丰东	加热元件.电加热装置	11	1634090
7	江苏腾龙生物药业有限公司	威力士	农药	5	661156
8	盐城丰环饲料有限公司	丰环	饲料	31	895355
9	江苏绿洲米面厂	碧绿	米面	30	981533
10	江苏辉丰农化股份有限公司	辉丰	杀虫剂	5	708820
11	大丰市气流纺厂	金丰	气纺棉纱	23	1045694
12	大丰市佳丰油脂有限责任公司	恒喜	食用油	29	1942432
13	江苏银都集团有限责任公司	银都	棉花、棉纤维	22	1144003
14	大丰市橡塑制品有限公司	凯志	机用皮件等	7	1625728
15	江苏正大丰海药业有限公司	丰海能	药品	5	3135062
16	江苏晶隆海洋产业发展有限公司	晶隆	海水蔬菜	31	4105787
17	大丰市神王天然食品厂	神王	水产罐头等	29	4006363
18	盐城市丰特铸造机械有限公司	丰特	铸造机械	7	4340794
19	大丰市添寿禽蛋专业合作社	添寿	蛋、咸蛋、干蔬菜	29	3867543
20	盐城灵创太阳能工业有限公司	灵创	太阳能热水器	11	4537544
21	江苏光普太阳能工业有限公司	光普	太阳能热水器	11	1137581
22	盐城市久昌机械有限公司	久昌	铸造机械	7	4057401
23	江苏省华天机电设备有限公司	天利涞	铸造机械	7	3092905
24	江苏人酒业江苏有限公司	江苏人	酒	33	4012424
25	大丰市宏盛抛丸设备有限公司	大龙神	铸造机械等	7	3385855
26	江苏正大丰海制药有限公司	新海能	人用药	5	5336736
27	大丰市鑫利太阳能有限公司	鑫利	太阳能热水器	11	1356864
28	江苏龙城铸造机械科技有限公司	龙城	铸造机械等	9	4916016
29	江苏宏兴铸机有限公司	宏兴	铸造机械等	7	3806114
30	江苏焦点农业科技有限公司	雪麋	谷类制品；米等	30	6997037
31	江苏申川种业有限公司	申川	谷种；植物种子等	31	4130560
32	大丰市沪艺美容发型有限责任公司	沪艺	美容院、理发店	42	1647696
33	大丰市龙发铸造除锈设备有限公司	龙发	电动清洁机械和设备等	7	3074986
34	盐城市春江机械制造有限公司	春江	铸造机械等	7	4934397
35	盐城高周波热炼有限公司	NETUREN	加热装置等	11	5052942
36	大丰海聆梦家纺有限公司	海聆梦	床单等	24	4038290
37	大丰市大奇金属磨料有限公司	DAQI	研磨材料等	3	5731866

续表14

序号	企业名称	商标	核定商品	国际分类	注册证号
38	江苏双科电气有限公司	双科电气	开关等	9	7899430
39	江苏腾龙生物药业有限公司	图形	杀虫剂等	5	4057405
40	大丰市一方生活用品厂	一方	洗澡巾	24	3062561
41	大丰市紫叶有限公司	桃源	鸡蛋等	29	5248122
42	江苏江淮种子公司	江淮	种子等	31	1662618
43	大丰市福到乐水产食品有限公司	福到乐	水产罐头等	29	3485399
44	盐城杉童玩具有限公司	SHANTONG	玩具等	28	3385859
45	大丰市鸣球车业有限公司	鸣球	自行车配件	12	3053353
46	盐城市双龙机械制造有限公司	双龙	铸造机械	7	4999195
47	大丰市宏丰米业有限公司	宏丰	大米	30	1958218
48	大丰市飞腾铸造机械有限公司	大丰飞腾	铸造机械；铸铁丸设备	7	6216783
49	江苏兄弟维生素有限公司	brother	空气净化剂	5	3270461
50	江苏珍鹿纺织有限公司	珍鹿	纱、线、毛线等	23	5859026
51	江苏大丰海港控股集团有限公司	大丰港及图	卸货、货物传送等	39	4388983
52	江苏丰收大地投资发展有限公司	丰收大地及图	树木等	31	7672936
53	大丰市海达纺织有限公司	海悦及图	纱、落丝等	23	4397700
54	大丰市万达纺织有限公司	万盈及图	纱、棉线和面纱等	23	7726330
55	江苏怡卡莲纺织品有限公司	怡卡莲	布、纺织品毛巾等	24	9696591
56	大丰市巨龙铸造机械有限公司	巨龙丰达及图	铸造机械等	7	4934363
57	盐城市兴谷米业有限公司	永裕及图	谷类制品、面粉等	30	3473094
58	上海黄海农贸总公司	申河及图	谷种、棉花种子、玉米种子、黄豆种子、麦种、油菜种子、青菜种子、西瓜种子	31	1642657
59	大丰市海纳机械有限公司	海纳图形	引擎气缸盖等	7	1642657
60	盐城市联鑫钢铁有限公司	黄海	钢条、钢板等	6	3883019
61	大丰市川麋海产食品厂	川麋	水产罐头	29	1291545
62	大丰市亿达铸造机械有限公司	奥驰	机械	7	3633135
63	江苏东越生物技术发展股份有限公司	步叶	新鲜蘑菇	31	10064062
64	盐城海瑞食品有限公司	黄海东沙	紫菜等	29	4984348
65	大丰市强丰纺织有限公司	斗龙	纱	23	6008742
66	盐城恒昌汽车配件有限公司	云马	农业机械等	7	1589717
67	大丰市盛力佳空压机有限公司	ZUNLI	空压机	7	6086609

〖编辑　周剑飞〗

综 述

2014年，全市沿海开发工作按照“依港兴工、以工兴市、集约开发、保护生态”的发展思路，实施港口、港区、港城“三港”联动战略，贯彻落实沿海开发“六大行动”（港口功能提升、沿海产业升级、临海城镇培育、滩涂开发利用、沿海环境保护、重大载体建设行动）。大丰港经济开发区，完成公共财政预算收入17.73亿元，比2013年增长15.06%；规模以上工业企业开票销售232亿元，比2013年增长37.12%；实际利用外资7575万美元，新增规模以上定报企业7个。

【港口建设】 大丰港成为江苏沿海继连云港之后的第二个低碳主题性港口。大丰港三期通用码头及10万吨级集装箱码头建成通航，新开辟大丰港至宁波港、上海港、青岛港的外贸内支线3条。1万吨级以上泊位达到16个。2014年，大丰港实现货物吞吐量5109万吨，比2013年增长57.2%；集装箱吞吐量10.03万标箱，比2013年增长102.5%；外贸量701万吨，比2013年增长39.96%。深水航道工程获得国家、省合计6.14亿元资金补助，大丰港云计算中心和生产指挥中心建成投入使用，滚装码头、二期码头扩建工程等开工建设，盐淮高速大丰港段加快建设。

【新特产业集群规模化发展】 新能源装备制造、海洋生物、石化新材料、港口物流等产业形成百亿元产值集群规模。世界首台套兆瓦级非并网风电淡化海水示范项目建成投产，“中盐海露”饮用纯净水成功入选APEC第21次中小企业部长会议官方指定接待用水，新能源淡化海水产业园建成国家海洋经济创新发展区域示范区。英茂糖业、和顺电子、诚康生物医药、创诺固体片剂等重点项目开工建设，和顺镍铁、明月海藻一期等项目建成投产，江苏博汇2014年开票销售收入突破100亿元。大丰港大宗商品展示交易中心上线，临港现代物流服务业产值突破85亿元。2014年大丰港海洋生物博览会吸引客商达10万人次，签约投资与贸易额92.14亿元。中汽汽车试验场集研发、设计、测试、服务于一体，部分建成对外开放。

【海港新城建设】 按照建设“现代、生态、宜居”海港新城和打造城市副中心的要求，8平方千米启动区全面展开，港城力求建成省级绿色节能示范区。职教中心新校区、南阳中学新校区、江苏海洋产业研究院新大楼等建成全面投入使用。大丰港国际商务大厦、港务大厦、物联大厦等地标建筑建成，海晶创投中心、沿海行政服务中心、沿海人才中心入驻国际商务大厦，建设银行、江苏银行等银行入驻港城，星湖花园、滨湖佳苑等地产项目建设加快，威尼斯人美食街、港城小镇影院对外营业，大丰港汽车客运站启用，大丰港实验幼儿园开园。采取鼓励职工购房、入住港城等举措，推进港区人气集聚，港城常住人口达到3.8万人。

【旅游品牌建设】 依托麋鹿、海洋、湿地、森林等独特自然资源优势，聚焦蓝色旅游、生态旅游，培育塑造旅游品牌。中华麋鹿园通过国家AAAAA级景区景观质量专家评审，江苏大丰上海知青纪念馆跻身国家AAAA级景区。苏北最先齐聚大熊猫、麋鹿、丹顶鹤三大国宝的动物园——大丰港动物园建成开放。总投资20亿元的海盗王国加快建设。建成大丰上海知青农场、大丰港海洋世界等国家AAAA级旅游景区3家，荷兰花海、希望的田野等省级四星级乡村旅游点4家。2014年，吸引海内外游客590万人次，比2013年增长84.4%，实现旅游总收入55亿元，比2013年增长52.8%，旅游产业成为蓝色经济重要增长极。

【区域合作深入推进】 大丰市放大沿海、上海、开放三大优势，以合作共建园区为载体，深化上海与大丰合作，推进苏盐、盐丰合作。推进苏盐合作园区基础设施工程建设，启动区道路工程、研发中心、标准厂房一期等建成竣工，10个重大项目开工建设。盐丰临港工业园基础设施工程取得突破，海堤复河新航道、创世纪大道、标准厂房一期等竣工。抢抓国务院设立上海自贸区的契机，积极策应，主动融入，成立上海自贸区大丰市联络处，上海股权托管交易中心大丰联络服务代表处挂牌。苏沪大丰产业联动集聚区先导区沪丰光明工业园全面启动建设。

【创新驱动支撑沿海开发】 大丰金色农业"江苏沿海潮上带滩涂清洁化养殖技术集成与示范"等10个项目获科技部"星火计划"立项；国家生化工程中心、上海海洋大学紫菜种苗繁育中心、盐城师范学院协同创新中心等入驻海洋产业研究院，南京工业大学生物发电项目、黄海浒苔监测中心浒苔食品开发技术项目、大丰港鑫通信科技公司通信技术军工项目等科研成果转化产值突破1亿元。海晶创投中心全面运作，成功举办上海股交中心股权报价系统"江苏专场"活动，来自山东、苏南及大丰市的8个企业成功挂牌。江苏焕鑫新材料在盐城首家登陆"新三板"之一——全国中小企业股权转让系统。2014年，引进国家"千人计划"专家5人，高层次人才达6800人，区域人才竞争力苏北第一；获得国家专利授权800余件，专利申请量和授权量列盐城各县（市、区）第一。

【生态沿海建设】 创建国家环境保护模范城市通过国家考核验收。在全省率先编制沿临海高等级公路沿海开发综合示范带发展规划，建设江苏沿海生态走廊、绿色高地。科学修编港区396平方千米总体规划，严格保障重要生态功能区域和生态红线保护区域比例。推进麋鹿栖息地湿地环境修复与保护工程、科研监测与救护能力建设工程、滩涂湿地环境保护与修复工程。加强环境监管和污染治理，建设"园林式园区""园林式工厂"，VOCs（挥发性有机物）治理工程、危险废物集中焚烧处置工程、石化码头污水处理站、华丰工业园空气环境质量和特征污染物自动监测预警平台等投入使用，投入资金5.79亿元。推进节能减排，发展循环经济，加大资源综合利用新技术、新工业的资金引导和投入力度。2014年，实施1000万元以上技改项目97个。

（陈　刚）

港城建设

【概述】 大丰市大丰港城管理委员会紧扣"现代、生态、宜居"的港城建设目标，根据大丰市委、市政府关于"港城建设突破年"的总要求，以项目建设为重点，以全面完善港城城市功能为目标，组织实施城市品位提升、城市功能完善、港城旅游三大方面32项工程。2014年完成固定投资25亿元，完成公共财政预算收入1.1亿元。

【城市品位提升】 实施日月湖大道、青岛港路、上海港路、中港大道绿化景观等港城主要迎宾通道的绿化景观提升工程；用"穿衣戴帽"的方式对港城主要干道老旧建筑的立面进行出新改造，沿泰晤士港路的海关、商检、海事、边检等办公楼完成出新改造，与莎士比亚小镇相互衬托，彰显欧陆风情。公交站台、交通标志标牌、新式果壳箱等城市设施全部出新，港城形象明显提升。

【蓝色旅游景点建设】 8月，大丰港动物园建成开园。7月23日，大丰港动物园取得国家林业局的准予寄养大熊猫的行政许可决定。8月18日，四川中国大熊猫保护研究中心都江堰基地的两只大熊猫落户位于日月湖畔的大丰市大丰港动物园大熊猫乐园。两只熊猫，均为雄性，被命名为"卯卯"和"西西"，取意于大丰市的母亲河"二卯西河"。卯卯谱系号：518，体重120千克；西西谱系号688，体重95千克。海盗王国项目有序推进。海盗王国一期工程欢庆广场、游客接待中心等22个单体项目建成，过山车、摩天轮、探空飞梭、大摆锤"四大件"完成安装，美国大街室内儿童游乐体验中心进入设备采购阶段，飞翔影院土建工程已开工建设，影映设备进入工厂生产制作。

【服务功能日趋完善】 建设港城配套设施提升公共服务能力。2014年完成港城公交枢纽、水系疏通、污水处理等民生配套项目建设；建成快捷酒店2家，引进大型超市商场2家，建成城市快捷中餐店1家，港城菜市场开始对外营业；大丰港幼儿园、大丰港小学已进入装修阶段，威尼斯人美食街、港城浴场等生活配套项目建成完工。加强城市管理和社会治理，初步形成以莎士比亚小镇为核心的港城

大丰港莎士比亚小镇

核心区域城管示范工作机制，促进港城整洁、舒适、和谐。

【房地产项目建设】 加快推进房地产项目建设。新港名苑、星湖花园二期、人才公寓二期、大丰港国际港务大厦、大丰港国际商务大厦、海韵家园等项目竣工相继投入使用；诚通国际二期完成主体工程建设；世纪广场一期、星湖花园三期完成地基工程；人才公寓三期主体建筑完成工程量50%；新港名苑二期、瑞安名邸主体建筑完成工程量30%。

（胡明明）

大丰港口

【概述】 2014年，大丰市港口管理局深入推进港口码头建设，注重内涵发展，加强运营管理，不断提升服务水平。集装箱码头、通用码头和石化码头全面投入运营；全年完成货物吞吐量5109万吨，比2013年增长57%；集装箱吞吐量10.03万标箱，比2013年增长102.5%；新开辟航线3条；完成港口基础设施建设投资6.05亿元，其中码头建设投资约1.15亿元；完成货物港务费征收700万元；港口安全形势持续稳定。

【港口规划研究】 委托省交通规划设计院编制“十三五”发展规划大纲。9月17日，组织召开大丰港“十三五”发展规划中间成果汇报会，并根据会议意见对规划方案进行修改完善。委托中交三航院开展可行性方案研究工作，对四期15万吨级码头工程的建设规模、选址方案、功能定位以及投资匡算，进行比选方案研究。完成王港闸下迁段航道岸线利用规划报告编制工作，完成低碳港建设方案研究并通过评审，启动石化码头以南岸线规划利用研究。

【港口转型升级】 被评为江苏省绿色循环低碳主题性示范港口，自卸和集装箱车辆、装载机完成LNG（液化天然气）改造；集装箱堆场完成油改电项目技术应用；甩挂运输项目获得省交通厅试点立项，在盐城区域全面实施。完成智慧港口总体规划；建成并投入使用云计算中心和生产指挥中心；大宗商品电子交易平台完成软件部署；引航信息化建设进入验收调试阶段；完成全港智能指挥中心的集成运行，提升港口生产效率和信息化水平。

2014年，大丰港完成货物吞吐量5109万吨，集装箱吞吐量10.03万标箱

【港口物流服务业】 物联大厦进驻专业第三方仓储物流企业近百家。依托大丰港经济开发区临港特色工业，初步形成涵盖海运、装卸、仓储、贸易、加工、联运、代理、配送、保险、金融等内容的物流产业链。2014年完成物流服务业总产值85亿元。

【海洋监测预报】 大丰港海洋监测预报中心是全国首家港口海洋监测预报中心，为海上交通、航道建设、港口工程、码头装卸、临港工业等提供海洋潮汐、波浪、能见度、洋流监测数据和港口气象预报服务。全年为港口海上作业企事业单位人员发送预警报45560条，保障港口安全生产。

【引航站“阳光引航”】 2014年，大丰港引航站推行“阳光引航”，强化调派管理，加强安全指导，配合码头生产需求，科学安排引航计划，提高引航效率，提升服务能力。全年领船舶1020艘次，比2013年增长11%，安全引航无事故发生。

【首艘油化品船舶靠泊装卸】 3月22日，一艘名为顺达油77号的船舶装载柴油停靠在大丰港石化码头。这是大丰港石化码头首次为油化品船舶装卸油品。顺达油77号装载的柴油通过运输管网运至码头后方的中南汇仓储有限公司。这标志大丰港石化码头为大丰港经济开发区的大型化工企业提供一个低廉、便捷、安全的物料供应通道。

【王昌保、朱培德到大丰港调研】 4月23~24日，省交通运输厅副厅长王昌保、省港口局局长朱培德到大丰港开展“三解三促（了解民情民意、破解发展难题、化解社会矛盾，促进干群关系融洽、促进基层发展稳定、促进机关作风转变）”调研活动。省交通运输厅领导充分肯定大丰港的开发建设模式及近几年来取得的成绩，希望大丰港抢抓机遇，进一步加大港口建设力度。

【大丰港通用码头通航】 6月8日，大丰港通用码头正式通航。大丰港三期通用码头总投资12亿元，码头平台长560米、宽53米，正面为两个

10万吨级泊位，内侧为三个2万吨级泊位，装备45吨专用门机14台，年装卸能力1200万吨，是大丰港迄至2014年年末体量最大、能力最强、泊位最多的专用装卸平台。通用码头的通航使大丰港通航的泊位总数达到16个，年吞吐能力突破6000万吨，为早日建成亿吨大港奠定了基础。

【大丰港深水航道工程获交通运输部资金补助】 6月下旬，交通运输部发文，决定给予大丰港深水航道工程30690万元建设资金补助。这是大丰港开工建设以来获得的最大额度的一笔国家财政补助。大丰港深水航道工程按照10万吨级散货船全潮单向通航，兼顾15万吨级散货船乘潮单向通航的目标建设，航道全长79.9千米，一期工程概算总投资12.31亿元。大丰港深水航道工程可以让通航船舶的最大吃水深度从14米提高到17.5米，实现运输船舶从“巴拿马船型”到“好望角船型”的转变，促进港口功能提升。

【低碳港口主题性项目申报】 大丰港绿色循环低碳港口主题性项目申报成功。7月3日，《大丰港绿色循环低碳港口主题性项目实施方案》通过交通运输部评审。大丰港将成为江苏沿海继连云港之后的第二个低碳主题性港口。方案明确，大丰港将从基础设施建设、装卸运输装备应用、工艺升级改造、港口智能化信息系统技术应用、清洁能源推广应用、环境保护六个方面，通过重点支撑项目试点示范，推动港口绿色循环低碳发展。支撑项目包括新建码头低碳节能设备的应用和已建码头旧装备的改造等20个重点项目，总投资3.16亿元。

【推动中韩陆海联运通道建设】 7月30日，由交通运输部、海关总署、质检总局等相关部门组成的调研组到大丰港调研中韩陆海联运开通工作。年初，大丰港启动中韩陆海联运口岸筹备工作，推进中韩陆海联运工作试点。

【大丰港3个码头对外开放验收通过】 8月21日，江苏省口岸办公室、江苏海事局、南京海关、江苏出入境检验检疫局、江苏省公安边防总队等查验单位，对大丰港石化码头、大件码头、北港2号码头3个码头对外开放工作进行验收。省级查验单位一致认为3个码头已基本具备生产设施、内部管理、规章制度及对外开放条件，符合对外开放的要求，一致同意通过省级验收，并上报省政府批准正式对外开放。

【大丰救助码头工程交工验收通过】 8月22日，东海救助局大丰救助码头工程项目交工验收会议在大丰港举行。由盐城市、大丰市交通工程质量监督站等单位组成的验收小组一致同意通过交工验收，同意交付使用。列入部“十二五”规划的大丰救助码头工程是顺应国际形势和满足国家快速发展的海上生产、交通需要的公益性建设项目。分水工码头建设和后方陆域基地建设两个部分，总投资5388万元。大丰救助码头的建成完善了大丰港支持保障系统，进一步提升了大丰港对外开放形象。

【滚装码头开工建设】 10月19日上午，大丰港滚装码头工程正式开工建设。大丰港滚装码头工程总投资1.2亿元，工期一年，码头等级为7万吨级。码头建成后，将形成40万台车辆的运送能力，对降低悦达起亚等企业运输成本、实现南北对流的内贸输运、促进汽车外贸进出口、发展中韩陆海联运都具有重要意义，为大丰港建成华东地区最大的汽车集散地和整车进出口口岸奠定基础。

【应急救援综合演练】 11月7日，2014年盐城市港口危化品仓储企业应急救援综合演练在大丰港举行。该演练由盐城市安全生产委员会、盐城市消防安全委员会和大丰市人民政府联合主办，大丰港口局和江苏中南汇仓储有限公司承办。演练模拟多方协力合作成功处置大丰港石化码头载油船舶在向江苏中南汇仓储公司储罐T0303A罐卸油过程中，由于储罐底根部阀门垫片损坏，导致汽油泄漏引发的油品泄漏、火灾等事故。

【大丰港工作经验在省座谈会上交流】 12月6日，省港口局召开调研座谈会，研究和谋划2015年全省港口发展思路、目标任务和保障措施。会上，大丰市港口局作为苏北唯一的县级港口管理部门作经验交流。省港口局领导对大丰港的建设和发展给予充分肯定，同时希望大丰港进一步加快港口建设，全力推进港口转型升级，为促进全省港口健康持续发展再作新贡献。

【大丰港吞吐量突破5000万吨】 大丰市坚持实施“依港兴工、以产促港”沿海开发战略，依托港口发展临港产业，以产业发展推动港口建设，港口吞吐量持续增长。截至12月19日，大丰港码头货物吞吐量突破5000万吨，同比增长83.75%，创历史新高。这是大丰港吞吐量连续3年每年以超1000万吨的增量实现快速增长。

【大丰港集装箱吞吐量突破10万标箱】 截至12月26日，大丰港集装箱吞吐量突破10万标箱，同比增长102.5%，创历史新高。2014年，大丰海港港口有限公司积极走访东台、兴化、响水、徐宿淮地区的企业，腹地范围向皖东北、鲁西南地区延伸；同时与中远、中海、中外运等11家国际干线船公司全球集装箱运输网络合作，开辟大丰港至宁波港、上海港、青岛港的外贸内支线3条。

（卞俊成　吴　荣）

滩涂资源开发利用

【概述】 2014年，滩涂开发坚持规划引导，以集中连片规模开发为原则，以产业结构调整为导向，以保证粮食安全、沿海生态安全为重点，以服务全市沿海开发、推动沿海现代农业发展为目标，加快沿海滩涂资源开发投入。项目总投资2081.60万元，其中财政总投资1155万元，完成大丰市2013~2014年度新竹垦区东方绿洲现代农业园扩建项目（南片）、王竹垦区华丰万亩高效渔业养殖示范基地项目，建成沿海滩涂垦区现代种植、养殖基地1000公顷。财政总投资1155万元，新开工建设大丰市2014年度斗龙垦区苇鱼高效渔业养殖示范基地项目（东片）、王竹垦区华丰高效渔业养殖示范基地项目，配套滩涂面积1000公顷。

【2013~2014年度新竹垦区东方绿洲现代农业园扩建项目（南片）】 该项目自2013年10月开工建设，2014年12月完成全部项目建设任务。实际完成项目建设总投资1655.16万元，其中省级滩涂开发专项资金700万元，地方财政投资70万元，配套滩涂面积666.7公顷。新建大中沟桥6座，进水闸、节制闸4座，进排水涵洞10座，水泥路7.9千米，砂石路15.5千米，电力线路45千米，变压器4台套，开挖疏浚河道土方46.55万立方米。项目建设单位为大丰市沿海滩涂投资发展有限公司。

【2013~2014年度王竹垦区华丰万亩高效渔业养殖示范基地项目】 该项目自2013年10月开工建设，2014年8月完成全部项目建设任务，9月22日，通过了盐城市级验收。实际完成项目建设总投资427.16万元，其中省级滩涂开发专项资金350万元，地方财政投资35万元，配套滩涂面积333.3公顷。开挖疏浚河道，新建扬水站1座，防渗渠548米，机耕桥1座，节制闸2座，进排水涵洞15座，水泥路3.2千米，砂石路4千米，变压器1台套。项目实施单位为大丰港经济开发区管理委员会。

【2014年度斗龙垦区（东片）苇鱼高效渔业养殖示范基地项目开工建设】 10月底，斗龙垦区（东片）苇鱼高效渔业养殖示范基地项目开工建设。项目计划总投资865.59万元，其中省级滩涂开发专项资金700万元，地方财政投资70万元，配套滩涂面积666.7公顷。建设内容包括：新建灌排站、大中沟桥、进水闸、节制闸、涵洞、道路、电力线路、变压器以及开挖疏浚河道等。项目实施单位为大丰港经济开发区管理委员会。

【2014年度王竹垦区华丰高效渔业养殖示范基地项目开工建设】 10月底，王竹垦区华丰高效渔业养殖示范基地项目开工建设。项目计划总投资431.71万元，其中省级滩涂开发专项资金350万元，地方财政投资35万元，配套滩涂面积333.3公顷。建设内容包括：防渗渠、节制闸、过路涵洞、道路，以及电力线路改造、鱼塘护坡等。项目实施单位为大丰港经济开发区管理委员会。

（朱　琳）

海洋渔业

【概述】 2014年，大丰市海水养殖面积1.75万公顷，海水池塘养殖面积6688公顷，占沿海水产养殖总面积的37.68%。全年海水养殖产量17.4万吨，产值为64.1亿元 。近海捕捞进入低谷期，近海捕捞船有52艘，每艘海洋捕捞船平均吨位19吨，功率26千瓦。

【近海养殖】 20世纪80年代末海洋渔业以海水养殖（对虾、鳗鱼）及近海小捕（鳗苗、泥螺）生产为主，由于沿海生态环境变化、资源枯竭等因素，21世纪初以来，海洋渔业逐步向高涂养殖、紫菜生产为主转移。尤其是东沙岛海域，无污染，水质肥，生产的紫菜黑、亮，韧劲足，具有独特的风味，成为国内优质的条斑紫菜养殖区。2014年紫菜苗种培育面积12700平方米，年产干紫菜16万箱，产值约1.9亿元。高涂养殖面积0.86万公顷，其中贝类养殖面积0.1万公顷。

【斗龙港】 斗龙港是国家一级渔港，位于大丰市斗龙港闸下游，由江苏省大丰市斗龙港渔港开发有限公司承担建设。2014年渔港建设工程总投资254.85万元，主要包括投资78.3万元建设综合执法大楼2000平方米的附属工程；投资57.88万元建设人工湖护坡1.36千米和港区内的绿化工程；投资40.6万元埋设弱电管道；投资78.07万元用于码头、港池清淤。

（朱　琳）

2014年，大丰市斗龙渔港建设工程总投资254.85万元，用于附属工程、人工湖护坡、码头、港池清淤等项目

海监与海洋综合管理

【概述】 2014年，大丰市开展海洋执法检查158次，其中：海上检查26次，航程1850海里，陆上检查132次，行程6850千米。配合中国海监东海区五支队、江苏省总队、盐城市支队岸线巡查15次。加强渔业船舶管理检验，确保作业渔船安全运行。督查更新改造海洋捕捞渔船28艘、淡水渔船153艘。海难救助2起，抢救遇难船只2条，救助遇难人员19人，挽回经济损失110多万元。海洋综合管理进一步规范项目申报、审批程序，强化海域使用动态监管，保证功能发挥准确、完整。做好海域使用权证书登记、发放、年审以及海域使用金征收工作，实现海域使用确权发证率100%、年审合格率100%，确权215宗5.1万公顷。审海域使用权证书184宗，新确权发证31宗，新确权面积10404.389公顷。7月，投资2400万的300吨级渔政船正式列装执法。中国海监大丰市大队被中国海监江苏省总队评为全省优秀大队。

【执法检查】 组织海洋执法检查，出动执法人员720人次，检查用海项目58个。立案查处海洋违法案件2宗，其中1宗未经环评核准实施工程用海项目建设案，为大丰市首例"碧海"案件，处以罚款16万元。对2013年立案调查的一起非法占用海域案件实施行政处罚，处以罚款71.2万元。

【东沙海域紫菜养殖专项执法检查】 对东沙海域紫菜养殖的实际用海情况进行实地普查和执法检查。对检查中发现的无证养殖、超范围养殖、改变用途养殖等违法用海行为，采取补交海域使用金和行政处罚相结合的形式依法处理，督促违法用海业主补缴海域使用金406万元。

【渔业船舶管理】 全年检验渔业船舶332艘，其中海洋捕捞船95艘，淡水捕捞船179艘，养殖渔船58艘。查处涉渔"三无"（无船名船号、无船舶证书、无船籍港）船舶28艘，渔业捕捞有序作业。2014年，大丰市年审、发放海洋捕捞许可证89本，淡水捕捞许可证179本，水域滩涂养殖证35本。全市渔船总量为370艘，其中:海洋捕捞船75艘，总吨位758吨，总功率1810.3千瓦；养殖渔船116艘，总吨位7887吨，总功率17378.2千瓦；内陆淡水捕捞渔船179艘，总吨位284吨，总功率1821.3千瓦；渔业行政执法管理船2艘。

大丰市渔政执法人员在斗龙港巡查监督

【海域动态监管】 全年对大丰港散货码头项目，杂货码头项目等重点用海项目开展监视监测48次；核查养殖用海87宗，面积5533.33公顷；开展典型岸段空间资源监视监测18次，监测点位近400个，取表层土样50份。为大丰港7个码头项目竣工验收编制监测报告。

【养殖用海海域使用金征收】 根据《中华人民共和国海域法》和《江苏省海域使用管理条例》，全年征收养殖海域使用金1740万元，比2013年增长16%，其中新确权征收261万元，年审征收1479万元。确权发证率、使用金征收率、使用权登记率、年检率均达100%。

【养殖用海资源市场化配置】 依法对到期贝类、紫菜养殖海域公开招标。2014年，出让海域使用权33宗，面积1.03万公顷，征收海域使用金456万元。其中，紫菜15宗，面积2133公顷；贝类18宗，8200公顷。

【服务大项目】 海水淡化、王港闸下移工程、深水航道一期、大丰港滚装码头、大丰港粮食仓储、大丰港港口控股集团堆场、仓储填海等重点项目海域使用权先后获得省海洋局批准。大丰市临港工业区域建设用海规划、深海排放工程等重大项目用海报批工作有序推进，相关审批材料已上报国家海洋局、省海洋局，待审批。

【省渔业互助保险协会大丰市办事处】 2014年，省渔业互助保险协会大丰市办事处运行取得明显成效。全年收取保费232.21万元，其中：渔船保费收入97.69万元，入保船数158条；雇主责任互助保险费收入117.92万元，入保人数1021人；内陆人身平安保险费收入17.8万元，入保人数356人。全年共发生理赔案件30起，其中20起已理赔到位，理赔金额119万元 。

（朱　琳）

海事管理

【概述】 2014年，盐城大丰海事处（以下简称海事处）以水上安全监管为中心，以隐患排查、打非治违、恶劣天气防范、党风廉政建设为重点，规范执法服务，提升执法技能；规范内部管理，提升社会形象，保障辖区水上交通安全。全年海事处办理船舶进出港手续5634艘次，比2013年增长129%，其中，进出港签证4912艘次、进出口岸查验722艘次；征收船舶港务费319.26万元，比2013年增长162%；征收港口建设费2937.86万元，比2013年增长16.5%。

2014年9月11日，盐城大丰海事处执法人员向石化码头施工人员了解情况，规范水上施工秩序　　万成摄

【海上险情处置】 海事处克服搜救装备短缺、搜救值班人员不足等不利因素，主动延长在岗时间，常年保持1名处领导、1名执法人员在岗值班。2014年，接收各类海上险情报警10起，均及时处置，救助遇险人员25人、救助遇险船舶3艘，未发生有监管责任的水上安全事故，无因救助不当造成人员伤亡及群体性事件。

【安全监管】 坚持专项活动与日常监管相结合，开展“内河船舶参与海上运输”整治活动。走访港航单位8家，开展安全约谈6次，实施现场巡查检查115次，下达《安全隐患整改通知书》7份，清退非法施工船舶2艘，维护辖区安全形势的稳定。

【恶劣天气安全防范】 坚持日常监管与重点防范相结合，在做好日常巡查的基础上，确定恶劣天气、重要时段的监管重点，提前部署监管措施。实施大风防范16次，发布预警信息2380条，疏散船舶148艘次，抽查船员值班值守96艘次。全年未发生因受恶劣天气影响造成生命财产损失事故。

【政风建设】 通过对内开展谈心，对外征求意见，运用“查研定改评”的工作方法，以问题为导向，规范执法行为，提升服务能力，政风、业务、廉政三者同策划、同部署、同落实。结合海事“三化”（革命化、正规化、现代化）建设要求，以“加强政风建设、规范执法行为”为导向，抓住执法标准事前公开、执法结果事后反馈，控制执法重点环节。开展廉政教育月活动，完善窗口建设及便民服务设施的配备，加强政风建设水平，实现自我净化、自我提升。

（顾　丽）

〖编辑　周剑飞〗

开放型经济

综　述

2014年，大丰市开放型经济工作稳中有进。全市新批外资企业15个，其中，新批（增）总投资3000万美元以上项目5个；全市协议利用外资1.83亿美元，实际到账外资2.06亿美元，实际利用外资总量列盐城各县（市、区）第一。全年外贸自营出口达到7.75亿美元，比2013年增长35.6%，超额完成盐城市下达的奋斗目标任务，出口总量、进出口总量都位居盐城各县（市、区）第一。新批境外投资项目3个。大丰市被省商务厅认定为"江苏省级出口基地"，被盐城市商务局认定为"盐城市出口基地"。

对外贸易

【概述】 坚持贯彻扩大开放政策，在更大范围、更广领域和更高层次上推进园区外贸企业与国际发展要求全面接轨。促进外贸企业转型升级。对出口超500万美元以上企业实行重点培育，鼓励企业技改扩能、研发新品，指导企业开展境外商标注册、专利注册和产品质量认证，打造外贸出口自有品牌，提高出口产品附加值。培植外贸骨干企业。充分发挥大丰港优势，大力培育江苏博汇、海融控股、晨泰物流等自营出口重要增长点。鼓励有条件的外贸供货企业开展自营出口业务。帮助企业开拓国际市场。全年组织109个企业参加国内外知名展销会，用好国家、省各类扶持资金，引导企业走出国门开拓市场。鼓励企业通过中国制造网、阿里巴巴电子商务平台开拓业务。鼓励企业扩大进口，引进国外先进技术、关键设备，加强技术创新，加快产品换代升级。

【外贸自营出口】 2014年全年外贸自营出口7.75亿美元，比2013年增长35.6%，超额完成盐城市下达的目标任务，出口总量、进出口总量都位居盐城各县（市、区）第一。玩具产业被省商务厅认定为"江苏省玩具出口基地"，家纺产业被盐城市商务局认定为"盐城市出口基地"。

【外贸出口规模扩大】 大丰市精心组织海聆梦家纺、彩虹纺织等重点外贸企业参加广交会等重大进出口交易活动，鼓励企业主动开拓市场，抢抓订单。深化重点出口企业的联系服务机制，及时落实兑现上级扶持政策，促进企业扩大出口。深入了解全市企业的进口需求，鼓励企业加大技改投入，进口矿石、木材、石材等原料和先进设备，推进贸易便利化，改善贸易环境，促进进出口稳定平衡发展。发挥大丰港优势，鼓励江苏博汇、晨泰物流、北大荒等企业进一步

2014年，大丰市玩具产业被省商务厅认定为"江苏省玩具出口基地"。图为白驹杉童玩具厂工人在包装出口玩具

做大进口总量，推动港区海融国际贸易公司加大进口业务开拓力度，推动大丰港在扬州、泰州等周边地区成立办事机构，开拓进出口货运业务。全年外贸自营出口7.75亿美元，比2013年增长35.6%，进出口总额13.82亿美元，比2013年增长57.5%。出口总量、进出口总量都位居盐城各县（市、区）第一。

利用外资及港澳台资

【概述】 2014年全市新批外资企业15个，其中，新批（增）总投资3000万美元以上项目5个；全市协议利用外资1.83亿美元，实际到账外资2.06亿美元，实际利用外资总量列盐城各县（市、区）第一。

【外资项目】 全年招引外资项目17个，利用外资总量列盐城各县（市、区）第一。对外资重点项目实行“一个项目，一套班子，一套方案，一抓到底”的推进模式，全力为项目单位、投资主体提供从项目洽谈、引进、立项、审批、建设到竣工投产的“点对点”“零距离”全程服务，及时协调解决项目建设过程中存在的问题和困难，为项目建设创造良好的外部环境。突出招大引强，以世界500强、大型跨国公司、上市公司为重点，瞄准韩日，瞄准中国港台地区，主攻“长三角”与“珠三角”，积极开展境内外招商活动，全力招引重大外资项目。配合和支持开发区招引韩资项目，打造韩资密集区。明进机械、广振汽配等17个韩资企业落户园区。其中，总投资6000万美元的新韩汽配项目竣工，明进机械、广振汽配项目建成投产。

对外经济技术合作

【概述】 大丰市引导和鼓励全市有条件企业积极参与国际市场的竞争与合作，在境外设立加工贸易企业和贸易窗口、办事处，参与境外项目的合作开发。促进“走出去”企业运营达效。对海聆梦、丰泰流体等已走出去企业，加大服务力度，帮助解决困难，促进海外公司加快运营，实质性运作。鼓励有条件企业加快“走出去”。

2014年，大丰市先后举办上海、深圳等11次境内外招商签约活动，协议投资额1293.62亿元

【境外投资项目】 2014年，新批境外投资项目3个：大丰海聆梦家纺有限公司在柬埔寨设立海聆梦（柬埔寨）家纺有限公司、大丰迪乐纺织有限公司在美国设立迪乐纺织（美国）有限公司、大丰丰泰流体机机械科技有限公司在美国设立丰泰流体油气增长技术（美国）有限公司。江苏丰海新能源海水淡化项目被商务部列为援外技术培训项目。

（陆洋洲）

招商引资和项目建设

【概述】 2014年，大丰市重大项目招商引资办公室（简称市重大项目办）开展“重大项目推进年”活动，强势推进招商引资，加快项目建设，取得新成效。

【招商引资】 全市先后举办上海、深圳、大丰、昆山等11次招商签约活动，集中签约项目215个，其中5亿元以上项目41个，协议投资额1293.62亿元。签约项目中，落户项目43个，其中开工17个，签约项目当年落户率为20%。工业项目180个，其中新能源风电装备、海洋生物、电子信息产业“2+1”战略性新兴产业项目37个。年初全市排定的40个5亿元以上的重点跟踪重大项目，签约28个，其中开工17个。突出领导招商。市领导分别带队多次拜访客商，通过高层交谈，推进项目洽谈，促进一批项目签约落户。小规模、多批次的模式开展集中签约活动，每次活动筛选10个左右相对成熟的项目参加集中签约。签约前，市主要领导主动拜访客商，交流洽谈。香港惠浦存储卡、中亚风电叶片、迪皮埃风电叶片、浙江甲壳生物多糖、环球海洋生物、达伯埃纸业、香港维德木业等项目成功签约。

【项目建设】 全年目标是新开工1亿元以上项目90个，竣工1亿元以上项目40个。组织9次项目集中开工竣工活动。2014年，59个项目列入百项重点工程工业类项目，完成投资178.5亿元。以各类会审协调会推进项目建设。市主要领导每季度召开一次重点开工项目协调会办会，市分管领导每月牵头组织召开“重大项目推进年”督查汇报会暨月度会审协调会。先后召开20次月度和季度会审协调会，对涉及113个项目的55个事项进行协调会办，其中，49个事项协调办结。各部门召开工业、旅游、城建交通基础设施项目专题会办会96次，会办项目124个（不包括市各分管领导、相关部门会下协调的事项）。以项目集中开工竣工活动推进项目建设。定期（双月26日）召开项目集中开工竣工活动。每季度初和月初，市重大项目办分别列出季度开工竣工项目和月度开工竣工项目任务，下达各镇、区（园），要求项目建设严格按时序推进，定期对集中开工项目进行"回头看"，确保项目快开工、真开工。立德绿色建筑材料项目、三鼎100万吨己内酰胺系列产品项目、龙源（江苏）20万千瓦海上风电项目、创诺海洋生物药研发中试基地及制剂产业化等项目开工建设。以调研督查推进项目建设。市主要领导经常性深入镇、区（园）重点项目建设现场调研情况、督查指导；市分管领导定期对所有开工竣工项目进行过堂督查；市重大项目办每半月组织一轮新开工项目和在建项目现场督查，动态化推进项目建设。以项目观摩活动推进项目建设。5月、9月，组织开展在建工业项目抢工会战观摩活动和冲刺全年目标任务观摩活动。在抢工会战中，光明饲料、丛林互动科技、迪皮埃风电叶片、明月海藻、创丰重工、江苏人酒业、安泰金属焊接新材料等项目建设形象进度较快。7月、12月，开展市委工作会议集中观摩活动，督促在建项目快建设，早竣工，早投产。

【招商引资项目建设督查考核】 市重大项目办坚持每季度开展一次现场督查，了解专业招商局、驻点招商站招商人员在岗情况和敲门招商进展情况，听汇报，看实绩，对照时序目标促进度。坚持一旬一次电话沟通，对开工和在建项目开展督查。对各单位自报的开工项目、在建项目，了解具体建设进度。坚持半月一次实地督查，规范各单位统计口径，确认数据，每月底定期揭晓全市招商引资项目推进情况。6月底对全市各镇、区

2014年，沪苏大丰产业联动集聚区新招引1亿元以上项目5个，新培植规模以上工业企业2个，竣工1亿元以上项目2个

（园）进行阶段考核，12月底对全市35家主体完成年度招商引资项目建设任务情况进行审计考核，评选出招商引资项目建设工作先进集体和先进个人。在2014年盐城招商引资考核中，核定大丰市新开工1亿元以上项目72个，竣工1亿元以上项目47个，大丰市招商引资项目推进连续5年位列盐城市前2名。

（顾鹏贵）

区域合作及接轨上海

【概述】 2014年，常州高新区大丰工业园、苏州盐城沿海合作开发园区（以下简称苏盐合作园区）、光明工业区和盐城经济技术开发区大丰港产业园（以下简称盐丰临港工业园）四大合作共建园区实现公共财政预算收入1.94亿元，成为大丰经济发展的新增长点。常州高新区大丰工业园被评为省共建园区先进单位；苏盐合作园区启动区道路框架基本形成，研发中心投入使用；盐丰临港工业园新兴际华重卡改装、圣西朗大功率节能灯等项目正式落户。

【合作共建园区发展】 2014年，常州高新区大丰工业园、大丰上海光明工业区（沪苏大丰产业联动集聚区）、苏盐合作园区和盐丰临港工业园等合作共建园区改善基础设施条件，明确特色产业发展思路，发展能力逐步提升。四大合作共建园区累计完成基础设施投资28亿元，配套水平显著提高。常州高新区大丰工业园完成全口径工业开票销售收入9.87亿元，比2013年增长22%，其中规模以上企业开票销售收入7.9亿元，比2013年增长30%；公共财政预算收入1.38亿元，比2013年增长26.6%；完成增值税1546万元，比2013年增长43%；实际到账外资2501万美元，提前半年完成目标任务；新招引1亿元以上项目4个，其中5亿元以上项目1个；新增规模以上工业企业3个，1亿元以上开票销售收入企业3个。继续保持走在全省南北共建园区前列。大丰光明工业区实现公共财政预算收入2100万元，新招引1亿元以上项目5个，完成实际到账外资1000万美元，规模以上工业企业开票销售收入4000万元，新培植规模以上工业企业2个、竣工1亿元以上项目2个。苏盐合作园区全年完成各项投入6.3亿元，实现财政总收入1500多万元。盐丰工业园完成公共财政预算收入2378.99万元（含原大丰港经济区划入部分），签约1亿元以上工业项目6个，新开工1亿元以上工业项目5个。

固定资产投资7.51亿元。外资实际到账2681万美元。

【合作共建园区项目建设】 合作共建园区产业项目加快建设。合作园区围绕主导产业，加快产业项目建设，促进园区的转型升级。常州高新区大丰工业园落户工业项目50多个，总投资逾80亿元，成为江苏南北共建园区的先进园区。大丰光明工业区总投资10.5亿元的明珠重工项目竣工；总投资5.2亿元的江苏人酒业项目主体工程竣工，设备安装完毕；双胞胎饲料项目、年生产11万吨大米和年生产50万吨光明饲料项目开始试生产；美佳佳食品紫菜深加工、东尚诚品等1亿元以上项目主体工程基本建设完成。总建设面积50.4公顷的江苏粮食科技产业园前期工作加快进行。苏盐合作园区总投资6亿元的苏虎投资公司标准厂房、总投资1亿美元的维德集团新型建材、总投资2.2亿元的威尔普公司智能门窗等10个1亿元以上项目开工建设。康源印刷版、美田树脂镜片、金川新材料、维德木业等项目施工建筑方相继进场。盐丰临港工业园跟踪英国BP公司PTA、西班牙TCB集团集装箱码头及运营、奥地利兰精天丝纤维、新兴际华重卡改装等26个项目。其中，新兴际华重卡改装、香港安格矿业、圣西朗大功率节能灯等15个项目签订合作协议；新兴际华重卡改装、圣西朗大功率节能灯等5个项目开工建设。常州高新区大丰工业园等园区被省经信委认定为江苏省小企业创业示范基地。谷登机械等一批企业被盐城市政府评为盐城市优秀科技型中小企业。

【驻点招商】 2014年，大丰市15个驻上海招商站围绕特色产业和战略性新兴产业全力招引重特大项目，签约新能源、海洋生物、重型装备和电子等一大批重大项目和新兴产业项目。驻点招商站完成新开工1亿元以上项目13个，签约项目65个，在手5亿元以上项目信息23个。同时，有计划、有目标对200个外资企业（含驻沪世界500强）、30个大型国企、100家优势名企和各类开发区进行攻关，加快新特产业项目落户步伐。

【沪苏大丰产业联动集聚区】 上海市人民政府、江苏省人民政府经过多次商谈讨论、沟通协调后，达成一致意见，形成会议纪要（《共同发展沪苏大丰产业联动集聚区的会议纪要》），并联合印发《关于共同发展沪苏大丰产业联动集聚区的意见》（沪府〔2014〕50号），首次明确“沪苏大丰产业联动集聚区”的发展目标、产业定位、联动机制和支持政策等。集聚区建设进入实质性推进阶段。上海临港集团牵头组织的规划、产业、政策三个调研班子先后到大丰考察，工作有序推进，投资公司组建到位。

【上海大丰合作深化】 上海大丰合作不断深化。上海股交中心大丰联络服务代表处成立，8家企业通过大丰联络处成功登陆上海股交中心。上海与大丰医保一卡通签约上海市中山医院、长海医院、红房子医院和肿瘤医院。上海与大丰交通一卡通推广使用。大丰市旅游局与旅游热线（上海）联盟签订《上海人游大丰》合作协议，与上海旅游行业协会签订战略合作协议。上海知青农场被江苏省广电局认定为省级影视基地，新馆建成开放。

【组织接轨上海重点活动】 2014年，组织各区（园）负责人赴上海市参观考察学习。7月，组织召开大丰（上海）沿海开发投资环境推介会。28个项目在会上集中签约。牵头推动上海市人民政府、江苏省人民政府副秘书长级层面推进上海大丰产业联动集聚区商洽会和落实会。组织市内单位和企业参加3月昆山进出口洽谈会、5月“西洽会”、6月江苏科技助推苏北发展对接活动、10月北京第六届中外合作洽谈会等重点活动。

（李亚庆）

出入境检验检疫

【概述】 2014年，盐城出入境检验检疫局大丰港办事处以“加强业务学习，提升自身素质；强化工作效能，树立把关理念；强调大局意识，服务地方经济；增强守法观念，规范行为秩序”为目标，围绕“稳定发展强基础，促进和谐守底线”工作主线，较好地完成各项任务。全年完成入境（口岸）船舶检验检疫409艘次，比2013年增长19.2%；出境（口岸）船舶405

2014年，盐城出入境检验检疫局大丰港办事处被江苏省口岸办评为先进单位

艘次，比2013年增长19.1%。入境集装箱重箱报检1946批，总计15328标箱；出境集装箱报检30批次，计171标箱。进境木质包装申报816批次，比2013年增长56.6%。入境废物原料报检17批次，入境木材报检119批次，入境大麦报检21批次，入境大豆报检8批次，入境木片报检10批次，入境煤炭报检18批次，入境铁矿报检54批次，维生素出口报检557批次。截获疫情215种，2412次。年内，盐城出入境检验检疫局大丰港办事处被江苏省口岸办评为先进单位。

【疫情疫病防控】 盐城出入境检验检疫局大丰港办事处将传染病检出率、进境植物疫情检出率、3C验证等工作作为年度重点工作，定期召开分析会，选取突破点，汲取先进局的经验，总结不足，落实责任，寻求疫情疫病的新源头，规范疫情疫病上报的程序和步骤，确保一个不漏，保证CIQ2000、疫情上报系统等相关系统数据一致。具有重要意义的检疫性有害生物的截获有较大幅度的增长，种类和种次分别比2013年增加70%和300%，其中全国首次截获了混点齿小蠹并作为2014年1月15日国家质量监督检验检疫总局网站的“质检要闻”之一，全国首次从澳大利亚进境大麦携带的油菜子中截获油菜茎基溃疡病并作为省局疫情通报的主要内容之一，两次从船舶食品舱的面粉中截获TIM（小麦印度腥黑穗病菌）。

【服务地方发展】 盐城出入境检验检疫局大丰港办事处根据大丰港进出口货物的情况，主动作为，服务地方经济发展。推动进境木材检疫除害处理区的建设，技术方案通过国家质量监督检验检疫总局的专家评定；参与进境木材加工示范区的调研与规划，对项目所涵盖的“生态化木材除害处理方法”提供必要的协调和帮助；帮助港口申报进境粮食指定口岸，通过加强技术辅导、强化人员培训、完善口岸条件、落实防疫制度、建设植检实验室等方法和手段，帮助港口整改，使基础差、能力弱、经验少的大丰港通过国家质量监督检验检疫总局的书面审核并被列入第二批考核名单；帮助集装箱、粮食码头、石化码头和大件码头通过省口岸办、省出入境检验检疫局等部门组织的一类口岸开放验收，正式对外开放；支持三期通用码头的临时开放，在确保进境疫情疫病和进口货物防得住、看得住的前提下，对通用码头采取一船一报的临时开放措施，提高港口的作业能力和效率，降低货主的费用；规范检疫处理工作，结合国家局和省局检疫处理督查工作，全面梳理检疫处理的依据和措施，对有明确检疫处理依据的业务按照规范的要求统一步骤和方法，使通关便利化真正落到实处；向上争取资金，配置集装箱通道式放射性检测仪等口岸查验设施设备；加强工作调研，对于涉及大丰港建设国家级汽车整车进口口岸的任务，第一时间到外地调研学习，确保工作不拖后腿；协助开检进境湿牛皮业务，保证港口重点企业的物流通道；实施锚地检疫，对响水德龙镍业公司进口镍矿业务实行有效的检疫保障，为地方开放型经济发展保驾护航。在盐城工学院等院校开展“国门生物安全进校园港口行”活动，宣传检验检疫法律知识，营造良好法治氛围。

【协作联动机制拓展】 盐城出入境检验检疫局大丰港办事处积极与口岸相关部门保持密切的沟通，保证检验检疫工作有序有效的开展。与边检、卫生部门启动开展埃博拉疫情联防联控机制，与海关合作推动“三个一”（一次申报、一次查验、一次放行）工作，与海事完善电子口岸中进境船舶的统一申报工作，与环保部门统一进境废物原料的协调配合工作。

【业务能力建设】 盐城出入境检验检疫局大丰港办事处加强业务能力建设，提高植物检疫实验室的鉴定能力和水平，植物检疫实验室通过国家认监委组织的芒果象、大豆茎溃疡病菌和糙果苋的能力验证试验。推动电子通关等信息化手段，提高工作效率，降低企业费用，缩短通关时间。通过疫情调查、集中查验、专项检查、专题研讨等形式组织开展大植检工作机制，使相关人员同步学习、同步成长。

（梁　杰）

海关监管

【概述】 盐城海关驻大丰港办事处以服务地方外向型经济为重点，开展法制等宣传活动，全方位推进通关作业无纸化，提升区域通关监管水平，服务地方经济发展。2014年，盐城海关驻大丰港办事处入库税款17.27亿元，比2013年增长8%。其中，关税入库3.37亿元，比2013年增长4%，增值税入库13.81亿元，比2013年增长9%，船舶吨税入库827万元。

【货运量单月数据创历史新高】 1月，盐城海关驻大丰港办事处监管进出境货运量60多万吨，同比增长145.2%，货运量单月数据创历史新高，当月征收税款1.48亿元，同比增长117.7%。

【进出境集装箱量首次单月突破3000标箱】 2014年，海关监管大丰口岸进出口集装箱呈现出逐月大幅增长势头。4月进出口集装箱3330标箱，首次单月突破3000标箱，创历史新高，同比增长193.39%。

【行政处罚简易程序案件首次办理】 2月28日，盐城海关驻大丰港办事处业务现场顺利办理了首票行政处罚简易程序案件。盐城某报关企业代理申报进口商品税则号列错误，影响海关统计准确性，鉴于本案违规事实清楚、违规情节轻微，经现场调查后，海关当场作出行政处罚决定并执行完毕。

【第二期“海关大讲堂”开讲】 3月24日，第二期“海关大讲堂”在盐城海关驻大丰港办事处开讲。盐城海关驻大丰港办事处2名关员分别就即将切换的新舱单系统出口部分、运输工具管理系统中的相关内容和操作规范作出详细解读，并对企业提出的问题给予认真解答。此次活动有12名企业代表参加。“海关大讲堂”，是盐城海关驻大丰港办事处主动服务企业，为企业答疑解惑的又一有效途径。

【李彤一行到大丰调研】 4月11日，南京海关监管通关处李彤副处长一行到盐城海关驻大丰港办事处调研，实地走访即将验收开放的大丰北港二号码头、通用码头以及相关的海关散杂货监管堆场，详细了解其建设情况，对进一步加强开放码头以及监管场所的监管建设工作提出建议和意见。

2014年，盐城海关驻大丰港办事处入库税款17.27亿元，比2013年增长8%

【进出口货运量1季度倍增】 1季度，盐城海关驻大丰港办事处监管进出口货物共计191万吨，同比增长233%，超过2013年上半年监管货运量的总和。其中，监管进出境集装箱货物4467标箱，同比增长70.43%；监管进出境大宗散杂货187万吨，同比增长238%。

【首次办理中韩两国海关互认AEO企业通关业务】 4月2日，东风悦达起亚汽车有限公司向盐城海关驻大丰港办事处申报进口一单汽车零部件，该单货物供货商起亚自动车株式会社为韩国海关认证的AEO企业，认证编码为AEO<；KR1113005>。根据《海关总署2014年第20号关于正式实施中韩海关“经认证的经营者（AEO）”互认的公告》精神，该单货物在业务现场通关环节适用便利措施。这是盐城海关办理的首票中韩两国海关互认AEO企业通关业务。

【知识产权宣传】 4月，盐城海关驻大丰港办事处“三结合”〔与党的群众路线教育实践活动、业务工作、“绿茵行动”（保护2014年世界杯足球赛知识产权的专项执法行动）相结合〕开展知识产权宣传活动。与党的群众路线教育实践活动相结合，围绕“保护 运用 发展”这一主题，大力推进以“尊重知识、崇尚创新、诚信守法”为核心的知识产权文化建设，加强宣传服务，密切海关和企业、群众的联系。与业务工作相结合，发放《知识产权海关保护》学习资料，对海关以及企业相关人员进行业务培训，增强宣传的针对性和有效性。对可能涉及知识产权问题的企业及重点进出口企业强化重点审核、重点服务。与“绿茵行动”相结合，加大对进出口环节侵犯知识产权违法行为的打击力度，加强宣传，提高海关执法的透明度，提升全体关警员和相对人知识产权保护意识，使知识产权保护理念更加深入人心。

【区域通关监管】 盐城海关驻大丰港办事处提升区域通关监管水平。立足区域通关特点，加强对进出口货物，尤其是谷物、棉花、饲料等农产品的监管力度。优化监管作业流程，落实查验分流、分类通关等措施，同时加强关区合作，推动“属地申报、属地验放”先行先试，提高通关监管整体效能。对悦达工厂投产、石化码头开放等特殊重特大项目定制个性化服务，及时掌握起亚、摩比斯等辖区重点企业生产需求，采取预约通关、到厂查验等便捷举措，促进地区外贸实现稳定增长。

【“8·8”海关法制宣传日】 盐城海关驻大丰港办事处开展“8·8”海关法制宣传日活动。以“全面深化海关改革、推进海关法制建设”为主题，对内加强学习，对外重点宣传。在报关大厅开展法律咨询活动，发放法律宣传资料，接受企业咨询，帮助企业解决在进出口过程中遇到的法律问题。利用电子显示屏、公告栏等多种宣传媒介，公示政策法规，营造“学法、知法、守法”的氛围。召开政策法规宣讲会，宣讲海关执法统一性建设、规范自由裁量权等政策和重大举措，帮助企业用好用足政策，降低通关成本。

【“12·4”全国普法日法制宣传活动】 12月，盐城海关驻大丰港办事处开展“12·4”全国普法日法制宣传活动，以“弘扬宪法精神，树立宪法权威”为主题，向辖区企业大力宣传《中华人民共和国海关法》以及与海关工作有关的法律法规规章。依托电子大屏幕、政务公开栏等宣传平台，积极宣传海关全面深化改革、区域通关一体化改革、简政放权转变职能、加强执法统一性建设等重大举措，宣传并复制上海自贸区海关服务改革措施、海关服务跨境电子商务等管理政策。开展面向辖区进出口企业的企业信用管理政策宣传活动，增强辖区企业对企业信用管理的认知度、认可度和参与度。

【首次关检合作“三个一”通关业务办理】 12月22日，江苏悦达货物运输代理有限公司向盐城海关驻大丰港办事处申报代理进口8050.7吨大麦。盐城海关驻大丰港办事处对该票货物采用“一次申报、一次查验、一次放行”通关模式。这是盐城海关首次办理“三个一”通关业务。

（花 峰）

口岸管理

【概述】 2014年，大丰市口岸管理委员会（以下简称口岸委）围绕“做大港口、做美港城、做强产业，实现沿海开发的新突破、新跨越”的目标，践行“不断提升口岸功能，谋求新发展，发挥口岸整体效益”的工作思路，创新工作机制，与海关、检验检疫、海事、边防等联检部门加强沟通、通力合作，不断优化口岸通关环境，保证口岸综合管理协调机制的正常有序，全面完成各项目标任务。

【一类口岸建设】 口岸委在码头建设过程中，主动对接，及时上报联检单位需建基础设施及监管查验设施清单，并保持与省口岸办及联检部门的沟通联系，保证拟开放码头监管场地建设和设施建设的标准和进度。2014年8月21日，省政府办公厅、口岸办组织省相关联检单位对大丰港石化、大件、北港2号码头验收。11月3日，省人民政府发文，同意大丰港石化码头、大件码头和北港2号码头对外开放。

【口岸开放配套设施建设】 2014年，口岸委与大丰市港口管理局等相关单位密切配合，按照港口开放配套与发展的要求，完善码头监管场地和配套软硬件设施，并按照联检单位对码头现场的监管要求，实行封闭式管理，对监管场地货物进行24小时全天候监控和录像，安装闭路可视监控系统与局域网连接，各联检单位在办公大楼可监控码头运行情况。

【码头吞吐量快速增长】 2014年，大丰港建成码头6座，生产性泊位16个，开通至韩国仁川港、釜山港、光阳港、平泽港、木浦港的国际集装箱班轮航线，至日本门司港、博多港航线，至俄罗斯的木材航线，与台湾基隆港直航，可经上海港、宁波港中转至世界各大港口的国际航线，大丰港至宁波港、上海港、青岛港的外贸内支线。2014年，大丰港口岸完成货物吞吐量5109万吨，其中外贸货物吞吐量701.4万吨，集装箱吞吐量10万标箱。

2014年11月3日，江苏省人民政府发文，同意大丰港石化码头、大件码头和北港2号码头对外开放

【申报大丰港保税物流中心（B型）】 根据2013年5月国家海关总署、财政部、税务总局、外汇管理局联合发文精神，口岸委开展大丰港保税物流中心（B型）的申报工作，划定四至范围为：东至复河，南至北排河，西至工业二大道以东900米，北至北灌河。南京海关审核江苏大丰海港控股集团有限公司的申报资格后，于2014年2月11日行文《关于申请设立大丰港海关保税物流中心（B型）的请示》上报海关总署，等待审批。

【管理与服务】 口岸委牢固树立服务理念，定期召开联检单位联席会议，与海关、检验检疫、海事、边防等相关部门加强沟通、通力合作，积极做好为大丰进出口企业的服务工作。主动征求地方对口岸查验单位的意见和建议，为企业排忧解难。联检单位本着“提高通关速度、提升机关效能”的要求，在履行自身把关执法的同时，根据企业实际，调整工作思路，为企业争取更多、更优惠的国家政策支持，为进出口企业提供了优质、高效、快速的通关服务。2014年，定期赴省发改委、省政府、省交通厅、南京海关等相关部门汇报工作，做好沿海开发与国家发改委、交通部、铁道部、海关总署等相关部委办局向上对接工作，获得交通运输部给予大丰港深水航道工程3.07亿元的建设资金补助。

（管存艺）

〖编辑 周剑飞〗

江苏大丰经济开发区

【概述】 大丰经济开发区是江苏省级开发区，总规划面积188平方千米，区内“八纵五横”道路全面通车，给排水、供热、路灯、绿化配套设施齐全。2014年，大丰经济开发区按照市委十一届四次全会精神，全面深化改革，大力实施“高端项目突破年”和“环境提升突破年”2个活动，全区经济社会发展取得新成绩。全年实现一般公共预算收入12.13亿元，同比增长28.7%；入库增值税4.7亿元，同比增长4.7%；税收超过1000万元企业10个，超过3000万元企业6个、比2013年增加3个，超过1亿元企业2个。规模以上工业增加值44.5亿元，同比增长45.2%，新增规模以上企业10个。固定资产投产70亿元。新开工1亿元以上项目23个，竣工项目15个，注册外资实际到账5600万美元。定报企业开票销售135亿元，同比增长26%，开票销售超过1亿元企业21个，超过5亿元企业6个，超过20亿元企业3个，比2013年增加2个。在全省省级以上开发区考核中排名第44名，比2013年上升5位。

【招商引资】 大丰经济开发区完善招商引资竞争机制，招商局局长认标竞聘上岗。驻点覆盖面扩大，采取小分队形式，坚持长期在北京、上海自贸区、上海杨浦区、苏州新区、昆山、无锡、深圳等地驻点。深化产业招商和委托招商，围绕风电装备制造、电子信息、汽配及高端装备制造等产业方向，突破世界500强、民营100强、央企等。出台《委托招商办法》，强化与国际“五大投行”、韩国中小企业委员会、中国台湾资策会等单位的合作。深化活动招商，组织参加上海、苏州、深圳等地项目集中签约活动和盐城经贸洽谈会、大丰海博会、盐城沿海推介会、金秋贸易恳谈会等活动。全年接待客商200多批次，新签约1亿元以上项目19个，其中，新能源、新材料、汽配及高端装备项目14个，主要有投资3亿元的海力导管架、投资3600万美元的天邦能源科技、投资2500万美元的韩国汽车冲压配件、投资2亿元的金韦尔成套装备、投资2亿元的韵新发光材料等项目。坚持每周1次的项目服务例会制度，对项目分类指导，集中会办，并由项目中心牵头，定期会同相关部门集中解决项目用电、用水、清障等存在问题。全年新开工1亿元以上项目23个，竣工项目15个。

【企业运行】 完善企业运行监测制度，定期搜集定报企业用电、开票销售等数据，编制企业报表并进行分析，定期对企业提出的问题梳理、交办、跟踪、督查，全区企业增长面53.3%。澳斯科特等企业提出修路问题，丰泰流体提出道口问题都得到妥善解决，为企业解决各类问题100多个。策划专类招聘会8场，组

2014年，江苏大丰经济开发区新开工1亿元以上项目23个，竣工项目15个　沈怡 摄

织企业参加省内外高校专场招聘会11场，通过中小企业服务中心网络平台发布49个企业招聘岗位1800多个，帮助企业招工1000人，其中“211”“985”高校学生40人。组织企业管理人员参加系列讲座和交流活动12期，组织职工进行高级工培训鉴定，103人考取证书。通过培植税源、严征细管、盘活资产、挖潜增收等措施，加强财税征收，确保应征尽征、应征不漏。以8个招商局为任务主体，落实总部经济招引目标，招引总部企业3个，实现税收400万元。帮扶困难企业，按照法定程序推进祥鸿泰和、祥鸿印染、一生朋友的破产重整工作，保证1000多名职工正常生产生活；解决申诚公司260多名工人工资问题；化解众联纺织、永芳粮油等停产企业的职工上访、债权人纠纷等矛盾。

【科技创新】 推进国家级科技企业孵化器公司化运作，对科技园、留创园、中小服务中心资源整合，全年引进留学人才15名，留英硕士孔亮的全裸眼虚拟现实平台项目获得“盐城市首届科技创业大赛”第二名。开发区参加全国第九届“春晖杯”创新创业大赛，留学人员创业园成功签约20个项目。风电产业园获得“江苏省新型工业化产业示范基地”“江苏省特色产业集群”“江苏省科普教育基地”“盐城国家可持续发展实验区示范基地”等称号，获国家、省、盐城市资金补助10711万元，其中金风、南车、双菱、鉴衡获国家海上风电产业集聚发展试点项目资金9600万元。全省首个2.2兆瓦智能微电网项目投入运营，对孤岛供电、节能减排起到很大的示范作用，为风电产业发展拓展新空间。为高校和企业牵线搭桥，鼎晟阀门、奥凯流体与合肥工业大学达成合作共识；组织丰泰流体、森威精锻挂靠高校院所，丰东、正大丰海等企业参加省科技成果转化交流会、高层次人才对接会，吸引一批专家进驻。依托金风科技海上风电试验平台，北京鉴衡海上风电机组检测中心加快设计。南车电机“6兆瓦直驱永磁同步风力发电机”项目获“科技部科技计划项目”立项。丰东公司被国家发改委认定为国家企业技术中心。金风科技被省发改委认定为省级企业技术中心。正大丰海获盐城市市长质量奖。佳丰油脂“恒喜牌”食用油被国家工商总局授予“中国驰名商标”称号。

【破解企业发展瓶颈】 市经济开发区强化土地集约利用，服务好项目用地规划调整和项目报批，上报并获批准土地利用规划空间87.2公顷，为蓝科减震、双菱重工二期、信达机械、理研精密锻造、华天能源二期等20个企业办理土地挂牌出让手续，土地面积44.87公顷。盘活闲置土地和资产，排出宝丰特钢、一生朋友、乐开机电等“双十”重组企业和项目，完善重组企业的相关扶持政策并由市政府形成会办纪要，为企业重组创造条件，完成理研精锻重组亿科照明、铭威锻造重组润丰阀门、天邦能源重组莱纳斯、珍源食品重组一生朋友、宝丰特钢土地收储等工作，盘活土地近26.67公顷。恒瑞公司通过AA-主体评级，为直接进入银行间债券市场创造条件；通过信托、债券、贷款等各种渠道，全年融资近9亿元，为全区建设提供保障。实施拆迁项目22个，完成拆迁300多户，拆除面积6.3万平方米，保证项目落户需求。

【区城融合】 市经济开发区开展“环境提升突破年”活动，四大类32项工程加快推进。安置房建设加快，投入资金2亿多元，建设安置房40幢1672套，建筑面积21.72万平方米，其中续建安置房24幢640套，建筑面积8.87万平方米，全部竣工；新开工新民小区、长安小区、灶圩小区安置房16幢1031套，建筑面积12.85万平方米。人才公寓完成全部水、电、消防、精装修工程，可以拎包入住。职工公寓完成2幢11层小高层简装，华尚玻璃首批职工入住，2幢18层小高层竣工。道路、绿化改造工程加快建设，新开工纬三路、万众路、灶圩小区西侧路，改造锦丰路、益民路、育红路，纬一路斗龙港大桥开工建设。组织新建纬一路、西康南路、南环路等绿化项目13个，面积23万平方米，投资2980万元。加快规划编制，委托盐城电力设计院编制完成供电专项规划，委托世纪千府国际工程设计公司进行污水管网专项规划编制，委托都市建筑设计公司编制完成新民二期、灶圩二期安置公寓平面规划。城南汽车货运站对外运营，汇坚国际商贸城一期商铺、商务办公楼竣工对外销售，新韩大厦完成规划设计，权建集团重组五星级大酒店成功签约，丰惠蝴蝶湾三期、上海花园2幢高层竣工对外销售。

【社会事业发展】 加快民生工程建设，24项为民办实事工程全面实施，大部分道路、农桥、健身广场工程竣工；7个村群众反映的“吃水难”问题取得实质进展，整体解决方案形成；农村沟塘整治基本完成；农民安置房产权手续办理实现突破，完成2004~2011年度49幢安置房土地证、房产大证办理，办理产权分户。大力整治重点难点区域环境，整治黄海西路、祥丰路、南翔路沿线、兴隆装饰城周边以及新城、长安、新民、河口等多个卫生死角和上海花园等6个商业开发小区，清理乱堆乱放、卫生死角100余处，整治擅自占道经营52个。开展4月村庄环境集中整治突击月活动，高标准完成冬季村庄环境整治；做好农村“3+1”环境整治工程和“月月查、家家到”工作并落实长效管理措施。以水利工程建设为重点，落实各项排涝抗灾措施，维修加固防洪闸坝5处，完成站河驳岸230米，新建改造排涝泵站4座，维修保养泵站21座，保证全区安全度汛。出台夏秋季秸秆禁烧禁抛工作考核办法，推广秸秆禁烧和综合利用工作，实现全区“无火点”。加大“新农保”“新农合”和老年人意外伤害险宣传工作，参保率大幅度提升。文化、卫生、民政、计生、人武、残联、宣传等社会工作全面落实。

【党建工作】 深入开展党的群众路线

教育实践活动，排出69项专项整治任务，完善出台各板块、各条线25项制度汇编，促进各项工作合理合规；开展"迎国庆"演讲比赛、"弘扬大气包容精神"大讨论等形式多样的学习活动。推进村级"服务型"党组织建设，巩固"五个一"（公开一份安全承诺、建好一个便民中心、建设一支利民队伍、示范一组富民项目、办好一批惠民实事）服务型农村创建成果；推动非公有制企业党组织建设。开展"二十日基层党组织统一活动"、深化"评定升"活动，宣传发扬先进事迹，大力推广劲力化肥、正大丰海工会的"大病大家帮"的典型。加强党风廉政建设，组织中层以上干部参观市廉政教育展示馆，观看《失德之害》等警示教育片；出台治理庸、散、懒、拖"十项禁令"，严格机关管理，加强督查工程建设、招投标、公款接待等。

（陈新华）

江苏大丰港经济开发区

【概述】 大丰港经济开发区（以下简称港区）是省级开发区，辖区面积500平方千米，规划建设面积396平方千米。2014年，港区牢牢把握"转型发展、稳中求进"总基调，全面深化改革，以港城建设大突破带动"三港"建设大发展，全年完成公共财政预算收入17.73亿元，实际利用外资7575万美元，港口货物吞吐量突破5000万吨。传承和弘扬"大丰港精神"，积极开展"党员之星"评选活动。强化基础党组织建设，推进非公有制企业党的组织建设工作"两个全覆盖"，培植品牌化建设示范点6个。

【港口码头建设】 大丰港三期通用码头建成通航，1万吨级以上泊位16个，全年货物吞吐量5109万吨、10万标箱。建成江苏省绿色循环低碳主题性示范港口，成为江苏沿海继连云港之后的第二个低碳主题性港口；集装箱码头、石化码头全面投入运营，深水航道工程获得国家、省级资金补助；石化管廊项目完成管道安装，物联大厦建成投入使用；新开辟大丰港至宁波港、上海港、青岛港的外贸内支线3条；云计算中心和生产指挥中心建成投入使用，大宗商品电子交易平台完成软件部署，港口信息化水平得到提升。

2014年，大丰海港控股集团实现主营收入80亿元

【临港产业发展】 港区全年组织参与赴香港、上海、深圳等地招商推介活动10多次，签约项目61个，协议投资额412.9亿元；成功举办"2014年大丰港海洋生物博览会"，签约投资与贸易额92.14亿元。新开工1亿元以上项目26个，竣工10个，临港重特大产业和战略性新兴产业项目加快发展，新开工英茂糖业、和顺电子、诚康生物医药、创诺固体片剂等重点项目，竣工新能源淡化海水一期、和顺镍铁、明月一期等重点项目。中汽汽车试验场项目部分建成营运。全年完成规模以上企业工业开票232亿元，其中博汇突破100亿元，达109亿元，联鑫突破50亿元，培植工业定报企业7个。

【港城建设】 大丰港实验幼儿园开园，大丰港汽车客运站建成投入使用，盐城商业大厦进驻港城，威尼斯人美食街主体工程竣工。实施以日月湖为核心的绿化、亮化、美化工程，海关、商检等沿街办公楼立面出新。大丰港动物园、大熊猫乐园、海洋儿童乐园建成开放，港城小镇影院对外营业。推进房地产开发，鼓励职工购房、入住港城，常住人口3.8万人。

【集团公司】 大丰海港控股集团全年实现主营业务收入80亿元，实现税收2亿元，税后净利润2.2亿元。镍铁一期项目连续化生产，生物质天然气项目、和顺电子项目进展顺利，种业公司项目竣工营运。海晶创投上海股交中心大丰联络处开通股权报价系统，8个企业成功挂牌，集团公司与15个金融单位签订合作协议，签约总额52亿元。

【民生福祉改善】 加强城乡弱势群体的生活保障，推进新增低保申报工作，为区内重度残疾人办理新型农村社会养老保险。全面推进农村道路硬化工程，修建农庄水泥路12.6千米，村组道路硬化基本实现全覆盖。加快农村危桥改造，拆除重建农桥3座。深入开展"整治违法排污企业，保障群众健康"环保专项行动和新一轮化工生产企业整治工作。农村环卫所保洁能力提升，新增垃圾桶40个，新建垃圾池72座，配备专职保洁人员20人。创新社区治理体制，加强企业安全生产标准化建设工作。

【李学勇到港区视察调研】 4月13

日，省长李学勇到港区考察海洋研究院、博汇科技大厦、三期通用码头和大丰港商务大厦，要求港区在转型升级中保持经济平稳健康发展。

【大丰港海洋生物博览会开幕】 6月8日是世界海洋日，2014大丰港海洋生物博览会暨全国海洋宣传日江苏主场活动在港区海洋博览中心开幕，是中国首次举办的海洋生物产业领域综合性展会，活动签约项目与贸易合同33个，总投资92.14亿元，协议利用外资1.6亿美元，贸易合同出口额3.37亿美元。

【焕鑫科技成功登陆“新三板”】 9月19日，江苏焕鑫高新材料科技有限公司在全国中小企业股份转让系统成功挂牌，是港区和盐城市首个成功挂牌“新三板”的企业。

【大丰港大熊猫乐园开园】 9月6日，大熊猫兄弟“卯卯”“西西”到大丰港大熊猫乐园开园迎客，大丰港成为江苏省苏北地区唯一有大熊猫的景点。

（孙　勇）

常州高新区大丰工业园

【概述】 常州高新区大丰工业园是按照江苏省委、省政府关于南北挂钩、合作共建苏北开发区的统一部署，2006年11月批准挂牌，常州国家高新区与大丰市共建。园区总体规划面积10平方千米，紧邻沈海高速大丰出入口。2014年，园区深入开展党的群众路线教育实践活动，拓宽招商思路，有序推进项目建设，全面优化发展环境，各项工作取得进步。全年实现业务总收入49亿元，同比增长25%；一般公共预算收入1.38亿元，同比增长26.9%；实际到账外资2501万美元；新招引1亿元以上项目4个，其中5亿元以上项目1个；新增规模以上工业企业3个，1亿元以上开票销售企业3个。

【基础设施】 园区5平方千米全面建成，功能配套日趋完善。江南山水城和瑞丰花园二期四栋楼基本建成；商业步行街道路、路灯等配套设施投入使用；建成园区二期常州路、南环路消防、供水、绿化等基础设施；园区三期绿化工程招投标工作完成，进入施工阶段。

【科技创新】 2014年，园区引导企业成功申报科技项目12个，其中省级项目7个。园区企业获评国家高企1个、省高新技术产品10个、省研究生工作站3个、盐城工程技术中心3个、盐城企业技术中心3个，申请专利136件，其中发明专利43件。

2014年，常州高新区大丰工业园引导企业成功申报科技项目12个，其中省级项目7个

【共建考核】 5月13~15日，省苏北办会同省商务厅等省有关部门和单位组成联合检查组，对盐城市、淮安市、连云港市所辖省级共建园区核查，常州高新区大丰工业园区被评为2013年度省共建园区先进单位，在全省38个共建园区中名列前三。

【绿色环保园区】 7月1日，园区公共自行车租赁系统运行，是盐城地区首家公共自行车租赁项目。一期开通5个租赁点，投入使用50辆公共自行车。公共自行车租赁系统为园区企业职工就近出行和健身锻炼提供便利，解决困扰城市公交的“最后一公里”难题，形成园区“绿色、环保、低碳、节能”的良好形象。

【苏州光电缆（大丰）产业园项目签约】 7月24日，苏州光电缆（大丰）产业园项目签约仪式在园区举行。园区与苏州市光电缆业商会签署合作框架协议，合作共建苏州光电缆（大丰）产业园。苏州光电缆（大丰）产业园长期规划66.67公顷，一期启动区18.67公顷，首批落户的2个项目开工建设。

【邹宏国到园区考察】 10月17日，常州市政协主席邹宏国一行到园区参观考察。盐城市政协主席李驰，副主席李长见、王锦胜，大丰市领导倪峰、陈平、韦新等陪同考察。邹宏国一行对大丰市经济社会发展取得的成绩表示赞赏，高度评价园区的建设工作。

【迪皮埃风电叶片大丰有限公司开业】 10月24日，迪皮埃风电叶片大丰有限公司开业庆典在大丰市迪皮埃公司举行。盐城市委常委、大丰市委书记倪峰，大丰市市长陈平，市政协主席韦新等出席。项目总投资5亿元，注册资本2000万元，项目用地13.33公顷，建筑面积3.48万平方米。项目2014年开工、2014年投产。

【上海光和光学制造股份有限公司光

学镜片项目落户】 11月18日，上海光和光学制造股份有限公司与园区正式签订项目进区协议，与上海青鹰大丰节能建材科技有限公司签订土地、房产转让协议，收购上海青鹰大丰节能建材科技有限公司4.73公顷土地使用权和近1.8万平方米建筑物，在园区建设年产200万片光学镜片项目。总投资1亿元，预计年销售1.2亿元。

【《常州高新区大丰工业园简讯》创办】 为更好地推介园区，让园区各企业及外界及时了解园区运行状况，更加积极主动参与到园区建设中，园区创办了《常州高新区大丰工业园简讯》。2014年刊发6期，发布119篇报道，信息涉及项目建设、科技创新、基础设施建设等方面。

【周天明、黄强一行到园区考察】 2014年，广东省佛山市委副书记周天明，广东省云浮市委书记、市人大常委会主任黄强，安徽省皖北办及皖北发展研究院副处长郑仲等率队到园区参观考察。他们表示，园区的合作共建模式、区城融合的发展思路值得借鉴，将进一步加强与园区的交流学习、取长补短，携手并进，共谋发展。

（胥春燕）

苏州盐城沿海合作开发园区

【概述】 苏州盐城沿海合作开发园区占地面积50平方千米，是加大沿海开发的载体与深化南北合作的平台，采取“一区两园”的模式，分别为30平方千米的港区园区和20平方千米的开发园区。2014年，园区围绕“打基础、树形象、出效益”的工作目标，以党的群众路线教育实践活动为主线，坚持科学规划引领，完善基础设施，加大招商引资力度，积极探索机制创新，各项工作有序开展。年底，园区完成基础设施投入6.3亿元，完成财政收入1500多万元，各项工作有序推进。

苏州盐城沿海合作开发园区

【基础建设】 按照“八通一平”的要求，启动区内“三横三纵”15千米的道路框架全面建成通车，路灯、管网与绿化等工程全部到位；5600平方米研发中心投入使用；一期16栋、建筑面积6万平方米标准厂房竣工并投入使用；2条风景河、2座涵闸、8座平桥竣工；规范道路命名与备案工作；完成污水处理厂选址与邻里中心、集宿楼设计审查，开始前期基础勘查与设计报批等工作。崇文路获得“江苏省市政示范工程”称号，张家港路、昆山路被评为江苏省建设施工文明工地。

【招商力度加大】 在苏州昆山、张家港、太仓、常熟、吴江等5市（县、区）成立专业招商小分队，多次组织专题招商推介活动，邀请有意向投资的企业到园区考察。4月，苏虎投资公司标准厂房、维德集团新型建材、威尔普公司智能门窗等10个1亿元以上项目集中开工，计划总投资30.6亿元。康源印刷版、美田感光新材料等项目施工队进场，其余项目办理开工前手续。9月，组织“百家企业看园区”集中推介活动，12月，园区主要领导与各个板块进行项目再对接。

【苏盐协调对接】 园区按照苏州、盐城市相关会议要求，全面加强和苏州、盐城、苏州高新区、大丰有关部门的对接协调，积极协商解决园区开发建设中遇到的重大问题。1月24日，苏州市副市长徐明带队到园区调研，希望双方以更新的发展目标，更快的开发建设速度，推动更好的项目落地，加快形成产业、产出效益，努力实现合作开发园区的跨越发展。积极组织申报省级开发区与南北共建园区，区域环评顺利通过报批。对双方部分挂职人员组织考核考察，对部分人事调整。成立大丰环保、国土、住建园区分局，对接落实具体事项。

【园区10个重大项目集中开工】 4月3日，园区10个重大项目集中开工。省委常委、省人大常委会副主任、苏州市委书记蒋宏坤宣布开工。盐城市委书记朱克江、苏州市市长周乃翔分别讲话，盐城市市长魏国强参加。园区初具规模，成为沿海开发的重要载体。集中开工的10个项目有省内外知名企业，有全国行业龙头企业，投资建设的项目相对体量大、品牌效应好、经济效益高。朱克江希望盐城全市上下以苏州盐城沿海合作开发园区为纽带，主动策应苏州“走出去”战略，加快建设创业、开放、生态、幸福新盐城，为全省“两个率先”发展大局作贡献。

【重点项目】 新型建材、木制品及防火阻燃材料项目由江苏维德木业科技有限公司投资建设，主要生产经营各类新型建材、木制品及防火阻燃材料，发展和完善新型建材制造加工体系。项目总投资1亿美元，年产出规模约为20亿元。首期投入3000万美元，用地20.9公顷。项目规划方案报园区建设部门。苏虎投资发展有限公司标准厂房项目由江苏沿海苏虎投资发展有限公司投资建设。江苏沿海苏虎投资发展有限公司由国家级浒墅关经济开发区直接投资和注册，注册资金1.6亿元，计划投资15亿元，规划占地40公顷。一期计划投资4亿元，占地约13.33公顷，16栋标准厂房，6万平方米，投资1.5亿元，2013年7月动工开建，2014年竣工投入使用。高科技印刷材料印版项目由江苏康源印刷材料有限公司投资建设，母公司为太仓倍思特印刷器材有限公司，经营高科技印刷材料印版生产多年，产品在国内市场受到普遍认可与赞誉。项目计划投资1.1亿元，用地2公顷，年产高科技印刷材料印版800万平方米，年产出规模约为2亿元。建筑面积2万平方米，其中厂房1.7万平方米、办公及辅房3000平方米。

（蔡春雷）

盐城经济技术开发区大丰港产业园区

【概述】 盐城经济技术开发区大丰港产业园区是由盐城经济技术开发区管委会与大丰市政府合作合资创建的共建园区。2014年，盐城经济技术开发区大丰港产业坚持艰苦创业、奋力开拓，组织完成6.88亿元的固定资产投入，签约1亿元以上项目6个，外资实际到账2001万美元，向上争取资金2000万元。提前完成3年创业阶段工作任务，在建成区面积、在手重大项目、外资实际到账等核心数据取得重大突破。

【规划设计】 委托新加坡邦城规划设计公司完成园区概念性规划和6.5平方千米启动区控制性详规修编；委托上海福睿智库公司编制园区产业发展规划，定位园区产业主攻方向；委托上海亦邦公司编制完成4.7平方千米原海晶工业园城市设计初步方案。

【招商引资】 参加盐城市政府、盐城经济技术开发区及大丰市政府各类推介会12次，邀请华谊集团、上海地产等客商100多名，签订合作协议6份。新兴际华双燃料加装项目、绿色联盟交割仓项目、移山重工大马力橡胶履带拖拉机项目和国家海事局空巡基地项目取得突破。

【基础设施】 全年投入6.88亿元，实施八大类137项工程，建成主干道路及亮化工程4.8千米，新建道路4.7千米，完成大桥1座，泵站2座，桥涵3座；新开挖常年通行500吨内河航道4.55千米，排水河驳岸3.7千米，给水管道4.2千米；建成一期标准厂房3.6万平方米，绿化面积4.4万平方米，场地平整533.3公顷，鱼塘征收420公顷。启动区基本满足承载重特大项目落地条件。

【筹资融资】 开拓融资渠道，与江苏银行、浦发银行等6个金融机构合作，获授信额度1.7亿元；引进战略合作方和股权投资者，加强与泛华集团、中交集团等央企的联系，探索合作发展新举措。

（王若冰）

盐城经济技术开发区大丰港产业园区内的江苏省新能源淡化海水工程技术研究中心

大丰市风电产业园

【概述】 大丰风电产业园位于江苏大丰经济开发区北区，西侧有G15高速和204国道，东侧有S332省道，并有疏港公路和疏港运河直达国家一类口岸大丰港。是江苏省级产业园，是国家发改委批准的战略性新兴产业（海上风电）集聚发展试点区。园区总规划面积10平方千米，3平方千米启动区道路、给排水、路灯、绿化等配套设施齐全。2014年，大丰市风电产业园实现财政总收入1.6亿元，增长21%；固定资产投资18亿元，其中工业投资14亿元，分别增长15%、12%；新开工项目5个，竣工项目2个；规模以上工业开票销售55亿元，增长34%，新增规模以上工业企业2个；出口创汇8148万美元。2014年，中亚叶片、锦辉机舱罩、迪皮埃叶片等一批重点项目正式落户。

【项目建设】 市风电产业园安排专人帮助解决项目建设过程中遇到的矛盾，协调办理相关建设手续。金悦风电、双菱重工、迪皮埃叶片、中亚叶片项目竣工投产；金风分布式智能微电网、风电样机（3兆瓦、6兆瓦）项目安装调试；龙源海上风场项目投入建设。

【企业运行】 市风电产业园组织银企对接，帮助双菱申请贷款3500万元；

组织资金申报，获国家、省、盐城市资金补助10711万元，其中金风、南车等4个企业获国家海上风电产业集聚发展试点项目资金9600万元；帮助金悦、中亚等完成招工近200人。确保金风、南车等骨干企业满负荷运行，其中金风、南车开票都超20亿元、纳税都超3000万元。加强中小企业要素协调，培植双菱成为定报企业。帮助金锋佳特协调矛盾，做好自行清算工作，全力解决企业运行困难，保稳定。

【平台建设】 依托金风海上风电试验平台，加大力度推进北京鉴衡海上风电机组检测中心建设。重点建设江苏省6兆瓦级及以上直驱永磁风电机组工程中心、江苏省海上风电装备工程技术研究中心、江苏省6兆瓦及以上直驱永磁风力发电机工程实验室和江苏省企业技术中心等。

【科技创新】 金风、南车建成省级企业技术中心首批江苏省重点企业研发机构；金风“2.5兆瓦直驱永磁风电机组研发及产业化”项目获江苏省科学技术奖，南车“6兆瓦直驱永磁同步风力发电机”项目获国家科技部科技计划项目立项、“6兆瓦及以上大功率永磁同步风力发电机应用项目”获省经信委工业和信息产业转型升级专项引导资金项目资助。申请专利32件，其中发明专利15件。国家青年千人计划专家李晔入选大丰市第四批创新创业领军人才引进计划，博士张新刚入选江苏省企业博士集聚计划。

【品牌创建】 积极打造基地品牌，风电产业园建成江苏省特色产业集群、盐城国家可持续发展实验区示范基地，风电产业研发展示中心建成江苏省科普教育基地。

【配套设施建设】 新建万众路、220千伏永泰输变电工程。建设16栋农民安置公寓，竣工11栋、新开工5栋；4栋一期职工公寓竣工，首批华尚玻璃职工近20人入住；2栋国际人才公寓投入运作经营。园区招待所、职工活动中心配套齐全，新布置的职工食堂、健身器材受职工好评。

（宋金鑫）

大丰电子信息产业园

【概述】 大丰电子信息产业园位于江苏大丰经济开发区北拓区，总体规划4.5平方千米，地处疏港路以北、北疏港河以南、申丰路以西、西疏港河以东。疏港运河为四级航道，是连通一类对外口岸大丰港与长江内河运输的通道，为三类水质，常年不枯，可为大工业提供水源。园区东侧332省道，是连接港口、园区、京沪高速、宁靖盐高速、沈海高速的主要通道。距市中心10分钟车程，距大丰港30分钟车程，距盐城国际机场30分钟车程，距沿海高速入口5分钟车程。修建中的新长铁路大丰港支线、徐大高速大丰港支线位于园区北侧，为园区物流提供便利。

大丰电子信息产业园内的江苏博敏电子有限公司

【项目建设】 园区集中建设3.3万吨/日处理能力的污水处理厂、工业自来水厂以及年无害化处理废弃电子线路板10万吨的固废处理中心，是江苏省唯一的专业印制线路板园区。园区落户的有博敏电子、双展电子、明微电子、富双元电子、培耘电子、世迈电子等项目。

【发展规划】 电子信息产业园加快发展印制线路板产业，大力引进龙头企业。提升单/多层、柔性、刚挠等线路板产品规模和层次，形成产业集聚。以印制线路板为基础，引进SMT、半导体制造、芯片开发、封装、组建制造以及PC产品、IT产品、移动通信设备等电子产品制造项目。园区依托与各类电子行业协会以及大型电子产品生产企业和大型电商企业合作，计划建成华东规模较大的电子组装产品生产基地和市场基地。

（林　雁）

大丰市木材产业园

【概述】 大丰市木材产业园位于江苏大丰港经济开发区核心区域，东邻4万吨级木材专用码头，南接332省道连接线，西接204国道和沿海高速公路，疏港四级航道贯穿园区。园区规划8平方千米，以疏港四级航道为界，分为南区（启动区）和北区（精深加工区）。2014年完成财政总收入1.05亿元，同比增长13.22%；公共预算收入5500万元，同比增长14.55%；全口径实现开票销售收入38亿元，其中定报企业实现开票销售31.95亿元；新开工1亿元以上项目4个，竣工1亿元以上项目3个；新增定报企业1个，新增规模以上服务业企业1个；

全社会固定资产投资12亿元，基础设施投入3000万元，进口木材加工贸易量突破100万立方米。

【发展规划编制】 结合园区特色，围绕造纸和木材贸易加工两大板块，组织修编完善园区总体规划和产业发展规划，重点完成造纸产业园总体规划修编和区域环评工作，推动高端特种造纸产业向大丰市沿海集聚，从制浆造纸向循环纸利用转变，努力打造中国高端造纸产业示范基地。重新修编木材产业园总体规划和产业发展规划，进一步明确北区木材精深加工发展方向，利用逐年增长的木材进口贸易量和品种数，集聚一批木结构、家具、地板企业落户园区。

【招商引资】 2014年，新开工达伯埃（江苏）纸业有限公司高档生活用纸、江苏丰源热电有限公司二期、江苏海华环保有限公司二期技改1亿元以上项目3个。新签约项目2个，分别是：总投资50亿元占地133.33公顷的东莞市金田纸业有限公司，年产200万吨灰板纸项目；总投资50亿元占地160公顷的四川豪意（大丰）木质科技城项目。跟踪洽谈的项目7个，分别是：上海久亭聚森木业的高档地面贴面皮项目；上海弘嘉木业有限公司的高档整体橱柜项目；苏州万里木业有限公司的地板及坯料项目；荣宝斋无锡有限公司的高档红木家具项目；上海海祥木业有限公司高档板式家具项目；太仓汇洪木业有限公司指接材、贴脚线项目；红星美凯龙家居产业园项目。

【基础设施建设】 南区开展美化提升、北区加强基础配套，加快实施园区基础设施建设工程。3月，北区用电、自来水工程竣工使用。6月，南区室外消防管网竣工使用。造纸产业园整体规划、区域环评完成正式文本，提交盐城市环保局审批。博汇围堰工程由大丰市大丰港工程建设有限公司承建，竣工验收，交付博汇使用。博汇纸业220千伏线路项目完成全部19个基础施工，铁塔完成4基安装。造纸园自来水（环港东路段）实现供水。达伯埃（江苏）纸业有限公司建成临时用电。北区绿化完善工程竣工，园区集中供热管网及污水处理厂进入设计阶段。

大丰市木材产业园中小企业集聚区

【"两大中心"建设】 筹备实施"两大中心"建设。大丰市进口木材检验检疫除害处理中心技术方案通过国家质检总局评审批复；一期工程具备年处理木材能力100万立方米，委托中国林产工业设计院设计施工图，完成园区地坪及围墙建设，计划2015年年底竣工。园区供热中心由大丰港海港控股集团有限公司与大唐集团签订合作共建热电厂的协议，年内开展线路规划等前期准备工作，计划2015年开工建设。

【大丰市大丰港木材产业发展有限公司】 大丰港木材产业发展有限公司发挥其江苏大丰海港控股集团有限公司全额子公司的优势，以市场化运作为手段，逐步完善以政府投入为引导、企业投入为主体、社会投入为支撑的多渠道投融资体系，提高自主发展能力，盘活园区标房、综合楼等固定资产。与俄罗斯林产品集团公司、俄罗斯RFP公司和俄罗斯能源投资公司达成长期战略贸易合作，港区码头全年从俄罗斯等国进口木材55万立方米，其中由大丰市大丰港木材产业发展有限公司代理进口俄罗斯原木35000立方米，总金额410万美元。加强与加拿大嘉汉林业、美国针叶木外销协会、中铁集团等国内外大型木材贸易企业的联系与合作，为园区45个加工企业提供原木。

（柏　桦）

大丰市海洋生物医药产业园

【概述】 大丰市海洋生物医药产业园（以下简称园区）毗邻国家一类开放口岸——大丰港，南起华丰七中沟，北止华丰八中沟，西起老海堤，东止海堤公路，规划面积4.74平方千米。园区基础设施全面拉开主框架，建成"四纵二横"道路格局，水、电、汽等配套基础设施功能齐全。园区重点发展生物医药、医药化工，配套发展医药研发、孵化，打造生物医药产业深加工基地，创建医药化工生态示范园。

【发展目标】 2014年，园区实现开票销售5亿元，完成财政收入0.65亿元，公共财政收入0.4亿元，其中100%增值税0.15亿元，新增定报企业1个。计划2015年园区实现开票销售6亿元，实现财政收入0.7亿元，公共财政收入0.45亿元，其中100%增值税财

大丰市海洋生物医药产业园海嘉诺化验室

政收入0.2亿元，新开工1亿元以上项目1个，竣工1亿元以上项目2个，争创省级以上品牌平台2个。计划2020年，建成百亿级海洋生物医药产业规模，打造成省内有影响、国内有特色的生物医药深加工产业基地。

【招商引资】 2014年，园区参加大丰市、港区举办的各类招商引资活动，重点开展活动招商、以商引商、敲门招商，瞄准国际国内医药龙头企业，关注企业投资动态。利用海嘉诺、瑞克药业和云涛生物等落户园区大企业大集团资源优势，促进一批新项目落户园区。跟踪洽谈印度阿拉宾度医药集团抗生素药项目，总投资1.3亿美元。

【药业项目推进】 园区坚持项目立园的工作思路，加快项目推进，促进项目快建设、快投产、快达效。江苏瑞克医药科技有限公司抗艾滋病药二期项目，总投资1.5亿元，新建四、六生产车间，建设年产300吨格列齐特、200吨奥卡西平、300吨酮洛芬和20吨阿扎那韦硫酸盐生产线。六车间竣工试产，四车间主体厂房建成，进入采购设备阶段。

【科技创新】 2014年，园区大力实施科技创新发展战略，加强人才引进，注重品牌创建，推动平台建设。江苏兄弟维生素有限公司引进高层次人才1人，紧缺型人才5人，成功申报江苏省名牌产品称号，创建江苏省两化融合试点企业、江苏省数字企业等省级平台，获省发明专利4项。海嘉诺公司成功创建江苏省工程技术中心、江苏省企业技术中心等省级平台，获省发明专利1项，省高新技术产品1个。

（丁富桂）

大丰市石化产业园

【概述】 大丰市石化产业园是江苏省委、省政府支持苏北发展“一市一策”重点支持发展的园区，位于大丰港石化码头后方，园区规划面积38.5平方千米，重点发展合成纤维、合成塑料、合成橡胶三大合成材料。2014年发展以落户园区大型石化企业为核心，实现产业向上游重油、凝析油、石脑油、天然气、液化气加工等基础原料生产推进，下游烯烃、苯产业链延伸，并拓展至化工新材料、合成纤维、合成塑料、合成橡胶等。全年完成财政总收入1亿元，固定资产投资25亿元，完成工业开票销售78亿元，新开工1亿元以上项目2个，竣工1亿元项目2个，培植50亿元以上大企业（集团）1个。被市委、市政府表彰为综合先进单位、招商引资和项目推进先进单位、百项重点工程推进先进单位。

【招商引资】 全年掌握重点招商项目信息21条，其中总投资100亿元以上项目3条。分别为：总投资118亿元山东晨曦集团重组联孚石化新建炼化基地项目；总投资40亿美元台湾中石化石化新材料项目；总投资100亿元福建永荣集团石化产业链项目。成功签约园区危化品处置服务中心项目。积极开展招商引税，分别引进物流企业3个、贸易公司3个。

【规划建设】 园区大力推进规划建设，为企业落户提供政策。4月，园区扩区规划环评获省环保厅批复，成为江苏省内首家获省环保厅同意扩区的化工园区。7月，园区产业发展规划获省沿海办批复，在更高平台上保证园区产业发展。12月，深海排放工程海洋环评和海域使用论证通过省海洋局的技术评审。

【基础设施】 完成消防用水管网、污水管网二期工程建设，生活供水实现区域供水一体化。完成排海工程陆上部分建设并试运行。完成园区建成区两大防洪围区体系建设，园区防洪抗涝能力增强。王港河裁弯取直、城东路复河疏浚工程顺利实施，园区危险化学用品运输航道初步形成。

【项目建设】 全年新开工1亿元以上项目2个，分别为碧海石化100万吨重油深加工项目、海兴化工天然气制氢项目；竣工1亿元以上项目2个，分别为海力环已烷回收综合利用项目、海兴化工天然气制氢项目。危险化学用品处置服务中心项目加快完善前期手续工作。

【服务管理】 实行园区封闭管理，按照“资源共享、责任共担、安全共管”的原则，统一管理，防范安全风险。建立健全管理制度，完善园区安全生产、环境保护、信访稳定、担责保证金、监管巡查等制度，编制安全、环保、维稳等预案，防范突发事件发生，协调发展。建立管委会统一领导、环保科统一监管、各科室协调配合，企业落实主体责任、群众广泛参与监督的环保工作体系。积极开展送法入企、专场宣讲、办班培训等宣传教育活动，企业法人和职工的环境保护、安全生产意识、法制观念得到进一步提升。

（蒋　龙）

大丰市海洋科教城

【概述】 2014年，大丰市海洋科教城位于大丰港经济开发区日月湖西侧，规划面积18平方千米。2014年，海洋科教城投入约8000万元用于汽车2.5产业园启动区内“三路一桥”等基础设施建设。与盐城师范学院及南京理工大学的合作办学取得实质性进展。全年完成公共财政预算收入突破3600万元。与山西华信重工有限公司汽车发动机制造产业落户2.5产业园签订框架协议。被市委、市政府表彰为综合先进单位

【工程项目建设】 汽车2.5产业园在完成开发策划、概念（产业）规划及控制性详规设计的基础上，对启动区人工湖景观设计进一步优化，按照“启动区先行、逐步推进”的步骤，开始基础设施建设。全年投入约8000万元用于汽车2.5产业园启动区内“三路一桥”等基础设施建设。天津港路复河桥、洋辉西路东段完成施工，洋辉西路西段、纵九路、天津港路，进行河塘清淤及软基处理。

【联合办学】 6月18日下午，南京理工大学、大丰市海洋科教城、江苏大丰海港控股集团有限公司联合办学签约仪式在大丰港经济开发区举行。签约仪式上，南京理工大学成人教育学院院长马宏建希望，以此次签约为契机，扩大交流，在各个领域寻找更多契合点，深入发展，深化合作，获得更多成果。大丰市政协副主席、大丰市海洋科教城管委会常务副主任韦国出席签约仪式。

（陈　伟）

南京工业大学大丰海洋产业研究院

【概述】 2014年，南京工业大学大丰海洋产业研究院占地面积9.93万平方米，规划区由南至北分为三大功能区，南部以科研及公共绿地为主，中部以办公、人才培养、产业孵化为主，北部以专家公寓、商住休闲、商业配套为主。2014年，南京工业大学大丰海洋产业研究院按照“建平台、引人才、创品牌”的工作思路，大力实施创新驱动战略。加快推进省级海洋生物产业研究院建设，努力打造全国沿海地区一流的“政产学研创新平台、沿海发展科技引擎、人才培养交流基地。获大丰港经济开发区科技与创新工作奖。

【产学研活动】 参加在徐州举办的中国生物工程学会生物资源专业委员会成立大会暨首届全国生物资源保护与产业利用学术研讨会。参加在浙江温州举办的中国生物工程学会2014年学术年会暨全国生物技术大会等产学研会议。参加在深圳举办的高层次人才大会以及盐城市沿海发展人才峰会等一系列产学研对接活动。进一步接触海内外高层次人才，扩大研究院在省内外海洋生物领域内知名度和影响力。

【高层次人才】 全年入驻各类团队16个，引进各类高层次人才100多名。与“千人计划”中的广州医科大学中法霍夫曼免疫研究所所长彭涛，烟台大学药学院教授杜振宁签订合作意向。跟踪联系中科院院士、著名生物学家、清华大学生命科学学院教授翟中和，“千人计划”中的清华大学深圳研究生院海洋学部教授陈道毅、广州医科大学特聘教授周国瑛等一批著名学者，争取尽快建立紧密性合作关系，引进建立实验团队，提升研究院研发能力和水平。

【平台建设】 重点建设以下几个平台。盐城师范学院的江苏海洋药物研发协同创新中心，由大丰港平台公司与盐城师范学院资产管理部门合股成立大丰盐城师范学院海洋生物制药科技有限公司，引进重庆大学生物工程学院教授王伯初担任中心主任，建设江苏海洋药物研发协同创新中心，实验室全面建成，3个专家团队入驻并正常开展研发工作。南京工业大学国家生化工程技术研究中心大丰分中心，由南京工业大学生物与制药工程学院副院长、英国谢菲尔德

2014年4月13日，江苏省省长李学勇到港区南京工业大学大丰海洋产业研究院指导工作　　单位供图

大学博士后郭凯领衔，主要围绕生物化工以及生物新材料进行科技研发，团队正常入驻，工作进展顺利。徐州药用植物功能国家地方联合工程研究中心大丰分中心，依托中国生物工程学会，主要以大蒜、银杏、半夏等药用植物开展种植、加工、功能开发等深度研究，计划在大丰设立分中心，依托大丰本地植物资源，开展技术合作和平台共建。

【科技成果与企业对接】 探索科技与经济结合新模式，形成“一手抓科研、一手抓转化”的科技工作新格局。强化研发技术转让，上海海洋大学教授何培民领衔的黄海浒苔监测中心研发了浒苔食品开发技术，在盐城海瑞食品有限公司有效利用，投资100万元，增加浒苔一次加工线2条，年出口加工浒苔成品30吨；近海生物资源研发中心研发的基于滩涂秸秆的新型包装与装饰产品的绿色制造技术，在江苏桃园家饰有限公司转让，为企业设计3款工艺产品，远销日韩等国，推动企业实现创汇73.1万美元。强化成熟成果应用，南京工业大学生物能源研究所所长郑涛领衔的生物发电项目在江苏大丰港和顺科技有限公司进行产业孵化，项目一期总投资7186.62万元，5月开工建设。国家钢铁研究总院教授唐建明领衔的中国钢研大丰港有色金属研发中心镍铁项目在江苏大丰海港控股集团公司进行产业孵化；总参某所的通信技术军工项目和江苏大丰港鑫通信科技有限公司合作，投资300多万元，完成实验室改造工作。强化为企业横向服务，与港区内的海天医药科技、赐百年生物科技、海嘉诺公司等近20个企业签订横向合作协议，合作开发新技术、新产品，解决生产中的技术瓶颈。

【项目品牌申报】 全年申报省级以上科研项目6项，其中自然基金面上项目2项、产学研创新资金前瞻性项目1项、社会发展支撑项目1项、省产业技术研究院（参与）项目1项、与湖南大学等院校合作共同申报国家科技支撑项目1项。申报上海海洋大学教授何培民、盐城师范学院教授孙雅泉为省“双创”人才。申请发明专利5项。成功申请盐城市十佳巾帼科技示范基地，获盐城市妇女联合会授牌。

（孙月娟）

大丰市华丰工业园

【概述】 大丰市华丰工业园建于2003年，园区规划面积6.86平方千米，位于国家一类开放口岸——大丰港南侧，紧邻332省道，临海高等级公路穿境而过，水、电、汽供应，污水处理，道路、绿化等配套设施功能齐全，各项管理基本规范，综合环境整治取得实效。2014年，园区有企业28个，其中化工生产企业22个，园区配套企业6个，基本形成了农药化工、精细化工（含医药）、化纤为主的产业格局。全年，园区完成开票销售51亿元，完成财政收入3.8亿元，公共财政收入2.1亿元，其中100%增值税0.6亿元，到账外资180万美元，新增定报企业2个。

大丰市华丰工业园管委会办公楼

【基础设施】 2014年，园区提升绿化、亮化、管网等基础设施工程，加快推进基础设施提升改造工程，进一步提升园区对外形象。栽植生态防护林53.3公顷，清淤驳岸八中沟4.3千米，实施绿化1.4万平方米，基础设施总投入约3000万元。

【项目推进】 2014年，园区加大项目服务和推进力度，促进企业转型升级，加大落后产能淘汰力度，对高耗能、高污染、安全环保整改提升意识不强的企业，腾笼换鸟，并购重组中小企业4个。通过政策引导和环境倒逼等手段，促进企业增股扩股，扩张兼并，延伸产业链条，推进企业多元化发展，加大辉丰公司等企业对外扩张力度，促进企业向产品上下游产业推进，鼓励扶持辉丰发展石化产业。鑫源达公司拓展发展空间，扩大产能，争取2016年发展成销售10亿元，纳税2000万元的大企业大集团。苏州兴邦化学建材有限公司新材料项目，总投资1.6亿元，占地3.33公顷，建设年产1万吨标准型聚羧酸高性能减水剂生产线，进行手续报批和工艺设计。大丰欣丰生物资源有限公司麻疯果综合利用项目，总投资2985万美元，占地8公顷，建设年加工20万吨麻疯果及年提取10万吨油料脂肪酸提取物生产线，进行土地置换及补偿。2014年，园区新开工1亿元以上项目3个，竣工1亿元以上项目2个，在建1亿元以上项目3个，技改项目6个。

【品牌创建】 2014年，园区以人才引进为突破，以品牌平台创建为重点，促进企业规范建设、快速发展。引进“双创”人才2人，博士2人，创建省级以上平台15个，省级以上品牌10个，其中，辉丰、腾龙获“国家高新技术企业”称号。园区获省级发明专利50个，省级高新技术产品10个。

【安全环保】 2014年，园区坚持“安全第一，环保优先”原则，做好园区安全环保工作，园区安全形势稳定，环保工作成效显著，园区的空气环境质量明显提高。加大安全生产宣传和职工技能培训力度，加强安全生产隐患排查和整改，完善提升安全生产应急预案制订，注重安全应急演练，促进安全生产形势平稳。定期或不定期对化工园区周边水系取样化验，通报化验结果到各化工企业及周边群众，定期召开整治工作促进会，确保各项工作有序推进。加大对园区周围南阳中学等敏感区域监控监测力度，召开5次恳谈会，改进环保治理措施，促进措施落实。2014年，园区所有生产性化工企业全部通过安全生产标准化验收，加强职工安全技能培训，增加安全生产意识，全年未发生重大安全生产事故。加强企业“三废”治理，园区污水处理厂年处理2万吨扩能改造工程竣工运行，年处理9000吨固废处理中心建成投产，园区所有企业全部新上RTO（蓄热式热力焚化炉）废气焚烧炉，园区“三废”防治工作基本可控到位，规范达标。加大环境监管力度，倒逼企业向节能环保模式转变，淘汰或提升中小企业，促进企业转型升级，推进企业科学发展、升级发展。

（丁富桂）

江苏大丰盐土大地海洋生物产业科技园

【概述】 江苏大丰盐土大地海洋生物产业科技园以海洋生物医药研发及专业孵化器为基础，主攻海洋生物医药、海洋生物食品、海洋生物化工、海洋生物能源、海洋生物新材料五大方向。2014年，江苏大丰盐土大地海洋生物产业科技园树立“突破项目，建立平台，打造全国一流海洋生物产业集聚区”的目标，围绕“盐土农业、海洋生物、蓝色旅游”三大特色产业，精心组织，立体推进，全面完成各项目标任务。全年实现公共财政收入1919万元，到账外资280万美元。年内被省旅游局评为国家AAAA级旅游景区、被省物价局评为江苏省价格诚信单位、被省发改委评为江苏省海藻综合利用工程中心、被盐城市科学技术局评为盐城市螺旋藻加工工程技术研究中心，被大丰市政府授予综合先进奖。在盐城市 2014 “玩转盐城最美旅游”活动评选中，被大众评为最好玩乐园、最美景区。

大丰盐土大地海洋生物产业科技园国家科技兴海产业示范基地研发中心

【基础设施建设】 黄海药谷项目1号研发楼土建结束，1~2层完成装修及机械设备安装，完成围墙、门卫等设施建设，交付使用。2~5号研发楼主体结束，外墙装饰施工部分完成，竣工验收交付使用。创诺固体制剂生产B1厂房桩基完成，图纸送审。海洋乐园项目，游客服务中心、儿童乐园、风情街、海豚、海狮、海豹表演馆建成并对外开放。园区内主干道提升工程全部竣工。

【产业发展】 加大海水蔬菜、耐盐蔬菜、特种蔬菜生产规模，加大推销力度。耐盐蔬菜首次进入盐城金鹰和泰州金鹰。通过销售蔬菜，提供技术服务，全年实现销售收入11.4万元；大力拓展园林绿化外包工程，全年接绿化工程总造价约3481万元；扩大耐盐苗木、花卉对外销售，扩繁、培育苗木720万株，培育时令花草80万株、小盆景1万盆，实现销售收入119.2万元。

【招商引资】 围绕海洋生物医药和海洋生物食品项目，园区成立青岛、上海、深圳3个招商站，按区域划分招商范围，到山东、上海、浙江、福建、广东等地，突破一批海洋生物产业项目。全年走访340个企业。参加市里组织的各项活动，参加在苏州、上海、深圳、福建、浙江召开的项目集中签约活动。全年竣工1亿元以上项目2个，新开工1亿元以上项目5个。

【争取资金】 园区与各大金融机构沟通联系，获取支持。向交通银行、民生银行、江南村镇银行、苏州银行等金融机构争取资信贷款，申请贷款3.67亿元。做好向上争取项目资金，加强与上级部门对接，争取农业、科技等项目资金的支持，申报项目16项，申请经费1550万元，其中立项9项，审批经费879万元。

【海博会】 6月8~15日，在园区内举办大丰首届海博会，海博会是国内首次举办的海洋生物产业领域的综合性展会，吸引来自国内外20多个省份和地区的367个企业和科研机构参展、参会。得到国家海洋局、商务部，省商务厅、沿海办、海洋局以及盐城市委领导的肯定和支持。受到中央电视台《新闻联播》、江苏卫视《江苏新时空》、江苏公共频道《新闻空间站》《新华日报》《江苏经济报》《现代快报》、新华网、人民网等30多个权威媒体的跟踪报道。签订项目与贸易合同33个，其中投资项目21个，贸易合同12个，签约投资与贸易总额92.14亿元。

【参加中国杨陵农业高新技术成果博览会】 11月5~9日，园区作为江苏四大展团之一参加在陕西杨凌召开的第二十一届中国杨陵农业高新技术成果博览会，起到良好的推广效果。

【被省旅游局评为国家AAAA级旅游景区】 园区"以蓝色旅游融入海洋生物产业、以海洋生物产业带动蓝色旅游"，融合港区、港口、港城风景，发展以滩涂生态湿地为主题的观光休闲与科普互动的黄海特色旅游。12月，园区"海洋世界"被省旅游局评为国家AAAA级旅游景区。

【被省物价局授予"江苏省价格诚信单位"铭牌】 12月，经过现场抽查考核、组织暗访、审核公示、信用查询和征询意见等程序，园区海洋世界被省物价局授予"江苏省价格诚信单位"铭牌。

【张建生到园区调研】 8月5日，科协国际部部长、海智办主任张建生对园区内科普体验展品的互动性和活动开展成效给予高度评价。张建生指出，科普场馆是科普工作的重要设施和阵地，建设和利用好科普场馆，对提高全民科学素养，对提高青少年科普意识和科学精神有重要作用。张建生希望，园区进一步加大科普示范创建力度，不断丰富海洋世界功能，争取建成"全国科普教育基地"。

（胡连芳）

大丰市重型装备产业园

【概述】 大丰市重型装备产业园分为规划区和启动区。规划区位于一期码头的北部，濒临规划中的挖入式港池岸线，面积10平方千米；启动区面积2平方千米，东至城东路，西至工业二大道，南至南港路，北至四级航道。启动区下设：核心地块、工程机械、海工装备、大型特种安装设备、重型钢结构、风电设备、冶金机械、港口机械、船用部件、数控机床等功能区域。园区招引重特大项目，战略性新兴产业项目，全力打造江苏沿海地区重型装备产业发展基地。2014年，园区完成财政收入1650万元，占年初目标的113.8%。12月，被授予盐城市第一批国家可持续发展实验区示范基地。

【招商引资】 采用敲门招商、活动招商、以商引商以及网络招商相结合的办法，主攻重大战略性新兴产业项目。全年竣工项目2个，新开工1亿元以上项目4个，签约1亿元以上项目5个，洽谈中的5亿元以上重大项目4个。

【项目推进】 园区不断强化项目服务力度，努力为项目建设提供服务平台，对园区落户在建项目实行全程服务，每个项目明确专人跟踪服务，帮助协调解决问题，力促项目早竣工、早投产、早达效。由鸿明重工船舶装备制造有限公司总投资3.25亿元，占地21.33公顷的鸿明重工船舶装备制造项目建成投产后，预计可实现年销售收入8亿元。龙禹空气净化器项目由上海龙禹和上海普盈共同投资，总投资3亿元，注册资金2000万元，项目建成后，预计年产值10亿元，利税2亿元。和顺锂电项目，投资建设年产5亿AH的汽车电池生产线，首期投入建设2条生产线，投产后产品经检测通过并经国家权威部门认证和市场接受。和顺电子年产400万台高档电视项目，由迪讯科技（常州）有限公司与大丰海港控股集团有限公司合资建设年产400万台高档电视机及电子元器件，占地面积15.6公顷，总投资1.3亿元，首期注册资本3000万元。

【基础设施建设】 园区投入5000余万元，高起点设计建设园区道路管网工程，2.5千米20千伏供电、600毫米管径供水等工程竣工。园区道路规

2014年5月22日，工信部装备司重大技术装备处领导到大丰调研

划二纵二横，完成园区工业三路、工业三大道的道路建设，总投资2050万元，园区纵十五路在筹备建设，园区路网架构基本形成。园区绿化、亮化工程在建设，招商环境得到优化，园区综合配套能力增强。

（周大伟）

大丰港海晶创投中心

【概述】 大丰港海晶创投中心由大丰港经济开发区管理委员会出资设立，位于大丰港海港新城国际商务大厦，是集生态办公、创业投资、金融配套、专业服务于一体的综合性投融资服务平台。中心旨在坚持政府引导和市场化运作相结合的原则，发挥政府投入调动全社会资源配置的能力，整合政策和资金资源，全力推动中小科技型企业加快科技成果产业化，形成金融创新活跃、服务功能齐全、支持重点突出的创新型金融服务形态。

【多个机构入驻大丰港海晶创投中心】 入驻大丰港海晶创投中心的有：基金公司和基金管理机构18个，商业银行、担保公司、证券公司、融资租赁公司、小额贷款公司等金融机构16个，律师事务所、会计师事务所、产权交易中心、财务顾问公司等中介服务机构9个。大丰港海晶创投中心发起设立和正在筹备设立股权基金10个。

【交易信息共享】 加强金融创新，推进更多中小企业进入资本市场，市政府与上海股权托管交易中心结成战略合作伙伴，出台《关于推进企业进入场外市场挂牌的意见》，在中心设立上海股权托管交易中心大丰联络服务代表处，直接与上海股交中心同步共享交易信息。发挥创新、高效、灵活的融资服务功能，促进企业规范运作，转型升级，发展壮大。登记、签约、股权转让等交易活跃。

（李坤洋）

大丰市丰收大地现代农业示范区

【概述】 大丰市丰收大地现代农业示范区总规划333.3平方千米，核心区13.3平方千米，地处城东新区以北，毗邻疏港路，规划现代农业示范区、农产品加工集中区和农业现代服务业集聚区三大板块。2014年，园区加快由示范型园区向服务型园区转变，全区完成财政收入4400万元，新开工1亿元以上项目2个，新签约1亿元以上项目1个，创建省级以上服务平台2个。获得“全国青少年农业科普示范基地”“江苏省省级农产品加工集中区”“江苏省科普教育基地”“盐城市农业产业化龙头企业”“盐城市最佳采摘园”“盐城市最具魅力休闲农业园”“盐城市第一批国家可持续发展试验区示范基地”等称号。

大丰市丰收大地现代农业示范区温室大棚

【招商引资与项目推进】 加大招商力度，拓展招商渠道，与中国水产协会、福建省食品行业协会、圣美机构等行业组织合作，邀请30多个国家级、省级农业龙头企业入园考察；与南方集团、香港科达国际、江苏宝莲生物科技等公司达成总额30亿元的投资意向与协议。林木二期、苏农国际广场二期、丰收大地游客接待中心（暨农业培训中心）主体竣工，创意园二期工程、丰收生态农场、生态旅游超市、苏农国际广场一期、富民农副产品批发市场瓜果蔬菜交易区等项目建成开业，久禾二期开工建设。

【平台建设】 注册成立丰收大地营销发展有限公司、丰收大地旅游发展有限公司，形成种业、服务业、营销、旅游相协调的产业发展结构。组建科技成果转化中心、研发中心、农产品电商中心，引进蔬菜新品种100多个；科技成果入库220项，专利81项；合作创意团队80多个，入园团队30多个，合作专家200多位，提供农业产前、产中、产后一站式服务。建成农副产品网络营销中心，135个涉农企业和农业协会注册成为会员，60多个特色农产品实现网络销售。成立农业服务小分队，建立新成果推广试点21个，集聚农民经纪人114名。

【产业发展】 全年完成种苗生产与销售6000多万株，铁皮石斛组培苗驯化50万杯；申报并实施藏红花种球组织培养技术与示范、蔬菜瓜果育苗工厂生产示范基地建设项目。招引农业类专家和相关企业，形成专家和创意团队“智库”；开展针对“新型农民”经营主体的培训15场，承担各类咨询业务100多个；完成《大丰市“双草线”现代农业示范带概念性规划（2014~2020）》编制工作；筹备成立“丰收大地”新型植保体系推广中心，与农民日报社、中国农科院等合作成立农业设计公司。整合大丰优质农产品资源，全力推进农产品品牌设计与营销工作，完成丰收大地牌蜂蜜、菜籽油、生态米等系列产品的包装设计与生产，与三邦食品、响当当集团签订供货合同，接洽订单5000多万元；与佳丰油脂、三邦公司等签订4000多万元代工协议。建成20公顷丰收生态农场，打造“百菇园”“百果园”“市民菜园”特色旅游新亮点，建成有机果蔬采摘中心，发展食用菌养生、有机蔬菜采摘、现代农业观光等特色旅游产业；组织“种子画制作大赛”“小小记者农业科普行”“手工月饼制作大赛”等系列活动，接待苏南、上海旅行团等游客3.8万人次。

（邓　壮）

大丰市专业市场现代服务业集聚区海聚生活广场

大丰市专业市场现代服务业集聚区

【概述】 大丰市专业市场现代服务业集聚区规划面积15平方千米，启动区4平方千米，区内依托通港大道，建成常新路、上川路、东宁路北沿、人民北路拓宽、西康路、金丰路北延、春柳路、纬二路、纬一路等“八纵四横”道路框架。建设专业市场园、现代物流园、创意产业园、西郊（斗龙）生态园等四大产业园，配套建设公共服务区、商贸服务区、商务休闲区、配套住宅区等四大功能区。2014年，集聚区坚持“改革创新、转型发展”的工作主题。全年完成财政收入11022万元，占年度计划113%；新招引规模以上现代服务业项目3个；固定资产投入8亿元。全面完成“两项重点、三项指标”目标任务。被市委、市政府授予“综合先进奖”“招商引资和项目推进工作奖”“服务业先进工作奖”荣誉称号。

【招商引资】 围绕园区产业定位，优化园区产业结构，提升项目质量，将招商引资主攻点放在物流市场、电子商务、旅游等项目上，主动出击、定点主攻。参加上海、深圳、南京等地大型招商活动，专业招商组10多次奔赴北京、杭州等地考察、洽谈项目。全年签约项目2个，在谈项目2个，其中电商项目方面取得重要突破，引进阿里巴巴农村淘宝网，是华东地区首家入驻。

【专业市场项目建设】 丰尚国际商务中心主体28层和主体21层商务楼封顶开盘销售。瑞丰商贸城主楼4幢15层封顶。汽车城项目拆迁结束，征地扫尾，做土地释放挂牌手续。国际生活社区A地块，征地拆迁全部结束，投资方调整完善设计方案。物流广场项目对规划问题多次协调，争取早日开工建设。

【电子商务产业园建设】 大丰市电商产业园总规划面积约6万平方米，主要分为电商产品体验区、电商孵化区、智能仓储区、综合服务区、电商办公区、配套生活区六大功能区域，项目分三期实施。12月，一期的数据中心和3000平方米办公区竣工并投入使用，阿里巴巴集团农村淘宝项目、辉丰股份农一网、鸡毛箭网购平台、宅办公等10个电商入驻经营。

【民生生活保障】 为提高集聚区拆迁安置户的生活居住水平，增强区内人气环境，启动4个安置小区的建设，计划总投资2亿元。大新安置小区3幢楼竣工交付使用；同德农民公寓3幢主体封顶；德惠花园3幢主体施工达3层。

（汤　静）

大丰上海光明工业区

【概述】 大丰上海光明工业区位于上海驻大丰的上海农场南部，规划面积33平方千米，一期开发12平方千米。规划了“三园一区”（食品工业园、现代制造园、物流园、综合服务区）的功能区域。2014年，大丰上海光明工业区完成公共财政预算收入2338万元，实际到账外资1000万美元，完成规模以上工业开票销售4020万元，分别占全年目标任务的111.3%、100%、101%；新开工1亿元以上项目4个，竣工1亿元以上项目2个；被大丰市委、市政府表彰为综合先进集体，并获招商引资和项目推进工作奖。

【基础设施建设】 全年投入6500万

大丰上海光明工业区管委会办公区

元，实施海丰南路、大丰南路、新闸路及松江西路道路工程，“两纵三横”的道路框架全部到位；园区所建道路的路灯安装全部到位；节点绿化提升工程全部竣工，海丰南路、大丰南路及新闸路道路两侧绿化工程全部竣工；防洪排涝泵站投入使用。污水处理厂、燃气站完成规划选址工作，正在进行立项、环评等施工前期准备工作。热电联产项目做前期工作。

【重点项目建设】 江西双胞胎集团有限公司投资1.8亿元，占地6.67公顷，建设年产36万吨的绿色生态饲料项目竣工投产。光明米业集团投资1.2亿元，占地3公顷，建设年产50万吨饲料项目竣工，进入试生产。昆山圣华集团和苏州永泰隆公司投资5.2亿元，占地20.3公顷，建设的江苏人酒业项目竣工。紫菜产业园4个1亿元以上项目开工建设，其中江苏美佳佳有限公司、江苏理想食品有限公司、江苏东尚诚品有限公司的主体厂房竣工，江苏大川食品有限公司厂房装潢完毕，正在进行设备安装。

【上海江苏大丰产业联动集聚区】 在上海、江苏两地高层领导的推动下，3月，上海市政府市长办公会议听取上海市经信委等部门关于上海江苏大丰产业联动集聚区推进情况汇报，会办研究。6月，上海、江苏共同出台《上海市人民政府、江苏省人民政府关于共同发展沪苏大丰产业联动集聚区的意见》（沪府〔2014〕50号），正式印发《共同发展沪苏大丰产业联动集聚区的会议纪要》，首次以文件形式明确上海江苏大丰产业联动集聚区的发展目标、产业定位、联动机制和支持政策等，为集聚区各项工作的开展和推进提供依据。上海市政府专门明确由上海临港集团为主体，牵头负责上海大丰大丰产业联动集聚区的开发建设。下半年，上海临港集团组织集聚区规划、产业、政策3个调研班子，密集到大丰考察，形成初步方案。

【徐鸣、时光辉到光明工业区视察】 3月30日上午，江苏省副省长徐鸣，上海市副市长时光辉视察光明工业区，盐城市委书记朱克江，盐城市市长魏国强，盐城市委常委、大丰市委书记倪峰，大丰市市长陈平陪同。徐鸣希望，上海江苏两地按照“政府引导、市场主导”的原则，建立定期协调和会商推进机制，营造良好的政策氛围，推进集聚区建设，努力将集聚区建设成“长三角”内部产业整合的示范基地、“长三角”合作发展的示范基地和生态环保的示范区、区域合作的典范。时光辉表示，上海将全力支持驻丰农场农业现代化建设和产业联动集聚区发展，确保集聚区开发建设在上海各合作园区中处于先进水平，确保集聚区内产业发展处于行业先进水平。

【马静一行到光明工业区视察】 4月24日，上海经信委副主任马静及临港集团副总裁袁国华、光明食品集团副总裁张汉强一行考察光明工业区，市领导吴家祥陪同。马静一行对园区发展规划、产业定位、基础设施建设等相关情况进行详细了解，对取得的初步成效给予肯定，希望上海、大丰双方进一步明确职责，将工作落实到位，发挥上海、江苏两地资源互补优势，加快推动两地产业互动融合发展，推动江苏上海（大丰）产业联动集聚区加快发展。

【朱玺一行到光明工业区考察】 7月18日，美国通用磨坊大中华区总裁朱玺一行到光明工业区考察食品加工基地有关情况。市领导吴家祥、范大玉、丁瑞云陪同。朱玺表示，将大丰光明工业区作为首选，做好通用磨坊华东食品加工基地项目整体规划，待总部研究同意后将迅速与园区签订协议，尽快落户建设。

【李云峰到光明工业区调研】 8月7日，省委常委、常务副省长李云峰到光明工业区调研，盐城市及大丰市领导戴元湖、倪峰、吴家祥陪同。李云峰表示，上海市政府和江苏省政府已经联合发文推动集聚区建设，大丰要抢抓机遇，迅速推进各项工作。

【郑荣德一行到光明工业区考察】 8月8~9日，上海华东电器（集团）有限公司董事长郑荣德、上海明珠集团董事长应裕乔、华通机电集团董事长黄正定、飞洲国际集团董事长郑元华一行到光明工业区考察投资环境。市领导吴家祥、丁瑞云陪同。郑荣德表示，抓紧做好新产品研发和专利申请工作，待时机成熟，将投资100亿元，用地66.67公顷，建设华东电器集团新产品光明生产龙头基地项目。

【杨雄一行到光明工业区视察】 9月3日下午，上海市市长杨雄、副市长时光辉率上海市发改委、经信委、农委等相关部门负责人到光明工业区视察，上海临港集团董事长刘家平、光明食品集团董事长吕永杰、总裁曹树民陪同。在海丰农场场部，杨雄、时光辉专题听取上海市经信委、临港集团关于上海江苏大丰产业联动集聚区筹建情况的汇报，并明确要求，作为运营主体的上海临港集团拿出切实可行的方案；做好选址规划工作；产业定位要符合集聚区实际情况。

【王荣平到光明工业区调研】 9月4日上午，盐城市市长王荣平到光明工业区调研，市领导倪峰、陈平、吴家祥陪同。王荣平充分肯定光明工业区所做的工作，并表示加大支持力度，将光明工业区做大、做特、做强。

【张四福率代表团到光明工业区考察】 11月16~17日，上海临港集团招商中心总经理张四福率上海临港产业区企业家代表团到光明工业区考察，市领导吴家祥、范大玉、丁瑞云陪同。在大丰期间，企业代表团参观市规划馆、东方1号创意产业园、上海江苏大丰产业联动集聚区展示馆，考察集聚区地块及大丰港集装箱码头、粮食专用码头、散杂货码头等相关配套设施。企业家代表上海沪临重工有限公司总经理王敏、莱德沃起重机械（上海）有限公司原总经理樊敬、上海中船三井造船柴油机有限公司副总经理洪源对上海江苏大丰产业联动集聚区的投资环境给予较高评价，表达在光明工业区投资建设零部件加工项目的意愿。

【姚远一行到光明工业区考察】 12月1~2日，陕西煤业化工新型能源公司副总姚远一行到光明工业区考察，市领导吴家祥陪同。姚远对上海江苏大丰产业联动集聚区投资环境表示满意，表达投资建设园区集中供热（汽）项目的意愿并进行洽谈。

【上海市中青年干部培训班师生到光明工业区参观】 9月12日下午，由上海市委党校、上海市发改委、上海市财政局、上海市规划局、上海市国土局、上海市市政府合作交流办共同举办的2014年第5期中青年干部培训班师生一行60余人，到上海江苏大丰产业联动集聚区启动区光明工业区参观，市领导丁瑞云陪同。开展现场教学活动，师生一行观摩该区项目建设现场，参观规划展示馆，观看上海江苏大丰产业联动集聚区宣传片。

（曾国付）

大丰市高新技术区

【概述】 大丰市高新技术区规划面积18平方千米，预留9平方千米建设用地。按照建设“苏北高新技术产业创新实验区”的要求，推进以先进装备制造业、电子信息产业、现代服务业为主导，以新能源特定细分产业、电动汽车产业、软件和服务外包产业为辅助的产业体系。2014年，全区实现财政总收入7500万元；引进外资1100万美元；新招引1亿元以上项目6个，新开工1亿元以上项目5个，软件园入驻企业152个。大丰市高新技术区管理委员会被大丰市委、市政府评为大丰市综合先进集体、“三重”工作先进集体、科技与人才工作先进集体；被大丰市政府表彰为服务业项目推进先进集体等；高新技术区招商局被大丰市委、市政府表彰为招商引资和项目推进工作先进集体。

【招商引资】 加大招商引资力度，配强充实招商人员，在北京、上海、深圳分别挂牌成立高新区驻北京招商站、驻上海招商站、驻深圳招商站，明确3名分管招商工作的班子成员兼任招商站长。采取领导招商、活动招商、专业招商、以商引商、驻点招商和网络招商等，全年接待客商200多人次，收集总投资10亿元智能电网、5亿元的石墨烯、2亿元法雷特汽车发动机配件、1亿元的3D打印机等项目；签约5亿元道诚科技大厦、3亿元长顺商务大厦等一批1亿元以上重大项目。

【项目建设】 总投资2亿元金融大厦全面封顶投入使用；总投资2亿元鸿基科技大厦项目完成地基建设；10月，总投资5亿元道诚科技大厦正式开工建设；未来科技馆、金菠萝茶餐厅对外开放。云计算数据中心投入试运行，互联网营销平台、地理信息测绘项目、农业综合信息化平台、智慧旅游综合平台等4个项目启动建设，深圳嘉讯软件、上海亿阁信息、南大苏富特等一批龙头软件企业入驻园区，集聚从业人员近1000人。燃气设备制造项目建成投产；安泰金属新材料、飞平金刚石锯片、真鹿数控机床等项目厂房建成，进入试生产阶

2014年，大丰市高新技术区创业服务中心被科技部认定为国家级科技企业孵化器

段；海斯特液压泵主体厂房封顶。

【基础设施建设】 年内，多次邀请美国J&H国际设计机构和东南大学设计院设计人员到现场指导，为高新区重点工程规划设计，保证设计的品位和效果。有序推进拆迁工作，确保重点工程和项目顺利开展。组织开展工程建设抢工会战，实现基础设施投入1.4亿元，裕丰路（幸福路—新北路段）、飞达路（五一公园—裕丰路段）、新北路（五一路—福成路段）、高丰路（健康路—北兴路段）、广丰路（健康路—北兴路段）竣工通车；安置房27~36幢楼续建工程全部交付使用，38、41~43幢楼新建工程全部封顶。

【品牌创建】 争创省级高新技术产业开发区，省国土、住建、发改、经信等4个部门回函，联系争取商务、科技2个部门回函；高新区被省住建厅评为江苏省园林单位；国际软件园被省经信委评为江苏省三网融合试点园区；成功挂牌江苏省级软件产业公共服务平台；高新区创业服务中心被科技部认定为国家级科技企业孵化器。

（刘　刚）

大丰市麋鹿生态旅游度假区

【概述】 2014年，大丰市麋鹿生态旅游度假区大力实施“旅游兴市”战略，围绕“打造‘长三角’地区富有吸引力的旅游目的地”目标，开展招商引资，强化项目建设，推进宣传营销，全年新开工1亿元以上项目2个，建成国家AAAA级旅游景区1个，创建省级平台1个。

【项目建设】 中华麋鹿园AAAAA级景区创建。建成鹿王展示区、星级公厕1座、三孔拱桥和平桥2座；完成315千伏、630千伏输变电工程，河道疏浚和土方工程；在建游客服务中心、景区大门；湿地水道、生态博物馆、游船码头、游步道、旅游商品购物中心、观鹿台等项目完善规划。幸福公社建成规划展示中心、职工安置点；16.67公顷林地征占用手续获省林业局批准；3.33公顷建设用地进入招拍挂程序；游客集散中心、都市牧场、狩猎场及项目核心区景观完成设计方案。大丰知青农场建成中国知青主题馆和知青影视拍摄基地，全年接待游客38万人次；《两个女人的战争》剧组完成知青纪念馆景区拍摄任务。滩涂风光完成景点大门、游客集散中心、游船码头建设和景区水系改造。

中华麋鹿园游船一号码头

【招商引资】 开工项目3个，分别是：荷兰花海奥悦度假酒店，总投资2亿元，选址在荷兰花海东北侧，一期建设旅游酒店客房170套，二期200套，正在实施酒店门厅、餐饮部建设和客房装修；江苏安泰铜纤铝焊接新材料，总投资2亿元、占地5.13公顷，主体厂房竣工，订购设备；江苏安泰金属表面处理，总投资8亿元，占地18公顷，通过盐城市发改委立项，办理环评手续。重点跟踪项目4个，分别是：体育休闲旅游项目，总投资1.2亿元，建设室内攀岩、壁球等体育休闲项目，落实用地指标；参与招商的城东新区城市综合体项目，完成土地摘牌，编制规划；集中供热服务业项目，总投资3亿元，由陕西陕煤集团投资建设，并积极跟踪洽谈；乌邦寺暨自驾游营地项目，总投资3亿元，并招引客商。

【中华麋鹿园等景区创建成功】 中华麋鹿园景区以高分通过国家旅游局全国旅游景区质量等级评定委员会评审，被列入创建AAAAA级旅游景区预备名单，景区由AAAA晋级AAAAA，迈出关键一步。大丰知青农场成功创建国家AAAA级景区，按照《江苏省生态旅游示范区评定规范》要求，以中华麋鹿园为载体，向省环保厅、省旅游局申报创建省级生态旅游示范区，通过对景区改造提升，完善台账资料，通过省考核专家组现场验收，创建成功。按照省级旅游度假区发展考核评价要求，对旅游度假区的旅游总收入、项目建设情况、公共服务配套现状、生态环境保护等摸底调查，完善台账，确保通过考核。

（冯　剑）

大丰市东方1号创意产业园

【概述】 大丰市东方1号创意产业园是大丰市委、市政府确立的首个创意产业项目，也是苏北地区首个文化创意产业园，由江苏东方创意文化有限公司运营、东方1号创意产业园管委会与江苏东方创意文化产业有限公司共同管理。一期先导区位于东方湿地公园，建筑面积1.5万平方米，二期项目位于先导区毗邻地块，建筑面积21万平方米。园区采用“政府扶持、市场化运作、企业独立运营”的合作方式，通过政产学研商金六方联动，加快建设金融孵化、技术共享、市场对接、专利转化、人才培训、品牌推广六大公共服务平台。通过先导区的规划运营，有效开拓周边地区的市场并塑造“东方1号”自主品牌，进一步推动创意设计与文化、科技、旅游、展销、市民生活和城市建设的融合发展，初步成为苏北第一、国内知名的创意产业基地。

大丰市东方1号创意产业园

【发展规划】 东方1号创意产业园以“百企兴园”“千人同创”“亿元计划”为发展方向，计划二期项目建成后，3年内集聚创意企业100个，集聚创意人才1000位，打造江苏一流、全国有影响的创意产业高地。

【平台建设】 园区建成“江南大学研究生工作站”和“3D打印技术中心”，被纳入省经信委和大丰市政府共建的全省五大园区之一。10月24日，园区作为江苏省重点工业设计产业园区代表参加第九届中国工业设计周暨首届中国（江苏）工业设计周活动，与省工业设计协会、德稻设计（上海）服务有限公司共同创建江苏工业设计国际合作平台，整合全省设计产业的优质资源以及全球顶尖设计人才，为全省设计产业与实体经济融合发展做示范和试点，不断提升园区综合实力。

【招商引智】 强化政策引导，凸显集聚效应，园区集聚50多个著名设计企业和产学研合作基地，集聚高端设计师100余名。年内新招引江苏立林创意设计有限公司、江苏侍郎文化艺术有限公司、江苏岸风设计有限公司、陕西科技大学、华东理工大学、南京艺术学院等10多个国内优秀设计企业和高校产学研基地，引进外国专家3名、海外留学生3名、博士1名、名校优生6名、紧缺专业本科人才10名。

【创牌引资】 1月，园区被省经信委认定为江苏省中小企业五星级公共服务平台；6月，获省旅游业发展专项引导资金；7月，被省教育厅认定与江南大学合作建立江苏省研究生工作站；9月，被省科协认定为江苏省科普产品研发基地并获扶持资金；11月，获国家中小企业发展专项资金；12月，被省科技厅、省委宣传部、省文化厅、省广播电影电视局、省新闻出版局认定为江苏省文化科技产业园。成为中国工业设计协会理事单位和中国工业设计园区联盟成员单位。

【业务拓展】 园区作为市文化创意产业协会会长单位，打造具有大丰特色的文化品牌，自主研发的“欢乐麋鹿园”“知青农场”“VMINI”等品牌产品进入苏北各旅游景点，在上海、南京等城市建立品牌产品直营店，在淘宝网、京东商城等电商平台设立品牌旗舰店，新研发创意产品50多款，其中22款产品入选为2014年南京青奥会特许商品。通过先导区的规划运营，园区与企业、产学研基地开展多层次多领域的深度合作，市场拓展成绩显著，对接上海通用汽车有限公司、江苏洋河集团有限公司、山东荣成海洋馆等100余个企业和单位，市场对接项目450余单，拉动产值近7000万元。

【宣传推介】 园区应邀参加深圳文博会、广州中博会、西安文博会、苏州创博会、全国科普日活动、江苏产品万里行昆明展等活动，牵头举办2014“魅力东方·梦想起航”全国青年设计师工作营暨工业设计现场大赛、“东方1号”杯最美广场舞大赛、“东方1号”杯大丰市少儿公益绘画大赛暨大丰市青年社会组织风尚节等活动，宣传推介大丰市的创意文化和东方1号自主品牌。年内，接待国家、省、盐城市领导、嘉宾调研指导320批，约5300人次。

【二期项目】 园区按照计划进度，高标准、高质量、高品位建设二期工程，协调要素，简化程序，挂图作战，有序推进工程建设。成立项目建设指挥部，派专人到现场驻点办公，建立每日晨会制度。二期项目1号楼土建封顶，其余楼栋主体正在全力推进。驻园招商工作同步开展，创意港专门设立招商展示中心，招商成绩喜人，与深圳市龙尼空间有限公司、江苏侍郎文化艺术有限公司、江苏鼎鹿建材科技有限公司、江苏优格设计有限公司签约。

（陈梦影）

盐城新能源淡化海水产业示范园

【概述】 盐城新能源淡化海水产业示范园规划总面积10平方千米，其中启动区面积1平方千米，是国家“973”计划大规模非并网风电产业化

盐城新能源淡化海水产业示范园办公楼

示范基地。产业示范园区位于大丰港经济开发区临港大道东侧、创世纪大道北侧、盐丰园河河畔。园区产业布局为：物流区、高压泵装备制造区、能量回收装置制造区、低温多效蒸馏海水淡化装置制造区、膜及膜组件产业区、相关配套产业区、淡化海水厂等功能区。

【规划编制】 产业示范园是国内首个新能源淡化海水产业示范基地，园区按照高起点、高标准的规划编制要求，委托新加坡邦城公司编制示范园区规划，2013年4月10日通过专家组评审。年内，园区按照规划要求实施各项建设。

【招商引资】 加强与哈尔滨电气集团、中国医药集团总公司、中国盐业总公司、台盐实业股份有限公司等大型企业的沟通和联系，寻求合作空间。园区和哈电集团下属哈电发电设备国家工程研究中心有限公司、中盐集团下属中盐制盐工程技术研究院签订战略合作框架协议。中国医药集团、中国盐业总公司、哈尔滨电气集团、江苏省高科技投资集团等央企和省属企业组织成立江苏丰海新能源淡化海水发展有限公司，注册资本金由6000万元提高到1.8亿元，组建由各股东派出的职业经理人管理团队。

【项目建设】 国际首个日产1万吨非并网风电淡化海水示范项目20个单体工程全部竣工，设备完成安装调试。3月15日，海水淡化一、二、三级反渗透系统成功调试出水，微网集成系统向海淡车间稳定供电。灌装车间产量达到每小时2万瓶，每天14万瓶。海淡水产品质量符合国家标准，具有海洋天然小分子团结构特性，更易于人体吸收，富含维持人体需要的元素。

【政产学研】 坚持依靠科技创新引领产业发展，依靠人才集聚项目和要素。国家“973”非并网风电海水淡化产业研究项目建设成功；中盐制盐工程研究院浓盐水综合利用示范基地签订合作协议；哈电集团非并网风电海水淡化岛及电气控制集成系统项目在示范工程中安装且试运行。依托江苏丰海新能源淡化海水发展有限公司组建江苏省新能源淡化海水工程技术研究中心，哈电发电设备国家工程研究中心、中盐制盐工程技术研究院、国家海水利用工程技术研究中心都有在中心设立分中心意向。

（朱　彤）

〖编辑　陈琴琴〗

综　述

2014年，大丰全民创业工作紧扣“转型发展、稳中求进”总基调，突出创业主体培育、创业载体拓展、服务能力提升，加强组织推进，各项工作取得明显成效。全市新注册私营企业2370户、新注册个体工商户7500户；办理“个转企”64户；新增一般纳税人工业企业108户；新增规模以上工业企业57户；各镇全民创业园新开工1000万元以上工业项目33个，新建标准厂房36.28万平方米；开展创业培训8500多人次。

【全民创业氛围造浓】 大丰市采用多种形式、多种渠道宣传全民创业，做到周周有声音、有图像、有文字，月月有活动，在全社会营造浓烈的创业氛围。开展专题宣传。春节期间开展全民创业专题活动，各镇、相关部门通过制作戗牌、标语、横幅、印发宣传材料、召开座谈会和茶话会等方式宣传创业政策、创业典型，推介全民创业建设成果，造浓创业氛围。活动期间，全市设置戗牌124块，悬挂标语横幅168条，发放宣传材料23000多份，建立7200多人的在外务工人员台账。开展媒体宣传。3月下旬，盐城电视台、盐阜大众报、盐城晚报等媒体组成的新闻采访团对大丰市全民创业工作进行采访。《盐阜大众报》2次专题报道大丰市全民创业工作。盐城市委办编印的内参《每日快讯》先后采用大丰市2条全民创业工作信息。《大丰日报》《大丰新闻》全年采用全民创业方面的宣传报道160多篇。强化政策宣传引导。围绕《关于进一步鼓励全民创业的实施意见》，做好业务指导，确保政策落地。

【项目建设载体拓展】 大丰市把创业载体建设作为全民创业工作的重要环节，重抓园区、创业孵化园、创业街建设等重点，实行分类指导，重点拓展，载体建设稳步推进。项目建设形势良好。各镇全民创业园新建标准厂房36.28万平方米，项目涉及新材料、纺织、机械等行业。西团镇金鑫机械、大桥镇民博机械等项目实现年内竣工投产；万盈镇富亿达纺织、小海镇佳美纺织等1亿元以上项目标房竣工；刘庄镇山富数码喷绘、草庙镇大吉发电等重特大项目年内抢工会战。园区拓展工作。大中、南阳、西团等镇的园区拓展工作进入实质阶段：大中镇全民创业园东扩工程完成142户的拆迁工作，基础设施于9月上旬开工建设；南阳镇占地46667平方米的创业孵化园项目，3幢标准约6000平方米厂房竣工；西团镇创业孵化园项目的规划、建筑设计完成，排定入园项目9个。特色园区发展较好。按照建设开发区的模式，加大特色创业园区的建设力度，推动项目落户、创业主体入住。留学生创业园新招引留学人员10名，创办企业5个，累计招引留学人员25名，创办企业12个，建成省级创业基地。常州高新区大丰工业园外来投资者创业园建成江苏省小企业创业示范基地。大学生创业园于9月开工建设，8万平方米主体工程竣工90%。打造全民创业特色街。重点打造西团镇抛丸机配套一条街和白驹镇水浒街2条全民创业特色街。西团镇抛丸机配件一条街集聚商户50多个，主要经营钢丸、履带、喷砂房等抛丸机配件。白驹镇水浒街依托水浒文化，新建水浒街文化牌坊，引导商户按照建设水浒文化一条街的要求，选择与水浒文化相关的经营商品，统一制作古色古香的商户门牌20多块，积极打造旅游商品、服务特色街。

【服务全民创业】 大丰市以服务体系建设为重点，以服务功能提升为工作内容，注重公共服务、融资、培训等创业服务能力的提升。融资平台效果稳步提升。大丰市农商行创业支行于3月运营，是全省首家全民创业专营金融机构。年初，组织创业支行与各镇（区）开展“家家到”现场对接活动2次，帮助创业支行开发客户。印发《关于创业支行在全民创业园设立服务窗口的实施细则》，在16个全民创业园设立创业支行服务窗口，统一标识标志，安排专人负责。跟踪督查推进服务窗口建设情况，指导农商行对窗口工作人员开展专题培训。截至12月底累计发放创业贷款7450多万元，服务各类创业主体

240多户。金茂担保公司开设创业担保部，把注册资本中的20%资金，专项用于创业担保，建立创业担保专业团队，全力服务创业项目融资。2014年年底，金茂担保公司在保责任余额5.4亿元。公共服务平台提档升级。东方1号创意产业园建成盐城市唯一的江苏省中小企业五星级公共服务平台。风电产业园建成江苏省特色产业集群。大丰市中小企业服务中心被纳入江苏省中小企业公共服务平台网络建设，是盐城市唯一一家县（市）级网络平台。园区服务中心加快推进。按照“有领导班子、有服务大厅、有工作人员、有服务功能”的标准，建设镇全民创业园服务中心。大中、西团、大桥等镇园区服务中心，提供政务代理、项目服务、用工代理、政策咨询、财务代理等服务功能。小海镇投资新建园区服务中心，主体工程竣工。大桥、刘庄、新丰、万盈等镇园区服务中心被认定为盐城市二星级公共服务平台。创业培训积极推进。按照“部门联合、市镇联动”的工作思路，组织开展各类创业培训活动，市全民创业培训中心建成盐城市创业培训（实训）基地，全年开展各类培训65个班次，培训6300多人次。市科技局开展农业科技培训5期，培训农民800多人次。市妇联开展“巾帼创业就业讲座”、巾帼创业家政服务员培训班，培训人员800多人。团市委举办金融及青年创业培训班，150多名青年参加培训。市人社局开展“创业培训进社区、进镇村”专项活动，举办创业培训班5期，培训188人。农工办组织全市农民创业培训班，200多人参加培训。经信委和团市委联合组织150多人参加创业辅导师培训。

【创业转型升级】 大丰市推动创业方式转变，加大创牌、产业集聚等工作的力度，加快推进转型升级。“个转企”较快推进。办理“个转企”64户。工商部门根据个体工商户实际生产规模和经营状况，确定“个转企”的重点行业、重点对象，建立“个转企”后备库。同时制订“个转企”工作流程图和导向牌，为转企个体户开通“绿色通道”。产业集聚效应不断显现。指导各镇注重招引重特大项目、特色项目，拉长做粗产业链条，实现集聚发展。大中镇围绕家纺产业，注重招引产业大项目、龙头项目；西团镇新招引工业项目中有70%为抛丸机企业；南阳镇在建的德贝尔、亿然、奥通特斯克等1亿元以上项目都是阀门铸造企业；小海镇长丝织造产业逐渐拉长做粗，新落户仲记数码印花、蓝天再生资源等配套项目。加大创牌力度。推动园区和企业积极创建盐城市级以上品牌，集聚要素，倒逼园区和企业跨越发展。常州高新区大丰工业园外来投资者创业园被认定为江苏省小企业创业示范基地。风电产业园风电装备制造产业被认定为江苏省特色产业集群。东方1号被认定为盐城唯一的江苏省中小企业五星级公共服务平台。丰泰流体的同步回转油气混输装备被认定为江苏省中小企业专精特新产品。辉丰农化被省委省政府表彰为“江苏省优秀民营企业”，被省经信委认定为江苏省五星级数字企业。森威精锻被认定为盐城市科技小巨人企业。创一精锻的内球笼滑套三柱槽壳、龙城铸造的轨道通过式抛丸机等4个产品被认定为盐城市中小企业专精特新产品。

【全民创业督查考核】 大丰市按照全民创业工作要点，加大各项重点工作的推进力度，建立健全全民创业协作推进制度，强化督查考核，努力提升工作实效。年初制订《2014年全民创业工作要点》，明确2014年全民创业工作指导思想、目标任务、工作重点，指导各镇、各部门合力推进。在一季度制订《2014年全民创业工作奖考核细则》（征求意见稿），做到总体工作早启动。建立健全全民创业工作长效督查机制，根据全年目标任务，结合专题活动，开展日常督查和专题督查。在督查方式上以现场督查为主，结合信息报送、自查、过堂等。全年到各镇开展“家家到”现场督查8次，组织督查汇报会4次，有力地促进全民创业工作开展。组织特色活动。坚持以专题活动推进全民创业，要求各部门、镇（区）针对“八类”主体分期组织活动，促进创业工作有实效。开展市直机关党组织挂钩服务全民创业项目活动，组织各镇（区）排查新创业的工业项目，从中挑选53个创业项目由53个市直部门党组织挂钩服务，重点在创业项目资金、市场、技术等方面给予关注。市人社局启动“大学生创业实训、就业援助活动”，落实见习（实习）岗位306个。组织部举办大学生村官创新创业大赛，各镇（区）团委书记和全市2008~2013年省、盐城市聘任大学生村官参赛。团市委、经信委和农商行联合组织首届大丰市青年创意创业大赛，得到盐城团市委的高度评价。成功承办盐城市深入推进全民创业加快镇村经济发展现场会（南片区）。组织10个企业参加盐城市首届中小企业创新创业大赛，获奖数量盐城第一，并获优秀组织奖。强化部门协作。各部门明确全民创业工作分管领导和具体工作人员，建立全民创业工作部门条线联系制度。定期召开部门工作会议，在宣传发动、主体培育等方面，各部门按照分工增强协作配合，提高工作效率。在经信委、人社局、妇联、团市委、农商行等部门通力合作下，创业支行服务窗口设立、创业培训、职工技能大赛等工作，均取得良好的效果。

（徐文忠）

个体私营企业

【概述】 2014年，大丰市积极鼓励支持个体私营企业发展，充分发挥各职能部门作用，坚持一手抓培育、扶持，一手抓监管、服务，个体私营企业发展步伐明显加快。

【企业规模稳步增长】 全年新注册私营企业2370个，新增注册资本157.6亿元，为城乡17万多人带来就业机会。规模化发展趋向明显，个体私营企业主的经营目标不断提升，投资者和经营者的素质明显提高，增强了企业经营能力和竞争能力。

【服务体系不断优化】 大丰市政府不断加大对个体私营经济的扶持力度，放宽市场准入条件，为企业发展提供政策支持和制度保障。为企业提供优质高效服务，简化办事程序，减免相关费用，整顿规范市场经济秩

2014年，大丰市新注册私营企业2370户，新增注册资本157.6亿元

序，使企业在良好的市场环境下健康发展。融资平台稳步提升，市农商行创业支行于3月正式运营，是全省首家全民创业专营金融机构。在16个全民创业园设立创业支行服务窗口。截至12月底累计发放创业贷款7450多万元。2014年底，金茂担保公司在保责任余额5.4亿元。将创业政策及支持企业发展的政策编印2000份，发放给企业和创业主体，扩大政策影响力。

【产业特色明显】 通过工业集中区主导产业的确定，指导各镇按照“企业集中、产业集聚”的思路，着力培植产业特色，产业加快集聚。大中镇累计入园企业210个；西团镇抛丸机产业集聚度81%，抛丸机产业园被评为江苏省中小企业产业集聚示范区；南阳阀门产业产值约占全镇工业产值的75%。小海镇被中国纺织工业联合会认定为“中国长丝织造产业基地”。

【服务平台建设】 大丰市以建设个体私营企业服务体系为重点，以提升服务功能为工作内容，注重提升公共服务、融资、培训等创业服务能力。融资平台稳步提升。市农商行创业支行于3月正式运营。金茂担保公司开设创业担保部。公共服务平台提档升级。东方1号创意产业园建成盐城市唯一的江苏省中小企业五星级公共服务平台、风电产业园建成江苏省特色产业集群。积极推进创业培训。按照“部门联合、市镇联动”的工作思路，组织开展各类创业培训活动，市全民创业培训中心建成盐城市创业培训（实训）基地。

个体工商户

【概述】 2014年，大丰市继续贯彻落实全民创业各项扶持政策，弘扬“创业富民”的理念，把全民创业作为一项重大战略和民生工程，鼓励广大群众增收致富，全民创业积极性不断提高，全年新增个体工商户7500户，从业人数7万多人。

【个体工商户传统理念突破】 传统个体工商户普遍存在经营规模小、运作资金少、从业人员素质低等诸多劣势。为突破这些传统难题，大丰市注重建设融资平台，提高从业人员水平。加大大学生村官、农村（农民）创业贷款等金融产品的推广力度，加大对各类创业者融资的力度，为全市工商大户和微小企业发展融资提供新途径。充分发挥市职业培训中心、市委党校、市高新职业技术学校、市农干校职能作用，开展中小企业管理、财务培训，就业、创业技能培训等，累计培训35000多人次。

【个体工商户政策宣传引导】 大丰市加强个体工商户相关政策的宣传和引导，围绕《关于进一步鼓励全民创业的实施意见》，做好业务指导，确保政策落地。将全民创业政策及支持企业转型发展的政策编印2000份，发放给企业和创业主体，扩大政策影响力。

商品交易市场

【概述】 截至2014年底，大丰市有各类集贸市场33个，市场占地面积207556平方米，建筑面积141231平方米，经营面积140518平方米。市场建设总投资32013万元，设有门店1699个，摊位2918个；实际入市经营者1454户，其中门店经营566户，摊位经营888个。市场管理人员211人，市场总成交额12.98亿元。按市场类型分，农副产品综合市场31个，工业消费品综合市场2个；按交易方式分，零售市场32个，批发市场1个；从建筑类型分，棚顶市场31个，室内市场2个；按市场开办单位组织类型分，个人独资企业18个，公司法人7个，个体工商户2个，其他类型6个（国有农场单位开办的市场3个）；按地域分布分，大中镇范围内12个（包括大丰市区8个），草堰镇1个，白驹镇3个，刘庄镇2个，西团镇2个，小海镇1个，大桥镇2个，草庙镇1个，南阳镇2个，三龙镇3个，新丰镇

整治一新的大丰市商业街

1个，大中农场1个，方强农场1个，上海农场1个。

【集贸市场规范化管理】 盐城市大丰工商行政管理局（以下简称大丰工商局）组织各基层工商分局与辖区内市场主办单位签订安全经营责任状，各市场主办单位与场内经营者签订守法经营责任书，明确各自职责和义务。统一制作农贸市场监督台，公示监管责任人员联系电话及监督电话，完善集贸市场监管工作规范，推行定人、定岗、定责、定时、定标“五定”日常监管模式，印制发放进货登记台账，督促指导市场经营户如实登记所购肉类、家禽制品，严格执行进货查验、索证索票制度，对市场存在的突出问题及时通报，限期整改。

【集贸市场信用分类管理】 大丰工商局对全市33个集贸市场开展市场信用分类监管工作，围绕市场开办者管理制度是否健全、管理行为是否规范、管理措施是否落实、场内经营者经营行为和重点商品状况等评价标准，将市场信用确定为A、B、C三级，并实施相应监管措施，推动市场开办单位建立完善信用管理制度。加强入市商品检查，落实索证索票和台账建立等制度，督促场内经营者自觉遵守质量管理等制度，加强市场经营设施建设和维护。2014年全市33个集贸市场均被评定为A级信用市场。

【农副产品市场检测室运行】 大丰市制订出台《关于建立大丰市农副产品市场食品安全检测系统的实施意见》，明确工作目标，细化实施步骤，落实资金来源，明确部门职责，稳步推进全市农副产品市场检测室建设，2014年底，城中市场有限公司、恒生农贸市场有限公司、蔬菜瓜果批发市场、新丰海峡商城等4个农副产品市场建立市场检测室并正常运行。2014年检测农副产品16620批次，其中合格13084批次，合格率80.67%，检测数据、检测质量、考评得分在盐城市均处于上游水平。根据农产品食品安全检测规范要求，制订食品安全检测管理制度、检测人员岗位职责、检测室工作规范、检测流程图，统一规范农产品检测台账、不合格农产品检测台账、农产品进货查验登记台账、不合格农产品下架台账、不合格农产品退市通知书，保证检测程序规范、数据上传及时、台账资料齐全、信息及时公示。

【农贸市场专项整治】 大丰工商局组织开展市场短斤少两行为专项治理，对全市农贸市场逐一实地检查，督促6个未设置公平秤的市场主办单位设置到位。全市33个市场公平秤设置率100%。加强日常检查，及时处理消费者关于经营者短斤少两的投诉举报。开展集贸市场非法经营野生动物行为专项整治，出动检查人员479人次，检查集贸市场201个次，检查经营户923户次，责令整改23户次。开展病死动物及其产品集中整治，强化执法检查，实现动物肉制品进货查验全程溯源管理，防止病死动物及其产品进入市场，保障人民群众食品安全。

【集贸市场文明创建】 大丰工商局紧扣全国文明城市创建集贸市场验收标准，排查不足，围绕部分集贸市场存在的无证照经营、执照及镜框破损严重、亮照不规范、卫生环境差、溢摊经营等突出问题，逐项整改到位，确保市场门市证照齐全、规范亮照，营业摊点证照集中公示。集中制作408块公益宣传展示牌，提升市场文明创建知晓度，市区集贸市场通过全国文明城市检查验收。

（耿树生）

〖编辑　丁彩前〗

商贸流通

【概述】 2014年，商务监管执法以规范经营行为，净化商贸市场，确保消费安全为中心，严厉打击私屠滥宰和制售注水肉和病害肉等不法行为，市区生猪定点屠宰率100%；对大丰成品油市场加强管理，针对市场上出现的安全隐患等违法行为，在全市开展成品油市场专项整治工作；行政服务中心商务局窗口的审批工作有序开展。

【商务综合执法】 2014年，商务行政执法加强生猪定点屠宰监管执法，执行《生猪屠宰管理条例》，打击私屠滥宰行为，确保生猪定点屠宰率及合格肉品来源100%。加强酒类流通市场监管执法，根据《酒类流通管理办法》，加强酒类市场监管工作，对全市19起酒类违法经营行为进行专项整治，开展评选"放心酒示范店"活动。加强成品油市场监管执法，对全市成品油市场专项整治，对整治中发现的6起无证经营、超范围经营、不安全经营和销售劣质油的站点，打击取缔，严肃查处2起未批先建、布局不合理等建站行为，确保市内成品油市场有序竞争，各加油站点守法经营。加强特种行业市场监管执法，加强废旧物资回收、二手车交易、直销、拍卖、典当等特种行业执法监管，指导特种行业科学发展，合理布局。创造长效有序、公平竞争的市场环境。

【生猪屠宰】 2014年，市商务局通过现场查验、查阅票证、查询旁证等手段，加强定点屠宰监管，取得较好成效。要求定点屠宰场按照《生猪屠宰管理条例》进行生猪屠宰加工，对1个定点屠宰场出现的违规问题，及时下达限期整改通知。针对市场上存在的"瘦肉精""注水肉"等事件，监督定点屠宰场严格执行检验检疫制度，严把生猪进出场关，杜绝病害猪产品流入市场，保障上市肉品安全。建立完善生猪入场、出场肉品检验、检疫制度。入场生猪有动物检疫合格标识，肉品检验、检疫合格率100%。建立完善生猪进场验收制度和台账管理制度。建立完善不合格肉品召回制度及病害肉无害化处理登记制度，无害化处理率100%。建立完善卫生管理和消毒工作制度，确保生猪肉品质量安全。建立完善屠宰技术人员上岗登记制度，定点屠宰率100%。

【酒类流通监管】 2014年，市商务局依据商务部《酒类流通管理办法》相关规定，采取日常监管与专项整治相结合的方式，加强酒类市场执法检查，特别是在元旦、春节、五一、端午等重大节假日期间，和相关部门开展联合执法行动。重点对全市各批发企业、名酒店铺、商场超市、酒吧、KTV、大型餐饮企业等场所专项检查，消除监管"盲点"，杜绝管理漏洞，严禁不合格产品进入市场。组织召开全市酒类市场安全监管工作会议，举办全市酒类营销管理人员业务安全知识培训班，对酒类批发经营户、酒类专卖店、大型宾馆、酒店、综合超市、酒吧、KTV、散白酒经营店等特殊经营场所酒类经营管理人员全面培训，参加培训600多人次。与负责人签订《大丰市酒类商品流通管理安全责任书》(批发)125份，与餐饮等企业签订《大丰市酒类商品流通管理安全责任书》(零售)52份。各批发户与零售经营户签订《供销双方酒类商品安全合同书》330份，分级管理，层层落实安全监管责任。全年查处案件19起，对违法商家进行警告、罚款，结案19起。

【成品油市场监管】 2014年，市商务局按照商务部《成品油市场管理办法》，市商务局打击成品油超范围经营、以次充好等违规行为，整改存在安全隐患的加油站(点)，保障成品油市场安全稳定运营良好。全年集中开展成品油市场专项整治，出动执法人员500余人次、车辆200余台次，立案查处违法违规案件8起。

【审批窗口服务】 全年接受内贸相关事项咨询180多人次，办理109件，其中成品油批零及仓储经营100件，酒类流通备案5件，再生资源经营企业备案4件。接受外资外贸审批咨询200多人次，办理164件，其中外资新批12件，变更41件，自由进出口办件80件，其中新办58件，变更22件。加工贸易生产能力证明案9件，机电产品进口案10件，技术进口案5件，设备进口案7件。

（陆洋洲）

供销合作

【概述】 2014年，大丰市供销合作总社（以下简称市供销社）贯彻全国供销合作总社“改造自我，服务农民”的总要求，以“传承扁担精神，践行群众路线”为主题，弘扬为农服务办社宗旨，服务中心工作，强化措施落实，提升经营服务水平，夯实为农服务基础。

【盐城市供销社项目建设现场推进会在大丰市召开】 1月10日，盐城市供销合作社系统项目建设现场会在大丰市召开。与会代表观摩了大丰市浩伦描花农资连锁配送中心、富民农副产品批发交易市场、苏农国际广场以及东台市时堰供销社、苏中大厦等项目现场。会上，大丰、东台市供销社作了项目建设典型交流发言。会议总结2013年盐城市供销社系统“项目建设突破年”活动开展情况，部署2014年盐城市供销社系统项目建设工作，要求各县（市、区）供销社坚持项目兴社战略，构建农业社会化服务载体，健全农村流通网络体系，开展招商引资，加快项目建设步伐，优化经济结构，促进供销社转型升级。

【苏农国际广场开展“三送”活动】 3月20日，市农委、市农机协会、江苏苏农集团组织的全市“送政策、送科技、送服务”暨农机化提升年活动在大丰苏农国际广场举行，各镇区、驻大丰农场的农机协会和农机大户，“洋马”“东方红”“久保田”“东风”等省内外农机生产企业参加活动。活动主办方向广大农民宣讲农机购置补贴政策，展示农机新机具、新技术，开展秸秆机械化还田技术辅导，宣传农机知识。

【富民农副产品市场功能完善】 6月24日，市富民农副产品批发交易市场蔬菜区开张。蔬菜区整合市区原有的荣海等蔬菜交易市场，进场产销经营户300多户。富民农副产品批发交易市场经营面积10万平方米。富民市场蔬菜区开张后，加上先期运转的果品区、水产区、副食区、肉类区，农副产品综合批发交易日益完善，是大丰市最大的农副产品集散地。

【2个农民专业合作社入选“示范社”】 9月10日，全国农民合作社发展部际联席会议在北京公布国家农民合作社示范社公示名单，大丰市裕华大蒜生产专业合作社、大丰市添寿禽蛋专业合作社2个农民专业合作社入选。

2014年，大丰市裕华大蒜生产专业合作社入选国家农民合作社示范社

【23个农资网点获农技咨询服务授权】 12月3日，《江苏农业科技报》公布全省农技咨询网络授权咨询点名单，其中大丰市大中供销社阜北生资站等23个农资经营网点获咨询点授权，为广大农民提供农技咨询服务。

【三星级为农服务社增多】 2014年12月26日，省供销合作总社公布全省第二十批三星级为农服务社名单，大丰市新增7个三星级为农服务社：大中镇存德、万盈镇兆丰、小海镇伯宽、新丰镇文兵、西团镇文龙、新丰镇大明桥、大桥镇四灶为农服务社。大丰市三星级为农服务社增至108个。

【为农服务】 2014年，市供销社增加服务项目，扩大经营范围，将日用消费品、农资连锁经营、农副产品收购、再生资源回收等连接，建成200多个为农综合服务社。依托浩伦农资公司、太平洋超市等龙头企业，建立农资、日用品配送、连锁经营网点，提升经营网络覆盖面，全方位搭建“新网工程”服务平台。浩伦农资公司建成配送中心6个，市、镇、村连锁店415个，67辆绿色通道农资配送车将化肥、农药、农膜等生产资料送到镇、村、组。太平洋超市建立连锁便利店66个。全市70%的行政村都有悬挂供销合作社标志的农资超市和日用品超市，为农民提供方便。在“三解三促一加强”“进村入户转作风”活动中，出资为大中镇万丰村重建3组3排8号桥，方便群众生产生活。

（杨明春）

粮食经营

【概述】 2014年，粮食系统紧扣“改革、发展、壮大”的主题，准确把握各项重点工作的时间节点，在粮食危仓老库维修改造、夏秋粮收购、安全生产、信访稳定、粮食流通监督检查工作、机关作风建设以及党的群众路线教育实践活动等方面取得实效。

【夏、秋粮收购】 年初，市粮食局加大收购工作各种要素的组织协调力度，主动与农业发展银行沟通协调，联合召开银企对接恳谈会，争取夏粮收购资金贷款3.3亿元，夏粮托市库点由往年11个增加到17个。秋粮登场后，向中储粮盐城直属库争取，率先启动托市预案，在全市境内合理布点，发挥境内农场、海丰米业、北大荒米业等国有粮食企业的仓容优势，设秋粮托市库点11个。国有粮企托市、自营粮食收购总量26万吨，创历史最高纪录，实现经济效益与社会效益双丰收。托市预案启动前后，分别召开国有收储企业和托市库点主要负责人会议，规范操作，让售粮农民卖上放心粮、满意粮、明白粮，做到不限收、不拒收。全市所有粮食收储企业以开展争创"农民最满意收储企业"活动为载体，创新收购方式，通过设点收购、预约上门收购、延长收购时间、开办便民食堂等措施，确保农民售粮全程无忧，全市各库点的粮食整理机械、场地无偿提供给粮食经纪人或售粮农民使用，提高粮食等级，增加收益。粮食购销总公司制定托市收购资金、数量结报、质量跟踪、腾仓并库等应对预案，以最便捷的流程为各库点提供服务。出台激励农民经纪人组织粮源的措施，掌握充裕粮源，最大限度发挥库容作用，应收尽收。各库所加强横向联系形成整体，借助夏粮品质、品种优势与南方销区的大型粮企、国储企业建立代收代储、委托收购等合作方式，解决了企业自主经营的资金问题，做好国家政策性粮食经营，加快适应粮食市场化经营的步伐。

2014年，大丰市组织海丰、北大荒等国有粮企自营收购粮食总量26万吨

【危仓老库维修改造】 市粮食局得知国家粮食局危仓老库维修改造方案将出台，主动及时与国家粮食局、省粮食局相关处室对接，多次向国家粮食局、省粮食局分管领导汇报市粮食仓储能力的实际困难，争取省级以上维修改造资金3399万元，额度列全省第一。按照省粮食局提出的"统一规划、合理布局、应修尽修、全面覆盖"和"三改造、三提升"的改造要求。5月上旬，13个重点库所同步进场施工。年底进入全面竣工验收阶段，施工过程中，经省、盐城市粮食局组织的检查、抽查，工程质量及组织化程度得到肯定，做到维修改造与粮食收购两不误。

【亮点工程建设】 市粮食局在全市夏、秋粮开秤后，将全体工作人员分别挂钩到重点库所，督促指导企业收购，每天都有执法人员在一线巡查，自行解决午餐、休息场所，不给企业添负担，赢得企业经营者的好评。对全市182个粮食经营户建立信用等级评价。11月，申报国家粮食流通监督检查示范单位工作由国家粮食局考核组现场考核验收，建成"国家粮食流通监督检查示范单位"。全年不限制收购农民的余粮，让售粮农民感受在国有粮食企业售粮能卖出好价钱、卖出好心情、卖出好口碑。机关作风建设根治"庸、懒、散、奢"等顽症，补充修订机关日常管理规章制度，突出机关工作人员"八个严禁"红线，以文件形式印发到基层库所接受监督。组织赴嘉兴南湖革命纪念馆参观学习，在宣誓墙前重温入党誓词；邀请党校老师为机关人员作"道德观的传承与重塑"专题讲座；上一堂"发扬铁军精神，反对四风，净化自我"的党课等活动，激励机关全体党员干部牢记宗旨，爱岗敬业，牢固树立公仆意识。教育实践活动取得成效，全系统精简会议3次，各类文件4份，腾并办公用房82平方米，机关公务接待费用同比下降25.4%，落实整改四风问题及群众意见建议22条，实现教育实践活动与系统改革发展"两手抓、两促进"。

（夏志荣）

盐业专营

【概述】 2014年，大丰市盐务局保主营、拓非盐，净化盐业市场秩序，积极进行盐业体制改革。全年销售各类盐产品10280吨，其中小包装3100吨、工业用盐3764吨，人均碘盐供应量4.4千克。查处盐业案件44起，查获各类涉案盐产品40.23吨，没收盐产品30.83吨，罚没款38512.50元。市盐务局被盐城市盐务局评为盐政管理工作先进单位，被大丰市政府评为行政权力网上公开运行工作先进集体。

【履行食盐专营职责】 市盐务局严

格执行食盐价格管理和计划管理，充分发挥12315食盐消费维权服务站平台作用，规范食盐配送、优质服务、应急处置、投诉处理等各个环节的管理。组织干部职工开展“访终端、清灶台、摸线索、搞宣讲”活动，到食盐滞销地区居民家中走访，检测灶台真假碘盐，宣传食盐安全知识。全年未发生食盐安全事件，碘盐合格率100%，碘盐覆盖率、合格碘盐供应率98%以上。

【盐业市场监管】 市盐务局全面强化盐产品售前、售中、售后服务监督管理。与用盐经营者、使用者签订食盐安全承诺书。严格购盐证购盐登记制度，实施数据分析，动态监管。对各类用盐户实行信用等级分类监管，监管关口前移，做好预防工作。全年开展专项行动6次，年内未发生行业用盐冲销食盐市场事件。

【经济指标创新高】 全年实现营业收入3005万元，其中主营业务收入1491万元、非盐业务收入1514万元；实现利润304.8万元，完成年计划的124.4%，同比增长8.86%；利润300万元，完成年计划的100%。非盐收入首次超过主营收入，营业收入、非盐收入创历史最好水平。

（谭　芳）

烟草专卖

【概述】 2014年，大丰市烟草专卖局（以下简称市烟草局）以江苏烟草发展战略为指引，求真务实，开拓创新，各项工作取得新进步。市烟草局车队获“盐城烟草系统先进车队”称号。

【卷烟销售】 全年销售卷烟24338箱，同比下降6.56%，完成计划量100.01%；实现销售额57874.48万元，同比上升2.98%。立足市场分析，云烟、娇子等重点品牌发展态势良好。正确处理好终端（柜台统一提供，卷烟摆放统一指导，标价签统一发放）建设数量与质量、现代终端与普通客户之间的关系，建设现代终端867户。帮助零售客户转变经营理念，改善经营方式，提升终端盈利水平。

【专卖管理】 市烟草局开展“冬季会战”“闪电行动”“四项集中整顿”等专项整治行动，坚决打击非法卷烟经营活动，维护辖区卷烟市场秩序。全年查获各类违法卷烟案件75起，查获各类违法卷烟3274.9条，拘留6人、逮捕4人、判刑6人，取保候审2人，办结符合国标网络案件1起。抓好行政许可工作，整个许可控制在10个工作日，提升行政许可效率；加强案卷评查，建立案卷不规范行为台账，避免问题重复发生；争创市级依法行政示范点，开展“3·15”“6·29”“12·4”等法制宣传活动，持续开展普法宣传。完善中队和稽查人员的市场监管情况排名和绩效考核。

【基础管理】 市烟草局贯彻“务实、服务、节俭、清廉”作风要求，开展廉政风险源排查，强化表率意识；落实“八项规定”和反“四风”，发放《意见征求表》、召开座谈会，对存在的突出问题，领导牵头、部门认领、限时整改，建立长效机制，确保活动取得实效。推进“大监督”检查，针对“大监督”检查指出的104个问题，以“台账制”“销号制”方式督促整改。

（姚　祥）

石油经营

【概述】 2014年，中石化大丰石油分公司（以下简称石油公司）坚持“以市场为导向，以客户为中心”的经营理念，强化严、细、实管理的工作基调和稳中求进的工作方针，全年销售成品油8万吨，销售非油品760万元。全年HSE（健康、安全、环保）和数质量管理工作在中石化盐城市各石油公司中名列前茅，石油公司被大丰市政府评为安全生产先进单位。

【市场经营】 石油公司注重基本客户维护，突出经营质量提升，注意成品油直分销市场形势的变化，强化市场研究和分析，实行一户一策，推行差异化营销。实行油非互动，让客户感到实惠，实现量效齐增，零售量再创新高。强化配送管理，对客户实行销前沟通、销中服务、销后回访的“一站式”服务，丰富配送内涵，实行“轻油、非油、加油卡”组合配送，赢得好口碑。

2014年，中石化大丰石油分公司HSE（健康、安全、环保）和数质量管理工作在中石化盐城市各石油公司中名列前茅

【油站管理】 石油公司落实“每一

滴油都是承诺”和“易捷”万店无假货承诺，强化加油现场管理，严格油品及非油品进销存管理，确保质量安全。在计量管理方面，盐城石油分公司不定期抽检12次，大丰质监局定期强检4次、石油公司内部月度例行检查每月1次、加油站随机自查全年12次，确保加油站计量准确。石油公司在大丰第三、第八、第九加油站设立“环卫驿站”，为环卫工人提供休息场所。开展加油站“家文化”建设和“六S”（整理、整顿、清扫、清洁、安全、素养）管理工作，让员工在工作时感受到家的温馨；成立“青年志愿者服务队”，坚持开展“真困难真帮助”活动。大丰第九加油站被盐城市总工会授予“工人先锋号”称号。

【安全工作】 石油公司落实安全责任制，开展“隐患整治年”活动。按照“谁主管，谁负责”“党政同责”“一岗双责、齐抓共管”的原则和要求，层层签订安全目标责任书和HSE承诺书。青奥会期间，制订安保防恐工作预案，实行加油站管理人员24小时值班制度，保证特殊时期安全生产。坚持安全生产高标准、严要求，全年日常应急预案演练4次，不断提升HSE管理水平，全年安全生产零事故。

【绿色环保】 石油公司按照绿色低碳战略要求，大丰第一加油站等十六座加油站实施油气回收改造工程。开展环境风险评估，稳定环保设备设施运行，做好土地和水系污染风险防控，实行全年零事故、零投诉。规范职业卫生管理，定期开展职工健康检查，加强作业场所职业卫生检测，保护员工身心健康。

【网点建设】 石油公司加快加油（气）站新建步伐，完善网络布局，全年在大沈路恒丰村境内新建城南加油（气）站、在南环路和东宁路交叉路口东南侧新（拟）建东宁路加油站、在开发区申丰路众心村境内新（拟）建申丰路加油站、西康路加气站开工建设、大丰港加气站获得规划许可，石油公司加油（气）站网点结构得到优化，零售经营质量提高。

【优化用工】 2014年，石油公司在册员工156人，其中加油站人员140人。开展站长、领班长等关键岗位人员培训，全年50名员工参加盐城市中级工以上培训，其中1名员工参加中石化系统高级技师培训。组织50名员工参加技能鉴定考试，通过各级技能鉴定人员29人。

（刘　森）

现代服务业

【概述】 2014年，全市服务业进入发展新阶段，总量规模扩大、产业层次提升、载体建设加快、发展后劲增强。大丰港通用码头、集装箱码头建成通航，物联大厦全面启用，保税物流中心（B型）开工建设。服务业集聚区丰尚国际商务中心封顶，电商产业园一期建成运营。高新技术区总部经济园金融大厦主体竣工，大数据产业园一期云计算数据中心投入使用，东方1号创意产业园二期工程加快推进。大宗商品展示交易平台正式上线，大丰港现代物流中心智慧港口总体规划完成，木材除害处理中心技术方案通过评审，大丰港物流服务业标准化试点项目通过中期验收，风电研发中心省级6兆瓦及以上直驱永磁风力发电实验室、省级海上风电装备工程技术研究中心运行良好，江苏海洋药物研发协同创新中心挂牌。东方1号创意产业园新招引国外专家3名、海外留学生3名、博士1名，汇集国际国内高端设计师100多名；丰收大地创意农业合作团队80多个，入驻团队30多个，合作专家200多名；高新技术区国际软件园吸引南大苏富特等一批龙头软件企业，集聚各类人才近1000人。全年实现服务业增加值201.7亿元，同比增长11.6%；完成服务业投资121.72亿元，同比增长33.1%；实现社会消费品零售总额139.6亿元，同比增长12.9%；服务业规（限）上企业281个，比2013年增加30个。

【产业发展】 2014年，全市注册登记物流企业230多个，港口现代物流业总产值突破85亿元。招商银行、中信银行入驻大丰，银行业金融机构16个，列盐城各县（市）之首。海晶创投上海股交中心大丰联络处开通股权报价系统，海斯特液压等8个企业成功挂牌。高新技术区创业服务中心建成国家级科技企业孵化器，盐城师范学院海洋药物实验室投入运营。中华麋鹿园通过AAAAA级景区景观质量评审，全市建成AAAA级景区3个，AAA级景区2个，AA级景区6个，省四星级乡村旅游点4个；全年接待国内外游客590万人次，实现旅游综合收入55亿元。居家养老服务指挥平台建成使用，乡村医生签约服务工作得到卫生部肯定并推广。东方1号创意产业园集聚法国朱古力、台湾煜庆、上海木马等40多个设计企业，设立华东理工大学、西北工业大学等10多所高校产学研合作基地，创意设计产值7000多万元。华东首家阿里巴巴农村淘宝大丰服务中心及18个村级服务站正式开业，辉丰公司创建全国首家农资电商平台“农一网”。国际软件园入驻中兴通讯、百度等150多个企业。

【项目建设】 2014年列入全市百项重点工程服务业类项目21个，其中新开工1亿元以上重点项目8个。21个重点项目总投资159亿元，2014年完成投资32.3亿元，同比分别增长38.1%和34.3%。重点项目涉及旅游、能源仓储、汽车产品试验、海上风电研发及试验、文化创意、电子商务、商贸综合体等现代服务业领域和新兴业态，促进全市服务业产业优化升级。熊猫馆、西郊生态公园二期对外开放，中汽汽车试验场项目部分建成营运，中矿煤炭仓储物流项目2.3万平方米堆场基本建成，高新技术区软件大厦等项目主体完成，汇坚国际商贸城部分商铺竣工。

（张　鑫）

〖编辑　陈琴琴〗

旅游景点

【概述】 2014年，大丰市旅游局丰富旅游产品体系，完善旅游接待基础设施，拓展旅游市场空间，提升接待服务水平。全年新增国家AAAA级景区2个，省四星级乡村旅游点1个，中华麋鹿园通过国家景观质量评审，入选AAAAA级景区的预备名单。全年接待国内外游客589.8万人次，同比增长84.3%；星级饭店客房平均出租率72.5%，同比增长41.3%；门票收入4870万元，同比增长49.7%；实现旅游总收入55亿元，同比增长52.8%。年内，大丰市被盐城市政府授予盐城市旅游发展突出贡献奖，在盐阜大众报报业集团主办的“玩转盐城·最美旅游”票选活动中获“最美旅游城市”称号。

【中华麋鹿园】 中华麋鹿园为国家AAAA级旅游景区，有麋鹿2360头，是世界上最大的野生麋鹿放养地，拥有世界上最大的麋鹿种群，建立了世界上最大的麋鹿基因库。该园集生态旅游、休闲度假、科普教育、科研保护于一体，园内建有电教馆、野生麋鹿园、中国南黄海湿地馆、百鸟园、动物园、农家乐园、海洋生物标本馆、珍禽异兽标本馆、蝴蝶标本馆、打靶场、麋鹿塔、观鹿台等10多个旅游景点，设有接待游客的高档宾馆、培训中心，每年可接待中外游客50万人以上，被环境保护部、国家旅游局等单位联合确定为中国生态旅游15个精选项目之一，是全国未成年人生态教育基地，该区力创国家AAAAA级景区。

【大丰市上海知青纪念馆】 大丰市上海知青纪念馆为国家AAAA级景区，是国家级青少年爱国主义教育基地、江苏省省级影视基地。馆内藏有当年知青生活、生产的实物资料2万多件。纪念馆主馆分6个展区，分别为：历史印痕、知青名录、生活实景、农场建设、人物春秋、文明记忆。馆内现有17个小景点：主馆、知青会所、元华浴室、老虎灶、护馆河、橘园、息壤元华、稻香村、渔家坳、桃花源、知青劳动体验区、老树、老井、西池塘、伙食房、菜田和职工俱乐部。其间的《北上海1950》拍摄基地，再现20世纪50年代村庄原始景象，是国内唯一的一个反映50年代建筑风格的影视基地。主馆北侧的是以70年代建筑风格为背景的知青影视一条街，复制20世纪70年代农场的12幢标志建筑，是国内唯一的以知青题材为背景的专业影视区，《北上海1968》将在这个区域拍摄。大丰市青少年教育基地，作为国内首座大型知青文化主题馆，通过8000平方米的知青年代建筑群，在对中国知青运动概况博览的同时，以曾经为大丰沿海开发做出突出贡献的知青故事为创意基础，对知青年代人、事、物，进行生活再现和史实互动。

【大丰港海洋世界】 大丰港海洋世

2014年9月16日，中华麋鹿园获“国家生态文明教育基地”称号

界为国家AAAA级景区，是国内首个以海洋为主题的情景式互动体验馆。景区占地面积33.3公顷，一期工程建成2万平方米中国·大丰海洋科技馆、3千平方米热带植物馆、12万平方米明月湖、3万平方米连栋大棚（耐盐特种蔬菜高效栽培）、3万平方米智能温室（耐盐苗木扩繁基地）、1.2万平方米海洋生物产业孵化区观光带、1万平方米盐土大地商务酒店等。二期工程占地面积3.3公顷，着重打造海洋乐园旅游新亮点，项目以“国内一流、世界领先”为设计理念，以梦幻、卡通、时尚的海洋风情为元素，重点打造海洋剧场、儿童乐园、海洋时尚美食坊、海滨市集四大工程，全部竣工。

【东方湿地公园·东方1号创意产业园】 市区内的东方湿地公园在2011年创建成国家AAA级旅游景区，是一座集休闲、娱乐、创意于一体的现代城市公园，公园分为南园和北园。南园以湖、果林和绿化为主要特色，北园是以湖、景观、建筑、假山、喷泉和水幕电影、广场为主的综合性公园。公园入口是儿童乐园，建有摩天轮、滑行龙、仿古火车、弹跳、摇头飞椅、恐怖城等儿童娱乐设施。公园内的东方1号创意产业园，是江苏省首个旅游商品研发基地，是市委、市政府确立的首个创意产业项目，也是苏北地区首个文化创意产业园。楼内一层是创意设计展示中心，建有蓝馆、红馆和综合展览馆。红馆为创意生活馆，蓝馆为工业设计馆，主要展示国内外创意设计的最新成果和世界工业、生活领域的高端前沿产品。二楼和三楼是创新产品生产区，吸引了包括上海木马、苏州斑马等中国顶尖创意团队入驻。

【大丰港动物园】 2013年，大丰港动物园创建成国家AAA级景区。该园位于海港新城启动区西侧，主要分三个区域，北区为麋鹿苑，主要有麋鹿等食草动物；中区为珍禽园，以各种珍稀鸟类为主要看点；南区有大熊猫乐园、虎狮熊豹猛兽馆、动物表演场和亲子动物区等景点。园内有各种珍稀鸟类300余种、6000多只，有麋鹿、丹顶鹤、东北虎等10多种国家一类保护动物，更有法国黑天鹅、南美金刚鹦鹉等10多种世界珍稀野生动物。大熊猫乐园于2014年9月6日正式开园。

大丰港动物园有珍稀鸟类6000多只，有熊猫、东北虎等10多种国家一类保护动物

【丰收大地现代农业示范区】 市区东北郊的丰收大地现代农业示范区，省四星级乡村旅游点、全国休闲农业与乡村旅游示范点。建成以现代农业展示馆、孙桥现代农业科技馆、花卉超市、种苗世界及有机蔬菜生产展示、种子种苗农资一条街为景点的现代农业展示风光带，以农家乐丰收园、金品苑观光采摘、葡萄长廊、农庄垂钓、农家生活体验、有氧沐浴、有机食疗为特色的城市氧吧休闲度假区。园内建有农业科技服务中心、游客中心、现代农业展示中心、花卉交易中心、种苗世界、有机蔬菜生产展示中心，以及丰收游园、三星级绿岛生态园餐厅、精油加工车间等休闲、餐饮、购物场所，是游客感受乡村旅游魅力的旅游休闲度假目的地。

【恒北村梨园风光】 恒北村梨园风光（恒北主题公园）为江苏省四星级乡村旅游点，占地7.47公顷，设有入口广场、果品展示中心、文化活动中心、体育活动中心、健身氧吧、晨练功能区、亲子乐园儿童天地、映像恒北展示馆、湖边茶室等。中央为湖光景色区，沿湖周围设有钓鱼台、葡萄长廊、湖畔广场等。

【新丰荷兰花海】 荷兰花海位于新丰镇，2013年创建成江苏省四星级乡村旅游点。项目深度挖掘中华民国村镇规划第一镇的历史底蕴，依据原有地形，在不变动原有地貌的基础上加以修整，以“田园、河网、木质建筑、风车、花海”为设计元素，以荷兰名花郁金香为特色，打造集观光、娱乐、餐饮、种植于一体的颇具荷兰风情的花海。建有游客服务中心、咖啡屋、风车情侣馆、洋家乐休闲中心、购物中心，并配备旅游观光车、游艇、皮划艇、快艇等旅游设施。

【“希望的田野”现代农业示范园】 该园位于草庙新镇区西侧，规划面积666.7公顷，核心区200公顷。园区采取客商投资、能人入股、农户参与的总体运行模式，并以优惠政策鼓励本地农户创业，是一个集农业观光、垂钓休闲、珍禽养殖、乡村农家乐于一体的新型生态农业示范基地。园区包含庄稼乐园、垂钓中心、无土养殖示范区、孔雀观赏园、牙獐养殖园、姜尚美食坊、果品采摘园、草庙红名贵植物园、QQ农场和现代农业展示馆等十大功能区。各功能区别具特色，各有亮点，在各大功能区之间有休闲观光小径贯穿相通，连成一幅“树在园中、园在绿中、姹紫嫣红、交相辉映”的乡间美景。

【施耐庵纪念馆】 施耐庵纪念馆为国家AA级旅游景区，地址在白驹镇的花家垛，四面环水。纪念馆前后三进，以偏殿、半亭环绕相连。第一进前殿为门厅，门楣上方镶刻着书法大师启功题写的馆名。门前绿草坪中是一座高3.8米的施耐庵塑像，东西偏殿内陈列着臧克家、峻青、马蹄疾、赵绪成、傅二石等名流为纪念馆创作的书画作品。第二进正殿为瞻仰厅，高大的厅堂肃穆庄重。最醒目的是书法家萧娴题写的“乡国之光”和尉天池题写的“民族菁华”两块匾额。左右碑廊和半亭，是《施耐庵小史》《耐庵遗曲—秋江送别》《施耐庵墓志铭》等碑刻。第三进大殿为主展厅，正门悬挂着武中奇题写的“文心独运”匾额，两边为陈大羽书写的“百回水浒，秉春秋，褒贬忠奸，千古消块垒；一曲秋江，承风骚，思忧治乱，五洲仰宗师”的抱柱楹联。展厅里陈列着《施氏家谱簿》、施子安残碑、施奉桥地券等一大批珍贵的文物史料和《水浒》研究的最新动态和成果。

【施耐庵公园】 施耐庵公园为国家AA级景区，地处市区东北，建有纪念褒扬区、中心大道主景区、滨水区、水浒文化区、体育活动区、宣传演艺区、运动草坪区、绿色丛林区、老年活动区、儿童游乐区以及革命烈士纪念馆、施耐庵史迹馆、博物馆。园内山、水、湖、树木花草、音乐喷泉等，形成红色氛围与绿色生态为一体、革命历史与人文活动相交融的特色景观。

【银杏湖公园】 市区内的银杏湖公园为国家AA级旅游景区，该园以20世纪50年代形成的长约1.5千米的银杏林带为依托向东拓展而建，整个公园占地约19万平方米，由两个部分组成：跃进河东侧是占地面积约14万平方米的公园主体；跃进河西侧是占地面积约5万平方米的银杏林带。公园以绿化为主调，配以广场、桥梁、钢膜结构、灯光等公园景观元素，实现自然景观与都市氛围的有机结合。公园内以银杏树为主题，有海浪舞台、露天舞池、观景平台、灯柱广场、儿童天地、蛙声十里、烟花九月、苇荡风情、花海麦浪及现代风格的桥梁等20多个景点，可供市民休憩游玩，是集观赏、游览、娱乐、健身于一体的开放式公园。

【姜尚公园】 位于草庙镇的姜尚公园为国家AA级景区。公园以苏州园林为主体风格，分为“湖光春色、历史凝晖、田园风光、长卷如画”四大景区，以《封神演义》为历史背景，以“姜尚文化”为主题，把江南古桥、苏式古亭、钓鱼台、船舫、长廊等元素浓缩在8公顷的公园内，建造以江南水乡为背景的生态文化公园，是全国仅有的以“姜子牙”命名的主题文化公园。公园规划展示厅、陈列室、太公书画社等，为广大游客介绍有关姜子牙传奇的一生。实物展示、名家字画鉴赏、现代声光特技将会引领大家穿越3000年时空，领略姜子牙神奇风采。

【刘庄净土院】 位于刘庄镇紫林路南首西侧的刘庄净土院于2013年创建成国家AA级景区，分为山门殿、天王殿、玉佛 、大雄宝殿、念佛堂、斋堂、寮房、高鹤年纪念馆（待建）等八大区域。该院成为全国著名女众净土道场。按照刘庄镇“发展旅游业，打造西街古典特色”的城镇建设理念，该院于1994年恢复重建，2007年改扩建，正常对外开放。

【巴厘岛温泉俱乐部】 温泉俱乐部坐落于大丰港城日月湖畔，建筑面积9800平方米，温泉养生特色氛围浓郁。俱乐部泉水取自地下基岩深处1580米，出水表层温度52℃，泉水中富含锂、锶、溴、氟、镭等微量元素，配有东南亚顶级的水疗SPA、专业的中医保健、豪华的KTV包厢，配有薰衣草池、人参池、玫瑰池、牛奶池、红酒池、鱼疗池等10多个汤池和10多间VIP室内养生池及恒温游泳池、瀑布冲淋等特色项目，是顾客养生休闲的好去处。

旅游设施建设

【酒店建设】 城东新区宝达金陵酒店主楼封顶；服务业集聚区海聚大酒店装修中；神鹿家园酒店改造完成，对外营业，10月通过盐城市旅游消费推荐单位检查。

【景点基础设施建设】 幸福公社——“长三角”国际森林旅游休闲目的地项目15.6公顷林地征占用手续获省林业局批准；3.3公顷建设用地进入招拍挂程序；游客集散中心、都市牧场、狩猎场及项目核心区景观完成设计方案；规划展示中心在内部装修；职工安置点主体工程竣工。中华麋鹿园AAAAA级景区提升工程，改造建设星级公厕、鹿王展示区、生态桥及附属设施等；景区大门、麋鹿大看台、鹿王博物馆、游客接待中心、生态停车场、游船码头待土地规划调整方案审批后启动建设。滩涂风光景点大门、游客中心、游客码头、水系改造基本完成，正实施白鹭河麂观光游览区、木屋群和餐饮娱乐休闲区建设。海盗王国服务配套设施完成，美国大街建设结束。新丰多彩荷兰村花鸟园餐厅、阿姆斯

麋鹿生态度假村一期建成开放

特丹会所、儿童游乐场、水上世界、花卉超市建成对外开放，旅游小商品一条街主体建筑完工；圣劳伦斯中心主体封顶，主塔准备施工，景区大门在外部装饰。草庙中华麋鹿文化生态园接待中心、四合院农家乐、超市对外开放，十幢别墅在装修，二期工程十八幢别墅动工。白驹中华水浒园水浒街整治工程一期结束，水泊桥、亲水平台完工，城门楼、停车场开工。幽阑仙境休闲农庄园区中心路做路基。太阳岛休闲养生公寓，新丰镇祥蕾生态农场、桃花庄园，三龙渔家风情等项目按照进度施工。

【麋鹿生态度假村一期建成开放】 麋鹿生态度假村位于草庙镇东灶村内，麋鹿保护区西侧，占地10多公顷。计划总投资1亿元，具备餐饮、住宿、购物、会议、休闲等多种功能，建成后将成为以麋鹿文化为主题的，集科普教育、生态旅游、休闲度假为一体的旅游胜地。

【大地丰收创意农业馆建成开放】 大地丰收创意农业馆是全国首个农业创意产业园，该园以农业创意产业集聚为支撑，采用世界领先的橱壁式方式种植的罗莎、红掌，也有蔬菜台灯、粮食画、易拉罐苗等几十种创意奇特的农产品。有10多个农业创意团队入驻。

【荷兰花海花卉超市建成开放】 新丰镇荷兰花海景区内的花卉超市经营面积5000多平方米。该花卉超市借鉴荷兰多个花卉超市建筑模式而设计，分为花卉展示、花卉销售、室外田园等多个区域。花市有2000多个品种对外销售，主要包括室内盆栽植物、开花吊兰等十大类，室外花园植物、宿根植物等六大类。花市同时为消费者提供花盆、花具、花园饰品等中高档园艺用品。

【旅游专线开通】 大丰开通市区—大丰港、市区—荷兰花海、盐城—大丰港、盐城—麋鹿保护区4条旅游专线，切实改善了旅游出行条件。

【大丰港海洋儿童乐园开园】 大丰港海洋儿童乐园位于盐土大地海洋生物产业园内，占地面积3000平方米，是专为3~12岁儿童量身设计的体验式海洋主题乐园，也是盐城面积最大、主题最鲜明、设施最多的亲子型儿童主题乐园。其核心设计理念是将儿童娱乐天性和自然常识教育相结合，为父母和孩子提供自然互动体验、游玩和甜蜜回忆的亲子时光，是小伙伴之间共同玩耍、同娱同乐的幸福地带。儿童乐园打造海盗街区、默契积木坊、海底淘堡厂、勇者之屋四大主题区域，设有海洋火车、儿童跳楼机、海洋木马、潜水艇等娱乐项目，给孩子们带来别样的乐趣。

【西郊生态公园二期开园】 西郊生态公园占地133.3公顷，投资概算5亿元。该公园在规划设计中突出“绿色、生态、旅游、健身”等元素，成为广大市民和外地游客休闲观光、健身娱乐、旅游度假的重要目的地，也是市区完善配套功能、改善人居环境、提升城市品位的一个新亮点。公园二期工程占地66.7公顷，其中水系面积17.3公顷，建成游客服务中心、观湖阁、湿地景观、水上乐园、5座景观桥梁等项目。

旅游管理

【中华麋鹿园成为“青奥之旅指定接待景区”】 中华麋鹿园生存着近2000种野生动植物，知名度和影响力持续攀升，其独特的生态自然风光，成为青年群体青睐的旅游目的地，从而获得青奥之旅组委会评委们的一致好评。中华麋鹿园经青奥之旅活动组织委员会审核，入选“青奥之旅指定接待景区”。

【李云峰到大丰调研】 8月6日，省委常委、常务副省长李云峰到大丰调研旅游工作。盐城市领导朱克江、王荣平、陈正邦、戴元湖和市领导倪峰、陈平陪同调研。调研期间，李云峰一行考察了上海知青农场、大丰港莎士比亚小镇、新丰镇荷兰花海等景区，对大丰市旅游发展取得的成绩表示肯定。

【夏鸣一行到大丰调研】 9月17日，

省人大常委会环资城建委主任夏鸣一行，到大丰调研《中华人民共和国旅游法》贯彻实施情况。检查组实地视察东方1号创意产业园、中国知青主题馆、大丰港动物园等现场。召开座谈会，观看大丰旅游宣传片并听取情况汇报。检查组肯定大丰贯彻实施《中华人民共和国旅游法》的做法。

【知青纪念馆获评国家AAAA级景区】 知青纪念馆占地37公顷，分为中国知青主题馆、北上海历史展陈馆、大丰上海知青馆和开圣影视基地四个区域。一期老馆区域于2008年11月建成正式对外开放，二期中国知青主题馆于2014年6月建成对外开放。几年来，知青农场坚持以“挖掘知青文化，打造教育基地，发展旅游产业”为发展思路。形成以知青文化研究展示、影视拍摄、旅游产业发展、未成年人户外拓展、青年干部培训、农家乐等多产业共同发展的文化园区。知青农场建筑面积5.2万平方米，建成中国知青主题馆、大丰上海知青馆、北上海历史展陈馆、海丰少年馆、文史馆五个特色展馆，展区面积1.2万平方米。其中主要有上海知青馆、北上海历史展陈馆、中国知青主题馆三大特色景点。

2014年6月，大丰市中国知青主题馆建成对外开放

【丰收大地获评全国旅游星级示范园区】 丰收大地现代农业示范区是江苏省四星级乡村旅游景区、全国休闲农业与乡村旅游示范点、中国特色农庄等。园区按照“一个核心（农业现代服务业）、两个支撑（科技平台和服务平台）、三大载体（现代农业示范区、农产品加工集中区、农业现代服务业集聚区）、四大产业（创意产业、种苗产业、旅游业和农产品营销业）”的建设思路，突破大项目，提升大产业，打造生态型美丽园区。主要景点有：孙桥农业园、创意农业展示馆、采摘园、花卉超市等。该景区于2014年被评为全国休闲农业与乡村旅游四星级示范企业（园区）。

【草堰村入选全国传统村落保护名录】 草堰村是一个古村落，始建于唐、宋，其传统格局以盐运文化为核心，辐射古街区暨庙观文化、范公堤五闸文化和吴王张士诚系列文化。现存五街十二巷仍保持历史传统建筑群和明、清建筑风貌。村落中的街区内现存唐、宋、元、明、清古井54口；龙溪河、玉带河、小转河、大转河均为唐代古河，辖区内保留完好的宋代修建的范公堤有2千米。范公堤及其界面的五座古闸、北极殿、义阡禅寺、永宁桥、朱氏民居等23处文物古迹，被省、盐城市和大丰市命名为文物保护单位。以青砖小瓦木结构飞檐翘脊为主要特征的民间传统建筑，如竹溪古街、袁家巷、太平巷、钱家巷、朱家巷等保存完好，小青砖和青石板铺设的古巷道到处可见。钱氏明代古屋、张氏明代古屋、宗氏六陈行、朱氏民居、袁氏古民居等别具一格。

2014年，大丰市草堰村入选全国传统村落保护名录

【旅游行业协会成立】 3月11日，市旅游行业协会成立，并召开第一届理事会，市委常委袁国萍、副市长石根美出席相关活动。会议审议通过《大丰市旅游行业协会章程（草案）》，选举产生协会组织机构。

【智慧旅游培训班】 4月26日，市旅游局和市旅游行业协会邀请浙江省旅游信息中心主任汪成设为大丰各涉旅单位、企业和学校作智慧旅游专题培训。相关部门、旅游企业负责人约300人参加培训。

【星级讲解员评比】 12月18日，大丰市星级讲解员评比活动在上海知青农场主题馆举行，活动主要包括自我介绍、景点讲解、知识问答、才艺展示、外语应用五个环节。评比后，讲解员依据讲解水平、综合素质的高低从五星至一星分为五档。

【导游职业技能大赛】 4月10日，市旅游局与市总工会联合举办大丰市导游职业技能大赛。比赛设自我介绍、导游讲解、知识问答、才艺展示四个环节，活动旨在提升导游队伍整体水平，建设一支“形象好，懂旅游，会导游，善服务，有资质”的优秀导游队伍，提高游客满意度。

旅游推介

【中国·大丰麋鹿生态国际旅游季】 4月12日，举办荷兰花海2014婚庆博览会暨麋鹿生态国际旅游季开幕式。盐城市旅游局局长童健，盐城市林业局副局长许虎，市委常委、宣传部部长李东前，市委常委袁国萍，市人大常委会副主任、大丰港经济区管委会副主任王周斌等出席开幕式，副市长石根美主持。

【大丰花车获上海旅游节“色彩效果奖”】 2014年，大丰市作为全国唯一的县级市受邀参加上海旅游节花车大巡游活动。大丰花车以“北上海，大丰老灵哦！”为主题，和16个国家的24支境外表演团体、国内8支表演团队以及22辆花车一起再度亮相上海旅游节。经过专家评审与市民投票评选，大丰花车获仅有的9个奖项中的“色彩效果奖”。

【金秋经贸恳谈会旅游专题会】 10月18日，大丰召开金秋经贸恳谈会旅游专题会。市委常委袁国萍出席。中青旅、上海锦江旅游、携程网、同程网、驴妈妈、德安杰环球顾问、杭州香港城集团、艾威国际房车、香港深远智慧产业集团、华侨城等30多个国内知名旅游企业、旅行社代表参加会议。代表们考察了大丰麋鹿国家级自然保护区、大丰上海知青纪念馆、恒北村、荷兰花海等景点。

【旅游推介会在上海举办】 1月20日，“2014江苏大丰（上海）新春贺年汇”旅游推介活动在上海举行，市领导袁国萍出席。推介会上，大丰上海知青纪念馆、大丰港丹顶鹤珍禽园等8个景区分别与上海新天地、上海华夏等旅行社签订旅游合作协议。9月12日，“请到麋鹿故乡来——大丰好玩呢”发布会暨“跟着花车去大丰”自驾游活动启动仪式在上海静安广场举行。市领导倪峰、倪向荣、袁国萍、石根美出席推介会。

【旅游推介会在南京举办】 8月13日，“迎青奥·畅游江苏”大丰旅游推介会在南京饭店举行。江苏省旅游局副局长经圣贤，市领导袁国萍、石根美出席推介会。会上，江苏中青旅、江苏中旅等旅行社与中华麋鹿园、海洋世界等8个景区签订《旅游战略合作协议》。

【2014年我爱车俱乐部年会暨大丰旅游年启动仪式】 2月21~23日，上海博拉公司“2014年我爱车俱乐部年会暨大丰旅游年启动仪式”活动在大丰举行。这次活动以“无车不来 四季大丰”为主题，吸引了来自江浙沪等地10个车友会负责人及成员近200人齐聚大丰。活动中，车友们参观了大丰市上海知青纪念馆、中华麋鹿园、大丰港海洋世界、大丰港丹顶鹤珍禽园以及恒北梨园风光等景区（点）。

【江苏省作家协会采风】 4月15日，江苏省作家协会一行20多人到大丰市上海知青纪念馆采风创作。各位作家、诗人参观了知青馆主馆、“北上海1950”历史展陈馆等景点。

【大丰春季旅游产品发布会】 2月17日，“大丰市春季旅游产品发布会”在恒北村党群服务中心召开，盐城市旅游局副局长陈锦还出席、市委常委袁国萍致辞、副市长石根美主持会议。上海市50个旅行社、盐城地区30个旅行社及大丰市旅游企业参加会议。

【大丰旅游亮相中国国际度假旅游展览会】 3月14~16日，由南京市政府、江苏省旅游局、德国斯图加特展览公司联合主办的2014南京国际度假旅游及房车展览会在南京国际博览中心举行。展览会期间，大丰的特色美景、精品线路吸引了大批专业旅行商和观众。

旅游饭店

【半岛温泉酒店】 2013年，半岛温泉酒店创建成五星级旅游饭店。酒店集商务会议、休闲度假、温泉养生为一体，酒店占地10.8万平方米，建筑面积50639平方米，是大丰海港新城的精品工程、标志性工程。该酒店全程

大丰港经济开发区日月湖畔半岛温泉酒店夜景

委托业内享有盛名的太湖高尔夫酒店管理团队专业管理。酒店整体环境以温泉、园林和湖景为主要特色，装饰设计采用现代西式表现手法，创造出一个既豪华富丽、典雅别致，又自然清新、美轮美奂的怡人空间。酒店设有各类标准房、行政套房和总统套房206间，各类会议室和餐厅规格齐全，可同时接待1500余人会议及就餐。休闲娱乐区设有温泉SPA、温泉泳池、健身房、棋牌室、斯诺克、美容美发和KTV等配套设施，商务中心、购物中心、票务中心和综合服务中心将为顾客提供全方位的贴心服务。

【新词大酒店】 新词大酒店为四星级旅游饭店，毗邻沿海高速，交通便捷。酒店拥有总统套房和各类高级行政套房、双人房、大床房278间，内有中央空调、24小时热水供应、卫星电视、烟感消防报警器、自动喷淋系统等现代化设施。酒店配有各式中餐厅、西餐厅（咖啡厅）及风格迥异的宴会厅和包房30间，可同时容纳313人入住和1500人用餐。酒店附设商务中心、商场、美容美发厅、大型桑拿中心、KTV包房、棋牌室、台球室、票务中心等多项服务设施，是宾客休闲、旅游、度假、会议的理想首选。

【银都大酒店】 银都大酒店是大丰市首个三星级旅游饭店，建筑面积10000平方米，拥有豪华套间、普通套间、标准间118间，中西餐厅18个，餐位700个，菜肴以淮扬、川、粤为主，有大小会议厅6个，还拥有歌舞厅、KTV、桑拿中心、棋牌室等娱乐设施，同时提供商务、旅游、购物、洗衣等服务。

【天池国际大酒店】 天池国际大酒店为三星级旅游饭店，位于大丰市金丰南路8号，交通便利，地理位置优越。拥有各类客房50余间，多功能宴会厅3间，设有美容美发、洗浴、商务中心、购物中心。

【丰东大酒店】 丰东大酒店为三星级旅游饭店，坐落在市区繁华的金融、商业、文化中心。酒店设有各类行政套房、商务套房、商务标准间及商务单人间53间（套），拥有可同时接待350人的多功能宴会大厅及豪华贵宾厅（及日式包厢）16间，可为各类商务活动提供淮扬、潮粤、川湘等各地菜肴。酒店还设有购物中心、酒吧、康乐等消费、娱乐设施。

【盐城水沐年华大酒店】 盐城水沐年华大酒店为三星级旅游饭店，位于大丰市繁华商业区工农路名都广场E区1099号，酒店拥有各类豪华套房、商务套房、商务标准房37套，房间布置温馨舒适，设有中央空调、电话、电视、宽带网、迷你酒吧、卫生设施等。另设有会议中心、商务中心、购物中心。沐浴休闲设在三楼和四楼，其中四楼为VIP包厢，内设淋浴、浴池、桑拿等设施。

【建丰国际宾馆】 三星级旅游饭店建丰国际宾馆有各类客房80间（套），包括标准间、高级间、豪华间、豪华套间等多种套型，可满足各种商务客人的需求。客房内陈设高雅，色彩自然和谐。酒店拥有多个中餐厅，环境幽雅，烹饪精湛，能提供多种风味菜肴。

东方湿地

【概述】 大丰拥有亚洲东方最大的一块湿地，面积7.8万公顷。湿地由林地、芦荡、草滩、沼泽、盐裸地组成，孕育着种类繁多的珍稀动植物。生活着鸟类315种、兽类12种、两栖爬行类27种、鱼类150种、昆虫599种、植物499种。其中，丹顶鹤、黑嘴鸥、天鹅、白尾海雕、牙獐等国家一、二级保护动物30多种，列入《中日候鸟保护协定》的鸟类93种。2002年，联合国开发计划署的“中国湿地生物多样性保护与可持续利用”项目在大丰实施。在大丰人的保护下，湿地的生态系统日趋完善，生物圈逐年扩大，生物数量不断增加，丹顶鹤、黑嘴鸥、震蛋鸦雀等珍稀鸟类栖息数量增长近10倍。1999年，大丰被国家湿地项目办确定为中国四大湿地项目示范保护区之一。2002年，大丰又被联合国湿地保护组织列入《国际重要湿地名录》，成为永久性保护地。

【大丰麋鹿国家级自然保护区】 国家AAAA级景区的江苏大丰国家级麋鹿自然保护区建于1986年，是世界上最大的，也是唯一的野生麋鹿保护区。保护区位于大丰东南端，东连黄海，南与东台市交界，是保护完好的半原始湿地，面积2600多公顷。在保护区内自由栖息着麋鹿、丹顶鹤、牙獐等400多种动物，生长着500多种植物，区内有麋鹿2360头。

【东沙岛】 有天然海上博物馆之称的东沙岛位于大丰海岸线外侧，距大丰陆地海岸最近距离12千米，称其为岛，但实际上只能算是沙洲，涨潮是

大丰拥有亚洲东方最大的一块湿地，面积7.8万公顷

海，落潮为滩，这一奇观就是东沙的最大特色。东沙历史上是由长江和黄河从南北两个方向夹带泥沙汇聚沉积而成，东沙海图零米以上面积7万公顷，最高海拔5.8米。四周散布着亮月沙、毛竹沙、外毛竹沙、竹根沙、牛角沙、河豚沙、太阳沙等多个沙洲。东沙岛的特殊成因构成丰富的海洋生物链，是鱼类、贝类等海洋生物繁衍生长的场所。据勘察统计，这里沿海浮游动物有桡足类、水母类、栉水母类、樱虾类、糠虾类、毛鄂类等98种。沿海底栖动物183种，其中腔肠动物4种，环节动物31种，软体动物78种，腕足动物2种，甲壳动物62种，棘皮动物6种。其中的泥螺、香螺、螃蟹、条虾、文蛤、青蛤、四角蛤、蛐蜓、牡蛎等等，是人们常吃的美味。

（王　艳）

麋鹿保护

【概述】 江苏省大丰麋鹿国家级自然保护区（以下简称保护区）位于江苏省中部的黄海之滨，总面积2667公顷，是世界第一个也是世界最大的麋鹿保护区。经过28年的努力，保护区麋鹿种群数量发展到2360头，在生态保育、物种保护、科学研究、宣传教育和生态旅游等各方面都取得了一定成绩。2014年，麋鹿保护区中华麋鹿园获盐城市旅游发展贡献奖。在盐城市年度综合考核中，保护区被中共盐城市委、盐城市人民政府授予“盐城市旅游业发展工作先进单位”称号。

【国家棚户区改造项目完成】 大丰林场棚户区改造项目实施地点在保护区以北老海堤公路东侧，原住房破旧，道路狭窄，基础设施落后。项目经过最初的立项、审批、规划、设计、招投标，于4月正式启动建设，历经7个月，完成10栋住宅楼的主体工程建设以及小区水电、周边路道、路灯等附属工程建设。住宅户型面积为50~160平方米，满足不同住户的需求。在保证房型、质量达标的同时，尽量降低造价，确保保护区职工都能有条件入住新居。

【功能区划调整通过评审】 11月22~23日，国家级自然保护区评审委员会委员北京大学教授吕植、中国科学院昆明动物研究所研究员杨晓君到保护区实地考察功能区划调整情况。评审委员会专家听取功能区划调整工作汇报，察看麋鹿保护区功能分区情况，肯定保护区功能区划调整方案。12月17~19日，国家级自然保护区评审委员会主持召开的全国自然保护区晋升及功能区划调整专家评审会在北京举行。来自国内自然保护领域的权威专家以及国家环境保护部、国家林业局等15个单位、部门专家领导，按照《中华人民共和国自然保护区条例》和国家级自然保护区调整相关规定要求，评审此次参评的6个自然保护区。麋鹿保护区以27票通过评审。

【大丰麋鹿种群数量增加】 2014年，保护区实施麋鹿优化管理，喂料采用青贮饲料，营养配比更加合理；优化麋鹿饮水系统，引入优质水源；增加投喂点、投喂量和投喂时间，保证麋鹿安全越冬；完成24千米麋鹿围网更新工程；在麋鹿野放区关键路口增加6个不锈钢框架警示牌；加强巡护，派专人负责；联合边防派出所，加强安全事故排查，减少麋鹿安全事故的发生。截至2014年麋鹿产仔期结束，大丰麋鹿总数2360头，其中野生麋鹿235头。

【科研成果】 保护区工作人员潜心于麋鹿及其赖以生存的生态系统研究，主持国家、省、盐城市级科研课题39个，其中国家重点攻关课题3个，获部、省科技进步奖及科普奖9个，获国家发明专利金奖、银奖各1个；在国内外专业刊物上发表科研论文100多篇，取得研究成果90多项，《麋鹿与丹顶鹤保护及栖息地恢复技术研究》获全国第三届梁希林业科学技术一等奖。

【中华麋鹿园进入AAAAA级景区预备名单】 6月，麋鹿保护区中华麋鹿园景区通过国家旅游局全国旅游景区质量等级评定委员会评审，将其列入创建AAAAA级旅游景区预备名单，这是景区由AAAA晋级AAAAA迈出的关键一步。保护区以这次评审结果为契机，围绕创建规划，建设新的游客中心、博物馆、生态停车场、游船码头、麋鹿大看台等景区配套项目。

【保护区获“国家生态文明教育基地”称号】 9月16日，保护区被国家林业局、教育部、共青团中央联合授予“国家生态文明教育基地”称号，成为全省第一个获得该称号的单位。保护区将加大生态文明宣传教育工作力度，依托自身资源优势，打造“湿地生态，麋鹿文化”品牌，拓展生态教育、科普宣传的广度和深度，组织开展各种形式的宣传教育活动，推进全社会生态文明意识的提升。

（侯立冰）

〖编辑　陈一青〗

综 述

2014年，市委、市政府坚持以农民增收为核心，全面深化农村改革，做好统筹城乡发展、农业产业化经营、农业招商引资、农村土地流转、农村政策落实、农业保险等工作，农业和农村经济持续、健康发展。全市农业总产值162.02亿元，农业增加值73.28亿元，农村居民人均可支配收入16414元，分别比2013年增长2.6%、3.6%和11.6%。全市新增高效种植业面积7333公顷，新增设施农业面积2066公顷，新增“一户一棚”8250户。全年饲养生猪184.08万头，其中出栏123.8万头，生猪规模养殖比重92%；饲养家禽4231万羽，其中出栏2972万羽；饲养山羊56.99万头，其中出栏34.24万头；大牲畜存栏1.77万头。全市新建年收入100万元以上养殖场（小区）12个。全年猪、牛、羊、禽肉类总产量13.77万吨，禽蛋产量7.07万吨，牛奶产量6.19万吨，实现畜牧业总产值34.67亿元，实现畜牧业农民人均纯收入2880元。新增畜禽“一户一棚”设施养殖户170户，新建标准棚（禽舍600平方米、猪舍400平方米以上）230个。全市发放蚕种3.07万张，生产蚕茧1207吨，实现蚕茧产值4260万元。实施高标准粮田建设，推进农业生产机械化，新增大中型拖拉机、联合收割机、插秧机等各类农机具6323台（套），全市农机总动力80万千瓦，农业机械化水平83%。全市完成成片造林1540公顷，其中沿海防护林333公顷、一般造林874公顷、花卉苗木333公顷。新建和完善高标准农田林网11133公顷、绿色通道167千米，四旁植树209.9万株，森林抚育面积1367公顷，完成“绿色盐城”建设12项重点工程。林木覆盖率26.84%。全市农业废弃物综合利用率91.93%。加强农产品质量安全建设，12个镇、4个农业园区和10个生产基地都建成农产品质量安全快速检测室，市农产品质量安全检验检测站由原来26个参数检测能力扩展到63个，初步形成市、镇、村（基地、园区）三级检测体系。蔬菜农药残留、生猪及其产品违禁物残留、生鲜乳违禁物残留例行监测合格率分别为99.5%、100%和100%。

（朱玉淋）

农村经营管理

【概述】 2014年，全市农村经营管理坚持以促进农民持续增收、加快农村土地流转、全面推进村务公开、落实农村政策、发展村级集体经济为重点，开展农村经营管理工作，为农民增收和农业农村经济发展发挥作用。

【农民收入持续增长】 2014年，全市坚持以农民增收为中心，围绕农民收入5年倍增目标，增加农民资产性、工资性、投资性、转移性收入。通过宣传发动、现场推动、产业带动、创业拉动等措施，提升农村经济发展水平，加快农民持续增收步伐。开展定期不定期的督查考核活动，把农民增收工作落到实处。2014年，实现农村居民人均可支配收入16414元，增长11.6%。

【农村土地有序流转】 2014年，市委、市政府召开全市加快农村土地流转、促进农业适度规模经营的现场推进动员大会，市政府印发《关于加快农村土地流转促进农业适度规模经营工作的意见》，形成市、镇、村三级联动的农村土地流转交易服务网络。全年新增流转土地面积7667公顷，总计3.73万公顷；新增适度规模经营面积2万公顷（含联耕联种），总计9.67万公顷；新创办家庭农场55个，总计131个；新办土地股份合作社20个，总计246个。

【村务公开全面推进】 2014年，市政府成立大丰市村务公开工作领导小组，设立办公室负责全市村务公开的组织协调、政策落实、业务指导、督查考核等工作。统一村务公开栏、组级公布墙的标准和要求。市政府成立督查指导小组，对镇村会议落实情况、工作班子成立和运转情况、年度村务公开方案、民主理财小组活动以及村务公开推进情况等开展督查和指导。

【强农惠农政策落实】 2014年，大丰市成立市、镇两级的确权登记颁证工作领导小组，市委办、市政府办联合印发《关于做好全市农村土地承包经营权确权登记颁证工作的意见》，制订工作方案，开展农村土地承包经营确权登记颁证试点工作。对西团、万盈两个试点镇开展土地确权颁证工作的政策法规和操作流程业务辅导。完成西团镇新中村、万盈镇六里村两个试点村的权属调查、测绘制图、审核公示、登记发证等工作。实施一事一议财政奖补项目。2014年，全市一事一议财政奖补项目52个，投资1840.15万元，其中村级筹资166万元，筹劳折代金186.93万元，省配套奖补资金1336万元，其他建设资金151.22万元。奖补项目全部为建设村级水泥路，总长度56.4千米。加强农村公共运行维护机制建设。2014年，实现208个村全覆盖。市财政局、农工办联合制订印发《关于做好农村公共服务运行维护机制建设绩效评价的通知》，明确农村公共服务运行维护的长效管理目标。全市落实维护经费1728万元，其中中央、省财政补助资金1284万元，市财政配套资金444万元。农村公共服务运行维护经费实行专户管理、封闭运行。

2014年，大丰市村务公开全面推进

【村组干部报酬稳步提高】 2014年，市政府办制订出台《大丰市2014年农村村组干部工资报酬发放"系数倍数"调整方案》，建立"基本报酬+考核报酬+岗位补贴"的工资报酬管理制度，基础报酬和岗位补贴按季发放，考核报酬根据年终工作考评审核发放。对全市1684名村组干部分别下发了基础报酬2277.29万元、岗位补贴365.82万元、考核报酬1889.29万元。全年村党组织书记平均工资报酬34228元，比2013年增加5692元。

【经济薄弱村公益性债务化解】 2014年，市政府办出台《关于开展省定扶贫开发经济薄弱村债务化解工作的通知》，明确省定22个扶贫经济薄弱村公益性债务化解对象、范围、化债步骤、化债要求等。完成全市22个扶贫经济薄弱村公益性债务清理审核工作，并逐村向村民张榜公示，对照省有关文件精神，省级财政奖补化债资金1510万元，县级财政配套资金1335.41万元，化解公益性债务2845.41万元。

【农民资金互助合作社运行良好】 2014年，市政府办出台《关于进一步加强全市农民资金互助合作社规范提质工作的通知》，全面审计全市15个农民资金互助合作社的所有财务账目，并实行会计委派、财产抵押和备付金、系统风险金"双印鉴"集中管理。全市集中管理3901万元，其中备付金3170万元，系统风险金731万元。

【农业政策性保险推进】 2014年，市政府办出台《关于认真做好2014年农业保险工作的通知》，对政策性农业保险工作提出指导意见。全市农业保险总保费10073万元，高效农业保险保费总额5314万元。做好农业保险的灾损理赔一折通兑付工作，全年支付理赔资金5800万元，赔付资金全部通过一折通兑付。

【农村财务与资产管理规范】 2014年，大丰市重视农村集体"三资"（资金、资产和资源）管理，推行农村财务记账电算化，208个村在银行开设基本账户，加强村组织财务人员队伍建设。全年12个镇扩大社区股份合作制改革试点，实现镇镇全覆盖。

【新一轮扶贫开发有序开展】 2014年，市委、市政府召开全市扶贫开发大会，市政府印发《全市开展扶贫攻坚冲刺年活动的意见》，有序推进新一轮扶贫开发。落实社会救助措施。加大对农村低保资金投入，确保实现应保尽保，并建立逐年增长机制。逐户调查未脱贫低收入农民。排查收入来源，测算收入，对人均达不到5000元的6054人，制订增收脱贫措施，确保完成脱贫任务。巩固脱贫成果。对已脱贫的3546人，开展党员干部结对巩固帮扶，采取"扶上马、送一程"的措施，防止再返贫。对未脱贫的16个经济薄弱村，重新组建帮扶工作队，明确市四套班子联系挂钩，制订脱贫方案和帮扶计划。全年直接支持经济薄弱村帮扶资金224万元，落实帮扶项目24个，实现集体经营性收入118万元，基本达到省定脱贫标准。

统筹城乡发展和新农村建设

【概述】 2014年，全市坚持以推进统筹城乡发展试点镇村建设为重点，推进城乡规划、供水、垃圾处理、污水处理、公共交通、就业和社会保障、社会治理"七个一体化"，提升城乡空间布局、人居环境、公共服务设施水平。

【项目建设力度大】 全市统筹城乡发展试点镇2个、试点村24个，实施新村庄、新产业、党群服务中心、新景观、公共服务、基础设施等重点项目113个。全年投入11.8亿元，完成重点项目96个，在建的重点项目12个。其中，“两镇两村”（新丰镇、西团镇；斗龙港村、恒北村）投入6.4亿元，完成和在建的项目21个。市级10个试点村投入2.7亿元，完成和在建的项目40个。镇级12个试点村投入2.7亿元，完成和在建的项目47个。

【示范点特色鲜明】 全市2个试点镇、24个试点村各具特色。“两镇两村”（新丰镇、西团镇，大中镇恒北村、三龙镇斗龙港村）以美丽镇村的崭新面貌对外开放。新丰镇打造荷兰风情特色，在全省乃至全国都有一定的知名度，中央电视台“新闻联播”栏目予以专门报道。西团镇坚持抛丸机产业基地特色，发展成为中国产业名镇。斗龙港村展现了浓郁的渔家风情特色，黄海之滨特色渔村已经彰显。恒北村打造梨园风光、生态宜居、乡村旅游特色，获全国文明村、中国特色农庄、全国“一村一品”示范村、江苏省最美乡村和江苏省最具魅力休闲乡村等称号。其余22个试点村以新形象对内示范、对外开放。白驹镇狮子口村彰显《水浒》文化特色。西团镇众心村展示错落有致、环境舒适的社区特色。草庙镇东灶村打造“中华麋鹿第一村”特色。

【统筹城乡发展】 市委印发《关于全面深化改革加快推进全市统筹城乡发展工作的意见》，明确2014年全市统筹城乡发展工作指导思想、目标任务、重点工作、保障措施等。落实2014年大丰市统筹城乡发展试点镇村重点项目。市重大事项督查考核办公室和市委农工办（统筹办）工作人员到现场督查全市统筹城乡发展试点镇村重点项目建设情况。市四套班子主要领导、分管领导和市相关部门负责人曾到试点镇村调研指导，解决难题35个，推动全市统筹城乡发展步伐。

农村环境综合整治

【概述】 2014年，全市投入3亿元，提升“3+1”（农村水环境整治、生活垃圾处理、生活污水处理、城乡供水一体化）工程和推进村庄环境整治，重点完善农村环境长效管理机制。3月，省村庄环境整治现场推进会上，大丰市再度被表彰为江苏省村庄环境整治工作先进集体。

2014年，大丰市再度被表彰为江苏省村庄环境整治工作先进集体。图为新丰镇裕南村

【“3+1”工程提升】 大丰市在水环境整治上，疏浚河道38条，清洁村庄河塘72个，完成土方680万立方米。农村生活垃圾处理，新增垃圾压缩中转站1座、垃圾运输车1辆，新建垃圾池3000多个，新放置垃圾桶1500多个，转运盐城处理的垃圾4.5万吨。农村生活污水处理，全市新铺设截污管网75千米，建成微动力和有动力生活污水处理设施13个。城乡供水一体化，新铺设村到户三级管道980千米。

【村庄环境整治】 2014年，大丰市多次召开村庄环境整治现场推进会，开展冬季村庄环境集中整治、环境整治突击月活动、“两高”（沈海高速、沿海高等级公路）沿线环境整治提升和康居乡村整治创建扫尾等工作。整治乱堆乱放杂物5万多处，刷白老村庄墙面4万多户，新增绿化树木300多万株，新建水泥道路180千米、桥梁220座，规范鱼塘用房51户，拆除破旧房屋和违章建筑116户，完成散户搬迁306户，遮挡墓群21处2713座，搬迁坟墓5278座，布置景观栅栏123千米。

【康居乡村创建】 2014年，大丰市全面完成剩余的300个自然村庄的整治任务。其中，建成一星级康居村88个、环境整洁村212个。

【完善环境长效管理机制】 从2014年起，市级以上财政每年拿出2600多万元，用于全市农村环境长效管理工作，配备农村保洁员1900多名，基本实现“田水路林村”五位一体的综合长效管理。

（周建芳）

种植业

【概述】 2014年，全市涌现出南阳镇韭菜和辣根、大桥镇油桃、西团镇青椒、刘庄镇洋葱、大中镇大蒜和苗木、新丰镇花卉和林果等一批特色基地。“双草线”（草堰至草庙疆界河沿线）

现代农业示范带建设走在盐城市前列，现代农业示范园区建设取得新突破，全市市镇两级建成特色农业示范园区18个，其中国家级农业科技园1个，省级现代农业园区1个，盐城市级现代农业园区11个。围绕创建全国休闲农业与乡村旅游示范市（县）目标，突出融合发展，培植休闲观光农业，丰收大地、盐土大地、梨园风光获评“首届盐城最具魅力休闲农业园”，希望的田野获评省“四星级乡村旅游点”，丰收大地、盐土大地被评为国家四星级休闲农业与乡村旅游示范园区。全市开展农作物高产增效创建活动，推进粮食生产，保证粮食安全，推广“三新”（新品种、新技术、新模式）技术，开展科技研究与技术攻关，引进品种比较试验的麦子、玉米、油菜、水稻等新品种50多个。

【粮食产量增长】 2014年，粮食种植总面积11.93万公顷，每亩单产443千克，比2013年增加8千克，总产79.26万吨，比2013年增加1.34万吨，增产1.69%，粮食产量实现连续11年增产。

【秋播农业结构调整暨联耕联种现场推进会】 全市夏季落实联耕联种面积2231公顷，秋季落实14880公顷，超额完成盐城市下达的目标任务。大丰市联耕联种工作得到盐城市委书记朱克江的肯定，9月19日，盐城市委、市政府在大丰召开秋播农业结构调整暨联耕联种现场推进会。

【白驹镇团结村建成千亩水稻联耕联种生产基地】 团结村牵头，农机服务组织跟进，实行统一品种、统一耕种、统一育秧、统一机插、统一技术指导，水稻亩单产比全市平均增产15千克。

【农产品质量安全有保证】 大丰市全年新增无公害农产品66个，绿色食品7个，无公害产地35个。截至2014年年底，全市有农业“三品”（无公害农产品、绿色食品、有机农产品）总计342个，农业“三品”产量151.38万吨。南阳镇辣根和大中镇早酥梨分别被评为蔬菜类和果品类全国名特优新农产品，佳丰油脂“恒喜”商标获评中国驰名商标，继“裕华大蒜”获评国家地理标志证明商标，“大丰东沙紫菜”再次获评国家地理标志保护产品。大丰市被国家认监委认定为全国有机产品认证示范创建区。

【全程承包统防统治取得进展】 2014年，全市有8个农机、植保合作社与35个种田大户、家庭农场、种植企业合作，开展稻麦病虫全程承包统防统治，面积超过2700公顷。全市植保服务组织发展到56个，重大病虫统防统治覆盖率60%以上。

2014年，大丰市粮食产量实现连续11年增产

【稻米质量提高】 大丰市境内常年水稻种植面积4.7万公顷，稻谷总产40万吨以上，加工成“大丰大米”约30万吨。“大丰大米”严格按照绿色无公害标准化栽培技术规程生产。全市现有5个企业的大米被认定为“有机食品”，有10个企业的大米被认定为“绿色食品”，有11个企业的大米被认定为“无公害农产品”。

【大麦生产及加工】 大麦是大丰市特色农产品，播种面积保持在1.4万公顷，亩单产450千克，总产近10万吨。大麦深加工在大丰市逐渐形成规模，主要产品有大麦仁、大麦片、大麦冲剂等。近几年大丰引进种植了一些腹沟浅、皮薄、蛋白质含量高、口感好的优质高产品种，比如扬农啤5、6号等，研究制订机播机收、麦棉套种等高产栽培技术，促进大麦生产和加工业的发展。

林果业

【概述】 2014年，大丰市围绕生态防护林、村庄绿化、农田林网等建设目标，重点建设333公顷沿海生态防护林、133公顷沿海林场防护林、53千米疏港航道防护林和华丰农场2000公顷农田林网等绿化工程，各镇围绕“2条以上大沟河堤退耕还林、133公顷农田林网示范片、1个省级村庄绿化示范村、1条县级以上道路绿色通道”绿化重点工程，推进绿色大丰建设。大丰市被江苏省绿化委员会、江苏省林业局评为2014年度绿化造林成效显著县（市），被盐城市委、市政府评为2014年度绿色盐城建设综合先进县（市）。

【森林资源保护发展目标责任制工作被评为优秀】 6月10~12日，国家林业局驻上海森林资源监督专员办事处检查组一行到大丰检查森林管

2014年，大丰市被江苏省绿化委员会、江苏省林业局评为绿化造林成效显著县（市）

理工作。检查组通过听汇报，开座谈会，查阅责任制建立和执行情况的相关台账资料，实地检查大中镇元丰村、恒北村、南阳镇民心村、黄海村和市林场、市沿海林场（2013年11月经市政府批准成立）等现场，综合评定大丰市保护发展森林资源目标责任制工作为优秀等次。

【大丰市沿海林场建设快速推进】 2014年，市沿海林场通过开挖三沟、平田整地、培肥地力、优选树种等措施，实施林地改造，推进133公顷防护林绿化造林重点工程建设。坚持因地制宜、合理布局、适地适树的原则，以先绿起来为主攻方向，兼顾小品种试种试验，精选优质壮苗，试种刺槐、女贞、白榆、杂交柳、中山杉等多个品种。注重日常管护，及时采取清沟理墒、扶正培土、排涝降渍、修剪整形、铺草防碱等多种措施，加强新造林的管护，有效提高苗木成活率。12月24日，沿海林场控制性详细规划评审会召开，专家组认为沿海林场选址合理，定位准确，布局合理，技术方案可操作性强，同意通过评审。

【林地年度变更调查】 根据省林业局统一部署安排，为提高林地监管能力，加强林地保护利用管理提供重要基础和支撑，大丰市于2014年7~12月开展林地年度变更调查工作。专门制定《大丰市林地年度变更调查工作方案》，开展林地变更调查工作，完成底图修正、遥感判读、现地核实、图形勾绘、属性录入、成果编制、自查验收等工作，检查修改原林地规划存在的问题，利用遥感数据判读变化图斑3812个，实际修改形成变化图斑1323个，完成林地更新数据7046条。

【果树技术推广】 大丰市农委开展果农技术培训班5次，发放技术资料200份，利用12316服务热线、盐城林业网向果农提供生产信息50条，邀请省农科院专家对果树大户开展葡萄设施避雨与促成栽培技术示范推广专题培训。与郑州市果树研究所合作，引进50棵梨树新品种——红香酥，在新丰镇太兴村试验栽培。

畜牧业

【概述】 2014年，大丰市应对生猪周期性行情低迷、H7N9禽流感和羊小反刍兽疫疫情对畜牧业的冲击，围绕农业增效、农民增收这一目标，以发展高效畜牧业为重点，以增强产业竞争力为主线，推进全市畜禽养殖规模化及产业化建设，开展了春、夏、秋季重大动物疫病防控，确保全市高致病性禽流感、口蹄疫、猪瘟、新城疫、高致病性猪蓝耳病等重大动物疫病应免疫密度保持100%。加大动物及其产品检疫、动物卫生监督、畜产品安全监管等工作力度，促进全市畜牧兽医工作平稳有序推进。

【龙头企业带动战略实施】 大丰市加大养殖龙头企业的跟踪服务力度，采取责任到人、服务到场、措施到位等办法，帮助企业不断发展壮大。上海光明牛奶集团投资5亿元，建设的1.3万头奶牛二期工程；东大滩有限公司投资5000万元，建设的50万羽全自动化蛋鸡项目；上海鑫龙牧业有限公司投7000万元，建设的6000头能繁母猪项目；东裕畜牧有限公司投资7000万元，建设的5万头生猪项目；草庙镇欣运家庭农场投资5000万元，建设的4万头生猪养殖项目；新丰镇朝辉生态农业园投资1000万元，建设的1万头生猪养殖项目；西团镇一禾羊业有限公司投资1000万元，建设的1万头山羊养殖项目都建成投产。

【动物H7N9禽流感综合防控】 大丰市组织春季和秋冬季禽类交易市场大检查行动，制订专项行动方案，成立行动领导小组，建立完善动物及动物产品交易市场消毒和休市制度、动物及动物产品交易市场无害化处理制度、动物及动物产品市场监管人员制度、索证索票追溯制度以及《农贸市场带禽消毒技术指引》等技术规范等。加强养禽场疫情全面巡查和动物H7N9禽流感监测，加大动物H7N9禽流感监测频率和工作力度，采集家禽血样4960份，其中供H7N9监测血样、双拭各3860份，血样进行H7N9禽流感血清学检测全为阴性；盐城市抽检样品240份，病原学检测全为阴性。

【开展小反刍兽防控】 大丰市全面开展辖区内所有存栏羊的情况普查和

疫情调查，做好紧急免疫，严格限制羊的调运流通和加强规模养殖场的封闭管理，完善防控应急机制，按照应急预案，抓好应急物资贮备和各项综合防控措施落实。全市排查规模户474户、散养户42371户，栏存山羊22.9万只。

【动物检疫申报点建立】 全市按照统一挂牌，统一灯箱制作、统一报检公示牌、统一制度上墙、统一办公设备、统一工作记录、统一电子出证等“七个统一”标准，建立36个动物检疫申报点，规范动物检疫操作。从2014年5月1日起，全面使用农业部统一制订的动物、动物产品产地、动物屠宰等检疫工作记录表。

2014年，大丰市推进畜禽养殖规模化及产业化建设

【畜禽粪便综合利用】 大丰市落实国务院2014年1月1日施行的《畜禽规模养殖污染防治条例》，组织实施全市畜禽养殖污染综合治理3年行动计划，为全市畜禽养殖污染综合治理明确时间、步骤和方法；重点推广农牧结合、发酵处理、工程化治污三大类畜禽废弃物综合利用模式及“三改两分再利用”技术、畜禽固体粪便处理与利用技术和畜禽养殖污水处理与利用技术，2014年盐城市畜牧业转型升级现场观摩推进会在大丰召开。开展通榆河专项整治行动，拆除通榆河两侧12个规模养殖场。

蚕桑业

【概述】 2014年，全市有投产桑园706公顷（其中蚕种场20公顷），生产蚕种10.2万张，农村丝茧发放蚕种3.07万张，生产蚕茧1207吨，全年平均亩桑饲养蚕种2.98张，亩桑产茧117.2千克，全年平均张种单产39.25千克，蚕茧产值4260万元，平均张种产值1388元，亩桑产值4141元。大丰连续4年被列入国家蚕桑产业技术体系苏北综合试验站试验范围，在桑树病虫害测报工作中积累大量的第一手资料，为桑树病虫害的防治工作提供宝贵的资料。

【新设备引进】 实施省农委“三新”（新品种、新技术、新模式）工程项目，改、扩建标准化催青、小蚕共育室，引进切桑机、吸湿机、削茧机、伐条机等机械设备，实现催青和共育的自动控制，大蚕大棚省力化和桑园伐条、治虫机械化，降低劳动强度，提高蚕种生产水平。

【新品种、新技术推广】 推广桑树品种为强桑Ⅰ号、育71-1，蚕品种为箐松×皓月、苏菊×明虎，主推技术五项即小蚕自动化加温补湿、省力化大棚养蚕、方格簇自动上簇、桑树病虫害综合防治、桑园复合套种技术。提高蚕农的科技应用水平和蚕桑生产水平，提高蚕茧产量和质量。

（朱玉淋）

渔　业

【概述】 2014年，大丰市水产品总产量17.41万吨，同比增长3.1%；渔业经济总产值33.88亿元，同比增长8.8%；新增设施渔业面积1600公顷，水产品出口创汇3340万美元，新建成省级渔业示范基地、省级渔业示范村各1个，新增无公害基地1467公顷及鲫鱼、草鱼、花鲢、青鱼、梭子蟹无公害产品5个。

【渔业科技进村入户工程】 2014年，全市选出渔业科技示范户450户，示范户覆盖全市，带动养殖户5000多户，辐射带动近2万公顷养殖水面。

【水产品加工业】 2014年水产品规模加工企业、品牌企业稳步发展，全市有各类水产品加工企业30多个，加工总量14万吨，规模加工企业8个，江苏宝龙集团成为国家级农业产业化龙头企业，盐城东沙紫菜交易市场有限公司成为省级农业产业化龙头企业，江苏瑞达海洋食品有限公司为全国最大的紫菜养殖加工企业。全市渔业品牌产品有宝龙淡水小龙虾、裕盛沙蚕，黄海东沙紫菜、金丰异育银鲫、神王黄泥螺等。年加工业产值16.14亿元。

【渔政执法取得新成果】 2014年，渔政执法力度加大，严厉打击电力捕鱼等渔业违章作业，全年出动执法人员698人次，查处电力捕鱼案件41起，收缴电捕工具76台套，罚款8.7万元，全年调解、处理渔业污染事故13起，挽回养殖户经济损失60余万元。

农业机械

【概述】 2014年，全市农机化事业得到稳步发展。全市农机总动力80万千瓦，农业机械化水平83%。全年实施中央及省级财政农机购置补贴资金3722.5万元，带动农民投入资金9000多万元，新增大中型拖拉机、联合收割机、插秧机等各类农机具6323台（套），报废淘汰农机具1300多台。全年市财政安排农机作业等各类补助资金1500多万元。全市完成机耕面积16.51万公顷，机耕率99%；机播面积10.11万公顷，占主要粮食种植面积的80%；机收面积11.04万公顷，机收率近100%。

【秸秆机械化还田和综合利用】 2014年5月，市政府出台《全市秸秆综合利用工作意见》，投入还田作业机具1893台，主要粮食作物秸秆机械化还田面积75067公顷，秸秆还田率68.5%，秸秆综合利用率96.6%，新建设秸秆收贮点2个，收贮秸秆11.45万吨。11月，在西团镇召开全市秸秆综合利用现场推进会。

2014年，大丰市秸秆机械化还田3.7万公顷，还田率45%

【玉米机收】 大丰市引进适合农艺要求的玉米收获机械，推进玉米机械化示范区建设，以点带面，在三龙、草庙、大桥等镇玉米主产区，建立4个千亩连片示范区，其他镇建立6个百亩（6.67公顷）连片示范方。9月，在三龙镇召开了全市玉米机收现场会。2014年，全市机收玉米1万公顷。

【特色机具示范推广】 加强种、管、收等生产环节配套农机推广，重点推广蔬菜播种机，喷滴灌机械，高效植保机械；加强草庙、三龙畜禽及水产等养殖业配套机具使用；加强农产品加工贮藏配套农机具推广应用。全市新建2个农机示范基地，新增粮食烘干机25台，农产品保鲜库6000立方米，高效植保机300余台，喷滴灌80公顷。

【农机安全生产管理】 市、镇、村机手层层签订农机安全生产责任状（书），开展农机安全“进学校”“进集市”“进合作社”等活动。全年检验拖拉机4068台，拖拉机注册登记748台，收割机年检1409台，收割机注册登记413台；新发拖拉机驾驶证447本，联合收割机驾驶证新发260本，享受财政补贴拖拉机和联合收割机上牌率、驾驶人持证率100%，农机安全生产总体形势平稳可控。农机安全生产管理工作获盐城市第一名。

【农业机械保有量】 年内，全市新增更新各类大中型拖拉机598台，各类联合收割机360台（其中玉米收获机4台），步进式水稻插秧机237台，乘坐式插秧机38台，育秧播种机17台，条播机106台，小粒播种机4台，穴播机（玉米播种机）23台，开沟机186台，旋耕机655台，动力喷雾机125台，自走喷杆喷雾机11台，静电喷雾器14台，粮食烘干机31台，秸秆切碎装置1套，秸秆粉碎还田机631台，增氧机2012台，投饵机1157台，田园管理机2台，捡拾压捆机26台，农用抓草机49台，果树修剪机50台。大中型拖拉机、联合收割机保有量分别为3584台和3454台，小型拖拉机保有量8572台，大中拖配套秸秆还田机保有量2891台，播种机保有量9140台，机动弥雾机保有量83760台，插秧机保有量1594台。

【农机化提升年活动】 3月20日，由市农委、市农机协会、江苏苏农集团共同组织，在苏农国际广场举办全市“送政策、送科技、送服务”暨农机化提升年活动。市农委及相关负责人宣传解读落实农机购置补贴、加快农机化建设步伐的政策，推介演示秸秆机械化还田、春耕农机作业等技术。省内外多个知名农机品牌生产企业带着60多种类型的农机具赶来参加活动。

【秸秆综合利用专题部署】 3月29日，全市农业重点工作情况通报会在万盈镇召开，市委副书记殷勇、副市长黄正桂出席。根据省、盐城市的工作要求，专题部署秸秆综合利用工作，确保秸秆机械化还田和秸秆收贮两种主要利用方式的贡献率62%以上，其中，秸秆机械化还田3.7万公顷，还田率45%；收贮秸秆8万吨，收贮利用率17%。

【玉米机械化播种现场推进会】 6月20日上午，大丰市召开玉米机械化播种现场推进会，各镇农技推广综合服务中心主任和农机工作负责人，农机大户、种田大户、农民代表，市农委相关科室，下属有关站、所（校）负责人等近100人参加会议，盐城市农委、农机推广中心领导、市农委分管主任出席会议。与会人员集中观摩了大丰市玉米生产机械化示范基地——三龙镇下坝村玉米机械化播种现场。会上，各镇分别汇报交流玉米生产机械化工作推进情况。会议提出，积极落实加快推进玉米生产机械化的各项措施，明确责任，确保当年完成基本实现玉米生产机械化目标任务。

【“棉花生产四化项目”暨机采棉观摩会在大丰举行】 11月1~2日，中国工程院咨询项目——“棉花生产规模化、机械化、信息化、智能化”发展战略研究单位的专家、学者，江苏省机采棉集约化生产技术创新团队成员，江苏省及各产棉市、县作物栽培专家100多人汇聚大丰，举行中国工程院咨询项目“棉花生产规模化、机械化、信息化、智能化”调研暨长江流域沿海棉区机采棉观摩活动。中国工程院院士、著名棉花遗传育种专家喻树迅出席。盐城市农委主任乐超、大丰市副市长黄正桂和省农业科研院校的专家、教授等参加研讨和观摩活动。在大丰市稻麦棉原种场两块机采棉现场，3台不同规格型号的采棉机驶进开满雪白棉花的宜机棉试验田，为与会专家学者现场演示机械化采收棉花。

（朱玉淋）

农业资源综合开发

【概述】 全市完成2013年度国家农业综合开发项目任务，通过盐城市级检查。2013年大丰市农业综合开发项目：土地治理项目5个，建设高标准农田2000公顷，改造中低产田600公顷，计划总投资5320万元，其中财政投资4800万元。产业化经营项目5个，其中财政补助项目2个，补贴资金138万元；财政贴息项目3个，财政贴息214万元。2013年度农业综合开发项目的实施，开发利用了大丰市的农业后备资源，取得较好的社会效益。大丰市2014年度第一批国家农业综合开发资金土地治理项目至年底完成大部分建设任务，第二批国家农业综合开发资金土地治理项目完成前期工作任务。

【农业综合开发项目通过上级检查】 8月，大丰市2013年度农业综合开发项目通过检查。2013年大丰市农业综合开发土地治理项目为西团镇高标准农田建设示范工程项目、万盈镇高标准农田建设示范工程项目、中路港高标准农田建设示范工程项目、大中镇中低产田改造项目、竹川垦区稻麦良种基地产业化经营与土地治理试点项目。西团镇高标准农田建设示范工程项目，总投资1430万元（其中财政投资1300万元），分4个标段组织实施，其中土建工程2个标段，电力线路和绿化工程各1个标段。项目工程于2013年7月初开工建设，2014年3月底完成全部施工任务。修建排灌站6座，闸6座，机耕桥11座，涵洞384座，防渗渠11.35千米，水泥路18.15千米，10千伏安高压线路600米，50千伏安变压器3台，100千伏安变压器2台，栽种苗木8600株。中路港高标准农田建设示范工程项目，总投资1430万元（其中财政投资1300万元），分4个标段组织实施，其中土建工程2个标段，电力线路和绿化工程各1个标段。项目工程于2013年10月初开工建设，2014年6月底完成全部施工任务。修建排灌站2座，闸3座，涵洞213座，进水口门973座，防渗渠3.6千米，砂石路17.24千米，水泥路3.7千米，10千伏安高压线路8.9千米，栽种苗木3.26万株。万盈镇高标准农田建设示范工程项目，总投资1430万元（其中财政投资1300万元），分4个标段组织实施，其中土建工程2个标段，电力线路和绿化工程各1个标段。项目工程于2013年7月初开工建设，2014年3月底完成全部施工任务。修建排灌站2座，闸1座，机耕桥18座，涵洞683座，砂石路3.59千米，水泥路20.92千米，10千伏安高压线路2.04千米，50千伏安、80千伏安变压器各1台，栽种苗木3.08万株。大中镇中低产田改造项目，总投资880万元（其中财政投资800万元），分4个标段组织实施，其中土建工程2个标段，电力线路和绿化工程各1个标段。项目工程于2013年7月初开工建设，2014年3月底完成全部施工任务。修建排灌站3座，闸20座，机耕桥24座，涵洞212座，砂石路13.15千米，水泥路10.93千米，10千伏安高压线路2千米，160千伏安变压器1台，50千伏安变压器3台，栽种苗木2.3万株。竹川垦区稻麦良种基地产业化经营与土地治理试点项目，总投资150万元（其中财政投资100万元），分3个标段组织实施，其中土建工程2个标段，绿化工程1个标段。项目工程于2013年7月初开工建设，2014年5月底完成全部施工任务。新建涵洞12座，种子仓库606.27平方米，防渗渠0.6千米，砂石路2.44千米，栽种苗木5.06万株。

【农业综合开发产业化经营成效显著】 2014年度产业化经营财政补助项目4个，项目总投资3014.4万元，财政资金1380万元。项目分别为：盐城市大丰市1.8万吨菜油加工生产线改扩建项目（“一县一特”试点项目），总投资1650万元，财政资金800万元；盐城市大丰市3000吨蔬菜加工仓储保鲜扩建项目（龙头企业一般财政补助项目），总投资613.2万元，财政资金240万元；盐城市大丰市1000万千克良种仓储中心扩建项目

大丰市2014年度第一批国家农业综合开发资金土地治理项目至年底完成大部分建设任务，第二批国家农业综合开发资金土地治理项目完成前期工作任务

（龙头企业一般财政补助项目），总投资600万元，财政资金240万元；盐城市大丰市12万只蛋鸡养殖基地改扩建项目（农民专业合作社一般财政补助项目），总投资151.2万元，财政资金100万元。

【农业综合开发土地治理项目全面启动】 2014年，大丰市农业综合开发土地治理项目6个，总投资5720万元，其中财政资金5200万元。第一批土地治理项目具体为白驹镇高标准农田建设项目，计划总投资1430万元，其中财政投资1300万元，开发面积667公顷；草堰镇高标准农田建设项目，计划总投资1430万元，其中财政投资1300万元，开发面积667公顷；刘庄镇高标准农田建设项目，计划总投资715万元，其中财政投资650万元，开发面积333公顷。第二批土地治理项目具体为大桥镇高标准农田建设项目，计划总投资715万元，其中财政投资650万元，开发面积333公顷；草庙镇高标准农田建设项目，计划总投资715万元，其中财政投资650万元，开发面积333公顷；刘庄镇高标准农田建设项目，计划总投资715万元，其中财政投资650万元，开发面积333公顷。主要建设项目包括新建泵站、防渗渠、机耕桥、涵洞等渠系建筑物、河道疏浚、高压线路及配套、田间道路、种植苗木、技术培训及科技推广。

（朱　琳）

农业科学技术研究

【概述】 2014年，农业科学技术研究工作以农作物高产增效创建万亩示范片工作为重点，在大中镇、大桥镇创建春玉米、夏玉米2个万亩示范片。春夏播期间，在华丰农场和刘庄镇实施2个水稻整体推进项目，在白驹镇和稻麦原种场创建2个万亩示范片。在大桥镇，以及草庙镇与稻麦原种场（共建）创建2个部级油菜高产增效项目，在刘庄镇、草堰镇、新丰镇和华丰农场分别实施部、省4个小麦高产增效创建项目。经省专家测产，油菜每亩单产231.7千克，水稻每亩单产704千克，全部达到创建目标。与省农科院联合开展“利用多维遥感监测小麦主要病虫害监测关键技术研究”“控释肥筛选及一次性施肥技术试验”；承担国家产业技术体系项目中玉米、小麦、大麦等作物的基地县任务。示范推广玉米机种机收技术，玉米肥料一次性基施技术。

2014年，大丰市华丰农场水稻高产增效项目，经省级专家测产，亩产704千克

【农作物新品种引进】 全年引进品种比较试验的麦子、玉米、油菜、水稻等新品种50多个，掌握各种作物品种的品质、产量、栽培特性等，对产量高、品质优、有市场需求的品种宣传推广。开展全市春、秋季新品种试验、示范观摩活动，形成小麦以郑麦9023、扬麦16为主；油菜以史力佳、秦油10号为主；水稻以淮稻5号、南粳9108为主；玉米以苏玉10号、苏玉19号、蠡玉16号、隆平206为主；棉花以苏棉24号为主的品种布局。

【棉花种植新技术推广】 围绕推广棉花轻简育苗技术，加大棉花穴盘、水浮、无土育苗技术的推广力度，全年示范推广棉花轻简育苗移栽技术1730公顷，育苗成活率94.5%。发展高产高效棉田，2014年在新丰镇和大桥镇组织实施3个棉花万亩示范片的高产增效创建，均取得较好的经济效益和社会效益。

（朱玉淋）

农村经贸

【概述】 2014年，大丰市开展农业招商引资，吸纳“三资”（民资、外资、工商资本）投入现代农业发展，加快发展农业龙头企业和农民专业合作社，农村经贸健康发展。

【农业招商引资】 2014年，全年完成“三资”投资农业18.12亿元，其中民资8.75亿元、工商资本8.47亿元，到账外资1518万美元。新办年投资500万元以上的农业龙头企业项目12个，其中1亿元以上项目5个，总投资28.32亿元，完成投资9.84亿元。农产品加工产值与农业总产值之比比2013年略增；新发展投资额5万元以上的农民创业大户3806户。农产品加工集中区认定为省级农产品加工区，新增基础设施投入2140万元，总计完成基础设施投入5.94亿元；新进区1亿元以上项目4个，总计进区项目14个。4月，组织参加盐城（上海）农产品产销对接暨盐沪农产品商会成立大会，3个单位与上海农产品

2014年12月26日，大丰市委农工办举办农民合作社规范化建设培训班 单位供图

批发市场（超市）、有关企业及经销商签订农产品销售合同，协议贸易额3.8亿元。9月，组织参加第十六届省农洽会暨盐城现代农业合作说明会，现场签约项目5个（其中外资项目3个），协议投资额16.9亿元。牵头组织参加中国国际农交会、盐城福建浙江农业招商活动、江苏农交会、盐城名特优农产品（上海）专场推介活动等有关农业活动，推广介绍大丰农业和优质农产品，签约落户一批有影响和带动力的农业项目。

【农业产业化经营推进】 2014年，全市各类年销售额500万元以上的农业龙头企业219个，新监测申报认定的盐城市级龙头企业39个。组织20个单位申报农业产业化引导项目，其中3个市级龙头企业和丰收大地农产品加工集中区申报农业产业化经营项目，申请省级扶持资金总额350万元。16个合作社申报农民专业合作组织项目，申报省级财政扶持资金总额255万元。申报大丰市农民合作社辅导培训项目10万元。开展2010~2013年农民产业化经营和农民专业合作组织项目自查自纠工作，促进项目资金的有效管理和使用。开展市级以上龙头企业与基地对接工作，增强龙头企业实力。全市年销售500万元以上农业龙头企业实现销售收入343.14亿元，利税17.91亿元，农产品出口创汇5046万美元。注重品牌创建，“大丰东沙紫菜”获批国家地理标志保护产品，“裕华大蒜”获国家地理标志证明商标，恒北村申报“恒北”牌早酥梨地理商标，佳丰油脂申报“恒喜”牌驰名商标。与金融机构组织开展新型经营主体金融对接活动，全市需贷款新型农业经营主体82个，需求金额11.5亿元。发放37个新型经营主体贷款7.89亿元，占总需求的68%。

【农民专业合作组织规范建设】 2014年，大丰市把发展农民专业合作经济组织作为推进农业农村工作和农村改革发展的重点，开展国家级示范社创建工作，大丰市金鹿渔业专业合作社、大丰市裕华大蒜生产专业合作社、大丰市添寿禽蛋专业合作社被认定为国家级示范社。完善落实农民专业合作社名录制度，全市列入政府优先扶持名录的农民专业合作社275个，成员数17.4万人。举办农民合作社规范化建设培训班，全市200多个农民合作社负责人及部分合作社会计参加培训。在大中镇恒北村开展财政补助形成的资产转交合作社持有和管护试点工作，为保障财政补助形成资产保值增值探索一条新的途径。

农村劳动力转移

【概述】 2014年，全市农村劳动力转移工作坚持以增加农民收入为中心，加大农村劳动力转移力度，促进农村劳动力充分就业。全市农村劳动力转移就业6092人，返乡农民创业人数1129，开展农村劳动力培训2933 人，获得职业资格证书2733人。

【劳动力转移就业】 2014年1~3月中旬，在全市开展以“搭建供需平台，促进转移就业”为主题的“春风行动”。为企业和求职者搭建对接平台，实现企业用工和城乡劳动者双赢。“春风活动”期间，全市486个用工单位提供就业岗位8000个，6894人与用工单位达成就业意向。

（周建芳）

〖编辑 陈一青〗

水利

综述

2014年，全市水利工作以“服务发展、服务民生”为主线，紧扣大局，强势推进，完成年度各项目标任务。实施川东港拓浚2013年度工程、县乡河道疏浚、中央小型农田水利重点县三期工程和新增“千亿斤粮食”产能规划田间工程等项目，改善全市水利基础设施条件。全市防汛测报基站全面升级改造，在所有镇、重点工程、重要地段设立水雨情自动测报基站，完善防汛决策系统和掌上决策平台，优化视频会商系统建设，使雨情、水情可靠、准确，确保人民群众生命财产安全。开展通榆河沿线平角河道漂浮物拦截及清除工作、通榆河沿线堤防管理范围内畜禽养殖及违章建设专项整治行动，保证全市唯一的饮用水源地安全。新建新团河应急供水工程、新上深度处理工艺、铺设区域供水管网和增强水质检测能力，全面提升城乡一体化供水能力和水平。加大水事违法案件查处力度，保证全市水事秩序。2014年，市水利局被表彰为大丰市生态文明建设工作先进集体、服务发展创新创优和深化改革工作先进集体。

水利建设

【川东港2013年度工程】 2014年，市水利局组织开挖丁溪河河道8.29千米，完成河道开挖及堤防填筑等各类土方321.91万立方米，完成建筑物工程中沈灶桥钢筋砼工程，浇筑蒋坝桥北侧8根灌注桩，赵环节制闸打桩；完成灌注桩防护109根和高压旋喷桩756米，浇筑砼挡墙30%。工程永久征用土地60.67公顷，临时征用土地116.46公顷，拆除农户126户，拆除企事业单位办公场所4个，砍伐树木8663棵，迁坟349穴。总投资23476万元，争取省级补助18780万元。

2014年7月，大丰市王港闸新闸通过放水前检查，在汛期提升了行洪排涝能力

【王港闸下移工程】 2014年，完成王港闸新闸两侧线连接段护坡施工、南北控制楼、自动化控制安装等水上工程；完成南堤8.3千米防汛道路，新闸上游河道先行裁弯取直段5.7千米，完成土方430万立方米，通过放水前检查，在汛期提升了行洪排涝能力。

【小型农田水利重点工程】 大丰市2013年中央财政小型农田水利重点县工程包含大中、南阳、大桥3个项目区。工程于2014年1月开工建设，2014年6月底全面完工。总投资4000万元。项目区新建泵站44座，水闸19座，涵洞121座，分水闸1座，渡槽6座，防渗渠47.79千米，实施节水灌溉示范片2处，占地166.67公顷。项目区产生规划效益：年新增供水能力126万立方米，新增灌溉面积1200公顷，恢复灌溉面积800公顷，改善灌溉面积4400公顷，恢复、新增和改善排涝面积3653公顷，年新增节水能力332万立方米，年新增8260吨粮食生产能力。

【土地出让金项目】 大丰市2013年中央财政统筹从土地出让收益中计提的农田水利建设资金项目，于2014年6月6日开工建设，11月上旬完工，在白驹、万盈等镇境内新建、拆建建筑物466处，具体为新建、拆建泵站12座，涵洞118座，防渗渠15.5千米，渠桥128座，龙门202座，渡槽6座。总投资600万元。项目建成后，项目区农业生产条件改善，种植结构合理，效益明显。项目工程实施完成后，规划效益为：新增有效灌溉面积200公顷，恢复灌溉面积333.33公顷，改善灌溉面积106.67公顷，新增节水灌溉面积466.67公顷，新增旱涝保收面积200公顷。年可节水53万立方米，新增农产品生产能力691.8吨，新增经济效益91.83万元，受益农民人均增收168元。

【水土保持项目大丰市恒北小区域综合治理】 大丰市2013年水土保持平原沙土区小区域治理项目，于2014年2月20日开工，2014年9月26日完工，2014年10月16日通过合同工程完工验收。综合治理恒北小区域内的恒泰河1.08千米、斗私河1.11千米、南排河3.75千米及恒丰中心河3.75千米，沿河坡两岸铺植马尼拉草皮、草皮护坡中间栽植红叶石楠，恒泰河、斗私河布置混凝土格埂骨架护坡、河口线栽植女贞。完成砼894.95立方米，钢筋65.89吨，土方开挖6.92万立方米，铺植马尼拉草皮9.13公顷，栽植女贞736棵、红叶石楠9720棵。总投资510万元。通过治理，最大限度地控制小区域内的水土流失量，改善生态环境，发展农村经济，增加农民收入。

【农村河道疏浚】 2014年，全市完成土方975.4万立方米，疏浚县乡河道35条，其中：疏浚县级河道2条，长度19千米，土方56万立方米；疏浚乡级河道33条，长度113.3千米，土方318.4万立方米。全市整体推进69个村73条村庄河塘整治，完成土方261万立方米；疏浚小沟6500条，完成土方310万立方米；完成加固圩堤土方30万立方米。总投资3200万元，争取省级补助1100万元。

【农村“3+1”工程】 重点抓好市属27条骨干河道水环境整治和长效管护工作，集中整治“两高”（临海高等级公路和沿海高速）沿线、江界河沿线水环境。通过整治，全市水环境改善，构建了“互联互通、引排顺畅、水清岸洁、生态良好”的现代河网水系。全市农村河道长效管护投入1230万元，其中省补助195万元。

防汛防旱

【概述】 2014年，全市防汛防旱工作立足防大汛、抗大灾，坚持“全面规划、统筹兼顾、预防为主、综合治理、局部利益服务全局利益”原则，健全防汛组织机构，完善各项度汛预案，整改安全隐患，提高科学决策水平，夺取防汛防旱全面胜利。全面升级改造防汛测报基站，使全市汛期水雨情预警系统数据收集工作得到增强。

【精准测报降雨量】 8月7至8日，全市普降大到暴雨，大部分镇降雨量超过100毫米，大桥镇最大降雨量200毫米。8月13日8时至8月14日7时，全市普降暴雨，全市22个雨量测报站点雨量超过50毫米，9个点雨量超过100毫米，其中市区降雨量最大，雨量186毫米。

【防御台风灾害】 7月24日的10号台风“麦德姆”和8月1日的12号台风“娜基莉”，2次强台风外围影响全市。市防汛防旱指挥部办公室按照《大丰市防台工作预案》相关规定，要求沿海作业船只回港避风，撤离危房人员，加固被风吹动的搭建物、广告牌等，切断危险的室外电源。

【汛前检查】 市成立汛前检查领导小组，分赴内地、沿海、市区、园区，对防汛责任制、险工患段、在建工程、各类预案、防汛物资、河道清障、抢险队伍等情况仔细排查，发现问题，及时通报相关责任单位整改。

【防汛责任制】 市政府按照防汛防旱行政首长负责制的工作要求，针对部分镇党委、政府和市成员单位主要领导、分管领导变动情况，及时调整和充实防汛防旱指挥部、重点水利工程防汛责任人，细化相关单位和负责人的职责分工，明确防汛工作的具体要求，落实防汛防旱工作责任。

【防汛物资储备】 2014年，市水利局扩充防汛物资储备，储备本级编织袋23.7万条、树棍木材50立方米、块石1万立方米、土工布4000平方米、铁丝2773千克、抢排泵418台、潜水泵80台、柴油机25台、发电机组10组、

2014年，大丰市疏浚县乡河道35条，完成土方975.4万立方米

移动防汛泵车5辆。严格物资储备管理制度，合理确定仓储地点，对抢险物资实行专库储存、专人负责，确保应急调用快速到位。

【防汛预案修订】 2014年，市水利局根据情况变化，在总结往年防汛防旱经验教训和2013年防汛工作中暴露出来问题的基础上，结合汛前检查中发现的问题，修订完善防洪、抗旱、防台应急预案6个，新编《防台风人员撤离专项预案》。加大对涉河建设项目安全监管力度，按照分级管理原则，督促相关部门和单位整改项目实施过程中存在的问题，落实施工导流方案和安全度汛措施。加大地方防汛机动抢险队伍建设，在沿海组建堤防抢险队10个，计2150人；内地组建抢险队406个，计8120人；城区组建抢险队12个，计2040人。

【防汛抗灾力量调度科学】 2014年，在汛期，市水利局启动各类防汛应急预案，沿海、农村、城市等全面行动，全力抵制洪涝灾害的发生。沿海各闸大开大放、守潮开关闸；开启市区所有防洪泵站，将市区内河水位控制在警戒水位以下，全市未发生涝情。

水利工程管理

【水利工程规划编制】 2014年，编制完成《大丰市“十二五”水利发展规划评估报告》《大丰市水利发展“十三五”规划调研报告》等。根据规划，向国家、省等相关部门争取重点水利工程，促进全市水利现代化建设可持续发展。全年，市水利局争取上级资金3.15亿元，创历史新高。

【水利工程安全度汛】 2014年，市水利局组织专业机构，对四卯酉闸、三里闸进行安全鉴定，鉴定为四类闸。为消除隐患，大丰市向省水利厅申请三里闸拆建工程项目，该项目报省水利厅审查，总投资3500万元；开展四卯酉闸下迁工程前期工作。

【沿海港道拖淤】 2014年，全市受干旱影响，沿海各条港道回淤严重，截至4月15日，沿海港道淤高1.5米以上。为避免旱涝急转，防止闸门因淤不能提闸排涝，汛前组织机船在闸口附近拖淤，汛期安排机船在下游拖淤，投入拖淤经费50万元，确保港道排涝通畅。

【水利建设资金使用效益提高】 2014年，争取省级维修养护资金293万元，市财政水利工程维修养护802万元、度汛应急资金50万元、港道拖淤专项资金50万元。市水利局严格项目资金使用，与市财政局共同实施项目资金的使用管理，确保项目专款专用，专项管理。

【规范管理河道】 2014年，市水利局深入推进市水利现代化建设，全面建立河道长效管理机制，保障河道防洪安全、供水安全和生态安全。全面落实省级骨干河道“河长制”管理制度，成立大丰市河道管理处，通过对全市骨干河道的调查，编制《关于加强大丰市骨干河道管理“河长制”工作意见》和《大丰市骨干河道“河长制”考核实施办法》，指导和推进全市“河长制”管理工作。

【探索海堤管理新方案】 2014年，市水利局利用省新一轮海堤达标契机，编制《大丰市海堤管理设施完善方案》，上报省水利厅。探索水利工程管理模式和运行机制，通过深化水利工程管理单位内部改革，推行水利工程管养分离，强化水利工程目标管理等措施，保证水利工程的正常运行。严格水利工程管理考核，做到规范化、制度化、法制化、现代化。

【河堤海堤绿化】 2014年，市水利局重点实施通榆河河堤和海堤绿化工程，完成种植面积213.33公顷，其中，成片造林116.4公顷，补植87公顷，植树16.2万株。通榆河沿线种植面积18.27公顷，栽植意杨1.05万株；海堤一线种植面积176.67公顷，栽植意杨7万株，刺槐5.8万株。

水资源管理

【水资源现代化试点市建设】 市水利局按照《大丰市水资源管理现代化建设试点实施方案》，将水资源管理现代化建设目标任务，分解到相关部门、镇，责任到人、任务明确。2014年，基本实现水务一体化管理，水资源管理和节水管理机构健全，水资源管理设施装备和人员结构基本符合水资源管理现代化建设标准。

【规范取水】 市水利局严格执行取水许可制度，规范水资源论证和入河排污口论证工作，按照审批权限，全年按规定程序完成8个企业的取水许可审批和1个污水处理厂的入河排污口审批。通过严格取水许可审批管理，促进计划用水和合理用水需求。

【饮用水水源地建设】 2014年委托河海大学编制《通榆河大丰饮用水源地达标建设方案》，通过省水利厅组织的专家评审。开展通榆河沿线平角河道漂浮物拦截及清除工作、通榆河沿线堤防管理范围内畜禽养殖及违章建设专项整治行动，投入1000多万元，封闭丁溪河东侧28个口门，清理通榆河水面漂浮物10万余吨，拆除通榆河沿线堤防管理范围内畜禽养殖、违章建筑30处。实施新团河饮用水源地应急供水工程，对保护区两岸砂石货场和码头实施搬迁，提供全市城乡供水安全保证，有效预防、控制和消除危及城乡安全供水事件的突发。

【地下水资源保护】 为实施最严格水资源管理制度，优水优用，市水利局2014年编制《大丰市深井处置方案》和《大丰市地下水压采方案》，对全市所有深井提出封填、保留和封存等处置方案。对列入2014年封填计划的10口深井，按照封井技术要求对深井封填，防止地下水污染。

【节水型社会建设】 2014年，完成

省、盐城市、大丰市节水型载体创建任务1、2、4个，完成省、盐城市、大丰市节水型学校1、3、6所。开展八大行业节水行动和节水技改2个，完成5个单位水平衡测试，完成各类创建任务。2011年创建的2个省级节水型载体通过省级复查，节水型载体节水设施运行正常，用水水平提高。御景佳苑小区采取村委会监督、物业管理、居民自觉节水相结合的方式，实行雨污分离，小区景观用水以雨水为主、河水补充，各项考核指标全部达到省级节水型小区标准。盐城科菲特生化技术有限公司通过改造供水管道、建冷却塔和间接冷凝水回收等方式提高企业用水效率，发挥示范带动作用。

水政执法

【概述】 2014年度，全市水政监察工作围绕水行政许可审批、水法规宣传、执法队伍建设、行政规费征收、河道管理、水行政执法、饮用水安全等重点，严肃查处各类水事违法行为，提升服务理念，维护全市水事秩序。

【法制宣传教育】 市水利局利用“世界水日”“中国水周”做好宣传工作，增强全社会水忧患、防洪、节能减排、水工程保护意识，促进和谐社会建设。2014年，投资10万元，拍摄法治微电影《通水河》，利用网络广泛宣传；举办水政员培训班2期，参加培训人员120人次，参训率100%；参加省水行政执法技能竞赛活动，季群获团体第二名、个人第六名，明恒忠获“全省水行政执法能手”称号。

【规范执法行为】 2014年，市水利局完善《大丰市水利局行政强制工作制度》《大丰市水利局水行政处罚自由裁量权实施细则》等制度，推行行政执法责任制，落实行政许可、行政处罚等案卷评查、评议考核、责任追究等制度。参与配合应急水源保护区内砂石货场、固定船只、鸭场等非法构筑设施的关闭搬迁工作，协助清理关闭搬迁非法砂石场、固定船只及设施26处。

【依法行政】 市水利局严格办案程序，加强对具体执法办案人员的案前、案中、案后跟踪监督检查。强化内部监督，对办案结果及时公布。执法人员办理案件做到违法事实清楚，适用法律正确，办案程序合法，法律文书齐全。在办案过程中对行政相对人态度端正，行为文明，详细告知行政相对人依法享有的权利和义务。聘请6名行风监督员，定期召开座谈会，听取他们的意见和建议。

2014年12月23日，在江苏省水行政执法技能竞赛活动中，大丰市水利局明恒忠获“全省水行政执法能手”称号　单位供图

【水事纠纷行政调解】 市水利局加强源头控制，强化对水事纠纷苗头的预警，及时深入现场听取意见，开展调处，防止矛盾激化，把水事纠纷化解在基层，解决在萌芽状态。依法受理并公正办理行政复议案件，维护社会稳定。全年协调处理水事纠纷24起，成功率100%。

【防汛清障】 2014年，市水利局出动执法艇22次，人员175人次，对斗龙港河等主要行洪骨干河道拉网式检查清障，督促设障户自行清除鱼罾、鱼簖230余处、网箱120个、鱼坞子20多处，强制清除各类阻水障碍物100多处，斗龙港等河道汛期行洪畅通。6月11日，斗龙港通过盐城市防汛防旱指挥部办公室检查验收，再次被命名为“防汛清障免检河道”。

城乡水务一体化

【概述】 2014年，市自来水公司围绕“八项重点工程、八项重点工作”目标，应对挑战，创新思路，破解难题，完成全年各项工作任务。

【城乡供水一体化】 2014年，组织实施城乡供水一体化工程，工程投资约6.8亿元，全市72万人口全部用上了干净卫生的自来水。其中，通榆河水源厂及市二水厂扩建达15万吨/日；新铺设各类口径管道7500多千米，包括区域供水主管道168千米、镇到村管网638千米、村到户管网近6700千米；建成并运行16座加压站；处置镇级水厂27个，村级水厂178个；组建14个城乡水务分公司，对镇村供水设施规范化、标准化运行管理。

【城市供水】 2014年，市自来水公司以安全优质供水为第一要务，实现水质综合合格率99%，出厂水综合合格率100%，管网水水质综合合格率98%以上，未发生1起供水安全或供水水质事故。6月底，15万吨/日备用水源新团河取水泵站扩建工程投入

2014年，大丰市城北和开发区污水处理厂污水排放达标率95%以上。城市生活污水集中处理率86%

2014年，大丰市自来水公司实现水质综合合格率99%，出厂水综合合格率100%，管网水水质综合合格率98%以上

运行；11月底，15万吨/日深度处理工程建成，投入试运行；水质检测中心完成Ⅱ级化验室的综合评定，检测能力92项；启动通榆河取水口整治提升和强化预处理工程以及膜处理示范工程的调研论证、工程设计等工作；深化“心怀谦恭，水润万家”服务理念，推行“水务一卡通”计划，增设行政服务中心收费窗口和城南收费处，用户投诉处理妥善、答复满意率90%以上。

【镇村供水管理】 2014年，镇村供水安全无责任事故，水量应抄尽抄、水费应收尽收，抄收率100%，管网水水质综合合格率98%以上。各项运营管理工作稳步推进，出台《管网维修核查办法》《水费抄收核查办法》，建立维修、各项成本费用事后核查机制；制定《人力资源管理办法》《员工绩效考核办法》《制度执行考核办法》等，建立分公司绩效考核制度；完成近3年城乡供水一体化运营管理审计工作，草拟《委托运营管理协议》，为政府出台镇村供水价格和镇村供水管理办法提供依据。

【城市污水处理管理】 2014年，城北和开发区污水处理厂24小时稳定运行。全年无安全生产责任事故，污水排放达标率95%以上。城市生活污水集中处理率86%。对照《江苏省城镇污水处理厂运行管理考核标准》《江苏省城镇污水处理厂运行台账范本》等考核标准，实行规范化、精细化、常态化生产运行管理，通过2013年度省建设厅考核，城北污水处理厂取得优秀成绩，获得“优秀污水处理厂”称号。按照上级要求完善运营台账资料的收集整理，协助做好国家卫生城市复查、国家园林城市、国家文明城市、国家环保模范城市以及生态市创建等工作。

（石伟丰）

〖编辑　陈琴琴〗

建筑市场

【概述】 2014年，大丰市创新建筑市场管理模式，实施外向开拓、规模经营战略，贯彻实施《中华人民共和国建筑法》，从严执行工程建设强制性标准，严格履行法定程序，加强市场准入管理，规范招投标、施工许可、质量安全监督、竣工验收备案等制度，严厉查处违规发包、恶意拖欠等行为，构建健康开放、竞争有序的市场秩序，建筑行业整体发展明显提升。全市完成建筑业总产值65.46亿元，比2013年增长11.27%；完成出市施工产值26.2亿元，比2013年增长2.1%；实现增加值18.5亿元，比2013年增长4.9%。全市建筑业从业人数4.8万人，出市施工人员2.2万人；出市1000人以上规模市场6个；产值5亿元以上的总承包企业1个，产值1亿元以上的专业施工企业5个，企业新增装备总投入1950万元。

【开拓外埠建筑市场】 大丰市建设主管部门引导建筑企业注重参与外埠市场开拓，承接业务势头较好，产业规模创历史新高，各项指标实现突破性增长。巩固北京建筑市场，盐城阳达劳务公司在手劳务建筑面积约80万平方米，劳务折算建筑产值2.8亿元。大丰市建筑企业2014年新开拓了浙江、湖北、宁夏、河北、天津、安徽等市场。其中江苏丰泽建筑公司在浙江新承接平阳综合城项目，建筑面积约15万平方米、造价约3亿元；在安徽芜湖市承接中电集团科技城项目，建筑面积约5万平方米，工程造价2亿元。东远建筑公司在手外施合同造价5.3亿元，由原有施工承包模式实行房屋开发兼施工承包模式，分别在宁夏青铜峡市承接欧蓓莎商城项目9.6万平方米、湖北大冶国际商城项目10万平方米、南京金羚三期项目6万平方米。

【建筑产业结构调整】 大丰市住房和城乡建设局按照“调整规模、调控结构”的总体要求，深化建筑业产业结构调整，注重引导建筑业企业开拓内外部市场，优化建筑产业结构，初步形成了以总承包企业为龙头、专业承包企业为骨干、劳务分包企业为依托的企业格局，骨干企业龙头带动作用凸显。2014年培植一级总承包企业2个、二级总承包企业4个，培植专业承包企业1个，劳务企业1个。

【工程款和拖欠农民工工资矛盾化解】 市住房和城乡建设局建立施工企业信用档案，加强建设工程承发包管理，规范建筑业企业农民工用工，实行农民工保证金制度，落实专款专账户、专款专用。定期不定期对各建筑企业进行检查，发现问题，下发整改通知，限期整改，检查结果作为评定其市场信用度的主要依据。依法查处因拖欠民工工资造成严重影响的施工企业和因拖欠工程款而造成拖欠民工工资的施工企业。全年接待处理建筑施工企业和建筑农民工上访投诉案件投诉103件，清欠工程款8000多万元，清欠农民工工资2500多万元。

【建筑市场秩序整顿规范】 大丰市建设主管部门把“打非治违”专项行动作为整顿规范建筑市场秩序的重中之重。成立由局主要领导任组长，分管领导任副组长，有关职能部门主要负责人为成员的建设领域“打非治违”领导小组，具体负责协调、督促、指导抓好安全生产“打非治违”工作。为顺利开展“打非治违”专项活动，该局调集精干力量迅速摸底，结合专项行动工作实际制订切实可行的方案，组建起一支由局牵头，质量安全监督站、规划建设综合执法大队等部门和单位密切配合的执法检查组。该局召开“建筑施工领域打非治违”专项行动动员会议，推动“打非治违”专项行动深入开展。引导建筑施工企业落实安全生产主体责任，增强安全自律和法律意识，主动参与到“打非治违”专项行动中来。大丰市建设主管部门与招投标办公室、法院等部门建立建筑工程实行施工现场与招投标有形市场“两场联动”机制，工程信息化监管有效推进，继续对建设工程项目现场的施工企业项目部关键性管理人员实行LBS无线定位系统动态考核。整顿和规范全市建筑市场秩序，对6个严重违规的建筑业企业给予通报批评。

【推广节能与绿色建筑】 2014年，大丰市住房和城乡建设局将建筑节能与绿色建筑工作纳入建筑行业质量安全管理之中，通过示范项目建设，建立健全完整的建筑节能工作体系。新建建筑节能管理加强，绿色建筑发展较快。在大丰港经济区创建成江苏省建筑节能与绿色建筑示范区（时为苏北地区最大的节能示范区），充分利用省级示范区的建设，发挥节能项目集聚示范效应，推动建筑节能由单项工程示范转向区域综合示范，由单项示范技术转向技术集成示范。主城区新东苑二期31~38号楼保障性住房获省一星级绿色建筑设计标识，大丰港国际商务中心获省二星级绿色建筑设计标识。加大新型墙材、预拌混凝土和预拌砂浆的推广应用力度，重点支持和鼓励发展高强高性能混凝土、建筑节能保温一体化材料等新型建筑节能材料。大丰市建设主管部门在住宅工程、公共建筑等工程中全面推行保温节能措施，监督中把好施工图审查、图纸变更、原材料验收复检和施工措施到位等4个关口，在竣工验收前先进行建筑节能专项验收，确保建筑节能工作落实到位。

工程建设管理

【概述】 2014年，大丰市住房和城乡建设局树立“以人为本、质量第一、安全发展”的理念，把质量安全作为工程建设管理的重点，通过完善管理体制、严格行业监管、规范市场秩序、落实各方责任、加强专项治理等多种手段，积极探索新形势下新的监督管理模式，不断充实和完善监督方式、监督手段。先后制订推行工程巡检制度、差别化管理制度、回头看等新监督方法，使监督工作与经济发展相适应，最大限度地发挥监督效能。突出寓服务于监督之中，采取集中约谈、集中交底、质量例会等方式，引导企业健全质保体系、提高质量安全意识，从而提高全市建设工程质量安全监管水平，工程质量稳步提升，安全生产形势持续好转。

【建设工程质量管理】 2014年，大丰市在建项目245个，总建筑面积30万平方米，工程质量合格率100%。市住房和城乡建设局按照建设工程质量监督导则的要求和建设工程强制性标准，加强对建设工程各方责任主

2014年9月2日，大丰市举办《建筑工程施工质量验收统一标准》与建筑起重机械强制性条文培训班

2014年9月25日，大丰市住建局送教到建筑工地

葛顺明　摄

体质量行为的监督检查，推行标准化管理模式，逐步实现从被动防范向源头管理转变，从阶段性检查整治向规范化、制度化管理转变。强化基层、基础工作，突出企业在质量管理工作中的主体地位。在办理质量受监手续时，对各责任主体、项目班子责任人及从业人员的资质资格把关，对施工图纸与图审报告把关。监督方案中对各责任主体的质量行为、责任、工程信息传递、监督检查方式及违反法律、法规问题的处置原则以书面形式作详细交底。施工过程中对责任主体履行质量职责的情况跟踪督查，发现问题及时纠正，以保证质量行为符合法律、法规要求。实行抽查与巡查相结合，行为与实物监督同步，及时掌握工程进度，保证实物抽查频率，工程实物质量一直处于受控状态，抽查的钢筋、混凝土强度、PVC管材等材料质量均合格。注重抓好住宅工程通病防治、分户验收深化工作，针对住户对质量通病投诉的重点部位，重点对伪劣材料、墙面和地面空鼓裂缝、外墙渗漏、板厚不足等通病进行防治监管，住户的质量投诉量明显减少。

【建设工程安全管理】 大丰市住房和城乡建设局以落实工程建设各方参建主体安全责任为重点，形成安全监管的长效机制，保持全市建设领域安全态势平稳。市区受监率100%，各镇公建与住宅工程受监率100%，镇其他项目受监率80%，事故频率控制在指标范围内。开展建筑安全专项治理，注重抓好建筑安全监管工作，全力推进建设工程安全生产管理水平的提高，全市建筑安全生产形势总体平稳。开展建筑施工起重设备专项检查，重点检查各起重机械设备的产权登记、检测、验收、使用登记及维护保养情况，对存在隐患的设备使用单位进行全面整改。以安全生产强制性标准作为工期、造价等管理的底线，确保强制性标准在安全生产过程的全面落实。开展建设工程标准化工地创建工作，召开样板工程现场会，引导标准化工地的创建工作。建立安全生产巡查制度。规范建筑施工安全生产监督行为，重点监控建筑安全生产各方主体职责的履行情况，促进建筑施工企业、项目部安全生产管理工作科学化、规范化、长效化。采取“四不两直”（即不发通知、不打招呼、不听汇报、不陪同接待，直奔基层、直插现场）的方式，组织开展建设工程安全大检查4次，检查在建项目245个，其中住宅工程68个、公共建筑工程57个，建筑面积356万平方米，发出停工通知书267份，发出限期整改通知书410份，提出整改意见1200条，整改回复率95%。创省级文明工地2个、盐城市级文明工地12个、大丰市级文明工地24个，盐城市优质结构工程10个，工程质量合格率100%。

【城建档案管理】 2014年，市住房和城乡建设局加强城建档案管理，坚持依法治档，履行档案事业行政管理和档案保管利用两大职能，在档案法制建设、档案资源建设、档案馆基础建设和档案信息化建设等方面呈现出良好的发展态势。全年审核接收357个工程档案资料，组织整理编制工程档案8548卷，个人建房审批资料78户，接待查档300多人，提供利用档案2000多卷，数字化扫描28036份，著录8548卷，整理声像照片资料3000多份，录制影像200多分钟。全年接待查档300多人，提供利用档案2000多卷，复印出具证明材料1000多张，为房屋改扩建、产权证办理、旧城改造、工程评优、企业资质评定、司法鉴定等提供有价值的凭证，取得良好的社会效益。

【建设职工教育培训】 市住房和城乡建设局利用建校被确定为省农村劳动力转移定点培训机构的有利条件，开展建设职工培训工作。坚持依法培训、按需施教的工作理念，重抓教学管理，严把培训质量关。举办建筑施工企业安全生产“三类人员”（施工企业负责人、项目负责人、专职安全员）继续教育培训班2期，针对不同类型管理人员的工作特点分类办班，参加培训学习1520人。举办2期建筑工人职业技能培训班，包括钢筋工、木工、瓦工等工种工人320人，且均考试合格，并取得国家职业技能鉴定证书。联合大丰市人力资源和社会保障局工伤保险处开展多次送法规、送安全知识到工地活动，免费向农民工发放的相关学习资料，并在工地现场组织农民工进行法规及施工安全培训。

【建筑工程造价管理】 2014年，大丰市住房和城乡建设局对376个工程招标控制价进行了审核，各工程总造价12亿元，提出审核修改意见121份，出具招标控制价备查表216份。全年发布11期指导价，每期45种主要建筑材料，为全市工程招投标和竣工结算提供参考依据。

【建筑施工“安全生产月”活动】 6月，大丰市住房和城乡建设局在建筑施工领域广泛开展“安全生产月”活动，全面落实施工安全责任，推进建筑工地标准化管理。通过采取发放宣传资料、悬挂宣传横幅、举办安全培训班等形式，广泛开展安全生产教育。活动期间，该局向全市建筑工地发放《建筑工人安全手册》等建筑安全生产宣传资料9000多份，在建筑工地悬挂安全生产宣传横幅350多条，展出各类安全宣传展板830块，培训建筑工人846人次。

【建筑施工安全质量管理规范培训】 1月9~10日，大丰市住房和城乡建设局举办了1期建筑施工安全质量管理规范培训班。全市各建筑施工企业、监理企业、房地产开发企业的相关技术管理人员400多人参加培训。培训班邀请中国建筑科学研究院培训中心的专家，讲解《建筑施工安全技术统一规范》《地下防水工程质量验收规范》《屋面工程质量验收规范》。专家利用专业知识，通过精彩的案例，为参训学员授课。培训班的举办，提高了全市建筑工程技术管理人员对建筑施工安全质量管理规范的理解，丰富了业务技能知识，提升了工作水平，建筑施工安全质量管理基础工作得到加强。

【建筑工地联合送教】 6月27日，大丰市住房和城乡建设局、大丰市人力资源和社会保障局的工作人员，先后到碧桂园、灶圩农民公寓等建筑工地，送安全教育到工地一线。为深入开展党的群众路线教育实践活动，让活动更加接地气和贴近群众，市住建局、人社局的送教人员给建筑农民工送上了《建筑业农民工入场安全知识必读》《建筑工人安全常识》等书籍和工伤保险政策宣传资料，并结合近年来发生的安全事故案例，详细分析发生事故的根本原因以及需要吸取的教训。讲课人员从安全意识、安全常识、安全事故防范、安全事故处理等方面讲解分析，使建筑工地一线作业人员能最直接地从事故教训中得到警示。当天的送教到工地活动中，住建、人社部门向建筑农民工送去500多套建筑工程安全教育书籍和宣传资料。

【建筑文明工地观摩活动】 10月16日下午，大丰市住房和城乡建设局、开发区基础设施局组织开发区建筑施工企业、监理企业的负责人，观摩了市区香堤雅郡B区二期工程创建省级文明工地现场。香堤雅郡B区二期工程地上总建筑面积28.89万平方米，地下室总建筑面积7.46万平方米，该工程以创建省级文明工地为目标，加强安全文明施工现场管理，提升工地标准化水平。通过参观和听取项目施工负责人的现场讲解和介绍，加深了大家对全市建设工程开展文明工地创建活动的认识。该工程安全文明工地创建规划高标准、高起点，生活施工环境简洁明快、舒适和谐，工程质量管理精细化，施工设备设施投入高标准。观摩人员表示，要学习借鉴先进经验，加强安全文明施工，加大安全生产投入，强化安全生产监管，切实保障农民工的权益。

【建筑新安全生产法培训】 11月15日，大丰市住房和城乡建设局举办新《中华人民共和国安全生产法》培训班，局系统安全监管部门、建筑施工企业、监理企业的相关人员150多人参加培训。此次培训，邀请了大丰市安监部门的负责人就新《中华人民共和国安全生产法》修法背景、新《中华人民共和国安全生产法》要点解读、新《中华人民共和国安全生产法》中落实政府部门安全监管责任、企业安全生产主体责任等方面内容进行解读，同时结合实际案例对新《中华人民共和国安全生产法》作了详细的讲解，讲座深入浅出、通俗易懂。通过培训，增强了住建系统安全管理人员依法履职的意识，提高了建设行业从业人员的素质，促进了全市建设领域安全生产工作水平的提高。

房地产管理

【概述】 2014年，市住房和城乡建设局健全完善行业管理机制，以保障性住房建设为工作重点，注重引导房地产市场，做好市场调控和稳定房价工作，紧抓政策发展机遇，加大商品房市场监管力度，全面梳理2014年市域内房地产开发项目，协助企业解决开发过程中的难题，全力推进房地产项目投资，形成商品房、经济适用住房、公共租赁住房、拆迁安置房并存的住房供应体系，房地产市场更加趋于理性。认真履行职责，坚持依法行政、文明优质服务，较好地完成全年各项工作任务，实现全市住房保障和房产事业又好又快发展，为促进全市经济发展、城市建设、社会进步、改善民生做出新的贡献。

【房地产业稳中求进】 大丰市住房和城乡建设局以"保障发展、稳定房价、服务民生"为主线，规范房地产开发行为，房地产市场平稳有序发展。2014年，全市完成房地产开发投资36.33亿元，比2013年增长25.3%；新开工面积182.91万平方米，比2013年增长5.51%；竣工面积104.99万平方米，比2013年增长6.62%；商品房批准预售面积127.57万平方米，比2013年下降0.39%；商品房合同销售75.57万平方米，比2013年下降21.66%；商品房合同销售36.97亿元，比2013年下降17.55%；商品房库存面积230万平方米，其中商品住房库存130.5万平方米。

大丰市抓好直管公房安全管理、房租收缴、维修养护等工作

【房地产市场管理】 大丰市住房和城乡建设部门完成存量房交易资金托管系统网上签约，加强新建商品房网上备案系统监管，依托大丰房地产市场网对全市商品房各个楼盘进行网上公示，为老百姓的买房提供了翔实的第一手资料。重点扶持一批有规模、有影响、有品位的房地产企业发展，指导8家房地产开发公司做好

资质新申报工作，40家房地产开发公司做好房地产资质年检工作。执行《大丰市新建商品房预售资金监管办法》，完善商品房预售制度，加强新建商品房预售资金的监督管理，防止商品房交易风险，保障购房人的合法权益。加大对房地产开发行为的监督检查，重点查处虚假广告、无证预（销）售、物业管理不到位、出具虚假评估报告、商品房买卖合同不规范等违法违规行为13件。加强房产中介服务行业整治和管理，重点查处房地产开发、交易、中介服务、租赁登记备案中各种违法违规行为12件。发挥房地产行业协会的作用，加强行业自律，倡导诚信经营，自觉地维护消费者的合法权益，全力提升社会公众对大丰房地产业的认同感，共同塑造大丰房地产企业良好的形象，有效地保证房地产市场的健康发展。

【产权产籍管理】 大丰市住房和城乡建设部门注重推进权属登记与房地产交易的规范化管理和标准化服务，房屋登记中心在业务办理上，通过公开业务办理程序、时限和要求，将各种房屋登记类型须提供的资料、办证的程序等制作流程表上墙宣传，印制成宣传卡片供服务对象掌握。在大厅设立咨询导办服务台，实行一站式服务。推进政务公开，打造阳光服务品牌，做到工作职责、办事操作流程、政策收费标准、服务承诺内容、投诉举报电话“五公开”，增强政务办理的透明度。在住建部规定的房屋初始登记、转移登记、变更登记、他项权登记均为30个工作日、注销登记15个工作日的基础上，缩短办事时限，经过压缩调整后达到初始登记、转移登记、变更登记、他项权登记均为10个工作日，一般7个工作日可以办结，注销登记当场办结，打造群众满意的服务窗口。全年发放房屋权属证书、证明25514份。其中预购商品房预告登记、预购商品房抵押预告登记证明7121份；房屋所有权证13257份；房屋他项权证5136份。

【公房管理】 大丰市住房和城乡建设局组织各房管所做好直管公房安全管理、房租收缴、维修养护等工作，实行安全管理责任制，工作人员分片包干、任务明确、落实责任，做好安全防范和维修工作，有效防范和控制各类事故的发生。坚持巡查制度，工作人员深入直管公房一线，从房屋安全、用电安全、用气安全以及排水设施等方面，及时排查房屋使用过程中的不安全隐患，有计划地制订整修措施。对存在安全隐患的公房及时修缮整复，完成修缮房屋336户，修缮房屋面积9650平方米。同时，对租户进行安全知识教育，要求租户提高安全防范意识，掌握一定的安全防范知识。对于直管公房的使用安全专门制订了季节性检查要求，引导租住户春季以防雷、防漏电为重点，夏季以防暑降温、防台、防汛为重点，秋季以防火、防爆为重点，冬季为防火、防冻、保暖、防滑为重点，确保直管公房的安全使用。对转租、转借的公房进行全面清理，重新签订租赁合同，确立租赁关系。全面清理和整顿陈欠租金，房租收缴率100%。

【房产评估、测绘服务】 房产评估：出具抵押、存量房上市评估报告132宗，评估建筑面积1.71万平方米，征收拆迁评估私有房屋58宗，单位11宗，征收拆迁评估建筑面积11.3万平方米。房产测绘：出具商品房面积核定书57份，测绘面积91.31万平方米，比2013年增长17%；预测报告书61份，预测面积156.70万平方米，比2013年增长48%，房产配图3872份，比2013年增长7.2%，服务企事业单位46家。

【白蚁防治监管】 大丰市住房和城乡建设局坚持以防为主、防治结合、综合治理的原则，加强白蚁防治从业人员管理，统一施工器械，规范标准化施工和档案管理，强化工程质量检测，建立工程质量考评制度，建立白蚁防治管理网络系统，开展白蚁防治工作。2014年白蚁预防施工336万平方米，施药覆盖率100%，收缴白蚁防治费510万元，严格执行白蚁防治质量技术标准，落实防控措施，遏制白蚁危害及蔓延，确保房屋居住安全。

【危房鉴定服务】 2014年，大丰市住房和城乡建设局受理危房鉴定54宗，其中私房翻修鉴定51宗，企事业单位鉴定3宗。鉴定面积2.86万平方米。对全市各单位、各部门上报的105幢4.04万平方米的整幢危房和55幢1.66万平方米的局部危房进行了勘查。筛查出1.05万平方米的整幢危险房屋和局部危房，并形成详细的图文资料。

【房产档案管理】 2014年，房产档案整理、拍摄、编号、上架产权产籍档案21872卷，他项权证档案6795卷，预告登记及预告抵押登记档案7114卷，他项权注销档案2478卷。在做好日常的立卷归档、查档、库房管理的同时，狠抓房产档案的规范化、制度化、现代化管理，为服务对象办理缴纳税费、办理土地证、二手房买卖、抵押登记、户籍迁移等提供28600人次的房产档案查档服务。

【房地产企业项目观摩活动】 6月10日，大丰市住房和城乡建设局组织全市房地产开发企业代表观摩碧桂园项目，学习该企业房地产开发的先进经营理念和施工管理经验。大丰碧桂园项目位于高新区，项目总占地7万平方米，总规划建筑面积约17万平方米，为大丰市首个精装修楼盘。配套设施齐全，绿化、会所、物业一应俱全，能满足居民生活的各类需求。园林式设计和优质的物业服务，为业主精心提供个性化的生活服务，满足业主多样化的生活需求。参加观摩的房地产开发企业代表表示，大丰碧桂园项目的设计理念、管理方式、团队精神和为业主全方位服务的理念值得学习，将借鉴该企业的管理模式和先进理念，做好房地产开发项目，为大丰房地产市场健康持续发展作出新贡献。

【大丰秋季房地产汽车博览会】 10

月1~3日，印象康桥2014年江苏·大丰秋季房地产汽车博览会暨美食嘉年华活动在大丰市奥体中心成功举办。此次博览会由大丰市房地产业协会、大丰市阳明广告信息中心主办，以“卯酉人家·幸福人居”为主题，通过协会搭台、企业唱戏，将广大市民关注的房产、汽车等商品进行集中展示。博览会历时3天，有24家楼盘、15家汽车经销商、27家美食餐饮商参展。接待观展人数10万多人次，发放各类宣传资料30多万册，现场签订合同160套，其中住宅124套，商业用房36套，总面积26000平方米，总销售额1.63亿元；现场认购140套，面积16000平方米，为大丰房地产市场注入新的活力。汽车展区现场销售业绩也颇为喜人，汽车成交189辆，成交额3400多万元。此届房地产汽车博览会参展楼盘众多，活动丰富，有房展、有车展、美食餐饮，同时还穿插文艺演出、现场观众抽奖等活动，营造了良好的展位环境，满足了市民的消费需求。活动现场还设有各地精致美食，供广大市民品尝，聚集了人气。

大丰市全面加强对社区安保和物业管理，推动小区物业服务质量的提升。图为今日小区物业维护监控设备

物业管理

【概述】 大丰市住房和城乡建设局着力加强物业管理，改善行业管理环境，破解企业发展难题，规范企业经营行为，提升物业服务品质，提高行业综合竞争力。加强对物业管理行业的监督和指导，建立健全物业服务企业进入和退出机制。定期召开物业服务企业座谈会，听取意见和建议，解决发展中遇到的困难和问题。坚持日常检查与动态考核相结合，评价物业服务企业业绩以业主满意度为主要指标。建立健全物业服务企业诚信体系，监督企业诚信经营。增强物业服务企业的服务意识，引导物业服务企业找准市场定位，强化服务意识，做到管理服务不越位、不缺位、不错位。物业服务企业参照行业标准，依据物业服务合同，制订严格的企业服务标准，使之规范化和制度化，并注意拓宽与业主沟通的方式和渠道，最大限度地赢得业主的理解和支持。鼓励物业服务企业拓宽经营服务领域，实现物业服务产业化，积极尝试为业主提供各种形式的专项服务和特约服务。丰富经营内容，打破单一的服务模式，发挥自身优势，实现全市物业管理行业的持续健康发展。截至2014年年底，全市登记注册物业服务企业58个，其中当地企业37个，二级以上资质企业19个，托管全市69个住宅小区，面积780万平方米；托管办公用房等企事业单位154万平方米；托管工业厂房、公园游园等441万平方米，全行业从业人员3100人。

【物业管理规范化】 大丰市住房和城乡建设部门根据住建部、省、盐城市的相关要求和文件规定，制订《大丰市前期物业服务合同（示范文本）》，根据小区的建设时间、规模、配套等级、品质等，将全市住宅小区物业服务分为五个档次，量化服务内容，规范服务标准。并要求物业服务企业将服务等级、服务标准、服务内容在住宅小区内进行公示，让业主明明白白消费。根据《大丰市物业服务百分制考评办法》，从物业服务企业的内部管理、小区的环境卫生、绿化养护、房屋及公共设施设备的维护管养及安全防范管理等方面进行日常化的检查考核。对考核不合格或排名靠后的企业予以限期整改、限制参加新项目招投标和企业资质升级等处罚。10月，大丰市物业主管部门牵头成立大丰市五档服务标准小区考核小组，邀请公安、质监、消防、环卫、物价等相关职能部门参加，对全市住宅小区技防及安全巡查、电梯、消防设施设备管护、小区环境及绿化养护、规范收费等方面进行检查，对检查发现的问题要求责任单位限期整改，推动小区物业服务质量的提升。完成14个物业服务企业的资质新申报和资质延续、升级。严格规范物业用房的移交，对物管用房的面积、位置、功能是否符合标准进行审核，全年办理17起物管用房确认。实施物管小区创建整治维修工程，修补小区道路3200平方米，刷白楼道3.5万平方米，设置文明城市创建公益广告2000多块。

【前期物业招投标】 大丰市住房和城乡建设部门按照《前期物业招投标管理暂行办法》的要求，要求所有的住宅项目必须通过招投标方式选聘物业服务企业。完善前期物业招投标，对开发单位的招标行为规范指导，凡建筑面积在10万平方米以上的住宅物业必须进行公开招投标，10万平方米以下、3万平方米以上的住宅物业原则上要求公开招投标。从招标文件、招标公告、招投标程序、前期物业合同签订等程序入手，对前期物业招投标全过程严格进行监管，保证招标投标过程公正、公平、公开。2014年，全市完成前期物业招投标项目11个。

【住宅专项维修资金归集】 大丰市住房和城乡建设部门逐步扩大住宅专项维修资金归集的覆盖面，完善住宅专项维修资金自动化管理系统，畅通住宅专项维修资金的使用渠道，使住宅专项维修资金的缴存、管理、使用、核算等各个环节更加系统化、规范化、合理化，切实维护好业主的合法权益。房屋维修基金归集率100%，收取新老小区业主维修基金5556户，收缴维修基金4157.46万元。做好维修基金日常管理工作，受理住宅小区居民公共部位维修动用房屋维修基金的申请46起，支付房屋维修基金73.17万元。

住房制度改革

【概述】 2014年，大丰市住房和城乡建设局贯彻落实国家、省、盐城市住房保障政策，深化城镇住房制度改革，稳步推进住房商品化、社会化，建立适应社会主义市场经济体制要求的城镇住房制度。建立和完善以商品房、保障性住房为主的多层次城镇住房供应体系。加快保障性住房建设，不断建立和完善住房保障体系，加快解决低收入家庭的住房困难，群众居住条件不断改善。有效落实省住房和城乡建设厅及盐城市住房保障和房产管理局保障性住房建设政策，累计落实资金5130万元，其中省补资金1214万元，中央专项资金3549万元，公积金增值367万元。

【保障性住房工程建设】 2014年，大丰市开工建设各类保障性住房4524套，占省、盐城市下达任务数的193.33%；竣工3713套，占省、盐城市下达任务数的256.07%。其中公共租赁住房（含廉租住房）开工1527套，占省、盐城市下达任务数的169.67%；竣工1451套，占省、盐城市下达任务数的241.83%。经济适用住房开工250套，占省、盐城市下达任务数的104.17%；竣工240套，占省、盐城市下达任务数的120%。限价商品住房开工501套，占省、盐城市下达任务数的100.2%；竣工523套，占省、盐城市下达任务数的104.6%。棚户区危旧房改造安置住房开工2246套，占省、盐城市下达任务数的320.86%；竣工1499套，占省、盐城市下达任务数的999.33%。已建的保障性住房和棚户区危旧房改造安置房均达到优良工程验收标准。

2014年12月，大丰市新东苑二期保障性住房交付使用

【住房保障覆盖面扩大】 出台《大丰市市区2014年度廉租住房保障认定条件和标准》，将申请保障家庭的人均月收入由原来的1124元调整为1236元，降低了保障门槛。调整后的廉租住房制度和保障标准在盐城各县市中处于领先水平。全年审批一次性住房补贴100人次，核定补贴面积5414.17平方米，核准发放补贴额136.94万元，提高了职工群众的购房支付能力，促进了住房消费。

【保障性住房政策完善】 大丰市人民政府在盐城各县市中率先出台《关于加快棚户区（危旧房）改造工作的实施意见》《关于推进公共租赁住房和廉租住房并轨运行的实施意见》。该文件的出台使住房保障覆盖面更广，职工群众申请更加方便，选择余地更大，并实行差异化的租金，根据承租户收入高低确定租金，切实解决困难家庭住房问题。重新出台《大丰市市区经济适用住房分配销售管理办法》，不断改进和规范经济适用住房制度，探索符合大丰市实际的住房保障新机制，将经济适用住房的申请对象由低收入家庭调整为中等偏下收入家庭。

【住建部巡查大丰市保障性住房建设】 10月28日，国家住房和城乡建设部巡查组到大丰市检查城镇保障性住房建设工程。巡查组对大丰市主城区新东苑经济适用住房、棚户区安置住房、万和花园经济适用住房、中央名府棚户区安置住房、经济开发区公共租赁住房、城北新区限价商品住房等保障性住房进行实地巡查。巡查组在听取汇报、查阅资料、现场检查后，充分肯定大丰市城镇保障性住房建设工作，希望大丰市认真贯彻落实国家住房保障政策，注重质量管理，加快保障性住房建设步伐，为改善民生、促进经济社会发展作出新贡献。

（葛顺明）

住房公积金管理

【概述】 2014年，盐城市住房公积金大丰管理部（以下简称大丰住房公积金管理部）持续扩大住房公积金受益面，全市住房公积金管理工作平稳较快发展，被盐城市住房公积金管理中心评为目标任务绩效考核综合先进集体。

【住房公积金归集拓面】 2014年，大丰住房公积金管理部以“改革攻坚突破年”为契机，将归集扩面作为全年工作重点。通过考核督促、媒体宣传、行政推动、开展执法、银行协作等综合措施，新增住房公积金缴存单位79个，新增开户职工4883人，归集住房公积金3.42亿元，比2013年增长18.3%，全面完成盐城市住房公积金管理中心下达的目标任务。

【住房公积金资金运行】 大丰住房公积金管理部充分发挥住房公积金惠民作用，增设装潢、物业费支取、简化部分提取手续、取消提取次数限制等一系列政策的实施。继续执行盐城市住房公积金管理委员会的贷款微调政策，较好地实现了资金动态平衡，满足了中低收入缴存职工购建房资金需求。对公积金账户实行“零余额”管理，确保资金运行安全。全年提取住房公积金6221人、2.1亿元，比2013年增长23.5%。发放个人住房贷款1002户、2.08亿元，个贷率95.4%，连续多年保持贷款零逾期，满足了大丰房地产市场刚性需求，改善了职工居住条件。

2014年，盐城市住房公积金大丰管理部被盐城市住房公积金管理中心评为目标任务绩效考核综合先进集体

【住房公积金建制渠道】 大丰住房公积金管理部完善归集档案制度，健全完善“一户一档”基础资料，对拒不建制、逾期不缴或者少缴住房公积金的企业，及时进入执法程序。加强行政执法力度，增加行政执法人员，通过举办培训班、以会代训的方式开展行政执法培训、考试，不断提高行政执法人员素质。严格履行执法程序。严格履行立案、调查取证、催建催缴、审查、责令限期改正、行政处罚告知、听证、行政处罚执行、申请法院强制执行、结案、立卷归档等执法程序，推动更多民营企业自发为职工建立住房公积金制度。加强和改进宣传工作。邀请企业负责人座谈，深入企业一线现场宣传。充分利用电视、报纸、广播、网络等媒介，开展集中宣传和面上宣传工作，追踪报道企业建制拓面进度，全力维护企业职工合法权益，为全市住房公积金事业健康发展提供了保障。

【住房公积金保障能力】 大丰住房公积金管理部开展机关效能和窗口服务建设，接受社会监督，提高管理效能。在业务大厅增设投诉窗口，在公积金网站及大丰市政府门户网站公开贷款相关政策，公布投诉电话，建立服务监督台。在“中国大丰”门户网站，将管理部领导机构、职责职能、部门文件、通知公告、办事指南、政策法规等住房公积金管理信息向全社会公开，主动接受社会监督。对个别缴存职工在“12345”政府热线上反映的问题，及时解答，提升了公积金管理中心的社会形象。健全内部管理制度和业务操作规程，使干部职工在工作上有章可循、有据可依。构建严密的内控体系。健全会计核算管理，完善财务稽核办法，规范财务操作规程，加强风险防范，实现各业务环节有序衔接并相互制约，确保全市住房公积金运作使用合法合规、资金管理真实完整。

（毕筱筱）

〖编辑　丁彩前〗

城镇建设综述

2014年，大丰市城镇建设工作围绕“提升老城、决战新城、突破港城”的思路，着眼高起点规划，实施高强度建设，追求高水平管理，城市形象明显提升，功能设施逐步配套，交通网络更趋完善。全年组织实施功能完善、旧城改造、基础设施、安居工程、绿化景观等五大类64项城建重点工程，完成投资70.96亿元。城市框架完善。主城区东沿河路、育红中路、建设中路和城东新区北兴路、团结路等新建道路实现“当年开工、当年通车”，市区后街小巷道路黑色化全覆盖。完善主城区“八纵十横”、城东新区“两纵两横”的道路框架，城市交通网络更加健全。市区建成区面积28平方千米，市区常住人口18万人，城市化率56.6%。城镇配套设施齐全。城东新区小学、幼儿园投入使用；档案馆、老干部活动中心竣工；文化会展中心结构封顶；主城区、城东新区城市综合体开工建设；四中教师公寓、交通小区等8个老小区基础设施改造全部完成；建成新东苑、德惠花园等保障性住房5.07万平方米；供电北沟、新德中心河等市区河道污水截流，红星河、二里半复河北延等黑臭河整治工程完工；市区新增停车位900多个；投放316辆自行车，在盐城首家建成公共自行车系统。港城功能完善。开展港城建设“突破年”活动，大丰港汽车客运站、实验幼儿园启用，大熊猫乐园及大丰港动物园开园，威尼斯人美食街、港城小镇影院对外营业。集镇建设加快。实施集镇基础设施“六个一”（一条园林式街道、一个住宅小区、一块街头绿地、一幢标志性建筑、一条精品水景、改造一条老街道）和绿化“五个一”（新建一条林荫大道、一条园林式道路、一条河滨绿化带、一块森林公共绿化、一个街头游园）工程，完成投资39.8亿元；开展集镇环境综合整治“突击月”活动，“两个一”重点工程完成投资5000多万元；新团村、太兴村建成省级美丽乡村示范点。

城市、村镇规划

【概述】 2014年，大丰市住房和城乡建设局贯彻落实省委办公厅、省政府办公厅《全省美好城乡建设行动实施方案》及省住建厅《江苏省城市规划公示制度》，实施城乡规划引导计划，强化城乡规划在城乡经济和社会发展中的先导和统筹作用，为加快发展方式转变，推动城乡统筹和城镇化健康发展提供强有力的规划保障。大丰市成立城乡规划引导计划实施工作领导小组，将城乡规划引导计划编制任务进行细化分解，明确工作职责。市住房和城乡建设局制订具体的实施方案，确保各项工作有序推进。开展美好城乡行动宣传活动，结合全国法制宣传日、《城乡规划法》颁布日等时机，运用报纸、网站、户外广告栏、宣传挂图、横幅、现场咨询等载体，广泛深入宣传美好城乡行动活动的意义。围绕既定发展战略目标，积极编制各类规划。修编《大丰市城市总体规划（2012~2030）》，完善了绿地系统规划、供水规划等专项规划，统筹城乡基础设施建设，推进城乡道路、供水排水管网和污水处理设施的有效衔接，逐步实现城乡道路、供电、供水、通信、环境等基础设施共建共享。合理布局城乡科技教育、医疗卫生、文化体育等社会事业，提高农村公共服务和产品的供给能力，确保公共服务均等化。启动《大丰市新型城镇化与城乡发展一体化规划（2014~2020）》编制工作，修编完善各镇的集镇总体规划、村庄规划和控制性详细规划。

【城市总体规划修编完善】 大丰市住房和城乡建设局策应江苏沿海开发上升为国家战略和城市规模不断扩大的新形势，修编完善城市总体规划。结合城东新区和港区、港口、港城的建设，多次邀请相关专家出谋划策并与省住建厅汇报沟通，尽可能争取扩大城市建设规模。在2013年《大丰市城市总体规划（2012~2030）》通过省住房和城乡建设厅组织的专家论证的基础上修编完善，该城市总体规划确定大丰城市性质为“长三角”北翼重要的现代制造业基地和物流基地、江苏沿海现代化港口城市、“长三角”北部生态型宜居城市。总体城市设计保持以“河风海韵，生态湿地”为特色的自然风貌，建设以“活力都市，宜居之城”为目标的特色空间。年内报省政府批准实施。

【专业规划编制】 大丰市住房和城乡建设局委托高资质规划设计单位编制完成城市污水专项规划、城市特色空间规划、城市色彩规划、城市综合交通规划、湿地规划、市区地震避难场所布局规划、大四河延伸段沿岸景观规划等专业规划。

【城市规划管理】 2014年，大丰市住房和城乡建设局核发选址意见书36份，用地面积103万平方米；建设用地规划许可证27份，用地面积70万平方米；建设工程规划许可证204份，建筑面积171万平方米；小型工程规划许可证26份；村居民个人建房规划许可证19份；补办建房证明5份；建设用地规划设计要点及用地红线图42份，规划验收核实证188份，发放行政许可547份，发证合格率100%，按时办结率100%。规划展览馆接待各类团队38批，接待参观总人数978人次。规划测绘方面，完成沉降观测项目97项，工程放样项目96项，竣工测量89万平方米。规划设计方面，完成《大丰港造纸产业园北区控制性详细规划》《大丰市青少年教育基地平面规划方案》《五小东侧停车场扩建工程》等120多项规划设计项目。

【村镇规划编制】 大丰市各镇在完成镇总体规划及控制性详细规划编制的基础上，对照国家沿海发展规划和城乡统筹发展以及“宜居、通畅、低碳、生态”的要求，对原有规划进行完善和提升，使功能定位更加准确，规划布局更加合理，设计风格更加新颖。年内各镇编制完成新一轮镇村布局规划，并报大丰市政府批准。2014年，全市发放村镇建设工程选址意见书21份，用地规划许可证24份，建设工程规划许可证49份。

【三龙镇入选江苏省临海城镇培育体系】 6月25日，大丰市三龙镇入选《江苏省临海城镇培育行动方案》，该镇是被列入全省重点培育体系的27个临海城镇之一，大丰仅此一家入选。根据《江苏省临海城镇培育行动方案》，大丰市住房和城乡建设局会同三龙镇编制了《大丰港经济开发区（三龙镇）培育行动方案（2014~2015）》。三龙镇与大丰港经济技术开发区实行“区镇一体化”管理。通过培育行动方案的实施，不断完善城镇功能，塑造城镇特色，提升城镇综合承载能力。人居环境显著提升，镇容镇貌明显改善。组织编制渔家风情一条街等镇区重要地段、主要街区的详细规划及景观设计。实施中心镇区道路改造工程，镇区主次干道增设路灯、垃圾桶、果壳箱等便民设施。在镇区污水处理厂建设的基础上，按照城镇管网系统“雨污分流”的要求，结合污水管网建设加快对老镇区原有老管网改造，对新镇区建设严格按“雨污分流”的要求建设城镇排水系统。规划至2015年镇区污水管网全覆盖，污水处理能力显著提升。加强镇区公园、公共绿地、道路绿化、河滨绿化等绿地系统建设，努力打造老镇区、新镇区和渔业片区的园林精品工程，充分考虑交通的可达性及居民的利用率，利用一切适宜空间建设绿化，使绿化工作得到最大限度地提升，努力实现绿化覆盖率35%的目标要求，实施中心镇区小游园、斗龙湾主题公园、陈李线、斗沙线、临海公路两侧公共绿地建设。

【村镇建设加快推进】 2014年，大丰市积极实施重点镇城镇化“六个一”（一条园林式街道、一个住宅小区、一块街头绿地、一幢标志性建筑、一条精品水景、改造一条老街道）工程和城镇绿化“五个一”（新建一条林荫大道、一条园林式道路、一条河滨绿化带、一块森林公共绿化、一个街头游园）工程。全市各镇区实施集镇“六个一”和绿化“五个一”建设项目122项，完成投资39.8亿元。10个镇建成国家级生态镇，12个镇建成省级生态镇，在盐城率先实现省级生态镇

2014年6月25日，大丰市三龙镇入选《江苏省临海城镇培育行动方案》，被列入全省重点培育体系的27个临海城镇之一。图为三龙镇斗龙渔村公园

全覆盖。各镇有房地产开发项目21项，占地面积60万平方米，规划建设面积96万平方米。城乡统筹深入推进，深入开展镇村环境整治，新建镇级污水管道130千米。全市统筹城乡发展试点镇村实施新村庄、新产业、党群服务中心等项目113个，当年完成投入12.8亿元，大中镇新团村、新丰镇太兴村建成省级美丽乡村示范点。2014年，大丰市被评为省村庄环境整治工作先进县（市）。

【农村危房改造】 大丰市把农村危房改造作为民生工程统筹推进，切实让农户得到实惠。大丰市住房和城乡建设局通过摸底排查和申报工作，向江苏省住房和城乡建设厅申请落实农村危房改造计划指标。2014年落实中央级补助资金600万元，省级补助资金218万元。该局结合实施方案，将危房改造目标任务分解到全市各镇，并在全市范围内组织开展逐村、逐组、逐户拉网式排查，对改造户进行逐一筛选、核实。严格按照“户主申请、村委会调查核实、村民民主评议、张榜公示、镇级政府审核、市审批”6个程序进行，省下达的800户危房改造任务全部落实到村到组到户。该局集中培训各镇村建业务技术人员，对危房鉴定、施工质量及施工安全做了详细的业务辅导。该局协调帮助解决建设施工过程中遇到的难题，充分发挥村级组织的作用，采取自建、援建和帮扶相结合的方式，开展危房改造工作。在工程施工上优先选择有资质的建筑企业参与改造危房，强化农村建筑工匠培训，组织技术力量对危房改造施工现场开展质量安全巡查与指导监督。同时加强工程进度质量检查，严格执行问责制度，确保按时完成农村危房改造任务。截至2014年底，全市完成农村危房改造800户。

【规划建设综合执法】 市住房和城乡建设局建立项目规划管理巡查制度，对经批准的建设项目做好跟踪管理，并结合建设工程领域突出问题专项治理活动对建设项目进行排查，及时发现和纠正问题，确保建设项目按经批准的规划实施。着力推进规划行政执法工作的制度创新、机制创新，逐步建立起一整套规范执法行为和执法流程的规章制度，制订《规划管理巡查制度》《行政执法过错责任追究办法》等规章制度。通过完整的规章制度和执法流程，规划管理行政执法中没有发生一起违法行政的案件，没有因适用法律不当和违反法定程序导致的行政复议和诉讼案件。加大对城乡违法建设的防控力度，对规划审批后项目实行跟踪监督，建立市（即职能部门）、镇、村（社区）三级联动管理违法建设的机制，在市规划建设综合执法大队的基础上，成立三个镇片区执法中队，加大执法工作力度，对影响城乡规划的违法建设坚决予以拆除。2014年，全市住房和城乡建设领域立案查处违法违规案件194件，其中涉及规划109件，建筑工程10件，房屋装饰装修案件72件，燃气2件，市政1件。配合全国文明城市创建工作，集中整治市区重点地段的违法搭建。全年拆除各类违法建设382处，拆违面积2.25万平方米。

城市建设

【概述】 2014年，大丰市组织实施“五大类64项”城建重点工程，完成投资70.96亿元。城建重点工程开工率95%，竣工率90%。招投标率、工程质量一次性验收合格率均100%。实施道路工程建设，增强通行能力。

【路桥工程】 2014年，大丰市区新增道路面积51.2万平方米。建设北路、建邺北路、东沿河路、育红中路、育红西路、盛丰路绿化及照明等工程竣工通车。影视巷工程施工接近尾声。加快民生项目建设，增添城市亮点。大四河沿线建筑一期、边检站立面出新、供电北沟污水截流工程、五小南侧停车场等工程竣工。红花中心河污水截流、工农路职校段污水截流工程有序推进。

【建邺北路改造工程】 大丰市区建邺北路改造工程是为解决该路段长期积水、道路泥泞坑洼不平而进行专项设计改造的民生工程项目，该工程全长467米，道路红线宽度为12米，设计为7米车道和东西各2.5米人行道，

2014年，大丰市区新增道路面积51.2万平方米，完成道路修复1.13万平方米

采用水泥混凝土加沥青面层改造，同时新建雨水管道，与原有道路污水截流工程形成道路的雨污分流体系，总造价100多万元。5月19日，该工程竣工通车。

【育红中路改造工程】 大丰市区育红中路改造工程是为解决该路段长期积水、道路坑洼不平而进行专项设计改造的低洼片区改造项目，该工程西起金丰路东至育红桥，全长574米，道路车行道宽15米，路面结构为沥青混凝土，两侧人行道宽5米，铺设荷兰砖。工程总造价300多万元。11月10日，该工程竣工通车。经过改造，原有路段得到彻底的改造出新，方便市民出行。

【东沿河路工程】 大丰市区东沿河路位于丰中西侧、城西派出所东侧，北起新村路，南至健康路，是城市西区南北向的次干道，总投资约840万元。该道路全长1350米，路宽20米，其中混合车道宽12米，道路两侧各设4米的人行道，道路中心线设计标高为2.7米，路面结构为沥青混凝土面层。10月23日，市区东沿河路工程完成沥青摊铺，正式竣工通车。该工程的竣工，提升了该区域的通行能力。

【城市房屋征收拆迁】 2014年，大丰市实施城市房屋征收拆迁项目41个，完成签协议1164户，征收拆迁面积16.9万平方米。在房屋征收拆迁过程中，着力规范房屋征收行为，新实施的征收项目均严格按照《国有土地上房屋征收与补偿条例》的要求，履行法定程序，依法依规推进，做好房屋征收补偿安置工作，建设拆迁安置房50万平方米，为城市建设和项目建设提供了用地保障。

【城建融资】 大丰市城建国有资产经营有限公司全面完善融资平台的运行机制，做好项目申报的前期工作，采取多种措施强化贷款和融资项目管理，确保贷款和融资到账和使用进度，在发挥贷款资金最大效率的同时，推进贷款项目顺利实施，形成多元融资、良性循环的格局。2014年，通过贷款、信托、融资租赁等渠道完成融资10.73亿元。城建融资为城市建设特别是房屋征收拆迁和重点工程的顺利推进提供了资金保障。

（葛顺明）

城东新区建设

【概述】 城东新区地处东宁路以东，南翔路以北，五一河以西，通港大道以南，规划面积13.26平方千米。2014年，围绕打造“江苏沿海中部特色鲜明、品质高尚的中央商务区”的要求，攻坚克难，扎实工作，全年实施项目12个，新开工建设1000万元以上项目6个，竣工1000万元以上项目6个，投入建设资金15.83亿元，实现财税收入4100万元。

建设中的大丰市文化中心

【城东新区工程建设】 城东新区基础设施更加完善，北兴路、鹿鸣南路、鹿鸣北路、团结路及东方桥工程竣工通车；幸福广场初步建成；五一河风光带及道路亮化工程竣工；开工建设团结河调节闸2座。景观绿化力度加大，团结河风光带工程竣工对外开放；大中路、阜南路、北兴路及飞达路绿化提升工程竣工。重点工程抢工会战，文化会展中心主体封顶；丰华国际商务大厦幕墙龙骨施工至四层，室内装潢进场；宝达大酒店主体竣工，完成外装招标工作；城市综合体完成桩基施工，进入基础开挖阶段。民生工程进展显著，新区实验小学、幼儿园工程竣工交付使用；档案馆、老干部活动中心工程装潢及室外配套工程扫尾；新建图书馆工程开工建设，进入主体施工阶段。地产开发快速推进，望园·莱茵城、直立·香榭丽、翰林华府房产销售良好；人才公寓市政配套扫尾；吉祥花园、东方1号印象城、中豪御湖世家、荣润首府、香格里拉、星河名苑等房产项目开工建设。

【城东新区创意产业园】 该园先后接待国家、省、盐城市各级领导调研指导418批，约5300人次。市场对接项目450余单，设计产值近7000万元。牵头成立市文化创意产业协会，着力打造具有大丰特色的文化品牌，其中园区开发的“VMINI”青奥活力水杯、砳砳五折太阳伞、“欢乐麋鹿园”运动七折扇等22款产品入选南京青奥会特许商品。创意园二期项目1号、2号楼土建封顶，其余楼栋主体工程施工。驻园招商工作同步开展，创意港专门设立招商展示中心，招商势头良好。

【城东新区拆迁征地】 围绕项目建设开展征地、拆迁工作。全年实施8个

大丰市环卫工人在清洁河面　　王义成 摄

2014年，大丰市常新中路被评为省级城市管理示范路

项目，累计完成148户、8.68万平方米的拆迁工作。同时加大安置房建设力度，全年开工建设安置房14幢、9万平方米，竣工2幢，交付2幢、1.2万平方米。

【城东新区资金筹集】 大丰城东新区运用通过多元化的资金筹措方式，先后与银行、信托投资公司、投融资租赁公司等机构合作，成功融资5.71亿元，全力保障城东新区项目建设的正常进行。

（朱　艳）

城市管理

【概述】 2014年，大丰市城市管理局（以下简称市城管局）围绕创建全国文明城市、国家园林城市和江苏省优秀管理城市有目标，有计划、有重点地开展市容秩序、环境卫生、园林绿化、景观亮化各项工作，全力改善面貌提升形象。国家园林城市创建通过省住建厅资格核验并向住建部推荐，常新中路省级城市管理示范路、新德社区省级优秀示范社区创建通过省考核验收，城市硬件全部达到江苏省优秀城市硬件管理创建要求。

【城市市容秩序】 市城管局严格按照《大丰市市区户外广告和店牌店招设置专项规划》要求，坚持窗口受理、现场勘查、科室把关、领导审核，提高户外广告设置标准和档次。全年受理办结户外广告、店牌店招、标志牌设置435件，查处破旧损坏户外广告牌、移动广告牌900块，更换路名牌80块、楼顶广告60块，公共厕所设置宣传牌300块。完成临海高等级公路大丰荣誉牌建设，按标准更新、设置高炮广告宣传版面28块，灯杆道旗7200杆，彩旗8000米。落实门前“四旁三包”责任，签订市容环卫责任书3000多份，实现主次干道全覆盖。全年立案处置一般和简易程序案件250件，查处取缔占道出店经营摊点1600个，无牌无证、非法加装电动装置三轮车76辆。

【城市环境卫生】 市城管局提升环卫保洁水平。延伸主干道保洁范围，在常新路、幸福路、人民中路实行16小时保洁制、20分钟保洁圈。公厕保洁采取“四定”（定人员、定分工、定时间、定保洁质量）措施，质量达到“四无四净”（无恶臭、无蝇蛆、无蛛网、无尿碱；地面净、墙壁净、便池蹲坑净、厕所周围净）要求。市区生活垃圾日产日清，无害化处置率100%。渣土运输限时段、限路段。农村生活垃圾处理实现人员保洁到位、考核管理到位、工资发放到位、奖惩落实到位的“四到位”机制，农村环境卫生水平不断提升。

【城市园林绿化】 市城管局对园林绿化实行精细管养。坚持“建管并重、以管为本、管效结合”，对照国家园林城市创建标准，制订和完善《大丰市园林绿化养护标准》《大丰市公园管理办法》《大丰市园林绿化养护考核细则》等相关文件，招标养护，合同管理，督查考核。将市区210万平方米绿化分为四个片区，成立专门的绿化养护考核小组，加强对绿地责任单位和管护单位的考核。成立全市绿化养护考核管理办公室，周巡查、月考评、双月通报，对全市各版块绿化养护管理情况进行考核打分，推进市区绿化养护工作。

【城市景观亮化】 市城管局对城市照明维护实现全覆盖。加大巡查、检修、值班力度，建立24小时动态巡检制度，及时发现、及时处置，市区亮灯率、设施完好率99%以上。

【城市精品工程打造】 大丰市开展春、秋两季绿化大会战，全年新增绿地面积80万平方米，城市新增绿地面积127.43公顷，绿化覆盖率41.97%，位列盐城市第一；城市公共自行车系统在盐城市首家建成运行，在市区和城东新区投放316辆公共自行车，21个服务站点；城北垃圾中转站提升改造，环卫车辆更新换代，新型果壳箱全面覆盖，双月湾垃圾填埋场规范封场，备用垃圾填埋场工程正式启动；主干道安装高效照明灯具600套，10个新建小区完成景观亮化并全部采用LED，推进节能减排；“931”城市环境综合整治工程扎实推进，市区“五大类64项”城市建设重点工程，提前2个月全面完成，8个老小区实施基础设施改造，大四河、西子午河、朝阳河整治后进入长效管理，得到盐城市城管局检查考核组的好评；集镇环境全面整治，建立镇容镇貌和环境卫生管理长效机制。

【城市服务环境和水平优化】 大丰市简化审批程序，缩短办件时限，对所有申请事项实行“个案追踪”，全年办理行政审批事项500件，办件零积压、零投诉，群众满意率100%。拆迁任务按时完成。投资2700万元实施疏港复河绿化景观工程、600万元实施新丰荷兰花海绿化亮化、大中镇恒北村恒北大道景观提升工程。抽调专门人员常驻港口行政服务中心，服务“三港”建设。科级干部挂钩企业，党员干部进村入户，摸情况、解难题、送温暖。廉政建设坚持一岗双职，围绕工程建设、行政许可、执法监察等热点，落实措施、防患未然，全年没有发生一起违纪违规违法事件。

（顾　蓉）

公共设施建设

【概述】 2014年，大丰市坚持把保障改善民生，提高城市形象作为工作的出发点和落脚点，市政公用基础设施建设体现了资金投入多、建设力度大、质量标准高的特点。园林绿化建设加快，以提高城市绿化质量，见缝插绿增加绿地为着力点，有效推进小区和单位庭院绿化工作，提高城市绿化整体水平。大四河两岸部分建筑立面出新，新建小区楼宇亮化到位，美化了城市形象。大四河风光带、团结河风光带一期等建成开放，沈海高速出入口、常新南路、南翔大道背景林提升等城市绿化工程竣工，绿化品位品质不断提升。城市绿化覆盖面积981公顷，绿化覆盖率36.34%，顺利通过国家园林城市省级验收。大丰市以不断提高城市垃圾无害化为目标，加快环卫基础设施建设。建立路长、河长制度，加大对市区道路、河道的环卫保洁力度。市区范围垃圾日产日清，生活垃圾无害化处理率100%。加强渣土运输管理，实行市区主要干道渣土运输车辆限时通行。加快天然气工程建设步伐，为市民提供清洁、安全、优质的天然气。

【市政设施管养】 大丰市住房和城乡建设局建立和完善市政公用行业快速反应机制，修改完善市政基础设施维修方案，规范道路、排水等设施的工作内容、职责分工、业务流程，建立完善监督考评体系和运行机制，提高市政设施养护作业效率和质量。同时，建立巡查制度，对巡查发现的问题和各方反映的事项，根据责任分工要求，及时落实相关责任单位整改，做到件件有落实、事事有回音，处置及时率和满意率100%，保证了行人与车辆的出行安全。以创建全国文明城市为契机，加大市政基础设施建设力度，完成道路修复1.13万平方米，改造道路无障碍设施2400平方米，安装道路标志标牌8组，增设交通信号灯2处，施划标线43200平方米，更新公益广告1032张，出新公交站台70个，疏通下水道50千米，安装交通隔离栏杆2000米。完成18万平方米后街小巷黑色化改造，提升了城市形象。

【燃气供气工程】 2014年，大丰市优化燃气产业结构，在稳定液化石油气供给的基础上，发展管道天然气。全年新增天然气管道80.16千米，天然气供应总量1.4亿立方米，液化气供应总量8800吨。

【燃气安全管理】 2014年，市住房和城乡建设局开展燃气安全检查，以燃气生产、运输、储存、充装环节为重点，对全市天然气经营企业、管输企业、液化石油气经营企业、液化气站、换气站、餐饮企业进行拉网式安全大检查6次，检查居民用户23826户，发现安全隐患78处，发放整改通知书36份，均整改到位。查处违法经营4起，扣押超期液化气钢瓶22个，燃气市场秩序得到规范。

2014年2月16日，大丰市飞轮液化气经营有限公司液化气站新址工程通过验收

【大丰飞轮液化气站新址竣工】 2月16日，大丰市飞轮液化气经营有限公司液化气站新址工程通过盐城市燃气管理办公室组织的工程竣工验收。飞轮液化气站旧址列入大丰市旧城改造范围，该公司服从城市规划建设新址工程。该工程新址位于南翔大道以南、常新南路以东，占地面积10765平方米，总投资1000多万元，液化石油气储存能力200立方米。该工程投入使用，有效增加了液化石油气储备能力，有利于安全稳定供气，更好地促进燃气市场的有序发展。

【大丰华润燃气公司客服中心启用】 6月13日，大丰华润燃气公司客户服务中心正式启用。大丰华润燃气公司新启用的客户服务中心位于大丰市区康平南路朝阳景都小区西大门北侧，营业及配套服务面积近300平方米，服务范围包括为居民提供开户、购气、安装、维修、安检等服务。营业大厅内设业务收理、咨询以及客户休息等功能区，为居民提供更加便捷高效的燃气服务。该服务中心还设有呼叫中心，采取现代化信息管理，对燃气管道巡线实行实时测控，建立维修抢险应急管理体系。

【天然气应急救援演练】 6月19日，大丰市住房和城乡建设局召开燃气管网设施管理暨天然气事故应急救援演练观摩会，部署燃气安全专项整治行动，提高实战能力。该局与大丰华润燃气公司在南翔大道南侧联合举行重大天然气泄露应急抢险预案演练。此次演练设置了现场呼叫、区域隔离、群众疏散、紧急抢险、降压停气、抢险灭火等内容，演练模拟一处燃气管道被道路施工单位挖掘机挖破，导致天然气大量泄漏，遇火花引发爆燃。大丰华润燃气公司抢险人员在第一时间集结到事故地点。根据设定的天然气泄漏险情发生后，该局指导华润燃气公司启动应急处置预案，关闭天然气源和电源，并对现场实施警戒，组织突击处险抢修。在燃气抢险人员的扑救下，大火被成功扑灭。紧接着，燃气抢修人员奋力投入到修复管道、恢复供气的紧张工作中。经过专业队伍近1个小时的抢险抢修，泄漏事故被成功处置，天然气管道恢复正常生产。

【市区大四河沿线建筑立面改造出新】 大丰市为使市区大四河两岸建筑与景观环境相协调，提升城市立体观瞻效果，美化城市形象，营造清新靓丽的城市环境，投入497万元，对工农路至新村路之间大四河沿线两侧建筑进行立面改造，涉及47幢陈旧建筑，粉刷面积12万平方米。大丰市住房和城乡建设局分二个标段通过招标确定施工单位，精心实施该项民生工程。该局制订科学合理的施工方案和工期推进计划，安排专业技术人员跟班作业，加快推进大四河沿线建筑立面改造工程，确保工程按时序进度推进。2014年完成大四河沿线陈旧建筑改造一期工程9幢、粉刷面积3.3万平方米，二期38幢、粉刷面积8.7万平方米建筑改造工程启动，于2015年6月竣工。

（葛顺明）

环境保护

【概述】 2014年，大丰市围绕转型发展，不断推进生态文明建设，着力提高环境质量，全市环境保护工作成效明显。

【生态创建】 积极开展生态创建。4月，省环保厅正式命名大丰市为“省级生态市”，6月，大丰市国家环保模范城市创建工作通过国家技术评估。镇镇建成省级生态镇，在盐城率先实现全覆盖。国家级生态镇比例83%，省级生态镇比例100%，全市91%的村建成盐城市级生态村。建成国际生态学校绿旗荣誉1所、省级绿色学校16所、省级绿色社区5个、省级环境保护示范教育基地1个。突出重要生态功能区保护。颁布实施《大丰市生态红线区域保护实施方案》，科学划定七类生态红线区域1468.61平方千米，陆域总面积1209.7平方千米，占全市国土面积的39.55%。推进大丰林场亚行贷款湿地修复项目和斗龙一区湿地恢复项目，加快实施滩涂植被恢复和湿地修复工程，着力打造国内外知名的沿海湿地圈。推动绿色产业发展。在风电产业方面，建成全国规模最大的“风光互补”绿色能源基地，金风科技、南车风电基地建成投产，努力建设成为国内最大的海上风力发电机组研发、制造、出口基地。在海洋生物产业方面，以建成国家科技兴海示范基地和国家级盐土农业科技园区为契机，在江苏沿海率先建成海洋产业研究院，加快创新引领产业集聚。在现代服务业、物流业方面，以港口临港产业物流和保税加工物流为重心，加快港口物流节点和国际国内物流通道建设。在现代农业方面，建成江苏省级农业标准化生产示范基地和五个有机食品生产基地。全市主要农产品中，21个产品获有机食品认证，6个产品获绿色食品认证，241个产品获无公害农产品认证，“三品”种植面积14.78万公顷，占耕地面积85%。全市高效农业面积7万公顷，列全省第二位。

【农村环境改善】 镇级污水处理厂投入运营。推进镇级生活污水处理厂运行管理，全面推进17个被撤并乡镇集镇生活污水处理设施建设，加快建设集镇截污管网工程，实现全市镇级生活污水处理全覆盖。出台相关管理办法，加强对各镇区污水处理工程的监管，确保运行正常、排放达标。畜禽粪便无害化处置稳步推进。制订《大丰市畜禽养殖污染综合治理实施方案》，与相关企业进行对接洽谈畜禽粪便处置利用项目，制订企业发展规划，落实上级政策，做好项目落户的各项准备工作。在新丰镇长坍村开展畜禽粪便无害化处置试点工作，建成3个畜禽粪便利用处置收集点，配备一辆畜禽排泄物运输车和5个配套车厢。秸秆禁烧禁抛工作取得成效。制订环保系统秸秆禁烧禁抛巡查方案，结合环保83912369热线，安排13个环保执法巡查组，分片区开展全天候执法巡查。强化与公安部门联动执法，对秸秆焚烧、抛河行为露头即查，增加了震慑警示效果。建设“蓝天卫士”秸秆禁烧监控平台，在秸秆产生量较大的地区安装了一期70个360度高清网络球机摄像头，有效监控半径5千米，各环保执法组分别配备了移动终端，确保出现火点能立刻锁定并迅速处置到位。通过技防人防相结合的措施，空气质量较往年大幅提升，夏季禁烧期间实现考核通报“零火点”，成为省禁烧先进单位，做法在全省推广。

【环保项目审批优化】 加大信息公开力度。梳理窗口服务事项，优化工作流程，重新制作流程图，在“中国大丰”网站公布，便于公众知晓和社会监督。将环评文件受理情况、拟作出的审批意见、作出的审批决定等信息在大丰环保公众网上主动公开，切实保障群众的知情权、参与权和监督权，同时也为项目的落户提供有利的群众基础。项目审批流程优化。从项目申报及环评阶段开始，及时提供全面的政策咨询和服务保障，提高服务质量和办件效率。对所有市级审批的项目在窗口实现一次性办结；对于需由上级环保部门审批的建设项目，按照“容缺预审”原则开辟绿色通道，尽快流转给下一个审批服务环节。做到提前介入、全程指导、跟踪服务。服务重点项目工程。对恒天创丰重工有限公司等8个省级环保审批项目、盐城新宇辉丰环保科技有限公司等12个盐城市级环保审批项目实行一事一策、量身制订全程跟踪服务方案直至完成审批。大丰港石化新材料产业园、苏州盐城沿海合作开发园区（启动区）规划环评分别获省、盐城市环保部门批复，积极对接沟通造纸产业园增加化机浆（化机浆:以化学预处理，再经机械处理，使植物纤维细胞分离）制浆产业、规划修编，明确报批途径和程序。

2014年，大丰市集镇实现生活污水处理全覆盖

【环保执法】 开展环保专项行动。按照保障群众健康整治违法排污企业行动方案要求，开展了环境安全大检查、“环境执法雷霆行动”、生态环境专项治理行动和保障青奥会环境质量临时管控行动，全面排查涉及危废企业、电镀企业、集中式污水处理厂、核与辐射利用单位和重点工业企业，以及通榆河饮用水源保护区和新团河备用水源地周边，规范环境监管，严厉查处环境违法行为。执法处罚力度加大。对未批先建、污染物处理设施不正常运行、违反环保“三同时”、废水排放超标、违法处置危废等违法行为实施行政处罚，停产关闭了11个塑料粒子、铸造等企业。对跑冒滴漏、污水处理效果差、污泥处理不规范的3个企业小电镀生产车间实施断电。有效化解环境信访矛盾。严格按照“12369环保举报热线”的值班、登记、查处、督办及建档立册等规章制度，环境举报投诉工作逐步迈入规范化、制度化轨道，受理率100%，查处率100%，群众满意度提升。

【污染防治】 废气整治。继续推进连续化生产、管道式输送、DCS控制，大幅削减废气总量，从源头杜绝废气的产生。针对无机废气采用药剂处理，在有机废气处理上推广RTO焚烧处理技术，华丰工业园RTO废气焚烧炉16台，规模较大的企业采取“用备结合”方式处理。在物料输送上，改革“真空泵”输送方式，采用液压输送工艺；在开放式车间处理上，在保证安全的前提下，实施车间封闭，采取引风负压工艺，严控无组织废气外排；在产品烘干包装上，采用先进设备，做到室内作业。废水整治。督促相关企业对废水治理设施进行提升改造，严格执行废水“分质收集、分质处理”的原则，提高污水预处理的效果，有效控制了企业稀释排放现象；督促园区污水厂加快污水处理二期工程的调试速度，并对污水管网进行调整完善；督促排污企业建设污水排放监测调节池，预处理废水在经第三方检测符合接管标准后方可向园区污水厂送水；对园区外围水体强化监控，安装视频监控，定期采样监测，清下水末端闸阀上锁，视频监控全覆盖，杜绝通过清下水排口偷排放废水现象；推进雨水管网回抽泵建设，对企业厂区雨水管网定期监测，发现问题立即回抽至污水收集池处理；完善废水排放在线监控数据网络监控体系，特别是对污水厂总排口、金羚纸业排放水质线监控设施监测成果的应用；购置高效液相色谱仪，有效提升有机污染物分析能力。固废整治。园区固废处置中心申报环保“三同时”验收，危险废物填埋项目积极建设；园区各企业建立健全危废台账，规范管理，贮存场所台账、标签、视频监控、处置手续基本达到要求；加强物业管理，对园区进行封闭，强化危化品、危废管理，杜绝非法转移处置危废；对区内辉丰等企业危废贮存不规范的环境违法行为进行行政处罚。污染减排和总量控制。制订《2014年度全市主要污染物减排工作计划》，对减排任务进行层层分解，落实到各镇（区）、企业，积极推进各项减排项目，确保按时序完成减排任务。做好大气主要污染物减排工作，落实标本兼治的大气污染防治措施。投入75万元，对两座环境空气自动监测站进行升级改造，更换了SO_2、NOx、PM10等6台套监测仪器设备，加大PM2.5监测力度；严格禁止新建、改建、扩建燃用高污染燃料锅炉和热水炉，推广使用集中供热；加强机动车尾气检测监管，建立环保检测与车辆年审信息的联网传输机制，实行机动车提前淘汰补助政策，引导车主加速淘汰老旧机动车。严格实行强制性清洁生产审核。全市有78个企业与相关单位签订清洁生产审核合同，50个重点企业清洁生产通过审核。

【饮用水源保护】 按照省环保厅开展专项检查的通知精神和盐城“清水走廊”建设方案要求，对饮用水源保护区周边企业和集中式污水处理厂进行拉网式隐患排查，重点检查治污设施运行和达标排放情况。在通榆河大丰东台交界断面建设的水质自动监测预警站通过正式验收。配合省环境监测中心完成污水在大丰通榆河过境全程监控，有效保障了大丰人民饮用水安全。

【生态环保意识提高】 为提高创建国家环保模范城市知晓率和满意率，大丰市环保局积极主办，并由市歌舞团承办了40多场《碧水蓝天 绿色生态 美丽大丰》环保专场文艺演出活动，活动针对现阶段农村畜禽养殖业污染、乱焚乱抛秸秆、滥用农药化肥等环境问题开展宣传教育，产生了较好的社会效果。“6·5”世界环境日期间，组织人员在市施耐庵公园开展环保咨询活动，布置20块宣传板，发放报纸、宣传资料3500余份，接待市民咨询有关环境问题。通过电视报刊专题报道、发放环保知识宣传册、开展环保科技知识宣讲等方式，宣传和倡导生态文明，增强居民的环保意识。组织全市各镇（区）、各单位、各企业悬挂横幅、设置道旗戗牌以及利用电子显示屏滚动播放创模宣传标语，营造浓烈的创模氛围。

（张　平）

生态文明建设

【概 述】 2014年，大丰市树立“生态是生产力、生态是竞争力、生态是品牌”的理念，实施“生态立市”战略，以创建国家生态市和环保模范城市为重点，生态文明建设工作成效显著，促进了全市经济社会可持续发展。

【生态城市合力共建】 建立健全组织领导机制。成立国家生态市建设指挥部，由市委书记任政委、市长任总指挥，各个常委、副市长结合工作分工，承担相应建设任务。指挥部下设办公室、宣传组、农村环境综合整治组、资金协调组、考核督查组等“一办四组”，具体负责建设工作的组织协调和督查推进。各镇（区）、部门也成立相应的组织领导体系，构建横向到边、纵向到底的建设组织网络。全市配备专（兼）职镇环保干事12名，聘请村级环保监督员121名，形成市、镇（区）、村三级环保工作网络。建立健全责任考核机制。制订出台《大丰市建设国家生态市实施意见》等文件，明确建设要求，将考核指标和重点项目分解落实到相关部门和镇（区），并签订目标责任书。由大丰市重大事项督查办、监察局等相关部门组成考核督查组定期组织开展生态市建设督查活动，及时发现问题，督促限期整改，保证了国家生态市建设各项工作的落实。建立健全公众参与机制。制订建设国家生态市宣传方案，将建设工作目标、主要任务、基本要求及相关知识作为重点，进行全方位、多角度、深层次的宣传报道。在市主要媒体开设专栏和专题，定期宣传报道建设动态，表扬先进，曝光问题，播发、刊登生态市建设稿件330篇。编制环保教育读本，在全市中小学广泛开展环保教育。利用“世界环境日”“世界地球日”“世界水日”等重要节日和纪念日，组织干部职工、环保志愿者走上街头、走进社区，举行形式多样的宣传活动。在城市主要路口设立生态市建设宣传牌，镇村张贴宣传标语，印发知识手册，举办培训讲座。通过多层次、立体式的宣传教育，形成全社会积极参与国家生态市建设的氛围。

【生态建设转型升级】 放大“国家可持续发展先进示范区”品牌效应，把生态资源变成产业资源、旅游资源，发展绿色经济、低碳经济和循环经济。优先发展生态工业。大丰市委市政府出台《关于促进工业企业转型升级的意见》，鼓励企业通过生态设计和研发加快产品的升级换代，引进循环技术、工艺和设备，推进资源综合利用，发展消耗少、效益好、科技含量高的生态型工业。发展风电产业。金风科技、南车电机风电基地建成投产，努力建成国内最大的海上风力发电机组研发、制造、出口基地。建成全国规模最大的“风光互补”绿色能源基地，每年可节约标煤14.8万吨，减排二氧化碳41.4万吨、二氧化硫1.25万吨、氮氧化物0.62万吨。做大做强海洋生物产业。以建成国家科技兴海示范基地和国家级盐土农业科技园区为契机，进军海洋，发展蓝色经济，在江苏沿海率先建成海洋产业研究院，加快创新引领产业集聚。加速发展创意产业。建成苏北地区首个文化创意产业园——东方1号创意产业园，有上海木马、创维集团、朱古力设计等中外知名企业入驻，打造全国有影响的文化创意产业基地与工业设计服务外包基地。加快“智慧大丰”建设，在高新技术区建设“大丰大数据产业园”，首期联合中兴通讯、三大运营商等多个企业共同建设大丰市云计算数据中心。大丰市电商产业园有阿里巴巴、辉丰股份、鸡毛箭商城、宅办公等4个企业入驻园区，努力建成省级电子商务示范基地。现代物流发展步入快车道，大丰港煤炭集散中心被列为“国家煤炭战略储备中转基地”，物流信息港及电子数据交换（EDI）中心建成运营，大丰港大宗商品展示交易中心正式上线，2014年港口现代物流业总产值85亿元。发展生态农业。加快农业标准化生产示范基地、“三品”基地建设和高效农业发展。建成江苏省级农业标准化生产示范基地，有机大米、荠菜、紫菜三大国家级有机食品生产基地。全市主要农产品中，21个产品获有机食品认证，6个产品获绿色食品认证，241个产品获无公害农产品认证，“三品”种植面积14.78万公顷，占耕地面积85%。全市高效农业面积7万公顷，列全省第二位。全市建成特色农业示范园区18个，其中国家级1个、省级1个、盐城市级8

个，获得“省高效农业规模化先进县（市）”称号。发展生态旅游。围绕建设“长三角地区富有吸引力的旅游目的地”和“中国沿海新兴的生态旅游名城”，重点打造“麋鹿生态、海洋休闲、动漫欢乐”三大板块，海洋世界、丹顶鹤珍禽园等蓝色旅游景点及荷兰花海、恒北梨园风光等乡村旅游景点建成开放，海盗王国、麋鹿博物馆等核心景点及滩涂风光国家湿地生态公园、日月湖慢城国家湿地生态公园加快建设，建成国家级景区8处、全国农业旅游示范点1个、江苏四星级乡村旅游点2个，年接待国内外游客突破600万人次。与此同时，加大节能减排力度，开展企业循环经济试点和清洁生产审计工作，对化工、印染、酿造、造纸、电镀等行业全面推行清洁生产审核，运用清洁生产技术和工艺进行改造。对超标排污的企业和达标排放但排污总量仍然较高的企业，实行强制性清洁生产审核，并向社会公布。利用政策性资金，支持一批基础条件较好的企业持续实施清洁生产，清洁生产企业比例快速提升。

改造后的大丰市大四河风光带

【自然环境保护】 放大拥有112千米海岸线、太平洋西岸最大的湿地和建有麋鹿、珍禽两大国家级自然保护区三大独特生态资源优势，开展自然生态保护、饮用水源保护、生态修复等工作，努力构建优美和谐的自然生态。科学划定并严守生态红线。不断加强对海洋环境、滩涂湿地、自然保护区生物多样性等保护，划定四级生态红线，将珍禽和麋鹿国家级自然保护区、通榆河清水走廊维护区、饮（备）用水源保护区、省级森林公园等6个重要生态功能保护区划为省级生态红线保护区域，面积1212.66平方千米。按照“保护优先、合理布局、控管结合、分级保护、相对稳定”的原则，制订《大丰市生态红线区域保护实施方案》，划定市、镇级生态红线保护区域260.98平方千米。生态红线保护区域总面积1475.63平方千米，占全市国土面积的比例48.24%。在珍禽保护区第二轮调整中，按照部、省的要求保护区核心区1333公顷鱼塘“退渔还湿”全部到位，同时加强执法监管力量，增派2个环保中队对保护区进行环境监管。自然生态保护取得显著效果，麋鹿从最初的39头增长到2300多头，走出濒危动物白皮书。全面加强通榆河“清水走廊”建设。通榆河两侧5千米范围内严禁新上任何污染项目、坚决不设一个排污口。关闭搬迁通榆河沿线7个化工企业，实现化工企业全部进区入园的目标。投资1.2亿元建设日处理能力2万吨的联丰污水处理厂，配套建设37千米主管网及4个污水提升泵站，彻底解决沿线刘庄、白驹、草堰、西团4镇的生活污水对通榆河水质的影响。实施以绿化为重点的生态修复。在2467公顷的省级森林公园基础上，利用亚行贷款修复湿地项目实施的契机，扩建667公顷林地，逐步提升生态功能。市区建成西郊生态公园、东方湿地公园、银杏湖公园等8个市民公园，形成10分钟水绿休闲区，提升了市民幸福指数。各镇加快实施林荫大道、河边绿带、园林式道路、街头绿地、精品水景等城镇绿化“五个一”工程，城镇公共绿地面积不断增加。

【城乡人居环境美化】 在通过国家卫生城市二轮复审、省级园林城市创建的基础上，按照城乡一体化要求，把生态文明建设工作向农村延伸，精心组织实施一批重点生态工程，让城乡居民同享生态文明建设成果。农村环境“3+1”综合整治工程实施。实施生活污水处理、垃圾集中收集处理、河道整治保洁和城乡供水一体化“3+1”工程，形成“党委、政府统一领导，环保部门牵头协调，各部门通力协作，广大群众积极参与”的工作机制，促进农村生产生活环境全面改善。生活污水处理全覆盖。先后建成9个镇级生活污水处理厂，11个被撤并乡镇污水处理站，按照“十必接”要求建设配套污水收集、输送管网130多千米，对农村居民集中区全部配套小型有动力污水处理设施。出台相关管理办法，加强对各镇（区）污水处理工程的监管，确保运行正常、排放达标，镇级污水处理厂全部委托第三方运营。垃圾集中收集处理全覆盖。积极推行“户分类、组保洁、村收集、镇转运、市处理”的农村生活垃圾一体化处置模式，全市建设垃圾中转站12座，配置垃圾运输车13辆，新建垃圾房3.3万座，新增垃圾桶5000多个，建立环境卫生管理所，配备管理人员和村级保洁人员1950多名，农村生活垃圾得到规范管理、有效处置。投入3亿元建设日处理600吨垃圾的大吉垃圾焚烧发电厂，实现垃圾的资源化、循环化利用。河道整治保洁全覆盖。累计投入12.3亿元，全面治理农村河道的水面、河坡、青坎、圩堆，疏浚市属骨干河道和镇（区）大中河道82条，清杂中小沟1187条。对26条市属骨干河道和农村河道的管护实行分级管理、属地负责、专业保洁。城乡供水一体化。建成10万吨二水厂扩能工程，新建加压站16座，铺设市到镇区域供水主管道168千米、镇到村管网638千米，改造村级入户管网5500多千米，在苏北率先实现城乡供水一体化，72万群众全部喝上全市统一供应的自来水，大丰市被表彰为"全国农村饮水安全工程示范县"。同时，建管并举、重在管理，制订并实施《大丰市农村环境长效管理办法》，将农村生活垃圾处理与农村河道、农村公路保洁相结合，建立统一的保洁队伍，形成保洁队伍统一管理、共同考核的管理机制，确保农村环境整治、提升、规范和长效管理同步进行。农村废弃物利用工程实施。加强农作物秸秆综合利用和禁烧禁抛。引进推广秸秆工业化利用技术，重点发展秸秆建材、秸秆饲料、秸秆肥料、秸秆汽化和秸秆发电等产业，拓宽秸秆工业化利用渠道。投资2亿元建设都市环保秸秆发电厂，年消耗15万吨秸秆的生物质发电一期工程于2013年2月建成运营，年消耗20万吨秸秆的二期工程加快建设。推进机械粉碎秸秆还田工作，市财政采取以奖代补的方式根据处理量对镇村实行定额补助。坚持"疏堵结合，以疏为主，以堵促疏"的方针，建立秸秆禁烧工作市、镇、村、组四级包保责任机制，并推广应用蓝天卫士秸秆禁烧监控系统，借助移动通信基站铁塔资源在重点地区安装112个高清网络球机摄像头，进行360度全方位自动巡航监控，通过人防与技防相结合实现对全市秸秆禁烧区域的严密监控。开展规模养殖污染防治。实施规模化畜禽养殖场沼气工程，在川东农场建设沼气发电站，形成"养殖业—废弃物资源化—种植业"的良性循环系统，实现粪污"无害化"和"资源化"，从而达到"零排放"。与此同时，积极开展"一池三改"，全市户用沼气池6500户，完成农村改厕17.08万多座、改圈1.4万多座、改厨2.5万多座，农村卫生厕所普及率96.68%。强化农村医疗废弃物处置。加大医疗废弃物处置监督执法力度，规范处置行为，2014年，全市有医疗废物收集点40个，产生废物全部由新宇辉丰固废处理中心收集处理，处置率100%。"生态细胞"创建工程实施。大中镇等10个镇建成国家级生态镇，大中镇恒北村等4个村通过国家级生态村验收，全市91%的村建成盐城市级生态村；建成绿色学校省级17所、盐城市级60所，环境保护示范教育基地省级1个、盐城市级2个，绿色社区省级5个、盐城市级13个。

【生态建设监管执法】 实施积极的环境管理政策，通过严格执法、强力治污等手段，维护人民群众的环境权益和社会稳定。"三废"综合治理。在园区"三废"治理上下功夫。推进园区废气治理，聘请专家团队为园区企业废气污染进行个性把脉，提出针对性解决方案。强化无组织排放废气的收集处理，运用先进技术和设备治理废气污染。推广RTO焚烧处理技术，引进法国全天然高效除臭药剂用于含硫、含氨等特征废气的治理。实施废水处理"一企一管"、污水处理厂提标扩容、企业清污分流等废水整治工程。强化危险废物规范化处置。建成9000吨/年危废焚烧处置中心项目，继续加大危险废物监管力度，定期不定期对企业进行检查。近两年园区环境综合整治投入资金累计1.8亿元，园区环境质量明显提升，得到各层各级认可，成为全省化工园区整治工作的先进典型。开展化工生产企业专项整治工作，突出化工企业入园进区和改造提升两大重点，对园区以外除制剂、制氧等轻污染或无污染企业予以保留外，其余一律进区入园。对园区内除重大的石化、生物医药外的精细化工企业，按照"减一增一、总量控制、压小扶大"的原则，推进新一轮化工企业整治工作，消除安全和污染事故隐患，促进化工行业持续升级和健康有序发展。在大气主要污染物减排上下功夫。先后出台《大丰市"十二五"及2011年度主要污染物减排实施方案》和《关于实施蓝天工程改善大气环境的意见》，重点开展园区工业有机废气污染、农业秸秆焚烧污染、市区餐饮油烟污染和机动车尾气等专项整治。项目环保审批严格。严守节能环保底线，坚守"在招商选资工作中决不放低环保门槛，接受产业转移决不接受污染转移，加快发展决不以牺牲环境为代价"的"三个决不"原则。妥善解决环境信访纠纷。全面落实"12369"投诉热线全年值班制度、投诉办理工作制度、信息上报工作专人负责制度、环境信访工作责任追究制度。环境信访投诉热线保证24小时畅通。环境监管执法能力提升。先后成立江苏沿海平原大丰生态监测站、大丰市环境监察局、港区环保分局和开发区环保分局四个副科级建制事业单位，并理顺隶属关系，将两区环保分局划归市环保局直管，相应增加监管人员职数，加强力量。建立完善监控中心，实现网络联网，对港区华丰工业园内所有化工企业的污染治理设施、总排口和八中沟的清下水节制阀安装监控探头，在港区环保分局建立监控分中心，投资近300万元在市环保局建设环保监控指挥中心，实施24小时监控。投资1200万元在园区建设环境监测大楼并配备国内先进的长光程移动监测设备，确保监管全面到位。

（翟祖桥）

〖编辑　丁彩前〗

财　政

【概述】 2014年，大丰市财政部门按照市委十一届四次全体（扩大）会议的部署，深化财源建设，大力组织收入，优化支出结构，着力保障民生，从财力上保证经济社会发展。大丰市面对经济增长放缓、结构性减税因素增多、增收空间缩小与收入任务加大的严峻形势，细化全年财政工作目标任务，加强征管，财政收入继续保持较高增长速度，全市一般公共预算收入首次突破60亿元，增幅19.9%，增幅位列全省第五、盐城第一。在收入稳定增长的同时，可用财力收入占比稳步提高，全市公共财政预算收入中税收收入占82.5%，超过省定标准2.5个百分点。全年实现一般公共预算支出82.90亿元，由于强化预算执行，注重支出质量，资金使用效率得到提高，从而保证了全市重要决策和民生工程落实到位。财政各项重点工作得到上级党委、政府和主管部门的肯定，预算管理、债务统计、政府采购监管、国有资产统计等多项工作获得省及盐城市财政部门表彰。市财政局被盐城市人民政府评为“2013年度盐城财税工作先进集体”，被江苏省财政厅评为“2013年度法治财政标准化建设先进单位”。

【财政预算执行】 一般公共预算。全市一般公共收入预算57亿元，实际完成60.02亿元，完成预算的105.3%；全年完成一般公共预算支出82.90亿元，增长20%。市本级一般公共收入预算为37.24亿元，实际完成37.99亿元，完成预算的102%；全年完成一般公共预算支出68.92亿元，增长15.1%。实现财政收支平衡。

2014年大丰市一般公共预算收支执行情况

表15　　　　单位：万元

预算科目	决算数	预算科目	决算数
一、税收收入	495183	一、一般公共服务支出	140690
增值税	45532	二、外交支出	
其中:改征增值税	12759	三、国防支出	330
营业税	225312	四、公共安全支出	24059
企业所得税	30928	五、教育支出	121439
企业所得税退税		六、科学技术支出	29724
个人所得税	16633	七、文化体育与传媒支出	19014
资源税	25	八、社会保障和就业支出	50563
城市维护建设税	24186	九、医疗卫生与计划生育支出	50170
房产税	17182	十、节能环保支出	21534
印花税	7561	十一、城乡社区支出	57873
城镇土地使用税	25955	十二、农林水支出	140517
土地增值税	59065	十三、交通运输支出	23114

续表15

预算科目	决算数	预算科目	决算数
车船税	2152	十四、资源勘探信息等支出	14753
耕地占用税	2932	十五、商业服务业等支出	15615
契税	37720	十六、金融支出	3275
烟叶税		十七、援助其他地区支出	803
其他税收收入		十八、国土海洋气象等支出	26547
二、非税收入	104983	十九、住房保障支出	14499
专项收入	14347	二十、粮油物资储备支出	1363
行政事业性收费收入	28788	二十一、国债还本付息支出	792
罚没收入	8174	二十二、其他支出	72346
国有资本经营收入	38030		
国有资源(资产)有偿使用收入	15644		
其他收入			
一般公共预算收入合计	600166	一般公共预算支出合计	829020

政府性基金预算。全市完成政府性基金收入21.94亿元。其中:港口建设费收入629万元,文化事业建设费收入204万元,地方教育附加收入7813万元,残疾人就业保障金收入1330万元,国有土地使用权出让收入203483万元。全市实现政府性基金支出18.11亿元。其中:教育支出8305万元,社会保障和就业支出3179万元,城乡社区支出158514万元,农林水支出6427万元,交通运输支出3026万元。

社保基金预算。全市完成职工养老保险等社保基金收入178995万元,完成预算的115.3%,增长16.7%。实现社保基金支出148262万元,增长17.7%。其中:社会保险待遇支出140759万元,上解上级支出4602万元,转移等其他支出2901万元。2014年社保基金当年结余30733万元。

【财政资金杠杆效应】 市财政部门积极发挥财政政策和财政资金引导作用,推动经济转型升级,促进全市经济平稳发展。整合财政引导资金,发挥财政资金杠杆作用,在政策性担保、企业技改、风投创投等方面加大投入力度。全年安排支持经济发展资金2亿元。其中:安排新增担保公司注册资金3000万元,担保公司注册资金总额1.5亿元,全年为中小企业提供融资担保超5亿元。设立产业转型升级专项资金1亿元,引导企业转型发展。鼓励企业加大技改投入,拨付企业技改和新兴产业设备投资补助1817万元。培育科技型中小企业发展,兑付政策奖励资金1001万元。拨付旅游发展资金6000万元,支持旅游产业和现代服务业发展。落实鼓励全民创业、发展民营经济的各项政策措施,安排全民创业资金和民营经济发展资金2500万元。全年统筹调度安排过桥资金35.69亿元,支持镇区发展。落实上级政策和资金。研究用活财政政策,在产业升级、科技创新、生态环境保护等领域,帮助企业落实上级政策和资金,助推企业升级转型、发展壮大。落实省生态转移支付1.05亿元,落实省债券资金1.9亿元,在落实到港口深水航道建设中央资金3.07亿元基础上,省财政又配套3.07亿元,2014年到位1.5亿元。2014年全市落实上级资金超过22亿元,增长10%以上。

【财政服务经济】 市财政局开展送政策、送温暖进企业等“三服务”活动,通过财企对接,破解企业发展难题,助推企业健康平稳运行,财源建设取得新成效。把加快推进企业转型升级作为财政部门工作重点,认真落实中央、省推动经济发展的各项措施,逐步放大政策效应。强化财政资金激励引导作用,引导企业技术改造,鼓励重点企业做大做强,支持特色产业和特色园区建设。出台和争取支持地方金融改革的扶持政策和资金,用有限的财政资金撬动大量的信贷资金,支持中小企业发展。加快财政支持竞争性领域企业改革和推进新兴产业创业投资工作,集中扶持壮大技术含量高、市场竞争力强、经济效益明显的项目,支持新兴产业发展。2014年,全市纳税超1000万元工业企业21户。其中:超5000万元5户,超1亿元3户。深入企业开展调查研究,帮助企业落实上级专项扶持政策,为企业争取更多的项目资金和创造良好的发展环境。及时调整完善重点企业项目库,完善重点税源企业联系点制度,开展企业税源调查工作,摸清税源家底,为税收的组织征收提供基本资料,做好新增税源企业调查,为科学决策提供可靠依据。加大服务外商投资企业力度,完成外商投资企业联合财政年检工作,用好商务发展资金,引导外经贸转型发展。做好省财政专员办交办的增值税退税审核工作,全年为企业办理退税1125万元。

【财政保障民生】 市财政局坚持民生优先发展理念,始终把保障和改善民

2014年，大丰市财政投入农林水14亿元　　黄九兵 摄

生作为财政工作的出发点和落脚点，持续加大对民生领域的投入力度，全年新增财力用于民生支出比重超过80%。集中财力为民兴办实事，全年筹集资金4.07亿元，全力支持城市环境综合整治、备用水源整治提升等市委、市政府十件重点实事工程。在年初预算基础上，增加安排1亿元，支持实施提升民生保障水平12件实事。及时落实企业退休人员基本养老金待遇调整政策，全年发放企业基本养老金63703万元，全市37706名企业退休人员养老金得到按时足额发放。提高城乡居民基础养老金待遇，在苏北率先提高到100元/人·月，全年发放基础养老金14366万元，有力保障了全市12.19万名城乡居民的老年基本生活。落实被征地农民基本生活保障政策，安排专项资金2500万元用于被征地农民基本生活补助，确保全市被征地农民的养老待遇及时得以落实。提高城镇居民和新农合筹资标准，财政补助从290元/人·年提高到350元/人·年，全年参加城镇居民基本医疗保险人数11.27万人，筹集城镇居民基本医疗保险资金5438万元，筹集新农合资金20710万元，农民参合率100%。完善社会福利制度，提高尊老金发放标准，提标后居盐城市最高水平，2014年发放80岁以上老人尊老金1780万元。提高低保和困难人员保障待遇，全年发放低保人员低保金5653万元，发放无固定收入重残人员生活补助1104万元。多渠道筹措安排资金153万元，资助农村五保户、老党员、农村低保、优抚对象等16007人，参加新型农村合作医疗。资助离休干部遗属、孤儿、城市低保、三无老人、优抚对象等6407人，参加城镇居民医保。落实就业和再就业政策，继续加大再就业培训、社会保险补贴、劳动力市场建设、社区平台建设、小额担保贷款等工作推进力度，促进下岗失业人员再就业。全年为1692名下岗职工发放失业保险金2174万元。安排1678万元，支持实施血防改厕工程、重大疾病预防控制等重大公共卫生服务项目。落实乡村医生待遇，安排专项资金454万元，解决乡村医生参加职工养老保险和职工医疗保险等问题。加大民政事业投入，支持福利院三期工程建设。全面落实优抚对象抚恤金定补自然增长机制，加大离休干部和1~6级残疾军人医疗保障金筹集力度。加大卫生事业投入，稳步推进公立医院管理体制、补偿机制、人事分配制度等各项改革，全面实施基本药物制度，全年拨付专项资金5152万元。通过不断加大财政资金投入，较好地构筑起了民生政策社会托底网络。

【财政支农惠农】　市财政部门围绕“推动农业农村改革，促进农业现代化和可持续发展”的中心任务，以建设现代高效农业产业体系、促进农民增收为核心，积极筹集资金，落实财政支农惠农政策，重点扶持“六沿”示范带（即“双草线、沿海高速线、204国道线、上海农场线、临海高等级公路线及226省道线”等“四纵两横”的“六沿”骨干交通道路沿线高效农业示范带建设工程）创建、联耕联种推广、现代农业示范园区建设、特色农业塑造、龙头企业培育、农产品品牌打造、农业科技创新、基础设施配套等八项重点工程，全面提升全市农业综合生产能力，实现了农业增效、农民增收、农村稳定的发展目标。2014年全市各级财政农林水投入140517万元，其中落实上级财政资金支持现代农业生产发展、高效设施农（渔）业、农民合作社服务能力建设、农产品质量体系建设、农业补贴、农业废弃物资源化利用、绿色江苏、水利建设等农林水建设专项资金39726万元。规范农业综合开发项目管理，落实上级农业综合开发项目资金，2014年落实各级财政部门项目资金8305万元，其中：土地治理项目投入5440万元，建成草堰、白驹、刘庄、草庙、大桥等5个高标准农田规模项目区及大丰市沿海林场的林业生态示范项目区；产业化经营财政"先建后补项目"5个，投入财政资金1640万元；滩涂垦区配套项目资金1155万元，建成华丰高效农业示范园基地和苇鱼养殖场高效养殖基地；省级农发补助项目3个，投入财政资金70万元。农业综合开发项目建设取得明显成效。

【财政优先保障社会事业发展资金】财政部门按照"保证重点，兼顾一般"的原则，积极调整优化财政支出结构，加大社会事业投入，保证重点支出的稳定增长，加快发展社会事业。全面落实省政府关于加大财政教育投入的文件精神，逐步完善教育经费保障机制，不断加大财政教育投入，推动义务教育均衡发展，促进各类学校办学条件改善，全市教育现代化水平不断提升，教育事业发展所需经费得到保障。2014年年初预算安排教育事业费95389万元，比2013年增长13.03%。落实义务教育公用经费保障政策，按照省定的小学每生每年700元、初中每生每年1000元标准予以保障，全市安排3480万元。建立中小学校舍维修改造长效机制，财政安排校舍维修改造资金724万元。完善政府主导的扶贫助学机制，落实中等职业学校和普通高中国家助学金政策，对义务教育学校家庭困难学生发放生活补助，落实中等职业学校免学费政策，对学前教育家庭困难学生给予资助，全年发放助困助学金1800万元。支持校安工程建设，加强校园保卫力量，财政安排教育校安工程及校园安全保障经费811.7万元。支持构建农村公共文化体系建设，继续支持"送戏、送电影、送科技"下乡活动，支持博物馆、纪念馆、图书馆、文化馆向全社会免费开放，提升全市公共文化服务水平。支持人口计生事业发展，落实各项计划生育政策。加大公共服务体育体系建设，支持群众体育活动和竞技体育发展，支持体育基础设施建设，推动体育事业快速发展。

【会计管理】市财政局按照国家、省和盐城市对会计管理工作的要求，发挥会计在支持经济和社会事业发展中的促进作用。加强会计法规宣传。按照财政普法规划，举办"宣传会计法，服务你我他"主题宣传，参与"5·18大丰法制广场"和"12·4全国法制宣传日"活动。加强对新颁布的《行政单位会计制度》《事业单位会计制度》等会计法律法规的宣传。组织开展会计从业资格和专业技术资格报名培训工作。全年通过考试并领取会计从业资格证书721人。参加会计职称考试人数1119人，考试合格231人，合格人数和合格率均名列盐城各县（市）第一，其中：初级156人、中级55人、高级20人，有9人通过考评取得高级会计师资格。加强会计基础管理。创新工作方法，与会计人员继续教育培训同步，做好新版会计从业资格证书换证工作。全年换发新证6000多本，成为江苏首家全面开展并完成换证工作的县（市）。做好会计从业人员基本信息采集工作，加强会计从业资格证书的办理、变更、调入、调出管理。全年完成会计从业资格行政审批事项721项，调转428人。全面开展代理记账机构普查工作，对全市7个会计代理记账机构进行检查。做好珠算技术等级鉴定工作，组织市职业技术教育中心201名学生进行珠算技能等级鉴定。做好会计继续教育培训工作。全年举办财务负责人培训班2期，383人结业考核合格。组织会计人员后续教育和各类会计专业培训60多期、6000多人次。组织会计及相关人员参加行政事业单位内部控制知识竞赛，全市4000多人参加，其中1人获得全国二等奖。

【部门预算管理】市财政局改进预算管理制度，实施全面规范、公开透明的预算制度，编制全口径预算。统筹各项预算资金，优化财政支出结构，从紧安排支出，在保运转的基础上，切实关注民生，支持经济发展，不断提升公共财政资金使用效率，提高部门预算管理水平。坚持厉行节约、制止浪费。压缩一般性支出，从严从紧编制预算。坚持提高效率、突出重点。提高财政资金使用效率，在保工资、保运转的基础上，保重点支出。集中资金落实市委、市政府重大决策，着力保障和改善民生，推进经济结构调整，支持经济发展，支持农村改革与发展。坚持综合预算、收支平衡。实行综合预算，部门及所属单位的各项收支均纳入预算统一管理，统筹安排。收入预算应列尽列，支出预算安排与收入相适应，做到量入为出，确保财政收支平衡。坚持深化改革、科学精细。深化预算编制改革，规范财政供给口径，科学编制部门预算。加强部门预算"基础数据精细化、定额管理标准化、监督监管透明化"的建设，建立预算事前评审论证机制，确保预算编制做到实、细、准。组织实施市人代会批准的2014年部门预算。从部门预算执行情况看，财政预算更加科学规范，没有出现大的支出矛盾，也没有出现资金使用高度困难的情况，财政抗风险能力增强。

【国库集中支付】市财政部门坚持以加强资金监管为重点，推进国库集中收付制度改革，不断完善市级部门单位收付制度，规范支付程序，防范财政风险。加强直接支付审核，明确审核办法，落实监控节点，完善集中支付和核算业务规程，规范单位收支行为。强化财务审核和预算监督，实现财政直接支付审核向事前控制过渡。加强财政国库管理，合理设置岗位，明确岗位职责，做到分工明确、各司其职、协调配合、相互牵制。优化管理流程，健全内控制度，实施国库集中收付精细化管理，做到“管好每一分钱、拨好每一笔款、记好每一笔账、确保财政资金安全”。做好会计集中核算工作，加强对资金的统一调度和管理，降低资金划拨支付成本，提高资金使用效益。2014年开出支付凭证43688份，支付各类财政资金78.03亿元。加强和巩固国库集中收付制度在财政财务管理中的基础地位，发挥国库集中收付制度对部门预算执行的推动作用和会计集中核算的积极作用，实现会计集中核算与国库集中支付的有效融合，加强国库集中收付执行情况综合分析，注重财政支出效益的评价，提高财政资金整体使用效益和财政保障能力。

【非税收入管理】 市财政部门全面规范非税收入收缴管理制度，建立健全非税收入“收支两条线”的管理格局和“单位开票、银行代收、财政统管、政府统筹”的运行机制。加强财政票据管理，健全票据印制、发放、使用、核销、稽查制度，实行定期限量购领制度、专管员制度、缴验申请制度、使用月报制度，执行“限量发放、验旧换新、票款同步”工作措施，将手工票据管理列入“非税收入收缴管理系统”模块，出台《关于进一步加强手工票据管理的办法》，增强收费行为的源头监管。加强非税收入管理，利用非税信息化系统，对全市收费行为进行跟踪监督，对收费项目实施动态管理，及时更新非税收入项目代码库，按月完成非税收入统筹结算工作。按月对“已开票未缴款”单位进行监督检查催缴入库。加强行政事业性收费管理，继续对行政事业性收费项目等进行清理，深化对涉企收费和行政事业性收费专项整治，规范收费行为，编印《大丰市行政事业性收费项目目录》和《大丰市经营服务性项目收费目录》。加强非税收入征收管理，全年完成非税收入32.43亿元。其中：国有土地使用权出让收入20.35亿元，计提农业土地开发资金15495万元，计提国有土地收益基金55475万元。安排土地出让金14.93亿元，支持全市经济建设和招商引资工作。做好体育彩票、福利彩票等资金管理。落实上级体彩公益金282.1万元、福彩公益金464.4万元。协助交通局落实上级交通工程专项建设资金54493万元，促进地方经济建设和社会公益事业的发展。

【政府采购管理】 2014年，大丰市逐步提高政府采购质量和服务水平，全年政府采购预算16.36亿元，实际完成采购资金14.71亿元，节约1.65亿元，节约率10.08%。政府采购中公开招标成为主要采购方式，全年规模14.70亿元，占采购规模的99.94%。中小微企业成为大丰市政府采购市场大赢家，中标金额14.02亿元，占全市政府采购总额比例95.32%。政府购买公共服务成为降低采购成本、节约财政资金的重要途径。完善采购制度，拓展采购领域。公开采购目录，明确采购方式、采购流程和监管措施。对政府采购限额以上的政府采购项目，一律进招标采购交易中心平台进行公开招标，报请市监察局进行审查备案。创新采购管理，优化监督措施。管采分离、理顺体制、完善流程，依法组织政府采购和招投标活动。规范采购代理，提升评审水平。对政府采购专家库实行“统一条件、分级管理、资源共享、随机抽取、管用分离”管理办法。加强政府采购动态监督管理，加强政府采购人员廉洁从政建设，对招投标市场所有项目和供应商实行廉洁准入制度，推进政府采购市场诚信体系建设。加大政府采购监督检查力度，确保政府采购行为有序规范，服务优质高效，促进政府采购工作再上新台阶。

【财政监督检查】 市财政局贯彻落实《江苏省财政监督办法》，坚持“收支并举、内外并重、以查促管、查外促内”的原则，建立预算编制、预算执行、绩效管理和财政监督“四位一体”的内部监督体系。健全财政监督机制。以财政资金收支活动为对象，实行事前审核、事中检查、事后评价的全过程和全方位动态管理，提高财政科学化、精细化、长效化管理水平，建立健全覆盖政府性资金和财政运行全过程的监督机制。加强财政资金监督检查。细化年度检查工作计划，将涉及民生领域资金使用情况和厉行节约各项措施落实情况列入检查重点，全年对26个预算单位开展“三公”经费检查。加强会计核算管理，严把资金支出关口，对不符合规定的各项支出，一律不报销不列支。加强预算约束管理，严格控制专项经费新增、追加和调整，强调预算执行刚性。加强重大专项资金监管。全年开展财政支出监督检查16户、会计监督检查9户，查处各类违规资金287.07万元，保证了财政资金合理规范使用、核算。严格管控公务用车。抓好公务用车管理。配合市机关事务处开展公务用车改革工作，并抓好公车购置管理，2014年全市党政机关更换和新增公车数量比2013年下降89.7%，公车购置费用比2013年下降92.1%。加强部门协作配合。建立财政与纪检、监察、审计等部门的工作联动机制，实现资源共享、优势互补，合力查处各类涉及财政资金的违纪违规案件，保证财政资金使用的规范、高效和安全。

【镇级财政建设】 市财政局不断加大镇级财源建设投入力度，多次专项调度资金支持镇村项目和两化建设。落实财政奖补政策，对城乡统筹发展试点镇村建设项目、农村“3+1”工程合格村、统筹城乡发展和新农村建设村庄集聚点楼房建设、农村党群服务中心建设、农村发展集体经济和化解债务、农村公共服务运行维护、省新一轮经济薄弱村公益性债务化解等进行专项奖补。科学调度资金，保证镇村两级正常运转和社会事业发展的资金需求。规范和建立起与经济发展水平相适应的村组干部报酬体系和增长机制，调动村组干部积极性，加强基层党组织建设。按照机构队伍规范化、业务工作规范化、内部管理规范化和基础设施规范化的要求，开展省级“规范化财政所”创建活动。同时将规范化财政所的要求与日常工作融合、向所有财政所延伸，制订出台镇财政所工作量化考核办法。通过“四抓一规范”，全面推动和提升镇级财政资金就地就近监管工作，实现对镇级财政所有资金和项目监管的全覆盖。强化债务管理，注意控制化解镇级债务。做好“一折通”（财政涉农补贴）发放工作，全年发放涉农补贴资金3.45亿元。做好村级公益事业一事一议财政奖补工作，奖补项目50个，投入资金1840.15万元。

【财政信息化建设】 2014年，财政信息化工作按照财政管理科学化、规范化、精细化的要求，研究落实“金财工程”建设新举措，立足优化和整合硬件资源，改进和完善应用系统运行效率，推进虚拟化和云平台建设，为规范财政管理、促进财政改革与发展提供了技术支撑。加强信息化基础设施建设。机房集配电、空调、防雷、消防、监控等于一体，结构合理、整洁美观、功能完备、安全稳定，达到“金财工程”对基础设施的需求。加强信息化网络建设。全面完成预算单位光纤改造任务，建成上下贯通、纵横互联的财政信息网络系统，实现财政与预算单位“网络高速”。纵向上与财政部、省厅、盐城市局连接和各镇（区）财政所（分局）贯通；横向上与各预算单位、人民银行、代理银行等部门连接。加强业务平台建设。以预算编制、预算执行、绩效评价为核心，以流程畅通、业务协同、数据共享为目标，建立了综合信息管理系统，有力提升了财政信息系统的一体化水平。加强财政网络安全建设。严格实现互联网、财政内网以及第三方网络的物理隔离，严禁将涉及财政核心业务软件和数据运行于互联网。推行用户准入CA认证，加强用户操作权限管理，详细记录用户操作数据日志。建立网络和硬件设备日常巡查机制，做好数据备份和应急恢复方案等，保证财政各项业务安全无故障运行。加快镇财政信息化建设。全面完成14个镇（区）财政所（分局）光纤网络全覆盖的建设任务，实现镇远程支付、农民一折通等财政信息系统互联互通。推进镇级数据统管，将全市12个镇600多套账务全部迁移到市财政信息中心机房，实现集中统一管理，镇“零”数据存放。

（吴渡生 韦礼和）

国家税收

【概述】 2014年，大丰市国税局以推进改革为主线，以组织收入为中心，坚持依法治税，深化风险管理，创新税收服务，强化队伍建设，各项工作成绩显著。大丰市国税局及下属第二税务分局保持“江苏省文明单位”称号，大丰市国税局及下属第一税务分局、第二税务分局、第四税务分局、第六税务分局保持“盐城市文明单位”称号；被大丰市委、市政府评为2014年全市综合考核“综合先进奖”。

【国税收入】 市国税系统全体干部坚持以组织收入为中心，围绕盐城市国税局下达的中央级收入比重及大丰市委、市政府下达的公共财政预算收入目标任务，努力克服经济下行压力加大、传统行业持续低迷等多重因素影响，开展税源分析和排查，挖掘潜力，紧盯序时进度，坚持挖潜增收，2014年国税收入首次突破20亿元，工商各税和公共财政预算收入总量双双列盐城各县（市、区）第一，实现历史性突破。2014年组织工商各税收入20.23亿元，同比增长8.5%。其中：增值税13.2[illegible]亿元，增长0.5%；“营改增”1.28亿元，增长74.6%；企业所得税3.74亿元，增长15.8%，总量盐城第一。入库一般公共预算收入6.08亿元，增长14.4%。

【国税管理改革】 市国税局以风险管理“一条龙”和纳税服务“一体化”为目标，以“两个办法、一个清单、一个平台”（两个办法即《税收检查任务管理办法》和《纳税服务工作任务管理办法》，一个清单即《税收职责清单》，一个平台即税收数据情报管理平台）为切入点，结合大丰实际，推进改革，2014年7月1日新的流程管理系统顺利上线运行。制订税收管理改革方案，对机关科室和基层分局职能进行重组，一分局承担全市纳税服务工作和基础事项管理职能，其他分局由区域性管理分局转型为专业风险应对分局，机关各科室原基础管理事项一律前移办税服务机构，转型承担规划协调、情报管理、分析识别和任务管理等实体化风险管理职能。围绕省局《税收遵从管理职责清单》和盐城市国税局岗责体系要求，按照改革后的各单位岗位职

2014年4月，大丰市国税局开展税收宣传月活动 徐志峰 摄

责，对系统全体干部进行统筹调整，实行重新定岗定职。针对改革后的各岗位职责，组织对全系统干部开展《税收遵从管理职责清单》《数据情报平台》新的2.0系统流程及岗责体系、全国县级纳税服务规范等业务操作培训，所有干部都能适应新的工作流程，胜任新的岗位职责。

【依法治税】 市国税局落实依法治税部署，严把进户“总开关”，2014年审批实地检查80户次，做到“无需求不打扰、无风险不应对”。加强税源管理平台和风险管理模板的应用，积极依托政府综合治税平台，拓展33个部门85项涉税情报信息采集，整合下发342户风险应对任务，经审批进行实地检查71户次。按月组织对省、盐城市国税局下发的39户风险应对进行集体评审，对117户风险应对发起跟踪质疑，2014年采集导入第三方数据17660条，建立19个分析方案，实现风险应对总成效1.14亿元，情报管理案例被盐城市国税局评为一等奖。创新国际税收管理，依托外汇管理局、商务局、工商局等第三方信息，借助境外公开网站查证，充分运用情报交换“信息管税”的手段，对跨国税源管理环节中识别的风险实施应对。2014年开具对外支付税务备案凭证78份，入库非居民税收1255万元，1户应对案例代表盐城上报省局交流，国际税收管理在盐城市国税局考核中名列第一。强化执法督察，2014年纠改处罚行为6户次，制订整改措施97条，责任追究20人次。加大稽查打击力度，金税工程受托协查16起、委托协查18起，追缴入库税款、罚款及滞纳金317.16万元，调整企业多缴税款366万元，入库率100%。依法行政水平显著提升，被市法制办推荐申报“盐城市依法行政示范点”。

【纳税服务创新】 市国税局落实《全国县级机关纳税服务规范》，以“便民办税春风行动”为主题，开展“四提速、四减负”（提速多元办税、提速涉税办理、提速诉求处理、提速操作技能，减轻涉税资料报送负担、减轻表证单书填写负担、减轻办税服务往返负担、减轻前台人员工作压力）竞赛活动，简化报送资料39项，整体办税效率提升26%，办税服务更加便捷、服务行为更加规范、服务成效更加明显。构建一体化办税平台，开设24小时自助办税服务厅，开通特服号，建立专家委员会快速响应机制，纳税咨询准期答复率100%。加大税收政策宣传和落实力度，以分局为单位对纳税人分批开展所得税汇缴培训，全市3613个企业所得税纳税人的年度汇算清缴准期申报率100%，申报入库税款4423.91万元。推行涉税文书邮政专递。试点出口退税“报即审、审即退”创新项目，被盐城市国税局在全系统进行推广。及时落实税收优惠政策，2014年兑现各项税收优惠5.42亿元，促进了全市经济的可持续发展。

【国税干部队伍建设】 市国税局按照“分级负责、分类管理、分途发展、分岗培训”要求，开展分类分级培训，举办“每月一课”11期，开办青年干部夜校16期，编写“每月一练”12期，组织“双基”培训15期，2014年参训人员1776人次。围绕“为民务实清廉”主题，开展群众路线教育实践活动，全面落实八项规定，强化党风廉政和内控机制建设，开展廉政风险“三排一降”工作，强化监督考评信息平台和执法管理信息系统应用，“一案双查”工作在盐城市国税局竞赛中获一等奖，被盐城市国税局评为尚廉创优竞赛先进单位。加强思想道德教育，举办2期道德讲堂，有2名干部获得盐城市国税局“双十佳”称号。实施温暖工程，加强后勤保障，干部的向心力和凝聚力增强。开展文明创建活动，提高创建水平，通过学雷锋志愿服务周周行、社区“微关爱”结对帮扶、义务献血等活动，弘扬奉献精神，倡导文明新风，树立国税干部的良好形象。

（徐志峰）

地方税收

【概述】 2014年，盐城市大丰地方税务局围绕“科学、规范、高效、廉明”的愿景，聚焦主业，激情实干，推进法治、效能、廉明、幸福建设，各项工作齐头并进，全面完成年度任务，为地方经济社会发展做出了贡献。市地税系统被评为“江苏省文明单位”“盐城市文明单位”；被省局评为“江苏地税20周年建功集体”，并获得集体二等功；在盐城市局年度绩效管理考评中首次获得第一名；在大丰市委、市政府年度综合考核中获“综合

2014年，盐城市大丰地方税务局被省局表彰为“江苏地税20周年建功集体”，并立集体二等功

先进”奖，在全市垂直系统中蝉联第一名。

【地税收入】　市地税局强化大局意识，征收主体与经济主体紧密对接，在基本摸清存量税源、潜在税源、增量税源的基础上，开展深度税源分析，有的放矢组织收入。加强收入管理与风险管理的良性互动，促进税收与经济协调增长，收入增幅总体保持在可控区间，全年组织各项收入63.57亿元，首次突破60亿元大关，其中税收49.25亿元、社保费11.55亿元、政府基金（费）2.77亿元。完成一般公共预算收入44.65亿元，同比增长21.91%，增幅盐城第一，占年任务101.57%，占全市公共预算收入74.4%，为全市经济社会发展提供了可靠的财力保障。

【地税税种管理】　市地税局针对不同税种、不同事项，制订完善挖潜增收措施。策应“营改增”大势，开展建筑业、房地产业税收整治，督促企业自行开票补税1.65亿元，集体约谈74户补税783万元，风险应对入库税款3536万元，“两业”（建筑、房地产）税收秩序好转；创新所得税管理方式，组建专家团队，提升所得税汇缴复审质量，核增房地产企业预收账款利润4.2亿元；持续推进所得税税负预警值管理，在整体经济形势下行的不利局面下，企业所得税同比增长71%；对自然人股权转让变更登记实行税收前置管理，入库利股红个人所得税1亿元，占年度入库该税种的37.5%，为全省地税系统积累了管理经验。征收的11个税种中，企业所得税、个人所得税、城市维护建设税、城镇土地使用税、车船使用税和土地增值税等6个税种征收总量列盐城第一。

【综合治税】　市地税局完善社会综合治税体系，拓宽数据来源渠道，第三方信息报送单位由22个增加到35个，依托政府综合治税平台，加大信息共享力度，与国税、住建、国土等部门加强协作，全年采集第三方信息54项近12万条，通过风险识别推送，应对入库税款9000多万元。加强协护税网络建设，与公安部门联手推行“先税后检”制度，规范车船税代扣代缴行为，入库2152万元，同比增长52.3%，防范了当地税源外流，促进了全市车船税征缴秩序的规范。与各镇（区）综合治税办公室联手，加强个体税收管理，入库6000多万元，个体税收征收额列盐城第一；实施个人经营用房税收专项治理，入库1510万元。

【依法治税】　市地税局坚持把依法治税理念贯穿于地税工作始终。规范自由裁量权行为，严格执行大要案审理制度，开展税收执法督察，重点解决不会罚、不敢罚、怠于罚的问题，全年实施处罚926户，罚款3440万元，处罚面同比增长50%。加大稽查力度，全年结案71户，查补入库9433万元，占盐城地税查补总额的近1/5，其中查处1百万元以上大要案5起，单户查补最高金额4364万元，对税收违法行为持续保持高压态势。规范执法文书，开展案例案卷评查，获省局稽查案例评选第二名，获盐城市局所得税案例和执法案卷评比两个第一名。法治地税建设成果丰硕，获得“全国六五普法（中期）先进单位”称号，在全省地税系统县级局中仅此一家；被省局评为“依法行政示范单位”。

【地税风险管理】　市地税局注重发挥风险管理的引擎作用，强化税源管理、执法督察、效能监察、一案双查、应对复审等事项，避免工作多头布置；建立上下联动风险识别机制，全年各单位上报涉税信息510条，经风险识别后应对入库税款近3000万元；人机结合开展风险识别，合理确定风险推送任务，全年推送风险任务3713户次，结案3459户次，两项指标均列盐城第一；风险应对绩效2.06亿元，排名盐城第二，贡献率3.75%，高于考核指标87.5%；加大创新研发力度，《建筑企业外出经营（省内）企业所得税风险模型》被盐城市局推广使用，并代表盐城市局参加全省年度重点模型评比。

【地税纳税服务】　市地税系统始终把地税工作放在服务地方经济发展大局中统筹谋划，开展“便民办税春风行动”，着眼于纳税人合理需求，完善办税工作流程，简化开票手续，网上办税厅、大厅窗口、自助终端“三位一体”的综合办税体系服务效应有效发挥。推行值班长制度、晨会制度，实施导税服务、预约服务、延时服务，开展“服务明星”评选，每月办税服务质效指标均列盐城同行前茅。地税窗口被市委市政府表彰为“十佳服务窗口”，办税服务厅被盐城市妇联推荐申报“全国巾帼文明岗”。

【地税干部队伍建设】　市地税局开展“社保费欠费清缴行动”，与66户欠费户签订还款协议，清缴欠费1310万元，成功化解4起因企业欠费引发的群体上访事件。严格落实“一岗双责”，签订党风廉政责任状，完善两权监督制约机制。创新廉政教育载体，开设“廉政讲堂”，参观警示教育展，开展“廉政教育周”活动。聘请特邀监察员，定期组织明查暗访。实施“人才强税”工程，组织各类业务培训8期，4人新取得“三师”（注册税务师、注册会计师、律师）资格。发挥文化引领功能，开展“迎七一”演讲比赛、卡拉OK演唱比赛，组建职工书屋，成立兴趣小组，举办职工运动会，队伍凝聚力和战斗力不断增强。干部队伍风清、气正、心齐、劲足，“把职业当事业，把要求当追求”的地税特质初步显现。

（施永辉　严青春）

〖编辑　丁彩前〗

综 述

2014年，大丰市金融部门优化金融服务，加快金融创新，切实防范金融风险，推动全市经济持续健康发展。社会融资总量快速稳定增长。信贷总量列盐城市第一，2014年年末，全市本外币各项存款439.75亿元，比年初新增56.94亿元，其中储蓄存款274.73亿元，比年初新增39.42亿元；本外币各项贷款286.22亿元，比年初新增44.22亿元，贷款增量、增速均列盐城各县（市）第一。

直接债券融资发展较快。发行企业债2个，融资16亿元；开发信托项目2个，融资8亿元；开展融资租赁业务3笔，融资5亿元；办理资产管理2亿元。焕鑫科技在全国中小企业股份转让系统成功挂牌，成为盐城市第一家“新三板”挂牌企业。成立上海股交中心大丰联络服务代表处，开通股权报价系统，海斯特液压等7个企业在上海股交中心Q板成功挂牌，富奥电梯等3个企业推荐E板签约。设立全省首家全民创业支行。2014年3月，大丰农村商业银行和金茂担保公司合作，设立全省首家全民创业支行，在全市16个全民创业园设立服务窗口，立足服务全民创业，积极培植创业主体，切实解决创业者贷款难、担保难问题。全年为240多名创业者发放创业贷款，总额7450多万元。

拓展银企合作。开展“银行行长进百企”服务活动，各银行行长带队深入企业一线和项目现场，与企业负责人直接沟通衔接，帮助企业完善信贷条件。活动期间，共走访企业618个，建立合作关系216个，发放贷款33.9亿元。开展金融单位支持新型农业经营主体发展对接活动和季度银企对接“家家到”活动，解决企业资金短缺困难。在南京举办沿海开发金融对接汇报会上，签约项目22个，其中金融战略合作项目3个，金融合作协议19个。9月末，江苏大丰海港控股集团召开转型升级银企对接恳谈会，与国家开发银行江苏分行、平安银行江苏分行、广发银行南京分行等15家金融机构签订授信意向书，总金额52亿元人民币和6000万美元。

金融生态建设取得新成果。开展打击非法集资活动，加大宣传力度，提高群众对非法集资危害性的认知度。联合相关部门协作联动，对辖内近两年来打击和处置非法集资工作进行专项督查，大丰市打击非法集资力度和成效名列盐城各县（市、区）之首。2014年，全市金融机构不良贷款4.16亿元，不良贷款率1.45%，比年初下降0.94亿元。全市金融秩序和金融环境良好。12月，被江苏省金融稳定工作协调小组授予“金融生态优秀县”称号。

（谢 益）

银 行

【中国人民银行大丰市支行】 2014年，中国人民银行大丰市支行贯彻执行稳健的货币政策，把握好“不宜收紧、不能放松”的总体要求，围绕“保增长、调结构、促转型”这条主线，注重政策执行的针对性和灵活性，保持信贷增长与地方经济发展水平相适应。做好地方法人金融机构信贷规划执行工作，督促2家地方法人金融机构按序信贷投放，全年地方法人金融机构信贷投放平稳增长，投放节奏均衡。强化再贷款的基础管理，为大丰农村商业银行、大丰江南村镇银行累计发放支农再贷款1.6亿元。

积极申报“金融支持转型升级系列工程”和“小微企业升级扩面”示范项目，经中国人民银行大丰市支行推荐，大丰农村商业银行和大丰江南村镇银行共有3个项目入选，占盐城项目总数的三分之一，为盐城最多的县（市、区），共获得2.2亿元专项资金，其中专项信贷规划1.4亿元、支农再贷款0.2亿元、再贴现0.6亿元。

快速应对射阳农商行挤兑事件，及时防范该突发事件对本辖区的影响，有效化解金融风险。强化金融风险监测，完善定点企业调查制度和“小微企业样本库”调查制度工作，及时做好利率、准备金率、汇率变动政策反馈。加强对高风险行业、具有融

2014年11月13日，中国人民银行大丰支行对招商银行大丰支行开业前进行验收

2014年9月4日，大丰市金融部门组织工作人员向群众宣传金融知识

2014年9月13日，大丰市金融部门开展“反假货币宣传月”活动

单位供图

资功能的非金融机构、民间借贷等监测分析力度。加强与司法部门沟通，打击逃废金融债务行为。做好《存款保险条例（草案）》征求意见期间宣传、监测和报告工作。丰富农村金融投资者教育，启动“金融稳定工作送下乡”宣传活动。

年初对辖内12家银行业金融机构2013年执行人民银行政策进行现场评估，综合评价A类行2家、B类行9家、C类行1家。加强金融消费权益保护工作，积极开展银行卡领域消费权益保护专项调查和检查，广泛开展“3·15”金融知识系列宣传和“金融知识普及月”活动，在《大丰日报》开设“金融知识进万家——金融知识100问”专栏，加大金融消费知识宣传报道力度。做好新设银行机构的管理与服务工作。11月，招商银行大丰支行试营业。

开展反假货币知识宣传活动，全年收缴假币2184张，面值20.2万元。组织参加盐城市第三届点钞识假技能竞赛，取得团体第二、机工点钞个人第一的好成绩。加强残损人民币兑换业务管理，切实维护人民币信誉。2014年，办理特殊残缺污损人民币兑换鉴定228笔，金额12.73万元。强化小面额货币供应管理。11月，督促大丰农村商业银行投入1台10元券自动柜员机。督促各银行机构人民币冠字号码查询系统设备、网络及时到位，切实维护金融消费者的合法权益。

加大国际收支申报非现场核查工作力度，及时督促银行修改错误信息，对江苏银行大丰支行、工商银行大丰支行、大丰农村商业银行国际业务申报工作进行现场核查，有效提升辖内国际收支申报数据的质量。开展对涉汇企业的专项检查，根据可疑企业名录，结合非现场检查系统筛选出的可疑信息，对2家企业资本金结汇和货物贸易购结汇情况进行检查，对1家企业违反外汇管理规定的行为予以立案查处，切实维护外汇市场秩序。

（谢 益）

【中国工商银行股份有限公司大丰支行】 2014年，中国工商银行股份有限公司大丰支行（简称工商银行大丰支行）实现利润8467万元，比2013年增长229万元，人均利润87.28万元。完成中间业务收入3881万元，比2013年增加666万元，总存款余额27.39亿元，比年初增加3.26亿元，总贷款余额22.33亿元，比年初增加4.36亿元。

拓展优质信贷市场，加大对大丰市沿海开发、新特产业、城市建设、科技创新等项目的支持力度。开展“工行园区行”“银企对接家家到”“盐城市小微企业融资直通车”等活动。创新融资产品，推行“网贷通”“固定资产支持融资”“小企业经营性物业贷款”“海域使用权抵押贷款”“发票融资”“银团贷款”等业务，发放供应链融资8600万元，小企业经营性物业贷款1.2亿元，应收账款保理2亿元，支持地方经济的发展。充分利用工商银行海外机构多、国际贸易融资产品丰富的特点，全力支持外向型经济发展，发放风险参贷、进口押汇、出口贸易融资、进口信用证等国际贸易融资贷款3.5亿元，为企业参与国际竞争提供金融服务。

优化收益结构，中间业务收入3881万元，占总收入的39%，较2013年提升4个百分点。人民币理财（对公）1.7亿元，人民币理财（个人）8.52亿元，代售保险2657万元，销售基金4670万元，国际结算量1.95亿美元，结售汇1.79亿美元，网上银行企业用户新增28个，网上银行个人用户新增3584个，新增商务POS126户，灵通卡发卡15030张。拓展分期付款业务，全年完成分期2629笔，交易额7016万元，实现中间业务收入594万元。拓展票据业务，以低风险业务为切入点，通过票据质押贷款，票据托收存款质押开票，票据贴现等多项业务联动营销，增加经营收入，促进经营效益的增长。

夯实服务基础，强化服务管理，促进服务水平全面提升。工商银行大丰支行服务综合考核得分99分，客户满意度99分，支行营业部被评为“省工行文明服务标杆网点”。统筹规划，调整网点布局结构，年末网点数8个，建成贵宾理财中心1个，一般理财网点5 个，自助+理财网点2个。服务场所、机具全面升级，拥有17台存取款一体机，5台查询登折机，386台电话POS机。发挥电子银行对客户和业务的分流作用，电话银行，网上银行全天候为客户服务，离柜率65%以上。

推进企业内控文化建设，开展“内控管理服务年”“争创合规网点，争当合规柜员”等活动，推进内控管理长效机制建设，建立起“精确制导、精准检查、有效监督”的内部控制体系。加强制度执行力建设，有效防范和规避经营风险，提高管理水平。开展以员工参与非法集资、参与赌博、与客户资金往来、充当资金掮客、违规为他人担保和经商办企业“六种行为”为重点的员工不良行为排查治理活动，确保无违规员工，将风险消灭在萌芽状态，确保业务健康发展。实施系列员工关爱计划，召开以“魅力女性幸福人生”为主题的员工座谈会，举行“唱响工行、放飞梦想”员工OK大赛、“争先创优立新功，全员畅享工行梦”劳模先进性宣讲，推进企业文化建设，营造和谐发展的氛围，真正做到理解、关心、尊重员工。职工之家添加健身器材，员工食堂正常服务，解决员工的后顾之忧，提升员工的生活质量。开展“回眸三十年、扬帆谱新篇”主题教育、“开心笑脸”和“开心故事”的征集，开办24期“月月讲堂”，通过文化园地、文化展板、张贴个性化的企业文化标语等形式，弘扬“工于至诚、行以致远”的核心价值观。

（陈　锋）

【中国农业银行股份有限公司大丰市支行】 2014年，中国农业银行股份有限公司大丰市支行（简称农业银行大丰支行）贯彻落实中国农业银行股份有限公司盐城市分行“更加自觉地融入盐城经济转型和社会进步的整体格局，更加注重业务发展、员工成长和平安农行建设”的战略部署和“坚持创新、营销、服务、管理四轮驱动”的工作要求，围绕“发展、控险、稳定”三大任务，牢固树立“责任、质量、底线”三个意识，服务社会，服务经济，服务客户。2014年年末，总存款余额52.86亿元，比年初增加1.23亿元，总贷款余额25.59亿元，比年初增加4.4亿元。完成市委市政府考核目标。全年新增法人客户本币法人实体贷款5户及新增项目贷款2户。

组织开展“防电信诈骗双百活动”；联合公安部门开展“走进广场、走进社区、走进学校”防诈骗主题宣传活动，累计发放宣传单1.2万多份，成功堵截诈骗案件23起，金额25.49万元，其中有2起堵截案件分别于1月20日在《大丰日报》、9月23日在《东方生活报》《现代快报》上作为典型专题报道。全行有7名员工获得大丰市公安局防范电信诈骗见义勇为奖。同时，农业银行大丰支行积极对青年员工进行教育，增强社会责任感，27名青年党团员自愿向“特困户”居民捐助现金1500元，登门慰问、帮助打扫卫生，在五四青年节组织畅谈感受，努力培植青年员工的高尚情操。7月，全行60多位员工捐献1000多件旧衣给贫困县。全年有20多人参加献血活动。

（严贵萍）

【中国银行股份有限公司大丰支行】 2014年中国银行股份有限公司大丰支行（简称中国银行大丰支行）实现营业净收入1.9亿元，比2013年增加1020万元，比2013年增长5.68%；拨备前利润1.41亿元，比2013年增加1086万元，比2013年增长8.34%；非利息收入6663万元，比2013年增长21.19%；完成国际贸易结算4.31亿美元，占大丰市国际结算市场份额33%；跨境人民币结算3亿元。2014年年末，总存款余额39.6亿元，比年初增加6000万元，总贷款余额33.71亿元，比年初增加4.27亿元。幸福路支行“优质服务高效网点”创建通过中国银行股份有限公司、中国银行股份有限公司江苏省分行验收。张丽获盐城市“五一劳动奖章”。

推进常态化存款，多措并举沉淀日均存款，重视批量代发薪业务，全年新增日均存款列中国银行盐城分行系统第一。开展“逐鹿园区”活动，组织全行的营销力量走进“五区十八园”及重点镇园区，主动对接政府部门、重点行政事业单位及重点企业客户，开展批量化营销，加大市场拓展力度。开展“猎户行动”，实现公司金融客户基础的快速增长。拓展直接债务融资业务，紧扣客户需求，实施上下联动，加大直接债务融资的项目推动。中国银行大丰支行创新引入“融易达”产品，为核心企业的上游中小企业解决资金困难。加强中小企业客户经理队伍建设，调整中小企业客户结构，优化中小企业客户群。

落实上级行“向南看”战略，进

一步提升全员文明优质服务水平，加强网点晨会监控和指导工作，及时做好客户投诉及处置工作。以示范网点创建促进服务效能提升为突破口，提升示范网点的影响力和竞争力。加强品牌形象建设，重视加强品牌形象宣传。积极参与社会公益活动，主动担当社会责任，多次开展扶贫活动。提高员工"六要点"（业务办理、员工言论、客户投诉、纠纷处理、日常工作、媒体应对）声誉风险意识，及时化解不良信息，多措并举，努力化解12起潜在的声誉风险事件，维护支行的形象。

（钱 澍）

【中国建设银行股份有限公司大丰支行】 2014年，中国建设银行股份有限公司大丰支行（简称建设银行大丰支行）实现账面利润6214万元，为15家企业新增贷款投放9768万元，办理海外代付、进口开证、贴现及敞口银票等表外贷款业务12.57亿元。2014年年末，一般性存款余额22.57亿元，比年初增加0.51亿元。各项贷款余额14.73亿元，公司贷款不良率为0。建设银行大丰支行西环分理处被建设银行省分行评为2014年度青年文明号。

加大对重点项目、重点企业的支持力度，全年申报审批通过大吉环保能源公司垃圾发电项目固定资产贷款授信1.3亿元，申报审批通过辉丰农化、多为泵业、东远建设等单位流动资金贷款授信3.11亿元。响应大丰市委市政府关于行长进百企活动的号召，走进园区与企业，了解企业生产经营情况与资金需求，并在开发区举办专场银企对接会，为企业破解融资难题。为10个中小企业新发放贷款5721万元，为5个企业增加贷款投放4047万元，建设银行大丰支行小企业业务在建设银行盐城分行系统年度综合考核中列第一，被评为建设银行盐城分行小企业业务先进集体。

（管旭升）

【交通银行股份有限公司盐城大丰支行】 2014年，交通银行股份有限公司盐城大丰支行（简称交通银行大丰支行）实现中间业务收入432万元。2014年年末，总存款余额8.06亿元，总贷款余额18.09亿元，比年初增加1.19亿元。

以财富管理服务为切入点，持续推进客户分层服务体系建设，在中高端客户规模迅速扩大、客户结构继续改善的同时，基础客户群体实现协同增长。公司业务领域，持续"建平台、拓渠道、抓系统"，完善行业专属业务系统及服务方案。通过信贷政策指引、RAROC（风险调整资本收益）等管理工具，持续推进信贷结构调整。以基于信息技术的"一键式"、全方位金融服务为目标，构建"人工网点+电子银行+客户经理"的"三位一体"服务网络。手机银行、电子支付客户在盐城交行系统占比中名列第一。

（杨新慧）

中国建设银行大丰支行小企业业务在建设银行盐城分行系统年度综合考核中列第一

【中国邮政储蓄银行大丰市支行】 中国邮政储蓄银行大丰市支行（简称邮储银行大丰支行）有94名员工，下辖5个自营网点、19个邮政二级支行及12个邮政代理所，网点覆盖大丰城区及各镇。2014年，实现业务收入5590万元，计划完成比93.6%，在盐城邮储银行系统排名第一；实现业务利润2801万元，计划完成比100.4%，在盐城邮储银行系统排名第二；国际业务外汇结算2630万美元；年末，储蓄余额净增1.03亿元，在盐城邮储银行系统排名第一。

践行"信贷兴行"的经营理念，加大信贷投放量，拓宽信贷投放领域。个贷各项业务：发放贷款6.99亿元。公司贷款业务：发放浦发银行保函贷款2.1亿元以及发放盐城邮储银行系统首笔供应链融资动产质押贷款2000万元。票据贴现业务：贴现量31.35亿元。

通过开展合规知识竞赛、"合规大行动"学习活动，对员工进行"贷款新规""职业操守指引"的培训学习，领导班子、各部门、各支行针对自身存在的问题，进行全面的自我排查并及时做出整改。在全行营造合规光荣，违规可耻的理念，培育良好的合规文化，各业务条线和管理条线相互配合、相互辅助、相互监督，各司其职，强化内部控制管理，防控内部道德、操作风险。

（朱 蔚）

【中国农业发展银行大丰市支行】 2014年，中国农业发展银行大丰市支行（简称农发行大丰支行）累计发放各类贷款4.92亿元，其中：粮食收购贷款18859万元；商业性客户短期流动资金12690万元；粮油加工企业流动资金2770万元；县级储备粮贷款890万元；中长期贷款1.4亿元。贷款总额6.08亿元，比2013年增加5218万元。实现经营性利润1317万元，比2013年增加98.42万元。日均企事业单位存款3.09亿元，年末存款余额5.56亿元，比2013年增加6740万元。日均有效信贷资产5.27亿元，比2013年增加6038万元。实现中间业务收入76.21万元。核销不良贷款2162.26万元。实现国际业务534.54万美元，完成全年任务的118.79%。

2014年，中国农业发展银行大丰市支行实现国际业务534.54万美元，完成全年任务的118.79%

扩大主体业务，按照省农发行的部署，推动沪属省属驻丰农场、大型国有农场进入托市点；光明集团、华丰农场、北大荒进入服务范围，下划托市资金79871万元，比2013年增加3.5亿元。

成立以一把手为组长的不良贷款清降小组。对不良贷款企业，落实具体的责任人，跑法院，跑清算组，主动和上级行对接，加快不良贷款清降。核销江苏宝鑫集团银海轻纺有限公司不良贷款609万元；核销粮食附营挂账贷款1553.26万元；江苏银都棉麻股份有限公司4608万元不良贷款处置进入法院庭审阶段。富民农副产品批发市场贷款逾期后，农发行大丰支行班子制订相关应对措施，与企业法人代表经常沟通，协助企业询求政策支持，帮助企业排查可用来偿还贷款的来源，协助企业销售门市房。通过努力，富民农副产品批发市场在12月全部还清逾期贷款。

坚定"存款立行"的理念，做好存款营销工作。积极发挥与财政部门关系密切的传统优势，保持财政性存款份额并有一定的增长，同时积极与财政沟通开通财政非税账户，为财政性存款的拓展开通新的渠道，4季度成功营销土地出让金8400万元。加强信贷企业回笼货款管理，向企业宣传农发行大丰支行存款的政策，确保存款达到贷款比例，货款回笼率明显提升。注重对拟准入客户的存款营销，将存款贡献作为客户准入的前提条件，引导客户将自身乃至相关企业的各种资金存放农发行大丰支行。与农商行合作开办网银业务，做好农民直补资金直兑前期工作。加大存款的考核力度，引导全行员工参与存款营销，为客户提供便捷、优质的服务，提高客户满意度。

根据农发总行开展信贷管理年活动的部署和省、市分行信贷管理年活动方案，农发行大丰支行作为信贷管理年示范行，高标准严要求，开展各项活动。制订符合实际情况的活动方案。在风险排查、风险排查回头看、信贷制度执行排查、信贷制度清理、内外部检查发现问题整改和CM2006数据质量和应用检查等各环节认真进行排查整改。每月均做好督办事项下发、旬报简报按时编报、管理年例会按时召开并详细记录，全体人员做到统一思想认识、端正工作态度，主动、自觉、认真、严谨地做好各项规定动作。及时总结各阶段活动情况，做好各阶段活动的档案整理，夯实基础管理，加强风险防范，信贷管理示范行通过省市分行的活动验收。

将夯实信贷基础、加强风险把控能力作为信贷工作的重点，提升信贷风险防控能力。严格执行风险例会制度，要求客户经理每月对分管企业的风险状况实地排查，对企业检查应该发现，未发现，不能及时上报的，严格考核。分不同类型的企业落实各自风险排查重点，粮食购销企业重点排查库存、购销落实情况，加工企业重点排查企业生产经营、资金流及第二还款源，中长期贷款企业重点排查资金使用、第一和第二还款来源真实性等。结合企业排查情况，将企业非财务信息、整体运作情况、关联企业情况、重大事项变更等每月形成排查材料，定期召开由一把手行长参加的风险例会，客户经理逐个通报风险排查情况，通过例会，互相学习，增强风险分析的能力，为全行下一步工作安排提供决策依据。

开展"比技能，提升业务水平"活动，组织全体会计人员进行学习，将每周业务技能练习一次改为每天练习；每月测试一次改每周测试；会计人员利用每天的工余时间，加强业务技能练习。通过2个月的练习，每个财会人员的业务录入水平，提高5~6条，准确率明显提高；点钞练习水平，提高了1~2分钟，错误率较少。

（刘春友）

【上海浦东发展银行股份有限公司大丰支行】 2014年年末，上海浦东发展银行股份有限公司大丰支行（简称浦发银行大丰支行）本外币贷款余额4.17亿元。其中：公司贷款余额4.06亿元，个人贷款余额0.11亿元。表外授信余额逾20亿元。各项存款余额8.92亿元，其中对公存款8.17亿元，储蓄存款0.75亿元。2014年，浦发银行大丰支行在浦发银行南京分行2014年度异地分支行基层网点竞争力综合评比排名中，位列江苏省浦发银行系统县域支行第一。

先后为大丰港等10多个企业办理融资性保函、出口代付、融资租赁保理、跨境兑等金融特色产品业务，在融通企业资金需求的同时，降低了企业的融资成本。同时浦发银行大丰支行积极开展产品创新促进业务发展，2014年在盐城市金融系统中主承销首笔非公开定向债务融资工具8亿元，有力地支持大丰港区建设。

（沈金高）

【江苏大丰农村商业银行股份有限公司】 2014年年末，江苏大丰农村商业银行股份有限公司（简称大丰农商银行）总存款余额177.69亿元，比年初增加34.73亿元，增幅24.3%。其中：储蓄存款139.54亿元，比年初增加30.03亿元，市场份额40.97%。总贷款余额127.64亿元，比年初增加20.64亿元，增幅19.3%，市场份额44.61%。超额完成市政府下达的新增贷款考核指标。存贷增量均在盐城农商银行系统第一。实现国际业务结算1.5亿美元，新增客户24户。发行理财产品63期，募集资金20.6亿元。获江苏省联社经营管理目标综合考核优胜单位，支农组织资金、电子银行等考核优胜单位，“盐城市慈善先进单位”。在大丰市2014年综合考核中，被大丰市委、市政府评为综合先进单位。

2014年，大丰农商银行不断推广ATM、存取款一体机、自助终端，发展网上银行、手机银行等电子银行业务，电子银行离柜率58.14%，比2013年提高13.16个百分点。

在全省率先创设创业支行，服务客户260户，发放贷款7450万元；顺利通过人总行审慎合格评估，在全省首批加入金融机构自律机制基础成员，率先被批准为同业存单和大额可转让存单的发行单位。开办个人结售汇业务，成为苏北第1家可以向客户发放“携带外汇出境许可证”的农商行。推出金丰“便利通”、港区“薪保贷”、家庭农场、经纪人贷款等11个产品，其中“创业贷”“富渔贷”获江苏省银行业“服务三农、小微二十佳金融产品”。

增设65家农村金融服务站，新设2家社区自助服务点，日均办理查询、取现、转账等业务量3000多笔，代理涉农财政补贴发放，受益农户22万户。做好代发工资、代缴电费、代缴“新农保”等服务，便民服务覆盖率100%。深化“阳光信贷”，进城、进社区，个人贷款获得率94.5%，涉农贷款实现“两个不低于”（增速不低于全部贷款增速，增量不低于2013年）。正式签约代理发行社会保障卡，做好发放准备。推行“电话申贷”+“移动营销”模式，实行派单服务制、首问负责制，完成“电话申贷”434笔，客户经理上门服务，办贷时间节约1/3。

专门设立“农商行爱心救助基金”，捐资50万元，首批向青海省同德县献爱心20万元，全员“慈善一日捐”募资4.83万元。与市金融办、市公安局等配合开展集中走村入户和设点打击非法集资宣传，净化金融生态，维护市民利益。参与反电信诈骗，成功堵截8起诈骗案件，为客户挽回损失50多万元。

（沈 飞）

【江苏银行股份有限公司大丰支行】 2014年年末，江苏银行股份有限公司大丰支行（简称江苏银行大丰支行）总存款余额20.13亿元，总贷款余额13.14亿元，实现经营利润4100余万

江苏大丰农村商业银行在全省率先创设创业支行

2014年8月10日，江苏银行将“惠多存”“开鑫盈”“容易付”等多款产品和应用正式上线，成为省内首家推出直销服务的银行

元。在2014年度大丰市委、大丰市政府综合考核中，被评为综合先进单位。

2014年，江苏银行大丰支行办理结构化融资1笔，获批金额3亿元；创新小微产品，加大POS贷、转期贷、增额贷等新业务的推广力度；拓展消费金融，全年新增“卡易贷”1793万元。推出江苏银行直销银行。8月10日，江苏银行直销银行将“惠多存”“开鑫盈”“容易付”等多款产品和应用正式上线，成为江苏省内首家推出纯线上、全天候服务直销服务的银行。实施社区营销抢占零售业务市场。将社区化经营作为零售业务拓展的重要方式，电子银行业务营销业绩显著，全年个人网银新增1351户、手机银行新增2138户。网点全员参与厅堂营销，支行的营销服务、综合管理和经营能力有了较大提升，全年销售理财类金融资产5.55亿元。

2014年是江苏银行大丰支行网点转型深化年。通过网点转型，提高厅堂岗位联动意识，提升支行柜员营销服务能力。制订支行绩效考核办法，开展一系列竞赛活动，增强员工营销意识。提升柜面服务水平，实施计件工资考核，调动柜员营销积极性。开展“技能大练兵”活动，加强文明优质服务现场和非现场检查，提升一线柜员的操作技能和服务效率。定期开展自查工作，树立“责任、合规”的企业文化，有效防范和规避了经营风险。在江苏银行盐城分行组织的网点转型情景演练PK大赛中获二等奖。

（杨　阳）

【苏州银行股份有限公司大丰支行】 2014年年末，苏州银行股份有限公司大丰支行（简称苏州银行大丰支行）总存款余额9.12亿元，比年初增加1.61亿元。其中储蓄存款余额1.02亿元，比年初增加2002万元，完成全年新增存款计划的37.77%；对公存款余额8.1亿元，比年初增加1.41亿元，完成全年新增存款计划的93.99%。总贷款余额6.4亿元，比年初增加1.73亿元。实现国际业务结算623万美元，完成全年500万美元考核任务。

组织员工开展产品宣传营销工作。组织对存款、理财大户节日拜访，稳定优质客户群；利用短信平台、宣传单、电子显示屏、报纸宣传存款、贷款、理财特色产品。组织20次户外宣传活动，对兴隆装饰城、明星家居城、永泰广场商业街进行上门宣传，对阳光城市小区、山水嘉园等小区组织大规模的迎新春社区宣传活动。五一节、国庆节前后与盐阜人民商场组织为期10天的大型联合营销宣传活动，提高产品的知名度，推动零售业务的发展。

苏州银行大丰支行

（张　庆）

【江苏大丰江南村镇银行股份有限公司】 2014年，江苏大丰江南村镇银行股份有限公司（简称大丰江南村镇银行）支持大丰本地特色农业、农民创业和成长型小微企业的发展，以具有自主知识产权的创新型小微企业、高新技术企业、个体工商户、种养殖户、下岗再就业人员等为贷款投放主要对象。2014年年末，资产总额近11亿元；总存款余额9.23亿元，总贷款余额8.65亿元，居盐城市6家村镇银行之首。

立足“三农”，信贷投放向“三农”贷款倾斜，重点加大对“家庭农场”、农村种养殖大户、农机操作手、农村个体工商户的支持力度。为辖内每个家庭农场建立“阳光贷”信息档案，根据家庭农场经营特点、融资期限、用途等，设计“家庭农场贷款”。2014年年末，对辖内9户家庭农场进行授信，对6户家庭农场进行用信，发放金额435万元，贷款余额385万元。支持小微企业发展，重点加大对具有自主知识产权的创新型小微企业、高新技术企业的信贷支持力度。全年新增贷款客户163户，发放信贷资金86374.21万元。

加强员工队伍建设，培养员工对自己负责、对企业负责、对社会负责的态度，教育员工确立目标，加强智力投资搭建平台，通过先进典型事迹的引导，激发员工爱岗敬业精神。弘扬敬老爱幼传统，积极支持贫困学生、孤寡老人，举办退休老人“佳木斯”舞蹈比赛。向大丰市慈善基金会捐款4000元。

（韦　莉）

【江苏太仓农村商业银行股份有限公司大丰支行】 2014年，江苏太仓农村商业银行股份有限公司大丰支行（简称太仓农商行大丰支行）以“做优做特”为目标，重点支持大丰港区、苏盐产业园区、小海吴江产业园区、大丰经济开发区等单位。2014年年末，太仓农商行大丰支行总存款余额2.97亿元，比年初增加1.11亿元，增幅59.64%，其中对公存款余额2.57亿元，比年初增加9250万元，增幅56.26%，储蓄存款余额3977万元，比

年初增加1834万元，增幅85.58%；总贷款余额3.66亿元，比年初增加1.99亿元，增幅119.14%；全年营业收入2073万元，比2013年增加576万元，营业利润569万元，比2013年增加444万元。

（陈鹤飞）

保险

【中国人民财产保险股份有限公司大丰支公司】 2014年，中国人民财产保险股份有限公司大丰支公司（简称人保财险大丰支公司）完成保费收入1.4亿元，比2013年增长23.5%，其中机动车辆险保费收入7610万元，比2013年增长24.01%；非车险保费收入2897万元，比2013年增长45.53%；农险保费收入3535万元，比2013年增长9%。人保财险大丰支公司营业厅被推选为中国人民财产保险股份有限公司金牌服务示范窗口。被江苏省财贸轻纺工会评为省财贸系统模范职工小家。

年初，公司成立团险委员会，组建银保渠道专项团队，明确银保专员，班子成员带头公关中、小商业银行，主攻企财险，收取保费300余万元。充分发挥公司整体优势，积极拓展新业务。2014年，新兴业务增幅超过30%，其中：首签飞机险特险业务，实现出口信用保险零突破。港口集团企财险招标作为主承保人，份额占40%；码头招标首次进入共保人，份额占15%。

8月，人保财险大丰支公司成为苏北地区人保财险系统首家商业非车险保费收入超过2000万元的支公司。全年完成商业非车险保费收入2897万元。上半年政府渠道业务遇到困难，以往由政府牵头开办的农村家财险、全家福业务，不但没有进展，还有被叫停的危险。人保财险大丰支公司调整工作思路，组织公司骨干力量，进村入户，深入田间地头，成功收取保费400万元。

（李华锋）

【中国人寿保险股份有限公司大丰支公司】 2014年，是中国人寿保险股份有限公司大丰支公司（简称人保寿险大丰支公司）实施3年规划的第一年。人保寿险大丰支公司实现总保费3.06亿元，结案4122份，支付赔款1465万元。

在城区，以直属部为中心，向周边的社区辐射，大力发展驻社区代表队伍。在农村，以推行驻村代表开拓保险薄弱村；以打造保险示范村、建立保险工作室带动镇村发展；并以营销服务部为依托，试点中心网点，延伸服务功能。

将农民保险、老年人保险和大病保险作为突破点，运用政府搭台、公司运作、部门操作的模式，在政府相关部门的支持下，团险部人员深入到镇、村、组，拓展业务。全年实现农村小额保险86万元，老年人保险160万元。大病保险理赔608万元。

4月，首次召开“利剑奖”表彰大会，激发公司员工干事创业的热情；参加盐城市分公司举办的第八届企业文化节，丰富员工文化生活，增强团队凝聚力。不断挖掘身边的典型，1人入围“感动江苏国寿十大人物”，形成良好的示范效应。

（柏裔茗）

2014年，中国人寿保险大丰支公司实现总保费3.06亿元，结案4122份，支付赔款1465万元

【中国太平洋财产保险股份有限公司大丰支公司】 2014年，中国太平洋财产保险股份有限公司大丰支公司（简称太平洋产险大丰支公司），完成保费收入3480万元，其中车险完成2901万元，非车险完成579万元，赔款支出1800多万元。

太平洋产险大丰支公司开展文体、学习互助等活动，加强企业文化建设，增进员工之间的感情，提升团队凝聚力与向心力，推动公司发展。5月，太平洋产险大丰支公司与江苏银行大丰支行组织一次篮球友谊比赛。9月，太平洋产险大丰支公司开展“三互三比”（互相帮助、相互促进、优势互补，比续保率，比理赔结案率，比中小法人客户增量）主题活动，促进员工互学互比中提高业务素质。10月，续保率比9月增长3个百分点，理赔结案率提高15%，中小法人的客户增加20个。

（管慧静）

【中国太平洋人寿保险股份有限公司大丰支公司】 2014年，中国太平洋人寿保险股份有限公司大丰支公司（简称太平洋寿险大丰支公司）完成标准保费2456万元，比2013年增加15%，实现跨栏晋级目标，由中国太平洋人寿保险股份有限公司丁B级机构升格为丙B级机构。

太平洋寿险大丰支公司开办的险种涉及人寿保险、年金保险、健康保险、意外伤害及交叉销售等200

余个（种）。年初推出“微行销”等客户服务方式。年底，推出老年健康市场的专属产品“银发安康”，让更多60岁到75岁的老年人，可以买到保费低、保障高，放心、实惠的健康险，填补大丰市老年健康险的空白。

将合规营销与风险管理纳入公司内外勤员工的日常会议经营及销售队伍的制式培训体系中。3月、10月，分别开展内外勤员工“合规经营为大家，客户和我是一家”的合规知识大赛。充分利用员工在线学习考试平台推动全员深入学习合规知识，提升员工和销售人员的风险管控意识。定期通报合规检查情况。

（吕中华）

【中华联合财产保险股份有限公司大丰支公司】 2014年，中华联合财产保险股份有限公司大丰支公司（简称中华财险大丰支公司）实现保费1190万元，比2013年增长32.8%，被中华联合财产保险股份有限公司江苏分公司评为年度经营管理先进机构。

中华财险大丰支公司实行“财产保险+农业保险”模式。财产险业务以车险业务为龙头，非车财险、人身意外伤害险和健康险齐头并进。非车财险以企业财产保险、工程险和各种责任险为主。人身意外伤害险和健康险以团体人身意外伤害、个人人身意外伤害、中小学生平安保险和短期借款人人身意外伤害保险为主。与大丰市政府“联办共保”的农业保险发展快，承保全市所有的水稻和油菜保险。并承保高效设施农业冬瓜、青椒、白菜、葡萄、芹菜和内河螃蟹水文指数保险。

始终践行“服务至上、信守承诺、回报社会”的服务宗旨，遵循“稳健、创新、持续、高效”的经营理念，不断规范理赔服务流程，提升理赔查勘人员的整体素质和服务理念。全年没有发生一起因理赔服务差而引起的客户投诉上访事件。

（黄素华）

证　券

【华泰证券股份有限公司大丰金丰南大街证券营业部】 2014年，华泰证券股份有限公司大丰金丰南大街证券营业部（简称华泰证券大丰营业部）完善前台营销队伍，拓展营销渠道，有效提高客户覆盖率。承销大丰市政府城投债，为辉丰股份提供股权质押、为丰东股份提供大宗交易平台等创新业务。

华泰证券大丰营业部

依托华泰证券股份有限公司网络平台，率先推出24小时网上自助申请及手机开户，无需预约，节约客户时间。会同理财中心，对紫金理财服务进行改版升级，推出紫金理财服务体系V5.2版。7月，华泰证券大丰营业部与大丰市城投公司合作，依托公司强大平台，推出一款市值2亿元的信托产品“丰泰1号”，解决政府城投融资问题。

（陈　浩）

资本市场

【概述】 2014年，大丰市围绕“转型发展、稳中求进”的总基调，积极应对宏观经济形势和金融形势变化，招引金融主体，加大信贷投入，调优信贷结构，积极金融创新，推进直接融资，强化金融服务，优化金融环境。发行债券2个，融资16亿元；开发信托项目2个，融资8亿元；租赁融资5亿元；资产管理2亿元。

推进企业进入资本市场。大丰港海外投资控股有限公司对目标公司香港联交所上市公司——伽马物流集团尽职调查、签订收购计划书等基础工作基本完成。丰山集团完成股改。9月焕鑫股份在全国中小企业股份转让系统成功挂牌，成为盐城首家“新三板”挂牌企业。海斯特液压等9个企业在上海股交中心Q板成功挂牌。富奥电梯等3家企业推荐E板签约。

（吴　洋）

〖编辑　周剑飞〗

交通综述

2014年，大丰市交通运输局贯彻市委十一届四次全体扩大会议和全市交通工作会议精神，围绕全年工作目标奋力拼搏，各项工作取得较好成绩。

【工程建设】 2014年，大丰完成交通工程建设投资9.2亿元。盐淮高速大丰港段由交通局负责的征地拆迁工作完成较好，全线应拆迁92户，拆迁89户；主线征地145.53公顷、取土坑征地154.8公顷、线外工程征地30公顷全部完成；228穴坟墓、170道杆线全部迁移结束，兑付1亿元。道路工程完成特殊地基处理、路基土方、预压土方，桥梁工程完成下部结构、上部结构的预制及现浇部分，实现全线贯通，全年完成投资5亿元。351省道大丰段改扩建工程起于临海高等级公路江界河桥，沿江界河北侧过境大中农场和草庙、万盈、小海、白驹、草堰等6个镇，与204国道连接。路线全长44.003千米（不含与204国道共线段4.3千米），其中，新建14.103千米，改扩建29.9千米。全线按四车道一级公路标准实施，概算总投资13.6亿元。全年完成临海高等级公路至草庙镇12.92千米先导段征地拆迁、林木砍伐、杆线迁移等工作，原地面清表和路基底槽处理完成30%，投资1亿元。方大线南段提档升级工程全长20.5千米，总投资6500万元。分二期实施，其中，一期工程北起一卯西桥，南至351省道北侧，全长约16千米，全宽8.5~10.5米（小海街道段12米），7月，按二级公路在原有道路基础上提档升级改造完毕，投资3700万元。二期工程北起恒北村富民桥，南至一卯西桥，全长4.5千米，路面宽16.5米，完成已交付施工段面清表清杂，路基土方完成60%，桥梁工程完成下部结构，投资1700万元。通榆河白驹、龙堤大桥，2桥均跨三级航道通榆河，桥梁全宽10米，采用105米变截面箱梁（大丰桥梁史上最大跨径），总投资5800万元。2桥完成所有桩基工程，主桥顺利合龙，投资5000万元。

【行业监管】 大丰市交通运输局以行业监管工作为重点，不断强化运输市场秩序监管，规范执法行为，行业管理工作进一步加强。查处各类违章案件670件，打击黑车61辆，罚没款51.99万元。加大内河港口征管力度，全年征收货物港务费77.766万元。巩固市区电瓶三轮车非法营运整治成果，组织开展多轮专项整治，查扣非法营运电瓶三轮车23辆次。安全生产机制落实，全面推行一岗双责，层层落实安全责任，签订安全生产责任状1725份。开展安全生产检查整改专项行动和安全生产大检查工作，突出道路运输、水上运输、危桥险段、内河港口码头、工程建设、交通企业、人员密集场所等重点行业和领域，全年开展较大检查12次，排查一般事故隐患680条，投入整改资金60万元，整改率100%。全系统未发生重大火灾、爆炸、设备和职业危害等事故，系统内各单位未发生同责以上重大交通事故，系统内职工因工死亡率为零，千人重伤率低于0.045。治理超限运输，全面加强《江苏省治理公路超限运输办法》宣传贯彻，深化源头治理，实行违法信息抄告制度，建立关联处罚机制，加强重点源头企业监管，严格路面执法，定期与高速公路等部门开展联合治超行动，始终保持路面治超的高压态势。全年联合查处违法超限车辆345辆、卸驳载1800多吨、处罚100余万元。规范运输经营许可，全年受理行政许可71[illegible]户，准予许可716户，新增物流业1[illegible]2户，维修业10户，新增车辆756辆。年审运输业4300户、车辆5836辆、船舶225艘、从业资格证6549份。维稳水上交通安全，辖区内未发生1起沉船亡人责任事故，没有发生干线航道8小时堵塞责任事故，没有发生船舶污染水体事件。依法行政和法制建设，研究制订《依法行政工作要点》《法制宣传教育工作要点》和行政执法单位考核细则。举办法制广场宣传活动1次，重点宣传《中华人民共和国公路法》《中华人民共和国道路运输条例》《中华人民共和国行政强制法》等法律法规。组织系统内执法人员培训2期，进一步提高执法水平，规范执法行为。加大路政管理力度，全年受理路政行政许可7份，查处违法案件386件，收取各类路产赔、补偿费70余万元，有效制止、拆除违法乱建6起，70多平方米。干线公路维修保养交通标志46套、标线4000多平方米，修复防撞护栏400多米，增设警示桩76根，清理各类违法非标237块、路基堆积物2380立方米、边坡种植1200多平方米、桥下堆积物5处、摊点35处；县乡公路维护标线1800多平方米，增设危桥险段交通安全标志32套、警示桩128根。

交通建设

【概述】 2014年，市交通基础设施建设投资9.2亿元。226省道市区拓宽段全长1.8千米，按城市主干道Ⅰ级标准进行拓宽后改造，拓宽后道路宽度50米，总投资1500万元。5月底建成通车，2014年完成投资800万元。农村路桥，建成农村四级公路180.47千米，投资5775.04万元；改造危桥45座，投资5000万元。积极开辟新型融资渠道，加大与银行、信托、证券等金融机构合作力度，采取项目包装、帮贷、商票等多种形式，融通资金6.7亿元，保证交通重点工程建设需要。投入资金200万元，完成临海高等级公路3座红绿灯、王大线裕华境内1座红绿灯、通港大道9处交通信号灯的安装，保障人民群众出行安全。

【公路绿化节点提升】 临海高等级公路大丰与东台交界处是大丰市对外宣传的窗口。市交通运输局投资500万元，请设计单位将该处节点重新设计，重点打造与东台交界处两侧的绿化效果，对原有地形加宽并增高，在树木品种上增加绿量并提升规格。增加栽植香樟、榉树、朴树、栾树、高杆女贞等高大乔木500多棵，增加并改造绿化面积2万多平方米；利用水面资源，对东侧河塘及四周适度提升；对地标宣传牌和高炮宣传牌在尺寸和规格上进一步提升。3月上旬，提升改造工程完成。

2014年，方大线南段提档升级一期工程按二级公路标准改造完毕

【干线公路养护】 市交通运输局围绕“畅、安、舒、美”总体要求，坚持“精细化”养护和“预防性”养护。认真执行公路养护管理日常巡查保障制度和定期检查制度，突出重点处置路段，做好路基整治、绿化管护、设施维护、路域环境，不断提高干线公路路况质量和路容路貌。全年完成沥青路面病害维修5.6万多平方米，沥青路面灌缝1.2万多米，排水沟维修800多米，中分带维修630米，护栏维修1200多米，桥梁病害维修14座，处理路基水毁2100多立方米，更换里程碑12块、百米桩250根、警示桩135根，绿化补植乔木9000多株、灌木5000多平方米，巩固和提高了干线公路路况质量。年末自查干线公路MQI（公路技术状况评定标准）值94.6，PCI（路面损坏指数）优良率95.5%，RQI（路面行驶质量指数）优良率100%。

【农村公路管养】 全市12个镇及经济开发区和大丰港区2个管委会成立农村公路管养办公室，配备管养人员。养护人员采取公开招标、择优录用的办法，打破福利型养护人员聘用机制，将农村公路养护人员与环境保洁员合二为一，节约用工，提高报酬，调动养护人员的积极性。建立健全季度考核机制，奖优罚劣，树立基层养护单位的责任心，保证农村公路管理养护工作有序开展。全年完成沥青路面中修6万多平方米，沥青路面病害维修2.3万多平方米，水泥路面病害维修1.7万多平方米，桥梁病害维修48座，处理路基水毁5800多立方米，更换里程碑137块、百米桩451根，增设各类标志标牌1152块、警示桩1875根，绿化补植乔木4.6万多株、灌木1500多平方米，清理路基堆积物985处、边坡种植12.3万平方米，全面提升大丰市农村公路路况质量。年末自查县道MQI值81.5、优良率82.2%，乡村道好路率75.8%。

交通运输

【概述】 2014年，大丰市交通运输局服务全市经济社会发展，贯彻落实各项工作部署，化解各类矛盾，完成各项运输任务，满足公众出行和道路运输需要。

【重点运输保障】 春节运输40天，投入客运班车325辆11045座、出租车200辆1000座、城市公交47辆，加班包车233辆次，班车正班正点率99%，发送旅客68.5万人次。安全运送高考学生2130人、中考学生3433人。荷兰花海第三届婚订博览会12

天期间，完成千余人接送运输保障任务。

【客运统筹和镇村公交】 按照国家、省、盐城市关于城乡统筹发展的总体部署，完成南阳、西团、草庙3个镇开通镇村公交建设任务。2月，南阳、西团、草庙3个镇镇村公交开通。4月底，省交通运输厅镇村公交发展成果考核验收工作小组对大丰市3个镇镇村公交发展成果考核验收，肯定市镇村公交发展并指出不足。交通运输局组织整改，通过几天集中摸排、考察，兼顾各镇行政村的情况以及根据新农村建设的发展，将南阳、西团、草庙3个镇镇村公交线路优化为10条点对点的公交线路，车辆增加到10辆，增加线路发班班次，每天6班。9月30日，开通市区到荷兰花海、市区到大丰港、盐城到大丰港、盐城到麋鹿保护区4条旅游公交专线，方便游客到大丰旅游，推动大丰旅游发展。12月1日，盐城到大丰公交上线运营。

2014年9月30日，大丰市开通市区到荷兰花海、市区到大丰港、盐城到大丰港、盐城到麋鹿保护区4条旅游公交专线

【物流园区建设】 协助大丰港物流园区升级改造，建设项目申报，争取政府资金补助；培育和引导农村交通物流企业的发展，构建农村交通物流体系，服务社会主义新农村建设，全年上报盐城市交通运输局4个农村物流点，争取2015年培育成农村物流基地。开展物流重点项目调研，对全市各物流重点园区建设提出建设性意见，培育交通物流龙头企业大丰港，申报大丰港物流园甩挂运输项目。完成上报交通物流基地建设投资项目：大丰港海河联运粮食物流园和江苏悦达港口物流发展有限公司汽车物流园。加强江苏品牌线路建设，完成申报大丰市兄弟物流公司的“大丰至广州”、大丰市丰甬物流有限公司的“大丰到宁波”快货品牌线路。对江苏品牌线路不符合规定的责令整改，积极向上争取快货品牌奖励资金。全年培植物流企业152个，新增756辆货运车辆。

【应急运输保障】 市交通运输局部署防汛、防台、防旱工作，落实应急运力车辆，编制市交通运输局危险化学品道路运输事故应急救援预案，参与市安委会组织的2014年危险化学品道路交通运输事故应急救援和事故救援演练；建立重点联系企业制度，完成各项统计任务。

【客运文明建设】 市运管处联合市文明办共同推动文明客运行业创建活动。注重客运文明服务质量，每季进行客运服务质量的明查暗访，全年巡查256人次，查纠各类服务质量、客运违规经营行为52次，通报每次督查结果，督促企业加强整改。加强对客运投诉举报的查处力度，及时受理举报投诉，对旅客的投诉做到事事有落实，件件有回音，维护人民群众的合法权益。加强从业人员素质教育，提高客运驾乘人员规范经营意识，文明服务意识，确保全市客运行业文明服务水平提升。

交通管理

【概述】 市交通运输部门落实科学发展观，创新工作思路，稳步推进依法行政规范管理，推动交通运输综合管理全面、协调、可持续发展，较好地完成各项工作任务。

【维修市场专项整治】 在全市开展维修市场专项整治活动，重点打击无证经营、超越许可经营等行为。检查各类维修、运输企业160次，对查出违规行为企业、个人发整改通知书42份，全部整改到位，处罚无证经营业户1个，处理违规经营业户58个。加大法律法规宣传，编印宣传资料150份发放给经营户，提高从业者遵法守法意识。采取不定期地上门抽查维修企业200余次，抽查各类车辆200辆次，发现问题3起，全部整改到位。要求送检企业完善基础台账和档案建设，二维送检企业全部到位。认真开展《江苏省机动车维修业开业条件》宣传贯彻工作。召开全市维修企业负责人宣传贯彻会议，发放各类宣传资料1000份。召开二级维护企业负责人座谈会，进一步规范营运车辆二级维护行为，严格操作规程、强化管理、严格执行“三项制度”，确保二级维护监督管理规范化、程序化。

【驾培智能化管理】 市交通运输局根据盐城市运管处《2014年驾培工作要点》布置要求，做好驾培智能系统与公安部门的对接，做好车载培训记录仪前期升级改造工作。经过多次程序升级和全面启用GPS电子围墙功能,确保教练车在运管部门许可的训练场地培训,在公安指定的道路上训练。按照发放道路运输证及配备车辆培训记录仪数量来确定各驾校的每期报班人数。严格按照规定进行网上报班,同时进行学时网上审核,对不符合规定的学时一律不予审核。采取堵疏结合方法,不定时对驾校突击检查,全年查处使用作假“跑马机”4台,收存作假教练员的教练员证、限期整改IC卡,并按照相关法律规章进行行政处罚。

【长江干线船型标准化拆解】 市交通运输局积极做好内河船型标准化过闸小吨位、老旧运输船舶拆解工作,截至12月,上报盐城市交通运输局船型标准化办公室符合拆解船舶4艘。根据省交通运输厅船型标准化领导小组规定,鼓励船民积极申报拆解,拆解数量不受计划限制,经过走访,统计符合江苏内河拆解条件过闸小吨位船舶69艘,老旧船舶9艘,要求各水运公司上报拆解材料,为完成2015年的任务做准备。

【检测站监管和服务】 综合性能检测站是全市营运车辆安全检测的机构,市运管处驻站人员认真履行职能,严格把关送检的二级维护车辆竣工,并按照国标规定核查。全市有7300辆次营运车辆通过二级维护竣工检测,并根据国标要求对各类营运车辆进行技术条件评定,检测评定各类车辆5780辆,保证车辆安全性能。

【车辆节能减排】 2014年,市交通运输局贯彻落实交通运输部11号令,推进车辆节能减排,创建绿色汽车维修。全年核查车辆7350辆,强制退出市场淘汰车辆20辆。培训3次,上门辅导10次。培育绿色汽修示范企业2个。

【驾培国标】 交通运输部组织制订国家标准《机动车驾驶员培训机构资格条件》和《机动车教练场地技术要求》。2项标准自2014年6月1日起正式实施。市运管处按照盐城市运管处相关会议精神要求,及时召开相关驾培企业负责人座谈会,对2项内容重点进行专门讲解,使相关从业人员了解,并要求悬挂张贴宣传横幅和标语,产生良好的宣传氛围。

【新版“江苏省运输管理业务系统”】 5月5日起,所有运政业务办理一律使用新版“江苏省运输管理业务系统”操作系统。市运管处工作人员经过相关业务培训,熟练掌握基本操作,所有行政许可及行政处罚案件全部实行网上操作。

【投诉举报处理制度】 建立投诉举报登记制度及举报回访制度。对于群众的举报能当场答复立即给予答复,不能当场答复或需核实的做好解释并登记回访。根据投诉处理传递单要求,将责任层层落实到人,确实做到投诉事事有落实,件件有回音。全年接到96196投诉案件96起、政府热线12345投诉案件292起、厅长信箱4起、信访5起、自接投诉35起,全部办结。

2014年,226省道大丰市市区拓宽段全长1.8千米,按城市主干道Ⅰ级标准进行拓宽后改造,拓宽后道路宽度为50米

【通港大道管理】 全年修剪绿化5次,种植草花8次,清移死树3150颗,补植树3220棵。补种植草种4吨,拔草、治虫近4000人次。完成对通港大道破损路面、路牙、干河桥西排水设施、窨井等13个问题的整改。协调处理海融广场5500米景观带与通港大道绿化林1400米排水沟设置,4100米泥浆泵淹没树木草坪理赔。配合市政府开展渣土车白天禁运综合执法45天,查处违规车辆169辆次。查处超载、抛撒,非法营运等违法车辆87辆次,全部移交相关部门依法处罚。积极服务沿线经济发展,服务港区海融广场景观林、汽车试验场大桥、团结河风光带、6处红绿灯、路边电子监控,城东新区道路施工,集聚区重点项目建设,东方1号创意园宣传,上海光明食品园项目建设,奶牛场饲料运输,中分带防撞护栏施工。修理损坏路灯2000件,处理路灯、BRT等撞坏赔偿30余万元,处理路产路灯绿化交通事故32起,挽回经济损失近100万元。保证通港大道综合管理工作顺利进行,使通港大道全长28.5千米,双向10车道1567.5万平方米,做到常态清洁;3条绿化带171万平方米,做到清洁无飘浮垃圾;通港大道5800盏行道灯、景观灯、高杆灯,18个变电柜组,8座BRT公交站台,140只果壳箱,200个交通标志标牌,10名管理人员昼夜巡查,保护设施设备完好。

地方海事

【概述】 2014年,大丰市地方海事处组织开展船舶标志标识、船舶超载和船队超拖专项整治活动,扎实开展航运安全监管工作,有针对性地开展乡镇渡口、水路危险化学品运输、水上水下施工作业、旅游水域、饮用水源保护区等安全检查活动，完成上海“亚信会”和南京“青奥会”水上安全保障工作。实现春运安全“零事故”；未发生沉船亡人责任事故，未发生干线航道8小时堵塞责任事故，未发生船舶污染水体事件。全年上航12502人次，出动海巡艇6078艘次，巡航里程38991千米，检查船舶28629艘，处理水上交通事故0起，结案率100%。办理船舶进出港签证23686次，征收港务费216万元，船检港监费（特种秩序维护费）99.8万元。办理海事行政处罚案件2338件，其中一般程序10件，罚款55.2万元；办理水上综合执法案件27件，罚款4850元；办结行政许可3起。全年无行政复议案件和行政诉讼败诉案件。

大丰市地方海事处办公楼

【船舶违规整治】 从3月开始，市地方海事处在全市辖区集中开展船舶标志标识、船舶超载和船队超长拖带专项整治活动。到12月上旬，发放宣传资料380份，查处违章船舶188艘。通过专项整治活动，全市辖区通航水域营运船舶的标志标识得到明显规范，船舶超载、船队超拖得到有效遏制。

【镇渡口安全】 撤除刘庄镇奋斗、大德2道渡口，全市在册渡口3道。全年检查渡口65道，排查安全隐患1处，整改1处。全市渡口无安全事故。11月，举办渡工培训班1期，培训渡工10人次。

【水路危险化学品运输专项整治】 年初，大丰市博汇纸业、丰山集团、金羚纸业、永丰化工等4个涉及危险化学品运输企业签订安全责任书，明确相关企业的主体责任，强化码头装卸作业安全管理。所有危险化学品运输船舶进入大丰市通航水域必须实行报港制和动态检查准入制，船舶进港前利用高频或手机向市地方海事处管控执法点报告。按照“先报港、后进港、先申报、后装卸”的原则，对危险化学品运输船舶现场监管，100%实船签证。实行“谁签证、谁负责，谁申报、谁负责”的原则，落实监管责任。大丰市水路危险货物运输基本集中在大丰港海洋化工园区，市地方海事处主要将危险货物监督集中在大丰港内河海事所，源头管理与动态检查相结合，一船一档。按规定对危险化学品运输船舶开展安全检查，及时发现船舶缺陷和适装性能，对船舶存在的隐患限期整改，隐患消除前禁止离港；利用信息手段，实行动态监管。根据省地方海事局要求，危险化学品运输船舶都必须安装GPS监控系统和AIS船舶自动识别系统，船舶运行状态被纳入动态监控，危险化学品运输船舶的监管水平提升。

【水上水下施工专项整治】 全市有水上水下活动作业点6处，主要是四卯西河海丰农场航段四卯西河过路桥、高速公路新斗龙港桥、老斗龙港桥、大丰干河大桥、海堤复河大桥建设和小海镇农路桥。市地方海事处督促施工单位办理水上水下活动通航安全行政许可手续，进一步加强通航安全监督检查。全年办结3件，办理行政许可3件。

【饮用水源保护区监管】 利用船舶签证、安全检查等海事执法工作，向船民宣传环保知识和法规，将《江苏省通榆河水污染防治条例》印成宣传册，多次在船舶密集区、主要货场、码头，通过向广大水上从业人员宣传船舶水污染防治法规，提高船民水源保护意识。按照通榆河水污染防治规划要求，投入近8万元，在通榆河一级保护区增设“禁止船舶乱扔、乱抛垃圾”警示标志牌1块，通榆河一、二级保护区设立安全警示标志牌3块，饮用水源保护区设置各类安全警示告示牌8块。市地方海事处抽调苏海巡0975号海事执法艇长期驻守在通榆河水源保护区附近，重点对进入通榆河饮用水源保护区船舶跟踪监管，提高巡航检查频率，及时发现和清理船舶乱停乱靠行为，跟踪护航重点危险化学品运输船舶，确保通榆河饮用水源保护区船舶航行秩序。全年在取水口附近，清理乱停乱靠船舶900多艘，查纠各类违章行为58起，出动海巡艇1200多艘次。8月底，在通榆河专项整治活动中，海事、内港等部门对丁溪河、三十里河、五十里河、新团河以及新斗龙港河大团航段实施阶段性交通管制，配合通榆河沿线镇政府劝导、清理未按规定设置的货场、船舶修造厂等水污染源。

【特殊时期船舶专项安检签证】 为确保上海“亚信会”“南京青奥会”期间水上交通安全稳定，市地方海事处根据上级海事部门统一部署，进一步加强“亚信会”“南京青奥会”期间船舶专项安检和签证工作，市地方海事处在草堰海事所设点，归口办理赴上海、南京方向船舶专项安检和签证工作，活动期间，办理上海、南京方向船舶安检338起，船舶签证338起，未发现1起问题船舶进入上海和南京。

【旅游水域安全监管】 大丰市涉水风景旅游区6处，施耐庵公园、东方湿地公园、大丰港区海洋科技馆、大丰港日月湖、新丰镇荷兰花海、西郊生态公园游船项目，市地方海事处加强安全检查，督促经营人完成报备手续，落实安全管理制度和管理人员、设置救生设备。5月，市地方海事处调查全市风景旅游区船舶数量，游船57艘，其中5米以上船舶6艘。

（陈征涛）

信息化建设

【概述】 2014年，大丰市完善信息基础设施，推进电子政务，提升社会信息化水平，发展经济信息化，信息安全保障体系基本建立，信息产业发展良好。大丰市信息化进入全方位、多层次推进的新阶段，对经济和社会发展的基础性推动作用显现。

【信息基础设施完善】 完成电话接入网、综合业务数据网、移动传输网、数据城域网、广电双环网、数字电视等信息基础设施重点工程建设，形成大容量、数字化、覆盖全市各镇的信息传输网络。固定电话用户23.3万户，其中城市固话普及率99.8%，农村固话普及率97.6%；移动电话入网用户69.7万户，移动电话普及率96.6%；互联网固定宽带用户9.78万户；移动宽带用户39.61万户，宽带接入能力为城市100兆、镇100兆、农村家庭12兆；全市有线电视用户21.2万户，其中数字电视用户10.1万户。行政村光缆、自然村光纤到组通达率100%。无线通信网络覆盖率100%，无线城市建设推进有条不紊，形成覆盖“双核一带”公共场所的无线城市框架。

【信息产业发展】 大丰市15个软件和电子信息制造业企业纳入工信部统计体系。全年，电子信息制造业企业主营业务收入40亿元，软件业10亿元，增幅66.7%以上；7个企业被省经信委确认为“两化融合试点企业”。以东方1号创意产业园、电子信息产业园、大丰国际软件园为代表的产业园、大丰国际软件园为代表的产业载体建设进展顺利。

【电子政务推进】 大丰市电子政务工作在盐城市处于领先地位，政务内网建设覆盖全市130个部门和镇，铺设信息点900多个。全市40个部门和单位，5724项行政权力通过信息化手段公开透明运行；信息公开进一步完善，依托政府门户网站，48个政府部门、12个镇、2个开发区将教育、医疗卫生、劳动保障、交通出行、公共事业五大类100个子类网上政务信息对社会开放。行政办事效率进一步提高，行政服务中心项目审批BRT服务系统将综合受理、自动流转、并联容缺、限时办结、全程监督集于一体，使上线项目享受VIP服务，审批速度提高50%以上。

【电商平台建设】 大丰市工业企业互联网营销平台建设由大丰市高鑫投资有限公司投资，盐城市新时代网络科技有限公司负责运营和技术支持。数据中心和网络中心实现有效控制，采用网络管理设备，和H3C、天融信计算机硬件供应商等建设安全可信的硬件基础，保障数据的案例。与国内、国际的大型互联网站和商务平台（360、腾讯、百度、阿里等）合作。市工业企业互联网营销平台建立综合办公中心，建设自有研发中心，打造自营销售中心，22层营销中心大楼竣工，网络和设备安装调试，丰山集团、劲力化肥、多为集团10多个规模企业签约入驻，11月运营。

【农村信息化建设】 年底，启动农村综合信息服务平台建设，以服务“三农”为宗旨，以“智慧城市”建设为依托，坚持“政府主导、社会参与，统筹规划、分步实施”原则，以市级平台为基础，村级应用为节点，建设纵向贯通市、镇、村3级，上联省、盐城市的农村综合信息服务平台。建设1个农村综合信息服务门户和6个分平台（农产品市场信息服务系统、农村集体“三资”管理系统、土地承包与流转管理系统、农村社会管理系统、为农服务系统和“三农”咨询系统）。西团镇被省经信委评为省农村信息化示范基地。

2014年，大丰市政务内网建设覆盖全市130个部门和镇，铺设信息点900多个

【智慧旅游建设】 2014年，大丰市按照“政府主导、多方参与、市场化运作”的原则，围绕游客的智能服务和基于政府管理的智能管理2条主线规划建设，实现以游客互动为重点，进一步完善旅游功能。大丰市全力加快建设市智慧旅游综合平台，将14个景区统一规划、统筹管理、集中建设，促进旅游资源深度开发，放大旅游资源效益。全力推进“智慧景区”建设。启动荷兰花海智慧景区建设，游客进入景区通过智能手机，实时获知所在位置，在景点播报范围内，自动播放语音介绍，获知周围商家、公共设施等，并对景区管理者提供客流统计、车船调度、环境监测等方面的智能服务。大丰市积极争创国家“智慧旅游城市”建设试点城市。全面推动旅游与信息全方位融合，加速推进旅游咨询服务社会化、旅游管理信息化、旅游商务电子化、旅游营销网络化、旅游服务智能化，争取用2~3年时间建成“智慧旅游城市”。荷兰花海投入近100万元，接通20兆、50兆光纤宽带，实现无线网络全覆盖，官方网站、新浪官方微博全面启动，微博固定浏览者1.6万余人。

【服务高新技术区】 从招商引资到项目落户、企业运营，提供全方位服务和支持。积极为高新技术区申报各类项目资金，为高新技术区创牌。申报“三网融合示范区”。年初，高新技术区被省经信委授予“三网融合试验区”的称号。南大苏富特、盐城思科（百度推广）落户高新技术区。积极为入园企业争取各种财政资金，多次举办软企对接会，提高市企业信息化管理水平，提升入驻软件企业发展能力。

【无线城市建设】 6月，市政府办、经信委、电信、移动等单位相关负责人对全市无线城市建设工作调研。7月，全市召开无线城市建设工作推进会，明确科学编制规划，强化政策支持，严格督查考核。发布全市无线城市建设的意见，实现全市200个重点公共场所和领域Wi-Fi无线网络全覆盖，明确部分涉及机关事业单位、金融保险系统的办事大厅以及重要的公共场所的无线网络免费向公众开放。全市建成345个无线网点，其中免费网点125个，基本实现各金融网点、医院、大型酒店、车站和各办事机构等公共服务场所免费开放。

（肖红锁）

邮 政

【概述】 2014年，大丰市邮政局贯彻省、盐城市公司各项工作部署，深化改革，实现新突破，转型发展取得新进展。全局实现业务收入6991.54万元，同比增长8.13%，业务总收入列盐城市邮政系统第三。4月25日，省邮政公司联合太平洋保险公司在大丰邮政局成功举办车险知识专题讲座，省公司车险培训团队首次莅临大丰邮政局面对面指导，讲座围绕“如何提高车险营销能力”展开。

2014年，大丰市邮政局业务总收入列盐城市邮政系统第三位

【邮政业务】 开展跨年度竞赛、“走千访万”“夕阳红项目”等营销活动。成立农电费项目小组，与各镇供电所沟通洽谈，派员跟随下乡抄电表电工，宣传农电费预存代扣的相关政策，在全局开展“农电费预存代扣每月抽奖”活动。组织商易通、基金理财等专项竞赛活动，根据各网点实际情况，开展“夏秋粮棉”收购的吸储项目，突出重点，抢抓活期储蓄市场，改善邮储余额比例。2014年，全局金融总资产6.28亿元，余额净增2.38亿元。组织销售《畅游长三角》明信片册联票，销售1650册，实现收入12.87万元。加大对电商客户的走访和乡镇市场的拓展，全年完成小包业务222.92万元，日均795件，完成盐城市邮政公司下达全年计划的117.33%。全年实现函件业务总收入487.19万元，同比增长33.29%。开发校园发行市场，创新组织推进“光明书香节”等活动，2015年报刊大收订中校园报刊征订流转额78.18万元，同比增长128%。党报党刊收订在全区率先完成2015年重点党报党刊指标。2014年，完成发行业务收入490.1万元，同比增长8.34%。组织各类集邮活动，与省邮政公司联合举办1场高端邮品品鉴会。完成集邮业务收入233.56万元，其中完成定向邮品开发108.4万元，完成个性化邮票8050版，完成集邮文化礼品76.9万元，完成形象年册1500册，组织2015年新邮预订1989套。开展邮储短信分季度竞赛活动，按月下达竞赛目标，按旬组织点评，按日通报督查。探索“自邮一族”业务发展模式，通过印发宣传单、群发短信、LED广告等形式，提高业务品牌知名度。完成电子商务业务收入221.12万元，同比

增长13.9%。其中，短信收入159.93元；代办车险业务办理保单1436笔，形成业务收入52.4万元。推进“苏邮惠民”加盟店建设，重点做好连锁配送网络建设、农资分销、协议客户开发等工作，分销业务全年实现总收入171.32万元，收入规模列盐城市第二位。做好“爱心包裹”捐赠收寄活动，与市扶贫办、文明办等联合发文，号召社会各界为灾区学生送去关爱。加强窗口特快督导，改善窗口服务，加强代理速递业务的发展。完成包裹业务收入23.6万元、代理速递物流类业务收入45.85万元。

【企业管理】 改造网点、升级生产作业组织，撤销原邮件转投递班、分销物流部及人民路、金丰路储蓄所，优化整合人力资源。进一步完善企业内部分配制度，修订管理层绩效考核办法及一般员工绩效考核办法。定期召开邮银联席会议，加大联合检查力度。支持速递物流业务加快发展。加大人力资源盘活减员力度，全年盘活4名投递员和3名邮件分拣员转岗，向储蓄营业、客户经理等成长型业务发展。开展合规文化建设年活动，开展合规文化知识竞答赛活动，金融从业人员的合规意识和履职能力增强，邮政金融风险特别是操作风险的防控水平有效提升。实施“神秘人”服务检查评价和满意度测评工作。深入开展安全专项检查，落实安全生产责任制，防范涉银盗抢、电信诈骗案件，积极整改各类安全隐患，确保企业安全稳定运行。

【通信建设】 完成人民路、沈灶、白驹、草庙、万盈、龙堤、四岔河、三龙、丰富、南阳10个邮政网点改造。加强报刊亭、信报箱、ATM自助机等邮政基础设施的管理，全年增加7400个信报箱，更新1台ATM自助机。

【邮政文明创建】 加大对重要岗位工作人员和领导班子成员的廉政和拒腐防变教育，把反腐倡廉要求融入经营、服务、管理和支撑工作的各个环节中。做好文明创建工作，常态化开展“文明五大员”（做创建文明城市的文明示范员、文明宣传员、文明服务员、文明信息员、文明劝导员）特色邮路创建工作。组织广大员工参加全省邮政重大疾病医疗互助保障会，全年帮扶、慰问员工86人次，投入资金4万余元。丰富职工文化生活，举办“三八”妇女节踩气球活动、羽毛球比赛、乒乓球比赛等群众性文化活动。大丰邮政局举办合规文化知识现场竞答比赛，32名网点营业员参加比赛。

【校园报刊联谊活动】 4月19~20日，大丰邮政局、全市中小学学校、《广西教育》杂志社3方联谊会，分别在大丰城区和新丰、大桥、白驹3个镇成功召开。活动现场，市邮政局总结2013年校园报刊发行情况，对各个参与学校及刊社的支持表示感谢；《广西教育》杂志社就配合学校开展教学实践，提升学校综合素质与学校领导交流探讨。多所学校就2015年征订“毕业纪念刊”及《创新作文》等校园期刊达成意向，现场确定制作毕业纪念刊1000册，征订中学《奇趣故事》3756册、中学《创新作文》622册。

【邮政高考服务站】 6月7~9日高考3天，大丰邮政局积极参与，在高校招生考点设立邮政流动服务点，为考生和家长免费提供茶水、报刊、防暑降温用品和邮政业务咨询等服务。设点期间，免费赠阅《扬子晚报》1600余份，现场征订《扬子晚报》14份，出售《大学宝典》16本。

（高　燕）

电　信

【概述】 2014年，大丰电信公司以"市场为导向，客户为中心，效益为目标"，拓展业务，创新管理，提升服务，不断探索品牌建设和企业文化发展的新途径，促使各项工作取得新成效，确保企业持续、稳健、有效益地发展。完成国际口径收入1.86亿元，完成率100.07%，同比增长2.19%；完成考核口径收入1.847亿元，完成率99.83%。完成收支差额4100万元，完成年度预算的108.39%。

大丰电信公司被盐城市公司表彰为2014年度服务工作先进集体

【全业务快速发展】 年内，天翼出账用户净增1542户。网间天翼用户份额20.8%，比2013年末增长0.25%，天翼ARPU每部50.22元。4G终端BSS出库2450部。宽带净增4771部，总量8.7455万，ARPU值每部51.29元，宽带净增在盐城市列第一。iTV全年新增6720部。

【网络支撑强化】 开展“满意宽带·2014”“畅享4G·2014”“集约化维护”等专项装维建设活动，优化队伍结构，强化客户品牌服务，注重网络安全的优化和改造，进一步提升网络运行保障能力、市场响应能力和业务提供能力，为全业务发展提供有力支撑。全年完成资本性支出2413万元，预算指标的101%。

【通信质量改善】 强化装维服务质量管控，抓好派单整治闭环管理，做好装维服务质量日通报、周分析和月总结，优化问题工单的处理流程，提高问题工单的处理效率。配合流量经营，深度优化无线网络建设，弥补网络覆盖空洞，提高深度覆盖水平。开展基站安全达标整治工作，对政企支撑组织架构进行优化调整，设置专门的产品支撑工程师岗位，承接标准化产品的支撑服务。组织产品支撑人员参加省、盐城市公司春季大练兵、重点行业产品专项培训等活动。

【装维效率提升】 开展装维标准化班组创建、推进IT支撑系统的应用，不断强化装维能力，主要装维服务指标提升明显，48小时竣工及时率、24小时修障及时率保持稳定，催装率、催修率得到有效控制。首次回应率从77%提高到89%，催装催修响应及时率从91%提高到95%。ASSIA不稳定用户整治成功率超过90%。

【成本管控】 优化整合办公、维修类材料等管理制度，降低管理费用。对外包营业厅及出租房屋水电分表管理，全年收回水电费43万元。通过整合优化、包装提值等举措，对闲置房屋资源合理盘活，新增房租收入56万。结合自有厅外包及员工配置优化，清理外包人员32名，月均外包费降低11万元。

【服务质量提高】 大丰电信公司高度重视服务投申诉问题的督办与回单闭环管控，坚持每周服务通报、每月服务例会制度，强化服务规范的执行。对用户投诉有回音，有落实，改善渠道、投诉、产品、网络等8大客户接触点服务，全年无重大服务质量投诉及群体性服务投诉，关键指标控制在盐城市公司考核指标内，被盐城市公司表彰为2014年度服务工作先进集体。

【文明创建】 积极参加政府主导的市场秩序维护和公共设施保护、公共环境美化等志愿服务活动。组织33名志愿者参加义务劳动和交通执勤等活动。在卫生城市迎复审期间，公司领导上路指挥，维持车辆秩序，保持市容环境整洁，展现电信公司的公益形象。通过省、盐城市文明委的检查验收，被评为江苏省文明单位。

【电信科技创新】 高度重视成果创新工作，组队参加江苏省QC成果发布交流会，参与小组被评为2014年全国优秀质量管理小组，受到集团公司专项追加奖励。公司张苏军被评为江苏省全面质量管理卓越领导者。

【服务网点拓展】 全面启动“核心商圈及镇手机攻坚”专项竞赛活动，加速电信服务网点的布点进程，拓展核心商圈店23个，镇核心商圈卖场店16个，城区网点7个，完成镇全网通卖场建设28个，截至12月底，各类门店96个。

（姜晓东）

联　通

【概述】 2014年，中国联合网络通信有限公司大丰市分公司（简称中国联通大丰分公司）全面贯彻落实总公司“发展、创新”精神，按照年初确定的各项目标，解放思想，锐意进取，做好各项经营管理工作，实现公司各项业务稳定发展，完成年度各项任务。

【运营状况】 中国联通大丰分公司注重各级服务网点建设管理，服务点遍及全市镇村，各项经营指标排名列盐城市县公司前列。拓展城乡市场3G、4G业务，加强集团客户体验，丰富实用的行业性产品。年内，中国联通大丰分公司新办公楼落成，位于大丰市健康东路77号。

【企业管理】 围绕公众、集团、校园和互联网4条营销主线，实施全方位的支撑、服务和激励。夯实基础，建设文化，打造队伍，培养人才，实现公司量质效的全面提升。按照盐城市公司统一部署，推进激发基层营销单元活力的落地实施。

【电商产业助力】 中国联通大丰分公司与大丰市电商产业园达成合作协议，提供优质通信服务助力市区电商产业；中国联通大丰分公司与大丰市三龙镇人民政府合作，推进三龙镇电商发展；中国联通大丰分公司提供满足电商产业发展的优质通信服务，配合各镇政府培训农民开设网店，助力各镇电商产业。

（钱洁伟）

2014年，中国联通大丰分公司搬迁新办公楼

移动通信

【概述】 2014年，中国移动通信集团江苏有限公司大丰分公司（简称中国移动大丰分公司）深入贯彻“推动科学发展、促进社会和谐、服务人民群众、加强基层组织”的总体要求，鼓励和支持员工组织、参与各类社会公益活动，开展“为民服务创先争优”活动，做好各项文明创建工作。在岗职工202名，运营收入2.6亿元，保持7%左右的增长率，是大丰增幅最高、发展最快、规模最大、效益最好的电信运营商。

2014年，中国移动大丰分公司在网用户44.7万户

【运营状况】 年内，中国移动大丰分公司在网用户规模44.7万户。公司不断优化服务网点，自办及合作营业厅111个，各级服务网点遍及全市镇村和社区，覆盖率近100%。提供GPRS手机上网、宽带上网、飞信、彩信、服务密码、短信息、信息点播、呼叫等待、呼叫转移、话费清单自助打印等各种移动数据和服务业务，加大电子渠道硬件设备投入，开展便捷服务业务推广。4G站点近400个，实现主城区全覆盖、各镇镇区连续覆盖，4G用户超过8万户，户均流量超过500M左右。

【客户服务】 中国移动大丰分公司继续推行“便捷服务，满意100”“我为移动加10分”主题活动，实施差异服务体系建设，举办“优质服务，十分满意”“3·15总经理接待日”“一线穿越”等多项服务活动，被省、盐城市公司评为先进集体、先进分工会、为民服务先进窗口单位，客户满意度行业领先。

【荷兰花海智慧旅游】 荷兰花海智慧旅游项目是盐城首家智慧旅游平台，内容包括：Web门户网站建设、微信公众平台建设、一卡通系统建设、户外触摸屏系统建设，拓建停车场管理系统、客情监控系统，实时监控系统。游客通过终端注册会员，订票订餐，树种认购；在网站和微信上了解各种信息；通过商城购买东西，在社区上交流心得、在微信分享旅游美景；通过电子屏查看信息；通过微信打印机打印照片；通过微信、APP进行导游、导航、导览和导购；分享游玩图片和心情。9月，在江苏省智慧旅游推进会上，由中国移动大丰分公司承建的大丰荷兰花海智慧旅游项目获得“江苏省智慧旅游优秀项目”称号。

【数字化城市建设】 中国移动大丰分公司与大丰广电公司、盐阜公路集团大丰分公司、大丰市人民医院、大丰城市公交有限公司合作4G即摄即传、4G车载监控等项目，为大丰人民的生活提供方便，提升民众生活质量和社会满意度，中国移动大丰分公司进一步发挥技术优势，促进改善民生工作，促进社会和谐进步，为国民经济和社会发展做出新贡献。

【助力政企信息化】 中国移动大丰分公司签约市司法局社区纠正项目、江苏方强戒毒所警务通项目、华丰工业园视频会议项目、荷兰花海智慧旅游项目、国检局视频监控、水利局视频监控、创一汽车视频项目、环保局蓝天卫士项目，提高政企办公效率及信息化程度。

（明　进）

供　电

【概述】 2014年，大丰市供电公司抢抓发展机遇，加快沿海电网建设，推动绩效管理和企业文化建设，加强基层党的建设，提高全员职工素质，超额完成全年目标任务，各项工作进位争先，连续6年获得大丰市综合先进奖。年内，全社会用电量52.74亿千瓦时，同比增长10.15%。其中，第一产业用电1.6亿千瓦时，同比增长4.39%；第二产业用电44.94亿千瓦时，同比增长12.64%，其中工业用电量44.62亿千瓦时，同比增长12.63%；第三产业用电2.36亿千瓦时，同比增长1.63%；城乡居民生活用电3.84亿千瓦时，同比下降6.99%；日供电最高负荷88.96万千瓦，同比上升8.16%。

【安全管控】 市供电公司严格执行各项安全生产规章制度，全面落实各级各类人员安全责任，开展“零违章班组创建”活动，深入现场做好春、秋、冬、迎峰度夏安全大检查。强化安全联动协作，同经信委、安监、环保等部门，对全市化工、钢铁、纺织等237个高危和重要客户开展安全生产专项检查，发现缺陷均书面告知产权单位并以公文形式上报，持续跟踪整改。配合水利部门，对全市311座排涝站进行安全诊断，并提交诊断报告。以

2014年，大丰城网、农网供电可靠率以及电压合格率，均高于国家电网公司服务标准

“事要解决”为核心，及时排除各种不稳定因素，公司系统未发生越级上访和集访事件。截至2014年年底，公司安全生产6343天。

【电网建设】 市供电公司坚持“提前谋划、超前规划、满足发展要求、留有建设余度”原则，全力推进大丰地区电网建设。组织专业人员分组调研大丰各地区用电现状和电网需求情况，修编大丰地区电网“十三五”规划，按区域完成电网中压规划。《大丰经济开发区高中压配电网规划》《盐丰产业园区电力规划》通过初审。加快电网主网建设，2年内，大丰电力主网投资4.39亿元，完成500千伏双草、220千伏围海扩建、110千伏祥云输变电工程、汇流站3条220千伏线路工程，推进220千伏大丰汇流站和220千伏永泰输变电工程建设，开工建设110千伏泰新输变电和110千伏川南输变电工程，新增变电容量12.15万千伏安，新增35千伏及以上电压等级输电线路87.05千米。加快“一流配电网”建设，大丰地区2014年配农网建设投资3.58亿元，新建改造配电线路261.2千米，新增改造配电变压器758台25.5万千伏安，全市209个行政村实现“村村电气化”。2014年，大丰城网供电可靠率99.99%，农网供电可靠率99.96%，城网电压合格率100%，农网电压合格率99.68%，均高于国家电网公司服务承诺要求。

【企业管理】 市供电公司开展依法治企自查自纠专项活动，补充和强化各项内控措施13项，规范并严格执行公司“三重一大”（重大问题决策、重要干部任免、重大项目投资决策、大额资金使用）决策程序和内容，企业管理规范化进程加快。深化“日事日清”工作要求，确保年度各项重点工作有效落地。科学配电网运行管理，开展带电作业334次，有效减少停电时间，提高供电可靠性。深化营销基础业务精益化管理，成立营销专业运营监测组，实现电费、稽查等营销核心业务的在线监控。加强科技创新，1项课题获全国QC小组成果发表赛一等奖。强化同业对标过程管控，业绩、管理、综合排名分别位列全省同区间41个县公司第9、12、11位，各项指标进位争先。持续开展县供电企业和供电所管理提升工程，大丰港供电所被评为国家电网公司供电所队伍建设标杆。

【供电服务】 市供电公司开展“智慧苏电·幸福民生”“电力体检”“夏日生产服务直通车”等活动，排查各类缺陷隐患，助力企业节能增效。积极服务地方重点项目，开辟盐淮高速公路建设“绿色通道”，促成联鑫钢铁第3台主变按期投运，盛川公司第2台主变提前6天投入运行，“五心”党员服务队获省公司“苏电排头兵”称号。推动新能源项目发展，为全市7户分布式光伏发电项目提供一站式并网服务，促成联鑫钢铁余热发电项目通过核准，正辉光伏二期和恒北村屋顶发电项目按期投运。举办民营企业座谈会，开展全市电工技能培训与比武，完成大丰港海洋生物博览会、鹿王争霸赛直播、中高考等40多项保电任务。

【党建工作】 市供电公司深化“丰电头雁”党建特色品牌创建，运维检修部被省电力公司授予“电网先锋党支部”称号。开展支部书记带队明查暗访，印发专题简报6期、专题片2部，整治“慵懒散奢”等不良风气。开展“加强制度教育 树立红线意识”主题教育活动，营造干事、干净氛围，大丰港供电所被评为大丰市第一批廉政文化建设示范点。开展“庆三八”拓展、“劳模精神集中宣传”等活动，公司工会被评为全国电网企业最具活力工会，公司员工丁勇获“盐城好人”称号；杨建华获“大丰好人”称号。引入“志愿服务积分制”，组建“一起来吧”公众号和微信群，设立“电奉善”爱心助学基金，公司志愿服务工作代表大丰市接受盐城市文明办检查并获高度赞誉。推进班组精益化管理，开展“一班一特色”创建活动，建立“专家轮值检查制”，打造西团供电所“团”文化等班组建设精品工程，公司二次系统检修班被评为省公司工人先锋号。

（卢 艳）

〖编辑 陈琴琴〗

发展和改革

【概述】 2014年，大丰市按照“两稳定（经济稳定、社会稳定）、三突破（改革有新突破、项目有新突破、载体有新突破）、四提升（提升农业及农村发展水平、沿海开发水平、生态环境建设水平和民生工作水平）”的要求，更加突出转型发展，更加突出港城建设、更加突出城乡统筹，更加突出生态文明，更加突出民生改善，全力改革创新，经济社会呈现稳中有进的良好态势。

【编制经济发展计划】 年初，市发改委调研分析2014年国民经济和社会发展计划执行情况，科学编制2014年国民经济和社会发展计划目标。市发改委印发《大丰市2014年国民经济和社会发展计划》，对全年经济工作的目标任务进行分解、细化，强化经济发展责任制的落实。根据市委工作会议、市政府常务会议的精神，制订《关于起草2013年国民经济社会发展计划执行情况和2014年国民经济社会发展计划草案报告的情况汇报》。继续执行好各类价格政策，加强收费管理，加大价格检查，全力推进价格管理服务沿海开发。

【项目建设】 盐城市“三重”工作涉及大丰市的26项（其中重大项目8个、重点工程9个、重要事项9个）完成投资106.8亿元。5个牵头重大项目完成投资54.3亿元（其中博汇纸业二期26亿元、大丰海洋产业园15.5亿元、恒天创丰重工机械4.5亿元、汇坚国际商贸城5.5亿元、云南英茂精炼糖2.8亿元）。1个牵头重点工程港城建设完成投资25.5亿元。5个牵头重要事项：国家级孵化器通过科技部火炬中心两轮专家评审和答辩环节，申报成功；自由贸易港已委托商务部研究院编制方案，上海市政府和江苏省政府联合出台《关于共同发展沪苏大丰产业联动集聚区的意见》，9月3日上海市市长杨雄到大丰上海农场调研，省长李学勇到大丰接待，并就加快集聚区建设形成一致意见。上海方规划，上海与江苏共同组建的开发投资公司注册资金5亿元，上海方占70%，江苏方占30%。上海临港集团到大丰进行调研。集聚区挂牌，启动区（原光明工业园）道路、标准厂房建设全面展开，江苏人酒业、明珠重工、紫菜加工、双胞胎饲料等项目落户；国家AAAAA旅游景区（点）通过专家审查，取得审查意见，并按AAAAA景区的要求完成星级公厕、生态桥及鹿王展示区，完成电力设施，加快推进土方工程、游客中心、景区大门、游步道等基础建设；报税物流中心相关批准手续报至海关总署，建围栏和入口大桥在建。29个列入盐城市考核的八大类重点工程完成投资67.94亿元、占年计划的111.7%。大丰市“三重”项目40个完成投资97.63亿元。150个百项重点工程及重点续建项目，全年完成投资178.63亿元，全市落实上级项目476个，到账资金212956.2万元，占年计划的127.2%。

【沿海发展步伐加快】 2014年，沿海开发主阵地——大丰港经济开发区完成公共财政预算收入17.73亿元，规模以上工业企业开票销售232亿元，实际利用外资7575万美元，新增规模以上定报企业7个。成功举办2014年大丰港海洋生物博览会，吸引客商10万人次，签约投资与贸易总额92.14亿元。港口规模迅速扩大。大丰港《绿色循环低碳港口主题性项目实施方案》通过国家交通运输部评审，大丰港成为江苏沿海继连云港之后的第二个低碳主题性港口。大丰港三期通用码头全面建成通航，10万~15万吨级外海深水航道工程获得国家、省6.14亿元资金补助，二期码头扩建工程、滚装码头、盐淮高速大丰港段等加快建设。重大项目提质增效。大丰港大宗商品展示交易中心正式上线，临港现代物流服务业产值突破85亿元，总投资500亿元的江苏博汇2014年开票销售突破100亿元，国储能源、鸿明重工汽配等项目加快建设，石化新材料、港口物流等临港产业形成百亿级规模。总投资20亿元的中汽汽车试验场，集研发、设计、测试、服务于一体，为亚洲最大、世界一流，年内部分建成对外开放。海港新城强势崛起。港城启动区框架全面拉开，路网框架及绿化工程加快实施，诚通国际二期、人才公寓三期、星湖花园三期等开工建设，建成省级绿色节能示范区。威尼斯人美食街、港城小镇影院对外营业，大丰港汽车客运站启用，大丰港实验幼儿园开园。采取鼓励职工购房、入住港城等举措，推进港区人气集聚，港城常住人口3.8万人。蓝色旅游全面打响。大丰港动物园建成开放，大熊猫、麋鹿、丹顶鹤三大国宝齐聚大丰。总投资20亿元的海盗王国加快建设。围绕“科普、互动、体验、探秘”四大特色，海洋世界海洋儿童乐园、休闲餐饮食品坊建成对外开放。

2014年，江苏博汇集团开票销售收入超100亿元，是大丰市首个开票销售收入突破100亿元的企业。图为博汇纸业生产车间　万成　摄

【接轨上海】 大丰市抢抓“长三角”一体化和江苏沿海开发两大国家战略叠加的机遇，坚持“沿海开发、接轨上海”两海齐抓的核心战略，以沿海策应上海、以上海提升沿海，全力推进科学发展、跨越发展。园区共建加快推进。加强与上海杨浦区政府合作，着力推动杨浦投资项目向杨浦大丰工业园加速集聚，上海项目累计落户23个。与上海孙桥现代农业开发区合作建设的丰收大地现代农业示范区加快推进，投资1.5亿元的傻明食用菌一期项目和投资1.2亿元的林木食品项目竣工投产。“大地丰收”农业创意产业园竣工，入驻上海创意企业6个。海洋生物医药产业园加强与上海张江集团全方位战略合作，上海海嘉诺公司投资的3亿元以上药业项目建成投产，海嘉诺生物医药研发服务中心加快建设。产业合作成效明显。针对上海建设四个中心和产业发展的趋势，坚持把上海作为招商引资的主要目的地，在上海设立15个驻点招商站，分区域登门招商。在上海围绕金融、旅游、人才、城建和服务业、知青等主题举办招商推介活动10多次。截至2014年，大丰市承接上海产业项目200多个，上海光明集团、纺控集团、建材集团、华谊集团等一批重大产业项目落户大丰。上海自由贸易区大丰市联络处挂牌，上海股交中心大丰联络服务代表处成立，8个企业通过大丰联络处成功登陆上海股交中心。全面合作不断深化。组织年轻干部赴上海浦东干部学院培训，邀请上海资深专家到大丰举办“每月一课”讲座。深化与上海医疗、交通等方面对接合作，上海与大丰医保一卡通签约上海市中山医院、长海医院、红房子医院和肿瘤医院；上海与大丰交通一卡通推广使用。提升教育、旅游合作，与上海海洋大学合作的GCT研究生班已开班，与旅游热线（上海）联盟签订《上海人游大丰》合作协议，与上海旅游行业协会签订战略合作协议。上海知青农场被江苏省广电局认定为省级影视基地，新馆建成开放。

【经济结构优化】 海洋生物产业园建成国家农业科技园，新能源淡化海水产业园建成国家海洋经济创新发展区域示范区，大丰经济开发区申报国家级开发区取得突破性进展，电商产业园“鸡毛信”“宅办公”等电商企业进驻大丰运营，国际软件园百度、IBM、中信、大丰电商网络营销平台、居家养老智能化、云计算中心等150多个企业进驻大丰，招用从业人员1500多人。大数据产业园硬件建设加快推进。发挥江苏海洋产业研究院引领作用，利用海晶、高投两大创投中心，吸引更多科技成果在大丰孵化、转化。大中镇恒北村被国家科协命名为农村科普示范基地，江苏明月海藻综合利用工程中心获省发改委同意建设，丰海淡化海水工程技术研究中心获得省科技厅认定，风电产业园区被省经信委认定为省级特色产业集群，金色农业省级博士后创新实践基地获省人社厅命名，大丰港绿色循环低碳港口获省交通厅命名，丰东热处理、森威精锻、谷登机械、凯嘉胶带、双科电气、燃气设备、真鹿科技、建龙机电等8个企业研究生工作站获省科技厅同意建设，丰东热处理国家级企业技术中心通过国家发改委第三轮专家评审。全年成功创建各类品牌54个。

【企业重组进程加快】 美国TPI公司重组江苏尔华杰能源设备有限公司，项目总投资5亿元，注册资本2000万元，新上大功率兆瓦级风机发电叶片生产线，在大丰成立迪皮埃风电叶片大丰有限公司，改建生产厂房，订购部分设备并投产，2014年完现开票销售1.26亿元，项目全部建成后形成年产10亿元的生产销售能力。大丰市汇鑫金属磨料制品有限公司以股权转让方式进行企业重组，投资800万元，新建12000平方米的标准厂房，主要生产经营各类汽车零配件的铸造件。丰山集团的上市工作，有实质性进展，股改全部结束，营业执照已变更。原大丰经纬机械厂被盐城客商整体购买，新注册成立“盐城铭元机械配件厂”，投入300万元购置专业机械设备，新上粮食机械配件制造项目，顺利投产运营。万达纺织公司总资产2.4亿元，有8万环锭纺纱锭，年开票销售超3亿元，上缴税金超1500万元，该企业与外地客商的重组备忘录已经签署，等待对方参股资金入账。大丰市绿野家纺有限公司、华冠服饰有限公司、大丰市爱尔乐工艺品有限公司、盐城新天顺啤酒原料有限公司、盐城久昌机械有限公司等一批企业成功重组。

【严格执行价格政策】 市发改委加强“菜篮子”价格监管，结合实际，优化监测点布局，增加监测覆盖面与监测品种，定期比对分析价差原因，提出解决措施，及时通过报刊公布价格信息。全力优化价费环境，对市直171个收费单位进行年审，注销收费许可证7个，建议整改5个。推进平价商店管理，坚持一手抓平价商店规模建设，一手抓平价商店质量管理，全市建成并通过省验收平价商店12个。抓好民生热点监管，加强教育、医疗、水价、农资、物业等民生价格监管，强化收费公示制、督查制和问责制，逐步规范行为。完善农本调查工作信息反馈制度，注重农本资料发布利用，被政府及各类媒体录用信息13篇（次），其中省以上媒体10篇。组织开展教育收费、旅游价格、涉农价费、车辆救援清障服务及涉案车辆停车场收费、商品房明码标价等价格专项检查，及时查处价格违法行为，直接受理价格举报和投诉20余件、价格咨询41件、信访5件、上级转办价格举报3件，退还消费者0.3万元，查处20余起价格违法案件，罚没款入库650万元。开展价格认证，全年完成公安机关委托的涉案财产价格鉴证245件，司法机关委托的涉案财产价格鉴证20件，道路交通事故车损物损价格认定63件，其他非涉案财产价格认定41件。

（徐耀之　葛亚洲）

国土资源管理

【概述】 2014年，大丰市国土资源管理工作以“保障发展、保护资源、维护权益、服务社会”为职责，以改革创新为动力，以资源节约集约利用为战略，切实保资源、维权益、抓节约，取得较好业绩，被评为盐城市国土资源管理工作综合先进集体，获得大丰市“精神文明建设和宣传思想文化工作奖”“服务发展创新创优和深化改革工作先进奖”等荣誉。

【用地保障】 市国土局在国家用地计划偏紧，资源供需矛盾突出，特别是在全市承载南北共建区园多、经济板块多的情况下，采取控增量、挖存量、提质量等系列措施，全力落实上级规划空间和建设用地指标，满足项目用地需求。围绕市政府确定的重点工程，对160个总规模400多公顷的项目进行土地利用总体规划一般性修改，保证项目落户。启动土地利用总体规划中期评估性修改工作，编制规划评估的相关资料，为争取土地流量奠定了基础。全年通过点供、独立选址等途径争取到各类用地指标245.47公顷，累计供地537.53公顷，其中国家计划92公顷，争取3个点供项目70公顷（占盐城53.8%，占全省12.5%）、5个独立选址项目70公顷、常州高新区节约用地奖励指标6.67公顷、补充耕地交易指标任务奖励计划7.8公顷、城乡建设用地增减挂钩50公顷，切实保障了各类用地需求。围绕改革创新要求，开展节地水平、产出效益“双提升”行动。研究出台《全市深入推进国土资源节约集约利用“双提升”工作的意见》，着力实施“空间优化、五量调节、综合整治”战略，核减项目用地17.6公顷，对10宗用地规模超过6.67公顷的建设项目实行分期供地，盘活闲置低效用地71公顷，提升了全市节约集约用地水平。把城乡建设用地增减挂钩作为“两化”建设用地保障的主要途径，实施增减挂钩复垦项目102个，建设总规模54.81公顷，新增耕地54.38公顷。全年办理宅基地审批项目534户10.40公顷，办理临时用地47宗8.06公顷，设施农业用地146宗189.09公顷，有力支持了规模化养殖业、种植业发展，增加了农民收入，带动了农民致富。

2014年，大丰市通过平整土地新增耕地413.33公顷

【土地储备】 市国土局全年储备土地35公顷，收回土地36宗165.8公顷，出让储备土地为城市建设筹措资金4.1亿元。对18.67公顷征收储备土地实施“三通一平”，充分发挥了储备中心的“蓄水池”作用。

【耕地保护】 市国土局开展耕地后备资源和高标准基本农田调查工作。全市耕地后备资源总面积为

14593.33公顷，新增耕地面积10180公顷；全市可完成高标准基本农田保护区总规模为15.81万公顷，其中可实施高标准基本农田10.71万公顷。

【土地复垦整理】 全年实施耕地占补平衡入库项目23个，总建设规模1260公顷，新增耕地446.67公顷。在建省以上土地整治项目6个，总建设规模25160公顷；通过省国土厅验收项目4个，总建设规模5446.67公顷，新增耕地413.33公顷，有效改善了农村基础设施条件和农业生产条件，提高了耕地质量和土地利用率，为全市城乡统筹发展和拓宽新的用地空间起到了积极作用。

【地籍与测绘管理】 大丰市地理国情普查顺利通过省级预检；率先通过盐城市局国土资源"一张图"核心数据库及管理系统验收，为国土推进"四全"（全流程优化审批、全区域便民服务、全业务网上办理、全节点效能监管）服务奠定基础。完成2013年全国土地变更调查工作，保证全市土地利用数据的现实性和准确性。全年办理土地使用权证11000宗，土地登记规范化建设逐步加强。

【土地执法监察】 大丰市国土局全力做好2014年土地卫片执法检查工作，确保整改工作落到实处。出台《关于严禁土地流转占用耕地发展匡围水产养殖的紧急通知》，开展围田养殖专项整治。市国土局、检察院、法院、公安局、供电公司等部门建立了联合执法办案制度，形成执法合力。全市立案查处土地违法案件9宗。

【征地补偿】 大丰市严格执行苏政发〔2011〕40号文精神，遵循"确保被征地农民生活水平不降低，长远生计有保障"的原则，按标准进行征地补偿。全年新征地54宗128.02公顷，涉及补偿户595户，通过征地补偿专户发放补偿款5168.08万元，按时足额到位率100%，未发生一例拖欠，有效维护了被征地农民权益。

【国土资源专项审计】 大丰市政府迅速成立迎审工作领导小组，市各相关部门高度重视，密切配合，认真准备，保证了为期两个多月的全市国土资源专项审计工作健康有序进行。通过这次国土资源专项审计的全面"体检"，增强了全市上下依法用地的意识，使全市国土资源管理工作得到规范。

（黄卫锋）

国有资产管理

【概述】 2014年，大丰市人民政府国有资产监督管理办公室（简称国资办）按照市委、市政府国有资产管理工作要求，齐心合力，积极履职，在抓好基础管理的同时，拓展思路，稳中求变，突出重点，国有资产管理工作取得新突破。资产统计报表工作受到盐城市国资委表彰，被盐城市国资委评为2013年度国有资产统计报表工作考核一等奖。

【行政事业单位资产管理】 市国资办多措并举，推动资产优化配置，促进国有资产保值增值。加强经营性资产管理，做好行政事业单位资产出租出借审批、出租出借合同分类管理，推行经营性资产公开招投标制度。全年集中管理合同154份，征收行政事业单位租金收入507.6万元，收回行政单位到期办公用房14间600平方米，成功组织公开招投标4次，增值517.9万元，增值率328.1%。规范资产处置管理，对申请资产报废金额较大或报废资产异常的，逐项进行现场检查、审核；能公开处置的，统一按照公开处置程序规范处置。全年审核处置报废资产3527.77万元，公开处置资产4次，增值60万元，增值率8.95%。做好国有资产统计工作，对全市行政事业单位资产信息系统数据进行审核、汇总。截至2013年底，纳入资产系统的单位305户，资产总额为71.01亿元，固定资产总额为22.86亿元，比2012年增加14.92%。其中，行政单位资产总额43亿元，固定资产7.59亿元；事业单位资产总额28.01亿元，固定资产15.27亿元。

【国有及国有控（参）股企业国有资产管理】 市国资办认真做好国有及国有控（参）股企业国有资产统计工作，组织召开全市国有及国有控（参）股企业财务负责人会议，全面布置和落实2013年年报编制工作，建立国企管理QQ交流群，帮助解决报表填制过程中遇到的问题和困难，全市107个国有及国有控（参）股企业全部按时上报。截至2013年底，国有及国有控（参）股企业资产总额522.69亿元，负债总额312.38亿元，所有者权益总额210.31亿元。做好国家出资企业年检工作，及时掌握全市国家出资企业国有资产占有、增减变动、经营及二、三级全资、控股或参股动态情况，健全完善全市国家出资企业国有资产管理基础资料。全年完成132个企业年检，完成109个年检企业2013年主要经济数据的统计。通过年检，提高了企业对产权登记工作的重视，促进了企业国有产权登记管理制度的完善，推动了全市产权登记工作再上新台阶。

【港区国有资产管理】 市国资办开展港区国有资产管理情况调研，对港区国有资产管理情况、海港控股集团经营及对外投资情况等进行分析，了解港区深化企业改革、港口上市、印尼项目、港城置业销售等情况，并针对存在问题，提出了五个方面的建议，包括：健全组织，完善国有资产管理体制；优化结构，不断提高企业竞争力；完善治理，加快建立现代企业制度；强化责任，健全企业国有资产管理制度；注重效益，建立国有资本经营预算制度和资本配置机制等，为领导决策提供参考。根据市委、市政府的安排，从3月开始，着手推进港区国有企业改革，制订改革工作方案，明确深化国有企业改革的指导思想，有计划、有步骤地组织开展了港区范围内国有企业的清产核资工作。截至2014年10月20日，港区登记企业129个，完成80个企业的数据初审工作，其余企业的相关资料收集和数据采集工作同步进行。4个下属试点企业的改革工作按计划稳步推进。

【解决国企职教幼教退休教师生活待遇和企改遗留问题】 市国资办研究对照相关文件精神，全面梳理企业及群众反映的问题，多次与上级相关部门对接沟通，明确处理意见，统一实施标准。坚持规范操作和公开、公平、公正的原则，审核每一份档案，确保每一位符合条件的退休教师待遇的落实。对企业来访职工反映的问题逐项进行调查了解，向市政府提出解决建议，安排资金154万元，妥善解决了原新盛百货改制遗留问题和供销学校拖欠51人“五金”问题，有效化解了社会矛盾，为企业发展和社会稳定奠定了坚实的基础。

【融资平台建设和园区服务工作】 市国资办不断优化工作作风，提升服务水平，积极参与城东新区、滩涂公司建设，做好融资平台企业上市、债券发行、资产整合等各项服务工作，确保在执行好各项制度的同时，服务好政府融资平台、十大园区，细致审核每一笔政府采购项目，保证建设资金合理有效使用。加强滩涂资产管理，在充分调研的基础上，结合2013年考核的实际情况，制订市沿海滩涂投资公司2014年工作目标及考核细则，细化考核奖励内容，更大程度地发挥滩涂资产的使用效益，确保滩涂国有资产保值增值。全年国有资产收益3000万元。

（吴渡生　韦礼和）

招标采购管理

【概述】 2014年，大丰市招标采购管理办公室按照大丰市委十一届四次全会的部署，坚持“转型发展、稳中求进”的总基调，深化改革、创新思路、规范操作、提高服务、强化监管，全市招标采购工作再上新台阶。全年完成各类招标采购项目673宗，项目预算63.18亿元，实际支付56.2亿元，节约资金6.98亿元，平均节约率11.04%，被盐城市公共资源交易管理办公室评为盐城市公共资源交易工作综合先进单位、被市政府评为政府信息公开工作先进集体。市招标采购交易中心连续三次被省住房和城乡建设厅核定为“一类交易中心”。

【招投标管理机制创新】 大丰市招标采购管理办公室对与《招标投标法实施条例》不相符的各种文件和规定进行清理，对招标文件范本进行修订、补充和完善；同大丰市检察院联合推行行贿犯罪档案查询制度，与大丰市检察院建立信息共享查询平台，明确将行贿犯罪档案查询作为招投标必备程序；配合大丰市住建局印发《关于实施建筑工程项目招标控制价备查的通知》，规范国有资金建筑工程项目造价行为；严格审核各代理公司制作的采购类招标文件各类参数设置，逐步做到不限制品牌和产地，降低资格要求，无偏向参数，鼓励国内自主品牌，支持中小企业的产品。

【招投标服务措施改革】 大丰市招标采购管理办公室推进电子招标投标，做好与江苏省5.0监管系统数据对接的基础工作，修改和完善数据和系统，方便招标采购双方，减少招投标成本；取消投标报名环节，将以往投标人携带纸质材料到现场报名的方式改为在网上自行下载招标文件，自主决定是否参加投标，尊重投标人的选择；实行容缺预招标制，对全市重点项目和民生保障工程开辟绿色通道，允许招标人在前期手续不齐全但具备有关部门承诺的情况下，先行进入招投标程序，其后在规定的时间内补齐相关手续，确保工程进度；主动开展走访活动，组织工作人员走访“五区十八园”、各镇，了解沿海开发项目和经济建设重点工程，提前介入项目，收集服务信息，为下一阶段工作的开展打好基础；降低各类建设工程施工（含装饰装修）及材料、设备采购的招标项目交易综合服务收费标准。

2014年1月，大丰市召开贯彻《招标投标法实施条例》培训会
刘文辉 摄

【招投标公共资源交易市场秩序清理工作】 大丰市招标采购管理办公室按照党的群众路线教育实践活动要求，牵头负责大丰市公共资源交易市场秩序清理工作，制订实施方案，细化责任分工，深入排查问题；坚持投标人的投标保证金必须以企业法人名义，从企业的法人基本账户缴纳，研究推进投标保证金网上支付、投标人主要管理人员信息与社保系统联网查询等功能；增加在开标现场随机确定的评标因素，减少评标过程中主观因素的比重；强化开评标过程监管，建设单位除甲方评委外其他人员不得进入评标现场，招标代理原则上

只允许项目负责人1人进入评标现场提供服务；利用身份证读卡器、指纹识别器对按招标文件要求出席开标会议的投标人、参加评审的评标委员会成员以及参加开评标活动的招标代理人员等人身份进行认真核查，切实维护开评标现场秩序；加大对违规行为的查处力度，对电子招投标中发现的3个项目6个投标单位、10个购买招标文件后无故不参加投标的单位进行了处理。

【招投标专家考核加强】 大丰市招标采购管理办公室强化对专家评委的考勤考核工作，细化考核，做到一标一考核；加强专家评委的继续教育、学习培训工作，端正评委工作的态度，提高业务水平；做好评委的信息动态管理，形成评委的电子资料，实行实时动态维护，方便评委信息查阅，正确回避与项目有关的评委；做好增聘评委的审核与管理，对当年增聘的不同专业的38名评委进行审核、分类，并进行上岗前培训，充实大丰市招投标专家评委库专业力量。

【招投标中介机构整顿】 对进入大丰市场的招标代理机构进行严格登记备案，按照江苏省、盐城市主管部门的要求，对不具备资格条件的公司和从业人员，一律拒绝进入大丰市招投标市场；对招标代理机构从业人员进行相关法律、法规和职业道德的培训，督促招标代理从业人员不断加强业务学习，全面提高招标代理行业素质和业务水平；加强招标代理机构的动态管理和考核，对招标代理机构人员资格和业务办理情况进行抽查，对行为不规范的招标代理机构提出整改意见，防止和纠正招标代理机构的违法违规行为；落实《盐城市工程招标代理机构及其从业人员不良行为及记分标准》，对代理机构及从业人员一标一考核，对达到一定分值的及时予以通报处理。

【规范国有资金建筑工程项目造价行为】 大丰市招标采购管理办公室为加强大丰市建筑工程招标控制价的监督管理，规范工程造价计价行为，维护招投标各方主体的利益，根据《江苏省建设工程造价管理办法》（江苏省政府令第66号）和江苏省住建厅《关于房屋建筑和市政基础设施工程贯彻招标投标法实施条例的意见》（苏建规（2013）4号）等有关法规文件规定，结合大丰市实际情况，大丰市招标采购管理办公室和大丰市住建局联合出台《关于实施建筑工程项目招标控制价备查的通知》的文件。文件要求从2014年2月1日起，凡大丰市行政区域范围内的新建、扩建和改建的国有资金投资或国有资金投资为主的工程建设招标项目，均要实施招标控制价网上审核备案。无大丰市工程建设造价管理办公室出具的“大丰市建设工程招标控制价备查表”，有关部门对项目招标公告、招标文件不予受理。

【督查中央预算内投资项目建设】 3月8~12日，大丰市招标采购管理办公室会同大丰市发改委、大丰市财政局、大丰市审计局成立联合督查组，对大丰市行政区域内的中央预算内投资项目建设情况进行督查。此次督查重点对中央预算内投资补助和贴息项目的立项审批、建设运行管理、项目综合效能效益发挥、资金使用情况等各个环节进行检查，确保不留盲点，不留死角，充分见底。督查组实际查验新丰镇1.1万吨/日污水处理工程、大丰联丰污水处理厂一期工程、大丰市急救中心建设工程、大丰市中医院工程、大丰市西团镇卫生院建设工程等12个重点项目，对项目是否化整为零或者以其他任何方式规避招标、项目的招标资料存档是否齐全规范、招标且已签订履约合同的招标项目开工进展情况、实际施工队伍与招标情况是否符合、项目是否存在整体转包、非法分包等现象进行了检查。检查表明，大部分项目都能严格按照中央预算内投资项目工作流程进行操作，对其中2个项目存在招标及财务收支台账未单独建档、工程进度缓慢等现象，督查小组及时发出整改通知，责令限期整改。

【“‘510’自警教育”活动】 5月10日上午，大丰市招标采购管理办公室全体工作人员到市区常新路和幸福路交界处的大丰廉韵主题公园，开展“‘510’自警教育”活动。大家对“廉政”二字更添了一分敬畏，也感觉肩上的责任更添一分沉重，手中的权力更添一分谨慎

【新增评委培训会】 6月20日下午，大丰市招标采购管理办公室召开新增评委培训会议，全市新增的20名评标专家参加培训。大丰市招标采购管理办公室相关科室负责人就招标投标法实施条例、招标文件、评标办法、评标程序、评标工作纪律、评标专家信息管理等内容进行系统培训，并对电子招投标的评标注意事项和具体操作程序进行辅导。同时对评委的权利和义务、职业道德、考核管理等提出了要求。

【连续三次被核定为江苏省一类交易中心】 随着电子化招投标的开展，江苏省住建厅对现行的《交易中心分类标准和条件》进行较大幅度的修订、调整，制订《交易中心服务导则》，大丰市招标采购交易中心，不断加大软硬件建设和人员培训力度，先后投入60多万元更新设备，通过各种途径培训人员35人次，建立视频监控系统，运行内部审批办公系统，实现招投标活动全程电子化，招标采购交易服务条件得到较大改善。继2010年、2012年被核定为江苏省一类交易中心后，2014年连续第三次被核定为省一类交易中心。

【建设工程评标专家继续教育培训会】 为规范评标专家的评标行为，加强评标专家队伍建设，提高招标代理机构业务素质，8月29日，大丰市招标采购管理办公室召开建设工程评标专家继续教育培训会，建设工程类评标专家及招标代理机构技术负责人150人参加培训会。

【《大丰市招标采购评标专家日常考核办法》出台】 《办法》对评标专家

日常考核采取“一标一评”的方式进行，明确一般违规行为、较严重违规行为、严重违规行为的26种表现和扣分标准。将评标专家日常考核与年度考核相结合，每年评选出若干名优秀评审专家，由市招标采购管理办公室给予表彰和奖励。

（刘桂生）

安全生产监督管理

【概述】 2014年，大丰市以“推进‘五化’建设，保障安全发展”为重点，深入贯彻新《中华人民共和国安全生产法》，全面排查整治事故隐患，筑牢安全生产基层基础，全力提升安全监管监察水平，全市安全生产形势持续稳中向好。

【安全生产工作体系】 大丰市出台《大丰市安全生产“党政同责、一岗双责”暂行办法》，修订《大丰市安全生产责任制规定》等规范性文件，层层级级签订《安全生产责任状》，全面落实安全生产目标、责任和措施。将安全生产纳入年度经济社会发展计划，纳入领导干部政绩、业绩考核，实行安全生产“一票否决”。坚持安全生产例会制度、重大事项会办协调制度，将安全生产与经济工作并重，同研究、同部署、同检查、同落实。

【安全生产责任落实】 大丰市不断强化安全生产工作属地和部门安全监管责任。按照“属地管理”“谁主管、谁负责”“谁审批、谁负责”的原则，明确各镇、安委会成员单位安全监管职责，消除安全监管盲区。对多部门监管行业、领域的重大事项，实行齐抓共管、综合治理。企业安全生产主体责任严格落实。大丰市政府专门召开落实企业安全生产主体责任会议，各镇、安委会成员单位与所属企业签订5.33万份安全生产责任状，企业履行安全生产主体责任的意识普遍增强。

【安全生产大检查】 大丰市安全生产工作按照“全覆盖、零容忍、严执法、重实效”和“四不两直”（不发通知、不打招呼、不听汇报、不陪同接待，直奔基层、直插现场）、暗查暗访的要求，以及“谁检查、谁签字、谁负责”的原则，严格落实安全检查责任。充分发挥大丰市安监局的主导作用，重点围绕化工、冶金生产企业，组织“家家到”“地毯式”安全生产大检查。充分发挥专家的技术支撑作用，全年参与安全生产检查的专家180多人次，聘请专业机构对海兴化工、海力化工、辉丰股份3个重点化工企业全面开展安全检查。充分发挥大丰市14个安全生产检查组的推动作用，进驻各镇（区）开展了为期两个多月的安全生产大检查。充分发挥大丰市政府安全服务工作组的促进作用，对辉丰股份、联鑫钢铁集中开展安全服务，对博汇集团2013年的安全服务工作进行“回头看”。

【安全生产专项整治】 大丰市重点在危险化学品、涉氨制冷、涉镁涉铝粉尘、建筑施工等行业、领域部署开展安全生产专项整治。建立危险化学品“两重点、一重大”（重点工艺、重点危险化学品，重大危险源）监管档案，严格落实自动控制、视频监控、加强巡查等安全保障措施。广泛宣传落实液氨存储使用安全防范要求和《严防企业粉尘爆炸五条规定》，建成涉氨制冷和涉镁涉铝粉尘企业档案，并组织开展多轮次“家家到”检查，对两个企业实施停产处置。

【安全生产工作“六打六治”专项行动】 大丰市成立安全生产工作“六打六治”（突出粉尘防爆、交通运输、油气管道、建筑施工、消防、特种设备等重点行业领域，有针对性地打击这些行业领域存在的非法违法行为，排查治理事故隐患）打非治违工作领导小组，出台工作方案，大丰市安监局、交通局、质监局等牵头部门都制订具体实施方案。深入进行宣传发动，全面开展调查摸底，集中力量打击整治。建立“周汇报、旬督查、月通报”制度，定期通报工作进展情况和存在问题，对重点问题进行研究会办。制订联合执法工作计划，强化部门联动，形成执法合力。召开联合执法工作会议，按照每月联合执法不少于两次的要求，组织了涉粉防爆、危险化学品生产、城镇燃气、建筑施工、危化品运输、消防等行业、领域的联合执法。

【新《中华人民共和国安全生产法》贯彻】 通过举办培训班、开展专题

2014年6月30日，大丰市冶金企业应急救援预案演练在盐钢集团举行

讲座、在主流媒体开辟专版专栏、市领导带队送法到企业等形式，采取在市区主要干道多轮次悬挂横幅、在市中心大型户外电子显示屏长期滚动播放字幕、在大丰安监网设置专栏等方法，全方位、多渠道、高频率发出依法治安最强音，使新《中华人民共和国安全生产法》深入人心，营造依法治安的良好氛围。

【安全生产标准化】 大丰市不断加大安全生产工作组织推进和督查力度，全面完成年度目标，有力提升企业安全生产管理水平。全市737个企业通过标准化创建评审确认，全年新增371个，其中一级1个、二级18个（其中化工行业8个，烟花爆竹批发企业2个）、三级126个（其中化工行业4个），小微企业226个。

【安全生产工作事故隐患排查治理体系】 大丰市定期通报安全生产工作体系建设情况，开展专题辅导和上门督导，拓展覆盖面，注重实际应用，取得新的进展。全市1864个生产经营单位和12个镇、"三区"、31个部门正常登录使用系统，全年上报事故隐患数据19545条，整改19325条，整改率98.9%。

【安全生产工作监控平台】 大丰市在盐城首家建成高危企业在线监控和应急管理平台，化工企业、冶金企业、烟花爆竹批发企业首期接入，实行市、港区、企业三级联网监控，强化高危企业重点场所、关键部位的实时监管，提高应对突发事故的快速反应和科学化处置能力。

【安全培训】 大丰市建成培训考试点，对电（焊）工理论考核实行机考，严明纪律，严格考核。高质量举办培训班，以安全生产法律法规为主线，结合企业安全生产工作的实际需要和安全监管重点工作的推进，科学安排培训课程，努力提高培训的针对性和实效性。全年培训6581人，生产经营单位安全生产持证上岗率100%。

【安全生产职业健康】 大丰市扎实推进职业健康监管工作，组织全市工商贸企业开展职业危害因素检测、申报和现状普查，督促重点企业开展职业卫生"三同时"（同时设计、同时施工、同时投入生产和使用）和职业危害现状评价，1549个企业开展现状普查，889个企业进行网上申报，430个企业进行检测，18个企业通过"三同时"验收，30个企业组织现状评价，53个企业建立职业卫生档案，17800名职工参加职业健康体检。

【基层安监机构能力建设】 各镇（区）高度重视安监机构能力建设，从人员、经费、办公场所、装备等方面给予充分保障，为安全监管监察工作的开展创造了良好条件。继大中镇、刘庄镇安监站通过省级验收达标后，港区、白驹镇、小海镇、大桥镇安监机构也通过达标验收，其他镇（区）安监机构也初步具备达标验收条件。

（李国梁）

审计监督

【概述】 2014年，大丰市审计局围绕大丰市委、市政府工作中心，履职尽责，各项工作取得新成效。全年实施审计项目33个，促进增收节支，挽回损失16.23亿元；完成政府投资工程决算审计项目178个，审计工程决算资金41.73亿元，核减工程造价，为财政节约资金5.90亿元。推动建立健全制度36项，提交审计信息170篇，被采用153篇次，其中省级以上采用88篇。被江苏省审计厅、人社厅评为5年1次的"全省审计系统先进集体"；获得盐城市审计系统年度综合考核先进集体第一名；连续4年在大丰市年度目标任务综合考核中获得"综合先进奖"；获得大丰市委、市政府"党建、强基工程和五好班子建设工作奖""反腐倡廉和作风建设工作奖"；被大丰市委评为"先进基层党组织"。1个审计项目被评为江苏省优秀审计项目（全省8个）；2个审计项目被评为盐城市优秀审计项目，获奖数和排名全盐城市第一。

预算执行审计。完成大丰市财政局组织、大丰地税局参与组织2013年大丰市级预算执行、大丰市环保局等5个部门2013年预算执行和其他财政收支审计。重点关注财政资金的使用、管理和绩效，关注被审计单位"八项规定"执行和"三公经费"管理使用情况，促进厉行节约，审计增加财政收入87291万元，减少支出17501万元，盘活财政沉淀资金10821万元。预算执行审计反映的问题实事求是，提出的建议针对性强且切实可行，审计整改工作措施实、到位率高，预算执行审计工作得到大丰市人大常委会、市政府的肯定。

专项审计和审计调查。加大对重点民生资金和项目的审计力度，实施大丰市2013年城镇保障性安居工程跟踪审计、大丰市2013年排污费征收使用和管理情况、大丰市2012~2013年城乡困难居民医疗救助金管理和使用情况、大丰市2013年城乡无固定收入重残人员生活补助专项资金和种粮农民直补资金等5个专项审计和审计调查项目。

在大丰市2012年至2013年城乡困难居民医疗救助金管理和使用情况审计中，揭示了大丰市民政局在执行医疗救助过程中存在一定的随意性，违规救助115人次，违规向部分城乡困难居民多发放医疗救助金60.33万元；对申请医疗救助的困难家庭收入审核不到位等问题，提出加强医疗救助金的申报审查监督力度等合理化建议3条。审计调查结果报告得到市政府重视。市政府主要领导和分管领导分别对该报告做出重要批示。市长陈平批示："请大丰市民政局按审计要求整改。要建立严格的制度和程序，减少自由裁量权，规范运作"。针对审计调查结果报告中指出的主要问题和提出的审计建议，市政府召开第35次常务会议，专题研究改进和完善城乡困难居民医疗救助工作，并出台新的《大丰市城乡困难居民医疗救助办法》。

根据审计署和省、盐城市审计机关的统一部署，积极参加全国土地出让收支和耕地保护情况审计。举全局之力参与完成审计署统一组织的赴连云港东海县土地出让收支和耕地保护情况审计任务；并按市委、市政府的要求做好审计署大丰市土地审计组的服务和沟通协调工作。

经济责任审计。推进领导干部经济责任审计，把握“权力运行”和“责任落实”两个重点，突出对重点部门、重点单位、关键岗位领导干部及管理重点项目、分配使用重点资金的部门、单位和岗位的领导干部的审计。审计领导干部履行经济责任，关注领导干部贯彻执行中央“八项规定”和厉行节约反对浪费条例的情况，促进领导干部依法行政和规范权力运行，将“三公经费”和负债情况纳入审计重点内容，促进领导干部依法依规行使权力。全年完成经济责任审计项目9个，其中任中审计3个。

政府投资审计。突出政府投资工程决算审计，将工程决算审计作为规范投资行为、提高投资效益的重要措施，找准投资审计工作重心，选准切入点，突出工程决算审计重点。审计工程决算项目178个，审计工程决算资金41.73亿元，核减工程造价，为财政节约资金5.90亿元。

【审计机关作风建设】 大丰市审计局推进党的群众路线教育实践活动，坚持规定动作不走样，结合实际确定自选动作，注重健全作风建设长效机制，及时整改存在问题，突出为民办实事。制订出台《关于更加密切联系群众的意见》《审计组审计现场管理规定》《限时办结制度》3项制度，修订完善12项《机关管理制度》。结合开展“三解三促一加强”“深化进村入户、化解社会矛盾”等活动和党建富民指导员工作，帮助刘庄镇友谊村协调解决11排河和12排河农庄路计1800米水泥路的建设，帮助新建12排河的复合桥1座，为村民的生产生活提供方便。

【审计整改】 大丰市政府高度重视审计整改工作，专门召开审计整改工作会议，听取被审计单位一把手关于审计整改情况的汇报。大丰市政府领导对审计整改工作提出明确要求，被审计单位法人代表是第一责任人，必须按审计决定整改到位，否则追究责任。大丰市审计局审计整改力度空前，审计整改工作逐步规范化和制度化。认真执行大丰市人民政府《关于进一步加强审计整改工作的意见》，健全和完善审计整改工作的长效机制，推动审计整改工作规范化和制度化。健全和完善审计整改报告机制、审计整改联动机制、审计整改督查机制和审计整改责任追究机制。

2014年10月8日，大丰市审计人员实地进行绿化工程审计 单位供图

【完善中介机构协审机制】 大丰市加强对政府投资项目审计质量的管控力度，防范审计风险，调动协审单位的工作积极性，创新举措。健全完善聘用社会中介机构制度，实行资格准入制、竞标参审制、业绩考评优胜劣汰制。从社会中介机构入库，到引入竞争机制选定社会中介机构协审、严格审计质量考核等环节进行规范操作。在确保质量的前提下，按工程造价平均核减率确定中标人，避免盲目投标的现象，使得中标核减率更接近实际，且可操作性更强，公开竞标选定23个社会中介机构，参审机制更加规范。

【审计项目全程廉政监督】 大丰市认真贯彻落实中纪委三次、四次全会议精神，始终把审计队伍廉政建设摆在工作的重中之重。坚持从“审前、审中、审后”三个环节实施全程廉政监督。审前定“规矩”。坚持审计项目审前廉政谈话的规定，在每个项目实施前，由大丰市审计局纪检组就廉洁审计、文明审计等方面与审计组成员进行一次集体提醒谈话，增强了审计人员的廉洁从审意识，达到未雨绸缪的效果。审中守“纪律”。要求审计人员对照“八不准”审计纪律的要求，严格遵守，规范审计行为。审后抓“回访”。由大丰市审计局纪检组牵头负责，不定期开展审计回访工作，及时了解审计组在审计过程中遵守审计工作纪律和执行廉政规定情况以及审计整改情况等，接受社会监督，不断规范审计行为。在日常工作中，坚持抓正反两面教育，建立教育预防常态化机制，既树立先进典型，学先进争先进，又通过到廉政教育基地参观、学习警示案例等方式，进行警示教育，做到警钟长鸣。

【审计绩效考核】 大丰市审计局实施“绩效考核审计化”，服务项目建设，不断提升审计监督服务层次和水平。组织考核专家组，开展招商引资项目投入额审计考核认定工作，严格标准、统一尺度、公平公正，以审计的视角和方法开展工作，形成动真碰硬的考核导向，促进项目建设的健康发展。全年审核申报1亿元以上新开工项目140个，投资总额95.38亿元；申报1亿元以上竣工项目57个，投资总额94.37亿元。

（张明安）

统计管理

【概述】 2014年，大丰市统计工作以党的群众路线教育实践活动为指引，围绕三个提升、紧扣服务主题、促进规范管理，统计基础明显加强、统计监测成绩显效、统计服务稳步提升，较好地完成了市委、市政府下达的各项目标任务。

【全国第三次经济普查】 大丰市强化组织推进，市镇分管领导带队，层层签订责任状，严把不干扰、不代填代报、不修补、不编造、不代替、不修改的普查现场登记“六条红线”；健全应急预案，建立《大丰市第三次全国经济普查预防风险工作预案制度》，力保普查进度和工作质量；规范登记流程，严格遵守先摸底、后审核、再登记的工作流程，明确市镇村各级普查机构及普查人员的工作标准和责任，加强对普查全过程的质量控制；加强部门配合，召开普查成员单位协调会，发挥经济主管部门情况熟、有门路的作用，协助解决普查中遇到各种难题；全力跟踪督查，建立普查登记和数据采集、处理阶段情况报告制度，严格按照数据质量全流程控制办法，加强信息比对，加强阶段性普查质量督查。全市登记上传个体经营户39482户，法人及产业活动单位7372个，普查工作顺利通过省和盐城市质量抽查验收，较好地完成了普查登记阶段的各项工作，为后续数据开发利用奠定了基础。

【统计基层基础建设】 大丰市统计规范化建设全面完成。积极落实省级基层统计规范化建设专项资金59万元，购置电脑、复印机、照相机43台套，调查用电瓶车52辆；督查指导镇区完善各项制度，全市12个镇、3个区统计站全面通过基层基础规范化创建验收，其中示范单位4个，合格单位11个，创建达标率100%。统计网络健全。局机关党员领导干部把更多精力倾向基层统计机构，对镇（区）和企业规范化创建单位进行指导，帮助解决困难；推进部门统计规范化建设，并对存在问题进行汇总研讨，指导各部门进行整改规范。内部管理逐步加强。加强机关内部制度建设，健全内部考勤制度、主副岗工作制度、百分考核制度和统计服务考核奖励细则，以制度管人，以制度管事，统计系统的精神面貌、办事效率、服务质量得到有效提升。

【依法统计】 大丰市大力开展依法统计。强化法制宣传教育，抓住《江苏省统计条例》出台的契机，集中培训180多人次，发放统计法制宣传资料1000份。强化统计从业资格认定，年内组织统计从业资格报名参考131人，考试合格126人，占96.2%。强化统计监审工作，对28个企业开展了统计监审，接受省统计局现场检查南阳镇15个企业的基建投入，配合盐城市统计局对新丰镇10个企业的统计监审，突出查处违反联网直报“不进库不出数、未经允许不得代报、不得代为修改、不得授意企业以既定数据上报”等“四条红线”和干预企业独立真实上报数据的情况，发现问题及时整改完善。提升统计数据质量。及时更新基本单位名录库。推进名录库建设联审制度化、工作督查经常化、业务培训常态化，强化部门、镇（区）基本单位名录库管理职能，加强与税务、质监、编办、民政、工商等部门信息沟通，加强与镇区及经济主管部门的对接，及时做好基层单位名录库更新和定报企业申报，更新企业名录3058个，全年新增“四上”企业（指规模以上工业企业、资质等级建筑业企业、限额以上批零住餐企业、限额以上服务业企业）119个，变更登记193个信息有变动的企业，单位名录库更新维护工作继续保持盐城领先水平。加强数据质量监控。严格执行“先进库再有数、不在库不出数”，恪守联网直报“四条红线”；全面贯彻落实省统计局《江苏省统计数据全程质量管理体系（2014年）》，强化数据之间的逻辑分析、趋势分析和对比分析，建立数据全过程监控机制，强化对企业网上直报数据的审核，确保源头数据质量。对51个因种种原因停产、关闭企业及时清理注销。

【统计行风建设】 大丰市统计系统围绕学习贯彻习近平总书记一系列重要讲话精神和省、盐城市有关会议精神，开展“十项专项清理”活动，排查、整改办公室面积超标、公务接待超标、关心基层基础建设不够等11个存在问题；以“为民、务实、清廉”为主题，开展“510”作风警示教育活动和“三排一督”岗位廉政风险教育活动，剖析和查纠党员干部特别是领导干部在反“四风”等方面存在的突出问题，开展“‘三解三促一加强’和机关干部‘进村入户’转作风”活动，组织党员干部深入基层巡查调研，不定期征询意见，开展机关基层联建，跟踪了解并协调解决基层需求；开展“三服务”工作，准确掌握企业和农村基层的现状，并力所能及帮助解决问题。强化监测预警职能。强化现代化指标监测和全面小康监测，开展企业家信心指数、工业及服务业发展情况、镇房地产市场、节能减排等热点、难点专项调查，总结特点，破析问题，预测趋势，提出建议，为市委、市政府科学决策当好参谋助手。统计服务成效显著。年内新开辟了大丰统计微信平台，改版大丰统计信息网；结合社会经济热点、难点问题，开展统计调查研究，撰写统计信息293条、统计分析85篇、统计专报15期，报送量和采用量在盐城市统计系统名列前茅。

（胡志友）

工商行政管理

【概述】 2014年，盐城市大丰工商行政管理局（简称大丰工商局）紧扣深化改革、转型发展主线，以开展“转型发展年”活动为重点，重服务促发展，强监管促履职，强维权惠民生，强基础争进位，获得盐城工商行政管理系统目标考核综合先进集体，连续9年被大丰市委、市政府评为目标绩效考核综合先进单位，再次获得“盐城市文明单位”称号。

2014年3月15日，大丰市工商行政管理执法人员在街头开展“3·15”咨询活动 杨景舜 摄

【工商服务经济】 大丰工商局围绕登记制度改革抓服务。适应注册资本登记制度改革新形势，及时完善修订工作流程、服务指南，全面落实国务院及省政府关于登记许可先照后证的一系列决定，通过窗口公示、媒体报道、电子显示屏滚动等形式进行宣传解读。在登记窗口开设网上登记服务自助平台，实现企业设立登记申请，网上申报、网上预审、网上受理，一次递交申请，当日审批核准。利用银行经营网点扩大网上登记代办业务，整合内部审批程序，取消商品交易市场等登记事项内部前置审查环节，逐步营造宽松的市场准入环境。围绕特色产业发展抓服务。针对全市稻米产业发展现状，组织开展调查研究，其中加快稻米产业发展的调研报告得到市委市政府充分肯定。大丰工商局牵头筹建的稻米业协会于8月正式成立，吸纳生产、加工、销售行业会员47户，为农民增收提供新渠道。围绕实施品牌战略抓服务。提请市政府将商标发展工作列入全市工作重点，专题呈送农产品品牌和地理标志建设情况调研报告，推动分解落实相关镇（区）和部门工作责任，培育“大丰大米”“大丰麦仁”等农副产品特色品牌，全年新申请国内商标注册475件，国际商标注册8件，“恒喜”商标被国家工商总局认定为驰名商标，实现大丰市农产品驰名商标零的突破。新认定省著名商标2件、盐城市知名商标9件，新申报“大丰南阳柿子”等地理标志3件。围绕助推全民创业抓服务。组织成立9个创业指导中心，对外公布创业服务热线，靠前服务全民创业。组织基层分局培树创业典型，2位创业典型事迹在《中国工商报》等媒体刊登，展现全民创业人员风采。办理动产抵押登记122件，为企业融资36亿元，创历史新高。围绕文明城市创建抓服务。大丰工商局全员参与文明城市创建，围绕创建工作要求，层层分解工作责任，圆满完成创建工作任务。

【工商监管维权】 大丰工商局全面落实年报公示工作，从创新宣传载体入手，制作年报公示制度动漫剧情片、《年报公示服务手册》，提高市场主体年报认知率。在大中工商分局试点推行“红盾服务超市”，通过现场演示操作流程、实地指导填表等方式，为年报市场主体提供一站式、便捷式年报公示申报服务；年报公示相关工作信息分别被国家工商总局、省工商局采用。盐城工商局在大丰市召开年报公示工作现场推进会。截至2014年底，大丰市29783户市场主体完成年报，年报率71.2%。全面加强基础管理。推进证照管理“三清一提升”（清理经济户口不规范数据、清查无照经营行为、清退不合格市场主体、提升亮照经营率）工作，全年检查6477户各类市场主体，责令改正不亮照经营户718户，疏导发照372户，立案查处31件，抄告相关部门208户，清理经济户口不规范数据91条，解除各类警示2600余条，清退不合格市场主体28013户。推进执法办案工作。继续加大流通环节食品安全管理力度，组织开展熟肉制品、食品添加剂等36次专项执法活动，检查各类食品标值3000余万元，依法查处食品违法案件43件，罚没款33.5万余元，创建安全监管示范村13个，示范社区5个，示范街道18个。开展“红盾护农”行动，强化农资市场监管，全年查处销售假种子、不合格肥料等农资案件45件，查获假稻种17370千克。运用DNA技术查处销售假稻种案件做法得到上级肯定。建立机关分局联动执法、大要案件攻关、执法信息交流机制，推动全系统转变办案思路、拓宽办案领域，全年立案查处违法案件177件，其中罚没10万元以上大案5件，移送涉嫌犯罪案件6件。奚某利用微信发布虚假信息案纳入全国工商系统2014年“红盾网剑”行动十大典型案例。提升消费维权水平。以人造板及其制品等装饰装修材料和家具等商品为重点，加强流通领域重点商品质量监管，组织抽检168个批次，其中不合格批次54个，立案查处违法案件32件。推进家电售后服务特约单位分级分类监管工作，盐城工商局在大丰工商局召开监管现场观摩推进会。宣传新的《中华人民共和国消费者权益保护法》，发放各类宣传资料15000余份。开展送法到人大代表活动，组织消费维权法律知识竞赛，在媒体开辟专版集中宣传，取得良好社会效果。推进消费维权"一人一实事"活动，组织上报消费维权实事68件，被盐城工商局采编21件。通过开展12315流动维权服务、发挥消费维权协作中心平台功能等措施，强化日常消费投诉处理，全系统处理消费者投诉举报482件，法定办结率95.6%，满意率96.7%，为消费者挽回直接经济损失91.8万元，某商家以"姜饼木"木地板冒充"越南红檀"木地板一案，经调解商家免收消费者货款余额7990元，并一次性赔偿3万元。该案入选省消协2014年维权典型案例，在《扬子晚报》等新闻媒体发布。

【工商队伍建设】 大丰工商局在盐城工商局组织开展的"六个一"（精读一本好书、深学一部法律、撰写一篇好文章、办成一件让群众满意的好事、做好一件为团队增光添彩的实事、为党组决策执行提供一个金点子）活动中，大丰工商局征集作品632件，获得"出彩者"称号7人次，入围10人次，通报表扬16人次。开展机关和基层分局文明单位创建活动，大丰工商局机关及大中、城西、新丰3个基层分局被评为大丰市文明单位。开展廉政文化示范点创建，大桥分局、新丰分局分别成为全省工商系统和盐城工商系统廉政文化示范点。新丰分局、三龙分局被大丰市委评为先进基层党组织，局机关党支部被评为市级机关先进基层党组织，并获得市级机关党建创新特色工作奖。以责任落实为重点，增强争先进位动力。按个人工作岗位、具体目标任务、相应工作责任，编制2014年工作"定人、定岗、定责"情况确认汇总表，并由各人和所在部门的主要负责人共同签字确认后，作为对系统内工作人员实施目标考核、激励问责的依据，提高了系统在职人员责任意识，为全系统实现全年工作目标提供制度化保障。以业务培训为关键，提升规范履职能力。根据注册资本登记制度改革新要求，突出新施行的《企业信用公示暂行条例》等法律法规，开展"红盾杯"学法活动，通过举办春节后业务培训班、条线业务培训等方式，开展了全方位、多层次、个性化教育培训活动。在盐城工商系统2014年"红盾杯"法律知识竞赛中，大丰工商局获得团体二等奖。以作风建设为保障，增强遵章守纪定力。落实党风廉政建设中党组的主体责任和纪检监察承担的监督责任，召开全系统党风廉政建设专题会议，层层签订工作目标责任状和党风廉政承诺书。开展全员"三排一降"（排险点、排险种、排险象、降险情）和基层分局"勤廉"指数测评活动，组织全系统干部职工参观廉政教育基地、观看警示教育片、撰写廉政格言，全面抓好各项规章制度落实。

（耿树生）

价格管理

【概述】 2014年，大丰市发展和改革委员会以服务全市经济发展为主线，以创新价格管理、化解价格矛盾、规范收费秩序、强化监督检查、提高队伍素质为出发点，围绕市委、市政府的工作重心，履行价格职能，较好地完成全年各项目标任务，为促进全市经济发展创造了良好的价费环境。

【价格监测与成本调查】 大丰市发展和改革委员会注重政务信息报道工作，不断扩大物价部门外在影响。全年报送政务信息130多篇，被省局采用85篇，列盐城市各县之首。同时在确保价格监测与价格监测数据上报零差错的前提下，积极转变工作作风，注重对市场热点价格问题的深度剖析，努力把价格监测的死数据变成活材料。全年撰写上报各类价格预警分析材料28篇。做好各项专项调查，2014年完成农户存粮调查、农户农资购买情况调查、特色农产品成本收益情况调查的专项调查，调查中做到数据的"真、精、准、细、实"，确保数据的准确性、代表性和时效性。严格成本调查和成本监审工作，夯实优质价费基础，2014年以来，开展了中华珍禽园、荷兰花海两个旅游景点的门票，以及海水淡化和创新英达学校等4个项目成本核算与监审，为研究制订各项价费政策提供了支撑。

【收费管理】 大丰市发展和改革委员会牵头组织经信委、财政局、教育局召开专项清理工作会议，研究部署涉企收费和事业性收费专项清理工作方案。会同财政局重新梳理行政事业性收费和政府定价部分的经营服务性收费，整理编印《大丰市行政事业性收费项目目录》和《大丰市经营服务性收费项目目录》，印制2000套免费向社会发放。为打造阳光透明政府、净化收费环境，会同财政局制订《关于切实做好涉企收费和事业性收费清理深入开展收费公示工作的通知》，组织督查工作组加强收费公示督查，对发现的问题现场责成整改。会同经信委、财政局制订《关于实行企业付费登记卡制度的通知》，建立企业付费登记上报制度和定期督查制度。制订大丰市压降涉企收费政策措施：对首次创业者行政事业性收费压降50%，经营服务性收费压降20%；出台对企业优惠价费政策30个项目；建章立制，从源头上建立长效机制，从根本上铲除乱收费问题滋生蔓延的土壤。

【价格管理】 大丰市按照国家和省发展和改革委员会要求，建立居民用自来水和居民天然气阶梯价格制度，考虑家庭人口差异，居民生活用水、用气习惯和社会经济发展水平等因素，制订符合大丰市实际情况的居民生活用水、用气阶梯式价格实施方案，同时根据价格工作要求，制订大丰市居民用水、用气工作方案，并报省物价局、住建厅备案。根据新的形势发展，对使用新型挂表方式和使用远传智能表的小区天然气设施建设费进行调整；按照国家要求，对非居民用天然气价格进行调整；按照公墓价格管理办法，对经营性公墓的部分品种价格进行调整；根据省物价局、住建厅和市政府的有关管理要求，对公共租赁住房和廉租住房租金价格并轨，调整公共租赁住房租金标准。正式实施《大丰市县级公立医院医药价格综合改革实施方案》，取消人民医院、中医院、第二人民医院3家公立医院药品差价2933万元，从2014年1月1日改革实施之日起，3家医院的药品全部实行零差价。实施改革后，各医院按照规定的改革措施稳步推进，物价、卫生、财政、医保等部门从2014年4月起，对医院实行动态考核、联动推进。

2014年1月1日起，大丰市正式实施《大丰市县级公立医院医药价格综合改革实施方案》，大丰人民医院、中医院、第二人民医院3个公立医院的药品实行零差价

【价格（收费）监督检查】 大丰市发展和改革委员会以专项检查为重点，切实履行价格监管职能，着力减轻企业和群众负担。2014年开展商业银行服务价格、涉企收费、涉车收费、医药卫生服务价格、旅游市场明码标价、商品房销售明码标价等专项检查，较好地维护了市场正常的价格秩序和人民群众合法的价格权益。商业银行服务价格专项检查，是全新的检查领域，根据价格违法行为行政处罚规定，责令被查的3个商业银行改正长期以来银行利用强势地位，让借款人缴纳本应由贷款人（银行）缴纳的如房屋他项权证登记费、土地他项权证登记费、土地抵押交易费（双方各负担一半）等费用以及强制保险等价格违法行为，责令退还多收价款，没收违法所得，并处以罚款。通过专项检查，全市其他银行也纷纷改正了上述价格违法行为。

【价格认证】 大丰市发展和改革委员会认真履行职能，高质量完成司法机关、行政机关委托的各类刑事、民事、行政案件中涉案财产的价格鉴证工作，严格规范办案程序，严把鉴证质量关，确保科学、公正、准确地办理每一起涉案财产价格鉴证业务。积极贯彻执行国家发展改革委、国家税务总局《关于开展涉税财物价格认定工作的指导意见》和江苏省物价局、江苏省地方税务局《关于开展涉税财物价格认定工作的指导意见》规定，主动跟国税、地税部门沟通联系，开拓抵税物、应税物价格认定、土地转让等涉税财产的价格认定工作。开展非司法价格认证工作，打造价格认证机构在政府征地、拆迁补偿价格认证工作中的公信力。全年受大丰港区、大丰市城东新区、大丰市沿海滩涂投资有限公司委托，对征地涉产中的在塘产品（水产品）、房产设施等价格认定；受大丰市工商局，大丰市技术监督局等单位委托，对涉及的特殊资产物资进行价格认定，完成该类委托41件，认定总额6118万元。

2014年居民消费价格指数

表16

项目名称	指数	项目名称	指数
居民消费价格总指数	102.5	水产品	99.4
非食品价格指数	102.7	菜	96.0
服务项目价格指数	104.8	二、烟酒及用品	97.8
一、食品	102.3	三、衣着	102.7
粮食	104.3	四、家庭设备用品及维修服务	102.3
淀粉	101.7	五、医疗保健和个人用品	107.8
干豆及豆制品类	109.1	六、交通及通信	100.0
油脂	93.3	七、娱乐教育文化用品及服务	103.6
肉禽及其制品	99.4	八、居住	102.7
蛋	111.1		

（葛亚洲）

食品药品监督管理

【概述】 2014年，大丰市食品药品监督管理局履行食品药品监管职能，切实保障群众饮食用药安全，完成全年各项目标任务，食品药品安全监管工作位居盐城食品药品监管系统第一名，成为盐城市法制信息先进集体、大丰市文明单位，获大丰市民生幸福和社会事业工作奖、服务发展创新创优工作奖。

【食品药品安全】 大丰市将食品药品安全纳入民生幸福和社会事业工作考核，调整充实食品药品安全委员会，市长任主任，常务副市长、分管副市长任副主任，26个职能部门“一把手”任成员，各镇（区）相应调整领导小组，各村设立食品药品安全工作站，市、镇、村三级组织网络覆盖全市；市政府召开全市食品药品安全工作会议，出台《2014年全市食品药品安全工作目标任务》，签订责任状，表彰奖励先进；市长、分管副市长节日期间带队检查食品药品市场安全保障工作，市食药安委每季召开一次工作例会，市食药安办每月召开一次工作例会，部署重点工作，督查阶段任务。市人大开展食品药品安全执法检查，市政协组织食品药品安全专题协商，均得到较高的满意率，食品安全知识市民知晓率96.11%。

【食品监管】 大丰市食品药品监督管理局制订《食品安全专项整治工作方案》，牵头组织开展农村食品、儿童食品、学校食品等整治活动12次，查处违法违规行为245起，立案97件，限期整改食品生产经营户312家，取缔无证照经营12家，收缴不合格食品940余千克。同时开展元旦春节、学校食堂等联合执法行动，确保专项整治工作取得预期效果。妥善处置亚欧死龙虾、西团豆制品、冠全屠宰等事件。

2014年6月10～22日，大丰市开展食品安全宣传周活动

【药品监管】 大丰市食品药品监督管理局与卫生部门联合出台《关于进一步加强村卫生室药房规范化建设的实施意见》，确保2015年底全市212个村（居）卫生室全部达到省级标准；实行涉药涉械单位信用等级评定，评价结果通过部门网站和脸谱信用等级公示牌进行公示，纳入监管信息“二维码”功能，与监管、稽查、医保等挂钩；通过“季督查、月抽查、周检查、日巡查”的方式，对经营、使用单位药品进、销、存、温湿度、药师在岗等重点环节进行实时监控，电子监控率100%，每季进行一次通报；药品生产企业基药赋码率和药品批发企业基药入网率、核注核销率、预警信息及时处理率均100%。全年上报药品不良反应1258例，每100万人口报表数1747例，其中新的严重药品不良反应报告591例，医疗器械不良事件389例，位列盐城前列，形成不良反应监测中心、市直医疗单位、镇涉药单位、村卫生室“四位一体”药品不良反应监测网络。全年立案查处药械案件36起，查获假药3批次，劣药17批次，无证医疗器械8批次；捣毁售假窝点1个，受理和处理群众举报36起，查实立案3起；向工商部门提请查处违法广告7个；与公安联手查处非法经营假冒中药饮片案、网上销售假药案2件，1人取保候审，依法取缔售假窝点1个，移送其他相关部门查处案件5起。

【保健食品、化妆品监管】 大丰市食品药品监督管理局推进规范体系建设，在保健食品、化妆品生产、经营企业和美容美发企业实施规范化管理；继续开展“星级文明示范店”创建活动，规范保健食品化妆品经营秩序。推进科学监管体系建设，推行电子监管，数据上传率和及时率均100%；实施“三分”监管，对保健食品经营企业实行产品分类、企业分级、监管分等的监管模式；实行停产复产报告制，出台《大丰市保健食品化妆品生产企业间歇性停产和复产报告制度》，接受三栋和裕丽二公司的停产申请。推进风险防范体系建设，开展化妆品不良反应监测，设哨点医院5所、监测哨点90家，收到化妆品不良反应监测报告55份；开展化妆品风险告知，免费提供风险告知书和化妆品不良反应知识宣传单各1万份，建立化妆品风险告知书制度。推进诚信体系建设，出台保健食品安全信用建设管理办法，评定诚信级企业55个、守信企业31个、警示级企业8个。开展清源护卫、金榜护卫、康乐护卫行动，深化保健食品化妆品专项整治，立案查处2件，责令下架30个批次产品。

【食品药品监督管理职能服务】 大丰市食品药品监督管理局与海洋生物

医药产业园结为共建单位，出台服务医药企业22项措施，发挥服务工作站的作用，优化发展环境，创新服务方式。指导正大丰海4个品种通过药品注册的现场核查；海嘉诺原料药、苏海原料药、丰氧医用氧均通过新版GMP认证检查；协助江苏人酒业审核保健酒GMP车间设计图纸，邀请部分专家进行前期认证。

【食品药品监督管理队伍建设】 建设学习型队伍。大丰市食品药品监督管理局开展“星期六党校”活动，每周六组织一次包括政治理论、业务知识、法律法规、廉政教育和职业道德教育在内的学习教育活动；每月第一个周六举行“食药大讲堂”活动，局长讲党课，科长讲业务，办事员讲心得。“星期六党校”得到市委组织部的肯定，并作专题采访报道。建设效能型队伍。大丰市食品药品监督管理局将创新、重点、特色和信息宣传四项工作分解到班子成员和科室，组织十大岗位能手竞赛活动。建设文明型队伍。大丰市食品药品监督管理局以“药师志愿365”为品牌引领，开展“微活动、微服务、微奉献、微慈善”公益活动和学习“诚信奶奶”、关爱老人服务活动，帮扶贫困学子，关爱弱势老人，资助因病致贫，开展科普宣传，叫响“奉献一小时、志愿促文明”的口号。“药师邀您健康行”被大丰市文明办评为全市十佳志愿服务项目之首。大丰市食品药品监督管理局成立依法行政领导小组，增加专兼职法制人员，组织学法用法兴趣小组，开展案例研讨剖析，将行政执法列入年终考核。推行说理执法、行政指导和执法约谈，连续十多年实现执法人员零投诉、行政案件零复议和零诉讼，行政处罚率100%。完善监督机制，执法接受阳光监督，权力接受公开监督，案件接受回访监督，工作接受民主监督。随机抽取的3份案件卷宗中有2份被盐城市局评为“十大优秀卷宗”。大丰市食品药品监督管理局贯彻落实党风廉政建设责任制，落实党组的主体责任、纪检组的监督责任和班子成员的“一岗双责”责任，执行“一把手”“四个不直接分管”和“一个末位表态”制度。通过环境渲染、讲堂熏陶、案例警示，强化廉政教育；修订反腐倡廉制度，完善财务管理制度，落实《食品药品安全责任追究制度》，规范权力运行；开展“三排一降”岗位廉政风险教育活动，增强履职风险意识和拒腐防变的能力；严格执行“八项规定”，严控“三公”经费支出，会议费、招待费以及车辆运行费均比2013年大幅度下降。

【食品药品安全科普宣传站】 大丰市食品药品监督管理局在市区人流量较多、地理位置适中、基础条件较好的场所——幸福菜场、新丰中学、社会福利院、城西卫生服务中心和南阳计生服务中心，设立科普宣传站，投资10万元，购置电子显示屏、触摸屏、电视机、DVD等多媒体设备，播放食品药品科普宣传片，设置专用食药科普知识宣传栏，广泛宣传食品药品安全知识。

(陈 艳)

质量技术监督

【概述】 2014年，大丰质监局以服务经济和社会发展为己任，以壮大技术机构、提高服务本领为突破口，以全面提高产品质量、保障人民生命健康安全、促进经济发展为目标，实现了各项工作的全面发展。加强法治质监建设。宣传贯彻特种设备安全法，组织开展宣传贯彻培训40场。通过质量月、3·15消费者权益保护日、安全生产月等开展法律法规宣传活动，提高人民群众法律意识。加强执法人员业务培训，规范行政执法行为，年内无行政诉讼败诉案件。加强科技质监建设，技术服务能力提升。推进质监中心建设，省轻机中心顺利通过省实验室资质认定专家组复审和3年评估，向省局申报省级监督抽查计划，完成空气压缩机和抛丸清理机两类省级监督抽查计划99批次。质检所全年为全市的657批次产品进行委托检验。计量所新建标3个，新增检定项目3个，全年检定各类计量器具48560台(件)。加强服务质监建设。发挥职能优势，推进质量强市，大丰市获批全国有机产品认证示范创建区。大丰市金属表面处理装备产业集群获批省级优质产品生产示范区。南阳镇获得盐城市质量强市示范镇。“大丰东沙紫菜”获批国家地理标志保护产品，成为大丰市第一个地理标志保护产品，也是全国首个海藻类地理标志保护产品。服务民生发展，针对与群众生活密切相关的出租车计价器、商场超市、集贸市场和加油站等开展计量监督检查，打击计量违法行为。开展“爱心妈妈大手拉小手”，关爱留守儿童、慰问特困户、新中国成立前老党员等活动，质监服务意识增强。

【质量强市工作推进】 大丰质量技术监督局开展质量强市、质量强镇、质量强企工作。9月，市政府召开全市质量强市工作推进会，出台《大丰市贯彻实施质量发展纲要2014年行动计划》《关于进一步推进质量强市工作意见》，对下一步工作进行了安排部署。牵头市农委、工商、药监、环保、住建、旅游、服务业发展办等市质量强市领导小组成员单位，在市区施耐庵公园联合开展2014年“质量月”集中咨询宣传活动，努力营造政府重视质量、企业追求质量、社会崇尚质量、人人关心质量的良好社会氛围。组织召开大丰市民营企业商会“质量强企”工作座谈会。组织北大荒米业有限公司参加省、盐城市名牌企业比对提升活动。北大荒米业列为盐城市十佳企业，并作为盐城市三个企业代表之一，参加新闻发布会。经国家认证认可监督管理委员会办公室批准，大丰市成功获批全国有机产品认证示范创建区，成为全国五家之一。大丰市金属表面处理装备产业集群获批省级优质产品生产示范区。江苏丰山集团获得“2014年江苏省工业质量信用AA级企业”称号。盐城海瑞食品有限公司等3个企业5个产品新获“江苏省名牌产品”称号。正大丰海获得盐城市第二届市长质量奖。南阳镇获得盐城市质量强市示范镇。

【质量载体建设】 省轻机中心（大丰）通过省实验室资质认定专家组复审和3年评估，逐步强化人员培训，大丰质量技术监督局针对检测业务，聘请专业教师对中心及质检所检验人员进行60学时的机械制图专业培训。质检所、计量所全年参加省、盐城市局组织的业务培训24人次，取得新证10张；开展质检业务市场开拓，向省局申报省级监督抽查计划，完成空气压缩机和抛丸清理机两类省级监督抽查计划99批次。质检所全年为全市的657批次产品进行了委托检验。计量所新建标3个，新增检定项目3个，全年检定各类计量器具48560台（件）。5月22日，《大丰日报》头版头条报道了轻机中心贴心服务企业的事迹。

2014年9月15日，大丰市开展产品质量监督月集中咨询活动

【企业提质增效】 大丰质量技术监督局全年帮助和指导企业制订企业标准106个，推进采标技术性指导，大丰丰佰电气有限公司、大丰市凯嘉胶带有限公司的交流低压动力柜、普通用途织物芯输送带等7个产品采用国际和国外先进标准；“大丰东沙紫菜”获批国家地理标志保护产品，成为大丰市第一个地理标志保护产品，也是全国首个海藻类地理标志保护产品。大丰质量技术监督局起草的《地理标志保护产品：大丰东沙紫菜地方标准》，通过省局评审正式发布。与此同时，指导国家级港口物流服务标准化工作进行标准体系完善、成果总结，完成中期评估工作；江苏云马农机制造有限公司申报的“全自动精密蔬菜育苗播种机自主创新标准化试点项目”通过验收；启动丰收大地国家现代农业综合标准化示范区3年实施计划。恒北乡村旅游服务标准化项目通过省局评审。加大管理体系获证企业监管，推广资源节约、环保和低碳产品及服务业认证。全年续展商品条码41个，新办条码证书18个。向企业提供标准情报服务，提供各类标准400多份，发放代码证书4445本。

【质监工作“两个安全”】 大丰质量技术监督局始终把加强特种设备、食品安全监管作为头等任务，狠抓源头监管。特种设备安全监管方面。2014年，落实安全责任告知16个，新增使用单位安全责任告知率100%，办理锅炉注册登记46台件，压力容器551台件，安装告知286个。出动现场安全监察506人次，现场监察使用单位210个，发现一般隐患69个、252条，发现严重隐患52个、77条，下发安全监察指令书53份，立案查处3起，上报大丰市安委会重大隐患督办1个，保持全市特种设备安全运行态势；组织开展电梯、涉氨企业等各类专项整治、隐患排查、“六打六治”〔“六打六治”：（1）打击粉尘防爆危险企业违法违规建造厂房、布设生产线、除尘设施行为，整治不落实除尘、防爆措施，不落实教育培训、劳动防护规定等问题；（2）打击危化品非法运输、客车客船非法营运行为，整治无证经营、充装、运输，非法改装、认证，违法挂靠、外包，违规装载，以及超速、超员、疲劳驾驶和长途客车夜间违规行驶等问题；（3）打击破坏损害油气和城镇燃气管道行为，整治管道周边乱建乱挖乱钻，违章占压油气输送管道和城镇燃气管道等问题；（4）打击无资质施工行为，整治层层转包、违法分包问题；（5）打击“三合一”“多合一”场所违法生产经营行为，整治违规住人、消防设施缺失损坏、安全出口疏散通道堵塞封闭等问题；（6）打击非法违法生产使用特种设备行为，整治无证制造、无证安装改造维修、无证操作特种设备，擅自使用未经检验合格或超期未检特种设备以及无证充装气瓶或充装超期未检、报废气瓶等问题〕及春节、元旦、中秋、国庆等节日安全大检查等安全活动，全市未发生特种设备安全责任事故；继续推行特种设备标准化使用镇（园区）创建工作，提高企业管理水平；开展驻厂服务，先后安排专人到辉丰农化、联鑫钢铁等企业开展驻厂服务，对生产现场进行全面检查，查找企业存在的安全隐患，督促企业整改。联合安监局、港区管委会对大丰港港口有限公司等进行检查，对卸船机、大型码头吊等危险性较大的设备的检验情况、维保情况、持证上岗情况进行现场查看，确保生产安全。食品安全监管方面。围绕食品安全责任目标，落实企业主体责任，保障食品安全，加强源头治理，推行日常监管、稽查执法、检验检测“三位一体”综合监管模式。组织开展节日热销食品专项检查及白酒、肉制品、月饼馅料、食用油、纯净水、标签标识、农村食品市场“四打击四规范”（严厉打击无证无照行为，规范食品生产经营者的主体资格。严厉打击销售、使用无合法来源食品和原料的违法行为，规范食品生产经营者的采购活动。严厉打击生产经营侵权仿冒和“五无”食品违法行为，规范食品包装标签标识管理。严厉打击生产经营“两超一非”等劣质食品行为，规范食品生产经营过程）等十类专项整治行动，出动检查人员115人次，检查食品及相关产品生产企业178户次，检查食品小作坊133户次。针对检查中发现的问题，及时提出限期整改的要求，并督促整改到位，确保食品质量安全。组织全市134个食品生产加工单位负责人参加《食品生产通用卫生规范》培训，分别召集9个月饼馅料企业、7个肉制品企业、31个大米企业和16个纯净水企业召开专题会议，落实企业主体责任。全年新办食品生产许可证11张，换证36张。推动全市规模小、生产环境差、产品质量低的纯净水生产企业进行整合，由12个小纯净水厂共同投资组建的日产量2万桶纯净水的大丰一口井天然泉水有限公司于12月底正式投入生产。主动跟踪服务政府重点项目，仅用20多天时间帮助新能源海水淡化示范项目取得食品生产许可证和食品相关产品生产许可证，缩短了办证周期，确保了全市重大示范项目的建设进度。

【重拳打假治劣】 大丰质量技术监督局保持打假治劣的高压态势。根据国家总局、省、盐城市局专项部署和人民群众的投诉举报，结合区域实际，开展食品、建材、农资、特种设备等专项执法行动，全年立案查处各类质量违法案件74起，查处各类违法产品货值2174万余元，其中，农资类案件3起、食品类案件11起、建材案件30起、特种设备案件6起、认证认可类案件6起、其他类案件21起。有效地规范市场经济秩序，保障了全市重点工程建设不留安全隐患，保障了人民群众生命财产不受威胁。

【质监工作围绕民生发展】 大丰质量技术监督局开展群众路线教育实践活动和人大评议工作，广泛征求意见，开门查质量。制订《大丰质监局党的群众路线教育实践活动整改方案》，对不合规定的做法严格查处，促进政风行风的全面好转；将制度建设贯穿始终，先后制订《领导干部调研工作制度》《工作抓落实相关规定》《机关作风建设问责暂行办法》等多个制度。加强廉政教育，组织日常工作纪律抽查。加强依法行政，推进稽查队伍正规化建设。围绕产业发展、项目推进、企业难题、百姓诉求等4个方面，开展提质服务、提速服务、个性服务、连心服务。积极回应企业呼声、顺应群众需求，努力办好强企惠民实事。在亲民爱民方面，筹资7.5万元支持三龙镇东红村党建富民、白驹镇团结村脱贫致富，抽调专人担任东红村“党建富民指导员”；结合“三八”节、“七一”节、省局领导“三解三促”，开展“爱心妈妈大手拉小手”关爱留守儿童、慰问新中国成立前老党员、特困户等活动。参加创建全国文明城市活动，展示质监志愿服务风采。在惠民便民方面，全年受理12345市长热线14件，全部办结，电话回访满意率91%；受理12365投诉举报案件34起，查实有违法行为的14起，质量申诉9起，均按规定时限和要求完成了案件办理。计量“两免费”检定活动惠及24个农贸市场、148个镇卫生院、妇幼保健站和村卫生室，免费检定计量器具2500台（件）。在安民保民方面，针对与群众生活密切相关的出租车计价器、商场超市、集贸市场和加油站等开展计量监督检查，打击计量违法行为，让老百姓坐放心车、加放心油；开展夏粮收购计量器具检定工作，开展针对农药、化肥、种子、农膜四大类农资产品和米、面粉、饮料、茶叶、粽子、油漆、涂料、电线电缆等八类定量包装产品商品计量专项监督检查。在《大丰日报》向社会公开承诺开展电梯安全专项整治活动，对全市在用小区电梯进行摸底排查并组织培训小区物业电梯管理人员90人，处理各类电梯投诉5起。4月17日，《中国质量报》以《解决“最后一公里”问题——大丰质监局“套餐服务”引来赞声一片》为题，报道了大丰质监局服务企业、服务民生的做法。

（刘龙斌）

〖编辑　丁彩前〗

武装·法治

人民武装

【概述】 2014年，中国人民解放军江苏省大丰市人民武装部（简称大丰市人武部）围绕强军目标，举旗铸魂固根本，凝心聚力抓准备，立言立行改作风，全面建设保持稳步提升。被省军区表彰为先进团级单位、“从严治军”先进单位。

【思想政治建设】 大丰市人武部深入学习贯彻中共十八届三中、四中全会和全军政治工作会议精神，研究解决人武部思想政治建设创新发展问题。扎实开展群众路线教育实践活动，采取“规定书目抓通读、重点篇目抓精读、基本观点抓背记、心得体会抓质量”的做法，被盐城军分区推广。抓好“牢记强军目标、献身强军实践”“讲党性、守党规、严党纪”主题教育，通过教育有效增强全体人员聚精会神干事业的责任感、使命感。组织“自觉服从大局、积极拥护改革”专题教育，引导全员坚决拥护党、国家、军队深化改革的重大举措。在民兵预备役人员中广泛开展当代革命军人核心价值观教育，不断增强民兵预备役人员高举旗帜听党指挥的使命意识。开展全民国防教育“六进”（进机关、进农村、进社区、进企业、进校园、进家庭）活动和中小学生国防教育“三进”（进课表计划、进校本教案、进相关课堂）工作，组织驻大丰部队主要领导进校园、进企业、进社区进行国防教育宣讲，推动国防教育常态化发展。全年《解放军报》《中国国防报》《东海民兵》《人民前线》《盐阜大众报》等报刊采用稿件10篇。

【军事斗争准备】 大丰市人武部贯彻新形势下军事战略方针，召开党委扩大会专题议战议训，推动各项准备向纵深进击。严格落实战备值班制度，落实凭证上岗。组织以重要目标、沿海地形为重点的战场勘察，整理完善1万余字的辖区兵要地志数据资料，修订完善各类方案22份。3月，组织全体干部参加盐城军分区“三实”（实射、实投、实爆）训练考核，实射、实投合格率100%。7月，在盐城军分区组织的军事考核中蔡汉权、董绍兴取得军事理论第一，管鑫取得识图用图和作战计算第一名的好成绩。10月，在盐城军分区组织的“三熟悉四会”（熟悉武器性能、熟悉数量质量情况、熟悉日常管理制度；会操作使用、会检查、会维护保养、会排除一般故障）装备业务考核竞赛中，大丰市人武部部取得总分第一和5个单项第一的好成绩。采取组训、代训、跨区联训等方法，加强基干民兵训练，提高基干民兵多样化军事行动能力。在市滩涂海洋与渔业局成立基层人武部。7月，完成全军海上民兵侦察行动演练任务，市海洋渔业局被省国动委评为先进单位，大丰市人武部副部长王旭初被省国动委评为先进个人。深化战法创新研究，扎实开展“预警机干扰阵地协防行动研究”“军地指挥信息系统构建与指挥控制‘动中通’问题研究”重难点攻关。11月，组织预警机干扰阵地防卫实兵演练，锻炼提高了民兵分队应对突发事件的能力，受到盐城军分区充分肯定。开展国防潜力调查，精确核准全民动员潜力数据，做好“三个机制”衔接工作。5月，参加省军区组织的“畅通—2014”演练，受到省军区的高度评价。落实国动委“1综8办”办公制度，组织相关工作人员业务培训，提高战时组织指挥能力。

【基层建设】 大丰市人武部坚持任务牵引把工作重心放在基层，走军民融合式发展道路，推进国防动员和后备力量建设融合转型发展。针对整组“刷卡点验”和应急队伍比重增加的实际，狠抓整组业务培训、潜力数据调查、人员信息刷卡输入、现场刷卡点验等重点环节，完成基干民兵的整组工作。按照盐城军分区镇（区、园）“十个标准”和村（居）七个标准军地协同积极推进抓好基层武装规范化建设，全市基层民兵营（连）规范化建设全部达标。大桥镇、三龙镇、港区、万盈镇4个镇（区）人武部，西团镇赵场村、南阳镇城乡村、三龙镇龙东村、大丰经济开发区和瑞村等6个单位被盐城军分区表彰为基层规范化建设先进达标单位。1月，在新丰、港区召开基层党组织现场观摩会，受到盐城军分区的充分肯定。完成盐城市政府、盐城军分区下达的新兵征集任务，所征集新兵中，高中以上占征集新兵总数的文化程度87.1%，大学生占征集新兵总数的40.68%，《人民前线》报道大丰市征兵严把体检关口的做法。

【安全管理】 大丰市人武部坚持依法从严治军，加强安全管理工作基础。落实安全管理制度。坚持每季度1次安全形势分析、每月不少于2次弹药库安全检查或抽查，每周交班会上不少于1次安全讲评和部署。先后开展“安全隐患排查整治”和“拉网式安全检查”等活动，牢牢把握安全工作的主动权。被省军区表彰为“安全管理工作先进单位”。7月，盐城军分区在大丰市人武部召开正规化建设现场观摩会，推广大丰市人武部正规化建设“四个秩序”（战备秩序、训练秩序、生活秩序、管理秩序）的做法。开展枪支弹药和武器装备仓库专项整治工作。9月，对民兵武器装备仓库采取逐个库室清、逐个人员排、逐个环节查、逐个问题纠的方式进行专门整治，有效杜绝安全隐患的发生。

【后勤装备保障】 大丰市人武部深化军事斗争后勤准备，加强后勤专业技能训练，后勤装备保障能力有效提升。坚持党委理财制度，严格遵章守纪，按制度管理、按程序办事，确保人人、事事、时时都在制度规定内运行，确保将有限的经费用在战备训练上，用在干事业、谋发展上来。加强办公楼设施设备建设，建立完善文印室、兵器室、阅览室，提升正规化管理水平。将原办公楼改造为民兵训练基地和征兵办公室。推进装备科学管理，投入40万元对民兵武器仓库安防设施和库区内设施设备进行全面的升级改造，提升仓库“三化”管理水平。扎实开展民兵武器装备仓库专项整治活动，市民兵武器装备仓库连续37年安全无事故。

（陈晓波）

人民防空

【概述】 2014年，大丰市人民防空办公室（简称大丰市人防办）围绕“向打仗靠拢、为打仗保障”的战略目标，瞄准“创新、实效、执行、争先”的追求，一着不让促推进，顺利完成全年任务。大丰市人民防空办公室在盐城市民防工作目标任务考核中名列第一，被大丰市委组织部、大丰市级机关工委表彰为先进基层党组织，获大丰市委、市政府服务发展创新创优工作奖。

【人防工作会议】 3月28日，市政府在市行政中心召开全市人防工作会议，对全市人防工作进行总结和部署，会议通报2013年度基层人防工作站考核结果，表彰2013年度全市人防工作先进集体和先进个人。大丰市委常委、常务副市长范大玉，市人武部部长张守中在会议上讲话。

【盐城市人防办主任现场会在大丰召开】 8月8日，盐城市民防局在大丰市召开盐城市人防办主任现场会议。会议期间与会人员先后参观大丰市人防文化走廊、海棠花园人防工程、东方湿地公园人口疏散基地、滨河社区人防工作站、第四中学人防教育基地、人防机动指挥所。

【人防机动指挥车投入使用】 大丰市人防办完成人防机动指挥所建设。3月，正式开始人防机动指挥车的组建。7月，开始投入试运行。10月，开始正式投入使用。机动指挥车多次参加盐城市统一组织的指挥通信演练工作，均顺利完成上级交代的任务。10月，机动指挥车配合大丰市人武部完成预警干扰演习工作。加强防空警报器的维护保养与管理，每季度对警报设施进行定期巡检，全年新增固定警报器2台，警报器覆盖至港区，年底对7台警报器进行了集中控制改造，实现警报器集控率100%。10月29日，全市防空警报试鸣，鸣响率达100%。

【人防工程建设】 全年新竣工、新开工、新立项人防工程均完成目标任务。完成海棠花园小区人防工程无转换示范样板工程建设，人防工程防

2014年，大丰市人武部被江苏省军区表彰为先进团级单位、“从严治军”先进单位

2014年10月，大丰市人防机动指挥车正式投入使用

单位供图

护设施、标识标注、宣传栏全部按规范安装到位。

【人防工作站建设】 大丰市人防办出台《市直单位人防工作站考核细则》《街道办、社区人防工作站考核细则》和《镇（区）人防工作站考核细则》，推进基层人防工作站规范化建设。依托镇、区人防工作站，开展人防进农村试点工作，在12个镇、港区、开发区分别建设村级人防工作服务站及人防应急医疗救护点。村级人防服务站建设达到“六个一”标准，即：有人员、有站牌、有制度、有器材、有场所及设施、有应急救援队伍。投资3万元在小海镇唐中村建立村人防工作服务站及人防应急医疗救护点。

【人防宣传教育】 大丰市人防办出台《大丰市人防系统宣传报道工作奖励办法》。2014年，盐城市以上媒体用稿198篇，其中，《中国人民防空》《人防科技》《国防时报》《中国国防报》等报刊、中国人民防空网基层人防栏目、中国人民防空工程建设综合网综合信息栏目、中国民防网信息直通车栏目用稿149篇。与大丰电视台合作开设人民防空专题栏目，在《大丰日报》开设每月一期的人民防空专版。统一设计并制作人防宣传展板，重点宣传人防的地位和作用、公民享有的权利和应尽的义务、防空袭警报信号的识别以及应急基本常识等内容，提供给各镇（区）、市直有关单位和各街道（社区）基层人防工作站使用。全年制作人防宣传板319版次。5月，利用市委组织的科级干部和市人社局组织的机关公务员轮训班，向每位科级干部发放《江苏省实施〈中华人民共和国人民防空法〉办法》，在党校摆放人防法规知识展板。10月，在全市青年干部培训班上，讲解人防知识及相关人防法律法规课，并发放人防应急器材。

【疏散基地建设与管理】 大丰市人防办加强东方湿地公园疏散基地规范化、标准化、常态化管理，定期与疏散基地维保协议单位共同对设备进行调试。12月疏散基地通过省民防局验收，在盐城市首家完成集人防宣传教育、应急指挥、人口疏散及防空林于一体的人口疏散与应急避难公共场所。

【依法行政】 大丰市人防办以“提高行政审批效率，服务主体经济发展”为工作重点，进一步简化审批流程，取消行政权力事项3项，对办件流程进行精简压缩，缩短了审批时限。根据《盐城市民防局关于下放行政审批事项的通知》要求，全力做好行政权力下放的承接工作，自2014年11月1日起，大丰市行政区划内的结合民用建筑修建防空地下室和单建式人防工程的立项、平面方案审查、施工图政策性审查等人防行政审批事项由大丰市人民防空办公室直接负责审批。组织机关人员集中学法，对新进人员加强行政执法培训，通过考核，办理行政执法证，做到持证上岗，全年新增执法人员4人。及时落实市物价局《关于鼓励全民创业免收、降低部分涉企收费标准的通知》精神，降低了非生产性用房人防易地建设费征收标准，在现行征收标准基础上优惠30%。修订和完善人防行政执法制度、执法文书和人防行政处罚程序，统一规范执法文书，严格按程序规范执法行为。2014年，根据群众举报，及时制止一起违法出售人防工程内停车位的行为。

（杜小燕）

人民消防

【概述】 2014年，大丰市公安消防大队（以下简称大丰市消防大队）以打造现代化消防铁军，打赢“青奥会消防安全保卫战”和消防安全“打非治违”活动等为重点，建立健全后勤综合保障服务体系。加强队伍正规化管理和基层基础建设，深入开展队伍实战化训练，提高灭火救援能力和监督执法水平，构建“政府统一领导、部门依法监管、单位全面负责、群众积极参与”的社会化消防工作格局，较好地完成防火、灭火和抢险救援等工作任务。

2014年11月9日，大丰神州智慧星早教中心老师带领30多名幼儿和家长，参加2014年第24届消防日“找火灾隐患，保家庭平安”主题活动

【消防铁军打造】 大丰市消防大队坚持深入开展实战化练兵活动，把打造消防铁军作为“党委工程、主官工程、重点工程、基础工程”来抓，努力提高官兵技战术水平，严格落实执

勤值班制度，加强对责任区情况的熟悉，确保部队时刻处于良好的战备状态。研究制订大队练兵计划，营造练兵氛围，制订严格奖惩措施，充分调动全体官兵的参与热情。训练中，坚持全员参训，科学施训，分岗位训，干部骨干带头训，努力提高官兵的整体素质。2014年，检查、熟悉单位1500余家，制订灭火救援作战预案300余份，开展实地演练200余次，使官兵全面掌握辖区重点单位的基本情况，确保随时拉得出、打得赢。

【消防宣传培训】 大丰市消防大队牢固树立"消防工作宣传系于一半"的理念，加强消防宣传工作。在每期《大丰日报》刊登消防常识，告知市民如何做好火灾预防和火灾自救工作；每逢重大活动、重大节日，在大丰电视台黄金时段播出滚动字幕；青奥会期间，全市所有道路都悬挂宣传标语、沿街的电子显示屏播放消防知识。继续加强社区消防宣传工作，在瑞成国际苑建成盐城市第一个消防体验室。11月7日，举办第四届社区消防节。建成消防宣传"四个一"阵地，即一个长廊（御景嘉园宣传长廊）、一个广场（施耐庵公园消防文化广场）、一个公园（恒北村消防主题公园）、一个体验室（瑞城国际苑消防体验室），努力营造"全民消防"的安全氛围。全年约3万余人次接受消防知识的宣传教育和培训。

【灭火救援】 截至2014年，大丰市连续14年未发生大的火灾事故。2014年，接警出动646起，其中抢险救援167起，火灾扑救440起，社会救助39起，出动警力5843人次，出动消防车1300余台次，抢救被困人员120人，疏散人员232人，挽回直接财产损失价值6300余万元。

【消防装备建设】 大丰市有2支港区专业消防队、11支农村保安消防队和3支农场专职消防队，消防车辆34辆、消防队员200人。消防队员人数在盐城位列第一。2014年，市政府出资840万元购置的1辆68米举高消防车和1辆21吨重型水罐消防车投入执勤。市政府加强镇保安消防队的建设管理工作。7月，市政府举行保安消防队车辆装备发放仪式，发放11辆消防巡防车。

【基础设施建设】 全市严格按照《大丰市城乡消防规划2014年度实施计划》的总体部署，全面加强消防基础设施建设。2014年，在市区新建5处消防取水码头。市政府出资170万元在市区补建120个消火栓。各镇（区）补建市政消火栓200余个。市区公共消防设施实现"道路建到哪里，消火栓预留到哪里"。

【双拥共建活动】 2014年，大丰市消防大队积极投身文明单位创建和青年文明号争创活动，主动与团市委、市文明办对接联系，实施帮助孤老的爱心工程、援助失学儿童的希望工程。市消防大队官兵义务为大丰市白血病患者捐款。出资近1万元用于资助社区贫困家庭、离退休老干部和贫困学生。常年资助贫困家庭和失学儿童2户；为缺水老百姓义务送水2000余吨；参加地方政府执勤保卫50余次，出动警力400余人；义务冲洗清扫道路6000余米。

（石荣耀）

武　警

【概述】 2014年，中国人民武装警察部队大丰市中队（简称武警大丰市中队）落实三级党委扩大会议要求，坚持举旗铸魂抓根本、聚焦使命抓中心、建强班子抓队伍、夯实基础保稳定，完成以执勤处突为中心的各项任务，部队建设呈现出全面进步、稳步向上的良好态势。有3人被武警盐城市支队记三等功，11人受武警盐城市支队嘉奖。武警大丰市中队连续2年被武警江苏省总队评为"基层建设先进单位"。

【武警执勤】 武警大丰市中队严格落实共建共管、共教共育、联检联评、联合演练等制度，加强"四防一体化"建设，开展执勤训练，完成看守所外围武装警戒任务。高标准遂行青奥会安保、武装巡逻、武装押解、机动备勤等临时任务，多次受到武警江苏省总队、武警盐城市支队和市委、市政府表彰。副市长、市公安局局长顾富昌多次慰问一线执勤官兵。

【武警中队思想政治工作】 武警大丰市中队做实思想工作，重视文化活动，充分发挥了政治工作把关定向和服务保证的作用。开展主题教育，锤炼官兵忠诚于党的政治信仰和"一不怕死、二不怕苦"的战斗精神；开展"四互四有"活动，掌握官兵思想动态，密切内部关系；重视政治文化建设，通过宣传橱窗、灯箱等文化设施的有效载体，打牢官兵的政治思想基础；利用驻地资源，组织官兵参观烈士陵园和纪念馆，接受革命传统教育。

【军事训练】 武警大丰市中队依据《军事训练与考核大纲》，以强化干部骨干教学能力、官兵遂行执勤处突任务能力为核心，全年完成训练时间496小时。开展实战化训练，新增反恐怖、反爆炸、反劫持人质训练课目22个，以支队勤训轮换与应急班反恐比武为契机，严格按纲施训，科学组训，确保训练质量，完成射击、擒敌、单兵战术动作、通过400米障碍、扛圆木协助跑、特种战术基础、单兵临危动作、战术手语、阳台攀登、抓绳索攀登、伪装侦查、秘录等课目，官兵军事素质提升明显。

【武警中队管理】 武警大丰市中队坚持依法治警、从严治警，着重解决"五个重点问题"（人、车、枪弹、酒、内外关系），部队正规化建设水平稳步提升。在时间上，重点抓8小时以外的管理，强化各类人员的职责，严格落实请销假制度；在人员上，突出对干部、公勤人员的管理，要求一视同仁，坚决杜绝特殊化，重点解决乱拉关系、侵占战士利益、形象差等问题；在空间上，由营区管理延伸至集训点、医

2014年12月24日，武警大丰市中队进行刺杀训练　单位供图

2014年6月，大丰港边防派出所被表彰为全国边海防工作先进单位

院、家乡，通过各种渠道及时掌握在外人员的思想状况和现实表现，加强跟踪管理。严格落实枪弹管理制度，加强对武器弹药的动态管理，保证武器弹药的完好率。武警大丰市中队通过严格的管理，全年安全稳定。

（谭　星）

边　防

【概述】 2014年，大丰市公安边防大队牢固树立执法为民思想，坚持"科学发展、创新发展、稳定发展、和谐发展"的工作思路，以青奥会边防安保工作为中心，创新社会管理措施，全面加强部队建设，实现辖区治安更加稳定、服务发展更加主动、部队管理更加正规、警民关系更加和谐的工作目标，受到群众好评。

【青奥会安保】 大丰市公安边防大队贯彻落实江苏省公安厅、江苏省公安边防总队、盐城边防支队关于做好青奥会边防安保工作的指示和要求，全面分析青奥安保工作面临的形势，加强组织领导，不断加大对重点行业、重点场所、重点人员的管控措施，为构建平安沿海目标交出满意的答卷。打击处理流窜作案团伙4个，为群众挽回经济损失200余万元。平息拖欠农民工工资、非正常死亡等引发群体性事件136起，其中参与人数超过50人的67起。联合各执法部门合力化解重大矛盾纠纷34起，帮助外来民工追回拖欠工资1200余万元。

【进村入户】 2014年，大丰市公安边防大队开展"进村入户"活动，坚持全方位，全覆盖，全人员走访辖区人口，了解辖区群众所思所忧，听取群众对边防工作的新期待新愿望。定期给贫困户、孤寡老人、留守儿童送去大米食油等生活用品，组织开展"送法进社区""送法进企业"等活动，力所能及为辖区群众办实事，解难事，做好事。发放慰问金及物品折算金额5万余元，收到锦旗5面，感谢信15封。

【执法规范化建设】 大丰市公安边防大队围绕"理性、平和、文明、公正、规范"规范执法，开展学法练兵活动，通过组织法律法规、执法案例的学习、到地方公安跟班学习等举措提高官兵法治素养和执法能力。加强执法场所建设和管理，依据《公安机关执法办案场所设置规范》要求，集中对各单位的办案场所进行清理检查，规范办案场所管理使用，建立覆盖全区域的视频监控系统，实现执法过程同步录音、录像和网上全程监督，提升执法规范化水平。

【大丰港边防派出所受表彰】 2014年，大丰港边防派出所围绕"巩固海防、稳定海疆、保障开放、促进发展"的目标，按照"军民一体、平战结合、长期建设、整体发展"的要求，加强与驻地口岸委、港口局、人武部等海防成员单位沟通协调，明确分工、通力合作，不断健全海防管理工作机制，抓情报信息搜集研判，有效提升与边检、海关、海事等多部门的联勤联动工作水平，维护沿海地区安全。2014年6月27日至29日，第五次全国边海防工作会议在北京召开。会上，大丰港边防派出所被国家边海防委员会、人力资源社会保障部、中国人民解放军总参谋部、中国人民解放军总政治部联合表彰为全国边海防工作先进单位。

【李岚清视察大丰港边防派出所】 5月24日，国务院原副总理李岚清在江苏省委书记罗志军、省长李学勇的陪同下，视察大丰港边防派出所辖区。李岚清还实地视察江苏丰海新能源淡化海水发展有限公司海水淡化车间、灌装车间、微网智能中心。赞扬大丰港边防派出所在沿海辖区治安、管理、服务等方面做出的贡献，希望官兵在今后的执法执勤中迈出新步伐，展现新面貌，创造新业绩。

【王港边防派出所受表彰】 王港边防派出所坚持以公安基层基础建设为主线，以"进村入户"深化"大走访"活动，探索新型创建模式、社会管理服务机制、警地联建联创形式，推进"阳光警务"，完善执法监督体系，不断夯实公安基层基础工作，深化勤务改革，大胆创新工作模式，严格部队内部管理，狠抓执勤、训练、工作、生活秩序的养成。2014年，王港边防派出所被江苏省公安边防总队评为基层建设先进单位。

（黄天龙）

政法委及综治

【概述】 2014年，大丰市政法综治工作以深化"平安大丰、法治大丰"建设为重点，坚持系统治理、依法治理、综合治理、源头治理相结合，深入推进三级平台建设、社区网格化管理和信息化建设，社会大局持续稳定，被省委省政府表彰为2011~2014年度全省社会治安综合治理先进集体，连续3届进入全省法治县（市、区）创建工作先进单位行列，被省推荐为全国法治先进县（市、区）。

【排查化解矛盾纠纷】 全市12个镇216个村都按每镇2名、每村1名的配备标准配齐专职调解员，建立市镇村三级调解组织网络。严格执行市半月排、镇每周排和敏感时期日排查、"零报告"、分析研判、分级预警制度，在劳动、卫生、建设、环保等16个矛盾比较集中的部门建立规范化专业调解中心，确保矛盾纠纷在基层能得到有效解决。调解工作重心向矛盾多发区前移，积极化解陈年信访积案6件。扎实开展春节、两会期间矛盾纠纷排查调处专项行动和"法润江苏，护航青奥"专项活动。2014年，受理调解矛盾纠纷5729件，调解成功5728件，调解成功率99.98%。

【公共安全监督】 严格执行食品药品监管制度，落实好地方政府和有关部门食品药品安全监管责任、企业食品药品安全主体责任。建立健全安全生产隐患排查治理体系和安全预防控制体系，深化重点行业专项整治，积极开展消防工作"六打六治"打非治违专项行动，整改各类安全隐患21034条，隐患整改率99.26%。以创建全国文明城市为契机，开展交通秩序整治和交通安全源头监管"清零行动"，处理各类交通事故10906余起，查纠交通违法行为31.8万起，市民的公共安全意识得到进一步增强。

【特殊人群管控】 2014年，成立大丰市政法系统关工委，进一步完善"预青"（预防青少年违法犯罪）工作机制，实现未成年人零犯罪的目标。落实刑满释放人员、社区矫正人员帮教管控措施，重点社区服刑人员监控定位率100%，无重新犯罪。为所有肇事肇祸精神病人落实低保、医保待遇，免费收治17个重性精神病人，为605个精神病人免费供药。加强肇事肇祸精神病人管控的做法，《法治日报》作为江苏基层社会管理创新的亮点予以报道。全面实行流动人口居住证制度，加强流动人口集中居住区建设，加强流动人口信息社会化采集，探索流动人口积分管理制度，构建覆盖境外来华人员全过程、信息化的动态管理体系。

【社会治理服务中心运行良好】 市委、市政府研究落实市社会治理服务中心机构、编制、人员和经费，新招录的4名事业编制人员已经到位。推动镇级平台的资源整合。指导督促各镇（区）把有关为民服务项目整合进综合服务中心，变小集中为大集中，最大限度地使群众"进一个门、办所有事"。推进村级社会治理服务站建设。以村"一站三室"和社区"一委一居一站一办"为标准，形成市镇有平台、村村有网络的工作模式。加快建设覆盖市镇村三级和政法各部门有关综治成员单位的综合信息平台。组织全市106名PC账号网格员进行江苏省综治信息系统培训。

【社区网格化管理】 全市划分1级网格14个，2级网格266个，3级网格1696个，1至3级网格长由村居干部兼任，选拔产生4、5级网格长1万多名。将网格长津贴补助标准由每户每月5元提高至8元。市、镇财政每年拨付近300万元工作经费，并通过考核确定支付网格长工作津贴。通过推进网格化管理，健全服务网络，做到小事不出网格、大事不出社区，矛盾不上交转移。

【完善现代立体化防控体系】 2014年年末，全市有监控探头4.7万余个。其中，2014年新增1.5万余个。市（县）级巡防大队保持在120人的规模，12个镇均成立30人以上的镇级巡防中队。全市每天保持30辆次巡逻车、200余人次警力在路面公开巡逻，10名便衣民警同步开展便衣巡逻。发展群防群治队伍1万余人，构筑防范打击犯罪的铜墙铁壁。通过扎实有力的防控措施，刑事案件发案率在连续3年以22%的幅度下降的基础上，2014年比2013年下降6.3%，降幅列盐城市第一，人民群众的安全感进一步提升。

【综治基层队伍建设】 全市所有村（居）均配备综治维稳专职干部，配备率100%。12个镇全部配备政法委书记和政法委员，镇综治办专职工作人员全部达3人以上。村级维稳专职干部、社区民警全部进入村居两委班子。先后2次举办基层综治人员业务培训班，提升基层人员的工作业务素质能力，增强基层综治人员的服务管理能力。

【宣传方式创新】 市委宣传部、市委政法委牵头会同有关部门共同制订了平安、法制宣传计划。市电视台、《大丰日报》开辟综治创建专栏、专版，定期宣传社会管理、平安建设工作动态和先进典型，市电视台在黄金档时间打出流动宣传字幕。市区及各镇主干道及公共场所设置了固定宣传标语，定期向手机用户群发送平安建设短信，在出租车、公交车上设置了宣传标语。开通大丰长安网、出动宣传车、发放致市民一封信、举办"金麋鹿奖"大丰首届法治微电影创作大赛、建立平安微博，以群众喜闻乐见的形式开展宣传活动。

【网络舆情监管】 全市梳理排查出网上重大舆情隐患10多条、网上活跃分子10余名，对可能引发网络炒作的苗头性、倾向性重大舆情隐患早发现、早

2014年，大丰市社会面治安监控探头新增5000余个，累计4.7万多个

2014年8月21日，南京青奥会期间，大丰市公安局对在岗人员进行监督

研判、早处置。开展“净网2014”网站论坛集中整治月行动，约谈网站负责人、论坛版主，宣讲政策，要求他们坚守“七条底线”，开展自查自纠，依法规范网站经营管理的各项行为。

（夏　伟）

公　安

【概述】 2014年，大丰市公安机关加强维护稳定、打防管控和队伍保障能力建设，实现全年工作目标任务，保证社会治安大局的持续稳定。开展党的群众路线教育实践活动，组织各类学习教育活动18场次，召开座谈会16场次，听取意见建议24条，全部整改落实到位。大丰市公安局在大丰市2014年综合考核中，被大丰市委、市政府评为综合先进单位。有22个基层所（队）和106名民警分别受到上级的记功和表彰。

【安保工作机制形成】 2014年初，大丰市公安局围绕青奥安保，牢牢坚持“以点保面”原则，全面深化打、防、管、控各项工作措施，保证大要案件、事件和事故的零发生，高标准高质量完成青奥安保工作任务，形成固化一整套完善的工作机制，有力地推动公安基层基础工作。

【刑事发案降幅盐城市第一】 大丰市公安局扎实开展城市巡防重组工程，积极调整全市城乡巡防勤务模式，注重发挥好出城查报站和治安卡口堵控作用，全市每天保持30辆次巡逻车、200余人次警力在街头路面公开巡逻，在重点关键时段和部位组织开展武装巡逻，有力提升整体震慑力。实施全市技防织密工程，社会面治安监控探头新增5000余个，累计4.7万多个，基本覆盖全市城乡。全市刑事发案继续保持下降态势，降幅列盐城市第一。

【公安合成作战新模式形成】 大丰市公安局先后投入600多万元建成DNA实验室，组建合成侦查队和电信网络犯罪专业侦查队，逐步形成多警种部门、多技术手段的合成作战模式，“5·13”激情杀亲案、“5·23”持刀入室抢劫案等一批大要案件均在第一时间告破。全年破案836起，其中现行案件646起，抓获刑事作案成员793名，现行案件破案率达28.1%，高出盐城市其他县（市、区）。

【侵财型犯罪打击治理】 大丰市公安局深入实施打击治理“两盗一骗”侵财犯罪专项行动，全年侵财犯罪发案比2013年下降5.2%，破获各类侵财案件401起。先后举行5次集中退赃仪式，退还赃款赃物400余万元。侦破大丰港职教中心电脑配件被盗案、大中镇系列盗窃电瓶车案、“11·6”盗窃案等一批民生要案。

【“进村入户”工作】 全年上门走访居民3.4万户、8.2万人次，采集各类源头信息70余万条，帮助群众解决各类困难和问题1300余件，群众自发向公安机关赠送锦旗和感谢信108面（封）。大丰市公安机关先后涌现出城南新街“敬老文明号”、刘庄三圩“护蕾工作站”等一批先进典型社区，有7名民警被表彰为盐城市优秀社区民警，3名社区民警被提拔到派出所的领导岗位。

【窗口服务】 车管、出入境、户政等公安服务窗口单位，提升服务效能，创新服务方式，为广大市民提供优质高效的服务。2014年，办理户口业务2.1万余人次，评价满意率达99%以上；提供驾驶证办理服务2.09万余人次，为汽车上牌上证近1万车次；办理公民出入境申请1.35万余人次，比2013年增加35.2%，办证总量再创历史新高。市公安局车管所获“全国优秀县级车管所”称号，成为苏北地区唯一获此称号的单位。

【社会热点问题关注】 大丰市公安局将人民群众关注的热点问题当作头等大事来抓，在打击食品药品安全和环境污染的违法犯罪等方面取得新的突破，主动排摸线索，全力收集证据，先后查处毒豆芽、有害猪头肉、环境污染等案件5起，抓获犯罪嫌疑人18名。

【推进执法规范化源头建设】 大丰市公安局积极开展接处警专项治理，自行编订下发5个规范执法源头管理制度文件。化解各类信访积案192起，对2012年以来受理的169起轻伤害案件全部进行清理化解，对781件待完结的行政案件一一过堂。2014年有5个基层所队被盐城市公安局命名为执法随岗基地，2名民警被盐城市公安局表彰为盐城公安机关优秀教官和优秀警司，3名民警通过国家司法考试，72名民警通过高级执法资格考试，392名民警通过中级执法资格考试。

【重大活动安保“零差错”】 2014年，大丰市公安局先后出动警力8000余人次，完成中央老领导到大丰视察、江苏省省长李学勇在大丰调研、盐城市政府重大项目推进家家到、大丰麋鹿生态国际旅游季、“十一”黄金旅游周、熊猫馆开馆等96次重大活动安保任务。实现重大活动安保工作“零差错”。

（袁汉清）

检　察

【概述】 2014年，大丰市人民检察院（以下简称市检察院）围绕发展大局，顺应人民群众对公共安全、司法公正、权益保障、反腐倡廉的新期待，忠实履行宪法和法律赋予的职责，各项检察工作都取得新的进展。在大丰市2014年综合考核中，被大丰市委、市政府评为综合先进单位。被最高人民检察院再次授予“全国文明接待室”称号，被盐城市检察院表彰为先进检察院，被盐城市委政法委表彰为盐城市政法系统公正执法先进单位，被盐城市委市政府表彰为人民满意的公务员集体。

【服务地方发展】 市检察院积极落实市委“港城建设突破年”的重大部署，不断加强“两区”检察室工作，对“两区”发生的刑事案件推行“快速介入”“快速引导”“快速和解”和“快速办理”机制。2014年，办理影响沿海开发的刑事案件22件。开展“服务沿海开发检察行”活动，推行“检企联席会制度”，开通“企业维权直通车”，针对企业管理中存在的薄弱环节，发送检察建议，帮助建章立制，堵塞漏洞，促进完善现代企业制度。

【打击刑事犯罪】 市检察院结合执法办案的新特点、新需求，探索建成集“直诉案件审讯室”“远程视频询问室”“未成年人刑事案件谈话室”“听证宣告室”等多功能于一体的“刑事检察办案区”，有效提升执法办案的规范化水平。2014年，受理各类提请审查逮捕案件204件264人，批准逮捕164件213人；受理移送审查起诉案件491件672人，决定提起公诉481件693人。突出办理公安部督办的“全能神”邪教案件。依法打击非法吸收公众存款、合同诈骗、骗取贷款等破坏市场秩序、影响社会稳定的涉众型经济犯罪32件124人。沈某拒不支付劳动报酬案入选全省典型案例。

【查办和预防职务犯罪】 市检察院健全来信、来访、电话、网络“四位一体”举报体系，拓展群众举报渠道。2014年，立案查办贪污贿赂案件11件15人，其中，科级干部4人，大案率100%。坚持把查办渎职犯罪与服务市委市政府中心工作相结合，立足食品药品安全、重大工程建设、生态环境、社会保障等领域，依法查处因“为官不为”“为官乱为”而使国家利益、人民利益遭受重大损失的渎职犯罪。立案查办渎职侵权案件11件13人。重视职务犯罪预防，向发案单位和相关部门提出防控风险、完善制度的预防建议12件次；联网全国检察机关行贿犯罪档案查询系统，提供行贿档案查询873次1769人，促进健全社会征信体系；开展预防宣传工作，召开滩涂系统职务犯罪案例剖析会，开展职务犯罪警示宣传教育47次，受教育7000多人次，推进全市党风廉政建设。

【维护司法公正】 市检察院加强刑事诉讼法律监督，严把案件事实关、证据关、程序关和法律适用关，对证据不足和不构成犯罪的，决定不批准逮捕40件51人、不起诉12件13人；对应当逮捕而未提请逮捕的，追加逮捕1人；对应当起诉而未移送起诉的，追

2014年2月24日，大丰市人民检察院拍摄的微电影《检察蓝》，在高检院政治部、检察日报社联合举办的全国检察机关首届微电影展播活动中，获得最佳剪辑提名奖

单位供图

加起诉3人；对认为确有错误的刑事裁判提出抗诉3件。王某、孙某非法证据排除案入选“江苏省检察机关侦查监督指导案例”。加强刑罚执行和监管活动监督，监督纠正刑罚执行和监管活动中的违法情形24件次；加强社区矫正法律监督，纠正监外执行活动违法27件；加强刑事羁押期限监督，对11名无羁押必要的罪犯，建议变更强制措施。加强民事行政检察监督，依法提请抗诉1件，发出再审检察建议1件，督促行政机关依法履行职责13件。

【社会矛盾化解】 市检察院坚持把化解矛盾贯穿于执法办案的全过程，加大刑事和解、检察救助力度，对符合条件的37件轻微、过失犯罪案件，积极促成刑事和解；对8名生活确有困难的刑事被害人及其近亲属，依法提供检察救助。坚持把深化文明接待窗口建设作为了解群众、依靠群众、服务群众的有效途径，不断强化检察长接待、视频接访、下访巡访、巡回检察等工作机制，畅通群众诉求表达、利益协调、权益保障渠道，解决群众反映的涉检问题，办理群众信访162件次，做到件件有着落、事事有回音，把矛盾化解在基层、解决在源头。

【参与社会治理】 市检察院参加全省统一组织的“净网”“清源”“秋风”等专项整治活动6次，及时介入侦查，依法快捕快诉，维护社会稳定。结合办案，及时开展刑事类案预防工作，先后组织刑事类案预防8次，有3篇研判报告被市委主要领导批示。推进未成年人刑事检察工作，严格执行未成年人犯罪专人办理、附条件不起诉、犯罪记录封存等制度，召开未检工作通报会，组织庭审观摩，进行心理疏导，公布爱心热线和微信号等，完善全方位、立体式的未成年人犯罪预防与权益保护体系。

【检察队伍建设】 市检察院加强思想政治建设，突出“为民、务实、清廉”主题，制订12项具体措施，强化督促落实，着力整改“四风”和执法司法突出问题，引导干警牢固树立“以民为本、执法为民”的职业良知。加强检察职业道德建设，举办道德讲堂，开展学习全国模范检察官刘文胜系列活动，引导干警坚定信仰、坚守法治。始终把自身监督放到与法律监督同等重要的位置来抓，严格落实“两个责任”“一案双查”等要求，出台每周廉政短信提醒制度，推行干警居住社区联系点办法，设立干警违法违纪网上举报平台，完善检务督察工作机制，确保内部监督制度化、常态化。

【服务生态建设】 市检察院制订《服务生态文明体制改革的实施意见》，出台《生态环保事故与突发环境污染事件同步介入调查办法》，进一步规范环境执法监督机制。快速办理全市首例杀害珍贵濒危野生动物案，同步介入史某等5人重大环境污染事故调查，深挖事故背后的渎职犯罪。结合办案，先后多次为重点企业负责人、市环保局干部，举办“环境污染刑事案件司法解释”专题培训，推进生态文明建设。

【服务民生】 市检察院针对群众普遍关注的食品药品安全问题，及时开展专项立案监督活动，先后提前介入、引导侦查“毒猪头”“毒豆芽”等涉嫌生产销售有毒、有害食品案4件，现场监督销毁有毒有害食品3000余千克，以实际行动践行检察亲民、护民、惠民理念。开展“三解三促一加强”“进村入户”“党员干部进社区”等活动，全院71名党员干部挂钩所在社区，以上门走访、集中座谈、个别访谈等形式，广泛征求意见，汲取智慧，使检察工作更好地服务民生。

【检务公开】 市检察院健全以“门户网站、手机报、QQ群、微博、微信”为主的“五位一体”检务公开平台，及时公开重要检察信息、重大案件办理等情况，提高司法办案透明度和公信力。严格落实律师权益保障制度，指定专门部门接待律师，安排专门场所方便律师阅卷、复制卷宗材料，依法保障律师执业权、监督权。加强与人大代表和政协委员的经常性联系，自觉接受人民监督员、特约检察员的监督，举办“检察开放日”“举报宣传周”“代表委员联络月”等活动15次，发放《鹿乡检韵》4000余册，广泛征求意见，确保检察权在阳光下运行。

【青年干警培养】 市检察院出台《鼓励干警参加在职研究生教育办法》，组织业务骨干赴西南政法大学进行系统学习，改善干警学历和知识结构。依托卯西河畔法学社平台，承办公诉人辩论邀请赛，开展业务知识竞赛，举办“卯西讲坛”，组织听庭评议、案件讲评、文书评比等练兵活动，全面提高青年干警侦查突破案件、适用法律政策、分析研判矛盾和做好群众工作的能力，青年干警的综合素质进一步提升。2014年，有26人次获上级表彰，卯西河畔法学社被省检察院评为全省最佳法学社。

（苏学峰）

审 判

【概述】 2014年，大丰市人民法院（以下简称市法院）围绕“努力让人民群众在每一个司法案件中都感受到公平正义”的目标，开展“司法能力提升年”活动，攻坚克难，各项工作取得新的进展。所办案件中，4篇案例入选《中国审判案例要览》，2篇案例刊载于省法院《公报》。市法院被省法院记集体二等功，被省委省政府表彰为人民满意的政法单位并记集体一等功，被省纪委、省委宣传部命名为“江苏省廉政文化建设示范点”。被盐城市中级人民法院表彰为先进法院，综合工作连续5年在盐城市法院系统位居第一板块。

【服务大局】 2014年，市法院受理各类案件10861件，结案10024件，处理和解决争议金额19.89亿元。发挥刑事审判打击职能，推进法治社会建设；加大对新特产业知识产权保护力度，积极稳妥审理破产案件，依法助推企业转型升级；迅速审执结江苏盐城国家级珍禽自然保护区退渔还湿系列案件，促进生态文明建设；支持沿海开发中新项目的推进，依法保障沿海开发提速；深化司法监督职能，依法服务法治政府建设。

2014年，大丰市人民法院被省委、省政府表彰为人民满意的政法单位，并记集体一等功　　单位供图

【维护民生权益】 11月25日，市法院官方微信开通并投入使用，满足新媒体时代公众获取法院资讯的需求。深化“诉讼服务零距离”项目，推进网上诉讼服务中心建设，构建便民诉讼网络；开展涉民生案件实质性维权活动，维护群众民生权益；推进执行指挥中心建设，构建网络查控平台，建立失信被执行人名单制度，推动执行工作提速增效；推进涉诉信访“百案攻坚”工程，实质性化解信访积案20余件；优化司法鉴定评估拍卖程序，降低当事人诉讼成本。

【效能提升】 市法院开展“过堂式”庭审评查，夯实庭审驾驭能力，提升法院司法效能；全面完成审判流程、执行信息、裁判文书司法公开“三大平台”建设，充分发挥微博、微信、新闻发布会等载体司法公开效能；出台《商事审判流程管理办法》，强化节点式流程管理，提高办案效率；推行全覆盖风险防范，提升全院干警的风险意识和责任意识。

【法官职业化建设】 市法院健全院庭长办案机制，努力实现院庭长“法官”角色回归。以西团法庭为试点，稳步推进以“让审理者裁判，由裁判者负责”为核心的审判权运行机制改革，提高案件审理质量和效率。建立“以老带新”“岗位练兵”为主体的青年法官培育机制，推动青年法官快速成长，17名年轻干警走上助理审判员岗位。加强司法辅助人员考核培训力度，拓展司法辅助人员通道，向社会招聘辅助人员26人。

【省法院负责人在大丰召开调研座谈会】 2月20日，江苏省高级人民法院在大丰市法院召开座谈会，调研公示催告案件和票据纠纷案件法律适用疑难问题。江苏省高级人民法院党组成员、副院长何方，民二庭庭长张婷婷，盐城中级人民法院党组成员、副院长胡勇，市法院党组书记、院长宋长琴等出席会议，亭湖、东台等地法院相关人员参加会议。

【2篇案例入选盐城法院“十大民生案件”】 大丰市法院报送的《大丰市某油脂有限责任公司、朱某恶意欠薪，构成拒不支付劳动报酬罪案》《陈某诉万某因养殖家禽造成环境污染损害赔偿纠纷案》2起案件入选盐城中级人民法院“十大民生案件”。

【专题开放日活动】 4月15日，市法院开展“迎请妇联战线干部职工进法院”专题开放日活动。盐城各县市区近70名妇联干部职工在市法院大法庭观摩盐城中级人民法院公开开庭审理的翟某某故意杀人（妻）一案庭审过程。

【首届青年干警辩论大赛举办】 市法院将青年干警能力培养作为“司法能力提升年”活动中的重点，不断激发青年干警的思辨能力和自主学习能力，培养青年干警善于思考、勇于担当、坚守底线的优良品格。4月19日，市法院举办以“崇法明理、论辩风生”为主题的首届青年干警辩论大赛。市法院12名青年干警组成4个代表组，采取控方、辩方对抗形式，分别就一起受贿案件和一起故意杀人案件进行辩论。经过激烈角逐，决胜出先进个人和先进代表组。

【首次网络直播知识产权案件庭审】 6月10日，市法院邀请部分在大丰的盐城市人大代表、大丰市部分机关事业单位工作人员及群众代表旁听评议射阳大米协会诉李进泽侵害商标权纠纷案公开庭审。此案是市法院被最高院授予部分知识产权案件管辖权后首个通过网络庭审直播的知产案件。代表们在认真旁听后对案件审理工作进行交流评议，一致认为通过旁听既观摩法院各审判环节，又学习相关法律知识，增强法律意识。

【省法院在大丰调研农民土地权益司法保障】 6月16日，江苏省高级人民法院在大丰召开农民土地权益司法保障调研座谈会。省高级人民法院民一庭庭长夏正芳，省农委经管站副站长陈国斌，盐城中级人民法院党组副书记、副院长吴海龙，民四庭庭长刘仁海，市法院党组书记、院长宋长琴，以及东台法院、射阳法院、大丰市法院、大丰市农工办、大丰市国土局等多家单位代表参加座谈。

【王少南一行到大丰视察】 9月20日，最高法院司法行政装备管理局局长王少南一行到市法院视察行政装备工作。江苏省高级人民法院副院长何方，盐城中级人民法院副院长胡勇等陪同视察。王少南一行察看诉讼服务大厅等办公设施，听取市法院党组书记、院长宋长琴关于司法装备等情况汇报，肯定市法院行政装备工作，希望市法院再接再厉做好行政装备工作，服务地方经济社会发展。

【人民陪审员工作会议】 10月17日，市法院召开人民陪审员工作会议暨业务培训班。市人大常委会副主任江志坚，人大内司委、人代委负责人，市法院党组书记、院长宋长琴等领导出席会议，新任命的115名人民陪审员参加会议及培训。

【《无悔人生》首发新闻发布会】 市法院通过推出以公正、廉洁、诚恳、勤勉为内容的“四型”法官评选活动，用身边的事教育身边的人，推进作风建设。为了广泛宣传“四型”法官的先进事迹，展示新时期大丰法官精神风貌，激励更多的法官发奋进取，10月29日，市法院召开“四型”法官先进事迹汇编——《无悔人生》首发新闻发布会。新华网、江苏法制报、江苏电视台、盐城政法、盐阜大众报、盐城广播电视台等多家媒体参加会议，并采访部分“四型”法官。

（赵祥森）

司法行政

【概述】 2014年，全市司法行政以“打造人民满意的司法行政机关”为目标，进一步完善“四个全覆盖”（矛盾纠纷排查调解处理全覆盖、公共法律服务全覆盖、特殊人群服务管理全覆盖、法制宣传教育全覆盖）工作体系。大丰市被江苏省司法厅表彰为“六五”普法中期先进县（市、区），市司法局被省综治委特殊人群管理工作领导小组表彰为刑满释放人员安置帮教工作先进集体、被省司法厅表彰为全省社区矫正管理工作先进集体。市法律援助中心被团省委、省司法厅授予青少年维权岗称号，全市司法行政系统有36个集体和个人受到市委、市政府及以上领导机构表彰。

【服务发展】 大丰市司法局在大中、三龙两镇率先开展公共法律服务全覆盖试点工作，为居民提供便捷、高效的法律服务，推进镇域社会治理。全市12个镇、大丰经济开发区、大丰港经济开发区均建立“一村一顾问”制度，镇、村法律顾问覆盖率达95%以上，全市律师、法律服务工作者担任政府、企业、农村等法律顾问364家，参与信访接待530人次。开展“法润江苏·春风行动”法律服务专项活动，走访企业457个，召开咨询交流会26次，发放联系卡8000余份，出具风险建议、法律建议150余份，参与重大项目论证26次，办理重大项目法律事务60余件，为企业和人民群众挽回经济损失1.2亿元。完善法律援助案件质量监督管理工作机制，全面落实法律援助回访制度，为困难群众办理法律援助案件657件。大丰市司法局制订施行《大丰市公证处绩效考核办法》和《公证质量责任追究办法》，成立大丰市公证质量评审委员会，建立公证过错责任追究制。健全律师、基层法律服务工作者和公证员执业准入、执业状况评价机制，召开了律师、法律服务工作者警示教育大会，通过定期现场督查、群众反馈调查等措施，强化对法律服务行业的监管，净化全市法律服务市场。

【维护稳定】 大丰市司法局突破企业调委会建设短板，全市300人以上的企业调委会成立30家。全面落实网格化管理措施，完善矛盾纠纷排查5级网格机制。加强市、镇（区）两级调处服务中心和10个专业性（行业性）调委会规范化运行。充分发挥人民调解协会作用，调解员业务技能培训常态化，组织会员11人赴浙江参加“枫桥精神”专题研修班，实地学习枫桥经验并在全市推广，撰写的《学习实践发展枫桥经验，不断开创大调解工作新局面》调研报告，被《盐城通讯》采用刊登。做好人民调解员（网格长）业务培训和等级评定、升工作，调解工作重心向矛盾多发区前移，积极化解陈年信访积案6件。扎实开展两节（春节、元旦）、两会（人代会、政协会）期间矛盾纠纷

2014年，大丰市被江苏省司法厅表彰为“六五”普法中期先进县（市、区） 单位供图

排查调处专项行动和"法润江苏·护航青奥"专项活动。2014年,受理调解矛盾纠纷5729件,调解成功5728件,调解成功率99.98%。其中,市社会矛盾纠纷调处服务中心直接调处重大矛盾纠纷799件,全部做到案结事了。

【法制宣教】 大丰市司法局开展"法润江苏·春风行动"活动,利用全市12个镇、大丰经济开发区、大丰港经济开发区法制文化阵地,组织开展法制文艺汇演、"百案释法村村行""法律阳光润校园"等活动30余场,推动"六五"普法向社会各个领域覆盖延伸。拓展充实完善市级法制宣传教育中心功能,实现了中心活动常态化,组织开展全市中小学生和机关事业单位人员法制宣传教育活动10余场。全力突破村级法治文化载体建设,全市各镇(区)均建成1处以上盐城市级法治文化示范点。继续深化民主法治示范村(社区)创建活动,全市建成国家级民主法治示范村1家,省级101家,盐城级193家。全面落实公务员学法制度,将公务员法律知识周周学列入"星期六党校"必学内容和年终考核内容。2014年,举办科级以上领导干部法制讲座40余场,领导班子会前学法活动50余次。做好法治微电影剧本创作大赛及拍摄工作。法治微电影制作完成12部,在市法宣中心定时播放;大丰普法官方微博、微信开通,与主网站"大丰市司法行政网"、普法联络员QQ群平台构成"三网"合一,并利用移动信息平台等手段,形成法制宣传的立体效应。

【社区矫正】 大丰市司法局在市法院设立社区矫正工作室,派驻专人办公,实现社区矫正工作与法院的无缝衔接。全面落实司法所长(分局长)和负责社区矫正工作的政法专编人员的岗位责任,加强执法意识和执法能力培训,编印社区矫正工作读本,规范社区矫正执法工作流程;组织社区矫正工作者开展政治素质和专业技能的培训,定期对社区矫正工作者进行考核,提升社区矫正工作人员规范化执法能力。2014年年末,全市有在册社区服刑人员341人,当年重新犯罪率控制在1‰以内。

【安置帮教】 大丰市司法局成立大丰市安置帮教管理服务中心,提升市级阳光就业扶助基地规范化建设水平,拓展19个过渡性安置基地功能,加大阳光就业扶助基地过渡性安置力度。探索建立安置帮教帮扶基金(临时救助金),协调落实相关政策,帮助刑释解矫人员顺利回归社会。编印安置帮教工作读本,规范社工作流程。2014年,全市有刑释解教在管人员1391人,安置率100%,帮教率100%。

【基层基础建设】 大丰市司法局全面推进村(社区)司法行政服务站建设,全市266个村居(社区)全部建成了以排查化解矛盾纠纷、法制宣传教育、法律服务、落实社区矫正和安置帮教措施为工作内容的司法行政服务站;装备物资向基层一线倾斜,为各镇(区)司法所(分局)配备执法记录仪、电脑、空调、打印机等设备;加强社区矫正监管平台的信息化建设,不断完善电话语音识别定位系统和指纹脸部识别考核管理系统功能,建立严密的监管信息网络,实现从"人防"向"技防"的转变。

(李晟浩)

〖编辑 周剑飞〗

科学技术

综　述

2014年，大丰市以深化科技体制改革为动力，着力实施“创新驱动”和“科教兴市”战略，拓展实施科技创新工程，不断巩固全市全国科技进步先进市、国家知识产权试点城市、省创新型试点城市建设成果。强化了科技计划项目组织、科技创新载体平台建设推动、科技品牌争创、产学研协同创新和知识产权申报与保护、科技创新宣传、防震减灾等工作。科技创新环境进一步优化，高新技术产业和战略性新兴产业进一步发展，科技促进和服务经济社会发展的能力进一步增强。在盐城市2014年度目标任务绩效考核中，大丰市科技工作获得2014年度目标任务综合考核第一名和科技创新与转型升级单项奖第一名，市科技局被表彰为大丰市2014年绩效考核综合先进集体。

科技计划实施

【组织科技计划项目申报】 2014年，市科技局组织申报国家级、省级科技计划项目88个，恒北村“长三角快速城镇化地区美丽乡村建设”项目、“优质高效耐盐植物产业关键技术集成与示范”为主题的富民强县重点项目等56个项目获得了省级以上科技计划项目立项，争取上级资金约3200多万元。

【科技减税政策支持企业发展】 市科技局积极落实企业研发费用加计扣除、高新技术企业所得税减免等扶持中小企业技术创新的税收政策，为科技型企业减免税收7912万元。鼓励企业在经费投入、业绩评价以及分配制度等方面加强创新，充分调动企业及科技人员的创造性，认真开展一系列科技政策奖励工作，落实盐城市和大丰市相关科技政策奖励资金1300余万元。

高新技术产业

【科技创新出成果】 截至2014年底，大丰市拥有国家火炬计划高新技术企业6个、国家级高新技术企业36个；拥有省级以上创新型试点企业6个、省民营科技企业290个、省科技型中小企业98个。开发新产品340多个，其中，高新技术产品328个。2014年高新技术产业产值239.8亿元，占规模以上工业总产值的35%。江苏丰东热技术股份有限公司的“ASPN活性屏离子氮化炉”项目获得2014年度国家重点新产品计划战略性创新产品立项，实现了盐城市在此类项目立项上的零突破。江苏南车电机有限公司的6兆瓦直驱永磁同步风力发电机被认定为2014年度国家级重点新产品。江苏谷登工程机械装备有限公司的“步履式水平定向钻机”项目获得2014年度盐城市科学技术奖三等奖。江苏驷博电气有限公司、江苏真鹿科技有限公司、恒天创三重工有限公司、江苏益科热处理设备有限公司、大丰市远大机床有限公司被认定为江苏省后备高新技术企业，江苏云马农机制造有限公司、大丰市远大机床有限公司等17个企业被认定为盐城市高新技术企业。

【15个企业被认定为国家高新技术企业】 2014年，江苏云马农机制造有限公司、江苏剑豪传动机械有限公司、盐城汇百实业有限公司、江苏英达机械有限公司、江苏多为泵业股份有限公司、盐城科菲特生化技术有限公司 、盐城恳达德灵力阀门有限公司、大丰市海纳机电有限公司、江苏金色工业炉制造有限公司、江苏腾龙生物药业有限公司（复审）、江苏正大丰海制药有限公司（重新申报）、江苏辉丰农化股份有限公司（重新申报）、江苏丰山集团股份有限公司（重新申报）、江苏泰威精锻有限公司（重新申报）、江苏创一精锻有限公司（复审）被认定为国家高新技术企业。

【86个产品被认定为省高新技术产品】 2014年新认定新型金属表面处

理用高端强化系列珠击弹丸、DQ021强化改性金属工件表面处理用钢丸、DQ101锌丸、钢板预处理生产线、吊钩式抛丸清理机、辊道通过式抛丸清理机、页岩气致密性气田井口同步回转排水增压装置、免焊接截齿、GD8000-LL型水平定向钻机动力头总成、远望七号监测船安全中心系统、甲氨基阿维菌素苯甲酸盐杀虫剂、吡氟酰草胺、咪鲜胺、辛酰溴苯腈、嘧菌酯、加热缓冷退火炉、铝合金固熔生产线、联苯醇、溴素、低噪音高性能城镇燃气调压撬、烧结部品高周波淬火装置、防撞梁淬火装置、GD90-16水平定向钻机、GD110-42水平定向钻机、耐磨氯气截止阀、大型环保喷砂涂装房、高效智能AE-11C-4A（R）双缸四枪型自动连续加砂遥控喷砂机、对等分三柱槽壳、精锻外星轮、细长精密锻造花键轴、2.0兆瓦超低风速直驱永磁发电机、直通式旋塞阀、特种炭黑、高效双吊钩悬挂式抛丸清理机、应急车钟装置、QLF6918立式钢结构抛丸清理机、汽车冷却水泵、基于熟食品保鲜的真空急速冷却冷冻装备、24%烟嘧莠去津可分散油悬浮剂、升降式止回阀、VKA-D真空渗氮回火多功能炉、40%稻丰散水乳剂、异菌脲、草铵膦、D-5S高镍奥氏体球墨铸铁涡轮壳体、装配式凸轮精锻毛坯、空心轴杆、通过式氮化炉、BJ淬火回火装置、轮毂轴承感应淬回火装置、卧式轴高周波淬火回火装置、GD110-50水平定向钻机、氯气专用截止阀、防变形薄板抛丸清理机、石材抛丸机专用除尘器、汽车变速箱离合器套筒汽车蓄能器罐体、β-氨基丙酸、硫代硫铵、GW115/2000超低风速直驱永磁风电机组、GW115/3000潮间带直驱永磁风电机组、拖拉机犁深主动减震控制器HE2006、无源自感发动机小时计传感器HE2009、Y型截止阀、亚氨基二亚苯、9，10-蒽酮、一种抗爆门墙组合体、QDF2-3型棒材自动上下料抛丸清理机、YD1000型高效率履带式石材抛丸清理机、Q482-8型吊钩通过式抛丸机、Q6935型高性能高耐磨大重型抛丸清理机、主机遥控系统、混凝土泵车HT5420THBDW 56、益科SQC-2500箱式可控气氛氮化炉、益科BQC-1000渗碳淬火多用炉、高性能钢丝绳芯输送带、防撕裂整芯阻燃输送带、耐热磁性输送带、智能型电动调节阀、智能型气动调节阀、自力式压力调节阀、钢带抛丸清理机、钢丸清理机、锚链抛丸清理机、砼搅拌筒抛丸清理机被认定为省高新技术产品。

江苏丰东热技术股份有限公司研发的“ASPN活性屏离子氮化炉”项目，获2014年度国家重点新产品计划战略性创新产品立项　　单位供图

科技成果

【政产学研合作】 大丰市不断创新政产学研合作方式，扎实推进与清华大学、上海交通大学、南京大学、上海海洋大学、厦门大学、东华大学、江南大学和中科院植物所、海洋所等高校院、所的多方面、多形式的政产学研合作。通过组织开展一系列活动，引导和促进一大批企业开展产学研合作工作，促进科技成果的加速转化，助推企业技术难题的解决和新产品的研发。2014年，新签政产学研合作协议136份，引进高层次科技创新人才144名。全年引进外籍院士1名、“两院”院士3名、“千人计划”专家5名、海外高端人才31名、留学生104名。新入选国家“千人计划”1人、省“外专百人计划”1人、省“双创计划”2人、省“博士计划”3人、省“苏北人才计划”37人。

【科技创新载体与平台建设】 大丰市加强了国家盐土农业科技园建设，完善国家盐土农业科技园建设规划，将丰收大地纳入了科技园区的“两核”之一，新丰镇荷兰花海、恒北村梨园风光纳入建设范畴。加强江苏海洋生物产业研究院建设，与中科院相关科研机构共建了海洋生物类研发中心，国家海洋药物实验室大丰分中心建设加快推进，江苏海洋药物研发协同创新中心挂牌成立。加强企业研发机构建设。40个规模骨干企业研发机构实现全覆盖，丰东公司获批，成为大丰市首家国家级企业技术中心，南车电机等6个企业被认定为省重点企业研发机构。江苏丰海新能源海水淡化省级工程技术研究中心获省科技厅认定。11个省级企业研究生工作站获省科技厅、教育厅联合认定。加强了科技企业孵化器、科技产业园建设。大丰市高鑫投资有限责任公司（大丰高新技术创业服务中心）创成国家级科技企业孵化器，东方1号创意产业园被认定为省级科技企业孵化器和省级文化科技产业园。

知识产权保护

【知识产权宣传教育和培训】 市科技局广泛开展了知识产权宣传培训系列活动。由市知识产权局牵头，联合教育、工商、文广、质监等部门在市区各大广场开展形式多样的咨询服务活动；通过走出去、请进来、知识产权图片展、发放宣传资料、赠送《中国知识产权报》和《中华人民共和国专利法》、举办专利讲座等方式，普及知识产权法律法规，先后举办了《企业知识产权管理规范》、如何发掘发明专利申请等培训讲座，受训人数近千人。结合科技计划项目申报，深入企业开展知识产权宣传，针对企业的具体情况采取“一企一训”“一企一策”“共性集中”等方式进行知识产权辅导和服务，较好地解决企业在发展过程中遇到的知识产权难题。全年举办大型培训8次，讲座6次，一企一训15次。通过这一系列的宣传教育和培训，为全市知识产权工作的开展打下良好基础。

【知识产权工作成效显著】 市知识产权局组织开展了大丰市国家知识产权试点市、新一轮江苏省知识产权战略推进示范市工作，被国家知识产权局表彰为全国知识产权试点工作先进集体。市知识产权局连续8年被省知识产权局表彰为全省知识产权工作先进集体。推动国家标准《企业知识产权管理规范》（GB/T 29490-2013）在大丰市的贯彻实施，已有13个企业通过ISO 9000质量认证标准验收，其中7个企业获优秀格次，另有12个企业已进入验收准备阶段。2014年度盐城市企业通过“ISO 9000质量认证标准”合格单位7个，其中大丰市占5个，树立了全市企业知识产权管理品牌。江苏丰山集团有限公司获批列入省知识产权战略推进计划；专业市场现代服务业集聚区获批省正版正货示范街区；设立了盐城市知识产权维权援助中心大丰分中心；根据国家和江苏省、盐城市知识产权局统一安排，积极组织知识产权执法维权“护航”专项行动。2014年先后开展了两次专利执法检查，抽查商品200多件，登记造册40多件，发现涉嫌假冒专利商品10件，立案10件，全部结案。

【专利工作新突破】 2014年，大丰市申请专利3250件，其中发明专利申请601件，授权专利803件，其中发明专利授权50件。万人有效发明专利拥有量3.37件。专利申请总量、发明专利申请量稳步提高，发明专利授权量在盐城市各县区中领先。在当前复杂多变的宏观形势下，大丰市企业积极调整优化产业结构，提升创新主体专利布局能力，减少非专利保护目的的专利申请，更加重视专利质量

2014年，大丰市科技工作获得盐城市目标任务综合考核第一名及科技创新与转型升级单项奖第一名。上图为在大丰市召开的江苏省苏北科技发展计划调研座谈会会场 单位供图

提升，专利结构不断优化，质与量同步提升。

国家可持续发展先进示范区建设

【概述】 根据科技部《关于开展国家可持续发展实验区建设与发展情况评估工作的通知》，实验区办完成了“1992~2013年大丰市国家可持续发展实验区自评估报告”。调查和评估报告均已上报科技部评估中心。根据科技部《关于开展国家可持续发展实验区创新能力监测数据调查工作的通知》，开展了大丰市“2009~2013年国家可持续发展实验区创新能力监测数据调查工作”；参与了科技部组织的国家可持续发展实验区建设评估调研工作。大丰市可持续发展实验区被中国可持续发展研究会评为“2014年度优秀会员单位”。组织江苏大丰港海洋经济综合开发区、大丰麋鹿自然保护区、东方1号创意产业园等7个单位申报盐城市国家可持续发展实验区示范基地，6个单位入围盐城市首批国家可持续发展实验区示范基地。

防震减灾

【概述】 2014年，大丰市贯彻落实省、盐城市防震减灾联席会议精神和《盐城市防震减灾目标管理责任书》的要求，加强防震减灾围绕地震监测预报、地震灾害预防、地震应急救援三大体系建设，防震减灾工作获盐城市综合评比第一名。

【地震监测能力提高】 大丰市地震局（以下简称市地震局）加大对地震监测设施更新改造的经费投入。完成测震台深井建设，深井钻孔深度460米，测震仪器安装并调试成功投入使用。国家背景场项目——联丰强震台的建设、仪器安装调试，成功投入使用。大丰市地震台观测工作人员坚守岗位，对观测资料及时进行分析处理，绘制图形，发现异常及时调查核实，及时上报。电磁波信息观测仪获全省第一名，计算机报数获全省第三名，FHD–2B仪地磁和强震动观测资料分别获得优秀奖。

【震灾防御】 2014年，市地震局加强地震安全性评价管理工作，对生命线工程，存在严重次生灾害可能性的重大工程，地震烈度复核项目按规定要求做好地震安全性评价工作，并按地震安评结果进行设计施工，确保工程质量。全年参加规划方案评审会10次，审批工程建设项目92件，开展地震安全性评价9项。

【灾情速报网络建设】 市地震局着力建立健全网络，完善全市“三网一员”建设，在全市12个镇分别确定1名地震工作信息员，并在全市所有村、居委会设立1名地震灾情速报员，通过短信平台辅导灾情信息速报规范，组织参加省市信息演练。

【农村民居抗震工作】 市地震局会同市新农村建设办公室、市住建局，多次到乡村，从农村民居的规划、选址、建筑施工等各个环节入手，组织开展农村民居地震安全宣传活动，通过展板、影像、发放资料等宣传指导农村民居抗震设防工作，发放《农村民居抗震指南》4000余份，推动农村民居地震安全工作的开展。

【地震安全示范社区建设】 市地震局为增强公众的防震减灾意识，启动地震安全示范社区建设工作。选择基础条件较好的大中镇人民社区开展创建工作，通过建立创建组织机构和工作制度，完善社区的应急预案，开展形式多样的防震减灾宣传活动，在社区设置专门的科普宣传画廊，配备应急救援设备和图书等科普资料，组建社区志愿者队伍，并购置家庭应急包等防灾应急装备。通过创建活动，大中镇人民社区创建为省级地震安全示范社区。

【防震减灾知识宣传】 市地震局按照“积极慎重、科学有效”的防震减灾宣传原则，提高广大干群防震减灾意识，营造“政府主导，部门配合，群众支持”的浓厚氛围。年初制订《大丰市2014年防震减灾宣传工作计划》，提出了全年防震减灾宣传工作的目标任务。扩大传播防震减灾的信息量和宣传面，开展各项防震减灾宣传工作，通过专题、网络、简报、橱窗、展板等多种形式，利用“5·1”《中华人民共和国防灾减灾法》实施日、“5·12”防灾减灾日和“7·28”唐山地震纪念日、科普宣传周以及“12·4”法制宣传日，组织防震减灾知识和法规宣传。结合地震安全示范社区和示范学校的建设，多渠道传播地震科普知识。市地震局坚持“教育一个孩子，影响一个家庭，带动整个社会”的宣传理念，提高学生的防震减灾科普知识，提高全民的防震减灾意识，科学应对地震灾害，减少灾后损失。2014年，将大丰市第一小学成功创建为江苏省防震减灾示范学校。

（丁楚兰　潘　丰）

气象事业

【概述】 2014年，大丰市气象局围绕提升“四个能力”、建设“四个一流”，以做好各项气象服务为根本，推进现代气象业务体系建设，扩大公共气象服务覆盖面和影响力。继续做好防灾减灾气象服务工作，以提高预报预测准确率和“两个体系建设”为中心，提高气象业务服务能力。继续加强党风廉政建设和精神文明建设，努力建设和谐机关，完成了各项工作任务，被评为盐城市气象系统优秀达标单位。

【气象业务水平提高】 市气象局加强业务人员培训，完善业务运行制度，加大考核力度，不断提高内在质量。全年各项业务工作达到省、盐城市目标要求。根据省局每月考核通报统计，大丰市气象站地面测

2014年，大丰市气象局被评为盐城市气象系统优秀达标单位

报 综合指标99.84%，国家站综合指标99.99%位列全省前列；地面测报月报表审核无错；酸雨工作错情率0.0‰，没有出现重大差错、报文漏发、迟发；全国酸雨抽样考核优秀；观测场环境保护及仪器设备运行均良好。全年农业气象观测工作基数5733.2个，错比0.0‰，农气报表经省局审核无错情。2014年预报服务达到上级业务部门的目标要求：各类预警信号发布准确及时规范；突发性、灾害性、关键性、转折性天气及重要气象次生、衍生灾害预报准确，没有重大失误；气象信息月报表、预报服务工作总结等准确及时；积极组织开展重大天气过程的技术分析和总结。按照上级业务部门的要求，做好各项气候业务和减灾服务以及应用气象等方面的业务。

【气象服务】 2014年，市气象局按照“一年四季不放松，每个过程不放过”的要求，积极实施“以人为本，无微不至，无所不在”的服务理念，应用上级产品和科研成果以及本地预报服务工具方法，扎实做好气象监测、预报和预警服务工作，完善服务流程，增强服务的可用性。全年制作重要天气报告23期，专题气象服务26期，发布预警信号56次，气象传真60次，向市委、市政府领导汇报天气情况13次，接收电视台记者采访12次，向社会各界发送气象短信103万多条，接受电话答询120多万次。

【气象行政管理】 市气象局组织重点人员深入学习《中华人民共和国气象法》《中华人民共和国行政许可法》《江苏省气象管理办法》等法律法规，提升知法和用法能力。开展法律法规宣传活动，利用纪念3·23世界气象日、法制宣传周、科普宣传周等活动，通过报纸、电视新闻媒体、制作宣传版面、印发宣传单、悬挂宣传标语等多种形式深入街头、企业、社区开展社会宣传，重点宣传气象法律法规和防灾减灾知识。多次协调有关部门对化工园区的化工企业和氢气球施放进行安全检查。开展安全生产专项检查活动，年内组织5次较大规模的安全检查，重点对危化企业和其他高危行业开展防雷专项检查，督促整改大量隐患，履行法律法规赋予的气象行政管理职能。规范防雷审批制度的执行，所有减免项目全部按照要求报批执行，执行新建筑物防雷装置设计分段验收程序，确保每个项目都能跟踪检查到位。根据上级要求，统一对防雷减灾技术服务基本装备、归档资料管理，并使用省局统一平台软件制作检测报告。

（耿　健）

〔编辑　朱晓华〕

综 述

2014年，大丰教育工作围绕“盐城领先、全省争先、全国有影响”的目标，贯彻落实《大丰市中长期教育改革和发展规划纲要（2010~2020）》，突出提升综合质量核心，加快改革转型，推进教育教学改革，实施民生工程，强化教师队伍建设，提高常态化教育管理水平，推进大丰教育的健康发展。2014年，全市有幼儿园39所，其中由市教育局主办的公办幼儿园4所，镇政府主办的公办幼儿园20所，民营幼儿园15所。幼儿园有415个班，在园幼儿15418人；小学33所，有650个班，在校学生27783人，入学率和巩固率均为100%；特殊教育学校1所，13个班，在校学生159人，其中随班就读55人；初级中学27所，有班级376个，在校学生14543人，入学率100%，流动率为-0.13%，升学率为99.45%；普通高中4所，其中高级中学3所，完全中学1所，有191个教学班，在校学生9651人；中等职业学校1所，在校学生5355人。幼儿园教职工1422人，其中专任教师823人；小学教职工2137人，其中专任教师2044人，有中级职称的1428人，有高级职称的177人；普通中学教职工2837人，其中专任教师2507人，有正高级职称的3人，有副高级

2014年大丰市学校更名统计

表17

序号	原学校名称	更名后名称
1	大丰市草堰镇中心小学	大丰市草堰小学
2	大丰市草堰镇第二中心小学	大丰市草堰镇三渣小学
3	大丰市白驹镇中心小学	大丰市白驹小学
4	大丰市白驹镇第二中心小学	大丰市白驹镇洋心洼小学
5	大丰市刘庄镇中心小学	大丰市刘庄小学
6	大丰市刘庄镇第二中心小学	大丰市刘庄镇三圩小学
7	大丰市小海镇中心小学	大丰市小海小学
8	大丰市小海镇第二中心小学	大丰市小海镇南团小学
9	大丰市西团镇中心小学	大丰市西团小学
10	大丰市西团镇第二中心小学	大丰市西团镇大龙小学
11	大丰市大桥镇中心小学	大丰市大桥小学
12	大丰市大桥镇第二中心小学	大丰市大桥镇潘镦小学
13	大丰市万盈镇中心小学	大丰市万盈小学
14	大丰市万盈镇第二中心小学	大丰市万盈镇沈灶小学
15	大丰市草庙镇中心小学	大丰市草庙小学
16	大丰市南阳镇中心小学	大丰市南阳小学
17	大丰市南阳镇第二中心小学	大丰市南阳镇垦南小学
18	大丰市新丰镇中心小学	大丰市新丰小学
19	大丰市新丰镇第二中心小学	大丰市新丰镇金墩小学
20	大丰市新丰镇第三中心小学	大丰市新丰镇龙堤小学
21	大丰市新丰镇第四中心小学	大丰市新丰镇方强小学
22	大丰市三龙镇中心小学	大丰市三龙小学
23	大丰市三龙镇第二中心小学	大丰市三龙镇丰富小学
24	大丰市三龙镇第三中心小学	大丰市三龙镇渔业小学
25	大丰市第八小学	大丰市大中镇裕华小学

续表17

序号	原学校名称	更名后名称
26	大丰市第二小学	大丰市幸福路小学
27	大丰市第三小学	大丰市人民路小学
28	大丰市第五小学	大丰市大华路小学
29	大丰市草堰第二初级中学	大丰市草堰镇三渣初级中学
30	大丰市白驹中学	大丰市白驹初级中学
31	大丰市白驹第二初级中学	大丰市白驹镇洋心洼初级中学
32	大丰市刘庄中学	大丰市刘庄初级中学
33	大丰市刘庄第二初级中学	大丰市刘庄镇三圩初级中学
34	大丰市小海中学	大丰市小海初级中学
35	大丰市大桥第二初级中学	大丰市大桥镇潘𪾢初级中学
36	大丰市万盈第二初级中学	大丰市万盈镇沈灶初级中学
37	大丰市新丰第三初级中学	大丰市新丰镇龙堤初级中学
38	大丰市新丰第四初级中学	大丰市新丰镇方强初级中学
39	大丰市三龙第二初级中学	大丰市三龙镇丰富初级中学
40	大丰市第七中学	大丰市大中镇新团初级中学
41	大丰市第八中学	大丰市大中镇裕华初级中学
42	大丰市第三中学	大丰市金丰路初级中学
43	大丰市第四中学	大丰市飞达路初级中学
44	大丰市青少年活动中心幼儿园	大丰市实验幼儿园

职称的898人，有中级职称的1516人；中等职业学校专任教师241人，有中级职称的85人，有高级职称的102人。2014年，预算内教育经费占财政支出的比例14.26%，比2013年提高0.44个百分点；预算内教育经费拨款增长24.64%，高于财政经常性收入增长5.86个百分点；学生人均预算内教育事业费小学、初中、高中、职中分别比2013年增长41.31%、18.95%、0.12%、64.97%；学生人均预算内公用经费小学、初中、高中、职中分别比2013年增长92.54%、1.92%、7.14%、111.4%。

自20世纪90年代以来，经过3轮乡镇区划调整，大丰市由原来29个乡镇撤并为现在的12个镇。为规范学校的名称，经大丰市机构编制委员会研究决定，从2014年5月10日起，对全市67所学校中的44所学校统一更名。

幼儿教育

【概述】 2014年，教育行政部门贯彻《3~6岁儿童学习与发展指南》《江苏省学前教育管理条例》，实施“学前教育五年行动计划”年度目标任务，优化市区幼儿园布局调整规划，推进镇公办中心园项目建设。加强对学前教育的指导和管理，清理、整顿无证园。组织开展学前教育宣传月活动，突出治理学前教育领域“小学化、乱办班、乱收费”现象。通过开展教师全员培训、教研沙龙活动，加强国际交流与学习，发挥省市优质园的示范、辐射、带动作用，促进全市学前教育事业健康有序发展。加大江苏省和盐城市优质幼儿园、大丰市管理规范幼儿园及大丰市特色幼儿园创建工作力度，争创江苏省学前教育改革发展示范区。

【学前教育环境优化】 2014年，市委、市政府制订出台《大丰市关于加快学前教育改革发展的意见》，完善《大丰市人民政府关于全市幼儿园布局规划（2011—2015年）》《大丰市学前教育三年行动计划》及发展学前教育的相关配套文件，健全学前教育管理工作领导小组和学前教育五年行动计划协调小组，建立由市政府牵头，发改委、财政、住建、国土、人社、卫生、教育等部门共同参与的学前教育联席会议制度并定期会办学前教育改革发展中的大事、难事，形成学前教育“政府负责、分级管理、教育部门主管、有关部门分工负责”的管理体制和工作机制。中国江苏网、江苏文明网、盐城教育网宣传报道了大丰市幼儿园新建工程、进编新教师专业提升等工作。市教育局、教育督导室结合年初教育工作目标、年度教育工作重点，完善学前教育工作考评细则，强化教育局、镇政府在学前教育发展中的主体地位和监管意识。

【学前教育资源优化整合】 大丰市全面构建市、镇办园形式并存的学前教育网络，逐步实现城区每1万人左右居民区建1所幼儿园的目标，基本形成覆盖城乡的学前教育优质公共服务体系。2014年，新建投入使用的幼儿园3所、改扩建幼儿园16所，新增建筑面积31178平方米，学前教育建设项目工程均已实施。其中在市区投资4000万元的大丰市实验幼儿园、投资7000万元的城东实验幼儿园均投入使用，投资2000万元的大丰港实验幼儿园在内部装潢和附属工程建设。市政府落实以奖代补政策，凡新建公办幼儿园，每园奖励[illegible]0万元，确保每个镇至少建有1所达到优质园标准的公办中心园。投资1[illegible]00万元的刘庄镇幼儿园建成，草堰镇幼儿园主体建筑封顶。全市学前教育园区布局更加趋于科学合理。

【学前教育后劲增强 2014年财政性教育经费121228万元，财政性学前教育经费8100万元，占比6.68%。动员社会力量投资办园、捐资助园，多渠道筹措学前教育资金，改善办园条件。在加快幼儿园建设的同时，建立健全资助制度，按照省定标准，资助家庭经济困难幼儿每生每年平均1000元，资助比例为在园幼儿的12%。2014年，发放146.8万元资助1468名困难幼儿。全面推行残疾幼儿免费就读制度，市特殊教育学校成立学前教育康复班，免费康复教育学前残疾儿童。

2014年10月1日，苗苗幼儿园艺术班在荷兰花海参加演出

【幼儿教师综合素养提升】 重视学前教育，逐年提高公办幼儿园事业编制教师比例。2014年，面向全省公开考录63名大专以上应届毕业生入编幼儿教师队伍，公办幼儿园全额拨款事业编制教师占总数的34%。日常教学管理工作中，注重培养骨干教师。幼教系统有省特级教师2人，盐城市学科带头人7人，盐城市教学能手11人。建立并完善幼儿教师继续教育和定期培训制度，提高教师素质。2014年邀请盐城市教科院董玲和全国优秀教师、上海“十佳青年”潘浩瀚作专题讲座。通过开展优质园与薄弱园结对帮扶、骨干教师送教下乡、组织优质课展评和教师技能竞赛等活动，提高广大幼儿教师的专业素养和保教能力。全年有228名园长、骨干教师参加国家、省、盐城市级培训。为了新教师尽快成长，1月，为部分新教师组织了系统的、有针对性的培训；12月，组织开展全市新教师才艺展示活动。全面考核未取得教师资格证书的所有在岗教师，在岗教师资质合格率100%。

【保教管理规范】 幼儿教育落实教育部制订的《幼儿园教育指导纲要（试行）》《3~6岁儿童发展指南》《关于规范幼儿园保育教育工作防止和纠正“小学化”现象的通知》和《江苏省学前教育条例》精神，通过年度“学前教育宣传月”活动、防止幼儿园“小学化”倾向、“乱收费、乱办班”专项督查和“大丰市管理规范示范园”创建等活动，规范全市幼儿园办园行为。坚持学前教育管理数字化，全市所有幼儿园全部接入互联网，实现“园园通”。建立学前教育网站，所有幼儿园都能实现信息化管理。市教育局修订并印发《关于开展大丰市特色幼儿园创建工作的意见》的通知，市教育局制订《大丰市特色幼儿园评比细则》。2014年，5所大丰市特色幼儿园通过验收；全年召开幼儿园特色创建现场观摩活动2次。省、盐城市优质园100%建立自己的特色课题，其中市幼儿园地方文化教育、市明达幼儿园艺术教育、万盈镇第二幼儿园剪纸特色课程都取得成效，并多次在国家、省、盐城市级活动中展示。全面实施省优质园创建联动发展项目，2014年全市有5所幼儿园被确认为江苏省优质幼儿园，4所幼儿园接受省优质园现场验收。全市创建省优质园25所，盐城市优质园11所，省优质园占比为64.1%，基本满足人民群众对优质教育的需求。

基础教育

【概述】 2014年，市教育局贯彻落实国家、省、盐城市《教育中长期改革和发展规划纲要（2010~2020年）》，实施素质教育，推进依法治教，规范学校办学行为，开展学校特色文化建设，开展“常规管理提升年”活动，加强学校常规管理，推进全市基础教育管理水平的全面、规范、有效提升，促进教育质量的全面提高。

【实施全面素质教育工程】 市教育局推进小班化教育，围绕“备、教、改、评、纠、辅、督”等环节，以学年度“家家到”方式，分高中、初中、小学、综合四个职能组，进行常规视导。做好各学段学情检测分析，适时开展德育及学科活动，组织“诚信奶奶”单德凤专题道德讲堂活动、小学生阅读能力测试等。实施《学生体质健康标准》，开展阳光体育活动，举办大丰市第五届中小学阳光体育艺术节开幕式及田径运动会、篮球比赛、排球比赛、乒乓球比赛。组织参加江苏省青少年田径锦标赛暨县组田径（第一赛区）比赛获第十名；组队参加盐城市2014年中小学阳光体育联赛，乒乓球比赛，分获小学男女组第二名、第三名，田径比赛获团体总分第二名。组队参加盐城市中小学生阳光伙伴绑腿跑比赛，获1个一等奖，6个二等奖。加强学生健康教育，配合卫生部门做好学校传染病防控工作，严格疫情报告制度，实行每天网上直报，加强校园教学设施的消毒工作，有效预防各类传染病的发生和传播。

【教育教学管理】 市教育局开展“常规管理提升年”活动，修订完善《大丰市小学、初中教育教学常规管理评价细则》。开展校园文化建设，联合市文明办在万盈小学召开“行知互动剧场”研讨推进会。市中小学教育教学教研室制订具体教育教学视导方案，利用1年时间，对全市义务教育学校、民办学校展开常规视导和专项视导，视导总数150余次；对高中阶段4所学校的教育教学视导3个轮次。举办2014年大丰市初中美术“同课异构”课堂教学评比活动，评出一等奖5名、二等奖5名；4月，举办2014年大丰市高中青年化学教师基本功大赛，全市12名高中化学教师分获一、二、三等奖；4月，组织2014年大丰市小学音乐教师教学基本功比赛，全市27名教师分获一、二、三等奖；5月，举办“大丰市小学英语学科骨干教师示范课展评活动。组织教师参加2014年暑期全员培训。2014年，大丰市教育局获盐城市教育局“学前教育工作先进奖”“小学教育工作先进奖”“初中教育工作先进奖”“普通高中教育工作先进奖”“职业教育和社会教育工作先进奖”，大丰高级中学、大丰市新丰中学分获四星级、三星级高中优秀奖。抽调相关科室人员，抽查全市部分义务教育学校开展活动情况，分别从“严格规范招生入学和学籍管理、严格规范教育教学、严格规范作息时间、严格规范作业教辅、严格规范教育评价”等5个方面入手，督促各学校强化常规管理，规范办学行为，减轻学生学业负担。推动学校管理规范化、制度化、精细化，加大学校常规管理的督查力度，开展飞行检查和随机督查活动。深入实施素质教育，不断提高教育教学质量。

2014年5月18日，江苏省青少年科技竞赛大丰分赛区橡筋动力飞机比赛　　胡金波　摄

【责任督学挂牌上岗】 市教育局组织学习《江苏省中小学校责任督学挂牌督导工作规程（试行）》及江苏省、盐城市关于督学责任区工作会议精神，整合优化高中教育、学前教育、义务教育一组、义务教育二组四大督学责任区，完善督学体系。选聘28名教育行政人员及教研人员担任责任督学，推进责任督学挂牌上岗工作，监督指导教育教学管理及教育政策法规落实情况。2014年，组织开展4次责任督学进校督导活动，各责任督学有效指导责任学校的教育教学活动，促进办学行为的规范和办学水平、办学质量的提升。

【队伍培养德才兼顾】 市教育局建立健全在优秀青年教师、骨干教师中发展党员和将普通党员培养成优秀骨干教师的双向培养机制，加强对入党积极分子的教育、引导和培养。2014年，新发展教师党员12人。10名骨干教师赴青海同德县参加为期1个月的支教活动。建立教师业务培训机制，做好全市教师各级各类培训组织工作，举办暑期教师全员培训班，选派8名教师出国培训，选送3名英语教师参加省“雏鹰培育项目”出国培训选拔考试，组织188名教师参加省级培训，123名教师参加盐城市级培训。完成新招聘的113名教师的适应性岗位培训，所有学员通过培训考核。

【德育工作扎实开展】 市教育局坚持立德树人，加强学校德育工作。制定《大丰市教育系统2014年普法和依法治教工作要点》，明确2014年学校德育和法制教育工作的目标、任务、要求。加强学生文明礼仪教育，市教育局印发《关于对全市未成年人文明礼仪养成教育进行检查的通知》，对各中小学开展文明礼仪教育专项检查，接受盐城市文明办组织的检查。组织全市中小学开展“法贝尔杯”征文比赛、《我与电力设施》征文活动、宣讲“诚信奶奶”学德风专题道德讲堂活动、“文明餐桌，光盘行动”活动月、小学生阅读能力测试、第23届城区中小学生爱国主义教育影片征文活动以及学雷锋活动等。评选推荐盐城市德育工作先进集体6个、先进个人10名。

【拓展课程基地】 2014年，南阳中学的“沿海滩涂湿地课程基地”、白驹初级中学的“小班化背景下英语听说情境创设与能力提升工程”、市特殊学校的“特殊教育发展工程项目”通过省教育厅组织的评审和答辩，被省教育厅确认为2014年课程建设项目。万盈小学的“快乐家园”特色文化建设项目被省教育厅转为2014年正式项目。课程基地建设项目的有效实施，丰富全市课程建设内涵，促进大丰市各级各类学校的课程建设与实施水平。

【招生工作规范有序】 市教育局制定印发《关于做好2014年大中城区小学毕业生家庭住址、户籍等相关信息采集、审核工作的通知》和《大丰市2014年普通中小学、职业学校招生意见》。专题召开招生考试工作会议，与各中小学校长签订招生工作责任状，组织城区小学毕业生基本信息的采集、初中应届毕业生、符合定向指标生和政策性加分考生资格的审核工作和普通高中志愿填报工作及初中招生材料审核工作。招生过程中严格执行招生政策，完成各阶段招生任务。

【“行知互动剧场”被中央电视台播报】 大丰教育系统着力塑造德育新品牌——行知互动剧场。2014年，市教育局不断加强“行知互动剧场”规范化、制度化、常态化建设，有效整合德育和艺术教育资源，成为弘扬社会主义核心价值观、实施立德树人工程、改进学校德育工作的有效载体，引起社会和媒体的广泛关注和认可。5月29日，中央电视台一套“晚间新闻”栏目报道了“行知互动剧场”活动开展情况。“行知互动剧场”的专题采访被人民网、新华网、凤凰网等全国20多个网络媒体转载。

【省青少年科技竞赛在大丰举行】 5月18日，江苏省第二十一届青少年科技竞赛（大丰分赛区比赛）在大丰举行。来自全省40多所中小学的2000多名师生参加活动。这是大丰市首次承办省级科技竞赛活动，对促进大丰科技教育发展有着推动作用。大丰市获省教育厅、省科学技术协会联合颁发的“优秀组织奖”。

【青少年拓展实践活动常态化】 3月17日，大丰市启动社会实践拓展活动后，组织开展30多期社会实践拓展活动，1.5万名中小学生参加实践活动。市青少年活动中心先后成立街舞、儿童舞、武术、钢琴、古筝、书法、电子琴等16个工作室。整个社会实践活动取得良好的社会效应。市青少年活动中心也升格为省级未成年人社会实践基地。

【重点工程建设如期完工】 2014年，新征学校用地16.7公顷，新建城东实验小学，完成万盈镇初级中学、万盈镇中心小学教学楼新建工程，完成大丰市实验小学北大门及附属设施工程和城东实验幼儿园、实验幼儿园、刘庄幼儿园、草堰幼儿园新建工程。加大校舍维修改造力度，2014年完成校安工程投入1.2亿元，拆除旧危校舍3栋，面积2329平方米，加固校舍10栋，面积3.69万平方米，新建校舍11栋，面积5.29万平方米。校舍抗震设防安全比率由校安工程实施前的3.68%提高到64.55%。学前教育阶段投入1.13亿元，新建4所公办幼儿园，实际竣工面积3.23万平方米。

职业教育

【概述】 2014年，大丰市职业教育按照创建省高水平现代化职业学校的要求，把服务沿海经济发展和服务学生的全面发展、终身发展作为办学宗旨，以提高学校教育教学质量为核心，各项工作取得较好的成绩。

【招生和培训成绩突出】 本地全日制中高职招生1186人，成人本专科开放教育和奥鹏远程教育招生1171人。各级各类非学历培训和职业技能鉴定17255人次，其中驾校培训2190人，新开设养老护理员培训、危化品安全作业人员培训等项目。

【办学效益显著提高】 2014年，市职业技术教育中心对口单招本科达线人数28人，公办专科达线率100%，建筑、机械专业的专业理论、专业技能成绩均为盐城市第一，计算机专业的专业理论、专业技能考试成绩列盐城市第二；高职部有13人通过五年制“专转本”考试并被录取，其中4人被本二院校录取；中职部参加盐城市教学质量检测也取得好成绩。技能教学成绩优秀，学生参加劳动部门组织的技能考核1159人次，中级工合格率为81%，其中有32人获取高级工职称。在省、盐城市技能大赛中，1人获省二等奖、4人获盐城市一等奖。在盐城市教育局组织的教学管理和德育视导以及江苏城市职业学院的教学检查中，大丰市职业教育得到专家组的肯定。

【教科研工作有效推进】 全市教育系统全年有40余篇论文在省级以上刊物上发表，有3个盐城市级课题、3个江苏城市职业学院“十二五”规划课题、4个江苏省职业教育教学改革研究立项课题按计划研究，且部分通过中期评估，另有2项大丰市教育科研项目顺利结题。综合高中部举办了

2014年，大丰市全日制高职招生1186名

对口单招化工、计算机、机械、机电、建筑五个专业的专业技能有效教学现场观摩活动，以及江苏省对口单招联合体2014年论坛活动。

【毕业生就业状况改观】 市教育部门建立健全毕业生就业台账；开展中高职应届毕业生就业安置工作、二次改派工作和就业困难学生的帮扶工作；按照不同专业开设26场近千人次系列讲座与就业指导；加强对顶岗实习学生的跟踪管理以及就业创业专题培训和面对面指导；举办校园招聘会。2014届毕业生1198人，就业人数为1152人，就业率96.16%，对口就业率85.48%。大丰中等专业学校被江苏城市职业学院评为就业工作先进集体。

【职业教育办学条件改善】 2014年，通过政府采购，市职业技术教育中心投入320万元用于新增各类实训设施，提高服务专业教学的能力。建筑面积2万平方米、楼高10层、总投资近5000万元的实训大楼完成全部审批手续，进入工程招标阶段。

特殊教育

【概述】 2014年，大丰市特殊教育遵循特殊教育的办学规律，推进特殊教育新课程改革，不断巩固教育现代化创建成果，形成环境一流、管理一流、设施一流、质量一流的基本现代化特殊教育学校，残疾学生随班就读扩大到各镇普通中小学，全市三类残疾儿童入学率98.5%。

【特殊教育办学条件改善】 大丰市特殊教育学校创办以来，办学规模由小变大，办学条件逐年改善。2014年已达到占地面积6533平方米，建筑面积4400平方米。学校有教学班13个，学生104名，教职工28名，其中中学高级教师3名，小学高级教师20多名；盐城市学科带头人1名，盐城市教学能手5名，大丰市学科带头人3名。

2014年，大丰市残疾儿童入学率98.5%。图为聋哑学生创作麦秆画

【倪峰考察特殊教育学校】 5月30日，市委书记倪峰到特殊教育学校与残疾儿童欢度“六一”，向小朋友致以节日祝贺，并向长期从事特殊教育的教师表示亲切的慰问。倪峰一行观看了聋童和智障儿童的文艺表演，和小朋友们一起参加包饺子活动，并与师生亲切交谈、合影留念。倪峰一行为学校带来一套价值10多万元的康复训练器材（多感官综合训练系统），还叮嘱随行的各部门领导要多为特殊教育学校办实事、办好事；希望特殊教育学校领导和教师立足岗位，乐于奉献，更好地为全市残疾儿童做好教育服务工作。

【特色教育添光彩】 市特殊教育学校借助麦秆画这一载体，注重技能传授与实践操作相结合，启迪学生的智慧，教给学生谋生的本领，实现“技能培训”与“经济效益”的双赢。“丰特牌”麦秆画多次应邀参加省内外旅游商品博览会，在由盐城报业集团、盐城工商联合会、盐城市农委、盐城市农业局、盐城市卫生局、盐城市商务局等10个单位联合举办的盐城十大名牌产品评选中获盐城市第二届“百珍堂杯”十大创新品牌称号。

【多感官综合训练康复教室建成启用】 市特殊教育学校在原有的感统训练室、语言训练康复教室基础上，建立多感官综合训练系统，运用智能化教育手段对残疾学生进行语言和听力康复训练，特别是注重缺陷补偿，彰显康复教育特色，为学生的教育、康复训练提供良好的服务条件和训练设备。以实施“发展潜能，补偿缺陷”为康复理念，评估每一位学生，制定康复计划，开展一对一的个性化康复教育训练，最大限度挖掘其智力潜能，补偿其身心缺陷，取得显著的康复效果。

【学生能力全方面提升】 市特殊教育学校在提高残疾学生科学文化知识的同时，把抓好体育、卫生、职业教育等工作作为实施素质教育的突破口，上好健康教育课，宣讲卫生防疫知识，提高学生预防疾病能力，增强学生体质，促使学生的身心得到健康发展。特殊教育学校遵循把残疾学生培养成为自食其力的劳动者这一宗旨，教给学生谋生之长，从学生实际出发，开设麦秸秆贴画、微机等职教课，定期考核学生的理论知识和实践操作，为学生将来走上社会自食其力打下基础。

社区教育

【概述】 2014年，大丰市完善全市社区教育的相关组织、制度，促进社区教育工作的常态化、规范化和制度化。各镇相应建立完善社区教育工作领导小组和各项工作制度，强化目标责任管理，把社区教育工作落实到镇、村（居）、企事业单位，并纳入对各镇考核内容。建立健全市、镇、村三级社区教育网络，形成多维、立体、开放的社区教育体系。建立全市党员远程教育网、社区教育网、中小学校校通、居民宽带网等远程教育和信息技术的现代网络教育体系。

【社区教育形式多样】 2014年，各镇社区教育中心与镇文化站、社区医院、市科技局一同组织“文艺、卫生、科技三下乡活动”，足迹遍布镇村、敬老院。4月12~18日，大中镇社区教育中心在镇党委政府的统一协调下参与“恒北村第二届乡村旅游节”并全程服务。4月30日，大中镇召开历史上第一次镇社区教育工作会议，各村党支部书记及社区教育管理员参加会议，对参会人员进行“江苏学习在线”注册学习专题辅导。2014年，大中镇新增注册学员67人。

【社区教育开创新局面】 农村三级（市、镇、村）办学体系更加完善，全市12个镇社区教育中心全部达到盐城市级以上标准，其中建成省级社区教育中心4个，盐城市级社区教育中心8个。全市村级社区办学面100%。实施社区教育富民工程，利用课堂教学、电化教育、现场示范、巡回服务等形式，举办返乡农民工或在乡农民工技能学历双提升教育、农村致富培训、农民经纪人培训、村组干部培训、绿色证书培训、企业职工培训、下岗待岗转岗职工培训以及各类农业实用技术培训，形成全方位、系列化的农村成人教育培训新格局。2014年年底，全市参加大学、研究生学历教育的市、镇两级干部1100多名，参加大专、中专学历教育的村组干部3800多名。

【社区教育信息化建设】 2014年年底，社区教育网拥有14个主栏目、40多个子栏目、100多个网页、400多幅图片，50多万字的信息资料，浏览人数超过1万人。大中镇社区教育中心引导社区居民学习“江苏学习在线”的优质课程，为社区50周岁以上的50多人实名注册，利用每周二下午的时间集中指导学习。老年学员取得8000多个学分，取得证书70余份。因此，大中镇社区教育中心被国家成人教育协会授予“农村社区学习中心”称号。由于大中镇社区教育中心在老年远程教育上的成绩，此项工作被中国老年教育协会评为全国首批老年远程教育先进收视点。

【各类社区培训成绩显著】 2014年，全市各镇社区教育中心校主动与农业、副业、乡镇企业挂钩，利用多种渠道开展多种形式的农民实用技术培训。新丰镇、刘庄镇等镇将有关农民实用技术的电影、录像送到田头、场头播放，各社区教育中心相应成立全民创业培训学校，并按培训计划开展工作。全年实施农村各类培训49000人，其中农村新增和剩余劳动力转移培训5000人，农村致富骨干、经纪人培训5000人，农业实用技术综合培训20000人，企业职工培训18000人，技能学历双提升培训1000人。

【民办教育管理规范】 截至2014年底，全市挂牌的各类民办学校17所，分为两种类型：一类是举办实施学历教育、学前教育的学校，如创新英达、明达幼儿园、苗苗幼儿园等；另一类则是举办实施职业技能培训、文化艺术传承的非学历教育，如王涛电脑培训、巨人教育培训中心、现代教育培训学校等。全市各级各类民办学校均完善法人治理结构，设立学校董事会、理事会，建立健全内部管理机构，实行民主管理。通过评估认定，这17个民办教育机构全都规范达标。坚持年检制度，分别从办学目标、办学方向、办学功能、办学质量等进行一次全面审查，促使民办教育规范、有序、健康发展。2014年，先后组织对民办教育机构开学工作检查、学校安全和教育教学工作的专项督导，与民办教育机构签订诚信办学承诺书和安全工作责任状。5月，对英达创新学校进行一次全面教育教学视导。同时，对举办学历教育、学前教育的民办学校的管理水平、办学水平、教学质量、办学效益等进行不定期检查、督导，视情况及时向社会公布。民办学校教职工在资格认定、职称评定、岗位聘用、教学研究、提高培训、评优树模、教龄工龄的计算等方面享受与公办教师同等的权利。

师资建设

【概述】 2014年，市教育局重视教师队伍建设，强化教师队伍管理，逐步

2014年9月5日，大丰市举办农民创业培训班　　农工办供图

建立城乡教师交流制度，激发教师队伍内在动力，造就一支师德高尚、业务精湛、结构合理、充满活力的高素质专业化的教师队伍。2014年，全市各中小学、幼儿园专任教师接受各类培训总计12324人次。市教育局印发《关于建立城乡学校发展共同体开展城乡学校教师交流合作的实施意见》，全市义务教育学校由城区学校牵头，调整组建10个学校发展共同体（初中4所，小学6所）开展教研活动，实行单向、双向交流，中、小学共同体教师单向交流116人、双向交流198人；城乡学校骨干教师实行点对点结对交流，发挥骨干教师的示范、带动作用，促进城乡学校教师的专业水平共同提高。

【师德建设】 市教育系统完善政治、业务学习制度，在制度上规范教师师德，对教师的师德师风作出明确的要求，强调在职教师不从事有偿家教、不乱收费、不乱订教辅用书、不向家长索要财物等。与所有教师签订《师德师风协议书》《拒绝有偿家教承诺书》，全年处理4起9人。

【师资质量提高】 市教育局对教师理论学习的内容和学习量做出明确规定，要求教师的理论学习要以教育理论为主，同时密切联系自己的学科教学。让学习成为教师的需要，利用各种机会和各种形式，向教师传达新的观念、信息，引导教师加强学习。同时坚持开展常规研究，推行集体备课制度，为教师搭建相互交流切磋的平台，提供展示自我的机会，提高教学质量，充分发挥集体的作用。

【教师在职培训】 2014年，市教育局组织为期一周的新教师寒假培训，培训工作以“放飞职业梦想——从新教师开始，向名教师努力”为主题，突出针对性、注重实用性；暑期全员培训为期20天，以“反思中觉醒，实践中提升，做‘好学、会研、善教'的人民教师”为主题，突出全面性、有用性。2014年，从省里争取到600名中小学教师网络培训名额和350名义务教育综合实践省级“名师团”送培名额，选派6名优秀教师参加出国培训，221名优秀教师、校长参加省级培训，167名优秀教师、校长参加盐城市级培训。

【中小学校长队伍管理】 市教育主管部门要求校长强化责任意识、品牌意识，把全部精力用在强素质、抓管理、提质量上。加强校长队伍管理、考核和培训，完善校长任期目标责任制，加强监督、强化考核、落实奖惩。建立校长定期交流机制，凡任期满两届或在同一学校任职满10年的校长统一实行异校交流。2014年，异地交流初中学校校长8名。建立干部选拔任用交流机制。凡经学校民主推荐、局党委考察任用的校级干部，一律实行异校任职。2014年，选拔异校任用中小学副校长12名。

【完善城乡教师交流机制】 市教育局落实省《关于进一步推动义务教育学校教师和校长流动工作的意见》，制订《关于建立中小学校长教师交流制度的实施意见（试行）》《关于建立城乡学校发展共同体，开展城乡教师交流合作的实施意见》，推动县域内义务教育的均衡发展。初步形成教师流动电脑派位机制。2014年，借助城区学校布局调整的契机，采用电脑派位的方式，将市人民路小学、市幸福路小学各48名教师交流到市城东实验小学任教。建立城乡教师考核交流机制。通过进城教师考录和义务教育阶段学校发展共同体交流等多种形式开展城乡教师交流。2014年，经市编委审批同意后，在市纪委的全程监督之下，教育局组织人事科组织进城教师考录工作，经过资格审核、笔试、面试，最终确定57名教师进入城区中小学任教。全年通过学校发展共同体开展教师交流活动458人次（其中小学阶段223人次、初中235人次）。

【大丰教师赴中西部支教】 5月，市教育局组织10名骨干教师，赴青海省同德县开始为期1个月的支教工作。10名教师到中西部支教，感受到少数民族贫困家庭对优质教育的迫切需求。比次教育交流，全面贯彻国家的教育方针，得到市委、市政府以及教育主管部门领导的肯定。

【学习型、科研型教师队伍逐步形成】 7月28日上午，全市组织1895名中小学、幼儿园教师在新丰中学统一考试，其中376人被定为A等；坚持学习型教师、科研型队伍建设思路，提升区域教育的软实力。组建“名师工作室”“特色项目工作室”、名师工作网，打造个性化、特色化名师群体。2014年，组织全市中小学教师参加省微课比赛，其中2人获省特等奖，11人次分别获省一、二、三等奖，316人分别获盐城市一、二、三等奖，市教育局获省微课比赛组织奖。组织课题研究和论文写作评比，连续10年将其纳入年终量化评估考核内容，2014年有20余个省级课题开题，其中10个课题结题，有30余个盐城级课题开题，其中20个课题结题，300多篇论文在省级刊物上发表，200多篇论文在国家级刊物上发表。组织大丰市初等教育和职业教育骨干教师的评审工作，评选产生盐城市名校长20人、盐城市模范校长27人、盐城市优秀校长17人，职业教育学科带头人19人、初等教育学科带头人179人，职业教育教学能手52人、初等教育教学能手359人。投资15万元，用于兑现15名获得研究生学历在职教师，调动广大教师钻研业务、苦练内功、提升学历的进取意识。2014年，全市有63名在职教师参加研究生学习，新增省特级教师1名、正教授级教师2名。

【新教师考录工作规范有序】 2014年，经市机构编制委员会批准，市教育系统面向全省实际考录幼儿教师63名，面向盐城市实际考录中小学教师41名。新考录的中小学教师全部是师范类应届本科以上毕业生。考试采用异地全封闭方式进行，命题、笔试、面试、阅卷等组织工作全部由外地教师负责，市纪委全程监督。所有招录的中小学（幼儿园）教师，除研究生、职教类专业课教师安排在普通高中和大丰市职业技术教育中心任教外，中、小学教师全部安排到农村中小学任教，招录的公办幼儿教师均按考试成绩从高分到低分实行公开选岗。新教师考录改善教师队伍的年龄结构、学科结构，确保教师队伍的良性发展。

教育后勤保障

【概述】 2014年，教育部门加强后勤保障管理工作，提出了“学习、实践、教育、责任、服务”的要求，后勤管理形成网络化、制度化、常态化，明确责任，强化服务，为师生办实事，做好事。平安校园领跑盐城，教育投入得到优先保障和大幅度增加，推动教育现代化向更高水平迈进，为大丰教育事业实现又好又快发展提供有力的基础支撑。

【财政投入教育】 2014年，全市优先保障和大幅度增加教育投入，按每生每年小学700元、初中1000元的标准安排义务教育生均公用经费3479.76万元。按每生每年小学150元、初中200元的标准安排义务教育校舍维修长效机制经费724万元。确保义务教育经费保障到位。落实政策，确保扶贫资助落实到位，对4176名家庭经济困难义务教育阶段学生发放生活补助471.8万元。对1623名家庭经济困难学生发放高中助学金243.45万元。对837名中职一、二年级学生发放助学金62.78万元。对1216名中职非全日制涉农专业学生减免学费145.92万元。对219名家庭经济困难大学生发放助学贷款138.61万元。免费提供教科书、作业本分别价值684.12万元、131.33万元。

【平安校园建设】 市教育局推进“平安校园”创建活动，组织重大节假日、开学初及每月1次的学校安全检查、安全管理教育宣传活动和每周1次的疏散演练活动。《大丰市校车安全工程实施方案》经市政府第20次常委会讨论通过后，2014年3月、9月、11月，由市教育局会同市公安、交通等部门，3次专项整治接送学生的车辆。学校与乘车学生家长、乘车学生家长与车主分别签订安全责任状，落实学校、学生家长和车主的安全责任，并对学生接送车辆做到四定：定车辆、定路线、定人数、定责任，建立接送车台账，学校中层以上干部随车护送制度，确保学生接送车辆不超载、不超速、不闯红灯、不走险桥险路，安全地把学生送到家长手中。对于未经确认的车辆，教育、公安、交通联合组建队伍开展全面整治。开展学校安全文化建设。开展“盐城市示范食堂”创建活动，深化学校食堂卫生监督分级量化管理，全市学校食堂除3所学校为C级外，有41个学校食堂达到盐城市A级食堂标准，其余都达到B级食堂的标准。在抓好学校食堂基础卫生设施改造的同时，又引导学校规范学校食堂的操作程序，按照《中华人民共和国食品卫生法》和《学校食堂与学生集体用餐卫生管理规定》的要求，统一印制学校食品卫生安全管理台账，完善卫生管理组织和各项规章制度。

2014年，大丰市开展“盐城市示范食堂”创建活动，有41个学校食堂达到盐城市A级食堂标准

【校舍安全工程建设】 2014年，市教育局推进《大丰市2013~2015年校安工程实施规划》，落实校舍维修长效管理机制。2014年完成校安工程投入2.6亿元，拆除3栋旧危校舍，面积2329平方米。投入639万元，加固校舍10栋，面积3.69万平方米。投入1.14亿元，新建11栋校舍，面积5.29万平方米。加大校舍维修改造力度，全年投入维修资金约750万元，完成校舍维修改造面积5.4万平方米。

【教育现代化建设】 市教育局贯彻落实《江苏省中小学教育技术装备标准》，围绕“建配标准化、管理规范化、使用常态化”工作目标，明确要求按学生生均公用经费的30%用于学校教育技术装备的维护更新。2014年，学校教育技术装备新增投入951.9万元。其中，图书室投入128.2万元，实验室投入资金77.5万元，学校信息化建设投入资金615.9万元，劳动器材投入资金19.7万元，美术器材投入资金19.2万元，音乐器材投入资金32.8万元。图书管理系统配备率100%。教育技术装备建、配、管、用、研、培同步到位。

【区域教育资源配置优质均衡】 2014年完成新建和迁建小学幼儿园5所。新征学校用地17公顷，其中小学1所占地8公顷，幼儿园4所占地9公顷。城东实验小学、城东实验幼儿园、市实验幼儿园秋学期竣工交付使用。布局规划的调整优化教育资源的配置，满足学生家长对优质教育资源的需求。

（丁善辉　崔跃兵）

〖编辑　陈一青〗

文化

综述

2014年，大丰市文化广电新闻出版局（以下简称市文广新局）按照中央、省、盐城市关于文化、广电、新闻工作的部署要求，贯彻党的十八届三中、四中全会精神，突出文化惠民，发展文化广电事业和产业。在盐城市文广新局年终考核中，名列第一，连续4年被大丰市委、市政府授予综合先进奖。

公共文化设施网络功能提档升级。建筑面积1.7万平方米的图书馆新馆9月开工建设；施耐庵书院、碑林总投资2000万元的土建工程竣工，内部开始装修布展陈列；投资235.5万元，配备LED大屏、先进灯光音响等设施的群众文化服务平台——百姓星光大舞台启用。图书馆总分馆制试点建设在全省文化工作会议上作经验交流。基层公共文化设施建设提速。2014年，大丰市委、市政府召开全市公共文化服务体系建设工作会议并形成书记办公会议纪要，农村公共文化设施建设得到更多重视和关注。通过持续开展镇文化站、村（社区）文化室规范化建设，公共文化服务设施水平有明显提升。建成国家等级镇综合文化站12个，其中一级站4个、二级站5个、三级站3个，总计建成村、社区示范文化室115个、20个，分别占村、社区总数的55%、37%。新丰镇建成省级公共文化服务体系示范区。在6个建有便民服务中心大楼的镇，分别落实二三百平方米安排文化活动场所，增加文化服务功能。数字文化服务体系建设取得新成效。以市图书馆全国文化信息共享工程支中心为龙头，与12个基层服务点互联互通，为群众提供网络信息服务，社会效应明显。市电影站完成影城数字化改造，服务能力增强。完成全市有线电视数字化整体转换，在册用户18.5万户。实施农村有线广播"村村响、户户通"工程，完成村、组"大喇叭"工程，农村广播电视公共服务网络得到提升。市图书馆投入经费50多万元，建设数字图书馆，现拥有5T数字资源。市文化馆建成拥有40台电脑的数字阅览室。

公共文化供给明显增强。政府兴办的公益性文化服务单位，全部免费开放。推进图书馆总分馆建设，在全市文化站、学校图书室、社区图书室、高新技术区管委会图书室建成通借通还的图书馆分馆55个。2014年全市万人拥有公共图书馆总藏量为15034册，年外借册数557229次，新增图书藏量69660册，新增电子图书16000册。文化惠民活动的数量和质量逐年提升，全市2014年开展各类公益性展演展示活动超过300场次，惠及农村及社区群众超过10万人次。文化惠民"三送"工程全年完成送戏下乡110场，完成农村电影放映工程公益电影2580场，完成镇固定点电影放映728场，配送图书88468册。2014年以群众为主体开展的各类大中型文化活动80多场（次）。

文艺精品创作收获可喜成果。2014年，全市群众文艺作品在盐城市以上各类文艺赛事、演出、展览中获奖有35件，在省以上专业报刊、媒体发表作品53件。全年创作3部大戏、7部小戏、24部小品以及其他类型的作品19部，获奖42部（次），其中国家级3部（次），省级6部（次），盐城市级33部（次）。广场舞《千年等一回》获第十一届江苏省五星工程奖艺术表演类节目决赛金奖，小品《留守娘们留守男》获银奖。"大丰图书馆总分馆建设"获省公共文化建设项目奖，周汉忠获省"群文之星"称号。陈曙文作品《生命历程》入选第十二届全国美术作品展。广场舞《喜洋洋》《紫竹临风》获第二届盐城市广场舞展演一等奖。有12件作品获盐城市政府文艺奖和盐城市第六届精神文明建设"五个一工程"奖。

媒体融合步伐加快。市文广新局系统的广播电台、电视台、《大丰日报》围绕市委、市政府工作中心，推出一批主题报道、深度报道，开设"践行社会主义核心价值观""践行群众路线，实现科学发展"等20多个专栏。与上海电视台、江苏电视台、深圳电视台协作，加强台际交流，两次电视现场直播麋鹿王争霸赛。市广播电视台推出《贝西时空》民生栏目和《德行大丰》核心价值观宣传新栏目。11月上旬，市广播电视台针对新丰镇鼎丰村莴苣滞销这一情况，组织主要媒体集中报道，引来市内外客商竞相收购。这一助农惠民的事迹11月9日晚被中央电视台《新闻联播》报道，广播电视台主要负责人接受记者专访。2014年在央视《新闻联播》用稿4条。有37件作品在盐城节目创优评比中获奖，《请到麋鹿故乡来》《胡主席来到恒北村》获上海经济区广电协作网评比一等奖，《大丰花车开进上海滩》电视短新闻获中国广播电视协会节目评比三等奖。《大丰日报》在省县市报研究会2014年度好新闻作品评选中，获一等奖3个、二等奖2个、三等奖6个、好版面和好标题各1个。

广电事业发展实现转型提升。2014年，市文广新局全面完成有线电视数字化整体转换工作。全市13个镇（区）、218个行政村以及主城区的55个小区，实现数字电视网络全覆盖，整体转换数字电视18.5万户，有线电视数字化整体转换门槛入户率95%。年初，市文广新局向市委、市政府提出解决农村广播通响率不高问题的建议，根据市政府的具体部署，全市集中实施农村有线广播"村村响、户户通"工程。截至11月底，全市的农村"大喇叭"工程全部竣工，13镇（区）在村民小组安装高音喇叭3575只，完成148个村、853个村民小组的安装任务。广播电视安全优质播出保持无事故，完成十八届四中全会、青奥会等重要保障期的安全播出保障任务，实现广播电视节目停播率每百小时零秒。

文化产业发展壮大。2014年，全市文化产业重点项目呈现规模化发展，东方1号创意产业园二期项目推进较快，被省公布为中小企业星级公共服务平台、2014年江苏省文化科技园。东方1号创意园举办"魅力东方·梦想起航"全国青年设计师工作营及国际创意设计高峰论坛。文化产业与旅游业呈现深度融合发展。荷兰花海、中国知青主题馆等影响力不断扩大。影视产业逐年有新增长，2014年，3部知青题材电视剧在大丰知青影视文化基地取景拍摄。

文化行政执法及行业管理规范有序，文物保护工作不断加强。开展农家书屋提升省级试点，更新农家书屋图书，数字农家书屋基本实现全覆盖。新丰镇裕北村农家书屋被评为省五星级示范农家书屋。开展"扫黄打非"、出版物市场和校园周边环境专项整治，查缴非法出版物300余册（盘），取缔无证经营摊点2个。文化市场执法检查出动2327人次，检查经营单位748个，立案调查9件，查缴电脑及附属设备17件，向违规经营户发出整改通知书38份，捣毁违法经营网吧1个、游戏机室2个。文化遗产保护基础管理不断夯实。开展第一次全国可移动文物普查工作，完成500多件藏品的详细信息登记工作。多次参与铁路、高速公路等重点项目征求意见会，宣传文物保护法律法规，防止项目规划范围内发生损坏文物的建设活动。市文广新局《严格文物执法监管 保护地方历史遗存》的经验交流材料被《江苏文物》登载。非物质文化遗产保护有效开展，草堰木刻和小海瓷刻被盐城市政府命名为盐城市第三批非物质文化遗产名录项目。参与承办盐城市非物质文化遗产保护培训班。组织大丰麦秆剪贴项目参加中国海盐博物馆博览会技艺展示活动。在"文化遗产日"组织10多个大丰市非物质文遗产代表性名录项目集中展示、现场表演。

2014年，大丰市广场舞《千年等一回》获第十一届江苏省五星工程奖艺术表演类节目决赛金奖

艺术创作及演出

【概述】 2014年，大丰市文艺创作坚持贴近实际、贴近生活、贴近群众，一批艺术作品在国内外赛事、表演中获奖。2014年，全市戏剧、舞蹈、摄影、书法、美术等各种形式的群众艺术创作在盐城市以上各类文艺赛事、演出、展览中获奖126次，其中国际17次，国家级5次，省级28次，市级76次，在省以上专业报刊、媒体发表作品53件，全年完成送戏下乡110场。

【摄影作品收获颇丰】 全市摄影作品获得金奖4个、银奖3个、铜奖5个、勋带奖6个、入选作品150多幅。其中杨国美的《丛林五月》在保加利亚国际摄影展中获金牌奖，《送行》在第9届乌克兰国际摄影展中获金牌奖；严正东《田夫晨歌》获上海国际郎静山摄影艺术大展金像奖。陆军《牧歌》获金牌奖。杨国美、严正东、李玉生有5幅摄影作品入选世界六大影赛之一的第8届阿联酋阿布扎比国际摄影展。杨国美的摄影作品《野溪雄姿》获得国际摄影学会主办、国际影艺联盟（FIAP）、国际摄影家联盟（UPI）共同认证的2014年第一届国际摄影学会IPA数码国际摄影大赛自然组UPI勋带奖，作品《田夫晨歌》

《野溪雄姿》获2014年第一届国际摄影学会IPA数码国际摄影大赛自然组UPI勋带奖　　杨国美 摄

《海潮初涨》《对话》入围参展。严正东《伉俪情深》获得自然组IPA勋带奖，作品《馒头大嫂》《争锋》《湿地和声》入围参展。李玉生的作品《引吭高歌》《芬芳》和陆军的作品《拂晓》入围参展。

【小品《留守娘们留守男》多次获奖】 由姜华编剧、孙晨导演的小品《留守娘们留守男》获得"中华颂"第五届全国小戏小品曲艺大赛银奖；入围由文化部社会文化司、中国戏剧家协会主办的全国小戏小品大赛展演，获得好评；获第十一届江苏省五星工程奖银奖；还参加由文化部社会文化司、中国戏剧家协会主办的中国滨州·博兴小戏艺术节的演出等活动。

【盐城市级各类比赛中获奖作品】 姜华创作的小品《留守娘们留守男》参加盐城市第三届小戏小品调演获得一等奖。大丰市6件作品入选盐城第六届精神文明建设"五个一工程"奖。参加盐城市政府文艺奖获奖作品共获得二等奖2个，三等奖7个。参加盐城市第二十二届"金菊杯"小戏、小品、曲艺征文评奖共获得一等奖1个，二等奖15个，三等奖6个。参加盐城市第八届少儿书画长卷展演共获得一等奖4个，二等奖9个，三等奖16个，大丰市文化馆获优秀组织奖。

【市第九届青年歌手电视大奖赛】 2月4日，由大丰市文广新局主办的大丰市"农商行杯"第九届青年歌手电视大奖赛决赛在大丰剧院举行。本次比赛有112名选手参加初赛。20名选手进入决赛。其中，10名歌手获得"十佳歌手"称号，10名歌手获得"十优歌手"称号。

【群众文艺调演精彩纷呈】 春节期间，市委宣传部、市文广新局组织举办2014年大丰市群众文艺调演。全市12个镇组织排练40个节目参加选拔。大中镇的歌伴舞《梨花海》、西团镇的原创音舞快板《梦想起航》、南阳镇的歌伴舞《走进新农村》、小海镇的歌伴舞《湿地流[illegible]》获得调演特等奖；三龙镇选送的小品《不是闲事》等10个节目获得调演一等奖，大中镇的舞蹈《狐狸叫》等8个节目获得调演二等奖。

【大丰市新年音乐会】 年初，大丰市在奥体中心举行"舜景·中央名府"2014年大丰市新年音乐会。此次新年音乐邀请俄罗斯克麦罗沃国立爱乐乐团。该乐团是俄罗斯最负盛名的六大交响乐团之一，不仅能演奏俄罗斯和西方古典交响乐作品，而且对现代作品的理解和诠释也有相当独到的造诣，在欧洲广负盛名。本次音乐会演出了包括圆舞曲、波尔卡、歌剧乐曲等不同风格的交响乐曲以及《康定情歌》《莫斯科郊外的晚上》等经典歌曲，为全市人民呈上一场世界级的音乐盛宴。

公共文化及设施建设

【概述】 2014年全市公共文化及设施建设不断加强。2014年，全市市镇村三级公共文化设施网络覆盖率100%。公共文化设施总面积111850平方米，每万人拥有公共文化设施面积为1597平方米。

【新丰镇创建省第二批公共文化服务示范区】 新丰镇以创建省公共文化服务示范区为契机，挖掘新丰镇历史文化底蕴，利用老斗龙港的天然地理优势，启动实施面积133.33公顷荷兰花海，打造面积40公顷农家小游园、设施齐全的新丰文化广场等公共文化服务项目，全镇村村设有文化室、社区成立文艺团体，形成完备的文化服务网络，提升公共文化服务能力和水平。4月，新丰镇通过省文化厅公共文化服务体系示范区及示范镇验收组的验收，7月，被省文化厅确定为省公共文化服务体系示范区。

【大丰市图书馆新馆破土动工】 新建的大丰市图书馆新馆工程于9月开工，该馆位于城东新区丰华路以西、幸福路以南，新建图书馆1.7万平方米，总投资约1.6亿元，建设周期2年。图书馆新馆集阅览、外借、参考咨询、数据库检索、文献传递、数字图书、文化信息共享等功能于一体。建筑整体的平面形成一个问号意向，体现图书馆所倡导的“求知问道”的精神理念。

【施耐庵纪念馆扩建】 地处白驹镇的施耐庵纪念馆扩建工程内容包括新建施耐庵书院、碑林、进馆桥梁改造、水上通道建设、绿化景观和周边环境提升。总投资2000万元。工程建设从2013年年初开始实施，2014年完成主体建设。

【“百姓星光大舞台”启用】 11月22日，大丰市“百姓星光大舞台”在市剧院隆重揭牌。“百姓星光大舞台”投入235万元，经过半年时间的建设，增加舞台LED高清大屏，实施灯光、音响改造工程，是一个举办群众文化活动的崭新平台。全市有专门才能、才艺的城乡市民都能走进“百姓星光大舞台”展歌喉、秀舞姿、展才艺。11月22日晚，由市广播电视台主办的“中央名府2014大丰达人秀总决赛”在大丰百姓星光大舞台拉开帷幕。大丰达人表演了歌曲、舞蹈、杂技等形式多样的演出，现场掌声不断。经过专家组的评审，最终10号达人徐瑞进表演的绝技《武林风》、12号达人宋永华表演的《杂技套圈》、8号达人岳俊阳表演的《极限单车》分获冠军、亚军、季军。

2014年11月22日，大丰市“百姓星光大舞台”在市剧院揭牌。首场演出的是百姓大舞台大丰达人秀 邱鹏 摄

【图书馆总分馆制试点建设】 大丰市图书馆的总分馆建设始于2004年，从自身实际出发并借鉴其他地区建设经验，不断探索发展，逐步构建起市中心馆—分馆（镇）—农家书屋（村）三级网络体系的总分馆体系。建有分馆55个（其中可通借通还流通的为41个）。大丰市图书馆在发展总分馆与农家书屋中将二者相整合的做法得到上级的认可，2014年4月28日，省文化厅将大丰市列为农家书屋纳入县级公共图书馆总分馆制的试点地区。11月20日全省现代公共文化服务体系建设工作会议在无锡市召开，副市长黄正桂代表市政府在会上作典型发言。

群众文化

【概述】 2014年以群众为主体开展的各类大中型文化活动80多场（次）。“大型民间文艺踩街”“2014年春节团拜会专场文艺演出”“新春广场文艺演出”“大丰市第九届青年歌手电视大奖赛”、第三届“慈善大丰 情暖人间”募捐大会和“2014年大丰市农村文艺调演暨元宵专场文艺晚会”，以及与全市旅游兴市战略实施相策应而举办的“荷兰花海春光好”“恒北梨园风光”等多场大型户外文化活动，突出人民群众在文化活动中的主体地位，激发人民群众的文化创作活力，确保和体现了广大群众文化参与、文化创作和文化享受的权利，产生较好的社会反响。

【春节文化活动】 全市组织文艺宣传队18支，开展送戏进村、进社区236场，观众162000人。制作花船38条，花担58副、龙灯18盏，组织腰鼓队16支，组织民间文艺踩街119场，慰问离退休干部、老党员、劳动模范、招商引资有功人员632人。组织书法爱好者现场为农民免费撰写春联15500多副，为农民送科技致富信息580多条，举办书法、美术、摄影展览16次，组织专家讲座、知识竞赛7次，灯谜竞猜4次，棋牌竞赛9次，歌咏比赛5次，电脑培训3次，组织回乡大中专学生座谈汇报会13场。

【市元宵文艺晚会】 2月13日晚，由市委宣传部、市文广新局主办的“黄海风、湿地情”2014年大丰市元宵文艺晚会在大丰剧院举行。晚会在大型歌伴舞《缤纷花海》中拉开帷幕，市人社局的音舞诗《我是一块砖》饱含激情的朗诵和刚柔相济的群雕般形体造型，给人唯美享受；西团镇演出的音舞快板《梦想起航》、小海镇演出的歌伴舞《湿地流翠》、新丰镇的歌伴舞《缤纷花海》几个原创节目气势恢宏，服饰华丽，创意新颖，讴歌大丰经济社会发展取得的成就，展现大丰人民昂扬向上的精神风貌，晚会在大中镇演出的歌舞《梨花海》的旋律中落幕。

【“荷兰花海”影响力扩大】 2014年，全市围绕重大节庆活动在“荷兰花海”开展文化活动。举办“赏荷兰风情、品异国美味”文化活动；第四届“情系郁金香 缘定爱情海”摄影大赛；全国“荷兰风情 温馨花海”主题歌曲征集活动；“中国·大丰荷兰风情·欢乐花海”第四届婚博会等。

【第二届“江苏·恒北梨园风光乡村游”】 4月，大中镇、市文广新局联合主办为期一周的“第二届江苏·恒北梨园风光乡村游”活动。活动包括：“梨园风光乡村游”开幕式活动，农家乐优惠酬宾活动，第28届风筝节活动，摄影、征文比赛活动，乡村大舞台活动，科普宣传暨社会实践活动，梨园风光闭幕式暨颁奖典礼。活动提升恒北的品牌效益，推动文化产业和旅游产业的融合。

【国庆庆祝活动】 10月1日，由市文化广电新闻出版局、市城东新区管委会主办，市文化馆和市歌舞团承办的2014“同唱中国梦”——庆国庆群众文化活动在东方湿地公园广场中心舞台举行。剧团表演12个节目，非物质文化遗产展示项目7个，观众上千人。

【组织各类展览】 2014年，全市举办各类展览20余次。有江浙沪——人类非物质文化遗产代表作剪纸艺术交流巡展（大丰展）、江苏省优秀农民画作品展、陈银付瓷刻作品展、花鸟怡情——常熟博物馆藏花鸟册页展等各类大中型展览，激发群众对书法、美术、摄影等艺术爱好和学习。

文化产业

【概述】 2014年，大丰市注重文化产业与旅游业等相关产业融合发展，“荷兰花海”“中国知青主题馆”等影响力不断扩大。据统计，2014年全市文化产业单位647个，比2013年增加10%。文化产业增加值占GDP比重的3.5%，比2013年增长0.43个百分点。

【掌上大丰获省文化产业引导资金】 2014年，全市向省文化厅申报项目5个，包括掌上大丰——移动互联网信息传播公共服务平台、《烽火盐城》电视连续剧、北上海新人村实景建设、东方1号的创意之家及创意旅游商品展示区、大丰数字影院扩建等项目。掌上大丰——移动互联网信息传播公共服务平台获得省补助文化产业引导资金80万元。

文化市场管理

【概述】 2014年，大丰市文化市场管理工作围绕文化强市主题，以规范文化市场秩序为目标，以加强文化市场执法队伍建设为基础，做好全市文化市场监管工作。2014年，大丰市文化行政综合执法大队被大丰市人民政府表彰为2014年安全生产工作先进集体。

【加强全国文化市场监管与服务平台上线试点建设工作】 2013年，文化部将大丰市确定为全国文化市场监管与服务平台试点县市。2014年，省文化厅确定大丰市为全国文化市场监管与服务平台第一批上线的县市，市文广新局制订全国文化市场监管与服务平台上线实施方案，明确专门人员负责，添置电脑、扫描仪等平台上线设备，确保平台建设工作的顺

2014年4月，大丰市文广新局和大中镇联合主办为期一周的“第二届江苏·恒北梨园风光乡村游”风筝、摄影、征文等系列活动

2014年，江苏省文化厅确定大丰市为全国文化市场监管与服务平台第一批上线的县市

利完成。自大丰市被确定为平台试点和第一批上线县市后，市文广新局培训平台使用人员，确保负责行政审批和行政执法人员熟练使用平台，按照文化部和省文化厅关于平台上线的时间节点和工作要求，完成平台基础数据录入、角色分配、经营单位注册和激活，保证平台上线后正常使用。

【动漫市场专项整治】 3月，市文广新局制订《大丰市开展动漫市场专项整治行动工作方案》，结合本地实际，明确工作目标、重点和职责分工。通过地方电视台、电台、《大丰日报》和市政府网站等多种媒体宣传专项整治行动，并向社会公布举报电话，让群众参与监督。加强职能部门协调配合，建立动漫市场专项整治行动联席会议制度，通报专项行动工作动态信息，协调解决专项行动中的重大问题。市文广新局出动258人（次），检查80家（次），调查摸底动漫市场，梳理和巡查动画制作经营机构和互联网文化经营单位、互联网视听节目服务单位，处理2家。专项整治行动规范动漫市场经营秩序，保护动漫产品知识产权，推动动漫产业繁荣发展，为未成年人健康成长创造良好的社会文化环境。

【农村演出市场专项整治】 市文广新局根据省文化厅《关于进一步加强全省农村演出市场管理的通知》精神，加强农村演出市场管理。依法审批各类演出经营活动，按照审批程序，审查演出单位的主体资格、演出内容，重点管理临时搭建的舞台、看台的营业性演出，并通报相关职能部门加强其舞台安全的监管。建立镇影剧院演出上报制度，签订责任状。市文广新局出动64人（次），巡查演出市场12处，对擅自从事营业性演出的，依法取缔。注视农村演出市场活动的动向，对演出的时间、地点、规模等情况登记造册，提前做好预警防范工作。查处无证照演出团队，对表演内容涉嫌低俗、媚俗、节目不健康的一律予以取缔。

【重大节假日期间的安全生产管理】 针对重大活动以及节假日期间文化市场违法违规行为易抬头的特点，市文广新局出动360人（次），检查190家，重点排查娱乐场所的安全生产隐患，检查消防疏散通道、安全出口等是否畅通，检验消防器材是否合格、应急照明是否正常、指示标志是否完备，查阅各项安全巡查管理记录和制度是否建立健全。限期整改锁闭门窗和堵塞消防通道等违规行为，并做好跟踪落实。依法查处接纳未成年人等违法违规行为。加强大型文化活动巡查力度。按照“谁主办、谁负责”的原则，明确主办单位的安全责任，督促主办单位制订和落实各项安全保卫措施，严防重大安全事故发生。

文物保护

【概述】 2014年，大丰文物保护单位做好大丰市博物馆、施耐庵纪念馆的免费对外开放工作，承接各种展览5次，接纳参观者10余万人次。做好第一次全国可移动文物普查数据录入和盐城市未成年人校外活动实践基地申报工作。

【利用文化阵地举办展览】 全年利

2014年4月29日，大丰市博物馆举办“起笔落墨是人生——顾晓燕书法展”

用市文化阵地举办了“起笔落墨是人生——顾晓燕书法展”“新四军与老百姓专题展”“庆祝中华人民共和国、人民政协成立65周年书法美术作品展”“南京云锦博物馆‘云锦华章 皇家风范’云锦展”“常熟博物馆馆藏花鸟册页展”等展览，观众近4万人。

【红色革命遗址保护提升工程】 3月，大丰市的八路军新四军白驹狮子口会师纪念碑列为盐城市首批规划修缮单位。市文广新局组建工作班子，委托苏州祥和古建筑研究设计有限公司拿出设计方案，多次召开专家听证会，听取专家学者对实施该项工程的意见和建议，形成最终方案后，报市主要领导审阅后上报，得到盐城市领导的认可，项目2014年开工修缮。

【建立“水浒文化”网站】 施耐庵纪念馆建立“水浒文化”网站，征集《水浒》资料，完善网站资料库工作，编辑文字约400万。做好网络版面设计工作，办理“施耐庵纪念馆”微信公众号服务业务，弘扬爱国主义教育。

新闻出版市场

【概述】 2014年，开展“农家书屋”达标创建、评星创星活动，创建208个数字农家书屋，在盐城率先实现数字农家书屋在全市行政村全覆盖。在省财政、新闻出版等部门的支持下，投入52万元，购置新书38012册，全市208个“农家书屋”达标更新。以农家书屋为平台，举办大丰市第六届农民读书节。46个出版物经营单位通过省及盐城市年度审核，79个印刷企业全部通过年检并换发新证。

【数字农家书屋实现市内各村全覆盖】 2014年，大丰市是省农家书屋提升工程试点县（市、区），重点实施数字农家书屋全覆盖工程，在省新闻出版局的支持下，购置206台电脑，分发到相关村农家书屋。7月，结合全市图书馆总分馆建设，探索农家书屋与图书总分馆建设结合试点工作，制订《关于农家书屋纳入大丰市公共图书馆总分馆建设的实施方案》，为三星级农家书屋培训75名管理员，提前1年实现行政村数字农家书屋全覆盖的目标。

【举办大丰市第六届农民读书节】 大丰市以农家书屋为平台，举办大丰市第六届农民读书节。新丰镇暑期开展“我的书屋，我的梦”农村少年儿童阅读活动，刘洋的《我的书屋，我的梦》参加第四届江苏农民读书节征文评选，三龙镇举办书画摄影比赛，其他各文化站根据自身的特点，举办农家书屋管理员培训、读书征文、暑期乐园、“书香农家”摄影展等活动。在“我与农家书屋”——2014年盐城市农家书屋阅读讲演活动中，市文广新局选送的《书香花香共芬芳》获得一等奖。

2014年，大丰市举办第六届农民读书节，引导农民读书用书

【出版市场净化】 市文广新局组织相关部门（单位）40余人收看第二十七次全国“扫黄打非”工作电视电话会。制订《2014年大丰市“扫黄打非”行动方案》和《大丰市文化广电新闻出版局校园周边整治专项行动方案》，与综合执法队联合开展出版物市场和校园周边环境整治，查缴非法出版物300余册（盘），取缔无证经营摊点2个，对全市在册出版物零售、音像制品零售店进行年度核验。2014年，大丰市首次在网上开展出版物年度核验工作。2014年，大丰市新增出版物经营单位7个，自动停业及注销21个，其余45个出版物经营单位通过省及盐城市年度审核。

【印刷复制业管理】 年初，市文广新局印发印刷年检通知，并对照企业年报工作将2014年印刷年度核验工作与统计年报工作相结合，统一部署、同步实施、按期上报。变更大丰市珍汇包装有限公司、共祥印刷厂等5个登记不符的企业，注销4个不符条件的印刷企业，其余79个印刷企业全部通过年检并换发新证。加强印刷企业的日常监管和安全生产检查，强化印刷企业印刷报备案，印刷活动登记工作，严格执行印刷业五项制度，培训印刷业负责人和重点岗位人员36人，两次联合公安部门依法查处非法印刷复制活动，责令现场整改，严堵非法出版物源头。

（李丁非）

新华书店

【概述】 2014年，大丰新华书店有限责任公司（以下简称大丰公司）按照“打造创新型文化领军企业，加快改革创新，落实转型举措”的要求，以调结构、促发展为主线，走出一条多元化发展的新路。

【企业效益稳中有升】 2014年，图书销售市场发生很大变化。教辅材料发行受到宏观政策的影响，助学读物难以开展大规模的征订，总销售高位探底下行趋势明显，门店零售市场出现销售下滑趋势，门店人气明显下降。面对竞争激烈的图书市场，大丰公司细化工作目标和考核办法，量化考核员工业绩，发挥收入分配的引导作用，激发企业内部的生机和活力。全年实现销售4599万元，实现利润804万元，取得较好的社会效益和经济效益。

【营销活动多样】 面对竞争激烈的图书市场，大丰公司转变经营观念，改变等客上门的老传统，用新的营销理念做好当前的一般图书销售。以书城为阵地，开展各种营销活动，抓假日经济的商机。在书城举办近百项营销活动，采用限时特供、超值送、买书赠书、购书赠券等促销手段，拓展中心门店的经营项目，扩大销售品种。2014年，引进玩具、电子阅读、电子学习产品等项目，销售100多万元。

【经营结构调整】 在抓好主业发展的同时，大丰公司落实集团公司的要求，调整结构，拓展经营思路，探求多元化经营发展。大丰公司在经济开发区购置2700多平方米的厂房，设立物流中心，将仓库及农村集镇门市部全部迁移至新的物流中心，解决农村网点分散，运营成本较高、管理松散的困难。整合业务流程，聚合人力物力，将物流运输与农村网点教材教辅收货、经营加以统一运营，提高经营效益。年收益增加30多万元。

【结对帮扶出成效】 2014年，大丰公司与海南乐东公司形成结对帮扶单位。大丰公司在帮扶中做到有组织领导，有阶段计划，有实施方案，有督查落实，推动帮扶工作的规范化和制度化运作。通过1年努力，乐东公司完成销售2272万元，同比增长13.49%；完成利润77.23万元，同比增长15.05%，完成海南股份公司下达的任务指标。

（邰爱生）

广播电视

【概述】 2014年，大丰市广播电视工作围绕“坚持科学发展，建设幸福大丰”的总体目标，各项工作呈现出良好态势，连续10年在盐城市综合考评中名列第一，连续16年被盐城市人事局、盐城市广电局评为广播电视工作先进单位，连续17年获盐城市广播电视“繁荣杯”一等奖。大丰市文化广电新闻出版局被国家新闻出版广电总局评为全国广播电影电视系统统计工作先进集体，市广播电视台被省人力资源与社会保障厅、省广电局评为全省广播电影电视系统先进集体。

【《卯酉时空》栏目开播】《卯酉时空》是大丰市广播电视台2014年推出的一档民生新闻类栏目，全年播出21档。栏目坚持“关注民生、反映民意、贴近民情”的理念，运用百姓的语言，报道百姓的故事，让平凡普通人成为节目的主角，让观众在观看节目时产生深深的共鸣，实现一定的社会效益和经济效益。栏目下设时空关注、开门七件事、百姓秀场、身边故事等9个子栏目。

【《德行大丰》栏目开播】《德行大丰》是大丰广播电视台于11月27日开设的一档道德文化类电视专题栏目，全年播出4档。该栏目包含道德风采、好人榜、经典故事、公益广告等子栏目，以团结互助、诚实守信、爱岗敬业、孝老敬老为主题，普及道德文化知识，提升市民道德文化素养，推动社会主义核心价值观内化于心、外化于行，人人崇善向上，人人见贤思齐，为构建和谐大丰、实力大丰、幸福大丰、美丽大丰奠定思想道德、文化基础，为谱写“中国梦”的大丰篇章提供有力的道德支撑。

【《楼市纵横》栏目开播】《楼市纵横》是大丰广播电视台开设的一档房

2014年，大丰市创办CUTV大丰分台、“掌上大丰”移动客户端、《大丰日报》新闻网等网络媒体

2014年，大丰市广播电视台推出民生新闻栏目《卯酉时空》。图为民生新闻记者在采访走出高考考场的考生

产、家居电视专题栏目，全年播出30档。包括房产快讯、楼盘直击、家装小贴士、特别关注、房子这点事、楼市中介6个子栏目。该栏目以开心购房、精品装修、温馨居家为宗旨，节目制作贴近百姓、贴近生活，努力搭建起一个购房、装修的电视平台。栏目主要介绍家装、建材、房地产方面的市场情况及相关知识，以及根据企业的需求，帮助企业做好产品的宣传、推广工作。通过节目，让观众了解更多的楼盘和家装常识，成为观众朋友购房装修的好帮手。

【举行第二届鹿王争霸赛现场直播活动】 6月7日，由上海电视台电视新闻中心、麋鹿保护区、盐城电视台和大丰广播电视台主办的“鹿王争霸赛”大型电视现场直播在麋鹿保护区举行；6月9日中央电视台新闻频道和中文国际频道相继做了题为《江苏大丰：一年一度，麋鹿鹿王争霸》的报道。广东南方电视台、河北经视、湖北经视等省级电视台和人民网、新华网等新媒体均参与直播。6月22日，江苏广电总台电视新闻中心、大丰广播电视台在保护区通过江苏公共频道向现场直播全省鹿王争霸赛，《江苏新时空》专门报道。“鹿王争霸赛”作为大丰独特的文化旅游活动品牌，显现出较大的影响力。

【政风行风热线“四位一体”联动模式深入开展】 “政风行风热线”按“四位一体”（广播有声、电视有形、报刊可读、网络互动）联动的模式深入开展，全年组织市直部门主要负责人上线节目46期，为转变机关政风行风、更好地为基层和人民群众服务发挥重要作用。

【媒体融合发展步伐加快】 市广播电视台加快传统媒体和新媒体融合发展，充分运用新技术、新应用，创新媒体传播方式，掌握网上舆论宣传主动权，CUTV大丰分台、“掌上大丰”移动客户端、《大丰日报》新闻网、微信、微博等网络媒体主流舆论阵地的作用开始发挥，全媒体建设取得新的突破。

【创建“无小耳朵标兵县（市）”】 加强卫星电视地面接收设施管理，2014年围绕开展“无小耳朵标兵县（市）”创建，市广播电视台联合市综治办、工商、公安等部门在全市发放整治通知3000多份，组织4次较大规模分区域执法检查和专项整治，收缴非法卫星电视地面接收设施823座、高频头134个、接收机33台。大丰市被省广播电影电视局命名为江苏省“无小耳朵社区”建设标兵县（市）。

【广电网络公司经营业绩突出】 2014年，广电网络有限公司全年完成营业收入6123.07万元，实现利润1120.04万元，分别比2013年增长19.81%和12%，占省公司下达任务的107%和100%。

《大丰日报》

【概述】 2014年，市新闻信息中心发挥舆论引导作用，服务大局，服务中心，较好地完成《大丰日报》的编辑出版工作。

【栏目适时调整】 2014年，《大丰日报》围绕市委、市政府中心工作，宣传市委、市政府重大决策部署，不断加强版面策划，及时反映全市各行各业、各条战线发展的新思路、改革的新突破、开放的新局面、工作的新举措。开设“践行群众路线，实现科学发展”“改革创新，转型发展，建设高水平小康社会”“改革发展新气象”“沿海开发看变化”等10多个专栏，对全市党的群众路线教育实践活动、市委全体会议及市委、市政府重点工作高强度报道。在市委、市政府组织的重大活动中，市新闻信息中心积极参与，先后为文明城市创建、园林城市创建、沿海开发会议、上级领导调研等重大活动撰写宣传片脚本、编辑专刊专版、提供展板图片、整理讲话录音，得到市委、市政府主要领导的肯定。

【文稿贴近生活】 根据市文广新局党委统一部署，开展党的群众路线教育实践活动，并将作风建设贯穿活动始终。继续开展“走基层、转作风、改文风”活动，采编记者走出办公室，深入基层，采写一大批带有泥土芳香的稿件。建立记者联系点制度，将全体采编记者挂钩安排到各大经济板块，建立“1对1”联系制度，及时发现基层亮点，适时采写报道。开展记者进社区活动，结合市委组织部开展的“党员进社区”活动，组织记者到社区采写报道。采编一线的人员深入联系点、深入联系社区，进企业、入农户，捕捉对全市面上工作富有指导意义的新闻人物、新闻事件、新闻事实，采写一批较高质量的新闻稿件。

【业务人员能力提高】 2014年，中心通过“请进来，走出去”的办法，加大业务培训力度。坚持每月集中学习、每周业务交流不动摇，在组织采编记者相互交流的同时，邀请新华日报报业集团等知名主流媒体的专家到大丰授课。组织9名记者分3批赴解放日报社跟班学习，在报纸上开辟“我在上海当记者”专栏，展示学习成果。全面发挥考核杠杆作用，坚持考勤罚懒，健全完善新的考核办法，发挥激励导向作用。

【报纸影响力提升】 根据中央关于报社融合发展的新要求，加大新媒体发展力度。2014年初，《大丰日报》新闻网、公众微信、公众微博等新媒体平台正式投入使用。《大丰日报》数字报日点击量突破5000人次，新闻网日点击量[illegible]000多人次，微信粉丝4000多人，微博用户2000多人。“无线大丰”APP手机综合资讯客户端于11月初上线试运行。每月组织2次新媒体线下活动，组织小记者大丰行、恒北真人CS、鼎丰蔄苣义买义卖等特色活动，社会反响良好，扩大《大丰日报》及其新媒体的社会影响。

（李丁非）

【编辑　陈一青】

综 述

2014年，大丰市有公立医疗卫生机构23个，其中市直医疗单位3个，市人民医院为二级甲等综合医院，市中医院为二级甲等中医院，市第二人民医院为二级乙等精神病专科；市直卫生机构3个，分别为妇幼保健所、疾控中心、卫生监督所；17个镇级医疗卫生单位（含12个镇（中心）卫生院，4个社区卫生服务中心，1个港区防保所）；村卫生室215个。全市有15家民营医院，其中13个为乡镇撤并后原卫生院改制单位。全系统有在编职工2028人（不含民营医院，下同），另有合同制编外人员599人。全市每千人拥有执业（含助理）医师为2.3人，每千人拥有注册护士为1.38人。实际开放床位2810张，每千人床位数3.9张；2014年人均期望寿命为80.5岁，连续多年无孕产妇死亡，婴幼儿死亡率2.38‰，全市人民健康水平达到全省领先水平。

卫生工作成效显著。市卫生系统围绕深化医改中心任务，突出重点，统筹兼顾，以“五心”（政策惠民有力让群众更称心、满足民生需求让群众更顺心、提高医疗水平让人民群众更放心、满足健康需求让人民群众更贴心、推动行风转变让人民群众更暖心）服务惠及民生，完成了年度目标任务。大丰市连续7年获得盐城市卫生工作考核特等奖。12月9日的《人民日报》，1月22日、3月4日、10月24日的《健康报》，5月22日的《新华日报》，9月2日的《农民日报》，以及新华社、《江苏领导参考》等主流媒体均大篇幅报道了大丰市卫生工作情况，大丰市乡村医生签约服务的做法被评为全国2014年度十大卫生改革新举措。

基础设施建设。2014年，市级单位：市人民医院老内科大楼改造完工，增加床位350张；市人民医院高新区分院按照时序进度建设。市妇幼保健所业务综合大楼竣工并投入使用。镇级单位：南阳镇卫生院门诊病房楼改扩建工程竣工使用。草庙、方强卫生院新建病房楼、防保楼土建工程竣工。投入2000万元建设的城西社区卫生服务中心于4月17日正式投入使用。港区防保所组建并开始基本建设工作。村级单位：市委、市政府把村卫生室提档升级工程作为重要的民生实事工程，计划用2年时间新建123个面积在180~220平方米的村卫生室，市财政给予每家15万元补助，同时按每家3万元标准，为村卫生室配备适宜设备，确保全市所有村卫生室达到省定标准。工程实施后，市政府督查科每月对工程进度进行督查，全年竣工并投入使用53个新建、25个改扩建卫生室。

医改创新。大丰市被确定为全省唯一的国家级乡村医生签约服务重点联系地区后，乡村医生签约服务已经成为大丰市重要的卫生工作品牌，乡村医生签约服务的做法和经验

2014年4月11日，江苏省省长李学勇在大丰市恒北村卫生室调研
卫生局供图

被国家卫计委推广，省政府领导、盐城市委和大丰市委主要领导都分别作出专门批示，有44批次全国各省市卫生部门同行、专家、媒体记者到大丰市考察学习采访。乡村医生签约服务的主要做法有：扩大试点范围，从试点的29个村推广到72个村，签约9256户，占签约村农户总数的13.3%。优化服务内容，根据群众需求，对三种类型个性化服务包细化调整到七大类15种服务包。落实保障措施，村卫生室硬件投入不断加大，村医待遇有所提高。

人才队伍建设。市卫生局重视人才招引，通过各类媒体公布招录信息、组团参加各种卫生人才招聘会、提前面试签约与招录考试相结合等方式，成功招录博士研究生1人，硕士研究生15人，本科生44人，护理专业大专生17人，另有定向委培生22人。人才培养。市直医疗单位共选派15名医生到上海、南京等地三级医院进修。组织30名基层医务人员参加全科医生转岗培训。选派18名镇卫生院医生和92名乡村医生在市人民医院等单位进行为期3个月的"务实进修"。科教兴卫。鼓励在职人员参加学历教育，市人民医院与南通大学合作举办了在职研究生班，并成为徐州医学院教学医院；邀请国内知名专家教授到大丰讲学，提高卫技人员的业务技能和学术修养。市人民医院的《上颌骨囊肿上颌窦内开窗术的临床研究》科研项目获得盐城市科技进步一等奖。

卫生改革

【巩固基本药物制度实施成果】 全市医疗单位使用国家和省增补基本药物品种588个，基层医疗卫生机构采购基本药物4500万元，全部零差价销售；新版国家基本药物和省补药物临床应用指南和处方集培训覆盖率和合格率均为100%。市卫生局医用耗材招标采购中心规范医疗单位药品、医用耗材的采购监管，药品（疫苗）电子监管系统建设全面完成。

【新农合保障制度完善】 全市新农合应保人群实现全覆盖，参合人数48.07万人，参合率100%。2014年，人均筹资标准达到430元（为盐城市最高）。新农合补偿受益248.54万人次，补偿总额2.19亿元；大病保险工作正式启动，受益950人次，补偿金额600万元。启动新农合定点医疗机构信用等级评审工作，评审认定AAA定点医疗机构5个，AA级和A级定点医疗机构各15个。优化新农合服务流程。改市外转诊每月审核1次为每月审核2次，安排200万元预拨资金到镇卫生院用作垫资，财务科由银行本改为支票，使审报周期缩短到三周内。改市外转诊由转诊医院直接网上转诊、网上确认，方便了群众。二级医院进一步完善了转诊制度。

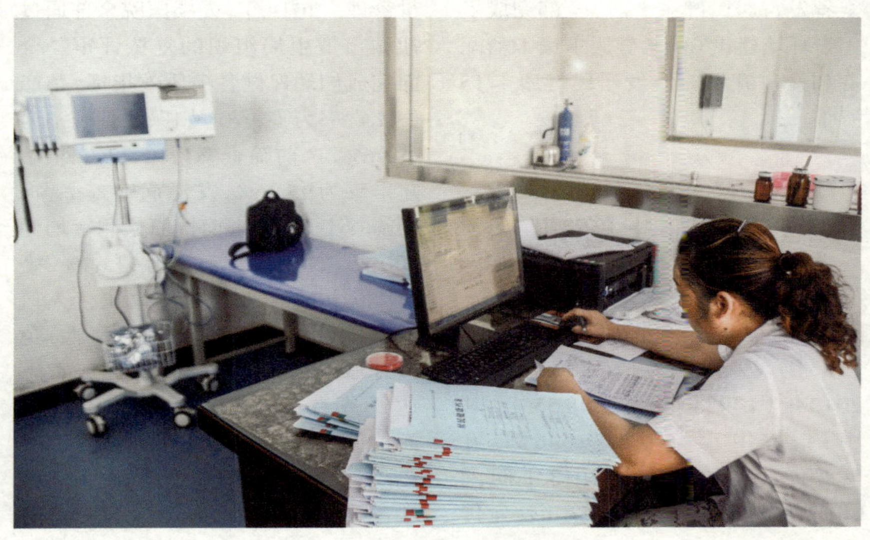

2014年，大丰市累计建立电子居民健康档案557120份，建档率79.39%

【公立医院改革】 2014年1月1日零时，全市二级医院实行药物零差价销售，破除"以药养医"机制，全年向患者让利4245.66万元。稳步推动公立医院医药价格改革政策与财政补偿机制的有效对接。通过重点分析公立医院改革政策实施后医院在收费环节、医院业务收入结构调整、医院补偿机制等方面存在的问题，建立了有效的补偿机制。二级医院全部建立以成本和质量控制为中心的管理模式，实行有效的绩效考核。

【基本公共卫生服务】 有效推进全市居民健康档案、健康教育、妇幼保健、传染病防治等十一大类43项基本公共卫生服务项目的落实，不断促进基本公共卫生服务逐步均等化的实现。做实居民健康档案工作，健康档案建档率、合格率、使用率稳步提高，全市建立电子居民健康档案557120份，建档率79.39%。做好健康教育工作，利用爱国卫生月、健康教育宣传月、肿瘤防治宣传周、无烟日等卫生节日和重大疾病防治、学雷锋等活动开展健康街头义诊、咨询宣传活动13次，为居民健康咨询和义诊2000余人次。组织讲师团人员下乡开设健康知识讲座17次。为2.7万名农村适龄妇女进行"两癌"筛查，发现宫颈癌28例、宫颈癌前期病变94例，并进行及时有效的救治。

【智慧医疗体系建设】 市投资750万元实施远程会诊和市域影像/检验系统建设工程，依托市人民医院，对上实现与上海、南京、北京等地三级医院远程会诊，对下在新丰镇金西村、三龙镇斗龙港村等72个村卫生室已经实现与市人民医院内分泌科和心血管科远程视频会诊。对全市15个公立卫生院及所有村卫生室HIS系统进行升级改造，采用了数字化医院版本，新增加了电子病历模块以及对PACS/LIS、心电系统的支持功能，将村卫生室信息系统纳入所属镇系统，达到镇村一体化管理。基于无线网络和嵌入技术的移动医护系统在部分镇卫生院成功试点后，在全市推广应用。对原有ADSL-VPN卫生信息网络全部升级为光纤专线，到镇卫生院和村卫生室带宽分别达到20M和10M。投入近200万元新添置了电脑、打印机等硬件设备，免费发放到各镇卫生院和村卫生室。投入200万元对数据中心进行扩容和升级。稳步推进居民健康卡项目。大丰市于2013年底和连云港、淮安一起率先在全省发行居民健康卡后，全部完成了用卡环境建设（包括健康卡读卡器配备和接口开发），制发居民健康卡15万张。

公共卫生管理

【疾病防控】 全年报告法定传染病1283例，发病率为176.88/10万，比2013年（1403例）下降8.55%，其中：报告甲乙类传染病646例，发病率为89.06/10万，比2013年同期（685例）下降了5.69%。全市法定传染病报告率100%。11种免疫规划疫苗接种率均在98%以上，“五苗”覆盖率95%以上，新生儿乙肝疫苗首针及时接种率达到95%以上。全市14家预防接种门诊，建成并投入使用的数字化预防接种门诊有8家。全市14家预防接种门诊全部实现远程监控，开设“儿童家长课堂”75期。按照“三位一体”的新模式开展结核病防治工作。发现结核病人302例，超额完成全年任务受到盐城市通报表彰。完成了省级学生碘营养调查项目及300份居民户碘盐监测工作；继续巩固血地防成果，高标准完成盐城市七项灭螺重点工程，春季查螺2601.25万平方米，巩固扩大灭螺30.6万平方米，进一步缩小了历史有螺面积；结合肠道蠕虫监测开展血防查病工作，累计检查4300人次，对9名晚期血吸虫病人进行救助；高分通过省消除疟疾达标验收考核工作。规范管理高血压患者数74476人，管理率96.42%；规范管理II型糖尿病患者数17419人，管理率95.51%。完成儿童口腔疾病干预筛查任务740人，完成窝沟封闭执行任务699人。积极推进性艾麻防治工作。建立6个艾滋病初筛实验室，各镇卫生院均可以开展艾滋病快速检测；全面启动大丰市麻风病防治一体化试点项目工作。

【妇幼卫生】 全力保障母婴安全。通过倡导自然分娩，落实危重孕产妇、围产儿死亡评审，进一步加强产科质量管理。2014年，爱婴医院全部通过盐城市卫生局组织的复核评审。全面完成妇幼保健各项质效指标，孕产妇死亡率为零，孕产妇保健管理率为98.96%，产前筛查率为95.33%，早孕建卡率为95.36%，艾滋病筛查率、梅毒筛查率、乙肝表面抗原检测率均为100%。妇女病普查率为91.64%，婚检率为90.36%。努力提高出生人口素质，农村住院分娩补助2514人，免费补服叶酸3015人，分别完成省下达任务数的117%和116%，乙肝表面抗原产妇所生儿童全部注射乙肝免疫球蛋白。7岁以下儿童保健管理率为99.49%，新生儿疾病筛查率99.53%，听力筛查率99.53%。

【卫生监督】 认真开展预防性和经常性卫生监督工作，对各类监管单位实施监督检查8600余户次，行政许可1497户次，发放健康培训证18500本。行政处罚立案查处92件，罚没款20.6万元。市行政服务中心卫生窗口优化审批流程，创新服务举措，不断提升服务水平，相继推出容缺审批、网上申报、短信提醒等服务，极大地方便了办证群众，被评为红旗窗口。联合公安、药监、计生等部门，开展打击非法行医专项行动，真正做到“横向到边、纵向到底”。共出动执法人员270人次，执法车辆80台次，监督检查医疗机构347个、药店8个；立案查处无证行医案件8件，结案率100%。一份非法行医处理案卷入选国家卫计委2014年度“进一步整顿医疗秩序打击非法行医专项行动”12个典型案例。9个镇顺利通过盐城市卫生监督协管服务合格镇验收。

【爱国卫生】 农村改厕工作与卫生镇创建和村庄环境整治相结合，全部完成全年13000座改厕任务。病媒生物防制方面重点开展了春、夏、秋季灭鼠、灭蟑、灭蚊蝇活动，投放鼠药3.5吨、粘鼠板1万张、蟑螂屋1万只、诱蝇笼3000个。万盈镇建成省级卫生镇，建成12个省级卫生村、7个盐城市卫生村。巩固控烟履约工作成果，对无烟医疗卫生机构控烟情况进行督查，按照《江苏省禁止吸烟警语和标志制作标准与张贴规范》的要求，重新统一印制禁烟标志1万份，确认12个大丰市无烟单位。提升水质监检测能力，政府财政新投入近200万元添置饮用水水质监检测设备。

【卫生应急】 全面做好各类突发公共卫生事件应对，科学组织开展人感染H7N9禽流感防控、埃博拉出血热防控等工作，举办各类卫生应急业务培训3次，培训330余人次，选派业务骨干外出培训60余人次。开展风险评估与预警监测。发布传染病与突发公共卫生事件监测周报43期，发布预警信息59条，预警信息准确率达100%。开展突发公共卫生风险评估45次，其中周评估43次，专题评估1次，月评估1次。

医政管理

【医疗服务监管】 市卫生局以提高患者满意度为目标，强化落实“以病人为中心”的服务理念，从市人民医院开始，在全市所有医疗单位开展了优化服务流程、加强现场管理、提升服务能力活动。严格医疗服务要素准入管理，规范医疗机构和从业人员执业行为，保障医疗质量和安全，全面开展平安医院创建活动、维护医疗机构秩序打击涉医违法犯罪专项行动；继续开展基层医疗机构集中整顿，落实预防和控制医院感染行动计划。举办全市医疗机构负责人依法执业培训班，委托卫生监督所对全市347个医疗机构依法执业情况进行现场检查。以实施临床路径管理为切入点，全面实施合理检查、合理用药、合理治疗规范，遏制医药费用增长过快的不合理因素，减轻人民群众的就医负担。落实《医疗机构临床用血管理办法》《江苏省加强医疗机构临床用血管理工作方案》，自愿无偿献血占当地用血达150%，全年无偿献血6725人次，献血量219.6万毫升。

2014年，大丰市人民医院老内科大楼改造完工，增添一批医疗设备和350张床位

【院前急救管理】 为充分利用医疗资源，进一步规范院前急救医疗秩序，大丰市从3月1日起，将市人民医院、市中医院和同仁医院明确为急救网络医院，依托市人民医院设置的大丰市急救中心的服务能力更强。市卫生局制订《大丰市院前医疗急救管理实施办法》，院前医疗救治工作更加有力、有序、有效。

【推行优质护理服务】 市人民医院、市中医院依照优质护理示范工程计划，采取试点科室引路、所有科室全面推进的办法推进优质护理工作，各有5个A类护理病房。城西社区卫生服务中心积极发展康复护理、老年护理、家庭护理等适应不同人群需要的护理服务。规范执业护士的准入和管理，提高规范化服务水平。组织开展专科护理专业化普及培训工作，2014年，大丰市分别有1名、3名护士参加省、盐城市专科护理专业化培训。市人民医院实施护理组长负责制，选聘47名护理组长。

【巩固中医药发展成果】 加强中医基础设施建设。市中医院开辟中医堂，形成中医药服务特色显著的综合服务区域。城西社区卫生服务中心和4个镇卫生院建成中医药综合服务区。加强中医科标准化建设，中医院建成一体化诊疗服务中心。骨伤科、肿瘤科、针灸科为盐城市级临床重点专科，肛肠科申报市级重点专科，骨伤科已经通过省级重点专科评审。注重中医特色专科建设，小海中心卫生院的中医内科、万盈卫生院的骨伤科、新丰镇卫生院的中医科被授予盐城市中医药特色专科，大中社区卫生服务中心与上海中医医院联合开设了上海老中医门诊。所有镇卫生院、社区卫生服务中心全部设置了中医科、中药房、康复室、煎药室，配备了熏蒸仪、理疗设备等中医诊疗设备，能够运用中药饮片、针灸等6种以上中医药技术方法，配备了300种以上的中药饮片。鼓励社会力量参与中医事业，全市社会力量举办的中医医疗机构7个。

行风建设

【卫生系统党的群众路线教育实践活动】 围绕"践行为民宗旨、服务百姓健康"，扎实开展党的群众路线教育实践活动。举办专题党课23课时，学习心得交流会26次；开设群众路线教育实践活动专题网页，动员260名党员干部走进社区开展各项帮困帮教活动。召开各类座谈会11场次，对活动中征求到的126条意见建议和问题，以及领导班子及成员针对在专题民主生活会上查摆出的"四风"问题，认真制订整改任务书，明确了整改时间表和路线图。市委督导组认为"卫生部门教育实践活动规定动作做到位、自选动作有特色，取得了实实在在的效果"。

【卫生系统党风廉政建设】 在春节前和"5·10"自警日活动期间，专门召开了卫生系统党风廉政警示教育暨卫生行风建设"九不准"教育大会和卫生系统作风建设警示教育大会。开展"自助式"廉政教育，编发《前车之鉴——廉政教育读本》3期600余本；组织党员干部赴盐城监狱、盐城廉政文化公园开展警示教育活动，开展"三排一降"岗位廉政风险教育、"廉政故事大家讲"和"万家学法"等活动。

【卫生系统精神文明建设】 举办大丰市卫生系统"身边的人"先进事迹报告会，组织开展江苏省"百名医德之星"和盐城市"医德之星"评选活动。举办"卫生讲坛"11期、"道德讲堂"2期，提升职工素质。开展文明单位创建活动，85%医疗卫生单位建成大丰市级以上文明单位。积极参与全国文明城市创建活动。继续开展"三好一满意"活动，第三方满意度评估结果表明，群众的满意度明显提高。

（王国生）

〔编辑 朱晓华〕

体育

综述

2014年，大丰市体育局按照全市体育工作会议的部署要求，把握工作重点，拓宽工作思路，开展群众体育活动，组织业余训练，提高场馆效益和服务水平。市体育局被省体育局表彰为江苏省群众体育工作先进集体；市体育总会被省体育局授予“江苏省县级体育总会工作先进单位”称号。

开展群众体育工作，举办中韩埠际乒乓球比赛、2014年江苏省沿海城市体育舞蹈公开赛、驻丰农场运动会等群众性体育活动，鼓励更多的群众参与到体育活动中来。增强竞技体育实力，组队参加省十八届运动会，取得了一金、四银、一铜，总分95分的优异成绩；参加2014年江苏省青少年田径锦标赛暨县组田径比赛，取得团体总分144分的好成绩，位居第10名。奥体中心、全民健身中心开放水平和运营效益不断提升，体育设施建设不断完善。

开展“进村入户”、创先争优活动，以及机关“星期六党校”学习活动，依照体育工作实际，改进工作方式，提高工作效率；对全局行政事项进行系统规范和重点梳理，规范工作程序，量化服务标准，全局工作高效运转。

【全市体育工作会议】 1月15日，大丰市政府召开全市体育工作会议，副市长赵玉霞到会讲话。赵玉霞要求市体育局按照市委、市政府的统一部署，研究制订2014年体育工作目标和任务，实现体育事业持续发展、和谐发展、内涵发展，全力开创大丰体育新局面。会议表彰2013年度10个体育工作先进集体和30位先进个人。

【制订目标责任考核细则】 市体育局领导班子制订全局目标责任考核细则。把全年工作进行分解，细化指标，落实到人，并将每个人的工作分为重点工作，业务工作和其他工作，赋予每项工作相应的分值，年末在岗位目标责任制考核中，按照分值，实施考核奖惩。制度的出台，调动了局机关干部工作的积极性和主动性，保证了全年工作的顺利完成。

群众体育

【概述】 2014年，按照市委十一届四次全体（扩大）会议提出的“确保周周有群众体育活动、月月有品牌比赛、季季有省级以上赛事”的要求，大丰市群众体育广泛开展全民健身活动，成功举办具有本地特色的群众体育健身活动100场次。大力开展全民健身“进社区、进农村、进学校、进企业”活动，全年面向广大群众开办免费培训班20期，组织开展国民体质测试3000人次以上。充分发挥各体育协会的职能作用，组织各类体育健身活动50余次，培养和激发了群众参与健身的兴趣。巩固提升城市设施“10分钟体育健身圈”建设成果。

【群众体育活动丰富多彩】 市体育局以提高群众身体素质为目标，做到每天有群众参与，每两个月承办1次大型赛事，推动群众体育上新台阶。全年举办大丰市市级机关2014年迎新春乒乓球、中韩埠际乒乓球比赛、2014年老年人体育节启动仪式、第五届麋鹿生态旅游季汽车摩托车自驾游、2014年江苏省沿海城市体育舞蹈公开赛、8月8日全民健身日庆祝活动、大丰市钓鱼比赛、驻丰农场运动会等多项活动。全市各镇（区）、机关、企事业单位、社会团体、学校以及社会各界积极开展群众性体育活动，丰富了群众的业余体育生活。

【全民健身志愿服务队伍扩大】 市体育局鼓励全民健身志愿服务活动，推荐参加国家级社会体育指导员培训人数5人，一级社会体育指导员培训55人，分别参加20个健身项目的学习，同时晋升社会体育指导员309名，其中，三级200名，二级49，一级55名，国家级5名。

【体育协会、俱乐部活动频繁】 市体育局批准成立大丰市武术运动协会，全年各单项体协举办和协办各级各类比赛50多项，有3万人次参加，充分发挥了体育社团的指导功能，使体育健身更加贴近市民，提高了群众参与健身的兴趣。

【老年人体育节活动】 5月9日，老年人体育节正式启动。此次活动以“快乐健身，传播正能量”为主题，历时5个多月。期间，在全市范围举办广场舞、门球、太极拳等各类老年人喜闻乐见的运动项目，极大地推动了老年人体育运动的发展，受到全市老年人的热烈欢迎。各镇、各单位的老年体协按照部署，开展了老年体育健身项目的培训、展示和比赛，部分单位专门召开了老年人体育运动会，促进了大丰市老年体育工作的开展。

2014年6月22日，“舞动大丰”广场舞比赛现场　　王绍荣 摄

【全民健身日启动仪式】 8月8日，大丰市第六届“国土杯”全民健身日走进广场、舞动大丰启动仪式在奥体中心体育馆举行。大丰市四套班子以及盐城市体育局领导出席启动仪式。启动仪式上，大丰市体育局局长王国平宣读了《关于赠送第五批全民健身晨晚练点音响器材的通知》，并与接受器材的22个全民健身晨晚练点签订了责任状。启动仪式后，老年体协综合健身队以及各街道社区的12支健身队，表演了佳木斯操以及优秀广场舞。市体育局设立晨晚健身点，发放音响器材，丰富了人民群众精神文化生活，为构建和谐社会发挥了积极作用。

【举办首届卫生系统运动会】 10月12日，由市总工会、市体育局和市卫生局联合举办大丰市首届“丰医杯”卫生系统运动会在奥体中心体育馆开幕。此次运动会共设置了羽毛球、乒乓球、游泳三项个人比赛项目和三人篮球、走板、拔河三项集体比赛项目。全市卫生系统近三百多人报名参加了比赛。经过一天紧张激烈的比拼，市人民医院代表队以104分的总成绩获得第一名，市同仁医院和中医院分别以28分、22分的成绩获得二、三名。此次运动会鼓励干部职工自觉锻炼身体，展示了全市卫生系统健康、文明、积极向上的良好精神面貌，提高了团队的凝聚力，同时对全市全民健身运动的推广起到了良好的宣传和促进作用。

【大丰市第十二届驻丰农场运动会】 12月4日，大丰市第十二届“环保杯”驻丰农场运动会在海丰社区文体中心举行。来自驻丰农场及相关市直部门共10个代表团的200多名运动员参加。比赛设三人篮球、乒乓球、羽毛球、掼蛋、走板、拔河等6个项目的比赛。方强农场、盐城监狱、上海农场、四岔河监狱、吴家洼监狱、东坝头农场分别获得团体前6名。闭幕式上，举行了第十三届驻丰农场运动会交旗仪式，市国土局承办第十三届驻丰农场运动会。

竞技体育

【概述】 2014年，大丰市竞技体育在运动员的参赛注册、培养和输送方面，结合大丰实际情况寻求多元化、多渠道方式，保障了全市竞技体育的可持续发展。组队参加了省十八届运动会，取得了总分95分的优异成绩；参加2014年江苏省青少年田径锦标赛暨县组田径比赛，取得团体总分144分的好成绩；参加盐城市中小学生乒乓、田径、举重、篮球比赛并承办了盐城市中小学生羽毛球比赛，共获金牌45枚。完成2014年江苏省青少年田径锦标赛暨县组田径比赛、江苏省少年儿童网球冠军赛（第二站）、盐城市中小学生网球比赛以及江苏省青少年击剑冠军赛（第二站）等赛事承办任务。

【体育后备人才建设】 大丰市少年体校在教学中坚持“体教结合”方针，完善业余训练制度、强化管理，科学开展业余训练，少年体校学生人数不断增加，有学生120人。市飞达路中学成功创建成国家级青少年体育俱乐部。注重培养骨干教练，提高整体执教能力和训练水平。依托体育传统校资源培养和发现更多的体育后备人才，努力推进青少年体育俱乐部工作。

【青少年阳光体育运动推广】 市体育局在全市各中小学推行国家体育锻炼标准，以“青少年阳光体育运动”为载体，开展田径运动会、广播操比赛、校园足球比赛等多种形式的体育活动和课余训练，引导更多的青少年参加体育锻炼，努力提高全市中小学生的身体素质。

【参加、承办各级各类比赛】 大丰市再次承办省青少年田径锦标赛暨县组田径比赛。大丰代表队获得团体总分144分，位居第10名。成功举办盐城市阳光体育运动联赛中小学生网球、羽毛球比赛。参加盐城市中小学生田径、乒乓球比赛分别获团体第二、第三；参加盐城市篮球比赛获男子儿童组、女子儿童组第二名。

2014年7月13日，大丰市再次承办省青少年田径锦标赛暨县组田径比赛

【运动员输送】 市少年体校有学生120名，教师10名，向省体工队输送跆拳道、田径运动员各1名、上海闵行、杨浦体校各1名运动员、盐城市体校10名运动员。

体育设施

【概述】 2014年，市体育局坚持体育惠民理念，奥体中心、全民健身中心全面对外开放，每月20日除市游泳馆外的其他系统直属场馆全天候对广大群众免费开放；市体育场除有赛事活动外，每天早晚对广大群众免费开放，特定节日对特定群体免费开放。进一步加密城市社区"10分钟体育健身圈"建设，满足了广大居民健身的需求。新建拆装式游泳池，缓解高峰季节市游泳馆容量不足的问题。

【体育健身设施完善】 市体育局巩固提升城市设施"10分钟体育健身圈"建设成果，新增健身步道15千米，扶持新增50人以上晨晚练点20个，对市区及部分镇补充完善健身路径器材近35套，为全民健身晨晚练点赠送音响器材40台套。

【大丰市第五批晨（晚）练点授牌仪式】 8月，经过考察、筛选，市体育局对城区和各镇20个开展活动较好的晨（晚）练健身点进行授牌，发放音响器材，签订责任状，责任落实到人，进一步规范晨（晚）练点管理。

【"明进机械杯"中韩埠际乒乓球比赛】 3月29日，由中韩埠际乒乓球联谊会主办，大丰市乒乓球协会承办的"明进机械杯"中韩埠际乒乓球比赛，在市奥体中心体育馆开幕。比赛共分为单组循环赛和抽签淘汰赛两个阶段，共持续两天。有来自韩国，中国的苏州、南京、淮安等共31支代表队110余名队员参加了本次团体比赛。此次比赛是中韩两国乒乓球爱好者之间的一次难忘的交流，也是大丰市加强与韩国人士交往合作的一个新的开端。通过此次的活动，使大丰市与韩国之间进一步加深友谊，促进交流，推进合作共赢。

【省沿海城市体育舞蹈公开赛暨华东地区城市体育舞蹈邀请赛】 5月24日，2014年江苏省沿海城市体育舞蹈公开赛暨华东地区城市体育舞蹈邀请赛在市奥体中心体育馆举行，本次公开赛由江苏省体育舞蹈运动协会和盐城市体育总会共同主办。这次大赛全省有42支代表队1500多名体育舞蹈爱好者参加。比赛中，优美的音乐伴随着选手们时而舒缓时而热情奔放的舞蹈，赢得全场观众阵阵掌声。

【2014年江苏省青少年田径锦标赛暨县组田径比赛承办】 7月10~13日，由江苏省体育局、省教育厅主办，大丰市人民政府承办的2014年江苏省青少年阳光体育运动联赛田径锦标赛暨县组田径比赛（第一赛区），在大丰市奥体中心体育场举行。有来自全省35支代表队的近560名运动员、裁判员参加了角逐。此次比赛分11~12岁组、13~15岁组和16~18岁组这三个年龄组别，设置了100米、200米、竞走、跳高、跳远、铅球、铁饼、标枪、全能等19个项目。张家港市、武进区以及太仓市代表队分获团体总分前三名。大丰市代表队以团体总分144分的好成绩，位居第10名。举办此次比赛，为进一步推介大丰，打造大丰体育品牌，推动大丰的竞技体育工作，起了很好的促进作用。

（于步翠）

〖编辑　朱晓华〗

人民生活

【概述】 2014年，全市上下围绕"转型发展、稳中求进"总基调，经济运行"速度趋稳、结构趋优、质量趋升"，城乡居民收入增长，城乡居民居住条件改善，社会保障水平提高。

【城镇居民生活】 全年城镇常住居民人均可支配收入26354元，比2013年增加2220元，同比增长9.2%；城镇居民人均生活消费支出15331元，比2013年减少629元，同比降低3.9%。其中：人均食品消费支出4907元，比2013年减少737元，同比降低13.1%，占生活消费支出的比重为32.0%，比2013年降低3.4个百分点；医疗保健消费支出1108元，比2013年增加44元，同比增长4.1%，占生活消费支出的比重为7.2%，比2013年增加0.8个百分点；交通通信消费支出2512元，比2013年增加315元，同比增长14.3%，占生活消费支出的比重为16.4%，比2013年增加2.7个百分点。城乡居民居住条件持续改善，年末城镇居民人均居住房屋面积为40平方米，比2013年增加0.1平方米。

【农村居民生活】 全年农村常住居民人均可支配收入16414元，比2013年增加1706元，同比增长11.6%；其中工资性收入8329元，经营性收入6053元。农村居民人均生活消费支出10988元，同比增长19.1%，其中食品支出3188元，占生活消费支出的比重为29.1%；医疗保健消费支出874元，占生活消费支出的比重为8.0%；交通通信消费支出1574元，占生活消费支出的比重为14.3%；居住类消费2560元，占生活消费支出的比重为23.3%。年末农村居民人均居住房屋面积为55.8平方米，比2013年增加4.8平方米。

（胡志友）

民政事务

【概述】 2014年，大丰市民政部门突出工作重点，强化推进措施，夯实工作基础，推动民政事业转型发展和整体提升。大丰市被省委、省政府、省军区授予"双拥模范城"称号，被盐城市民政局授予"现代民政示范市"称号，市民政重点工作受到盐城市民政局通报表扬。

【民生保障】 2014年，全市有低保户9888户17339人，其中，城镇3058户5395人，农村6830户11944人；城镇低保每人每月450元，人均补差263元，农村低保每人每月340元，人均补差216元。供养"五保"对象1459人，其中，集中供养712人，分散供养747人，集中供养每人每年8800元，分散供养每人每年7300元。全市有城镇"三无"老人48名，20世纪60年代初精减退职老职工296名，生活补助全部提高到900元。全市有孤儿71名，集中供养生活费每人每月1650元，分散供养生活费每人每月950元，保证困难群众基本生活与社会经济发展水平同步提高。完善救助机制，市政府出台《大丰市低保边缘困难家庭救助办法》，设立500万元专项基金，规范临时救助制度，保障低保边缘困难家庭基本生活，全市救助低保边缘家庭408户，发放救助金81.6万元。市政府第六次修订《大丰市城乡困难群众医疗救助办法》，结合大病保险实施，完善救助办法，困难群众个人自付救助比例提高到70%，救助贫困患者4235人，发放医疗救助金1771万元。规范社会救助工作，成立市申请救助家庭经济状况核对中心，招录3名工作人员，推进经济状况核对工作，制订城乡主要行业收入核定指导标准，提高家庭收入核定的准确性和公正性。开展低保专项整治工作，清退不符合低保条件对象663户1037人，月退保金额21.6万元，调减641人，月调减金额6.6万元。其中，清退参加社会养老保险及领取退休金的低保对象253人、死亡的低保对象251人。

【养老服务】 市民政部门完善养老服务基础设施，敬老院完成提档升级，新增床位1064张，改建床位449张；星级敬老院9个，新丰镇、大中镇建成三星级敬老院。市福利院三期工程快速推进，加快建设进度，1号楼主体工程封顶，2号楼开工建设。开通居家养老服务热线，依托12345政府便民服务中心，建立居家养老服务平台，为老年人提供助餐、助洁、助浴、助医、助行、助购等生活服务，大中城区居家养老服务中心正式运行。老年福利和优待水平日益提高，提高尊老金标准，80~89周岁老人尊老金每月70元、90~99周岁老人尊老金每月120元，百岁老人尊老金每月500元，保障标准全省领先，60周岁以上老年人免费乘坐城市公交。开展尊老敬老活动，举办2014年重阳节庆祝会暨专场文艺演出，组织医务人员为老年人体检，开展“孝亲敬老之星”“老有所为先进个人”评选活动和第二轮“敬老文明号”创建活动，向千名“五保”老人发放敬老金20万元。组织全市6.25万名老人参加意外伤害保险，参保率41%，745名老人获赔76.4万元。

2014年4月3日，大丰市民政局向获得AAA的社会组织授牌

【基层社会治理】 全市城镇社区居委会依法自治达标率98.3%，农村村委会依法自治达标率98.1%。做好村委会换届选举后续工作，完成市、镇、村三级村委会换届选举资料的装订归档工作，完成全市第十届村委会换届选举检查验收，市人大常委会对全市第十届村委会选举工作进行审议，对选举工作充分肯定。举办全市村（居）干部培训班，组织全市262名村（居）委会主任学习十八届三中全会精神，提高村（居）委会主任的业务水平和履职能力。开展和谐社区创建活动，指导各镇（区）围绕组织体系健全、基础设施完善、服务功能完备等和谐社区建设示范单位标准，开展省级和谐社区建设示范单位创建活动，城市、农村和谐社区建设达标率分别85%和75%。开展城乡社区减负活动，全面开展社区减负专项治理行动，全市取消面向社区的11项创建达标评比和7项工作任务指标，清理社区组织机构9个，取消社区活动阵地15个。加强社区建设管理，进一步优化城镇布局，对6镇1区社区居委会进行调整，撤并居委会9个。提高社区工作人员工资待遇，根据核定职数，社区领导正副职和工作人员每月待遇分别是2000元、1800元和1600元，并为社区党组织书记、居委会主任每人每月发放400元、300元岗位补贴。

【社会组织发展】 全市登记注册社会组织746个，其中注册登记的社会团体310个，民办非企业单位436个。改革社会组织登记制度，3月起，行业协会商会类、科技类、公益慈善类、城乡社区服务类等四类社会组织的申请人，直接向市民政局申请登记，降低社会组织登记门槛，办理直接登记社会组织11个。加强社会组织监督管理，年检社会组织294个，社会组织年检率94.2%，其中，民办非年检126个，社团年检168个。发动、引导7个社会组织参与省社区公益服务项目投标，瑞鑫医院、苗苗艺术幼儿园和市高新职业培训学校等5个社会组织中标，占盐城市中标社会组织的50%。参与盐城市社区公益服务创投项目大赛，汽摩协会和创新英达学校2个社会组织获奖。全市应评社会组织347个，已评268个，其中AAAAA级3个、AAAA级6个、AAA级27个、AA级159个、A级73个，已获得评估等级的社会组织占应评的社会组织77.2%。与团市委联合建立青年社会组织孵化基地，为入驻的青年社会组织提供硬件设施和软件服务。

【双拥优抚安置】 全年抚恤事业费由2013年的3500万元增加到2014年的4000万元，实现城乡优抚对象抚恤补助标准一体化。对208名重点优抚对象实行医疗巡诊，协调落实退休干部参照公务员标准享受医疗待遇，各部委办局为驻大丰部队办理40件实事，完成2013年度冬季退役士兵和转业士官一次性经济补助金发放工作。提高义务兵家庭优待金，由10110元增加到10860元。组织2013年冬季退役士兵385人参加学习培训，提高就业竞争力。完成557名残疾军人换（补）证工作和伤残军人假肢及康复器材维护修理。慰问2名赴苏丹维和的大丰籍士兵父母，组织驻大丰的临退老兵参观大丰港、麋鹿自然保护区。首次举办国家烈士纪念日公祭活动。升级改造烈士陵园纪念设施和服务设施。做好转业士官信访稳定工作，转业士官全部安置到位。

【社会事务管理】 市民政局投入1958万元，实施幸福家园项目工程108个，惠及86个移民安置村。开展慈善活动，全年募集善款671.5万元，发放善款506.47万元，其中，资助10210户困难家庭参加“情佑万家”房屋保险，资助150名贫困大学生入学，救助孤儿及特困学生116名，向249名尿毒症患者发放“慈善血透”补助。命名小区16个、道路70条，批准设立大丰港经济开发区海湾和海港2个居委会，建立历史地名保护名录，地名管理经验做法在省里进行交流。销售福利彩票4818万元，积累公益金480余万元，其中356万元公益金支持福利院三期工程建设。依法救助流浪乞讨人员234人次，临时寄养26人。办理结婚登记6985对，离婚登记1205对，收养登记5对。火化遗体5862具，免除400户困难群众火化费38万元。福寿园公墓获得省民政厅批复，门前道路、桥梁建设通过验收。

（仲维华）

人口与计划生育

【概述】 2014年，大丰市出生人口4539人，出生率6.22‰，符合出生政策率99.91%，人口自然增长率-0.38‰，出生人口性别比保持在正常值范围内，完成年度人口和计划生育的目标任务。大丰市被江苏省人口和计划生育委员会确定为“第一批幸福家庭建设项目县”；连续八年位列盐城市人口和计划生育综合考核第一；被盐城市人口和计划生育领导小组表彰为人口和计划生育工作先进集体。大丰市人口和计划生育委员会被盐城市人口和计划生育委员会表彰为全市幸福家庭建设先进集体。大中镇恒北村被国家卫生和计划生育委员会确定为全省唯一一个“新家庭计划——家庭发展能力建设”项目农村社区试点。

【单独两孩政策】 1月，组织单独两孩政策适用人群及生育意愿调查，全市符合单独两孩政策目标人群数为2648人，有生育意愿的1178人，占44.49%。4月8日，召开大丰市单独两孩政策培训会议，130多人参加培训。将4月作为全市单独两孩政策宣传月，面向符合新政对象发放宣传折页1700份、宣传册2400册、宣传墙报297份，制作17套展板，巡展120多次，并在“大丰人口网”开设专栏、在《大丰日报》刊发政策图解、在大丰电台“政风行风热线”和大丰电视台“热点追踪”栏目详细解读政策。优化服务，全面推行“一站式”服务、“菜单”服务、“代理”服务和“网上”服务，切实方便群众，市行政服务中心人口计生委窗口新增3项服务事项；统一印制符合单独两孩政策照顾再生育办理服务菜单，一次性书面告知当事人需要提供的材料和流程，限时办结；对符合政策已经怀孕的夫妇，实行特例特办，审批时间在一周之内。4月16日上午，在市行政服务中心举行发证仪式，全年为238对单独夫妇办理照顾再生育证。

【计生基础管理】 市人口与计生部门推进免费孕检项目，增加检查服务时间，并拓展到镇，方便群众参加检查；坚持和完善参检对象资格确认、室间质控定期比对、风险评估专家会诊、跟踪随访专人服务四项制度，检查、评估和干预水平不断提高，全年参查2986对夫妇，585人次高风险对象得到个性化咨询指导服务，在全省免费孕前优生项目室间质评中获优秀等次。拓展药具发放渠道，在巩固原有镇村发放网络基础上，在女职工人数达到30人以上的108个企业（单位）设立避孕药具免费直发点，同时推广避孕药具24小时自助发放，在人口流动性强的区域设立二代身份证避孕套自助发放机31台。加大出生人口性别比综合治理力度。8月29日，市政府专题召开全市出生人口性别比综合治理工作会议，推进重点工作，解决存在问题。开展整治“两非”（非医学需要的胎儿性别鉴定和非医学需要的人工终止妊娠行为）专项督查，严查管理漏洞，排找“两非”线索，全市出生人口性别比继续稳定在正常值范围内。组织开展“信息质量提升年”活动，加强人口基础信息核查，完善数据[illegible]0万多条，信息入库率、完整率和准确率提高。

【计生民生改善】 全市落实农村部分计划生育家庭奖励扶助、独生子女伤残死亡家庭特别扶助和计划生育手术并发症人员特别扶助制度，全年有农村部分计划生育家庭奖励扶助对象20999人，发放扶助金1836.528万元；有独生子女伤残死亡特别扶助对象1360人，发放扶助金773.47万元；有计划生育手术并发症特别扶助对象1292人，其中二级138人、三级1154人，发放扶助金170.76万元。推进独生子女父母一次性奖励工作，建立企业持证退休职工一次性奖励常态化发放机制，5月20日，市人民政府办公室印发《关于进一步做好持独生子女父母光荣证退休的原市属企业职工一次性奖励工作的补充意见》，重申筹资和发放主体，明确相关部门监督责任；全面启动实施持证城镇非从业居民和镇（区、园）属

2014年，大丰市被江苏省人口和计划生育委员会确定为“第一批幸福家庭建设项目县”

企业退休职工一次性奖励制度，4月28日，市政府印发《关于对持独生子女父母光荣证的镇（区、园）属企业退休职工实行一次性奖励的通知》和《关于对持独生子女父母光荣证的城镇非从业居民实行一次性奖励的实施意见》；9月7日，市政府召开全市持证城镇非从业居民和镇（区、园）属企业退休职工一次性奖励制度实施工作会议，全面推进实施，全市资格确认持证城镇非从业居民2725人，持证镇属企业退休职工2254人，12月底前全面发放到位；6月26日，市十四届人大常委会召开第29次主任会议，专题听取全市计划生育惠民政策落实情况汇报。

【幸福家庭建设】 5月7日，市政府召开幸福家庭建设工作座谈会，研究讨论幸福家庭建设的指导思想、工作目标、主要任务、责任分解和推进措施。7月3日，市人口和计划生育领导小组印发《大丰市幸福家庭建设实施意见》。8月29日，市政府专题召开幸福家庭建设推进会，研究部署幸福家庭建设工作。以“建设幸福家庭，共建幸福大丰”为主题，市人口计生委、市文明办联合举办“三言两语话幸福”幸福感言征集活动，机关干部、企业职工、学生、农民、自由职业者等社会各界人士参与，收到各类稿件667篇，评选出一等奖1名、二等奖3名、三等奖5名以及各类职业类别前2名，编印《幸福心语——大丰市“三言两语话幸福”幸福感言征集活动优秀作品集》。开展市、镇、村三级幸福家庭评选表彰活动，按照“身心健康、遵纪守法、生活富足、家庭和睦、环境宜居、文明进步”的标准，选树257户孝老爱亲、敬业奉献、诚实守信、勤劳善思、热心公益的幸福家庭创建典型。开展幸福家庭建设示范镇、村（居）创建活动，全市建成盐城市级幸福家庭示范镇2个、示范村（居）27个、示范户60个，建成大中镇恒北村、新丰镇裕北村、三龙镇斗龙港村等一批示范点。

【汝小美到大丰调研督导新家庭计划项目】 11月19日，原国家人口计生委国际合作司巡视员、副司长汝小美到大丰调研督导“新家庭计划——家庭发展能力建设”项目试点工作，省卫计委副主任何小鹏陪同。汝小美一行考察大中镇恒北村乡音俚语家庭人口文化园，听取项目试点工作情况汇报，对大丰市“新家庭计划——家庭发展能力建设”项目试点工作给予充分肯定，汝小美认为，大丰试点工作基础扎实、特色显著、成效明显，令人印象深刻。

【《大丰人家 幸福如画》宣传】《大丰人家 幸福如画》是以大中镇恒北村为典型的大丰市幸福家庭建设素材，是江苏唯一入选国家卫计委家庭发展司《家庭发展典型案例汇编》的案例，12月2日，国家卫计委与世界家庭组织联合举办第十一届世界家庭峰会，《大丰人家 幸福如画》分发给全球50多个国家和国际组织的代表及各省（市、区）卫生计生委和108个项目市卫生计生委主任。12月25日《人民日报》·海外版、11月26日中国江苏网、11月27日新华网分别登载《大丰人家 幸福如画》。

（陈伟琴）

民族事务

【概述】 2014年，市民族工作以中共十八大、十八届三中全会精神为指导，践行党的群众路线，履行工作职责，引导广大少数民族群众维护社会稳定，为建设幸福大丰作出贡献。

【少数民族考生加分程序改进】 市民族宗教事务局根据调研信息反馈，与市教育局、市招办联系，为少数民族111名考生改进办理加分程序，过去考生家长单独办理，改由通过学校组织统一办理，减少少数民族家庭财力、物力、人力负担，提高机关办事效率。

【安全知识培训】 基层宗教活动场所存在安全隐患，年内，市民族宗教事务局与市安监部门组织安全知识培训、现场说法、现场演练4次，150人次参加，提高基层宗教活动场所和信教群众的应急能力。

大丰市有29个少数民族类别，1755户，3430人

【民族工作法律法规宣传】 2014年，市民族宗教事务局与市法制办、市司法局联合举办民族工作法律法规宣传活动，发放民族法律法规宣传手册800余份，宣传民族相关法律法规和基本知识，提升广大群众对民族工作的了解，促进社会关心、支持民族工作。

【提升少数民族家庭经济发展速度】 大丰市少数民族家庭绝大多数由云贵川一带婚进妇女组成，很多家庭经济困难。年初，市民族宗教事务局筹措2万元，慰问全市30户贫困少数民族家庭。与市财政局联合行文，摸底全市具有带动少数民族群众致富的项目，确定白驹镇宏丰米业无公害优质水稻种植技术推广项目，向上级部门申报，以点带面，带动少数民族群众提高经济发展水平。与市扶贫办沟通，将部分少数民族扶贫工作列入全市扶贫计划中。部分镇通过妇联、科技等部门，组织少数民族妇女学习先进的农业技术和知识，提高生产生活技能。

【为少数民族经商服务】 大丰市有3家清真拉面馆，从业人员20人左右，为西部地区回族群众。市民族宗教事务局组织街道、社区工作人员制作保护少数民族群众权益宣传牌，发放联系卡，在店铺外张贴清真饮食指南，与卫生、工商等部门协调，为拉面馆减免一定费用，赢得回族群众信任。根据省、盐城市民族部门要求，摸底调查全市城镇有清真饮食习惯的少数民族群众，发放清真食品补贴。加强服务民贸企业的力度，协调银企关系，督促民贸企业做好清真食品供应。

【少数民族人口分布情况】 大丰市境内居民以汉族为主，少数民族人口主要由婚进少数民族妇女及其子女构成，有29个少数民族类别。分别为蒙古族、回族、藏族、苗族、彝族、壮族、布依族、满族、侗族、瑶族、白族、土家族、哈尼族、傣族、黎族、傈僳族、仡佬族、高山族、拉祜族、水族、纳西族、土族、布朗族、锡伯族、仫佬族、怒族、维吾尔族、景颇族、独龙族，1755户，3430人。

（王　琨）

宗教事务

【概述】 2014年，大丰市宗教工作以贯彻落实科学发展观为核心，提升宗教工作能力，维护社会和谐稳定，创建平安宗教活动场所，促进宗教领域安全稳定。

【宗教工作法制宣传】 市民族宗教事务局与维稳、610办、国保大队、教育、城管、安监等多部门合作，发挥领导小组作用。年初，与市610办、国保大队等部门召开座谈会，加强宗教领域防渗反邪工作，在全市宗教界开展反邪教警示教育活动，邀请相关单位向广大信教群众讲解反邪教工作。在市基督教堂联合举办反邪工作成果展，图文并茂，教育广大信教群众。

【宗教界政策法规学习】 6月，市民族宗教事务局在全市宗教界开展"发挥正能量、共筑中国梦"为主题的宗教政策法规学习月活动，利用板报、宣传栏以及教职人员讲法，用群众化语言，向宗教界人员宣传法制。10月，在全市宗教活动场所开展"星级宗教活动场所"评定工作，提升各场所硬件和软件管理水平。举办教职人员学习《宗教教职人员备案办法》、财务人员学习《民间非营利性组织会计制度》以及部分信教群众学习《宗教事务条例》3场专场学习活动，提升宗教界人士的法律法规意识。

【宗教场所建设与管理】 5月，太平禅寺举办重建工作奠基仪式，工程的各项基础性工作全面展开。市民族宗教事务局与市安监局联合检查，部分新建基督教活动场所安全人员基本知识的掌握、消防器材及消防通道配备、电气线路的规范设置情况，及时下达整改通知书。与各宗教活动场所负责人签订宗教活动场所安全工作责任书，重申属地管理原则，强化责任落实；在全市"安全生产月"活动期间，场所自查、抽样检查、代表委员视察，提高场所安全意识、消除场所安全隐患，提高安全系数，保障信教群众生命、财产安全。

【"教风建设年"主题活动】 在全市宗教界开展"教风建设年"主题活动，宣传宗教政策与法律法规，加强宗教界人士的道德风尚建设，发挥宗教界人士和信教群众在构建和谐社会、促进经济社会发展中的作用。组织佛教界人士学习江苏省佛协僧人自律有关规定，提升素质。

【年轻教职人员素质提升】 会同三自会做好年轻教职人员的选拔工作，把一些年富力强、政治素质好、群众信任度高的人员充实到宗教团体、宗教活动场所的领导班子中。年初，组织佛教界人士慰问市贫困家庭、敬老院、特殊学校，取得良好的社会效应。在大丰市迎接国家卫生城市复审和国家园林城市创建工作中，市信教群众积极参与，为创建工作尽一份力。

（王　琨）

老龄事业

【概述】 2014年，大丰市老龄工作贯彻《国务院关于加快发展养老服务业若干意见》和全国老龄办等24个部门《关于进一步加强老年人优待工作的意见》，坚持"党政主导、社会参与、全民关怀"工作方针，围绕"五个老有"工作目标，全面推进，重在基层，面向老人，讲求实效，老龄事业取得

2014年春节，大丰市部分退休老人参加春节匠拜表演活动

新成绩。

【养老保障水平提高】 城乡居民基础养老金从每人每月80元调增到100元，11.8万老年人受益，全年新增养老金支出2832万元；连续第十年为企业退休（职）人员上调养老金待遇，人均养老金每月1802元，人均每月增加养老金210.40元，全市3.4万企业退休（职）人员受益，全年新增养老金支出715.8万元；实施大病保险制度，25万人参加大病保险，其中，1582名老年人受益。

【老年救助力度加大】 城镇“三无”老人基本生活保障金每人每月调增到900元，农村“五保”老人集中供养标准每人每年调增到8800元，分散供养每人每年调增到7300元，全年为48名“三无”老人、1459名“五保”老人发放基本生活保障金1056万元。

【尊老金发放标准提高】 大丰市提高市户籍80周岁以上老年人“尊老金”发放标准。全市80~89周岁老年人每人每月尊老金由50元提高到70元；90~99周岁老年人每人每月尊老金由100元提高到120元；100周岁以上老年人每人每月尊老金由300元提高到500元。市尊老金发放标准为全盐城市最高水平。2014年，为2.15万名80周岁以上老年人发放尊老金1801.75万元。

【“安康关爱行动”投保面扩大】 全市6.35万名老年人参加意外伤害保险，总保额127万元，参保率42%，位于盐城市前列。有773名老人获赔，赔付金额91.03万元。

【老年优待工作加强】 建立老年人健康体检长效机制，参加职工医保、居民医保和生育保险的人员，每2年组织1次健康体检，2.5万多位企业退休职工参加健康体检，社保基金支出250余万元；开展全市百岁老人慰问活动，发放慰问金1.36万元，免费健康体检。为11位新增百岁老人登门祝寿，送祝寿匾牌，发放祝寿金2.2万元；年初起，放宽老年人免费乘坐市区公交车年龄，全市60周岁以上老年人凭老年人优待证免费乘坐市区公交车，外地到大丰老人持证享受同等待遇。70周岁以上老年人免费参观市内旅游景点，60~69周岁享受半票优惠。

2014年大丰市百岁以上老人名单

表18

序号	姓名	性别	出生年月	户籍所在居委会
1	陈玉康	男	1909年05月	三龙镇丰余村
2	陈其女	女	1914年06月	三龙镇东红村
3	蔡如林	男	1914年06月	三龙镇富强村
4	王巧銮	女	1910年03月	刘庄镇云溪居委会
5	朱朋桂	男	1914年06月	草堰镇三新村
6	王存英	女	1914年05月	草堰镇三新村
7	施伟娥	女	1914年11月	草庙新场村
8	卢吉娣	女	1914年12月	大桥方向村五组
9	卢永宽	男	1915年04月	大桥江岸村四组
10	蒋云英	女	1915年4月	大桥方向村五组
11	李翠连	女	1914年06月	新丰镇引水村四组
12	范本先	女	1915年07月	新丰镇时丰二组
13	沈志芳	女	1915年04月	新丰镇仁北村三组
14	夏可德	女	1907年12月	大中镇工农二村二区
15	周素兰	女	1913年11月	大中镇准二新村
16	袁　凤	女	1914年06月	大中镇光明小区
17	陈秀兰	女	1914年08月	大中镇福利院四楼
18	景洪喜	女	1913年10月	大中镇丰裕四组
19	韩春英	女	1915年02月	大中镇恒北五组
20	宣银官	男	1913年08月	幸福小区
21	沈连英	女	1914年06月	小海镇江北村
22	朱同珍	女	1914年10月	小海镇新窖村
23	康广仪	男	1914年12月	小海镇海居村
24	王引娣	女	1914年05月	南阳吉兴村一组
25	王素珍	女	1914年12月	南阳居委会
26	王德华	男	1915年03月	南阳祥北村六组
27	董得英	女	1914年01月	白驹镇三里树四组
28	曹红珍	女	1912年11月	白驹镇窑港村七组
29	陈巧珍	女	1910年05月	万盈镇文达村
30	王书贵	男	1914年03月	万盈镇双福村
31	孙吉娣	女	1914年08月	万盈镇顾灶村
32	赵培英	女	1914年12月	开发区长安南小区
33	吴文友	男	1915年10月	小海镇新村村三组

说明：表内统计人员为2014年12月健在的老人

【社会养老服务体系完善】 全市敬老院新建改造，星级敬老院9个，新丰、大中2个镇建成省级三星级敬老院；福利院三期主体工程施工。建成市级“12345”居家养老服务呼叫平台，为老年人提供助餐、助洁、助浴、助医、助行、助购等生活服务，在大中镇建成镇级居家养老服务中心，为社区老年人提供日间照料、生活护理、餐饮供应、书报阅览、棋牌娱乐、聊天休闲、健身锻炼等服务，提高老年人生命和生活质量。

【老年文体活动丰富】 各镇区设置专门的涉老组织办公室和老年活动室，各村（居）设立老年活动室，配备基本活动设施。市体育局免费对老年人开放体育活动中心，全市有室外老年活动广场297个，小海镇“老年家庭活动点”41个。各镇区利用重大节假日和庆典活动，举办文艺演出和体育健身展示活动，调动老年人参与文化体育健身活动的积极性，组织老年人广场舞、健身拳剑操展示、腰鼓比赛，帮助老年人积极面对老年生活，养成科学、健康、文明的生活方式，丰富老年文体生活。

【“敬老月”活动】 “敬老月”期间，市委市政府给全市老年人发出慰问信，《大丰日报》刊登老龄工作专版，举办老年节庆祝会暨专场文艺演出，表彰29名“大丰市孝亲敬老之星”和36名“大丰市老有所为先进个人”，市慈善总会接收辉丰集团捐款20万元，连续3年慰问全市1000名敬老院“五保老人”。市老龄办代表市领导慰问全市百岁老人，卫生局组织医务人员为老人体检；各镇区、市直各部门、各单位慰问离退休老干部、老党员、老伤残军人、老劳模、老职工及敬老院、福利院住院老人，按照“六个一”要求组织各项“敬老月”活动；在全市各镇区、各单位开展“三个一”活动（在家庭孝敬父母长辈，尽一份孝心；在本职岗位开展为老服务，献一份真情；在社会关爱身边老年人，办一件实事）；市教育局在青少年学生中开展“爱老孝亲、从我做起”主题征文活动。各单位组织老干部参观大丰港动物园大熊猫、海洋公园、西郊公园、新丰“荷兰花海”、大中“恒北梨园风光”等旅游景点；市人社局南山艺术团、新丰镇银色年华合唱团为老年人表演文艺节目。

【基层老龄工作加强】 全市社区、村（居）全部成立老龄协会，人社、广电、水利、滩涂等系统的下属企事业单位组建老龄协会组织，老龄工作延伸到基层。各镇区、市直各单位和社区聘请党政领导、退居二线的老干部和组织领导能力强的人员分别担任老龄协会名誉会长、会长和秘书长，保证各项老龄工作顺利开展。

（张晓霞）

红十字会

【概述】 2014年，大丰市红十字会（以下简称市红十字会）深入开展党的群众路线教育实践活动，增强群众观念，提升服务水平和工作效率，全年完成各项工作任务，获盐城市红十字会系统年度工作考核一等奖，获中国红十字会总会报刊宣传先进集体三等奖。

春节前，大丰市红十字会举行“博爱大礼包”发放活动

【送温暖活动】 开展红十字送温暖活动。1月，市红十字会在苏果超市门前举行“博爱大礼包”发放仪式，动用博爱救助金15万元，购置1000份大礼包，现场发放至12个镇、2区、2个街道。春节前向各地分发一批江苏省和盐城市红十字会下拨的毛毯、棉被，慰问困难群众。驻会领导分别走访慰问大中镇天祥村，新丰镇大明村、小团村、仁北村，西团镇众心村的困难群众和草庙麻风村、西团敬老院的孤寡老人，送去党和政府的温暖。2014年，市红十字会从博爱救助金中出资38.3万元，救助因病困难群众1200余人。

【筹资宣传】 2014年，开展“人道万人捐”活动，制定募捐方案，全年募集博爱救助金20.65万元。8月，云南鲁甸发生较强地震，市红十字会向全市宣传并发出捐赠倡议，募集救灾资金3.4万多元，全部捐给灾区。市红十字会与丰东大酒店有限公司在市飞达路中学联合设立“红十字爱心助学基金”，丰东大酒店每年向飞达路初级中学定向捐赠6万元，救助贫困学生。

【助学助医助孤】 2014年1~6月，从博爱救助金中出资2万元资助45名贫困学生和孤儿，援助特殊教育学校办学经费2万元；8月，在市“金秋助学行动”中捐资1万元，帮助2名困难学生圆了大学梦。11月上旬，开展“关爱生命红十字助医惠民大行动”，在市人民医院和市中医院住院病人中各筛选50名重特大病患者现场救助，发放救助金2.5万元。

【无偿献血及捐献造血干细胞】 5月8日，世界红十字日，市红十字会在市区人民公园广场和大丰港城莎士比亚广场组织开展纪念宣传、义诊、咨询活动，现场采血98人，采集全血36000毫升。6月14日，联合市卫生局、盐城中心血站大丰采血点在施耐庵公园组织“世界献血者日”活动。围绕“捐献更多血液，挽救更多生命”的主题，组织现场无偿献血和造血干细胞血样采集。393名志愿者参与无偿献血和造血干细胞血样采集。全年完成造血干细胞血样采集110人份，超额完成盐城市下达的造血干细胞血样采集任务。5月21日，43岁的大丰实验小学体育教师李斌赴南京成功捐献造血干细胞，是大丰市成功捐献造血干细胞第2人。

【应急救护培训】 2014年，公益性应急救护培训重点为全市各镇中小学。6月，与市教育红会对接协调应急救护培训工作，7~8月，利用各镇中小学教师集中学习的机会，举办14期红十字急救员培训班，培训应急救护员1133人，9月，全市各校利用新学期开学组织中小学生培训，完成普及性培训9059人。

【争取项目资金】 2014年，向省红十字会争取国家彩票公益金项目资金20万元，建设新丰镇仁北村红十字博爱桥、博爱园，与红十字卫生服务站、博爱小区、博爱林形成五位一体的红十字文化品牌。

【红十字新闻宣传】 利用新闻媒体和红十字网站，宣传红十字活动基本知识，介绍市红十字会重点工作和职能，扩大红十字会社会知晓率和工作影响力。全年在《中国红十字报》《江苏红十字报》《东方生活报》《大丰日报》等各类报刊发表新闻、消息84篇，在大丰电视台播放报道10次。大丰市博爱宣传工作获得中国红十字总会表彰。

【志愿服务】 3月，组织开展“学习雷锋好榜样志愿服务月”活动。组织73名红十字志愿者在市区施耐庵公园、名都广场、新德社区设点发放宣传资料、摆放宣传展板，宣传应急救护知识和健康保健知识，组织市红十字医疗救护队、市红十字志愿者车队进社区，为社区群众送健康、送温暖，发放宣传资料1500份，为社区群众开展红十字志愿服务48人次。组织开展“水滴虽小，爱心无价”活动。指导大丰汽摩协会红十字会联合江苏世盛动物药业有限公司在大丰永泰广场举行“小水滴助学行动”启动仪式，现场发放结对资助卡给10名贫困小学生，每人每年会收到500元助学款，直到中学毕业。

（赵素芬）

消费者权益保护

【概述】 2014年，大丰市消费者协会（简称市消协）围绕“新消法 新权益 新责任”年的主题，全面学习宣传新修订的《中华人民共和国消费者权益保护法》，履行新《中华人民共和国消费者权益保护法》赋予的法定职责，扎实推进消费教育、消费维权、队伍建设等各项工作，全年受理消费者投诉77件，挽回经济损失26万余元。

【市消协四届二次理事会】 3月11日，召开市消协四届二次理事会，表决通过市消协四届二次理事会会长、部分副会长、常务理事、理事变动报告，讨论通过市消协2013年工作情况和2014年工作意见，安排部署2014年“3·15”国际消费者权益日纪念活动，市消协名誉会长石根美对2014年消协工作提要求。

【消费维权宣传】 市消协以消费维权知识宣传“五进”（进学校、进社区、进农村、进军营、进企业）为重点，扩大消费维权知识宣传覆盖面。在部分中小学校开辟《中华人民共和国消费者权益保护法》知识主题宣传专栏7期，向师生发放宣传手册、资料3000余份，接受学生消费知识咨询300余人次。会同工商等部门深入企业宣讲新《中华人民共和国消费者权益保护法》、健康维权知识3场次，向市边防大队部队官兵宣传1场次，参训总计1400多人次。会同农业等部门对全市360名农资经营人员，结合农资经营典型案例，宣传《中华人民共和国种子法》等法律法规知识，培训识别虚假农资知识，引导农资经营守法经营。

2014年2月28日，大丰市消协举行“消费者权益保护法”知识竞赛
梅景舜 摄

【消费维权服务咨询】 3月15日，消协组织55个行政执法部门、公用服务企业、商业流通企业，在市区商业中心永泰广场开展宣传、咨询、服务活动，受理消费者投诉举报，展示各单位消费维权措施和成果，现场发放食品安全知识等各类宣传资料3万余份，接待消费者咨询6000多人次。

【新《中华人民共和国消费者权益保护法》法律知识竞赛】 2月27日，市消协组织大丰润泰商业有限公司、中国电信股份有限公司大丰分公司、盐阜人民商场大丰购物中心、苏果超市（大丰）有限公司、中国移动通信集团江苏有限公司大丰分公司、大丰华润燃气有限公司、大丰市明星国际家居城有限公司、江苏省电力公司大丰市供电公司、大丰市自来水有限公司等与消费者密切相关的商品流通企业和公用服务企业的60名员工参加新“消法”知识竞赛，评比团体奖和个人单项奖，推动经营者履行消费者权益保护的社会责任，不断改善和优化消费环境。

【整合消费维权社会资源】 市消协发挥市消费维权协作中心平台功能，及时受理消费者投诉，根据职能及专业技术优势，转交相关单位处理，全年转办投诉5件，办结率100%。运用人民调解、诉调对接程序调解金额较大、不能及时清结的消费纠纷，提高消费纠纷调解协议的法律效力，全年通过人民调解程序处理投诉58件。通过市消费维权公益律师团，启动消费维权资金，支持消费者依法提起2起消费者个案诉讼，消费者获赔5400元。个案调处中发现的企业及行业标准缺陷，主动向相关部门、行业发送消协建议函，促进及时修订完善相关行业、企业标准。通过个案处理，发现经营者的违法行为，向相关行政执法部门发行政处罚建议函，推动“诉转案”工作，加大制裁侵害消费者合法权益行为的力度，全年向行政执法机关发送行政处罚建议函4件，相关行政执法机关全部受理并作出行政处罚决定。

【青少年消费文化考察】 市消协联合教育、工商部门在全市中小学校开展青少年消费文化考察活动，引导青少年树立科学消费理念，培养文明、健康、节约资源和保护环境的消费方式，提高消费维权意识和社会实践能力，收到消费文化考察报告20多篇，新丰镇中心小学视频作品《食品安全关乎你我他》获得全省青少年消费文化考察作品三等奖。

【商品质量比较试验】 市消协围绕人造木板、实木地板、水龙头等建筑装修材料，开展商品质量比较，会同工商部门采用随机抽查方式，根据经销企业的进货和库存情况确定抽样基数，由法定检验机构按照国家标准及相应产品评价规则评判，抽检样品30批次，合格13批次，其中细木工板2批次，合格率0；实木地板10批次，合格率60%；装饰单板贴面胶合板8批次，合格率0；水龙头10批次，合格率70%。检测中发现的甲醛释放量、材种、流量等指标不合格问题，及时在网站发布消费提示。

【预付式消费调查】 市消协组织消费维权义工进商场、社区发放调查问卷200份，调查内容包括被调查消费者有无使用消费卡（券）、使用消费卡（券）的总体感觉、经营者是否利用规则限制消费等16项内容，调查结果表明，95%被调查对象使用过预付式消费卡（券），50%被调查对象表示满意，35%被调查对象表示基本满意，15%被调查对象表示不满意，美容美发、健身等行业预付式消费满意度较差。调查中发现的问题，市消协发函建议相关行政执法部门加强监督管理，指导经营者履行服务承诺，提示消费者理性预付消费。

（耿树生）

关心下一代

【概述】 2014年，关心下一代工作以关心下一代的成人成才为宗旨，以社会主义核心价值观教育为主题，围绕中心、立足基层、突出重点、注重实效，积极做好关心教育青少年健康成长工作，在主题教育、校外教育辅导站建设、预防青少年违法犯罪、助学圆梦行动、三扶两创一促进工作、企业关工委建设、关工宣传和“五有五好”基层关工委创建巩固提高工作等方面，取得较好成绩，在关心下一代工作的组织架构、工作方法和服务内容上有创新，各项工作水平有了新提升。

【主题教育活动】 市关工委印发《关于在青少年中培育和践行社会主义核心价值观的意见》，此主题教育活动有声有色，成果显著。学校“三爱一践行”教育活动广泛深入开展。3月26日，在市实验小学举行“三爱一践行”主题教育启动仪式。8月26日，在全市秋学期教育会议上，部署主题教育活动开展。活动充分利用各节庆日开展革命传统教育、爱党、爱国主义教育，全市8万多人次学生参加省、盐城市举办的主题教育征文、绘画、书法、书签、摄影、歌咏比赛，1000多人获奖。大丰市实验小学创办的“行知互动剧场”，将主题教育中发生的人和事编成剧目，举行专场展演，用身边事教育身边人，得到省文明办、省关工委的赞赏。5月14日，市关工委全面部署青年道德建设工程，11月18日，在市住建局召开青年职工道德建设推进会，总结推广市住建局、交通运输局、文广新局、人社局、审计局、水利局、滩涂局等7个单位的经验，帮助青年职工树立正确的人生观、世界观、价值观。

【校外教育辅导站】 全市镇校外辅导中心站和学校的联办站，充分发挥中心站集聚、统领、推动、示范作用，带动村（居）联办站、独办站的正常办学，鼓励和扶持家庭辅导点的兴办，促进校外教育辅导站工作制度化、常态化。6月12日，在市南翔小学召开校外教育辅导站工作推进会，推广南翔实小校外辅导站、草庙镇中心站、三龙镇中心站、小海居委会辅导站、刘庄镇中心站办学做法和经验。10月9日，在盐城市校外教育辅导站骨干培训班上，放映记录市南翔实小校外教育辅导站办学情况的录像片《少年儿童的假日驿站》，西团镇董尔孙在会上介绍坚持6年办好家庭辅导点的事迹。加强督查，促进常年正常办学。全市有校外教育辅导站238个、校外教育辅导点180个。

2014年5月22日，江苏省关工委领导到大丰市检查工作　单位供图

【预防青少年违法犯罪】 全市各关工委组织“五老”志愿者对问题青少年开展“结对帮教，引领人生”活动。全年春、秋2次全面摸排问题青少年“五种对象”（失足和不良行为、闲散、服刑在教人员子女、在校双差生、长期迷恋网吧人员）322人，其中未成年人71人。组织“五老”753人组成322个结对帮教小组，签订帮教协议，明确帮教措施，跟踪交谈交心，帮助排忧解难，转化取得明显成效。2月28日，召开“未成年人零犯罪社区（村）”创建工作会议，9月21日，召开关工系统“结对帮教，引领人生”工作专题汇报会。全市未成年犯罪呈逐年下降，保持低发态势。在盐城市召开的关工系统“结对帮教，引领人生”工作专题汇报会上，18年无青少年违法犯罪的小海镇无泊村在会上作典型介绍。

【助学圆梦行动】 市关工委积极向扬子晚报社争取“利群阳光助学行动”21个名额，每人5000元，比2013年增加13人，列全省获捐助人数前列。争取省《关心下一代周报》组织的“冰凌花”奖学金16人。争取多个职能部门的支持，纳入各部门的助学范围。发动企业、社会爱心人士捐助。发动建立关工组织的市直单位机关干部职工资助挂钩村社区的困难学生。发动“五老”捐资助学，解决贫困家庭青少年的就学问题。

【关工工作宣传】 2014年，全市关工委系统扩大主流媒体宣传，提高宣传质量，扩大影响，呈现较好的发展态势。《中国火炬》第3期刊登草庙镇关工委《咬定目标抓创建　全镇面貌别样新》的文章，《江苏关工》第7、8、12期刊登大丰市交通运输局关工委青工教育、大中镇恒北村关工工作和市关工委的经验介绍。《盐阜大众报》刊登恒北村党委书记李晓霞和西团镇校外教育辅导点董尔孙的文章。国家、省、盐城市级多种媒体和大丰报社、市电视台、市广播电台报道市关工工作的典型事迹文章有30多篇。

【“五有五好”基层组织建设】 加强队伍建设，调整优化班子，充实“五老”队伍。调整镇区关工委主要负责人1人，班子成员7人，调整村居关工委专职主任36人；调整“五老”志愿者1114人；恢复市法院、检察院关工委，新组建市政法委关工委。镇、区和市直单位关工委43个，村居关工委265个，学校关工委67个，“五老”志愿者10343人。

【省关工委主任曹鸿鸣一行到大丰考察】 5月22日，省关工委主任曹鸿鸣及副秘书长俞宝贤在盐城市关工委主任陆树臻、副主任徐昆荣的陪同下，到大丰考察关心下一代工作。盐城市委常委、大丰市委书记倪峰，市长陈平，市委副书记宋勇陪同。曹鸿鸣一行考察市南翔实验小学校外教育辅导站的活动现场时，充分肯定南翔小学以留守儿童、外来务工人员子女和挂钩村的儿童为主体，校站结合，推进常态化，把校外教育辅导站办成孩子欢迎、家庭满意、社会称好、领导认可的校外教育基地的做法。曹鸿鸣希望，继续做到以读养德，以乐促智，以技促能，为孩子们铺设一条金光大道。在恒北村，曹鸿鸣听取汇报，逐一考察关工委的办公室、阅览室、棋牌室、乒乓球室等设施，观看录像片，肯定恒北村关工委工作。

（邱　俊）

残疾人事业

【概述】 2014年，大丰市残疾人联合会（以下简称市残疾人联合会）以党的群众路线教育实践活动为契机，加快建设残疾人社会保障体系和服务体系，采取有效措施，加大工作力度，改进工作作风，密切联系群众，广泛动员社会力量，全面改善残疾人民生，建立覆盖全体残疾人的服务体系。开展教育实践活动的各项工作，完善财务管理等11个方面的制度。为盐城特殊教育学校推荐14名残疾学生入学。2014年，护理补贴发放1745人，124.20万元；重残补贴金发放1160人，90.79万元；代缴保险费27.84万元；教育补贴发放8.9万元；为119名残疾人发放燃油补贴30940元。

【残疾评定】5月12~14日，组织开展残疾评定工作。随机从残疾评定专家库抽取8名医师，分为4个小组进行评残。参加残疾评定962人，其中，一级残26人、二级残256人、三级残218人、四级残216人、不符合及建议手术治疗246人。发放残疾人证18525份，发证率100%。

【助残日活动】第24次“全国助残日”前后，开展系列助残活动。邀请省、盐城市书画家协会成员参加助残日活动，书画家为残疾人捐赠书画作品。推进“残疾人幸福生活”计划，为残疾人发放轮椅134辆、电视机70台、洗衣机70台。组织机关7名党员干部和18名残疾人参加自愿献血活动。市残联、市红十字会分别向市特殊教育学校捐赠2万元。高翔汽车会所为残疾人事业献爱心，向特殊教育学校捐款5000元，向4名残疾大学生捐款8000元。

【专项调查】市残疾人联合会成立专项调查工作领导小组，下设办公室、宣传秘书组、专项调查组、后勤保障组。做好基础信息核查工作，重点核查行政区划、专职委员、持证残疾人、非持证残疾儿童。制订实施方案，明确专项调查的目的、对象、时间、需求，重点做好培训和经费事项的落实。全市培训3期，每期100人，总数300人。

【残疾人之家】成立了“残疾人之家”。明确专人负责组织残疾人开展各类活动，制订相关活动制度，挂牌子上墙，配备残疾人文体活动专门器具。开展4期文艺比赛活动，残疾人主动参加唱歌、象棋、扑克比赛。

【“一、五、十”志愿服务活动】组织机关全体成员，镇（区）残疾人联合会理事长、专委及志愿者，开展每月逢“一、五、十”志愿服务活动，每人联系1户重残家庭，每人联系5个不同类别的残疾人，每人为残疾人做10件好事。在政策咨询、权益维护、保障服务、就业支持、康复训练、爱心捐赠等环节上为残疾人做好事、做实事，联系20户重残家庭，为残疾人办实事191件。

【残疾人维权】市残疾人联合会宣传《中华人民共和国残疾人保障法》，进一步增强广大残疾人法律意识。充分发挥残疾人维权服务中心和残疾人法律援助站作用，维护残疾人合法权益。接待残疾人来访168人次，未出现越级上访事件。做好大丰“12345”政府服务热线交办件工作，接受交办件31件，件件有回复。

【0~6岁残疾儿童康复训练】2014年，通过宣传发动、层层筛查，有146名残疾儿童进入各康复机构接受康复训练，其中盐城残疾儿童教育康复中心3人、盐城残疾人康复中心2人、盐城博爱医院1人、大丰残疾人康复中心124人（视力102人、肢体22人），大丰特殊教育学校6人，张家港馨声听力言语康复中心8人，南京市雨花台婷婷聋童幼儿园1人，南京爱德聋儿听力语言康复中心1人。

【贫困精神病患者免费给药】4月21~28日，市残疾人联合会分管理事长带队组织康复科工作人员、市第二人民医院精神科医师到全市12个镇和“两区”，为600名贫困精神病患者开展送医送药下乡活动，现场为精神病患者治疗和发药，与监护人签订协议。9月，根据各镇（区）对精神病患者服药情况的筛查结果，落实具体工作措施，填写《大丰市贫困精神残疾人免费基本用药申请审批表》、救助卡等相关材料。10月17日~11月8日，1000多名持证贫困精神病患者到第二人民医院，免费体检、诊疗、领取精神类药品。

【适配残疾人辅具】8月，各镇（区）登门入户，确定需要残疾人辅具的名单和各类辅具种类和数量，做好宣传工作。调查出600户辅具需求家庭，各类辅助器具926件。落实残疾人彩票公益金辅助器具适配项目，为225名残疾人家庭配发各类辅助器具656件。

【规范化建设市残疾人就业服务所】根据江苏省残疾人联合会要求，市残疾人联合会加大力度，推进残疾人就业服务所规范化建设。经常组织工作人员参加职业指导师、心理咨询师等业务学习，助理职业指导师2名，所有工作人员参加中残联残疾人就业指导员远程培训，全部取得证书，持证上岗。6月初，顺利通过省残疾人就管中心达标验收，获全省第二名。

【残疾人职业能力测试室】市残疾人联合会安排1间办公室，购置7台电脑、1台打印设备、1台触摸屏、多套桌椅等硬件设施，成立残疾人职业能力测试室，7月初投入使用，有22名就业年龄段残疾人参加残疾人职业能力评估在线测评。

【残疾人就业保障金年审】2014年是大丰市转变残疾人就业保障金征收方式的第一年，是开展残疾人就业年审工作的第一年。成立残保金征收领导小组，与地税联合出台年审通知。《大丰日报》刊登年审通告以及相关知识问答、大丰市电视台连续播放年审通知、利用地税短信平台发年审短信、翻印“残保金”相关的法律法规手册、动员镇（区）村（居）的残联组织到定报企业送达年审通知和法律法规手册等，提高知晓率。地税短信平台发2次年审通知，年审工作人员给每个企业负责人打电话通知，宣传相关政策；年审工作人员打印出催缴通知书通过挂号信寄给各个企业进行催缴。对达不到按比例就业标准的用人单位征收残疾人就业保障金。

【落实低保外重残补助政策】市政府根据省民政厅、省财政厅、省残疾人联合会《关于明确特殊困难残疾人生活救助工作分工的通知》精神，6月17日，大丰市政府专题会办，明确规定由市残疾人联合会牵头负责，大丰市民政、财政、人社等部门配合。民政部门向残疾人联合会提供低保、特困供养对象中残疾人保障信息、相关资料和审核工作，财政部门负责资金拨付和使用的监督管理，残疾人联合会负责特殊困难残疾人生活救助申请受理、审核审批及救助金发放。6月20日上午，工作档案资料交接。6月21日起，开始特殊困难残疾人生活救助申请受理，审核审批及救助金发放。残疾人联合会具体负责低保外重残补助，每个季度月头发放。重残生活救助3122人，其中农村享受重残救助2820人，城镇享受重残救助302人，1户多残、以老养残99人，第四季度发放特残救助291.4万元。

【持证就业年龄段残疾人就、失业情况登记】 市政府向市政府申请9万元。举办培训班，组建调查队伍，镇（区）残疾人联合会组织人员入户调查登记，统一印制调查表及调查工作证，主要以购买公益性服务的方式调查登记及录入。调查人数8620人，入户调查率100%。资料录入人数8488人，录入率98.47%，失联人员1.53%。镇区自查、交叉检查、残疾人联合会抽查，调查登记工作保质保量完成。

【残疾人就业招聘会】 组织100名残疾人参加2014年新春残疾人就业大型招聘会，10多名残疾人现场签约成功。积极为江苏博敏电子有限公司、华润燃气、大润发超市、苏果超市等多个单位安排小型招聘会5场，正式录用15名残疾人。

【托养服务中心】 3月，大丰市级残疾人托养服务中心正式投入运行。根据省残疾人联合会、省财政制订的《江苏省残疾人托养机构管理暂行办法》精神，大丰市从城区筛选符合托养条件的残疾人54人进行日托。配齐托养中心服务设施，配备工作人员，室内添置乒乓球桌、篮球桌、桌球、沙狐球、音响设备、电脑等。从特殊教育学校等单位聘请音乐、文化老师，配备护理、炊工等服务人员。在托养中心内开设小菜园，经常组织培智班学员做简单农疗。为保障托养质量，市财政局拨付50万元作为托养经费。2014年，托养中心以一年期的培智班方式托养16人，3个月一期的各类培训班3个托养38人。短期培训班，开设残疾人合唱班，专业老师进行辅导，合唱班在社会上有一定影响。7月29日，合唱班和驻地武警官兵合办1台“唱红歌、庆八一”文艺演出；9月29日，特殊教育学校、市残疾人联合会及市飞达路初级中学合办“让梦想从这里起航”国庆文艺汇演等表演活动。

【镇级托养站】 规范化管理建成运行的14个镇级托养站，托养各类残疾人147名（肢体残53人、智力残疾人56人、精神残20人、视力残12人、多重残6人），其中寄宿型78人，日托型69人。

（郁　华）

革命老区开发促进工作

【概述】 2014年，大丰市老区开发促进会以全心全意为老区人民服务为宗旨，围绕大局，增强服务“三农”，丰富工作内容，创新工作方法，为推动大丰老区经济发展、社会进步、和谐稳定积极做好工作。

【市老区开发促进会调研工作】 市老区开发促进会的调研报告《优化发展环境　壮大集体经济——对我市发展村级集体经济的调查与思考》，得到市委、市政府主要领导重视。各镇老促会广泛发展调查研究工作，年内完成调研报告21篇。三龙镇老促会撰写的《对推进村级“四有一责”建设的调查与思考》，新丰镇老促会撰写的《促成民生幸福工程早日惠及农村百姓》的调研报告针对性都很强。

【“两带”活动】 6月20日，市老区开发促进会在大中镇召开“两带”（发动会员带头致富、带动群众共同致富）经验交流会。6个镇6位会员介绍“两带”经验，6个镇交流典型材料。草堰镇老促会完善“两带”组织网络建设，年初，印发“草堰镇经济能人情况了解表”，采取“一带一”“几带一”“一带几”、整体带动的形式。全镇被带对象122人，通过年末测评，80%的被带对象致富明显。成文村村民王云江，患肝病多年欠债6万多元，不能从事体力劳动，在村会员组长王龙祥帮助下建200多平方米的羊舍，存栏山羊100多头，出栏50头，年获利近5万元。大桥镇老促会积极开展“两带”活动，55名会员在大棚西瓜、蔬菜等设施栽培，养猪、养羊、养鸡等规模饲养方面发挥帮带作用，全镇82名贫困农户被帮带致富。

2014年，大丰市老促会和大中镇老促会联合大丰市三院下乡义诊

单位供图

南阳镇党员干部帮助困难群众脱贫致富，每村10户。全镇130多户重点户，党员干部对困难户进行技术帮扶、资金帮扶、劳力帮扶，60%贫困户走上富裕路。南阳镇老促会在东旺村召开养兔致富现场会，宣传东旺村4组茅海峰养兔致富的先进典型，推动全村养兔致富热。东旺村1组刘冬生，投资30余万元，兴建6栋新兔舍，自繁自养3000多只兔子。在茅海峰带动下，全村养兔30000多只。新丰镇老促会结对帮扶贫困户78户，79%达效。小团村会员小组副组长、村民委员会主任查永祥创办玩具厂，帮助农村妇女和贫困家庭解决增收致富难题，吸收农村剩余劳动力30多人，人均月工资1200元。

【兴办实事】 年内，市老促会筹措资金225万元，兴办8项惠民工程，涵盖新修水泥路3.5千米、新建水泥桥6座、疏浚淤塞河道2条，总长6000米。市老促会全年组织3次送科技下乡活动，印发科普资料2000多份。11月5日，市老促会和大中镇老促会联合市三院在大中镇恒南村举行下乡义诊活动，150多位村民接受服务，免费为患者提供3000多元常用药。小海镇老促会配合小海居委会争取农桥新建计划，海南七零沟水泥桥建成通车。三龙镇龙东村新建梦归田园菊花园项目，需流转土地60公顷，涉及92户，三龙镇老促会帮助解决矛盾15起。

（韩迪生）

农村扶贫开发

【概述】 2014年，大丰市扶贫开发协会全面参与，积极配合，完成本年度省定低收入人口6054人和16个经济薄弱村的帮扶任务。全市新一轮14046名帮扶对象的脱贫增收任务，提前1年达标，为全市扶贫攻坚冲刺活动任务的完成作出贡献。

【国华中学招生】 市扶贫开发协会推荐重点镇中学优秀贫困初中毕业生16人报考广东省国华纪念中学，8名学生入围复试，最后，方强初中的柏汉明、张伟灿，三圩初中的倪自祥、葛余浩4名学生被录取。连续6年，全市有17名初中毕业生被国华中学录取。市扶贫开发协会、新丰镇扶贫开发分会、三圩初级中学3个单位和孙怀顺、袁茂航、凌克华、蔡祥4名同学得到省扶贫“两会”国华中学招生工作先进集体及先进个人的表彰。

【贫困大学生资助】 2014年，市扶贫开发协会直接资助49名贫困大学生4.9万元。连续8年，市扶贫开发协会直接资助331人，各镇分会资助300人，市镇两级扶贫协会直接助学631人，资助额81.5万元。

【社会助学扶贫】 2014年，市扶贫开发协会争取到并参与开展“碧桂园关爱祖国花朵百城行动”，为三圩初中和市职业中专的40名贫困学生获得资助；争取到并参与开展省属企业“滴水筑梦助学扶贫工程”，为大丰高级中学、第二中学、新丰中学、南阳中学的20名贫困学生获得资助。各镇分会开展多种形式的助学扶贫，刘庄、草堰、小海、南阳、新丰等镇扶贫分会帮助初中多名贫困学生争取到《扬子晚报》“阳光利群助学行动”的资助。万盈镇的夏飞，支持万盈镇扶贫分会6000元，用于本镇初中助学扶贫。

【产业扶贫】 市扶贫开发协会为重点帮扶对象2747户牵线搭桥，跟进各类规模龙头企业和专业合作组织，帮扶对象人均收入都超过6000元。市扶贫开发协会直接利用省扶贫开发贷款155万元，扶持大丰市珍田渔业开发有限公司、大丰市鑫海纺织有限公司和大丰市裕兴荠菜专业合作社3个企业，实施省扶贫开发示范项目，项目资金滚动使用，安全高效。2014年，3个企业帮扶55户126人，人均纯收入11000元。

【科技扶贫】 2014年，市扶贫开发协会、各镇扶贫开发分会和村扶贫开发小组组织落实贫困户和低收入户2130人次参加各类科技培训，为特困户送科技上门、送科技到田头、订阅《农家致富》杂志。大中镇扶贫分会帮助裕兴荠菜合作社从上海农科院引进新品种“板叶荠菜”，亩产2000公斤多，产量明显提高，70多户贫困户增加了收入。新丰镇扶贫分会对“荷兰花海”所在村提出“大丰好玩呢，带着贫困户一起玩”的帮扶思路，30多户贫困户和低收入户分享旅游农业的收益。白驹镇扶贫分会配合白驹镇农业技术推广中心推进“一村一品”“一户一棚”，举办30多场次的科技培训班。白驹镇分会利用玩具之乡的优势，发动50多个规模玩具企业，带动全镇300多贫困户获得稳定收入。三龙镇扶贫分会协调农口部门到各村进行科技流动培训20多场次，协调流转土地1333.3公顷，全镇349个低收入帮扶对象全部脱贫。小海镇扶贫分会配合农技中心与南京农业大学、扬州大学、泰州牧校等单位合作，引进科研成果12项，配合农经中心流转土地1333.3公顷。

【牵手结对】 扶贫开发协会4100名会员全面行动，为3027户贫困户或低收入户牵手结对，完成2014年脱贫增收任务。南阳镇扶贫分会会长茅志新和诚心村老党员花继灿、李益荣联手结对帮扶贫困户管洪旺，管洪旺0.27公顷田收入近1万元，比2013年增加3000元。小海镇扶贫分会会长张宏祥参与村企结对，帮助无泊村跑项目。万盈镇扶贫分会专职会长房月红跟踪服务帮扶对象张文生，为张文生跑项目、跑资金，联合“兄弟农场”带动5户贫困户作为帮扶对象。刘庄镇扶贫分会秘书长，70岁的陆群龄为良好村和建成村到省财政厅、国土厅跑项目，争取土地复垦项目投资3200万元。白驹镇扶贫分会专职会长，90岁的李元祥，参与牵手结对的帮扶指导工作，党委、政府、人大三套班子9名领导牵手结对的49名“一有三缺”低收入户，李元祥每户都有1本明细账，定期检查了解帮扶脱贫进度。2014年11月，白驹镇老干部党支部第二次被评为全国离退休干部先进集体，连续任白驹镇老干部党支部书记30年的李元祥受到总书记习近平的接见。

【扶危济困】 市扶贫开发协会继续开展“暖冬行动”，全市有1万多名贫困农户在扶危济困送温暖活动中受益，2014年春节前夕，副会长孙怀顺看望刘庄云溪居委会70岁贫困老人蒋德凤，老人连声感谢。市扶贫开发协会《情暖困难群众》的新闻，在江苏文明网报道。

【市扶贫开发协会组织建设】 市扶贫开发协会有会员426名，其中团体会员289名，个人会员137名。常务理事34名，名誉会长3名，会长1名，副会长3名（其中驻会1名）。市扶贫开发协会有12个镇分会和18个市直机关分会，有216个村扶贫开发小组，镇村扶贫协会有会员3600名。市扶贫开发协会开展党的群众路线教育实践活动，学习贯彻中共十八大和十八届三中全会、四中全会精神，总书记习近平关于扶贫开发的系列讲话、批示，努力建设学习型协会、服务型协会。10月，市扶贫开发协会的工作经验《努力把助学扶贫和国华招生做得更精准》在省扶贫“两会”《扶贫动态》总第224期上全文刊登，在全省扶贫协会系统产生良好反映。2014年，市扶贫开发协会《会员通讯》按季出刊4期，编发调研文章14篇。

【丁解民到大丰调研】 11月15日，江苏省扶贫基金会、扶贫开发协会理事长丁解民到大丰调研农村扶贫开发工作，考察大中镇裕兴荠菜合作社的扶贫示范项目，盐城市委常委、大丰市委书记倪峰陪同。丁解民听取市产业扶贫、助学扶贫情况汇报，对市农村扶贫开发工作给予肯定。

（杨永进）

社会矛盾纠纷大调解

【概述】 2014年，大丰市社会矛盾纠纷大调解工作以构建“矛盾纠纷排查调处全覆盖”工作体系为目标，以“人民调解工作规范建设年”“司法所管理体制改革攻坚年”“基层法律服务拓展提升年”为重点，围绕全市稳定发展大局，突出社会矛盾化解，积极服务沿海经济发展，提升工作能力，处置化解社会矛盾纠纷。全市各级各类调解组织受理调解矛盾纠纷5729件，调解成功5728件，调解成功率99.9%；其中市社会矛盾纠纷调处服务中心及10个专（行）业性调委会直接调处重大矛盾纠纷799件，全部案结事了。

【基层调解组织建设】 2014年，在300人以上企业组建人民调解委员会组织30个；全面落实网格化管理措施，完善矛盾纠纷排查五级网格机制，全市建立管理网格1个，牵头网格14个，责任网格249个，基础网格1736个，独立网格42个；加强市、镇（区）两级调处服务中心和10个专业性（行业性）调委会规范化运行；深化“庭所共建”活动，各镇（区）司法所（分局）与基层人民法庭、公安派出所签订共建协议，积极开展“庭所共建”“所所共建”经验交流工作，宣传推广“庭所共建”“所所共建”的先进典型经验。

【提高排查化解能力】 借助全省司法行政系统12348信息化管理平台，优化升级人民调解信息化管理水平，逐步建立健全“矛盾纠纷网上研判预警、调解文书网上生成、调解结果网上反馈、调解数据网上统计、调解档案网上存储”的信息化运作机制；镇（区）调处中心均明确1名信息员，专门从事矛盾纠纷相关情况和数据的采集录入，全市矛盾纠纷发生数、调解数、重大矛盾纠纷信息和人民调解工作情况实时记录跟踪、动态监控、科学监管；充分发挥人民调解协会作用，开展全市人民调解员“奉献在基层”优秀调解心得有奖征文竞赛活动；加大培训力度，组织开展全市人民调解员业务轮训，组织骨干会员11人赴浙江参加“枫桥精神”专题研修班，实地学习枫桥经验并在全市推广，《学习实践发展枫桥经验，不断开创大调解工作新局面》调研报告受到市委书记倪峰批示肯定，被盐城通讯采用；做好人民调解员（网格长）业务培训和等级评、定、升工作；开展“十佳人民调解案例”“十佳人民调解能手”“星级网格长”评选表彰工作。

【矛盾纠纷排查调处】 积极开展矛盾纠纷排查调处工作，当前社会矛盾纠纷涉及领域广泛、类型复杂、群体各异以及突发性强，提升重大复杂疑难矛盾纠纷的预警和快速反应处置能力，结合突发事件特点，积极采取应对措施，迅速调处，有效防止矛盾纠纷激化升级，化解陈年信访积案6件；开展春节、两会期间矛盾纠纷排查调处专项行动和“法润江苏·护航青奥”专项活动，做好春节、两会和青奥会期间大丰市的安全稳定各项工作，将矛盾纠纷发现在早、处置在小、化解在萌芽状态。

（李晟浩）

〖编辑　陈琴琴〗

人力资源·社会保障

综　述

2014年，大丰市人力资源和社会保障局（简称市人社局）围绕“民生为本、人才优先”工作主线，坚持“转型发展、稳中求进”工作总基调，紧扣中心、服务大局，团结一致、拼搏争先，锐意进取、创新创优，做好就业创业、社会保障、人才服务、人事管理、劳动关系、基层基础建设等重点工作。2014年，市人社局被省人社厅表彰为全省人力资源和社会保障工作先进集体，获盐城市人社局“综合优胜奖”第一名，被大丰市委、市政府评为综合先进集体。

劳动就业

【概 述】 2014年，新增城镇就业22661人，下岗失业及就业困难人员再就业10585人；农村劳动力转移就业5932人；成功扶持1129人创业，创业带动就业6538人。城镇登记失业率1.91%，创历史新低。

【调查企业用工需求】 2014年，市人社局通过基层平台对全市500多个企业进行用工需求调查，组织开展新春企业用工、金秋企业牵手2场大型专场招聘会和10多场行业、园区专场招聘会。派出专人对企业回访，了解用工情况，及时调整企业对人力资源的需求措施，为企业用工需求服务。

【高校毕业生就业服务】 2014年，市人社局全面掌握大丰市未就业高校毕业生情况，通过电话、电子邮件、填写登记表等方式，将未就业高校毕业生数据全部录入信息系统，进行动态管理。对885名大丰籍应届大学毕业生进行就业情况调查了解，就业率98.4%。加强高校毕业生与企业联系，选择盐阜商场大丰购物中心、东方1号等20个行业规模企业作为未就业高校毕业生见习（实习）基地，采集见习（实习）岗位456个。

【服务困难群体就业】 2014年，市人社局进一步推进“就业110”服务中心建设，免费提供政策咨询、就业指导、免费培训、职业介绍、扶持创业等服务。就业困难人员求援登记后，不挑不拣岗位，1周内推荐就业，招工困难的企业1个月内满足用工需求，全年帮助694名就业困难人员实现再就业。在市人力资源市场1号窗口设立返乡农民工求职登记窗口，全年向返乡农民工发放各类就业信息、政策宣传资料6000多份，帮助各类困难群体充分就业。

【职业技能培训】 2014年，市劳动就业培训中心每月组织1期新登记失业人员参加职业技能培训考核，帮助新登记失业人员掌握1项及以上专业技能，全年举办失业人员培训班12起，参培人员2673名。与联鑫钢铁、博汇纸业等大企业合作，送培训到企业，联合开展电工、焊工、化工操作工等专业的外省劳动力826人，并进行测试，发放结业证书。帮助重点企业开展高技能人才企业内部评价，围绕企业生产技术，加强岗位培训，在森威精锻、丰山集团、王大丰海等企业开展企业内评高级工148人。2014年，大丰市6个定点培训机构和各镇联办培训农村劳动力2933人，获得职业资格证书的2733人；开展企业职工岗位技能提升培训6500人，职业技能鉴定取证4704人。全年新增高技能人才776人。

【职业技能大赛】 5月14~15日，大丰市在职业技术教育中心举行2014年年度全市职业技能大赛，组织数控车工、钳工等13个工种的技能比武，通过理论知识考核和实践技能现场考评等选拔，产生各类技术能手69人。推荐42人参加盐城市职业技能大赛，9人取得名次并获得高级工职业技能证书。5月15日，大丰市成功举办第一届家庭服务业职业技能大赛，获得育婴员、养老护理员和家政服务员三类项目的前三名得到了盐城市人社局颁发的高级工职业资格证书；理论和操作成绩都达标的10名选手，由市人社局颁发中级工职业资格证书。汇鑫物业的参赛选手刘伟被评为2014年江苏省优秀家政服务员。

【人力资源中介机构规范管理】 2014年，大丰市新成立人力资源中介服务机构4个，分别为江苏贝来尔企业服务有限公司、盐城海连国际船务有限公司、大丰市正丰人力资源有限公司、中海国际船舶管理大丰有限公司。大丰市民营机构取得人力资源服务从业资格人员110人，培训人力资源从业人员55人。市人社局组织人力资源服务机构参加诚信机构评比活动，民生劳动服务有限公司、大丰港人力资源有限公司被评为省诚信人力资源机构。健全和完善人力资源市场制度化、专业化、社会化的"新三化"建设，维护市场秩序，全年开展人力资源市场执法检查2次。

【创建"省级创业型城市"】 2013年，大丰市被江苏省人力资源和社会保障厅确定为首批"省级创业型城市"创建试点城市。2013~2014年，大丰市围绕5大体系、20个项目、66项指标，强化组织推进，造浓创业氛围，优化创业环境，培育创业主体，拓展创业载体，提升服务平台，创业型城市创建取得明显成效。截至2014年年底，全市有私营企业13737个，个体工商户52014个；建成特色产业创业园12个，省级中小企业创业示范基地3个，省级留学生创业园1个，盐城市级创业载体4个。

【创业宣传】 2014年，市人社局在"中国大丰"门户网站开设创业型城市专题宣传板块，该专题被省人民政府网站采用。在《大丰日报》宣传全民创业报道122篇，市电视台《大丰新闻》栏目开展全民创业新闻报道34次。在各镇（区、园）培植创业典型100个，将先进事迹汇编成册，下发到村组、街道；组织全民创业典型巡回宣讲团在全市开展创业宣讲20场，听众近2万人。

【创业培训】 大丰市新建全民创业培训中心，投入600多万元购买培训设备设施，按照全市产业发展方向设置十类行业的24种创业实训岗位，2014年，对3512名有创业意愿的人员进行创业意识、创业技能培训。市劳动就业培训中心建立科学、灵活的创业培训体系，将所有有创业愿望的城乡劳动者全部纳入创业培训范围，开展创业意识培训、技能培训8000多人；开展"创业培训进社区、进镇村"专项活动，举办SYB培训6期，培训创业人员300多人。

【落实优惠政策扶持创业】 2014年3月，大丰市成立创业银行支持创业，是全省首家全民创业专营金融机构。2014年，市创业支行发放创业贷款4186万元，服务各类创业主体120多个；市人社局发放小额担保贷款1848万元，扶持616人成功创业，374人享受小额担保贷款的利息补贴。鼓励下岗失业人员自主就业创业，发放社保补贴1511.6万元。

2014年4月29日，大丰市全民创业培训中心举办SYB培训班
单位供图

人才工作

【高端人才引进】 大丰市围绕"建平台、引人才、做环境"，大力实施海外人才引进计划，加快集聚各类高层次人才和紧缺专业人才。全年引进高层次人才326人，其中引进外籍院士1人、国家"千人计划"专家5名、海外高端人才31名，引进外国专家52名、留学生104名，引进创新创业领军人才58名，3人上报国家千人计划，1人入选省"外专百人计划"。2014年，大丰市完成招才引智目标任务列盐城第一，区域人才综合竞争力苏北第一。

【"双创"人才计划】 2014年3月，大丰市研究出台《大丰市实施高层次人才服务绿卡的意见》。2人入选省"双创"人才计划，3人入选"省博士集聚计划"。组织实施第四批创新创业领军人才"530计划"，在58名创新创业领军人才申报的基础上，评审出大丰市创新创业领军人才10名。落实《关于进一步加强优秀人才引进工作的意见》优惠政策，为310名优秀人才发放各项专项补贴270万元。

【服务专家】 2014年，市人社局组织全市17名享受政府特殊津贴人员健康体检，上报江苏友谊奖和享受国务院政府特殊津贴人员。以博士后科研工作站为载体，在丰山集团工作的博士曾建平、在大丰港海港控股集团工作的博士候进慧获省企业类博士后集聚计划，全市4名企事业单位的专家获得"盐城市突出贡献中青年专家"称号。

【职称计算机培训管理】 2014年，市人社局加强对培训点的管理，明确培训机构，提高培训条件。全年全市初级职称计算机报名近1000人，参加培训456人，544人直接参加考核；

中级职称计算机报名509人，参加培训111人。

【申报并服务企业博士后工作站】 2014年，市人社局深入园区和重点骨干企业宣传创新实践基地的申报程序及申报条件，邀请省人社厅专家到大丰指导企业申报工作。江苏金色农业有限公司成功申报省级博士后创新实践基地，大丰兄弟维生素公司申报大丰港经济区国家级博士后工作站通过省人社厅验收。组织到丰东公司、森威集团、大奇公司宣传博士后进站手续和程序，组织企业赴南京招聘博士。

【海外人才工作站】 2014年，大丰市加强与国外华人社团、学联等机构的合作力度，建立覆盖亚洲、欧洲、美洲、大洋洲的引进人才网络，利用英、美、德国等9个海外人才工作站宣传人才政策，发布人才项目需求，做好海外高层次人才和项目信息收集工作，全年收集海外人才需求150个、项目需求78个。

【沿海海外人才交流中心】 2014年8月，市沿海海外人才交流中心成功承办苏北地区唯一的“百名海外博士江苏行”洽谈活动，来自美国、法国、荷兰、澳大利亚等国家的60名海外博士与大丰市76个企业达成项目合作意向26个，项目涵盖生物医药、新能源、新材料、软件外包等行业。10月，成功举办省部分高校大丰港专场招聘活动，参会企业35个，达成就业意向200多人。市沿海海外人才交流中心承担中英科技文化协会、英国英创基金等海外人才机构到大丰考察交流活动，20多个英国高层次人才项目达成合作意向。

【大丰（上海）人才工作站】 市人社局为加强与上海的人才项目合作，2014年12月，在上海人才市场设立市人才工作站，派专人驻点工作。吸引复旦大学、东华大学、上海海事大学等优秀高校领导到大丰实地考察和合作洽谈，在共建毕业生就业实训基地、人才输送和培养方面达成合作意向。

2014年12月，大丰市人社局在上海人才市场设立大丰市人才工作站，派专人驻点工作　　单位供图

【高层次人才交流活动】 2014年，市人社局组织部分用人单位参加大连海创周、中国（江苏）国际科技交流与人才智力合作大会、千名专家进千企、盐城沿海发展人才峰会等国际性人才交流活动。留创园、丰东公司博士后工作站等单位在东南大学科技人才对接苏北洽谈会上宣传推介，部分高端项目与大丰市达成合作意向。

【人事代理服务】 市人才服务中心为22个改制事业单位373人进行2013年考核，其中50人优秀；为23名预备党员办理转正手续；新接收2014年毕业生档案的审查、录入、归档工作全部完成；接待2014年毕业生咨询服务3795人次，办理就业协议1232人；新办理人事代理129人，其中个人代理85人；保管人事档案33981份，户口挂靠1238人，党组织关系挂靠214人。

【大学生村官服务管理】 2014年3月，市组织部、市人社局联合到山东、陕西、甘肃等“985工程”高校开展村官招聘（实习）宣传推介活动，18所“985工程”高校140多名应届毕业生报名参加大丰市驻村实习活动，24人获任大学生村官。市人才服务中心提供聘用合同签订、人事档案保管、工资和保险测算等服务。

【高校毕业生服务工作】 市人才服务中心开辟高校毕业生服务绿色通道，设立高校毕业生报到、求职、咨询一条龙服务专区，全年为1978人办理报到登记手续，办理离校未就业毕业生登记216人，通过电话、邮件、网上发布及直接推荐等方式成功推荐168名毕业生就业。

人才市场

【举办大型服务企业用工招聘会】 2月9日，市人社局在奥体中心举办2014“促进就业创业·建设幸福大丰”新春企业用工招聘会，220个企业参会招聘，提供各类就业岗位8293个，企业招录求职者4985人，其中返乡就业2000多人。10月1日，举办“金秋牵手服务企业”用工大型招聘会，133个企业参加，现场提供就业岗位4179个，吸引5000多人前来应聘，现场达成就业意向2110人。

【市、镇（区、园）联动招聘会】 大丰市利用春节前后1个月时间，组织市、镇（区、园）联动举办30场专场招聘会，利用高频率、点对点的现场招聘活动为各镇(区、园)的企业提供高质量的用工服务，帮助486个企业招工6894人，其中，2350人是返乡高校毕业生和返乡技工。联鑫钢铁在大中镇、草庙镇专场招聘会招工110人;海嘉诺在万盈镇专场招聘会招工70人。

【周五劳务集市】 市公共人力资源市场打造周五免费劳务市场平台，周周有招聘，为企业和求职者搭建对接平台。全年举办周五劳务集市52场、提供就业岗位6121个，帮助博汇集团、联鑫钢铁、丰山集团等412个企业招收工人5689人。658个用人单位在人力资源市场进行用工登记，发布招聘信息3598条，提供空岗20815个，登记求职人员8103人次，前台直接推荐7953人次。

【专场招聘活动】 对江苏博汇、联鑫特钢、辉丰股份、上海纺控等急需招聘员工的企业，市人社局第一时间组织专场招聘活动，及时满足企业用工需求，全年帮助42个急需招聘的企业及时补充员工3182人。3月，举办“迎三八”家政服务员专场招聘会及家政服务业宣传月专场招聘活动，34个单位参加招聘，300多人当场签订合同，500多人达成就业意向。

【优秀企业高校行活动】 2014年，市人社局组织优秀企业参加校园系列招聘活动，到山东大学、西安交通大学、青岛大学、兰州大学等“985”“211”工程高校引进名校优生。开展“大丰市优秀企业高校行”活动12场，与1480多名毕业生达成就业意向。强化校企合作，与山东大学、西安交通大学等9所重点高校达成合作协议，设立人才工作站，9所高校全部在大丰设立毕业生就业实训基地，全年就业实训学生超过1000人。

【毕业生创业就业】 市人社局组织举办“2014年高校毕业生就业暨夏季人才交流大会”，近300个企事业单位提供岗位8000多个，3300多人与用人单位达成初步就业意向。市人才服务中心提前了解大丰籍生源信息，组织正大丰海、金风科技等企业到大丰生源较多的院校开展招聘，拿出优惠条件，鼓励更多大丰籍毕业生支持家乡经济建设，2014年，回大丰就业创业的学生超过1200人。对有培训需求的高校毕业生，安排到市人社部门培训中心和市实训中心进行专门培训，提升就业和创业技能。

2014年7月18日，大丰市人社局举办“2014年高校毕业生就业暨夏季人才交流大会”，近300个企事业单位提供岗位8000多个，3300多人与用人单位达成初步就业意向

社会保障

【扩面征缴社会保险】 大丰市将社会保险扩面征缴列为民生工程的重点工作，开展以“全覆盖街道(镇)”创建活动为载体的社会保险扩面工作，全年新增开户参保用人单位209个，企业类五项社会保险参保总数489062人次，其中基本养老保险135155人、工伤保险77247人、生育保险70622人、医疗保险132718人、失业保险73320人。新增五项社会保险参保51207人次，其中养老保险10010人、医疗保险10685人、失业保险9167人、工伤保险9535人、生育保险11810人。截至2014年年底，机关事业社会保险参保单位449个，参保职工18340人;城乡居民养老保险续保扩面18.1万人。

【社保基金收入创新高】 2014年，全市各项社保基金收入11.61亿元，滚存结余15亿元。其中基本养老保险基金收入7.2亿元，结余6亿元;职工医保基金收入3.47亿元，结余3.15亿元;城镇居民医保基金收入5400万元，结余1606万元;失业保险基金收入4230万元，结余1.4亿元;工伤保险基金收入3900万元，结余900万元;生育保险基金收入1280万元，结余3180万元;机关事业社会保险收入1.19亿元;城乡居民养老保险收入6181万元，基金结余3.83亿元。

【养老保险待遇】 2014年，连续第十次提高企业退休职工基本养老金，大丰市统筹人员养老金人均每月增加210.4元，增幅13.6%，全市人均水平1802元。镇管市补对象人均每月增加149.8元，增幅22.2%，人均水平821.2元。截至2014年年底，大丰市有离退休35602人，其中新增退休1311人;供养直系亲属1513名，新增供养73人，发放各项养老待遇32142万元，离退休人员按时足额发放、社会化发放率100%。城乡居保方面，在苏北率先将城乡居民基础养老金调增到每人每月100元的标准，惠及11.8万名领取对象。

【职工医疗保障水平提高】 2014年，市提高职工医疗保险统筹最高支付限额，由25万元提高到30万元；提高公务员医疗保险统筹年最高支付限额，由35万元提高到40万元。提高职工基本医疗保险连续参保缴费时间与统筹支付限额挂钩标准，参保人员连续参保时间满6个月不满1年的医疗费用支付限额，由1万元提高到2万元；满1年不满2年的医疗费用支付限额，由2万元提高到3.5万元。提高职工医保大病补充医疗保险（5万元以上部分）报销比例，医疗费用5万元以上至10万元报销比例由80%提高到85%；10万元以上至20万元报销比例90%不变；20万元以上至30万元报销比例，由80%提高到85%。提高职工医保透析费用的报销比例，血透费用4万元以下全额报销，4万元至5.5万元之间报销比例，由70%提高到80%。提高职工医保门诊慢性病、大病的报销比例。一级医院报销比例由80%提高到85%，二级医院报销比例由70%提高到75%，三级医院报销比例由60%提高到70%（转盐城市外就诊的先自付10%）。降低职工医保乙类诊疗项目自付比例，乙类诊疗项目自付比例由10%、20%、30%，分别降低到5%、10%、15%。

【居民基本医疗保险待遇调整】 2014年，居民医疗保险筹资标准，由每人每年450元提高到550元，省、盐城市财政补助每人每年350元，个人缴费每人每年200元。居民普通门诊费用全年实际报销最高限额由420元提高到600元。患恶性肿瘤等大病的居民医保低保人员，不设免付期和起付线。

【城乡居民社会养老保险“四个不出村”】 2014年，市人社局在全市215个村（居）人社站全部建成“四个不出村”站点合一的一级便民服务点，在村超市或商店建成二级便民服务点510个，建设达标率100%，其中建成示范村居34个。协调农村商业银行、邮政储蓄银行在全市171个村居人社工作站安装POS机，提供代缴保费和领取待遇服务。

2014年，大丰市各项社保基金收入11.61亿元，滚存结余15亿元

【社保信息化服务进程推进】 市人社局开展社保卡数据采集工作，完成信息采集、报送30万人。五大保险、三类数据联网数据上传率90%，人员基础信息库入库率90%。12333综合咨询服务满意度、网上公共服务提供率的目标任务完成，完成率100%。推进省内、盐城市内异地就医即时结算信息系统建设，深化上海和大丰医保“一卡通”，完成省内盐城市外异地安置1000人，办理省内异地联网手续169人。退役军人养老保险关系转移接续畅通便利，向退役军人开具养老保险转移回执767份，接受退伍军人回执603份，转入退役军人养老金1544.5万元。

【待遇领取资格认证】 市人社局开发退休人员社会化管理信息系统，包括使用居民二代身份证读卡认证、退休人员信息动态管理、健康体检管理子系统等。与12个镇人社中心及市区2个街道的25个社区信息联网，发放二代身份证读卡器47台，使退管信息服务延伸到社区，保证退管信息安全可靠。8月起，对没有进行待遇资格认证的退休人员开展排查，与卫生疾控部门的数据比对，发现领取待遇中有死亡的，及时发函给相关镇（街道）人社中心协查，制止社保基金的流失。

【“一镇一品”特色品牌建设】 2014年，在全市范围内推行“一镇一品”特色项目创建活动。全市14个镇（区）从服务理念、服务方式及服务特殊人群等方面全部提炼自己的服务品牌，建成城乡居保“一镇一品”特色品牌格局。万盈镇“记录城乡居保历史 · 开创城乡居保未来”、南阳镇“创新服务方式，倾心服务移民”、草庙镇“社保绿舟 · 常青驿站”等受到好评。

【社保惠民政策落实】 2014年10月，市人社局制订《爱心助保业务工作管理方法》，设立资金规模500万元的养老保险援助资金专户，细化爱心助保服务业务流程，使更多特困下岗失业中断缴费人员及时续保缴费。落实被征地农民参保财政补助政策，鼓励劳动年龄段的被征地农民参加城镇职工基本养老保险，全市4400人参加职工基本养老保险。提高低保人员医疗保障待遇，财政全额资助低保人员参加居民医保，纳入大病平台救助。对6010名参加居民医保的低保人员，市财政对其个人缴费部分（每人每年30元）全额资助，资助金额18万元。对改制时点只参加企业养保符合职工医保补缴条件的人员，补缴费用由市财政、省补资金、个人按各三分之一标准负担，119人享受财政补贴6.5万元。继续对困难下岗失业人员参加职工医保救助，全年救助423人，救助金额39万元。市人社局联合财政、民政等部门联合印发《大丰市城乡低保对象政府代缴参加城乡居民社会养老保险实施细则》，在全额代缴城乡重度残疾人城乡居民社会养老保险最低标准保险费的基础上，为城乡低保对象代缴城乡居民社会养老保险最低标准的保险费。

【村组干部、村医纳入职工医保】 2014年3月，市委办公室制定印发《大丰市村干部（村医等）参加职工医疗保险实施办法（暂行）》，对组织部门认定的在职村干部、卫生部门认定的在编的村医，自愿参加职工医保的，实行政策扶持参加职工医保，村干部、村医分别按市财政、镇财政、个人3∶3∶4、2∶2∶6比例缴费。参加居民医保（新农合）人员可转为职工医保，采取保龄互认、补差计算、延续缴费的办法，接续医保保龄，办理医保退休时，扣除参居（参合）期间个人缴费和财政补贴资金后，补缴差额部分，承认职工医保保龄。新农合整体转入居民医保，不设免付期，连续计算医保保龄。2014年，村组干部参加职工医保1309人，村医参保457人，市镇财政补贴205万元。

【职工医保个人医疗账户使用范围拓展】 2014年10月，市人社局制订出台《关于进一步明确城镇职工基本医疗保险个人医疗账户使用范围的通知》，明确个人医疗账户可以代缴医疗保险，支付住院医疗费用个人负担部分，购买住院医疗补充保险，支付健身费用、健康检查费用、预防性免疫费用，支付基本医疗保险药品、诊疗项目目录支付范围外的特定项目费用等，有效减少高积累引发的违规使用问题。市城镇职工基本医疗保险个人账户使用范围为：2013年超过1000元以上部分，可为直系亲属代缴居民医保，可为灵活就业人员本人缴纳职工医保；2013年超过1000元以上部分，可支付住院医疗费用个人负担部分；2013年超过2000元以上部分，可购买住院医疗补充保险；设奥体中心为定点健身单位，2013年超过3000元以上部分，可健身消费，年度最高限额2000元；可用于支付在定点医疗机构发生的健康检查费用。

【大病医疗保险制度】 2014年9月，市人民政府办公室印发《大丰市城镇职工和城镇居民大病保险实施办法（试行）》，市人社局与中国人民财产保险公司大丰支公司签订大病医疗保险合作协议，从2014年1月1日起，推进实施大病保险制度。实施办法规定了对参保人员发生的医疗费用经基本医疗保险报销后，个人负担超过大病保险起付标准的住院和门诊特殊病种的合规医疗费用进行再次补偿。城镇职工、居民大病保险基金按每人每年24元的筹资标准和起付线1.1万元（其中低保、特困、重残人员大病保险起付标准为5000元）以上至5万元、5万元至10万元、10万元以上按段报销50%、60%、70%补偿标准。全年有24.2万人参加大病保险，其中职工13万人，居民11.2万人，筹集资金575万元。

【定点门诊、零售药店信用等级评定】 2014年，大丰市首次组织开展定点门诊、定点零售药店信用等级评定工作。把信用等级分“AAA、AA、A、无等级”四档标准，把信用等级与平均结算定额挂钩，试行每个等级差额为5元。结合2013年医保日常稽查、联合稽查、群众举报处理和考核情况，对全市58个定点门诊、32个定点零售药店信用等级进行评定，其中，被评为“A”信用等级的定点医疗机构53个、定点零售药店24个，未被评上定等级5个定点药店、5个定点门诊，不予调整定额，严格按信用等级平均结算定额标准挂钩。

【医保“双定”机构监管】 2014年7月，市医疗保险基金管理处制订《关于建立健全“双定”机构监管制度的通知（试行）》，明确监管重点，细化监管区域，实行监管责任捆绑联动机制，重点对32个药店进销存软件运行情况随时随机检查，防止个人账户违规套现等现象发生，对定点医院药品零差价政策的实施情况跟踪、分析、评估，全年向违规定点药店发放限期整改通知书33份。建立与卫生等部门协调监督机制，抽调医疗专家定期组织对市区定点医院医保医疗服务质量检查，运用信息数据管理，通过实时监控、数据分析、发挥住院代表作用等手段，健全管理制度，进一步规范定点机构医疗服务行为，提高基金运行效率。强化“双定”机构医疗保险服务质量年终考核工作，对达不到年度考核要求的5个定点药店、5个定点门诊、6家定点医院，按考核分扣减考核金，进一步规范医保服务行为。

【定点药店统筹规划】 2014年，大丰市首次将镇定点零售药店审批权下放到各镇。镇人力资源服务中心按定点零售药店定点条件规定，择优推荐定点药店。12个镇新增22个定点零售药店、3家门诊和1家社区卫生服务中心，市医保中心统一组织，进行定点前医保政策、操作规程培训，强化医保定点机构规范化服务理念，方便参保人员就医购药。

【慢性病（大病）统筹资格管理】 市人社局建立慢性病（大病）统筹资格准入管理制度，对申请恶性肿瘤等大病统筹人员，1周内组织会审，对申请慢性病统筹人员，半年内组织医疗保险医疗质量专家鉴定，及时保障慢性病（大病）患者享受门诊统筹待遇。全年受审慢性病（大病）1031人，专家认定的大病626人、慢性病357人。开展医保门诊慢性病年检、健康体检，及时掌握特殊人群疾病及用药治疗健康状况，建立健全医保门诊慢性病人员健康档案。鉴定年检2011年12月31日前认定慢性病（大病）统筹人员3628名，对达不到标准或经过治疗恢复后的人员进行核减。

【医疗保险付费方式改革】 2014年，市医保中心与市直四大医院签订协议，对住院费用实行“总额控制、定额（单病种）管理、弹性结算和风险共担”的复合式付费方式；对29家镇（区）医院实行“定额管理、单病种结算、超定额分段累进”的付费方式，对实行药品零差价的3家医院门诊诊察费实行“总额控制、按人头付费”的结算方式；调整离休干部医疗费用结算方式，离休干部住院医疗费用按“总额控制、均值（床日）管理、弹性结算、风险共担”的复合式付费方式付费。

【建立医疗保险稳保机制】 2014年3月，市人民政府办公室制订出台《关于建立城镇退休人员基本医疗稳定保障机制的通知》，规定大额补充医疗保险基金由按月缴纳改为一次性筹集，用人单位为退休人员补足或缴足大额补充医保费，退休人员医保关系与单位脱钩，稳定享受医保待遇。全年全市征收退休人员稳保基金732万元，20742名退休人员稳定享受医保待遇。

执法维权

【人力资源社会保障政策法规宣传】 2014年，市人社局利用电视、广播、QQ群、微信平台以及人力资源和社会保障网等，做好《劳动法》《劳动合同法》《社会保险法》等法律法规宣传，宣传与构建和谐劳动关系相关的法律法规和部门规章。开展送法进企业、园区、社区咨询活动，在大丰港区、常州高新区、南阳镇、多为集团等地举办现场讲座、政策咨询4次，发放政策宣传材料1.2万份；通过市民营企业协会、浙江商会发放相关宣传材料、知识问答2000多份。3月6日，在盐阜商场大丰购物中心广场开展社会保险扩面推进工作及政策法规宣传大型活动，现场接待咨询1800多人次，发放宣传材料、政策法规知识3000多份。《江苏法制报》以《依法行政、惠及民生》为题宣传市人社局开展社会保障政策法规宣传的先进做法。2014年，市人社局被盐城市委表彰为法治建设先进单位，被大丰市政府推荐为2015~2016年盐城市依法行政示范点。

【依法行政】 市人社局推进行政审批工作规范化建设，全年审核各项规范性文件24件，审批综合计时和不定时工作申请31件；企业劳动合同备案7.3万份，签订集体劳动合同1240份、工资协商协议361份；上报省厅9个企业劳务派遣许可申报，全部通过审核。完成行政复议、诉讼案件应诉、答复工作12件21起，维持率100%。推进劳动保障诚信示范企业以及和谐劳动关系模范企业评比，4个企业被评为盐城市级劳动保障诚信示范企业，2个企业被表彰为省级和谐劳动模范关系企业。

【劳动能力及工伤鉴定】 2014年，大丰市调整市劳动能力鉴定委员会及其办事机构，完成370名申请病退及工伤鉴定人员的受理和鉴定工作，对675起申报工伤认定案件受理、调查取证和依法认定，为115名特殊工种职工、23名因患恶性肿瘤丧失劳动能力的企业职工办理提前退休手续审批。

【劳动监察执法】 全年接待各类劳动纠纷来访、咨询3000余人次，主动监察和受理劳动举报、投诉案件508件，协调处理或责令支付拖欠的工资、加班工资3126万元，督促用人单位办理社会保险登记2300人，审查用人单位报送劳动保障书面审查材料2700份，处理突发性、群体性劳资矛盾事件16起，促进了劳动关系和谐。

【劳动监察“两网化”管理】 大丰市将全市各镇（区）作为劳动监察网格化的基本单位，按照每个一级网格配备1名兼职监察员，每个村级网格配备1名监察协理员的基本要求，把服务落实到辖区所有企业。大中镇、新丰镇作为2014年创建的省级劳动保障监察示范网格，在盐城市劳动监察支队的支持下配备劳动监察执法电动车。市劳动监察大队定期对监察网络化工作上门指导，推动全省投诉举报平台正常运行。充分发挥典型示范、以点带面的作用，促进全市劳动监察“两网化”管理进入统筹规划、有序发展时期。

【劳动人事争议仲裁】 市劳动人事争议仲裁院坚持普法在先、调解在先，充分发挥“三方联会”办公室、“人民调解工作室”“人民法院巡回庭”特

2014年9月19日，大丰市人社局工作人员在市区宣传《中华人民共和国社会保险法》 单位供图

殊功能，完善工作制度，规范调解流程，提高调解水平，做到调裁对接、裁审对接，把劳资矛盾化解在基层。2014年，全市处理各类劳动人事争议仲裁案件369件，其中案前调解处理251件、立案处理118件，涉及职工权益标的840多万元，结案率96.6%，调解率90.4%。

【基层调解仲裁组织建设】 市劳动人事争议仲裁院组织人员深入企业，帮助、指导建立基层劳动人事争议调解组织。对设立基层劳动人事争议调解组织的镇、园区和企业，进一步明确工作职责，完善工作制度，规范调解流程，提高调解水平；全市农业、交通、水利、建设等系统和各镇、区（园）、6个驻大丰农场成立工会的企业和300人以上的企业，建立劳动人事争议预防和调解委员会中心286个，聘用调解人员497人。初步建成企业劳动争议预防调解中心、村（社区）劳动争议预防调解工作室、镇（区）劳动争议预防调解中心和市劳动人事争议仲裁院相结合的劳动人事争议调解网络体系。

人事管理

【机关事业单位人事管理】 2014年，市人社局宣传《事业单位管理条例》，推进事业单位岗位设置管理。探索引入服务对象评价机制，完成年度考核12571人。坚持行政奖励表彰对象立项申报审批制度，坚持民主推荐公开评选，坚持面向基层单位和一线工作人员，严控表彰周期、范围和数量，严格执行社会治安综合治理、计划生育等"一票否决制"，考核有根据，奖励有依据。

【各类主题培训】 2014年，市人社局从5月开始，对全市1200多名公务员分3批轮训，完成全市科级及以下公务员网络学习、考试1500多人。6月下旬，推选8名政治素质好、业务能力强、热爱岗位工作的科级干部参加南北对口培训，提高服务地方发展的能力和水平。9月，完成2014年江苏省新录用公务员初任培训62人。10月，组织2006年以来经省公务员主管部门批准的参照管理事业单位的科级及以下工作人员（除工勤人员）登记前培训580人。

【公务员考录阳光操作】 2014年，人社局加强考录政策宣传，规范职位条件设置，多程序审查考生档案资料，实行考录政策、录用计划、资格条件、考试成绩、录用结果"五公开"，提高考录工作的透明度和公信力。通过公开岗位，公平考试，公正选拔，市公务员统一招录考试报名1326人，参加笔试1213人，参加面试136人，录取46人。

【事业单位人事考试】 市人社局严格按照《关于事业单位公开招聘工作若干问题的规定》《大丰市事业单位公开招聘人员实施办法》《大丰市事业单位工作人员录（聘）用和流动办法》的相关规定，以公开、平等、竞争、择优为原则，全年组织4场事业单位进人考试，报名2658人，为部分事业单位招录181名工作人员。

【工资福利政策】 2014年，市人社局为事业单位1万多名工作人员办理一年一次正常晋升薪级工资审批，为机关3500多名符合条件的人员办理级别工资2年晋升一档审批，为符合条件的1400多名机关事业单位工作人员办理跨年度变动工作津贴、岗位津贴审批，为全市近500名事业单位岗位设置首次聘任后变动岗位人员办理工资变动手续，完成2013年年终一次性奖金审批工作。完成2014年年度遗属生活困难补助、1957年精简回乡干部年终一次性补助、20世纪50年代精简退职人员生活补助调整等福利的审批工作。

【职称评聘服务水平】 2014年，市人社局对照高级职称评审条件，推荐上报卫生高级职称111人，教育高级职称65人（其中正高5人），其他专业高级职称115人。做好初、中级职称材料审核工作，推荐上报中级职称198人，初级职称认定417人，初级职称评审180人。建立初级职称认定"快速通道"，为各类专业技术人员提供方便、快捷、周到的职称服务，全年为417人认定初级职称。推进专业技术人员全员继续教育，全年完成8万多学时。

【军转干部服务】 2014年，大丰市转业军官9人，其中团职1人、营职5人、连排职和技术干部3人，全部安置到党政机关。对3名军转干部随调配偶货币化安置。3月，组织2013年年度转业军官参加军队转业干部岗前培训班。提高未退休企业军转干部的生活补助标准，人均月收入3587元。在2014年退休职工调资中，对退休企业军转干部营职及营职以下干部基本养老金低于市平均水平120%、团职干部低于130%、抗美援朝和1953年12月31日前入伍的干部低于140%，分别补足到120%、130%和140%。2014年，市增加军转干部门诊医疗费用近31万元，发放企业军转干部慰问金46万多元、补助款31万元。市委、市政府主要领导在春节前登门慰问企业军转干部代表，送去慰问金；召开10多名军转干部代表座谈会，特别走访慰问团职军转干部和家庭生活特别困难、身患严重疾病的企业军转干部。八一建军节期间，举行企业军转干部代表掼蛋比赛，发放慰问金和补助款37万多元。在国庆节前组织企业军转干部代表参观市知青馆、熊猫馆、海洋馆和大丰港码头等。

【干部人事档案系统升级工程】 按照中组部《关于做好文件改版涉及干部人事档案有关工作的通知》要求，对干部人事档案材料的分类、排序、标签、卷盒更换、整理、装订，并录入档案管理系统。对管理的档案进行全面查缺，重新审定或补充相关材料310份。

（刘　波）

〖编辑　陈琴琴〗

各镇概况

草堰镇

【概述】 草堰镇是盐城市文明镇，具有1800多年历史的古镇，古桥、古井、古街、古闸先后被确认为江苏省、盐城市文物保护单位，独有的古盐文化使草堰镇成为江苏省唯一的古盐运集散地保护区。草堰镇地处大丰市西南，南与东台市毗邻，西与兴化市接壤，204国道、新长铁路、盐通高速公路、串场河、通榆河贯穿其中，交通便利。总面积96.3平方千米，集镇建成区面积3平方千米。2014年年末，辖12个行政村、1个居委会，78个村民小组。总人口39053人、总户数14772户。全年实现地区总产值12.61亿元，固定资产投资3.85亿元；财政总收入11020万元，比2013年增长22.05%；一般公共预算收入6109万元，比2013年增长20.9%，其中国税2620.68万元，比2013年增长30.35%，地税3488.41万元，比2013年增长14.66%。新开工1亿元以上项目2个；规模以上工业开票销售3.1亿元，比2013年增长73%；新培植规模以上企业数2个；农民人均纯收入16387元，比2013年增长11.8%。随着项目建设和农业产业结构调整的步伐加快，全镇已形成机械、铸造、纺织、玩具、建材等支柱产业，蚕桑、花卉、水产品等特色富民产业。

【项目建设】 全年新开工1000万元以上项目10个，其中1亿元以上项目2个，新建标准厂房1.2万平方米，鑫国机械一期等重点项目竣工投产。总投资1亿元的华庆汽配项目一期4幢8000平方米厂房封顶，二期厂房和办公综合楼开工建设。总投资1.5亿元的致远智能停车设备项目成功签约，加快开工前期准备工作。投资5000万元的摩尔塑胶项目开工建设。

【工业经济】 2014年，实现现价工业总产值17.8亿元；全口径工业企业开票销售收入4.77亿元，比2013年增长51.9%；规模以上企业开票销售收入3.1亿元，比2013年增长73%；工业固定资产投资3.2亿元。新注册私营企业110户，新注册个体工商户550户，新增注册资本5.2亿元。全口径工业企业开票销售收入和规模以上企业开票销售收入两项指标增幅名列大丰市第一。

【旅游发展】 总投资1.6亿元的古盐运河旅游开发项目首期530米竣工并对外开放，二期1000米石护栏和驳岸工程完工；完成新街西路提升工程，对仿古建筑街进行全面修建和出新；茶食铺子、古盐博物馆、两侧古民居改造启动设计、招标等前期准备工作；宣传片微电影《缘梦草堰》正式对外发布，三元农庄农家乐建成开放并被编入市“蓝色旅游”推荐线路；义阡禅寺提升改造工程基本完工。

【统筹城乡】 苏州名邸小区二期4幢20000平方米主体工程封顶，永宁路北延工程基础完工。中心幼儿园综合楼工程主体竣工。实施后街小巷19处1896米道路硬化工程，改造提升新街路、新草路等集镇主干道1370米。市级城乡统筹试点村三元村全力打造“美丽乡村”，核心区实现对外开放。三元花苑一期32户农民别墅竣工交付使用；三元村党群服务中心建成投入使用；三元农庄农家乐项目建成开放。三元村被评为大丰市十佳环境整洁村。实施村庄环境综合整治，清理河道49条、房屋刷白1505户、迁移草堆930个、高速沿线拆迁散户42户、迁移坟文360余穴、遮挡公墓2处、栽植绿化苗木15万株。全镇12个村通过大丰市星级康居村验收。

【现代农业】 加快推进现代农业园区建设，核心区占地24.5公顷的甘霖雨露生态园垂钓中心、果蔬基地、苗木园、生态餐厅等农业观光旅游项目基本建成。新发展双河村33.33公顷苗木基地、合新村33.33公顷设施果蔬基地，建成特禽养殖场、龙诚牧业、竹园优质粮基地等项目，加快双草线现代农业示范带建设。加大土地流转力度，推动设施农业发展，全年新增土地流转495.73公顷，新增高效设施农业256.67公顷，新建千头羊场2个、万只兔场1个，新培植家庭农场4家，落实联耕联种面积1040公顷。

【民生工程】 加大农村道路、桥梁、水利等配套设施建设，全年新建水泥路16千米，新建和改造桥梁18座，新建排涝站10座，防渗渠道12千米，疏浚河道9条、土方80万立方米。全面实施丁溪河拓浚工程。合新村、双河666.67公顷高标准农业开发项目开工；草堰建材公司和健坤砖瓦厂完成土地复垦工作。突出生态文明建设，实施通榆河沿线水陆环境综合整治。通榆河水源监测站投入使用，全镇夏、秋季秸秆“双禁”工作实现“零火点”目标，国家级生态镇创建通过验收，三元村建成“省级生态村”。健全社会保障体系，全年新增转移农村劳动力509人，新增城镇就业600人，帮助城镇失业人员再就业200人，参加城乡居民社会养老保险10874人，收取保险费400万元，办理被征地农民社会养老保险395人。兴办民生实事工程，城乡供水工程完成入户接表接水；敬老院提档升级附属工程基本完工，成立镇居家养老服务中心和各村居家养老服务站；推进各村便民服务中心和综合治理服务站规范化达标建设；双垛、三渣两村1500户改厕完工；新建三渣、界中等5个村卫生室，对村民开放服务；成文、三新、西渣等6个村新建党群服务中心投入使用。提升精神文明建设水平，合新、成文等7个村通过大丰市“示范文化室”验收；竹园村被评为大丰市文明村；草堰小学、三渣中学、派出所、卫生院等单位被评为大丰市文明单位。积极实施全民科技素质教育，成功创建“盐城市科普示范镇”。

【社会治理】 深入开展“三解三促一加强”、进村入户等活动，推进社会治理创新，加强社会治安综合治理、安全生产和维护稳定工作，落实安全稳定责任制和领导干部包案、信访接待日等制度。“12345”公共服务平台高效运行，全年办理解决群众反映的热点难点问题540件，办结率100%，回访满意率达93%。推进“阳光政务”，重大事项定期公开公示，78个村民小组均设立村务公开栏。平安草堰、法治草堰建设取得明显成效，被盐城市委、市政府表彰为“盐城市法制建设先进镇”。

【草堰村获“中国传统村落”称号】 2014年11月，草堰村入选住建部、文化部、国家文物局、财政部、国土部、国家旅游局等联合公布第三批中国传统村落名录。盐城独此一家。草堰村是一个村居合一的古村落，现存五街十二巷仍保持明清建筑风貌。

大丰市草堰镇古盐运河

2014年主要经济社会指标

表19

项　目	数　量	项　目	数　量	项　目	数　量
地区生产总值	12.61亿元	工业利税	5.07亿元	固定电话	13791部
全口径财政收入	10020万元	固定资产净值	28120万元	移动电话	21956部
用电总量	3918万千瓦时	固定资产投资	3.85亿元	小汽车拥有量	442辆
农业生产总值	8.15亿元	工业技改投入	3.2亿元	医院病床数	60张
粮食总产量	5.12万吨	进出口总额	400万美元	自来水普及率	99.8%
皮棉总产量	2346吨	学校	4所	参加养老保险	11089人
肉类总产量	5774吨	在校学生	2156人	参加合作医疗	30453人
水产品总产量	4803吨	在职教师	226人	农民人均纯收入	16387元
规模以上工业企业	12个	有线电视用户	14181户	农民人均住房	41.5平方米
工业销售收入	4.77亿元	互联网用户	2921户	—	—

2014年各村、居委会、街道基本情况

表20

名 称	党总支（党支部）书记	主 任	经济总收入（万元）	人均纯收入（元）
丁溪村	孙玉祥	孙玉祥	6500	17182
界中村	袁艳（女）	冯玉军	5826.46	17325
双河村	肖金存	黄红山	4025	17610
双垛村	景步国	孙桂文	9226.9	17167
合新村	肖卫东	陈桂红（女）	6132.4	16914
草堰村	刘洪建	袁春龙	6780	19152
三元村	陈学高	杨兴明	9500	17208
西渣村	许永明	许素芹（女）	6368	16942
成文村	王龙祥	王龙祥	6425	16995
竹园村	宗汝刚	宗汝刚	8294	17489
三新村	王 平	王 平	6879.6	19230
三渣村	丁 冬	邢俊青	9912.68	19335
草堰居委会	★王志成	冯爱萍（女）	—	—
马桥居委会	★刘益华	赵玉萍（女）	—	—
三渣居委会	★邢俊青	鲍永根	—	—
街道办事处	★钱玉荣	周慧生	—	—

说明：2014年年末，草堰居委会、马桥居委会合并，设立竹溪居委会。三渣居委会与三渣村委会合并，设立新的三渣村委会。"★"为党支部书记

2014年度骨干企业基本情况

表21　　单位：万元

企 业 名 称	销售收入	利税总额	法人代表
江苏高昌压缩机制造公司	1753	68	朱伯泉
大丰市水泥制造有限公司	1399	41	李长韬
盐城威尔斯工艺品公司	1047	16	陈连芳
大丰市东华玩具公司	858	53	杨东明
盐城丰环饲料公司	2895	4	肖 冯
大丰市长荣建材公司	1833	128	周 扬
大丰市翔鸿玩具公司	975	38	刘小根
盐城春禹建材有限公司	837	10	杨忙英
大丰市蓝翔木业有限公司	1232	26	宗德宝
大丰禾丰粮油工业有限公司	18196	5	陈 杰

（周汉明）

白驹镇

【概述】 白驹镇位于大丰市西南部，东与西团镇、小海镇接壤，南与草堰镇为邻，西与兴化市的合陈、大营两镇隔河相望，北与刘庄镇毗邻。总面积113平方千米，耕地面积7021公顷。2014年年末，下辖16个行政村、1个居委会，100个村民小组，总人口39904人，总户数14618户。全年实现地区生产总值20.57亿元，固定资产投资7.07亿元。财政总收入1.52亿元，其中一般公共预算收入8341万元。农民人均纯收入16842元。在大丰市2014年综合考核中，获7个单项奖，被大丰市委、市政府评为综合先进镇，连续6年获此称号。

【招商引资】 2014年，新开工1亿元

以上项目5个，分别是沪邦建材、米之飨食品、康柏斯机械（重组）、中华水浒园、幽阑仙境休闲农庄项目，其中沪邦建材和米之飨食品项目先后通过市政府1亿元新开工项目考核认定。招引投资3亿元的奥升太阳能光伏空调项目、投资3000万元的良芯食品、投资3000万元的建泰钢结构项目，成功重组原万隆纸业、冠全食品等企业。

【工业经济】 19个规模以上工业企业实现开票销售收入5.82亿元，比2013年增长12%；纳税超100万元的企业9个，超1000万元的企业1个。新增规模以上企业3个，分别为康盛纸业、天成精铸、鹏诚麦业。企业转型升级步伐加快。9月19日，江苏焕鑫新材料股份有限公司在全国中小企业股份转让系统成功挂牌，实现大丰乃至盐城“新三板”挂牌企业零的突破。全民创业取得实效。全镇新增个体工商户576家、私营企业166个。中小企业园区新建标房2.6万平方米，新入园项目7个，沪邦建材、米之飨食品、康柏斯机械等重点项目基本竣工。

大丰市白驹镇水浒街

【现代农业】 农业结构调整和联耕联种工作取得实效，被盐城市委、市政府表彰为“调整农业结构推进联耕联种工作先进单位”，团结村千亩连片示范点受到盐城、大丰市主要领导的高度肯定，并先后两次在此召开现场会。全年新增土地流转270公顷；新增联耕联种面积1400公顷；新增高效设施农业73.33公顷；新增“一户一棚”农户57户；新增家庭农场6户、种养殖大户26户、农民经纪人52人。锦绣大地现代农业示范园区初具规模，6.67公顷连栋大棚和26.67公顷普通大棚基本建成。

【旅游开发】 白驹镇被中国古镇网列入2014年中国古镇精华游线路之一。以施耐庵故里和水浒文化为主线的中华水浒园项目一期工程初步建成，花家垛“三施”系列工程、水浒街改造等子项目基本完成，二期城门楼、停车场等项目全面开工。以生态休闲为主题的幽阑仙境休闲农庄项目完成54.67公顷土地流转、11户拆迁、杆线迁移、丰环路改道、土地规划调整、总体规划设计等工作，A区工程全面启动。以八路军、新四军胜利会师为背景的会师主题文化园完成规划设计工作。

【统筹城乡】 集镇基础设施“六个一”（一条园林式街道、一个园林式住宅小区、一块街头绿地、一幢标志性建筑、一条精品水景、改造一条老街道）工程和绿化“五个一”（新建一条林荫大道、一条园林式道路、一条河滨绿化带、一块森林公共绿化、一个街头游园）工程全面竣工，总长9.8千米的镇区污水管网工程全面建成并投入使用。盛世名城小区1~5号楼、汇豪聚福园小区全面建成，集镇形象焕然一新。狮子口村和洋心村统筹城乡示范点各建成41套双拼别墅。农村“3+1”（农村水环境整治、生活垃圾处理、污水处理和城乡供水一体化）工程建设全面深化，全镇16个村34个规划村庄点和62个非规划村庄点达到农村环境整治标准，康居乡村实现全覆盖，获大丰市农业现代化和统筹城乡发展工作奖。

【民生工程】 扎实推进春季绿化造林、通榆河专项整治和秸秆“双禁”等工作，生态文明建设取得实效。10月8日，被环保部授予“国家级生态镇”称号。全镇新建（扩建）水泥路29千米、新建（改建）桥梁54座；疏浚河道13千米，疏浚河道土方22万立方米。社会保障水平和群众幸福指数不断提升，被省民政厅表彰为江苏省社区和谐示范镇，获大丰市人民武装工作奖和人口和计划生育工作奖。平安法治建设得到加强，社会大局保持和谐稳定，获大丰市社会管理创新和信访稳定工作奖，汤舍、狮子口、沿堤、三里树、洋心、民窑等村建成江苏省民主法治示范村。

【党的建设】 深入开展党的群众路线教育实践活动，加强领导班子和干部队伍作风、能力建设。镇党委被大丰市委表彰为先进基层党委，获反腐倡廉和作风建设工作奖。镇老干部党支部被中组部表彰为全国离退休干部先进集体，狮子口村成为大丰市村党组织建设示范点。推进村级“四有一责”建设工作，16家党群服务中心全部达到省定建筑面积标准，夯实团结、新垛2个经济薄弱村的发展基础，发挥农村基层党组织的战斗堡垒作用。

2014年主要经济社会指标

表22

项　目	数　量	项　目	数　量	项　目	数　量
地区生产总值	20.57亿元	出口产品交货值	3.02亿元	工业利税	2.04亿元
财政总收入	1.52亿元	学校	4所	固定资产投资	7.07亿元
公共财政预算收入	8341万元	在校学生	1607人	工业技改投入	4.23亿元
工业用电量	4028万千瓦时	在职教师	233人	医院病床数	145张
农业总产值	88065万元	有线电视用户	13156户	自来水普及率	100%
粮食总产量	7.63万吨	移动电话	32132部	参加养老保险	14078人
皮棉总产量	1506吨	互联网用户	3925户	参加合作医疗	32820人
肉类总产量	3665吨	固定电话	8553部	农民人均纯收入	16842元
水产品总产量	3527吨	小汽车拥有量	1350辆	农民人均住房	42平方米
规模以上工业企业	22个	工业销售收入	23.7亿元	—	—

2014年各村、居委会、街道基本情况

表23

名　称	党总支书记	主　任	经济总收入（万元）	人均纯收入（元）
沿堤村	葛吉平	葛吉平	13084.4	19663
马家村	陈竹传	陈相宽	3541	17358
民窑村	周正存	杨相平	8880	17679
七里桥村	陈纪存	杨金华	2989.8	17356
团结村	张国庄	陈正余	4998.4	17612
三里树村	杨元富	杨元富	3020	19465
狮子口村	王正洪	王正洪	35299	22977
汤舍村	曹　映	单怀龙	4362.52	18369
唐西村	朱宏付	单德高	4081.5	17457
肖坳村	肖桂存	朱美华（女）	3768.2	17193
进步村	宗如红	刘庆平	3893.1	19379
新垸村	朱保美	周加乐	5542	17860
朱舍村	周生书	周生华	2975	17366
东窑村	周浦江	杨翠凤（女）	2580	17345
窑港村	单长虹	朱爱中	7882.49	17352
洋心村	唐亚武	陈维仁	3504.5	17888
富强居委会	陈卫华（女）	陈卫华（女）	—	—
繁荣居委会	杨小春	杨建生	—	—
海宁居委会	李月芹（女）	李月芹（女）	—	—
街道办事处	董启荣	董启荣	—	—

说明：2014年年末，富强、繁荣、海宁3个居委会合并，设立新的海宁居委会

2014年度骨干企业基本情况

表24 单位：万元

企 业 名 称	销售收入	利税总额	法人代表
盐城汇百实业有限公司	202051	2056	陈启俊
大丰市康盛纸业有限公司	27824	2671	李康恩
盐城杉童玩具有限公司	22510	2573	李生祥
盐城杉童纺织品有限公司	12814	1283	陈付传
盐城神龙玩具有限公司	15873	2283	卞九龙
盐城神龙毛绒制品有限公司	10458	1187	卞九龙
大丰市洋心洼福利机械厂	7031	907	唐春锁
大丰市环球工艺品有限公司	5092	504	陈红文
盐城开乐纺织工艺有限公司	8954	818	宗胜旺
江苏鑫龙机械制造有限公司	9605	810	杨翠凤
大丰鸿达玩具有限公司	8837	937	葛中东
江苏焕鑫高新材料科技有限公司	20616	2337	钱建华
大丰市众信玩具有限公司	4602	409	严 明
大丰市华升铸机有限公司	4233	349	肖爱平
大丰市宏丰米业有限公司	8032	583	朱俊逸
大丰富邦邻耐磨材料有限公司	2268	190	常建良
大丰华盛织造有限公司	10299	849	王超俊
大丰市荣达印染有限公司	15436	1520	周慧杰
大丰市华盛棉业有限公司	2979	228	赵培勤
大丰市飞腾铸造机械有限公司	2600	266	潘绍兵
大丰市通力铸造厂	2425	198	王晋枫

（刘文泉）

刘庄镇

【概述】 刘庄镇位于大丰市西部，204国道、新长铁路穿境而过，是国务院六部委联合命名的全国重点镇，江苏省命名的苏北重点中心镇。全镇总面积96平方千米，辖12个行政村、3个居委会，77个村民小组。2014年年末总人口43107人，总户数15428户。全年实现地区生产总值19.40亿元，比2013年增长12.6%；一般公共预算收入7760万元，比2013年增长14.4%；完成固定资产投资4.2亿元，规模以上工业投资3.5亿元，比2013年增长23.5%；农民人均纯收入16845元，比2013年增长11.9%；新增个体私营企业183个，新增个体工商户586个。在大丰市2014年综合考核中，被大丰市委、市政府评为工业发展推进，转型升级，全民创业，党建、强基工程和五好班子建设，民生幸福和社会事业，社会管理创新和信访稳定，反腐倡廉和作风建设等单项工作先进镇。

【招商引资】 多措并举实行驻点招商、流动招商、领导招商、以商招商、全员招商。出台招商引资的激励政策，在全镇形成浓烈的招商氛围。瞄准高端产业、重大项目，强化招商力量，创新招商方法，广泛收集信息，加强跟踪服务。2014年，新开工1000万元以上项目6个。10月，源源山富数码喷绘材料项目一期工程开工建设。源源山富数码喷绘材料项目，总投资6亿元，占地20公顷，总建筑面积10万平方米，其中一期工程投资3亿元，建筑面积5.2万平方米。

【城镇建设】 以建设生态宜居城镇为目标，实施城镇建设十大工程。总投资近1000万元的刘庄中心幼儿园、新疆大厦12层楼主体工程竣工，成为刘庄镇标志性工程。友谊、良好统筹城乡试点村的集中居住点建设进展顺利，住房主体工程结束。迦叶湖文化广场一期工程完成地基工程。提升集镇绿化、亮化、美化水平。新建范公堤绿地4700平方米、八排河景观1万平方米。投资260万元整治老镇区紫林路、竹园路、三圩中心路及14条后街小巷等5.6千米道路。新增置老镇区路灯20盏、花箱80个。拆除老镇区违章建筑88户3200平方米。7月，被住房城乡建设部、国家发展改革委、财政部、国土资源部、农业部、民政部、科技部列为全国重点镇。

【财政收入】 将全镇企业划分为定报企业、成长型企业、小微企业三个板块，分别由三套班子成员、部分干部、村干部挂钩服务，落实服务责任，培植主体税源，发挥工业税收的支撑作用。大力培植新生税源、速效税源，创造性地开展综合治税工作，全镇上下紧扣时间节点，攻坚克难，顾全大局，全年完成财政公共预算收入7760万元。

【统筹发展】 根据市级和镇级统筹发展规划，重点做好友谊村和良好村试点工作。发展高效农业1000公顷，其中设施农业400公顷。大力发展特经种植，初步形成规模特色。发展地膜洋葱333.33公顷，黄秋葵20公顷，新增“一户一棚”农户116户面积23.6公顷，友谊村紫庄福地生态园建成连栋大棚2.67公顷、单体钢架大棚15.33公顷。推广家庭农场、扩大联耕联种。全镇累计流转土地2200公顷，建成家庭农场14个，联耕联种面积1200公顷。全镇新增大型农机具104台套，秸秆还田达60%以上。实施省级农业开发项目3个。

【社会管理】 以稳定是第一责任的理念，开展“四项排查”工作，营造和谐稳定的社会环境。开展普法教育，增强广大干群遵纪守法的意识。加强综治、政法、信访干部队伍建设，形成强有力的管理网络。加大平安创建的投入，投入44.8万元新装32个治安探头。实施人防、技防、物防并举，社会治安状况持续好转。落实分级管理、属地管理、包案管理的信访维稳责任制，有效化解矛盾纠纷181起。严格落实重大固定资产投资项目社会稳定风险评估制度，把好项目环保安全关。全面落实安全生产责任制，全面开展安全生产大检查，整改安全隐患81起，安全生产态势平稳，社会大局和谐稳定。

【改善民生】 刘庄镇党委政府把增加农民收入作为民生工程的重点。新增就业681人，农村养老保险参保率、合作医疗参保率均为100%，为1500名退休职工进行健康体检。为7户14人办理低保，为49名大病农民办理医疗救助金2.8万元，帮扶9个困难大学生入学支持学费2.8万元，整治危房66户4[illegible]50平方米。城乡供水一体化全部到位。改善农民生产生活条件，新建水泥道路24.5千米、桥梁57座。实施12个村卫生室提升达标工程。教育、文化、体育、计划生育等社会事业长足发展。

大丰市刘庄镇良好村水稻高产片

2014年主要经济社会指标

表25

项　　目	数　量	项　　目	数　量	项　　目	数　量
地区生产总值	19.40亿元	规模以上工业利税	3.45亿元	互联网用户	6883户
全口径财政收入	1.28亿元	固定资产净值	9.9亿元	固定电话	10267户
用电总量	8452万千瓦时	固定资产投资	4.2亿元	移动电话	28049户
农业生产总值	9.19亿元	工业技改投入	3.5亿元	小汽车拥有量	1156辆
粮食总产量	57866吨	当年注册外资	0	医院病床数	52张
皮棉总产量	1833吨	当年到账外资	0	自来水普及率	100%
肉类总产量	5807吨	进出口总额	1400万美元	参加养老保险	21688人
水产品总产量	4010吨	学校	4所	参加合作医疗	38759人
规模以上工业企业	16个	在校学生	1882人	农民人均纯收入	16845元
规模以上工业销售收入	41.94亿元	在职老师	270人	农民人均住房	41平方米

2014年各村、居委会基本情况

表26

名　称	党总支（党支部）书记	主　任	经济总收入（万元）	人均纯收入（元）
光荣村	王相裕	王相裕	7852	18389
龙心村	束长和	杨　卫	4962	18429
竞赛村	束长明	胡学银	5958	18488
新桥村	智翠玉（女）	束必川	7610	18430
友谊村	杨世友	陈友云（女）	6458	18462
东联村	丁明根	韦钊和	6033	18399
东方村	沈爱山	朱加保	5650	18395
良好村	葛中香	陈连珠	7535	18456
民主村	季明俊	韦安元	7608	18368
建成村	朱新全	季　新	6295	18406
润民村	韦林广	徐子杰	8457	18483
胜利村	季自标	季自标	7791	18345
云溪居委会	蔡紫阳	李红明	4793	27959
紫竹居委会	★束必高	束必高	—	—

说明：三圩居委会隶属于润民村委会，由润民村委会统一管理，实行两块牌子一套班子。因此，本表未单独列出三圩居委会。“★”为党支部书记

2014年度骨干企业基本情况

表27　　单位：万元

企　业　名　称	销售收入	利税总额	法人代表
大丰市天生药业有限公司	20578	758	陈隽楼
大丰市创意工艺品有限公司	26185	587	王加森
盐城恒兴饲料有限公司	18985	286	刘兴旺
盐城恒昌汽车配件有限公司	2162	286	季顺中
江苏辉达建材有限公司	1490	102	周玉生
盐城丰美羽绒制品有限公司	3048	83	杨世卿
大丰市众意海绵有限公司	1697	64	徐同松
江苏澳太斯纺织品实业有限公司	5545	63	张　兵
大丰市岷琪针织品有限公司	2063	60	李剑威
大丰市龙虎经纬科技有限公司	939	47	纪汉美
大丰市刘庄混凝土有限公司	572	35	林友发
大丰市海狮铸钢厂	578	27	胡学书
大丰市协和新型建材有限公司	2000	14	张俭民
大丰市龙凤塑料有限公司	703	9	毛念凤
大丰市三川麦业有限公司	7051	5	朱　群
大丰市宏大矿业机械厂	949	—	徐同达

（陈　科）

西团镇

【概述】 西团镇位于大丰市中南部，为大丰市卫星镇、与江苏省大丰市经济开发区一体化管理的镇，总面积88平方千米，下辖11个行政村、2个居委会，69个村民小组。2014年年末，总人口29235人，总户数11417户。全镇拥有各类工业企业300多个，涉及机械、纺织、建材等行业，先后获中国产业名镇、中国抛丸机产业基地、中国绿色名镇、江苏省卫生镇、国家级生态镇等称号。2014年，全镇实现地区生产总值27.67亿元，比2013年增长13.1%；一般公共预算收入1.43亿元，比2013年增长18.1%；实际利用外资1000万美元；完成固定资产投资5.6亿元；农民人均纯收入16922元，比2013年增长11.8%。

【工业运行】 2013年，西团镇实现工业开票销售收入18.2亿元，规模以上工业实现开票销售收入14.8亿元，比2013年分别增长15.7%和19.7%；腾龙集团实现销售收入6.8亿元，增长10%；抛丸机产业实现开票销售收入8.1亿元，增长10.8%；新增南康、华青、博亿3个规模以上企业。腾龙药业获得国家星火计划项目2个，成越科技获国家中小企业创新基地项目，英达公司建成江苏省高新技术企业和盐城市工程技术研究中心。全镇有授权专利37个，22个产品被省科学技术厅认定为高新技术产品。抛丸机产业园区建成“省优质产品质量示范区”。全年新建标房7.2万平方米，新入园项目14个，龙源机械等10个项目开工，谷登机械等8个项目竣工。成功重组久昌公司和辰泰公司，盘活闲置厂房1.28万平方米。环球履带、天边湖商业综合体等一批项目签约。

【农业发展】 “绿野新中”现代农业园区66.67公顷启动区基本建成。全年新增设施农业100公顷，新发展规模畜禽养殖户28户，形成规模养殖小区2个。创建生态养殖基地4个，新增“一户一棚”农户120户，新获“三品一标”（无公害农产品、绿色食品、有机农产品和农产品地理标志）证4个，西团青椒先后获得“无公害农产品认证”证书和“绿色产品”证书。九一、龙窑、北团、西团等村形成“一村一品”产业布局。落实联耕联种面积1200公顷。农村基础设施不断完善，新建泵站5座、桥梁11座、封闭闸9座、防渗渠15千米；新修农村道路17.7千米，疏浚大中沟8条，清理条排沟74条，拆除危桥3座。秸秆“双禁”工作实现卫星拍摄零火点和上级巡查零通报。

【城乡统筹】 永盛置业2期开盘销售，敬老院项目主体工程封顶，牛湾河自然风光带建成开放，修建30米以上的交通桥梁2座。若飞河、菜市场西排河等镇区河道完成清淤清杂和绿化，檀香路、双龙路、城乡路、西新线、叶挺桥、安置小区道路和新窑街道路改造提升工程以及大龙街、西团菜市场绿化和亮化工程竣工。马港村和赵场村党群服务中心建成使用。全面启动大沈路描花段拓宽工程。铺设污水管网5.8千米，总长度超15千米。全面推进绿化造林“2211”工程，赵场村西排河、一卯西河堤实现退耕还林，建成160公顷高标准农田林网和5千米绿色通道，众心村创建成省林业示范村和省三星康居村。

【民生福祉】 有序推进为民办实事工程，落实各项优抚政策，新农合、新农保实现全覆盖，新成立居家养老服务站2个，组织党员干部结对帮扶困难家庭117户。新建村卫生室4家，改造2家。发放持独生子女父母光荣证的城镇企业职工及非从业居民一次性奖励71.28万元，评选出计划生育10类幸福家庭，组织无偿献血300人次，献血6万毫升。全镇11个村文化室规范化建设，通过大丰市文化广电新闻出版局验收。13个村（居委会）完成“大喇叭”工程，成功申报“江苏省公共文化服务体系示范区”。全面推进素质教育和小班化教学，社区教育水平不断提高。做好矛盾纠纷和信访积案“包到人”，公共安全和社会治安隐患排查“家家到”、村（居）薄弱环节“逐村过”，对群众来访做到热心接待、耐心调处，有效化解各种矛盾和纠纷。安全生产常抓不懈，安全检查常态化，41家企业通过安全生产标准化建设评审。全镇安全态势总体平稳。

大丰市西团镇抛丸机产业基地

2014年主要经济社会指标

表28

项　　目	数　量	项　　目	数　量	项　　目	数　量
地区生产总值	27.67亿元	工业利税	6.90亿元	移动电话	18403部
全口径财政收入	2.55亿元	固定资产净值	30.84亿元	小汽车拥有量	1049辆
定报企业用电量	7011万千瓦时	规模固定资产净值	24.21亿元	医院病床数	25张
农业生产总值	6.64亿元	工业技改投入	7.88亿元	互联网用户	5997户
粮食总产量	40781吨	当年到账外资	1200万美元	自来水普及率	100%
棉花总产量	3192吨	学校	3所	参加养老保险	19004人
肉类总产量	4324吨	在校学生	710人	参加合作医疗	23987人
水产品总产量	3815吨	在职教师	119人	农民人均纯收入	16922元
规模以上工业企业	48个	有线电视用户	7960户	农民人均住房	45平方米
工业开票销售收入	18.21亿元	固定电话	10894部	—	—

2014年各村、居委会基本情况

表29

名　称	党总支（党委）书记	主　任	经济总收入（万元）	人均纯收入（元）
西团村	★董玉荣	陈香泉	5470	18150
北团村	刘春华	季通芳（女）	7730	18012
九一村	吴兴华	陈红林	5254	18387
马港村	李晓发	陈保德	11377	17744
描花村	肖卫华（女）	董荣进	3331	17823
新中村	陈书华	练加干	5950	18008
西灵村	吴永明	吴根红	3238	17656
赵场村	赵进	赵　俊	4900	18172
黄浦村	施国林	高永道	7196	18276
众心村	卢春涛	陈相涛	452847	20657
龙窑村	顾　正	骆善炉	16440	17968
城乡建设居委会	臧龙生	刘洪德	—	—
大龙居委会	喻山恒	喻琦（女）	—	—

注："★"为党委书记。2014年12月，城乡建设居委会更名为建设居委会

2014年度骨干企业基本情况

表30

单位：万元

企　业　名　称	销售收入	利税总额	法人代表
江苏腾龙集团	66113	7510	肖建忠
江苏龙城铸造机械科技有限公司	26852	2610	江兴平
盐城市丰特铸造机械有限公司	26271	2798	乔圣兵
大丰市龙发铸造除锈设备有限公司	26355	3213	姜福前
江苏华天机电设备有限公司	26287	3144	陈玉华
盐城市久昌机械有限公司	26085	3007	陈九昌
大丰市永鑫机械制造有限公司	14174	1447	李生雨
江苏洲达铸造机械有限公司	20714	1990	杨华高
大丰市三星机械制造有限公司	10330	943	刘加存
盐城市华青机械有限公司	2246	1607	刘连蔚
江苏南康钢结构有限公司	2037	915	黄惠浩

（杨安波）

小海镇

【概述】 小海镇位于大丰市中南部，是一个有700多年历史的古镇。全镇总面积124平方千米，耕地面积8207公顷。下辖15个行政村，95个村民小组。2014年年末，总人口39134人，总户数15192户。2014年，实现地区生产总值13亿元，比2013年增长6.9%；财政总收入6742万元，其中一般公共财政预算收入4604万元，分别比2013年增长30.4%、19.3%；农民人均纯收入16332元，增长12%；新发展私营企业110个，比2013年增长10%；新发展个体工商户433户，比2013年增长5%；定报工业总产值9.42亿元，工业开票销售收入6.57亿元，其中定报工业销售收入6.01亿元，利税2900万元；工业技改投入3.2亿元；新开工1亿元以上项目3个。在大丰市2014年综合考核中，综合考核在同档镇中排名第一，被大丰市委、市政府评为综合先进镇，获招商引资和项目推进工作奖、工业发展奖等11个奖项，单项奖获奖数列各镇之首。

【重大项目】 2014年，小海镇坚持以项目建设和招商选资作为工作的突破口，坚持产业化招商和以商引商。化纤纺织产业园内总投资1.2亿元的江苏佳美高档服装面料项目，新建厂房1.6万平方米，新上生产设备300台套，2幢厂房竣工。总投资1.1亿元的大丰市蓝天再生资源短纤造粒项目，新上5条生产线，设备安装到位。在手的项目信息20多个，达成投资意向的1亿元以上项目6个，跟踪洽谈项目8个。加快在建项目建设，推动重大项目竣工早投产达效。2014年，培植销售收入超1亿元企业3个，超5000万元企业3个，超2000万元企业2个。

【财政收入】 围绕全年财政收入目标，发展税源经济，加大征管力度，强化税收征管，实现财政收入较快增长，实现财政总收入6741万元，其中一般公共财政预算收入4604万元，分别比2013年增长30.4%、19.3%。

【园区建设】 小海镇投入4200万元新建园业路及沿线5座桥梁，提升改造园区中心路、园海路等工程，实现园区与镇区无缝对接，为实现内涵发展提供有力支撑。按照国家生态镇创建指标，围绕生活污水收集处理全覆盖及“十必接”要求，投入800余万元新建污水处理设施及其管网工程。投入80余万元实施红龙河精品水景工程，建成对外开放。投入160万元实施纺织产业园中心路与大沈路绿化节点工程；投入300余万元新建兴海路林荫大道和绿化苗圃；投入60万元实施商业街绿化带。

【农村环境整治】 2014年，疏浚8条河道，清杂大中河道153条，总长216.4千米。整治乱堆乱放物2146处，迁移草堆6571个。房屋刷白出新4283户、面积计53万平方米。启动镇区绿化建设提升工程，新增植树5万株，打造4个亮点示范村。建有垃圾池2746个，垃圾桶586个，配备保洁人员132人，农村垃圾处理“组保洁、村收集、镇转运、市处理”的运行模式全面建成运行，有效改善农村村庄环境。

【农业发展】 兴海苑农业园区“三横两纵”框架全面建成，400V低压线路已架设到位，中沟、条排沟水系全部出新。大丰市百项重点工程农业类温氏扩繁场落户新窑村，扩繁场设计规模2000头存栏母猪、年繁育4万头苗猪，占地10公顷，完成土地流转、环评、规划等前期工作。全镇流转土地面积1000公顷，落实联耕联种面积1333.33公顷，涉及农户3147户。新增“一户一棚”面积80公顷，其中高效设施养殖新增大棚8.33公顷，特经蔬菜设施化种植比例比2013年增长25%。推进农产品质量体系建设，创建省农产品生产基地100公顷，绿色食品生产基地333.33公顷，无公害农产品基地4566.67公顷。

【城镇化建设】 投入200万元实施镇区兴海路整治提升工程；投入80万元在老镇区新建公共停车场，实施人行道铺装等工程；投入140万元整治南团小街路段，铺装人行道，建设配套管网，拆除违章建筑63户；投资25万元疏浚老小海河。

【文化体育】 小海镇编排的音舞快板

2014年，大丰市小海镇被大丰市委、市政府评为综合先进镇，获招商引资和项目推进工作奖、工业发展奖等11个奖项，单项奖获奖数列各镇之首

《你的梦，我的梦》在大丰市文艺调演中获特等奖；小海镇开展的春节系列文化活动在大丰市评比中获特等奖；小海镇文化站被大丰市文化广电新闻出版局命名为创优争先先进集体；小海镇被市政府评为体育工作先进集体。

【民生工程】 实施土地复垦项目3个、农业综合开发项目1个。此4个项目涉及新村村、江北村、海团村等10个行政村，面积3895公顷，惠及1万多农户。4个项目总投资1.3亿元，其中省级财政投资9950万元，地方自筹资金3000万元，完成工程项目建设散户拆迁192户，土地平整1900公顷，新增耕地面积240公顷。为2所幼儿园修建幼儿接送广场，方便家长接送幼儿。改建江北、唐中和杨树等6个村卫生室，新建北虹、徐南、海西等6个村卫生室。

2014年主要经济社会指标

表31

项目	数量	项目	数量	项目	数量
地区生产总值	13亿元	工业利税	4569万元	固定电话	13500部
全口径财政收入	6742万元	固定资产净值	6.37亿元	移动电话	24800部
用电总量	1.4亿千瓦时	固定资产投资	6.37亿元	小汽车拥有量	1200辆
农业生产总值	9.57亿元	工业技改投入	3.21亿元	医院病床数	130张
粮食总产量	46276吨	进出口总额	118万美元	自来水普及率	100%
皮棉总产量	3163吨	学校	3所	参加养老保险	25739人
肉类总产量	11926吨	在校学生	1356人	参加合作医疗	31893人
水产总产量	4153吨	在职教师	198人	农民人均纯收入	16332元
规模以上工业企业	14个	数字电视用户	14888户	农民人均住房	46平方米
工业销售收入	6.57亿元	互联网用户	3900户	—	—

2014年各村基本情况

表32

名称	党总支书记	主任	经济总收入（万元）	人均纯收入（元）
温泉村	杨恒寿	吕永龙	10456	17115
无泊村	刘进宽	刘进宽（兼）	10551	17040
小洋村	沈权	沈权（兼）	6237	19361
徐南村	郑志平	郑志平（兼）	5443	18010
海团村	徐兴海	陆恒贵	10620	17090
江北村	董加旺	卢建国	7747	14001
新圩村	吴德坤	周小兵	5454	16885
新村村	陈保祥	★陈立凤（女）	6523	16206
新窑村	吴远宏	吴长好	4622	17585
北虹村	张庆楠	赵明全	9635	17549
海西村	张绍华	刘天桂	3089	17100
唐中村	单春明	袁锦贵	5694	17192
杨树村	宗德祥	宗德祥（兼）	6807	17075
小海村	陆书正	陆书正（兼）	8455	16767
南团村	吴志忠	吴洪生	9383	19710

说明："★"为副主任主持工作

2014年度骨干企业基本情况

表33　　单位：万元

企业名称	销售收入	利税总额	法人代表
大丰市鑫海纺织有限公司	4120	260	花英俊
江苏飘逸纺织有限公司	2932	139	沈志权
盐城和乐工艺品公司	472	80	杨春喜
大丰市天力公司线路器材厂	1734	133	周保存
大丰市戈泰针织公司	508	100	戈金发
大丰市嘉华机械公司	2019	148	高树海
大丰市春喜兔毛加工厂	1743	92	潘春喜
江苏维迅纺织有限公司	7212	172	仲美妮
江苏宏垒化纤有限公司	14787	695	潘云龙
江苏易都纺织有限公司	3699	78	计培荣
大丰市汇康缘面粉厂	738	29	陈　军
大丰市正明饲料厂	885	41	顾正明
江苏金掌纺织有限公司	9573	351	王　掌
江苏今达纺织实业有限公司	13838	590	沈根发

（丁荣喜）

大桥镇

【概述】　大桥镇地处大丰市东南部，是江苏省重点中心集镇之一。全镇总面积99平方千米，下辖13个行政村、69个村民小组。2014年年末总人口32731人，总户数13163户。全年实现地区生产总值10.6亿元；一般公共预算收入5310万元，比2013年增长18.1%；实现全社会固定资产投资2.6亿元；培植规模以上企业2个；实现工业开票销售收入3.39亿元，规模以上工业开票销售收入1.73亿元；农民人均纯收入16391元，比2013年增长11.7%。

【工业建设】　全年新招引1亿元以上工业项目2个。新开工建设1000万元以上项目5个，其中1亿元以上项目2个。新开工建设标房1.8万平方米，竣工标房1.8万平方米。金阳光、越丰、荆桥、民博等重点项目竣工，金阳光、桥联、海昇、民博等公司投入3250万元实施技改项目。大桥镇全民创业园成功创建盐城市中小企业星级公共服务平台。6个企业完成安全生产标准化企业创建。

【现代农业】　以丰禾大地现代农业观光园为龙头，辐射带动全镇高效农业发展。采取“政府+企业+专业合作社”的模式实现“三方联手、三方共赢”，江苏盐丰现代农业发展有限公司投入资金5000多万元、油桃专业合作社投入1000多万元参与丰禾大地的建设。丰禾大地启动区规划建设12个项目，其中，3.33公顷的“桃花源”农家大院、33.33公顷的设施油桃种植区、66.67公顷的台湾泥鳅育苗基地基本竣工。油桃种植基地推广高垄栽培、遥控卷帘保温、棚内温度自动调控、科学化控等农业技术，计划实施水肥一体化滴灌技术，提高油桃种植技术水平和果品品质。引进6个不同时节的品种落户园区，四季可赏桃花、有果品上市。丰禾大地与南京农业大学达成产、学、研合作关系，联合共建南京农业大学（大丰）专家工作站，以高效栽培、高效养殖为重点服务领域开展技术合作及人才培训工作，提高丰禾大地的科技水平和创新能力。全镇新增高效农业面积1333.33公顷，设施农业面积266.67公顷；新增“一户一棚”农户66户，面积13.6公顷；

大丰市大桥镇加快老镇提升改造工程，取得明显成效

建立1个33.33公顷设施连片区，4个13.33公顷设施连片区。全镇累计流转土地2100公顷，涉及农户8103户，占农户总数的68%，占承包面积的42.67%。盐城市政府、大丰市政府分别在大桥镇就高效农业和土地流转召开2次大型现场会，友邻镇多次参观农业园区和考察土地流转工作。

【城镇建设】 新镇区龙桥东郡小区一期工程全面完工，二期工程7幢商住楼主体全部完工。老镇区影剧院商业综合体项目和潘镦社区丰实雅苑小区，主体工程完工。人民路东延工程、荆桥路南延工程和油桃园路工程，均竣工投入使用。实施老集镇提升工程，铺设人行道7000平方米，摊铺黑色路面1.5万平方米，更换石材路牙3000多米，安装180组花箱，增设太阳能路灯46盏，新建一个300平方米的休闲健身场所。

【农村环境】 新建污水管网二期工程主管道3.4千米。新建大桥、潘镦污水微动力处理站，其中潘镦处理站试运行。全镇有垃圾池（桶）2318只，其中新建垃圾池374只。对全镇主要干道、河坡试行物业化管理。开展水环境整治，投入15万元重点整治潘大河、中联河和川东港，其中潘大河在整治中，拆除河坡危房、空心房8处，面积460平方米，拆除鱼罾网簖14个。洋南村三星级康居乡村创建工作通过大丰市验收，方向、江岸等5个村的康居村创建基本到位。

【社会事业】 完成敬老院"提档升级"工程，新增床位100个。完成9个村村卫生室提档升级工程。救济各类困难户约1300多人次，金额5万多元。为残疾人免费发放辅助器具110多件，发放残疾人补助67万元。一次性发放独生子女父母奖励金11万元。大桥镇中心幼儿园获省优质园称号，投入40多万元对潘镦幼儿园进行改造。吴定书等3人获2014年度"大丰好人"称号；吴定书获"大丰市慈善之星"。全年组织各类文化活动20余次。

2014年主要经济社会指标

表34

项　目	数　量	项　目	数　量	项　目	数　量
地区生产总值	10.6亿元	企业营业收入	7.36亿元	移动电话	17500部
全口径财政收入	8969万元	企业实交税金	861万元	小汽车拥有量	1906辆
用电总量	5933万千瓦时	固定资产原值	6.3亿元	医院病床数	75张
农业总产值	80778万元	固定资产投资	2.6亿元	自来水普及率	100%
粮食总产量	60958吨	学校	4所	参加农村社会养老保险	10411人
棉花总产量	1042吨	在校学生	1017人	参加农村新型合作医疗	26585人
肉类总产量	10486吨	在职老师	171人	人均住房面积	49.5平方米
水产品产量	3361吨	有线电视入户率	87.5%	农民人均纯收入	16391元
规模以上工业企业	4个	固定电话	6369	工业利税	1747万元

2014年各村基本情况

表35

名　称	党总支书记	主　任	经济总收入（万元）	人均纯收入（元）
大桥村	吕冬官	梅保才	15308	18000
双丰村	景步乐	单卫明	9348	17610
联丰村	储长明	蔡庆堂	8823	17567
中港村	谢永静	吕俊男	13702	18803
中业村	奚正进	谢永官	9000	18069
方向村	夏宏才	夏宏才	7674	17734
中合村	丁青松	于俊早	5604	18396
潘南村	周　锐	罗明华	7898	18157
潘镦村	杨　勇	钱叶飞	8666	17815
江岸村	夏济明	张桂成	9152	17323
东塔村	陈生龙	金竹勤	8766	17879
洋南村	施雨华	常银存	7163	18526
川南村	金彩荣	邵汝松	7966	17188

2014年度骨干企业基本情况

表36 单位：万元

企 业 名 称	销售收入	利税总额	法人代表
盐城海盟工贸有限公司	7169	351	李小兵
江苏金阳光粮油工业有限公司	11055	52	陈曙燕
盐城康威特橡塑有限公司	593	48	徐 明
大丰市久盛茧丝绸有限公司	2331	103	沈井山
大丰市佳禾纺织有限公司	512	22	沈建生
大丰市桥联织布厂	742	38	方亚芹
盐城海昇绝缘材料有限公司	2119	42	徐海承
大丰市双达织造有限公司	1450	65	张 杨
大丰市建桥包装制品有限公司	1350	108	徐建东

（张清儒）

草庙镇

【概述】 草庙镇是江苏省大丰市的东南沿海经济重镇、旅游名镇，盐城市50强重点镇之一，地处黄海之滨，总面积120平方千米，辖14个行政村、2个社区居委会，87个村民小组。2014年年末，总人口27688人，总户数10633户。有2个工业产业园：新特产业园和新能源产业园。1个农业产业园："希望的田野"现代农业产业园。2014年实现地区生产总值22.4亿元，财政总收入1.28亿元，其中一般公共预算收入6914万元，规模以上工业开票销售收入9.8亿元，农民人均纯收入16814元。

【工业经济】 通过驻点招商、产业招商、亲情招商，以商引商等形式推进招商工作，广泛收集项目信息，并跟踪洽谈1亿元以上项目15个，签约落户项目3个。江苏大吉环保能源大丰有限公司、大丰志高磁性材料废料再生有限公司、大丰兴惠新能源有限公司，东裕大冠二期、丰山集团制剂搬迁二期、昱辰包装等项目开工建设。培植大项目大集团，丰山集团上市取得实质性进展，完成股改工作，股份制公司正式挂牌。围绕"抓大不放小"的工作思路，深入中小企业积极开展"三服务"活动，帮助企业寻求

大丰市草庙镇"希望的田野"现代农业产业园

解决在发展过程中的制约因素。培植瑞克医药、都市环保、东穗公司、东越生物4个企业为规模以上企业。

【城镇建设】 2014年，集镇面貌焕然一新，旅游配套设施建设、集镇重点工程建设、街道整治、河道美化、污水管网铺设和脏、乱、差地块整治出新等重点工程取得显著的成效。投资400多万元，对草庙、川东两个集镇环境进行全面整治，整修主街道的路面，拆除违章建筑，新增设路灯20盏，箱式花池150多座，主街道的路牙均更换成大理石路牙，墙面进行清洗或刷白。投入80多万元对政府西侧黄海复河景观带进行提升改造，清理水面杂物和水草，铺设护坡草坪13600平方米，补植树木200多株，改善绿化环境，完成新镇区4万多平方米的绿化提升工程。投入100多万元实施新增污水管网工程；投入60万元填埋卫生院西侧污水沟并完善配套水泥道路等基础设施；投入50多万元拆除老食品站的破旧房屋建成居民公园。

【服务业发展】 重抓旅游项目建设，强化全镇旅游基础设施建设，全镇旅游项目建设再上新台阶。被列入市委市政府旅游发展规划的3个重点项目进展顺利："希望的田野"十大功能区初出形象，成功申报省四星级乡村旅游点。自驾游基地房车营地一期工程竣工，游客接待中心主体工程竣工。举办2014年江苏大丰滩涂自驾游暨汽车摩托车场地拉力赛。麋鹿生态度假村游客接待中心、四合院农家乐、超市建成对外开放。

【现代农业】 推进现代农业发展，加快农民增收步伐，以土地流转为重点，推进农业规模化经营，投资20多万元建成大丰市首家规范化的土地流转交易中心，规范有序推进土地流转工作。2014年，新流转土地893.33公顷，累计流转土地3080公顷，其中规模经营1520公顷。涌现出500亩（33.33公顷）以上的规模经营大户30户。建成新东沿河万亩（666.67公顷）现代农业片区。新东村农民石万明带头组建规模化家庭农场，承包300公顷耕地，全年产粮1300多吨，总收入突破1300万元，是大丰市规模最大，经营效益最好的家庭农场，被农业部评为全国种粮大户。以技术提升为重点，推进现代设施农业的发展。充分发挥"希望的田野"现代设施农业园区的示范带动作用，与市农委、农干校联合，强化对农民的技术培训，全年举办各类农业技术培训班5次，培训农民2000多人次，所有农民学员通过考试考核，获得农民职业技能证书。引导农民将所学的技术运用到实践中。全镇新增大棚韭菜、西瓜、青椒等现代设施农业533.33公顷。以农业龙头企业发展为载体，推进现代养殖业规模化集约化发展，充分发挥温氏养殖、沁浓牧业、罗南奶牛等农业龙头企业的示范引领作用，通过技术扶持，统一市场经营等方式，培植新型养殖企业和龙头大户。欣运家庭农场成功创建，年内出栏生猪3万头。全镇涌现出各类养殖业大户300多户。以基础设施建设为重点，为现代农业发展创造条件。全年修建农村水泥路8条22千米，新修桥梁9座，整修渠道100多条，清淤河道30多条。

【民生事业】 践行"关注民生、重视民生、保障民生、改善民生"的执政理念，狠抓各项社会事业，夯实发展基础、推进同步小康，提升全镇人民幸福生活指数。完成全镇城乡供水工程、4000户农村改厕工程；投入790万元拓宽公交道路、建立公交站台。镇污水处理厂、垃圾压缩站正常运作，3个新建党群服务中心竣工投入使用。落实人口计生政策，启动单独二胎政策。

2014年主要经济社会指标

表37

项　目	数　量	项　目	数　量	项　目	数　量
地区生产总值	22.4亿元	工业技术投入	4.6亿元	医院病房数	55张
财政总收入	1.28亿元	实际利用外资	800万美元	自来水普及率	100%
一般公共预算收入	6914万元	互联网用户	5320户	农民人均纯收入	16814元
用电总量	4039万千瓦时	固定电话	5836部	参加养老保险数	11882人
农业总产值	7.81亿元	移动电话	25864部	参加农村新型合作医疗人数	20243人
规模以上工业企业	8个	小汽车拥有量	2213辆	农民人均住房	34平方米
规模以上工业开票销售收入	9.8亿元	粮食总产量	5.55万吨	学校	2所
规模以上工业增加值	7.65亿元	棉花总产量	1102吨	在校学生	600人
规模以上工业现价产值	33.82亿元	油料总产量	4450吨	中学人数	234人
规模以上工业利税总额	3.66亿元	肉类总产量	8780吨	小学	323人
规模以上工业利润	2.96亿元	猪肉产量	5444吨	在职教师	109人
固定资产投资	5.35亿元	水产品产量	4250吨	—	—

2014年各村、居委会基本情况

表38

名　称	党总支（党委）书记	主　任	经济总收入（万元）	人均纯收入（元）
庆生村	高凤喜	丁春林	4036	16900
圩东村	陈书明	陈书明	4968	18358
沿河村	唐殿宏	冯　晖	3566	18867
新场村	陈春明	朱卫明	4359	15112
新东村	陈正松	冯　祥	3257	17783
川竹村	安根元	朱德元	4301	18859
东灶村	王志峰	王爱中	5122	18214
川洋村	罗旭升	杨玉华	3540	17737
竹港村	朱荣贵	张亚兰（女）	4113	16807
北灶村	卞红建	单根存	4356	16762
丁东村	王龙生	成爱兵	3256	17216
四灶村	季汉东	季汉东	4698	19072
五总村	单　祥	单　祥	4476	16403
新海村	沈建华（女）	夏一忠	3586	16441
草庙居委会	杨海斌	陈学宽	15877	20046
川东居委会	★杨应忠	陈益虎	12457	20488

说明："★"为党委书记

2014年度骨干企业基本情况

表39　　单位：万元

企　业　名　称	销售收入	利税总额	法人代表
江苏丰山集团股份有限公司	76685	27636.0	殷凤山
大丰市丰山塑化有限公司	1066	116.0	殷凤山
大丰市草庙机械有限公司	639	790.8	沈荣琴
江苏东裕大冠饲料科技有限公司	18438	49.0	董仁良
大丰市联华织造有限公司	518	258.4	丁连贵
大丰市军成织布厂	700	374.0	孙朗军

（薛友龙）

万盈镇

【概述】 万盈镇位于大丰市中南部，东毗大丰港和江苏省大丰麋鹿自然保护区，西邻沈海高速和204国道，226省道穿境而过。全镇总面积142平方千米，下辖18个行政村（居委会），109个村民小组。2014年末总人口47606人，总户数17852户。全年实现地区生产总值15.49亿元；完成财政收入1.21亿元，比2013年增长10.4%；完成一般公共预算收入7745万元，比2013年增长14.1%；实现规模以上工业企业开票销售收入8.02亿元，比2013年增长5.3%；实现农民人均纯收入16492元，比2013年增长11.8%。被省爱卫会评为江苏省卫生镇。

【重大项目】 招引重大项目落户全民创业园。1月，总投资1.2亿元的江苏富亿达纺织科技有限公司的喷气织布项目开工建设。12月，该项目进入设备调试阶段。2月，苏州客商总投资1.5亿元的江苏博彦纺织科技有限公司喷气织布项目开工建设。

【集镇建设】 在完成集镇10条道路新建、提升工程的基础上，对正阳路、振兴路、丰达路、金悦路、朝阳路等所有路道新铺沥青，重新画线，铺设侧石，疏通所有下水道。在正阳路、朝阳西路铺设彩砖8000平方米。实施金悦路北延、振兴路等南延工程，建成丰达、天池2座大桥，使新老镇区融为一体，集镇框架全面形成。全面实施沈灶小街基础设施建设及改造工程，沈灶菜市场建成并投入使用。委托设计单位对集镇绿化亮化进行重新规划，在沿街道旁新栽植香樟、金边黄芽、红叶石楠等树木，并落实主管部门和沿街商铺的管护责任。新安装路灯400多盏。二排河风光带驳岸、绿化工程加快建设，主题公园规划设计、征地工作全面启动。

大丰市万盈镇六里村农民别墅群

【高效农业示范园区建设】 先期投入1000万元，在万丰绿茵高效农业示范园建设道路、桥梁、涵闸、电灌站等基础设施，累计流转土地200公顷，打造高效农业项目建设平台。万丰绿茵高效农业示范园有家庭农场4家，农业发展公司2个，建成66.67公顷设施大棚蔬菜基地、66.67公顷水稻制种基地、33.33公顷精品水果生产基地和20公顷苗木基地。该园区建成盐城市级农业示范园。

【社会事业发展】 城乡居民养老保险征缴工作，提前超额完成目标任务，18个村（居）都建立了人力资源社会保障便民服务点，大丰市政协、盐城市人社局分别组织到六里村、益民居委会两个便民服务点进行了现场观摩指导，给予充分肯定。镇敬老院提档升级工程主体竣工，办院水平不断提高，重建后的万盈镇烈士陵园，成为爱国主义教育基地。组织开展了人口计生“春风送暖”服务活动，共服务全镇18个村（居）和企业育龄妇女8089人，并积极开展省级幸福家庭建设联创活动，不断提升幸福家庭建设水平。精心组织无偿献血活动，共有301人参加，献血量近10万毫升。大力开展红十字宣传、救助工作和送戏下乡、群众性体育健身等各类文体活动。教育、卫生、广电、残疾人等各项事业也得到新发展。

【安全稳定】 始终坚持一手抓发展、一手抓稳定，在全国“两会”、南京青奥会以及其他社会敏感期，层层落实责任，全镇未发生去省赴京信访情况。根据市委的统一部署，扎实开展了“三解三促一加强”活动，并结合实际，在全镇范围内组织开展“社会矛盾化解突击月”活动，由三套班子成员牵头负责，分工干部指导督查，村组干部全力以赴，认真排查和化解矛盾问题，做到事事有交待，件件有着落。高度重视安全生产和食品药品安全工作，精心组织安全生产大检查，及时整改安全隐患，有效处置突发事件2起，维护大局稳定。

2014年主要经济社会指标

表40

项　目	数　量	项　目	数　量	项　目	数　量
地区生产总值	15.49亿元	工业利税	7893万元	互联网用户	4840户
一般公共预算收入	7745万元	固定资产投资	37606万元	固定电话	8848部
用电总量	9152万千瓦时	工业技改投入	2.29亿元	移动电话	30728部
农业总产值	10.20亿元	新批三资企业	0	小汽车拥有量	856辆
粮食总产量	5.50万吨	当年到账外资	0	医院病床数	68张
皮棉总产量	2412吨	进出口总额	9380万美元	自来水普及率	100%
肉类总产量	7348吨	学校	4所	参加养老保险	26008人
水产品产量	2687吨	在校学生	1545人	参加合作医疗	37425人
规模企业	18个	在职教师	229人	农民人均纯收入	16492元
工业销售收入	15.48亿元	有线电视用户	14996户	农民人均住房	56平方米

2014年各村、居委会基本情况

表41

名 称	党总支（党委）书记	主 任	经济总收入（万元）	人均纯收入（元）
兆丰村	姚顺芹	景德明	2095	17914
苗丰村	单龙英（女）	李和生	2700	18321
万盈村	肖 华	阮祥富	954.5	18564
益民居委会	张 军	吴金云	1941.5	20307
三合村	陈 宝	丁静安	700	18029
文达村	李兴祥	朱根旺	1629	18566
六里村	李开银	李志平	2806	19184
天池居委会	★孙加达	单 兵	1386	21021
康宁村	朱明军	王桂芹	650	17109
双灶村	冯国银	朱文干	1310	18564
双星村	骆 军	吴明安	2638	17876
六川村	丁善香	丁春祥	2157	18512
殷灶村	丁长江	杨兴官	1630	18404
顾灶村	葛旺官	顾益群	1551	17886
沈灶居委会	沈春龙	孙庆祝	299.5	19800
西灶村	杨永生	宋日升	1388	15614
金龙村	张春枝（～2014-03） ▲丁增宏（2014-03～2014-09） （▲）张建祥（2014-10～2014-11） 张建祥（2014-12～）	丁增宏（～2014-09）	1185	17709
双福村	朱卫平	王粉明	1580	16883

说明：“★”为党委书记。“▲”为副书记主持工作，(▲)为主持工作

2014年度骨干企业基本情况

表42　　单位：万元

企 业 名 称	销售收入	利税总额	法人代表
大丰万达纺织有限公司	31316.31	2977	石万宇
大丰市海达纺织有限公司	9797.09	968	葛永洪
大丰市万盈新文织布厂	1183.38	108.64	彭志山
大丰市银富织捻厂	1003.74	92.15	何德富
盐城金悦纺织工艺有限公司	11983.87	443	鲁丽华
大丰万盈纺织有限公司	9317.46	685	石万宇
大丰市万隆工艺厂	1050.27	96.42	石万柏
大丰市宏泰织造有限公司	1133.41	104.06	宗汝军
大丰市创业纺织厂	2868.91	263.39	冷长华
大丰恒佳床上用品有限公司	1346.09	123.58	吴恒书
江苏盛世米兰纺织科技有限公司	2094	192.25	盏卫华
大丰万顺布业有限公司	2082.27	191.17	汤天祥
大丰市万盈双富织布厂	2677.79	245.84	宗德富

（顾玉荣）

南阳镇

【概述】 南阳镇位于大丰市东南部，东与东坝头农场交界，南与大中农场、草庙镇、万盈镇隔河相连，西与西团镇毗邻，北与大中镇接壤，是阀门生产特色产业镇、农业特色经济镇、省城镇建设示范镇、省群众文化先进镇，省文明镇、省卫生镇。总面积94平方千米，耕地面积5168公顷，下辖12个行政村、1个居委会，74个村民小组。2014年年末总人口36568人，总户数15264户。全年实现地区生产总值18.74亿元，财政总收入1.71亿元，公共财政预算收入9817万元，完成固定资产投资6.65亿元，农民人均纯收入17863元。新注册私营企业165户、新注册个体工商户565户。被环境保护部授予“国家级生态乡镇”称号。

【工业经济】 全年实现开票销售收入19.5亿元。签约升立机械、圣博莱阀门等工业项目7个，新开工亿然阀门、德贝尔机械等项目3个。狠抓项目建设，实现规模以上工业开票销售收入比2013年增长12.1%。出台鼓励工业企业加快转型发展的实施意见，扶持规模以上工业企业做大做强、小微企业加快成长。新培植规模以上工业企业4个。更加注重科技创新，洪联、奥克、固威、南亚、众鑫永磁等5个企业成功申报江苏省科技型中小企业。

【农业农村】 立足产业优势，推进高效设施农业和“一户一棚”建设，全年新增高效农业333.33公顷、设施农业166.67公顷，新增种植业“一户一棚”农户45户，发展养殖大户16户。加快培植新型经营主体，新增家庭农场3个。注重品质改进和品牌创建，经认证的无公害农产品种植面积达到全镇种植总面积的80%，“南阳辣根”被评定为全国名特优新农产品。加快金色阳光农业园区发展步伐，将核心区面积由200公顷扩容至333.33公顷，对园区内道路、绿化、水系进行整体提升，建成配套齐全、功能完善的现代农业园区。加大农业项目招引和建设力度，13.33公顷果蔬设施栽培项目完成连栋大棚搭建和幼苗栽种，666.67公顷蔬菜保供基地项目土地流转到位。投资50万元的现代农业展示馆对外开放。园区获得“盐城市级农业示范园”称号。

【镇村建设】 以建设“苏北地区重点中心镇”和“盐城市新型小城镇建设示范镇”为契机，加快统筹城乡发展。投入560万元对农村交通要道、骨干河道、村庄集居点进行集中整治，清理4200户房前屋后的杂物，刷白890户房屋，清理大中河沟26条，安装景观围栏5000米，栽植各类苗木35万株，建设绿化带90千米。修建农村公路20千米、桥梁10座。诚心村18号庄点成为盐城市村庄环境整治集中观摩点。投入500多万元实施老集镇环境提升工程，改造主要道路2千米，新铺设及改造下水道1500米，安装路灯117盏，补植提升黄海路绿化面积9000平方米，拆除违章建筑6500平方米，新建7000平方米通商游园。新增西南阳微动力污水处理设施1套，铺设污水管网8.5千米。专门成立南阳镇集镇管理办公室，加大综合治理力度。

大丰市南阳镇奥通特思克铸造自动化生产流水线

【民生改善】 推进社会保障建设，新增城乡居民养老保险参保人数10500人、企业职工养老保险参保人数450人，参保率均达100%，农村合作医疗参合率达100%。构建和谐的劳资关系，举办免费技能培训3次，培训人数近300人；开展各类招工活动3批次，提供就业岗位280个；仲裁调解企业劳资纠纷64起，结案率100%，帮助农民工追回工资18.7万元。优化教育基础设施，南阳小学投资120万元新建食堂，新扩建的中心幼儿园于9月投入使用。提高社区教育水平，成功创建“省级社区教育中心”。设立镇便民服务中心，为群众提供一站式便捷服务。对部分村卫生室进行改造提升，全镇有9个村的卫生室达到省定规范化标准。维护保障弱势群体利益，新建翻新改建23户低保户、特困户的住房，改善贫困农户居住条件。

【社会稳定】 高度重视初信初访，实行“开门接访”，有效提高信访接待处置能力，全年调解处理各类矛盾纠纷168起，调处率达95%。强化“12345”政府热线工单办理，接到群众诉求505条，全部给予满意答复或合理解释。安全生产常抓不懈，常态化开展企业安全生产大检查，26个企业通过安全生产标准化建设评审，全镇安全态势总体平稳。狠抓节能环保工作，新办磨壳砂再生利用企业2个，申洋纸业投资200万元新建废水处理设施，金谷食品新上脱硫设备一套，实现废水废烟达标排放。加强食品药品监管，保障食品药品安全。

2014年主要经济社会指标

表43

项　目	数　量	项　目	数　量	项　目	数　量
地区生产总值	18.74亿元	规模以上工业企业	20个	固定电话	9185户
财政收入	1.71亿元	规模以上工业主营业务收入	22.14亿元	互联网用户	5236户
一般公共预算收入	9817万元	规模以上工业增加值	5.42亿元	移动电话	2.85万部
工业用电总量	9924万千瓦时	工业投资	6.65亿元	小汽车保有量	830辆
农业总产值	83305万元	当年注册外资	1000万美元	医院病床数	86张
粮食总产量	25455吨	学校	3所	参加农村社会养老保险人数	23272人
皮棉总产量	1247吨	在校学生	832人	农民人均纯收入	17863元
肉类总产量	4229吨	在职教师	129人	农民人均住房	52平方米
水产品总产量	2091吨	有线电视用户	14958户	工业利税	17218万元

2014年各村、居委会基本情况

表44

名　称	党总支书记	主　任	经济总收入（万元）	人均纯收入（元）
沿海村	徐　雷	胡俊桃	3743	20122
裕海村	袁卫国	黄亚兰（女）	5073	19224
民心村	俞建荣	姜干洪	4142	18791
东旺村	张长松	黄　琴（女）	4745	17944
吉兴村	居建芳（女）	单军国	4261	18234
城乡村	潘克红（女）	吴　锡	7199	20998
诚心村	刘永杰（第一书记）	秦　坤	3886	18228
广丰村	王　权	王　权	5132	17877
祥北村	陈跃辉	张小虬	4587	17947
祥南村	朱红东	陈锡飞	4090	19238
祥西村	李德胜	朱正艮	6028	17893
南阳居委会	▲姚　红	姚　红	7290	20906
通商村	▲石红兵	石红兵	9035	21032

说明："▲"为副书记主持工作

2014年度骨干企业基本情况

表45　　单位：万元

企　业　名　称	销售收入	利税总额	法人代表
大丰市亮亮纺织有限公司	20821	1549	黄万权
大丰市精锻齿轮厂	11433	1010	吴玉平
大丰市星达巾被有限责任公司	8799	598	楼永平
盐城奥克阀门有限公司	21379	1692	张　斌

续表45

企业名称	销售收入	利税总额	法人代表
大丰市洪联铸钢有限责任公司	19080	1854	吴卫明
大丰市兴华铸钢有限责任公司	12118	1219	陆兴华
盐城法尔机械有限公司	15321	1167	董春景
盐城通商阀门有限公司	30932	1799	龚正林
大丰龙盛建材有限公司	8760	528	赵启亮
大丰市庆荣锻造有限公司	6311	474	朱庆荣
盐城固威铸造有限公司	11364	704	顾海军
大丰市三元铸造有限公司	35763	2688	李俊平
盐城耀升阀门有限公司	6976	618	林锦毅
江苏金谷食品有限公司	6174	427	丁红芳
大丰市南亚阀门有限公司	2840	93	王亚军
大丰市中大机械有限公司	2003	322	黄建斌

（韦　波）

三龙镇

【概述】 三龙镇地处大丰市东北部，是江苏省沿海开发中心节点镇，盐城市50强重点镇。全镇总面积153平方千米，辖19个行政村、3个居委会，114个村民小组。2014年年末，总人口54976人，总户数19053户。全镇形成纺织、机械、建材、铝制品、农产品加工等支柱产业，有142个工业企业，其中定报企业10个。全年实现地区生产总值18.65亿元，工业开票销售收入3.7亿元，其中规模以上企业开票销售收入3.41亿元，完成一般公共预算收入5556万元（完成目标任务占比居大丰市第一，增幅居大丰市第三），农民人均纯收入16583元。2014年获盐城市委、市政府“法治建设先进乡镇奖”、被盐城市政府评为基层武装部规范化建设优秀达标单位；获大丰市委、市政府“‘3+1’工程和村庄环境整治工作奖”“城镇化和基础设施建设工作奖”“生态文明建设工作奖”“人口和计划生育工作奖”。

大丰市唯一的国家一级渔港三龙镇斗龙港

【综合实力】 扎实开展“项目突破年”活动。全年招引1000万元以上项目3个；开工1000万元以上项目3个，其中1亿元以上项目2个，旭日泵业竣工试投产、昊佳新材料一期主体厂房建成。全年园区新建标房10000平方米。强化企业服务，班子成员带头深入企业和项目建设现场，帮助协调、解决问题，全年为企业融通资金1000多万元、协调用工300多人、解决问题60多个，耿氏建材、亚欧水产等申报为定报企业。

【集镇建设】 不断完善发展规划。按照港区发展的总体要求，结合三龙实际，及时聘请专业人士对《集镇总体规划》《新镇区控制性详规》《旅游发展规划》等相关规划进行修编完善，相关规划全部通过评审并付诸实施。加大集镇建设力度。完成集镇基础设施“六个一”和绿化“五个一”工程建设，锦绣华府、兰菱“退二进三”、老年养生苑等项目先后落户新老镇区。投入1000多万元对三龙、丰富、渔业三个集镇进行全面整治，并及时充实保洁队伍，建立健全长效管护机制，集镇面貌得到显著提升。推进渔港建设。完成4.6万立方米港池清淤工程和1万平方米龙潭湖绿化工程；水产品交易市场、加油站土地挂牌；龙王庙主体工程落实施工单位。

【农业农村】 农业结构调整步伐加快。全年流转土地1453.13公顷，落实联耕联营面积1368公顷，超额完成大丰市政府下达任务数。在临海高等级公路沿线规划建设万亩（666.67公顷）现代农业示范园区，东红、新丰、斗龙等沿线村分别建成百亩（6.67公顷）连片大棚。斗龙港村千亩（66.67公顷）高效渔业和丰余、富强、持久等村百亩（6.67公顷）蔬菜以及龙西、和平等村百亩（6.67公顷）苗木等基地全部建成。新增“一户一棚”农户580户，发展养殖大户36户。斗龙港村166.67公顷南美白对虾养殖项目钢架大棚基本搭建到位，项目区1700米的环形游路建成通车，渔家风情街主体工程抓紧建设。龙东村现代农业园全面启动。改善农村基础设施条件。投入近1000万元，新建道路21.13千米、桥梁30座。全面完成绿化造林和水利建设任务，增强农业排涝抗灾能力。加大硬件投入，村村建有功能齐全的党群服务中心。大力化解村级债务，全年化解村级债务648.4万元。

【生态建设】 有效开展夏、秋两季秸秆“双禁”、企业清洁生产达标整治、农村养殖污染治理、生态村创建等工作，成功创建国家级生态镇，斗龙港村、龙东村分别申报国家级生态村和省级生态村并通过初评。改善村庄环境不断。农村河道保洁、垃圾处理实现常态化，在大丰市每季度农村环境整治考核评比中位居全市前列，全镇19个村全部达到“康居乡村”创建要求，并成为盐城市“康居乡村”复查免检乡镇。

【旅游业发展】 加快旅游景点建设，盐阜家庭农场、渔家风情街、梦汇田园等项目全面启动。精心组织旅游活动，先后举办“孝承文明、拥抱春天”郊外游、“斗龙港杯”特色垂钓、“渔火人家、大美三龙”书画摄影大赛等活动，不断丰富旅游项目。

【民生福祉】 投入近7000万元实施敬老院提档升级、镇村环境综合整治、农村路桥修建、村卫生室改造等十大民生工程，改善群众生产生活条件。扎实抓好就业再就业工作，全年企业技能培训400人，农村劳动力培训1300人，新增农村劳动力转移358人。做好社保扩面工作，城镇职工社保扩面310人，城乡居民社会养老保险参保率达97%。加大对困难群众帮扶力度，全年新增低保户32户，低保边缘户92户，大病救助250人次，发放各类惠农补贴资金2655.27万元，社会保障水平明显提升。完成有线电视数字化整转任务，村村建有标准化“农家书屋”，公共文化服务体系不断健全。组织纪念国家首个“宪法日”系列活动，评选表彰第二届“感动三龙·道德之星”，弘扬社会正气。

2014年主要经济社会指标

表46

项　目	数　量	项　目	数　量	项　目	数　量
地区生产总值	18.65亿元	生猪	19.61万头	在校学生	2185人
财政收入	8326万元	家禽	261万羽	在职教师	275人
用电总量	6701万千瓦时	山羊	3.45万只	有线电视用户	11374户
农业总产值	17.15亿元	规模以上工业企业	10个	互联网用户	5511户
粮食总产量	4.77万吨	工业销售收入	4.88亿元	医院病床数	105张
皮棉总产量	2693吨	工业利税	3597万元	自来水普及率	100%
肉类总产量	12307吨	固定资产净值	1.14亿元	燃气普及率	60%
油料总产量	4393吨	固定资产投资	2亿元	参加合作医疗	46212人
蚕茧	25吨	出口总额	2200万美元	农民人均纯收入	16583元
水产品总量	9205吨	学校	5所	农民人均住房	40平方米

2014年各村、居委会基本情况

表47

名　称	党总支（党委、党支部）书记	主　任	经济总收入（万元）	人均纯收入（元）
龙西村	吕红秀	高建东	1034.32	17613
前进村	刘兰根	马克轩	3225	17720
丰余村	陈寿堂	王保龙	2896.5	17940
龙南村	陈雨权	卞志钊	3320.9	17828
龙东村	★赵建成	张汉香	25084.7	20713
斗龙村	▲周　忠	周　忠	1230	20781
东红村	刘小荣（女）	陈国友	2412.6	17619
开明村	邱信良（～2014-02） 刘如学（2014-02～）	刘如学	1570	18101
丰富村	丁步和	刘仲山	3517.54	17615
新丰村	王中元	陈永发	3560	20692
和平村	▲丁朝波	丁朝波	1744.26	17615
洋桥村	李开奇	李建良	1729.62	18008
持久村	张建松	侍爱国	2671	18013
久丰村	陈圣祥	刘玉林	2607.1	17610
增产村	刘华芳（女）	陈金保	2650.33	17599
新坍村	柏桂祥	王凤华	2713.03	17605
富强村	丁旭明	唐春萍（女）	2126.83	17620
斗龙港村	★唐林海	金正刚	2750.91	23297
下坝村	李　萍（女）	蔡安清	1680	20724
三龙居委会	*蔡晓娟（女，～2014-08） *张爱成（2014-08～）	陈应株	11248	25204
丰富居委会	*王雨凤	张爱成	7865	24615

说明："★"为党委书记，"*"为党支部书记。"▲"为副书记主持工作

2014年度骨干企业基本情况

表48　　单位：万元

企　业　名　称	销售收入	利税总额	法人代表
江苏宝龙集团有限公司	15652	1768	王凤书
大丰市虹达丝绸有限责任公司	5528	514	倪同尧
大丰市二良纺织有限责任公司	2493	199	卞玉良
江苏得善绿色水产有限公司	2410	163	许诗文
大丰市建平铝制品有限公司	1264	86	张建平
大丰和合家纺有限公司	5718	335	李忠祥
大丰市隆鑫机械厂	338	38	徐寿良
大丰市泰和玩具有限公司	728	95	陈龙生

（李　莉）

新丰镇

【概述】 新丰镇位于大丰市区以北，东与上海农场接壤，北与盐城经济开发区相连，是上海农场总部所在地。204国道、沈海高速、226省道、盐徐高速穿境而过，面积276平方千米。辖29个村、9个居委会，1个街道办事处，218个村民小组。2014年年末，总人口105764人，总户数40474户。全年实现地区生产总值44.53亿元；完成财政收入2.75亿元，比2013年增长19.5%；完成一般公共预算收入1.94亿元，比2013年增长19.6%；新开工1亿元以上项目1个；实现规模以上工业企业开票销售收入34.65亿元，比2013年增长4.5%。2014年通过国家级生态镇验收。全镇形成纺织、机械、化工、建材、电子等支柱产业，有300个工业企业，其中规模以上工业企业30个，上市企业1个。荷兰花海全年接待游客超过100万人次。在大丰市2014年综合考核中，被大丰市委、市政府评为综合先进镇，连续3年获此称号。

【经济发展】 全面完成大丰市委、市政府年初下达的“3+3”主要经济指标任务，实现地区生产总值44.53亿元，一般公共预算收入1.94亿元，工业开票销售收入37.54亿元，新培植规模以上工业企业4个，新开工索弗电子保健器材、权鑫隆高档纺织等1亿元以上工业项目。欧莱纺织与江苏海聆梦家纺成功重组，新注册的美派家纺年底投产运行。江苏大洋精锻汽车配件项目实现工业开票销售收入8000万元。2014年10月，江苏大洋精锻公司与全球一流汽车制造商合作的江苏德洋冷温精锻汽配项目顺利落户，投资8000万元购置的1台（套）2000吨德国进口压力机设备填补国内民企空白。辉丰农化股份公司全年纳税7000多万元，与中国农药发展与应用协会等几家单位联合设立的“农一网”于11月1日在北京钓鱼台国宾馆宣布正式上线，这是国内农化行业诞生的第一个农资电商平台。由原三龙轧花厂重组新建的江苏丽居坊家纺全年开票销售超1亿元。全面完成新招引1亿元以上项目、实际到账引用外资、规模以上工业企业培植等经济指标；超额完成全民创业工作任务，新注册个体工商户1200户，新办私营企业341个。

【集镇建设】 按照一名班子成员牵头集镇两侧2个村和本镇所在地居委会的复式管理模式，先后投资2000多万元对新丰镇区及其他3个原镇（龙堤、方强、金墩）所在地道路、河道、绿化和亮化等基础设施进行综合整治和全面提升。郁金香客栈为城北新区地标性建筑，1.[illegible]万平方米的营业场所进入试营业阶段；13万平方

大丰市新丰镇创业园夜景

米的郁金香家园全面开工建设，一期工程主体工程封顶。60公顷土地增减挂钩指标已通过省国土厅验收储备到账。

【农业农村】 推进农业现代化工程，新增高效种植面积333.33公顷，其中高效设施种植业200公顷，新增“一户一棚”农户450户，新发展温氏养殖户120户，新增年收益1百万元以上养殖小区2个，新建成长坍、赤旗、群乐、大明等5个1万头以上的猪场。以永跃村作为大丰市联耕联种试点为基础，积极调整农业结构，大力发展高效设施农业。建成226省道新龙路以南段城市绿化景观带，全镇新增农田林网333.33公顷，成片造林166.67公顷，四旁植树23万株，国家级生态镇通过验收。推进农村基础设施建设，新建农村道路47千米、桥梁57座。裕南三期农民安置房竣工交付使用，一次性安置重点工程拆迁户200户。

【荷兰花海】 荷兰花海是盐城市城乡统筹发展试点镇示范项目。不断完善配套功能，开通大丰市区到荷兰花海公交旅游专线；积极寻求挂大靠强，与国内花卉上市企业浙江虹越公司合作成立江苏首家国际化园艺中心——荷兰花市。荷兰花海智慧旅游系统上线运营，9月被江苏省旅游局评为江苏省首批优秀智慧旅游项目，全年接待游客超过100万人次。7月19日中央电视台中文国际频道对荷兰花海进行专题报道，实现“大丰——让花海告诉世界”的美好愿望。

【环境整治】 推进国家生态镇和国家卫生镇“两镇同创”工作，农村“3+1”工程进入常态化管理，在2014年年底大丰市农村环境整治考核名列第一。创新管理模式，变环卫工人“雇佣制”为责任区域“承包制”，有效调动承包责任人的积极性，基本达到路林水网环境整治全覆盖。加强村卫生室规范化建设，20个村卫生室达到省级标准。投入600多万元，新建垃圾压缩站1座，粉刷墙面1497户，树木刷白70万棵，迁移草堆5765个，清理各类垃圾3000多吨，清理大小河道800千米。太兴村建成江苏省美丽乡村建设示范村。长坍村畜禽养殖排泄物无害化资源化处理方式被列为大丰市试点。8月下旬，对境内长达10千米的通榆河水体及周边环境进行清理整治，大团、小团、万众3个村组织船只300多艘次，出动民工近1万人次，基本完成镇境内清水走廊建设体系构架。全面落实秸秆“双禁”各项措施，实现“零火点、零抛河”的工作目标。

【民生事业】 全面落实各项优抚政策，年初收到全社会捐赠款60多万元，慈善募捐影响力不断扩大，得到盐城市慈善总会的肯定。镇敬老院被省民政厅评为农村五保供养三星级敬老院先进单位，也是大丰市首家获得此称号的乡镇敬老院。先后投资近5000万元实施太兴、金西、齐贤等20多个村的卫生室升级改造工程。镇第三垃圾压缩站、镇集体幼儿园施工图纸设计完成。有序推进公共文化服务体系建设，通过江苏省第二批公共文化服务体系示范区创建验收，在大丰市率先完成有线电视数字化转换，全镇1000只高音喇叭全部通响，裕北村农家书屋被省新闻出版局命名为五星示范农家书屋。加强落实学生接送车辆、企业安全生产、食品卫生等安全目标责任制，整治学校、幼儿园周边环境，落实校园安保措施，及时足额拨付人员经费，全镇社会大局总体稳定。

2014年主要经济社会指标

表49

项　目	数　量	项　目	数　量	项　目	数　量
地区生产总值	44.53亿元	水产品产量	1.21万吨	农业增加值	10.4亿元
互联网	9119户	参加养老保险	64476人	小汽车拥有量	4952辆
固定资产投资	22.5亿元	学校	7所	医院病床数	158张
用电总量	21065万千瓦时	规模以上工业企业	30个	自来水普及率	100%
移动电话	44639部	农村居民人均可支配收入	17794元	水产品产量	1.21万吨
有线电视户	38133户	工业利税	4.97亿元	参加合作医疗	85293人
粮食总产量	63654吨	财政收入	2.75亿元	在校学生	4266人
当年到账外资	1000万美元	固定电话	34681部	工业销售收入	37.94亿元
皮棉总产量	3885吨	工业技改投入	10.27亿元	农民人均住房	42平方米
肉类总产量	3.02万吨	农业总产值	22.86亿元	在职教师	518人

2014年各村、居委会、街道基本情况

表50

名　称	党总支（党委、党支部）书记	主　任	经济总收入（万元）	人均纯收入（元）
鼎丰村	朱　勇	葛新建	13181	19811
群乐村	朱红民	杨　峰	11731	19961
时丰村	沈　辉	沈建标	7377	18043
裕南村	周利民	朱爱平（女）	13042	20658
裕北村	★崔亚兵	伍网根	13699	20865
仁南村	陆　震	赵金红（女）	6359	20381
仁北村	朱兆祥	王兴连（女）	11597	20053
金东村	陈安庆	丁德贵	11083	18099
金西村	杨正权	陈学才	8532	17987
同丰村	马绍良	施永康	5677	19766
全心村	陈汉存	蔡建平	21886	19166
沙港村	沈　娟（女）	张太琪	3091	18486
太兴村	王友宏	王炳生	5567	19371
赤旗村	洪以壮	陈红旗	12941	19749
车滩村	季顺安	智恒华	8019	19920
永跃村	岳银华	韦龙华	6459	18106
万众村	明昌安	倪红生	4091	18027
小团村	韦兴吾	查永祥	2898	18223
大团村	王继龙	王继龙	6960	17854
引水村	夏金中	王茂东	8063	18019
圩中村	刘正希	陈友生	5674	18160
五丰村	蔡忠江	褚宏友	5152	17853
长坍村	严亚军	徐顺龙	7557	18312
腰港村	蔡冬香	杨亚芹（女）	8413	18573
老墩村	孙志银	周凤林	6640	17912
安龙村	柏松干	刘　进	4148	18325
三总村	陈斌和	李建平	8982	17743
齐贤村	刘　舜	蔡林华	3809	18432
大明村	朱学军	程爱江	5644	18186
方强居委会	唐凤成	陆步宏	3966	19451
金墩居委会	*董干凤（女）	何春钊	—	—
四岔河居委会	*朱红民	吴洪爱	—	—
龙堤居委会	*倪加润	韩志才	—	—
新淮居委会	*顾永琴（女）	王玉兴	—	—
民主居委会	*高椰林	朱秋萍	—	—
镇南居委会	*黄刁康	—	—	—
团结居委会	—	沈　琴	—	—
和平居委会	—	顾忠祥	—	—
新北居委会	—	任鹤斌	—	—
街道办事处	任鹤斌	高椰林	—	—

说明："★"为党委书记，"*"为党支部书记

2014年度骨干企业基本情况

表51　　单位：万元

企　业　名　称	销售收入	利税总额	法人代表
江苏辉丰农化股份有限公司	174088	31222	仲汉根
江苏金丰纺织有限公司	7026	758	姚明祥
无锡庆丰（大丰）纺织有限公司	40995	3283	戴放鸣
江苏珍鹿纺织有限公司	23100	2201	赵　勇
大丰市水泥制造有限公司	17949	1548	吴　林
大丰市亚神纺织有限公司	8440	931	陈卫兴
大丰市华虹纺织有限公司	9050	944	姜正华
江苏大洋精锻有限公司	6128	340	宋银生
盐城丽居坊家纺有限公司	7128	129	秦永根
大丰市新永信服饰有限公司	3046	138	范春勇

（陈俊明）

大中镇

【概述】 大中镇是大丰市委、市政府所在地，全镇辖2个街道，25个社区居委会、28个行政村，153个村民小组，镇域面积199平方千米，是国家级生态镇、江苏省社会治安安全镇、江苏省环境优美镇。2014年年末，总人口18.56万人，总户数7.17万户。全年实现地区生产总值84.31亿元，比2013年增长12.6%；规模以上工业企业开票销售收入37.52亿元，比2013年增长14.3%；完成一般公共预算收入12.44亿元，比2013年增长22.1%，增幅列全市各镇第一；实际到账外资2100万美元；完成全社会固定资产投资39.88亿元；农村集体积累3.71亿元；城镇居民可支配收入26498元，农民纯收入19030元，分别比2013年增长9.8%和12.0%。在大丰市2014年综合考核中，涉及镇的考核有22项，其中12项大中镇第一。

【项目建设】 新开工民力机械、乐丰纸业、大学生创业园、美满1号温泉、太平禅寺等7个1亿元以上项目，新竣工磨锐通用、恒天创丰重工、水上乐园等4个1亿元以上项目，法国玛甘农业机械、广东恒大废旧轮胎低温研磨橡胶粉、南方集团饮料食品等一大批项目成功签约，总投资超50亿元。新培植裕丽日化、百川金属材料等6个规模以上工业企业，海聆梦集团开票销售收入突破8亿元，借壳上市进程加快，大富豪啤酒与全球最大啤酒生产商百威英博重组成功，多为集团与世界500强企业法国佛吉亚集团开展战略合作。

【载体建设】 城南新区产城融合全面推进，被认定为“江苏省中小企业二星级公共服务平台”，重型机械装备、石油泵阀制造等新兴产业逐步形成，6.5万平方米大学生创业园一期封顶，20万平方米全民创业园标房扩容正式启动；丰收大地建成省级农产品加工集中区，与中国农科院信息所签订全面战略合作协议，创意农业、种苗产业加快发展；专业市场现代服务业集聚区西郊公园二期竣工开园，电商产业园加快建设，鸡毛箭、宅办公、农一网等电商企业入驻经营，华东地区首家阿里巴巴“农村淘宝”项目正式启动，农村淘宝大丰服务中心，恒北、海防农村淘宝服务站开业。

【旅游业发展】 恒北春秋、美满人家、生态农场、九州田园、景江生态、

2014年，大丰市大中镇大富豪啤酒与全球最大的啤酒生产商百威英博重组成功

水上乐园等景点和配套建成营业；美满1号温泉酒店、农耕民俗文化园、果品苑、西郊梅园、太平禅寺等一批旅游项目积极推进；恒北村与上海春秋、南京秾莜旅行社开展合作，上海—恒北、南京—恒北旅游直通车开通。全年共接待游客超过30万人次。

【创新驱动】 丰收大地获全国青少年农业科普示范基地称号；恒北村建成“全国农村科普示范基地”，列入科技部“长三角”地区美丽乡村示范点；丰泰机电、中德精锻等4家企业成功申报省级高新技术企业；多为集团、民力阀门、金色热处理获“国家高新技术企业”称号。推进金融创新，多渠道融集发展资金6亿元，保障经济社会发展资金需求。通过争取点供和城乡土地增减挂钩工作有效解决项目建设用地瓶颈。

【统筹城乡】 新镇区基础设施、重点项目启动实施。恒北统筹城乡发展持续发力，获“全国一村一品示范村”“农业部美丽乡村”“江苏省最具魅力休闲乡村金牌村”等称号，恒北、恒丰两村一体化取得新进展。开展村庄环境综合整治，东片11个村（居）村庄环境整治实现市场化运作，泰西村、红花村建成三星级康居乡村示范村，新团村列为省美丽乡村示范点，光明村建成省林业示范村。新建村党群服务中心7家。积极参加全国文明城市创建，城市老旧小区、裕华、新团集镇和城乡结合部环境明显提升。新建改建农村道路23千米、桥梁39座。推进秸秆“双禁”工作，实现考核“零火点”目标。推进依法拆迁、和谐拆迁、阳光拆迁、合力拆迁，全年完成420多户拆迁工作。

【现代农业】 新增土地流转面积845.33公顷。绿色光明农业园区建设初具规模。6666.67公顷大蒜标准化基地启动建设。恒北早酥梨被评定为全国名特优新农产品，获国家地理标志证明商标。

【民生改善】 认真开展群众路线教育实践活动，重点做好群众反映强烈的突出问题整改。21家村卫生室提档升级，23个村（居）公共文化服务示范点建设达标。大中敬老院全面建成入驻，镇居家养老服务中心建成使用。恒北村被国家卫生和计划生育委员会列为“新家庭计划——家庭发展能力建设”试点村。启动建设城南幼儿园。扩大社保覆盖面，为7200多名被征地农民办理养老保险，56户获低保边缘困难家庭救助。

【安全稳定】 深入开展“三解三促”“进村入户”“一线工作法”等活动，抓好重点敏感时期信访稳定工作。镇社会治理和便民服务中心建成运行。12345服务平台办结率达95%以上。深入推进平安大中、法制大中建设。加强企业安全生产监管，安全生产态势保持平稳。

2014年主要经济社会指标

表52

项　目	数　量	项　目	数　量	项　目	数　量
地区生产总值	84.31亿元	规模以上工业企业	66个	在职教师	585人
财政收入	15.36亿元	工业开票销售收入	43.2亿元	有线电视入户率	100%
工业用电总量	17.85万千瓦时	工业利税	5.07亿元	医院病床数	191张
农业总产值	19.27亿元	全社会固定投资	39.88亿元	自来水普及率	100%
粮食总产量	4.91万吨	新增定报企业	2个	参加新型农村合作医疗	34547人
皮棉总产量	1029吨	当年到账外资	2100万美元	农民人均纯收入	19030元
肉类总产量	8546吨	学校	6所	人均可支配收入	26354元
水产品产量	1.06万吨	在校学生	5710人	—	—

2014年度骨干企业基本情况

表53　　单位：万元

企　业　名　称	销售收入	利税总额	法人代表
百威英博大富豪（盐城）啤酒有限公司	17358	2624	邓明潇
大丰海聆梦家纺有限公司	81459	8909	张建生
大丰市舒润床上用品有限公司	30267	2216	彭秀琴
江苏多为泵业股份有限公司	21839	2214	高　军
大丰市恒卫针织有限公司	28859	1860	秦永根
通威（大丰）饲料有限公司	61560	3180	周登峰

2014年各村、居委会基本情况

表54

名　称	党总支（党委）书记	主　任	经济总收入（万元）	人均纯收入（元）
恒南村	卢日干	葛峰高	5045.03	18197
恒丰村	徐祥保	朱志宏	5913.77	17899
恒北村	★李晓霞（女）	周正涛	7325.66	21534
泰西村	王正龙	王正龙	40102.06	24870
泰丰村	施长华	胡日东	30035.47	22948
双喜村	卢军昌	卢军昌	6281.49	17849
利民村	周井江	周井江	6798.87	18808
阜南村	徐　俊	焦红霞（女）	16444.17	24462
阜丰村	沈建忠	沈建忠	35408.77	24557
阜北村	曾龙珠	朱金林	16762.61	22386
红花村	施元忠	宋应涛	29709.93	24520
同德村	（★）朱标	陆德法	75975.76	24940
大新村	彭怀龙	陈益兵	9251.95	22792
德丰村	葛善洪（～2014-03） ▲臧顺（2014-03～）	臧　顺	19471.33	23934
光明村	焦恒昌	蒋安群	5950.03	21453
新团村	卢殿津	卢殿津	10086.43	19973
老坝村	倪启芳（女）	周彩生	10185.98	19169
八灶村	卞友权	王荣才	4847.18	15710
元丰村	董正江	吴宏庆	4745.20	18656
晋丰村	马汝根	卢日义	10666.10	21854
晋北村	马艳玲（女）	鲍宏伟	5364.75	18693
福丰村	花诗君	王培昌	7930.19	18194
万丰村	陈　星	陈　星	5097.64	17636
海防村	陈卫华	顾绍兴	9317.03	21749
朝荣村	钱国民	杨素斌	8879.01	19455
天祥村	赵汉斌	赵汉斌	5171.98	18499
海丰村	卞俊富	顾永飞	9052.67	19793
丰裕居委会	邢祖华	邢祖华	10658.11	20817
裕华居委会	顾　华	顾　华	12339.2	21193

说明：“★”为党委书记，“（★）”为党委副书记主持工作。“▲”为副书记主持工作

2014年街道、社区居委会基本情况

表55

名称	党总支（党委）书记	主任
黄海街道办事处	★李凤玲（女）	李凤玲（女）
老街社区居委会	刘加林	刘加林
新街社区居委会	李晓平	韩巧[illegible]
大华社区居委会	黄曼（女）	李箭（女）
健东社区居委会	▲朱桂芳（女，～2014–10） （▲）倪萍（女，2014–10～）	※朱桂芳（女，～2014–10） 倪萍（女，2014–10～）
康平社区居委会	▲郑文斌	严玉生（～2014–02） 郑文斌（2014–02～）
城中社区居委会	陈根生（～2014–10） （▲）王玲（女，2014–10～）	陈根生（～2014–10） 王玲（女，2014–10～）
大新社区居委会	卞耀涓	卞耀涓
飞达社区居委会	施连安	施连安
人民社区居委会	李怀根	李怀根
东宁社区居委会	曹玉凯（～2014–10） 黄月娥（女，2014–10～）	黄月娥（女）
朝阳社区居委会	▲丁燕（女）	※丁燕（女）
新东苑社区居委会	▲刘文庆	※刘文庆
金丰街道办事处	★陶炳生	陶炳生
大刘社区居委会	曹其林	姚惠惠（女）
新村社区居委会	朱德荣	夏兴国
育红社区居委会	柏金淦（～2014–10） ▲刘燕（女，2014–10～）	刘　燕（女）
沿河社区居委会	茅彩虹（女）	茅彩虹（女，～2014–02） ※吴华茂（2014–02～）
建业社区居委会	倪　伟	倪　伟
建西社区居委会	汤静（女）	刘新平（女）
西河口社区居委会	周兴宏（女）	陈银龙
新团社区居委会	周旭阜	柏龙群
新德社区居委会	栾健菁（女，～2014–10）	栾健菁（女，～2014–10） 杨文秀（2014–10～）
滨河社区居委会	季明德	徐良三
浦江社区居委会	李兴干	※黄占飞
建丰社区居委会	▲龚秀兰（女）	※龚秀兰（女）

说明："★"为党委书记。"▲"为副书记主持工作，"※"为副主任主持工作，（▲）为主持工作

（陈　怡）

〔编辑　周剑飞〕

上海市上海农场

建置变更

上海市上海农场创建于1950年初，至2014年历经64年。2009年7月，上海农场、川东农场与劳教所分开管理，上海农场和川东农场归属上海市光明食品集团管理，原劳教所承担执法职能，仍隶属上海市劳教局。2013年12月27日，上海农场、川东农场行政归并给光明食品集团上海市上海农场。2014年4月21日，光明食品集团上海市上海农场、光明食品集团上海海丰总公司进行行政归并，新定名为“光明食品集团上海市上海农场”。至此原驻丰的上海、川东、海丰3个农场完成全部归并。原3个农场社区管理职能由新成立的上海海丰社区管理委员会承担。农场全面实行企业化运作。

区位环境

上海市上海农场位于江苏省大丰市境内，地理位置为北纬33°16′~33°27′，东经120°28′~120°35′。全场分为上农片、川东片和海丰片3个片区。

【上农片区】 北起斗龙港，南至三卯西河，东濒黄海，与海丰农场为邻，西与大丰市原金墩乡接壤。四岔河中心区有226省道（黄海公路）贯通南北，海益线（金丰公路）连接东西，北距盐城市61千米，南到上海市区300千米。走沿海高速达上海仅3小时车程。地形南北长16.4千米，东西宽2千米~15千米不等，土地面积9800公顷。地势平坦，以废黄河为基准，地面高程2米~3米。土壤母质中粗粉砂含量高，土质有黄砂土、轻盐土、中盐土、重盐土。建场时，高于0.35%的重盐土面积占1/2，作物难以生长，经过50多年兴修水利与耕作改良，土质发生变化，大部分耕地已降至轻盐土。河流有三卯酉、四卯酉、五卯酉河横贯东西，斗龙港河环于场北。地下潜水面视地面高低有所不同，低处雨季潜水面在20厘米上下，高处常年保持1.5米以下。年平均气温14.1℃，平均无霜期211.6天。常年日照均数1936.1小时，占可照时数的44.2%。年平均降雨量1059.5毫米，雨日95天。年平均梅雨期19.3天。冬季多西北风，易出现霜冻、寒潮袭击。夏季多东南风，夏秋季节常出现台风暴雨，易造成灾害。

【川东片区】 川东农场位于东台市东北部、大丰市的东南部的两市之间。川东农场土地总面积4031公顷，其中耕地面积2338公顷、林地面积523公顷。南北长18千米，东西宽12.14千米不等，地势西南高东北低，地面真高3.5米~4.5米。土壤为盐渍性的粉砂壤土，盐分较低，一般为0.1%~0.2%。该分场以农业生产为主，建场后，大部分土地种植棉花，20世纪60年代起，旱粮种植渐多。

【海丰片区】 海丰农场位于江苏省大丰市境内，地理位置为北纬33°10′~33°23′，东经120°33′~120°42′，南北长22.6千米，东西宽13.9千米，总面积1.7万公顷，其中耕地面积0.67万公顷，养殖水域0.33万公顷，林地面积0.12万公顷，地面真高2.3米~2.9米。东濒黄海，西与大丰市新丰镇、原裕华镇及上海农场为邻，南及江苏省东坝头农场，东南方向与大丰港经济区相连，北达大丰市三龙镇，并在北部地区与上海农场局部交错分布。

历史沿革

【农场建立与发展】 1949年5月上海解放后，根据中共中央华东局“减少上海无业游民，遣送他们垦荒生产”的指示和同年12月上海市各界人民代表第二届会议“用强迫与动员的方式，将流散在社会上的游民予以收容”的决议，突击收容游民5000余人。1950年2月6日，蒋介石派飞机轰炸上海。为反轰炸需要，华东局、上海市委提前派员与苏北人民行政公署商定，从台北县（今大丰市）划出以四岔河为中心的1.3万公顷国有荒地，用作安置上海无业游民和犯人劳动改造的垦植区域。3月，成立垦区生产管理局，同月中旬，遣送隶属于上海市民政局的劳动、妇女、残废3个教养所所收容的游民、儿童，以及关押在上海市人民法院监狱的犯人，共计7597人至江苏兴化。5月，迁移到台北县新丰镇、大中镇后陆续进入垦区。垦区原是东濒黄海的盐碱地，垦区土地大部分是民国年间原大丰盐垦有限公司规划中的未垦地，除时丰地区挖有框河和零星居民种植地外，其余是沼泽荒滩。1950年6月，垦区生产管理局正式命名为上海市垦区劳动生产管理局（以下简称垦管局），属上海市府直接领导（1952年2~6月间曾划给苏北行署领导）。垦管局是华东局和陈毅市长亲自筹划领导，以及在苏北地方政府和革命老区人民大力支持下建成的。第一代创业者带领垦民用大锹、扁担和泥筐，以及数百头耕牛开渠挖河、垫基造屋、垦荒植棉，白手起家。两年中，共开垦荒地0.45万公顷，建立时丰、庆丰、元华3个地区20多个新村，1万多人在荒滩上立稳脚跟，为上海市“走出城市办劳改”谱写新篇章。1952年8月，垦管局改为上海农场管理局（以下简称农管局）。农场业务和党组织关系由市政府划归市公安局领导（1954年7月 ~1958年3月，党组织属江苏省委领导），其性质由民政教养机构变为改造罪犯的刑罚执行机关。1952年7月 ~1956年共接收犯人2万余人。1954年开发川东场，全场植棉0.4万公顷，1955年农管局被公安部列为全国大型和重点劳改生产单位。1956年9月，市委决定将上海农场管理局更名为上海市地方国营上海农场，归市公安局直接领导（1965年12月起由市劳改局领导）。1960年底，全场总人数达23614人。该时期，因三年自然灾害，是全国经济最困难的时期，农场改棉种粮，养猪，开办盐场。劳动强度不减，口粮定量减少，吃杂粮野菜，度过了最艰难的岁月。1966年，农场劳改工作结束，劳教工作停止，成为就业人员安置和劳动生产的场所。“文化大革命”期间，农场军管长达4年，上海红卫兵和上山下乡知识青年6000多人进入农场。在“砸烂公检法”极“左”口号影响下，农场生产、生活秩序受到破坏。1972年，启用上海市上海农场名称。1973~1975年，划出元华、隆丰、安丰、下明地区土地1.2万公顷和不动产及流动资金，并将上海调入的知识青年同时划出，建立市属农业局所属海丰农场，场部设在原上海农场元华分场。1974年4月，农场对内称上海市第一劳动改造管教总队，企业名称为上海市上海农场。1977年，农场重新接收劳动教养任务。1980年，下明地区由海丰农场划归上海农场，劳教工作在全场铺开。1981年9月，农场对内名称改为上海市第一劳动教养总队。1983年1月1日，川东分场划出成立上海市川东农场后，农场对内又称上海市第一劳动教养管理所。1995年1月，实行场所适度分开管理。2002年2月，成立社区管理委员会，试行所、企、社适度分开管理。2003年4月，劳教所新所建成启用，由庭院式分散管理转为楼层式集中管理。

【三场归并】 2005年11月23~24日，上海市长韩正视察农场，指出农场要进一步认识在上海发展中的地位和作用，将自身发展规划纳入到上海整体发展规划之中，在体制上进一步深化改革，通过所企分开、所社分开，实现农场真正的社会化，走出一条可持续发展之路。

光明食品集团上海市上海农场场部

2006年，农场纳入上海市“十一五”发展总体规划。2008年底，所场分开进入实质性调研阶段，2009年1月，上海市政府专题研究上海农场、川东农场体制调整工作。

2009年4月15~16日，中共中央政治局委员、上海市委书记俞正声，市委常委、市政法委书记吴志明，市委常委，市委秘书长丁薛祥一行在市司法局党委书记、局长吴军营，市司法局副局长、劳教局党委书记蔡永健，劳教局局长刘建华的陪同下，来场视察。市委副秘书长李强、市农委主任孙雷等市委办局领导随同视察。俞正声指出，在当前所场分开的工作过程中，一定要记住老一辈创业的历史，要满怀对农场的感情，记住农场人的贡献。并强调，所场分开有利于劳教管理，是监所长远发展的正确方向，上海具备实施的条件，应该在全国带这个头，要根据上海和农场的特点，在现有体制下，追求一种国有的、集约经营的模式，作出明确的发展规划。上海市委常委、市政法委书记吴志明指出，一定要用好农场这块土地，在所场分开的过程中，妥善安置好职工，稳定社区，在公安体制上，为农场经济社会提供治安保障。

2009年7月15日上午，上海农场、川东农场移交工作签约仪式在上海人民大厦举行。农场的教育、卫生等社会职能移交到宝山区相关部门，而农场的产业板块则由市劳教局移交给光明食品集团。调整上海农场、川东农场管理体制，是上海市委、市政府一项重大决策，是司法、劳教管理体制改革的需要，是加强域外农场社区管理工作的需要，有利于加强劳动教养和强制隔离戒毒工作，有利于厘清公安、教育、公共卫生服务等管理职能。同时，农场移交后，还将有利于促进农业产业整体发展，更好地服务保障上海经济社会发展。市委常委、市委政法委书记吴志明，副市长胡延照出席了签约仪式。

2009年9月18日，上海农场、川东农场交接工作干部大会在第一劳教所文体中心召开。市农委主任孙雷、市司法局党委书记、局长吴军营、市国资委副主任刘燮、光明食品集团党委书记王宗南、总裁曹树民、市司法局副局长郤荀、市司法局副局长、市劳教局党委书记蔡永健、市劳教局副局长张汉强等领导出席会议。蔡永健在会上指出，要主动、自觉、积极地做好交接工作，保增长、保稳定、保民生。市司法局党委书记、局长吴军营赋诗：“本是同根生，共饮黄海水。光明辉煌时，激励故乡人”。

2013年12月27日，上海农场、川东农场行政归并给光明食品集团上海市上海农场。

2014年4月21日，光明食品集团上海市上海农场、光明食品集团上海海丰总公司进行行政归并，新定名为“光明食品集团上海市上海农场”。至此苏北3个农场完成全部归并，原3个农场社区管理职能由新成立的上海海丰社区管理委员会承担。农场全面实行企业化运作。

经济发展

【上农片】 上农片（原上海农场）。农业。1950~1955年，农业生产边垦边种边建设，依靠人力、畜力和数台旧拖拉机开垦荒地0.8万公顷，在盐碱地上种植棉花，产量逐年提高。1955年植棉0.38万公顷，总产皮棉135万千克，为上海市棉纺工业提供优质皮棉，成为免检单位，农场当年盈利102万元，被列入全国棉花高产单位。1956年，农业部确定农场为全国棉花高产试验重点基地。1958年，随着水利条件改善和土壤盐分降低，种植水稻44公顷，亩产168.7千克，为在盐碱地种水稻闯出一条新路。1959年江苏省停止供应农场口粮，当年压缩棉田改旱田为水田，1960年改制0.23万公顷，种植水稻0.18万公顷。1960年生产经营方针改为以粮为纲，以养猪为中心，养猪由3000多头猛增到2.5万头。由于饲料困难，仔猪死亡严重，至1962年大养生猪被迫下马，3年亏损170万元。1963年，重新扩大棉田，提出“以植棉为主、粮棉并举”的生产方针。经过严格选地、增施厩肥、翻耕绿肥，生产管理实行总承包（包生产、包上缴、包成本、包工资总额），棉花有较大增产。1964年，总产皮棉226.73万千克，亩产48.67千克，其中亩产60千克以上的有372公顷，受到公安部、上海市、江苏省的重视，被列为全国棉花高产先进单位，农场代表出席国务院召开的第四届全国集中产棉县棉花生产会议，受到毛泽东、周恩来等中央领导人接见。“文化大革命”前期，由于极左路线干扰和自然灾害

2014年，上海农场大麦亩产454千克，小麦亩产480千克，水稻亩产550千克；产销种子6万吨，大米2万吨（其中优质米6000吨）；粮食贸易总量26万吨

影响，农业生产停滞不前。1973年后，农场实行“以粮为纲，发展多种经营”的方针，扩大水稻种植面积。1976年改变耕作制度，增加夏粮面积，引种杂交水稻获得成功，当年水稻单产257.8千克。中共十一届三中全会以后，农场完善各种承包制度、分配制度，提高复种指数和扩大稻麦、棉麦两熟制面积，机械化程度不断提高，1990年，机耕、机播、机割占农作物总面积87.95%，机灌占总耕地面积57.3%，劳动生产率不断提高。20世纪80年代起，粮食增产幅度开始增大，1990年总产1111.78万千克，平均每年以6.75%的速度递增。20世纪90年代初，农场形成了“农场的根本出路在农业”的重要共识，开始引进农业专业技术人才，改革农业管理体制。1991年，农业管理体制由三级管理向两级管理过渡。1992年10月14日，农场注册成立上海黄海农贸总公司，全面负责农业计划生产和经营管理。1994年12月至1998年5月，上海农场滩涂农业综合开发工程全面完成，形成耕地1473公顷、林地280公顷、淡水养殖渔塘680公顷。1999年，农场水稻单产529千克，大麦、小麦单产分别为364千克、407千克，粮食总产5016万千克，实现了年产粮食5万吨的目标。

2000年以来，农场农业逐步实现四个根本转变，即以商品粮生产为主逐步向种子粮生产转变、以耕地管理为主逐步向土地管理转变、以种植业为主逐步向种、养、加同步发展转变、以卖原粮为主逐步向卖成品粮、品牌粮转变，基本实现传统农业向市场农业、现代农业的转变。

根据上海市畜牧养殖梯度转移的总体要求，农场成为上海市重要生猪养殖基地。2002年11月，农场筹建晚庄畜牧场和丰海种猪场，随后5年，先后建立了海堤畜牧场、时丰畜牧场、下明畜牧场、丰海原种猪场，并扩建庆丰畜牧场，形成年上市种猪2万头，商品猪15万头的生产规模。

2008年，农场拥有耕地面积4827公顷、林地面积1404公顷、养殖面积728公顷。1991年至2008年，农场生产粮豆65913.37万千克，其中水稻38235.22万千克、二麦24807.66万千克、玉米1812.10万千克、大豆1058.39万千克；上市生猪457645头，上市淡水鱼7727.48万千克，加工并销售作物种子12005万千克、大米7010.2万千克。1991至2008年，农业总产值252962.66万元，其中种植业98418.03万元、林业2207.31万元、畜牧业40401.80万元、淡水养殖业20196.85万元。

上海农场是上海市的“米袋子”“菜篮子”重要后方生产基地之一，也是上海在苏北的重要战略飞地之一。2014年生猪养殖规模90万头，上市52万头。2014年自营养殖区域面积1433公顷（水面1013公顷），销售成鱼1.46万吨

2014年，全场上市生猪54.63万头；种子粮食营销总量26.55万吨，其中销售种子6.22万吨，销售大米2.02万吨；自营水产养殖区域面积0.14万公顷（水面0.1万公顷），全年销售成鱼1.46万吨；蛋鸡养殖规模50万羽，鸡蛋满负荷生产能力20吨/天，上市鲜蛋2353吨；金针菇产量6867吨。全场实现营业收入23.52亿元，其中主营业务收入23.27亿元。

工业。上农片工业发展大致经历以生活服务为主的手工业，以农副产品加工为主的加工业，以机械制造产品为主的经营业以及系列产品初级阶段生产4个时期。1950~1952年，垦管局创办铁木工场、制鞋摇袜缝纫工场，主要产品为解决垦民生活用品和简易生产工具。1953~1975年，先后建立轧花、榨油、碾米、修理、发电等工厂。该时期农场的工业以解决农副产品加工为重点，生产设备等初具规模。农场加工的皮棉大部分供给上海花纱布公司，生产的棉清油出口苏联。1976年开始，农场工业结构调整，逐步建立以制造机械、链条、工具、建材、仪器等为主体的经营性产品，销售遍及全国20多个省市。1991年以来，农场工业生产开始面向市场，转换经营机制，调整产业结构，紧抓新产品开发，拓宽销售渠道，改革用人、用工、分配制度，试行企业化管理，工厂自主经营、自负盈亏，克服资金紧张、原材料提价、人才紧缺等困难，开发有一定科技含量的新产品。1993年起，对效益差、无发展前途的企业和产品实行关停并转，集中优势人力、物力、财力，发展效益高，市场好，产品竞争力强的骨干企业，重点发展机械、链条、磨片和药检仪器四类产品。1998年中央决定："军队、武警部队和政法机关不再经商"。经上级部门确定，农场移交工业企业8个。

1950~1998年工业累计完成产值44262.5万元，利润3165.2万元，税金为1850.5万元，利税合计5015.7万元。

【川东片】 川东片区（原川东农场）。川东农场实行二级管理，由上海市第二劳动教养管理所编制年度计划，分解落实到大队。川东农场主营业务是粮食种植（稻麦二季）、生猪养殖。在所党委的领导下，由场长或副

场长分管农业，指挥全场生产；为了对川东农场生产经营进行管理，川东农场建立相应的管理体制，其中对农业生产的管理是采用分设各部门：种植业、养殖业、种子大米加工业和林业四项产业为主导的农业产业体系，下设三个农业大队八个作业区、畜牧养殖四个分场、林木园艺管理中心、种子粮油公司、农机站等生产经营单位。实行单独核算，单独考核，责任落实到分管领导，年初有指标、有预算，年中有检查，年末有考核。产、供、销分别核算，各部门各负其职，年终根据部门的经营情况及预算完成情况奖惩分明。农业生产经营方式是：生产单位只有生产权，无种子、肥料、农药等农资采购权，无产品销售权；销售权归属2个单位：江苏川东农业发展有限公司及江苏申川种业有限公司。

川东农场农业管理人员比较少，经济的发展对农产品的质量与品质要求又越来越高，传统的人员密集型劳动已不能适应发展。促使农业生产向全程机械化方向发展。

农田水利。川东农场农田水利总体布局防洪、排涝、降渍、灌溉，贯彻全面规划，综合治理的原则。以灌溉、降渍为重点，以节水增效为中心，实行旱、渍、盐、淤综合治理。

第一期共投入1260.69万元，其中土方工程27.04万立方米，经费94.64万元；建筑物工程造价441.27万元；水土保持经费37万元；喷灌设备经费19.2万元；斗渠防渗工程造价614.44万元；砂石路面工程16.08千米，造价158.23万元；场外水利分摊经费137.40万元。

第二期共投入992.95万元，其中土方23.04万立方米，造价69.12万元；建筑物造价273.92万元；水土保持48.4万元；斗渠防渗219.75万元；砂石路面造价381.76万元。

2005~2006年，根据上海市农委"苏北农场调研会议"精神，投资524.6万，在八大队四作业区建设设施粮田360公顷，2007年投资1293.76万元，在八大队八作业区、六大队十作业区、六大队十一作业区建设设施粮田754公顷，2008年投资320万元，在六大队一作业区，七大队二作业区建设设施粮田133公顷，不断强化农业基础设施建设，基本达到了渠相通、沟相连、桥涵闸配套齐全、旱能浇、涝能排的基本功能。

生态循环农业建设。川东农场组建循环农业工作小组，专题负责农场生态循环农业建设工作。至2010年底，农场四作业区和畜牧三分场的循环农业核心示范区已基本建成。该示范区集成了生态种植、生态养殖、立体种养、秸秆粪污的综合循环利用和数字农业等系统，构建了清洁化生

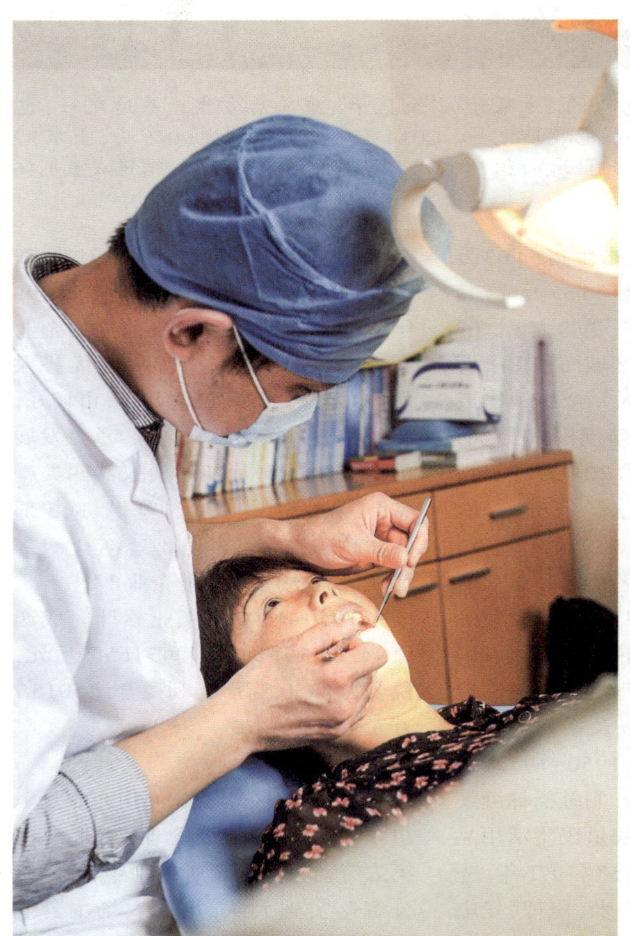

上海农场有医院、小学、幼儿园、社区服务中心等服务设施，以满足职工的生活需要

产、资源化利用、减量化排放、无害化处理的低输入、少排放、再利用生态循环农业模式，实现了产品优、效益好、环境美的可持续的、人与自然和谐共处的良好生态循环。农场畜牧业坚持“走生态养殖之路，开发绿色畜牧产品”的经营理念，与种植业联动实行“种—养”循环，即作物秸秆回收粉碎后与猪粪搅拌混合，添加微生物菌种，经发酵生产出微生物有机肥；生猪产生的废弃物用于沼气发电供给猪场生产用电，发酵后产生的沼液经灌溉水渠稀释后直接还田于水稻生产。

【海丰片】 海丰片（原海丰农场）。1975年，上海市在江苏省盐城地区配合下，向东围垦黄海滩涂1.61万公顷，其中0.15万公顷划给江苏大丰县，0.31万公顷划给上海农场，其余1.13万公顷归属海丰国营农场，非公司制企业，隶属上海市农业局领导，1976年6月改属上海市农场管理局领导，属国有全资子公司。

1980年，农场有职工33649人，是年年底，知青和郊县来的职工全部迁到郊县农场，留下二三千人都是从市区、当地和外地调入的干部、技术人员及其家属子女。1982年，从新疆农垦系统转到海丰农场上海支疆青年9715人，1987年起，部分新疆上海知识青年转移到郊县农场。1990年农场有职工7284人。

1990年，公司主要以安置上海知青为主，期间共安置上海知青3.4万人，上海支疆青年9000多人，当时职工进出频繁，职工队伍和干部结构极不稳定。1994年以后，公司按照上海市政府“把海丰建成上海的‘米袋子’‘菜篮子’”的要求，开始进行农业开发并逐步得到发展，走上以米业为主的产业发展之路。

海丰总公司还承担着社区管理的责任。海丰社区成立于1999年8月，隶属海丰农场管理，承担着农场的社会职能。成立时设4个部门：即房管所、居委会、文化活动中心、农场综合管理部。2002年社区合并成为大社区，共设有居委会、受理中心、活动中心、公共卫生科、治安保卫科、城市管理科、房屋管理所各1个，农场学校1座，农场职工医院1所。

2007年8月28日，上海农工商集团海丰总公司变更为光明食品集团上海海丰总公司。总部设在原海丰农场总部。

海丰总公司由上海海丰米业有限公司、上海东大滩食品有限公司、大丰沿海水利工程有限公司、上海海丰农场建设服务公司、新海腾电缆有限公司、生活服务分公司以及社区管理委员会组成，有员工900余人，其中具有大专以上学历的员工300余人。上海海丰米业有限公司是国家级农业产业化重点龙头企业，中国农垦系统农产品可追溯体系建设示范首批单位，具有较强的技术攻坚和科研创新能力。

2010~2012年，海丰总公司学习及对标中粮米业板块，学习先进、找差距。中粮米业板块2009年销售大米34.8万吨，而海丰米业为6.3万吨。海丰总公司重点“学习中粮、对标中粮、直追中粮”。导入对标管理、精细化管理理念。3年目标确保销售大米翻一番，达到12.6万吨，“海丰”牌袋装大米将打造成“长三角”地区第一品牌大米，销售全面进入“长三角”重点县级以上城市。

核心产业米业。海丰总公司的主营业务即米业，所属子公司上海海丰米业有限公司（下称海丰米业），于2001年12月成立，注册资本2500万元，是光明食品集团上海海丰总公司全资企业，是产加销一体化的专营公司。海丰米业总资产2.98亿元，固定资产净值9900万元。2002年11月，海丰米业被认定为上海市农业产业化重点龙头企业。同年12月，被认定为农业产业化国家级重点龙头企业。

海丰总公司于2009年整合了海丰米业产业链，将米业公司从依赖农场基地产出为主要赢利模式的企业逐步引导、转型为以市场引领、以品牌效应凸现赢利模式方向发展的企业，由重生产向重市场、重经营，努力提高产品毛利率的转变。加快米业产品转型。充分利用海丰地域生态优势，发展高端有机大米产品，提升海丰米业产品品牌的价值内涵；借助先进的加工工艺优势，打出“冰鲜米”概念来引领市场，凸现其安全、营养的品质特色，提高产品定位与毛利率。加快市场转型。以上海地区为主打，加大江、浙地区及产地周边市场的拓展力度，努力扩大市场品牌份额。同时，加大江苏地区稻谷贸易和东北原粮的采购，利用广泛的流通渠道做大浙江市场。加快经营模式转型。农场基地经营探索模拟股份制，做到市场化、标准化，通过种植技术、种植标准的规范与完善，提升海丰大米品牌品质，使农场基地努力成为新农村建设的示范样板。在外延区域新组建拓展事业部，采用OEM的手段来掌控优质稻米资源，不断丰富“海丰牌”大米产品系列，为在超市、卖场打造“海丰大米商品角”奠定基础。

农产品集成产业。在集中优势发展主营业务米业的同时，海丰总公司积极整合农副产品的生产与营销渠道，大力发展林下经济，不断优化水产养殖，积极整合农产品资源，建立了农副产品加工、分装标准化体系，确立了“东大滩”品牌，着力做精做专苏北农产品集成商概念。

农业服务及临港产业。电力电灌、水利配套、农场及集团内部产品营销等需要的农场服务板块部分于2009年整合之后逐步形成，大都处于发展初期，但已显强大的发展后劲。林业绿化，2009年海丰总公司多方争取支持，建成了533公顷市属沿海防护林、266公顷市属通道林，条田林网化初显成效。

海丰总公司同时注重发展奶牛青饲料的种植，为牛奶集团建设在海丰地域的规模1万头的奶牛饲养场配套服务。从2007年海丰开始种植青饲玉米，品种以雅玉8号、耀青3号为主，当年种植51公顷，总产1700吨；2008年种植353公顷，总产15900吨；2009年种植1580公顷，总产51579吨；2010年种植1962公顷，总产73507吨。

（李　耀　王　季）

江苏省大中农场

区位环境

江苏大中农场集团有限公司地处大丰市境内，黄海之滨，毗邻国家麋鹿自然保护区，紧临沿海高速、新长铁路、204国道、226省道，临海高等级公路穿场而过，距大丰港10千米，交通便利。农场总面积8200公顷，其中耕地面积5100公顷，水面530公顷，林地870公顷；中心位置北纬33°08'04"，东径120°39'08"。地势平坦，真高3.1米；土壤有机质含量1.22%。农场四季分明，温、光、热资源丰富，年平均气温14.3℃；极端最高气温36.1℃，极端最低气温-9.6℃；年均无霜期216天，年均降雨量1045毫米，6~9月降雨量较为集中，气候条件和自然资源优越，有利于优质稻麦和瓜果蔬菜的生产。

建制沿革

农场创建于1950年，经过了劳改队、兵团、农垦农场、监狱企业的体制变更。1984年，农场恢复监狱建制，大批收押犯人，企业劳动力逐步以犯人为主，职工为辅。二级单位由押犯的劳改大队和职工分场并存，实行支队（农场）、大队（分场）、中队（管理区）三级管理，至1987年，拥有大小核算单位69个。2008年进行监企社分离改革，挂牌成立江苏大中农场集团有限公司（简称江苏省大中农场），隶属于江苏方源集团有限公司。公司下设五部一室，各部室职能分别为农业、企业、人力资源、财务管理、产品销售和物资供应，以及社区管理。下辖9个种植业分场、1个畜牧业分场、1个林业分场、1个农业科技中心、3个工业子公司。

多元经济变化

【计划经济下的农工商三元结构（1950~1983年）】 1950年到1983年这个时期，企业经历了从无到有，生产效率强弱多变的艰难过程，34年间有20年为亏损年份。企业资金主要依靠国家拨款和银行贷款，形成利润上交国家。企业产业结构以农业为主体，为解决自身供给，陆续建设了一些工业项目。农业以土地的开发利用和土壤改良为主要目标。至1983年，垦荒530多公顷后，土地开发基本完成，形成种植业版图。作物结构以棉花、三麦和香料为主。

场办工业在建场初期就已形成。1958年后，在粮棉油加工厂的基础上创办了麻袋织造、食品加工、酿酒、细菌肥料、造纸等项目，20世纪80年代创办了针织厂、木器加工厂、服装厂、标准件厂等。为满足内部需要，农场商业经营开始起步，并成立了运输

江苏大中农场集团有限公司下辖9个种植业分场、1个畜牧业分场、1个林业分场、1个农业科技中心、3个工业子公司。2014年实现销售收入3.5亿元、含奖利润6200万元

队、供应站、建筑队、蔬菜大队等，为解决职工就业，消化自然增长劳动力提供了途径。

【改革开放下的体制、机制、结构调整（1984~2003年）】 1984年，农场恢复监狱建置起，到2003年，随着体制的变化，农场的经营机制也发生了变化，劳改大队全面推行“改造、生产双承包”，职工分场普遍兴办家庭农场。在工商业、建筑、运输、服务单位推行“计件工资”和“浮动工资”。随着职工逐步减少，劳改单位拥有土地资源不断扩大，至1991年种植业职工集中合并到一个分场，每人承包0.7公顷（后调整到1公顷）土地自主种植。此间，种植业结构进行了大的调整，1986年试种水稻获得成功，后逐步在全场推进“旱改水”工程，至1994年，实现全场稻麦轮作，完全取消了棉花、香料生产。20世纪90年代后期，种子产业初具规模，至2003年，年销售粮食种子8372吨。

这一时期，工业经济产业结构根据市场的变化相继进行了调整，逐步“关、停、并、转”了部分工厂，保留了既有一定经济效益，又能解决就业问题的铸造厂、米面加工厂、砖瓦厂，1988年又新上了塑料制品厂。

【监狱体制改革中的监、企、社分离】 2003年起，监狱实施“犯退工进”，罪犯集中关押，罪犯从农田劳动转为工厂劳务加工为主。为经营好犯人收监后留下的4700多公顷耕地，农场组建种植业分场。随着“北犯南移，北警南调”计划的实施，为实现警力资源配置的最优化，监狱开始剥离社会职能，学校移交地方，医疗保险实行属地管理。2012年7月，为促进劳务加工业提档进位，集团公司成立了江苏大中服饰公司，全面负责监狱劳务加工和罪犯技能培训。随着企业经济总量扩张，“一体两翼”产业格局日臻成熟，农业、场办工业、劳务加工业齐头并进。

2014年，大中农场实现粮食总产6.7万吨，大小麦亩产505千克，水稻亩产600千克，实现“吨粮农场”创建目标，建成1个亩产粮食1200千克以上的分场

经济发展

大中农场集团公司推行以农业为主体、工业和劳务加工为两翼的“一体两翼”经营模式，2014年实现销售收入3.59亿元、含奖利润6170万元，再创历史新高。

【农业】 大中农场集团有限公司下设11个分场、农业科技中心、江苏江淮种子公司、江苏绿州米面厂等。其中，一至九分场为种植业分场，全程实现机械化；十分场为养殖业分场，从事规模化生猪养殖，年出栏生猪近万头；十一分场为林业分场，负责场内的林业和水面管理；农业科技中心负责公司及系统内的农业科研工作，主要从事高效农业产业园建设，新品种、新技术的引进与推广，大田生产的监管与指导。

农场坚持农业集体化经营、规模化生产，建立“六统一”管理机制：统一产品经营、统一物资供应、统一作物布局、统一栽培技术、统一机械作业、统一劳动定额。自1991年起，集团公司采取自我积累、滚动投入的办法，对0.51万公顷耕地实施“旱改水”工程，建设了高产稳产农田。公司以稻麦生产为主，年产水稻4万吨、大小麦3.5万吨、杂交制种稻0.3万吨，有机稻300吨，年生产销售稻麦良种1.5万吨。种植稻麦品种均为江苏省主推品种，其中丰禾啤、扬农啤8号、红3为公司自主品种。2009年开始，建设现代农业示范园，园区的西瓜、马铃薯、葡萄等瓜果种植已初具规模，高效设施农业优势凸显。加强农业科技发展，推广抛秧、机插秧及大小麦精量播种等先进技术，先后荣获部、局科技进步奖9项，选育定名农作物新品种1个，促进了粮食产量和效益的提高。至2003年，累计生产粮食58万吨，大小麦和水稻亩产分别由20世纪90年代初的230多千克、280多千克提高到现在的360千克、570千克左右，1995年被评定为国家农机管理二级企业。实施农业品牌战略，加强绿色食品开发。1996年获得小麦、啤酒大麦、大米等绿色食品使用证书。分步组建职工分场，形成了以“农机+农工—季节性临时工”为主、对外租赁和家庭承包为辅的农业经营模式。实施粮食产业化和种子产业化工程，着力打造农产品深加工产业链，江苏江淮种子公司坚持生产、加工、销售一体化经营，已形成引、育、繁、推一条龙的品牌开发体系，拥有自主品种3个，所注册的“江淮”牌种子畅销苏、皖、鲁等地，年销售良种1.5万余吨，销售收入4000万元，利润250万元。大力发展多种经营，新建良种猪场1个、修建育肥基地2个，实现了集中繁殖、分散育肥的目标；成立林业分场，加快林带更新步伐，形成了生态林、经济林、观赏林相互补充的发展态势。

农业品牌。在农业品牌建设方面，公司已经注册了4个品牌，分别是“碧绿”和“龙寿”牌大米、“大野”牌肥猪以及“江淮”牌种子。其中“碧绿”牌大米获“全国放心粮油”和“盐城市知名品牌”。农场先后获“国家大型绿色食品生产企业”“有机大米生产基地”“江苏省无公害畜禽生产基地”“江苏省第二批科技创新型企业”等称号。

【农业机械化】 农场下设6个机耕队，农机总动力2.5万千瓦，基本实现稻麦种植全程机械化。有大型收割机32台，其中3518收割机25台，1075收割机5台，514收割机2台；轮式拖拉机245台，机型以东方红和纽荷兰为主，机车动力为30千瓦~100千瓦不等；插秧机30台，包括25厘米行距毯式插秧机、30厘米行距毯式插秧机、33厘米行距钵苗摆秧机；各种农机具150余台套。实行“机农一体化”管理模式，所有驾驶员以机车组为单位，挂钩到各个管理区，农机作业和保养期间，从事机械作业和保养，由分场和机耕队管理与考核，非农机作业期间，参与农田管理，由管理区管理和考核，时段划分由各分场根据大田农时情况决定。公司农田全部建成条田化，按宽100米、长1000米的标准，建成8公顷标准化条田格局，每个条田建林带，每隔3个条田建防风林，森林覆盖率25%。近年来，农场加快中低产田改造，2014年，农田旱涝保收率达90%，稻麦生产机械化率100%，秸秆还田率100%，稻麦品种优质率100%，高效低毒生物农药使用率100%。为有效应对灾害性天气，确保粮食安全，公司先后引进美国捷赛、日本金子等烘干线4条，日烘干粮食1500吨，配套建成现代化仓储中心，总库容3.5万吨，基本具备粮食处理不落地的能力。场内沟河配套，灌排分开，东西干河为封闭式灌溉河道，一至六排河、中干河、场群河及海堤腹河为排河，外接王港河、疆界河等主要河道，所有河道实现3年轮浚，抗洪排涝率95%以上。灌溉水源为长江水经通榆河引进王港河，采取二级提水方式，由提水总站抽至东西干河，再由小型泵站抽至支渠用于农田灌溉。公司现有大型灌排两用站2座，功率3000千瓦，小型泵站18座，功率3500千瓦，灌溉干河25千米，灌溉支渠70千米，灌溉农渠650千米，其中防渗支渠25千米，防渗农渠100千米，灌溉保证率95%以上，灌溉水资源利用系数0.6。农业机械服务中心机驾人员230人，农机总动力2.8万千瓦，基本实现稻麦种植全程机械化。

【工业】 场办工业以3个子公司为主干。江苏绿州米业公司现有员工40人，以大米加工销售为主业，拥有日产100吨和150吨大米生产线各一套，以及日处理1000吨粮食烘干线一套，仓储库容2万余吨。年产优质大米2万多吨，销售收入1亿元，利润300万元，产品覆盖苏、沪、浙、皖等全国近20个省市。江苏大中耐磨铸件公司现有员工170人，专业生产和研制各类耐磨、耐热、耐腐蚀及抗冲击合金铸件，年产铸件1800吨，销售4000万元，利润160万元，铸件厂在通过ISO9002质量认证的基础上，又在2002年通过了ISO9001换版认证，保障了产品质量，出口量逐年加大。工业销售收入和利税分别由1991年的1179万元、106万元提高到2014年的5500万元、470万元。产品被广泛应用于钢铁冶金、建筑机械等行业，客户遍布国内外。江苏振中塑料制品公司现有员工22人，主要生产棉条桶板材、塑料育秧盘、无酸纸档案盒，有注塑板材生产线两条，年产塑料板材1200吨、塑料秧盘25万张，销售1400万元，利润120万元。塑料板材主要销往棉纺条桶企业，塑料育秧盘主要供应系统内部农业单位。

在加工业品牌建设方面，公司已经注册了两个品牌，分别是“大铸”牌铸件和“仙鹤”牌塑料。由于在国内同行业中鲜有竞争者，主要用于搅拌、破碎和钢铁行业的“大铸”牌铸件供不应求，市场前景广阔，其中铸件厂的特种耐磨铸件出口亚、非、欧等国家。

2014年，大中农场实现工业销售收入5500万元、利润470万元

大中服饰公司拥有18000余平米的现代化标准厂房，有工艺先进的生产线45条，自动化、智能化、专业化设备1980台套，已成为以服饰加工为主业，以休闲、牛仔服生产为特色的品牌加工基地，年加工各类服装500多万件。坚持信息化引领现代化，拥有美国格柏公司CAD服装自动制版、排版系统，服装工艺智能分析系统和ERP信息系统，通过ISO9001质量体系和GB/T28001职业健康安全管理体系论证，获“江苏方源集团公司先进单位”和“休闲茄克加工

基地”称号。2013年完成含税加工值4680万元，比上年增加1000余万元，增幅26%，月人均产值2243元。2013年实现销售收入3.4亿元、利润6056万元，分别比2003年增长了160%、303%。

【科技研发】 中心农科现有农业专业技术人员126人，其中，高级职称5人，中级职称36人，与高校、科研机构建立长期合作关系，2013年与扬州大学共同成立国家级“扬州大学科技成果转移中心大中农场分中心”“沿海地区现代农业研究与发展中心”，完成国家级星火计划项目1项、省级科技项目8项，创建科技公共服务平台1个。公司长期与扬州大学农学院、江苏里下河地区农业科学研究所、江苏省种子管理站建立合作关系，为农业现代化工程建设提供了有力的技术支撑。2010年投资800万元，完成中心农科所升级改造工程，对外服务场所达到500平方米，拥有各类实验室20余间，涉及作物栽培、植物保护、测土配方施肥、气象预测等领域，培训场所面积200平方米，可同时接待200人培训。公司常年聘请十多名科研院所的专家学者担任技术顾问，公司年引进种植稻麦新品种20个以上，引进新技术5个以上，年推广新品种5个以上，推广新技术3个以上。主推的水稻精确定量栽培技术、节水灌溉技术、小麦栽培“精种、扩行、降苗、调肥、保健”十字技术以及测土配方施肥技术，粮食单产逐年提高。大小麦和水稻亩产分别由2003年的356千克、482千克提高到现在的505千克、600千克，一年两熟，实现了亩产“吨粮场”目标；种子年销售量由2003年的5000吨增长到2013年的1.5万吨，该技术正向系统内及周边地区推广。

公司高度重视科技强企战略，积极组织申报科技项目。2010年承担“沿海水稻种植全程机械化高产栽培技术研究与推广”国家级星火计划项目，并于2012年3月圆满结题；2011年承担“江苏省沿海地区良种繁育与推广”科技公共服务平台建设，由省科技厅挂牌运行；2011年“万头猪场绿色无公害养殖的研究与示范”项目通过专家组验收；2012年申报“规模化养猪场废水还田周年利用优化模式研究”项目，被省科技厅批准立项；2012年承建国家农业综合开发土地治理项目，完成近700公顷高标准农田建设；2009年以来，连续承担农业部、省农委小麦、水稻高产增效创建万亩示范片项目，2010年、2011年小麦单产分别刷新江苏省淮南地区、江苏省小麦单产记录，先后获得“高产增效创建先进单位”“江苏省农业科技推广一等奖”，并多次被评为小麦、水稻A级示范片。

社会事业

【完善公共设施】 集团公司经济持续健康发展，效益逐年提升，投资新建

大中农场实施“安居工程”，推进社区宜居环境建设，加大保障性住房建设力度，建成廉租房、公租房466套

大中农场改造菜场、公厕、场区道路等公共设施

电教中心，两次改造有线电视，建成休闲广场，改建老干部活动室和“职工之家”，丰富了居民的业余文化生活。2003年初监狱工会被省总工会授予“模范职工之家”。中小学、幼儿园教育教学质量，先后多次受到大丰市和省厅局的嘉奖。2004年起，学校逐步停办移交给地方政府，2008年完成。实施职工医疗保险制度改革，医院顺利通过“二乙”等级评审，计划生育工作连续被评为大丰市先进单位。小城镇建设初具规模，撤销了分场居民点，新建和扩建场部居民小区3个，新建住宅楼479套、平房382套，居民住房成套率由原来的7%提高到现在的23%。新建黑色迎宾路，改造环场公路，建成“十”字形水泥路，实施绿化、亮化工程，场容场貌焕然一新。完成农网改造，开通数字程控电话，方便了居民生活。新建198个摊位的花苑市场和21个门市的商业一条街。

【暖心工程】 农场实施“暖心工程”，为职工连续增资，完善民警职工困难家庭救助机制，积极协调社会各方资源解决民警职工的通勤班车、子女就学等问题，创造条件鼓励干工子女报考农学专业回场就业；坚持发放职工福利，分享改革发展成果。实施“健康工程”，制定出台民警职工补充医疗保险办法，投入1400万元完成饮水工程建设，由饮用地下水改为自来水，组织民警职工、老干部、妇女体检，新建休闲公园和健身道路。实施“安居工程”，加快农场现代小城镇建设，推进社区宜居环境建设，先后建成浴室、进场公路9.5千米、生态停车场8000余平方米，改造菜场、公厕、场区道路；加大保障性住房建设力度，建成廉租房、公租房466套，正在建设252套，限价商品房300套开工。

农业龙头企业简介

【江苏江淮种子公司】 成立于1992年8月，隶属于江苏大中农场集团有限公司，现有从业人员36人，中高级技术人员12人，公司独立核算、自负盈亏。经过近20年的积累和发展，公司已形成引、育、繁、推一条龙的品牌开发体系，生产、加工、销售一体化的经营模式。公司现有直属基础种繁育基地20公顷，原种繁育基地1000公顷，种子仓库3000平方米，水泥晒场10000平方米，日处理种子120吨的种子烘干线两条，种子加工线两条（5吨/小时和10吨/小时种子加工线各一条）。公司注册的“江淮”牌种子畅销苏、皖等省市，深受用户青睐，年销售种子1.5万吨，销售收入3500余万元，利润800余万元。

【江苏绿州米面厂】 成立于20世纪50年代，占地面积4万平方米，拥有工艺先进的日产150吨佐竹生产线两套、标准原粮仓库3万吨左右。2010年投资1200万元引进了日处理原粮1000吨，年烘干能力达30000吨的美国GIS公司R605型粮食（种子）烘干线设备一套。“碧绿”品牌大米逐步做大做强，1996年取得大米绿色食品使用证书。2004年获国家质量监督检验总局颁发的安全认证标志（QS）使用证书，2006至2009年“碧绿精米”连续获得“放心米”“信得过产品”和“推荐产品”称号，并通过中国粮食行业协会复审。2009年又获水稻及大米有机产品认证证书。企业通过ISO9001质量体系认证和审核。2014年，企业发展成为年产量3.2万多吨，主营业收入近1亿元的农业龙头企业。

（杨广照　赵少杰）

2014年，江苏绿州米面厂主营业收入近1亿元

江苏省方强农场

基本概况

【地理位置】 江苏省方强劳教（戒毒）所（江苏省方强农场）地处盐城市东郊，位于盐城市亭湖区、大丰市、射阳县3地交界处，属地归大丰市管理。东与国家级丹顶鹤珍禽自然保护区毗邻。距盐城市区、大丰市区、射阳县城等均在40千米左右，交通便利，331省道与临海高等级公路分别从东西和南北方向贯穿境内，距离沿海高速路25千米。

【地形地貌】 总面积50平方千米，呈靴子形。场内地势平坦，沟河纵横，有近一半的土地位于丹顶鹤自然保护区缓冲地带，场内自然生态优良，无重大污染项目，水土保持良好。农场地面真高2.24米~2.42米。

【自然资源】 场内植被覆盖良好，常年植被覆盖率85%以上。大部分是栽培植被，自然植被有野生灌木和杂草。农作物夏熟以大小麦为主，秋熟以水稻为主。林木主要以意杨、洋槐、水杉为主。主要绿化苗木种类有龙柏、蜀桧、铅笔柏、广玉兰、棕榈、冬青、女贞、银杏、紫薇、垂柳、海棠等。河流洼地有芦苇、蒿草等。农场地处里下河下游地区，境内河道正常水位0.8米，受挡潮闸启闭的影响略有变幅。

【气候特征】 农场位于中纬度地区，地处黄海之滨，属亚热带和暖温带过渡地带，无霜期较长，气候暖和，雨量充沛，四季分明，日照时间较长，梅雨季节明显。夏季具有明显的海洋性气候和季风特点；冬季又受大陆气团控制，寒冷干燥；春秋因季风交替，气候多变，多大风；春季温度回升缓慢而不稳，时有短期干燥或雨涝；入夏后时有冰雹出现。7月、8月、9月常有台风暴雨袭击；秋季温度下降缓慢，昼夜温差较大；冬季寒流活动频繁，常受各种灾害性天气影响。年平均降雨1022.7毫米，年平均日照时间2135.3小时，年蒸发量与降雨量基本持平。

【建制沿革】 江苏省方强劳教所对外统称为江苏省方强农场，建于1951年。60多年来，先后经历劳改、兵团、农垦等时期。1951~1966年，为劳改建制，先后称"盐城区劳改支队""江苏省方强农场"。1967~1969年，为劳改建制，安置留场就业人员。1969~1975年，为兵团建制，称"江苏省生产建设兵团三师十五团"。1975~1984年，为农垦建制，称"国营方强农场"。1984~1989年，为劳改建制，1986年，划归省管，称"江苏省第十九劳改支队"。1989年，成立江苏省方强劳教所。2008年，增

2014年，江苏省方强农场被司法部表彰为"全国司法行政工作先进集体"，被省总工会授予"江苏省五一劳动奖状"。全年主营业务收入2.08亿元，含奖利润3570万元　　单位供图

挂“江苏省方强强制隔离戒毒所”牌子。2009年，实行所企分离改革，成立“江苏方强农场集团有限公司”。2013年劳动教养制度废止，劳教所摘牌，转而全力推进司法强制隔离戒毒工作。

【区划人口】 按照土地使用划分来看，除所部住区（包括管教中心、工业企业）外，农业生产单位共分为6个分场。全所总人口3423人，其中，常住人口3200余人，年收容矫治对象1500人。

【水系水源】 农场内水系网状交错，排布规则整齐，有界河6条、内沟河16条，总长105.4千米；常年雨水丰沛，地表水资源丰富，河流基本顺地形由南向北、由西向东流动。农业灌溉水利设施完善，灌溉、抗旱排涝能力强。外有3条河流过境入海，南有南直河，直入三里闸；西潮河横穿境域中心，拐向东北直入西潮河闸；北有新洋干河与西潮河北段汇流。内有19条主要排灌河道与上述3条河流连通。

一、界河6条，总长度37.1千米。

1.西潮河。口宽60米，农场境内总长度13.2千米。西潮河贯穿农场中部，东北部与射阳县为界，西潮河既是排涝的行洪通道，客水由西流入，向东北排出，承担南北农场2700多公顷土地的排水任务，也是农田灌溉的主要淡水水源。

2.南直河。口宽45米，农场境内长度2.8千米。南直河与大丰市三龙镇为界，担负农场南部1300多公顷土地的灌排任务。

3.新洋干河。口宽45米，农场境内长度2.8千米，为农场的北部边界，与西潮河汇流经西潮河闸入海。

4.子午河。口宽30米，农场境内长度4.5千米。为农场北部西侧边界。

5.一里河。口宽16米，北起西潮河，南通南直河，农场境内长度4.0千米。为农场南部西侧边界，与大丰县三龙镇和平村分隔。

6.海堤复河。口宽20米，农场境内总长度9.8千米（含新海堤复河段），位于农场东部边缘。

二、内沟河16条，总长度68.3千米。

地表水：农场地处里下河地区下游，境内河道正常水位0.8米，受挡潮闸启闭的影响略有变幅，地表水资源十分丰富，农业灌溉全部取用地表水，年平均取水量约4200万立方米。

地下水：由于紧邻黄海，属海相沉积，土质为砂壤土，浅层地下水含盐量较高，浅层地下水埋深，旱季为1.5米～2.4米，雨季为0.6米～1.0米，一般为1.2米～1.5米。2014年，生活用水全部取用深层地下水，全场拥有取水井10口，其中500米深井2口，300米深井1口，170米～180米深井7口，年平均地下水取水量约40万立方米。

2014年，方强农场拥有灌溉泵站28座，有效灌溉面积100%　黄英 摄

【水利设施】 农水设施。农业灌溉均为直接从河道一级提水，2014年底拥有灌溉泵站28座，其中24英寸泵站16座，20英寸泵站12座，总装机容量1240千瓦，有效灌溉面积100%以上。

农业灌溉。农场种植制度为稻麦两熟，水稻实行轮灌制度，大小麦和其他旱作秋粮一般不灌溉。

水利整治。1988～1998年，针对多年失修的农田水利现状，结合“旱改水”农业种植业结构调整，利用劳教人员和罪犯劳动力，普遍疏浚灌排河道和条排沟，达到原设计标准，逐年新建灌溉泵站，退渔还耕300多公顷，垦荒及土地整理近70公顷，达到“农田平整，沟河路渠、闸站桥涵基本配套”，全场0.3万公顷耕地有效灌溉面积95%以上，实现“引得进，灌得上，排得出，降得下”。1994～1997年，完成农业综合开发项目，大力推进中低产田改造。2004～2005年，对西潮河南片灌排系统进行调整改造，实现西潮河南片农田“灌排分开”，不抽回笼水灌溉。近几年来，利用机械轮流实施灌排河道和条沟疏浚，维护灌排河道引水排涝功能的发挥。2010年底，组织实施省补小型农田水利专项工程，项目建成后，彻底改善400多公顷耕地的灌溉水质，实现平衡增产。

【土壤改良】 农场长期监测记录土壤肥力变化动向，根据土壤肥力变化规律，肥力水平、特点以及作物需肥特性目标产量确定施肥方案，平衡土壤和作物的需求关系，采取相应的耕作、轮作、施肥和管理措施，降低生产成本，提高肥料利用率和农业生产的经济效益。

种植制度。20世纪90年中后期始，着重新品种的引进示范与推广，以及配套栽培技术的研究与攻关，农田产出量明显增加，年产原粮由20世纪90年代初的每亩700千克～750千克增加到每亩1000千克左右，根茎残留物亦相应增加，带来有机质的积累。

耕作制度。1996年前实行的麦—玉米、麦—大豆轮作制，土壤很少深耕，多为浅耕；自1996年开始大面积推广水旱轮作后，于前茬收获后、后茬播种前均进行深耕18厘米~20厘米左右，使生土变熟土，死土变活土，熟土变肥土。

秸秆全量还田。1984年以来，随着农业产量的不断提高，秸秆全部还田量也在逐年提高，土壤有机质含量也大幅上升。

科学使用化肥。始终遵循控氮稳磷补钾添微的原则，为作物生长提供速效养分，也为土壤微生物的活动和繁殖提供营养物质来源，并促进作物生长和分布。土壤氮、磷含量有了大幅度的提升，近20年土壤培肥取得显著效果，农场高产面积在逐步增加。

管教执法

管教执法工作主要分为支队建立、恢复劳改建制、劳教建制、增加强制隔离戒毒职能4个阶段。

【支队建立（1951~1966年）】 新中国建立初期，全国范围内开展镇压反革命运动，1951年5月，第三次全国公安会议提出："大批应判刑的犯人是一个很大的劳动力，为了改造他们，为了解决监狱困难，为了不让判处徒刑的反革命分子坐吃闲饭，必须立即着手组织劳动改造工作"。苏北人民行政公署决定盐城建立劳改支队。盐城专署专员赵心权、地委政治部等有关部门的负责人在滨海、射阳两县勘察地形，进行选择比较，最后定在射阳县方强区太平乡。地方政府将土改后剩余的1公顷多滩涂，部分草地划给支队作为建队基地。当年8月初，盐城专员公署公安处副处长周刚率领董国忠、丁万云、张日和、陈仰峰、尹开璋、刘保芝、还振祥、周桂良等59名干部，300名犯人来筹建支队。经过短暂而紧张地奋战，于1951年9月7日正式建队，命名为"盐城区劳动改造支队"。董国忠为支队政治委员，丁万云为支队长，支队部设在太平乡境内，隶属于盐城专员公署公安处领导。1953年4月8日，

2014年，方强农场通过教育培训、岗位练兵、挂职锻炼、跟班实践、互帮共建等方式，提升民警的履职能力 单位供图

为了纪念革命烈士方强，盐城区劳动改造支队被江苏省人民政府命名为"方强农场"。隶属于江苏省公安厅五处，委托盐城专署公安处代管。1955年3月，为了统一劳改单位内部名称，江苏省公安厅决定，盐城区劳动改造支队更名为"江苏省第五劳动改造管教队"，对外称"江苏省人民政府公安厅方强农场"，隶属于江苏省公安厅劳改工作局领导。1955年8月15日，江苏省人民政府公安厅方强农场，更名为"江苏省地方国营方强农场"，隶属关系不变。1957年8月，支队改属盐城专署劳改工作处领导，1963年5月，劳改工作处改为劳改工作分局，隶属关系不变。1964年3月，撤销盐城劳改工作分局，支队仍归省公安厅劳改工作局领导。1968年8月，"文化大革命"期间，支队被军事管制，成立"中国人民解放军江苏省地方国营方强农场军管组"，隶属于"江苏省公检法军管会劳改工作局分会"。1969年12月15日，撤销江苏省第五劳动改造管教支队建制。同时撤销军管组，改变了劳改农场性质。原支队被改为"中国人民解放军南京军区江苏生产建设兵团第三师第十五团"，隶属三师领导。1975年8月，撤销三师十五团建制，更名为"江苏省国营方强农场"，隶属于江苏省农垦局和盐城地区农垦局领导。1976年8月，成立"江苏省国营方强农场革命委员会"，1979年[illegible]月，撤销"革命委员会"，恢复"江苏省国营方强农场"，隶属农垦关系不变。

【恢复劳改建制（1984~1989年）】 1984年1月5日，为适应打击刑事犯罪活动的需要，江苏省国营方强农场与农垦系统脱勾，更名为"盐城市地方国营方强农场"，对内称"江苏省第十九支队劳动改造管教支队"，隶属于盐城市司法局和江苏省劳改工作局领导。1986年9月1日，为加强对劳改单位的集中统一管理，提高改造质量，根据江苏省委办公厅[1986]43号文件决定，将盐城市市办国营方强农场整建制地移交给江苏省劳改工作局，对外仍称"江苏省国营方强农场"，对内番号不变，隶属于江苏省劳改工作局领导。1989年，改为劳教建制后，罪犯收押改造地点主要集中在三大队（现二分场）和八大队（现机械厂的西大院）。1994年，《中华人民共和国监狱法》出台，方强劳改支队改为"江苏省大丰监狱"，2000年，二分场的收押点撤并，罪犯全部集中收押在八大队（现大机械厂）。2007

年3月12日，所有在押的262名犯人全部调往盐城监狱，大丰监狱保留建制，暂停收容罪犯。

【劳教建制时期（1989~2013年）】 这个阶段以2002年10月为时间节点，之前为分散收容期，劳教人员分别收容在入所队和处于各个分场的劳教大队；之后为集中收容期，劳教人员集中收容在场部住区的收容点。

1984年，开始收容矫治劳教人员，当时名称为“盐城市方强劳教所”。1989年2月15日，正式挂牌成立劳教所，名称为“江苏省方强劳教所”。劳教所始终坚持“教育、感化、挽救”的工作方针，对劳教人员实施依法、严格、科学、文明管理，主要分为宽管、普管、严管3个等级，不同等级享受不同的处遇。劳教人员在接受悔罪悔错、法律常识、文化知识等教育的同时，还从事玉米、棉花、大小麦、水稻生产和水产养殖等劳动作业。

2002年10月，争取省级财政1500万元和单位自筹300万元建设的新收容点正式投入使用，分散在农场的一大队、三大队、四大队、七大队的劳教人员，全部集中到新收容点，内设一、二、三、四、五大队，其中一、二、三大队，除了对劳教人员开展正常的管理教育活动外，还从事服装、玩具、手工等劳务生产，四大队主要承担食堂等后勤服务保障工作，五大队为入所教育大队。2009年1月，成立警戒大队，负责收容点周界区域的警戒护卫和突发事件处置等工作。集中收容后，随着物防技防设施和居住条件的改善，劳教所积极探索、大力推行规范化管理和人性化管理，并于2003年3月，承办了全省劳教系统规范化管理现场会。2005年，推行管理模式改革，对劳教人员实施封闭式、半开放式、开放式的三级管理，不同级别的劳教人员，在放准假、计分考核、超市购物、亲情电话等方面享受不同的等级处遇，劳教人员矫治积极性不断提高。

2004年底，劳教所被司法部确定为全国12家劳教戒毒试点单位之一。2005年1月，江苏省劳动教养管理局确定三大队为劳教戒毒试点大队，对劳教戒毒人员实施“三期一延伸”的戒毒模式，综合运用戒毒器械、心理矫治、身体康复、亲情帮教等手段，不断提高戒毒效果。2010年12月17日，最后1名劳教戒毒人员期满离所。

1996年，启动现代化文明劳教所创建工作，并在1999年建成省级现代化文明劳教所。2004年10月，司法部新的《现代化文明劳教所》标准颁布，劳教所启动新一轮部级所创建工作。2005年9月，顺利通过司法部的考核验收，同年12月获得司法部授牌。2006年6月，时任省司法厅厅长李福全以及盐城市领导为部级现代化文明劳教所揭牌。

【增加强制戒毒职能（2008~2014年）】 为执行国家《中华人民共和国禁毒法》，适应戒毒工作需要，2008年8月，劳教所增挂“江苏省方强强制隔离戒毒管理所”的牌子，履行强制隔离戒毒职能。从2009年2月5日，开始收治扬州市送来的第一批强制隔离戒毒人员5人。2009年10月，将二大队一中队增加为强制隔离戒毒管理中队，并把其1楼车间作为强制隔离戒毒的习艺车间。此后又随着劳教人数和强制隔离戒毒人数的变化，二大队一中队在2010年1月份恢复为劳教人员管理中队，同年12月改为强制隔离戒毒人员管理中队。2013年因劳教制度中止，执法职能转化为强制隔离戒毒管理，开始强制隔离戒毒执法矫治工作，探索建立“三期三评一延伸”（入所诊断评估、执行戒毒满一年评估、解除戒毒期满前评估）戒毒矫治模式。

生产经营

1986年以来，农场坚持以经济建设为中心，形成农业、场办工业和来料加工为主体的三元经济，集体经济实力不断得到增强，干部职工生活不断改善。2010年，主营业务收入首次超过2亿元，含奖利润3100多万元，职工工资人均收入28800元，在全省监狱劳教系统400人以上职工单位中名列前茅。

【农业】 1986年前后，从事农业生产的单位主要有5个劳改大队、3个农工大队、5个机耕队及1个果林队、1个蔬菜队等。2002年10月，劳教人员集中收容后，农业生产组织调整为四个农业大队，采用“管理人员+农业职工+机驾人员+季节性临工”的模式进行生产。2007年底增设林业大队。2008年初，将农业生产单位调整为六个农业分场（包括林业分场）。在分配形式上，1986年开始试行“定额上交、超利分成”和“大包干”等多种形式责任制。1987年全场实行“联产承包、定额上交、超利分成、风险共担”的责任制，每年都不断修改完善。1995年开始大面积实施“旱改水”工程，当年水稻面积0.12万公顷。1996年以后，基本上就稳定为稻麦两季为主体的种植结构，辅以大豆等农作物种植及鱼鹅养殖。2007年，二分场的42公顷鱼塘全部填塘还田，恢复稻麦种植，停止渔业生产。

农场基本实现机械化作业，截至2014年底农业综合机械化率达到80%，农机固定资产总值4759万元，共有111台大中型拖拉机、农机具195台、收割机18台，农机装备总动力14724.38千瓦，平均每百亩拥有农机动力33千瓦；积极推进种子产业化进程，生产农场种子起步于1994年，2007年前的种子生产主要以自繁、自产、自销为主。2008年以后，除了满足本场种子繁育外，还与地方种子公司合作，做好优良品种的代繁代育工作。2004年、2008年、2011年、2014年先后投资4000多万元引进烘干设备，农场拥有美国GSI、日本金子、台湾三久烘干线各2套，种子精选机10吨/小时、5吨/小时各1套，以及先进的发芽室等配套的种子检测设备和1座2.5万吨具有国家级标准的储备粮库。2014年，农场已具备日收割水稻130公顷以上、日栽插260公顷~340公顷、日施肥、打药260公顷，一次性烘干3500吨以上、日精选

2014年，方强农场大小麦加常规水稻平均亩产1076千克，比历史最高的2006年多52千克；全年销售水稻、小麦种子17330吨，稻麦种子净增效益近400万元

张建生 黄 英 摄

种子250吨以上、季仓储20000吨的能力，实现水稻育插秧、施肥、喷药、收割、烘干全程机械化生产。1999年11月，方宝牌特等优质大米获准使用绿色食品商标标志；2007年10月开始探索有机农业；2008年有机农业通过国家环境保护部有机食品发展中心（OFDC）的验收，获得有机转换产品认证证书，获得鹤鸣谷牌有机大米商标；2008年获准使用良好农业（GAP）标志；2008年9月参与盐城市生态农场创建，先后被盐城市人民政府分别授予“园林式单位”和“盐城市生态农场”称号。

【场办工业】 初期，主要有机械、棉业、米业、制药、服装和印刷等企业，这些企业主要是为解决干工家属及子女的就业问题，生产经营规模小，受市场影响波动较大，经济效益时好时差。改革开放以后，场办企业经历关停并转，到20世纪90年代中后期，只保留机械、粮棉油、制药、服装、印刷等企业。2007年，制药厂进行改制，产权转让给私人。2009年，实行所企分离改革，分别成立江苏方强机械有限公司、江苏方强农场棉业有限公司、江苏鹤鸣谷米业有限公司、江苏方强服饰有限公司。

【来料加工业】 在2002年前还处于初始阶段，各个管教大队的来料加工项目，有服装、玩具、叠医用纱布等项目，效益不高。至2002年10月劳教人员集中收容后，一、二大队都有专门的习艺劳动车间，分别以服装加工和玩具加工为主，三大队以锈花、箱包加工等项目为主。2007年，逐步淘汰玩具、箱包等项目，全部从事服装加工，生产经营效益稳步提升，2008年，人均产值为8000多元，2010年，人均产值突破1万元，为13000元。2013年，来料加工推行“业务统一接单、生产统一管理、资源统一调度”公司化管理模式，经营效益再攀新高，人均增加值13900元。

队伍建设

【民警队伍】 1986年以来，民警队伍管理主要分为国家干部身份和公务员身份两个阶段。在1986~1998年，干部来源主要是从社会引进和内部选拔培养两个渠道，当时农场条件相对于地方来说，条件比较艰苦，愿意来的社会干部不多，引进的干部主要是中小学教师；内部选拔培养主要是按农业、场直机关等3个批次通过考试考核转为警察编制，为国家干部身份。至1998年，全场所有国家干部进行了国家公务员过渡考试考核。此后，根据工作需要，本着“凡进必考”的原则，主要从社会招考和由警校分配两个渠道引进民警，身份为国家公务员。2008年加强民警专业化建设，法律、监所、医学、心理学等核

方强农场根据财力增长状况，逐年加大民生建设投入，小城镇建设初具规模　　张健生　摄

心专业民警目前已达79%，队伍的知识结构较为合理，民警管教业务能力和个别教育水平显著提升。2011年推进警员警长套改，进一步规范非领导职务的民警的晋级管理。

【职工队伍】 主要分为农业、场办工业和场直单位的3类职工，分别执行亩效益工资、计件工资和岗位工资。其中农业职工又以2002年劳教人员实现集中收容前后分为两个阶段。2002年以前，农业职工主要分为田间劳作人员和机耕队驾驶员两类；在2002年后，农业职工实施了“农机一体化管理”，让机驾人员忙时驾驶农业机械，平时与其他农业职工一样包田生产，提高了劳动力资源的使用效率。根据工作需要，报请省劳教局批准，2003年12月份，农场陆续开始招录人事代理，首批招录两人，人事代理的招录，进一步提高了职工队伍的技术含量。2007年3月份，因犯人全部撤出，机械公司出现了劳动力紧缺，同时农业生产一线也缺乏较多的农业职工，为最大限度地满足劳动力的生产性需求，农场根据《中华人民共和国合同法》的相关规定，通过大丰市民生劳动服务公司，使用其派遣的劳务工。

民生建设

【生活保障】 农场党委高度重视民警职工的生活，根据财力增长状况逐年加大投入，社会服务的保障功能不断增强。小城镇建设起步于1991年。20年来，经历了从无到有、到优、再到美的过程，2013年投资600多万元，建设污水处理站，积极做好盐城市国家级珍禽保护区缓冲带的生态环境保护工作。小城镇建设初具规模，综合保障水平不断提高。在用水保障上，1986~1987年，实施了自来水入户工程；2001年，场部住区实现全天候供水。2008年，实施了饮用水净化工程；2009~2010年又对地下管网进行改造，完成了大丰自来水厂直供农场的工程改造。2009年投资50多万元建成纯净水厂，采用FSJ82R-6XB-2型反渗透装置对地下水进行净化处理，每小时生产6吨纯净水，全年免费供应民警职工家庭72600桶，有效解决民警职工饮水安全问题。用电保障。1990~1994年，先后增加了1000千伏安、2000千伏安的主变压线；1996~2001年，对全场10千伏线路进行两改三线路进行改造；2001~2002年，新建1条场丰线，实现35千伏的复回线路供电；2006年12月，新增加1台5000千伏安变压线，供电保障能力进一步增强。用气用油保障。分别建立液化气换气点和加油站。道路建设。1991年起，逐步建成“一纵三横”（海滨南北路、海滨东西路、望鹤路、朝阳路）水泥路面；2004年、2009年，两次对海滨道路实施了拓宽亮化工程；1998年，方丰公路、至331省道连接线建成通车，并于2010年重新予以整修；2006~2007年，建设水泥路面18.46千米，场部通往各个分场场部的道路全部实现硬化。主要桥梁建设。2001年，苏强大桥建设通车；2005年、2006年，在里道河上又相继建成海滨桥和望鹤桥；2010年，建成二分场跨西潮河大桥。住房建设。从1992年起，开始建设第一栋3层12套住宅楼，以后又采用鼓励个人自建、集体建设备勤楼和安居楼等方式，不断改善住区居民的住房条件。特别是从2008年以后，进一步加大了安居房的建设力度，许多分散在分场居民点的居民，都集中住进了场部整洁卫生的套间。截至2014年底，农场住房成套率84%。

【医疗、养老等保障】 1987年，农场民警职工实现全场统筹医疗。2008年，3783名民警职工顺利加入盐城市职工基本医疗保险。2000年，为全场干部职工建立了失业、保险、计划生育和养老保险，并为1817名职工建立了养老保险个人账户。2003年职工养老保险全部纳入江苏省社会化统筹。2005年离退休职工的养老金实行社会化发放。2008年在职职工的工伤保险纳入到盐城市范围内进行统筹，保障水平进一步提高。

【文体设施建设】 2011年，投资663万元，建成3227平方米苏强警体馆，内设篮球馆、羽毛球馆、图书阅览室、健身房、棋牌室、体能测试室、乒乓球室，外设300米塑胶跑道、网球场、篮球场及广场等。

（戴鼎霖）

江苏省东坝头农场

【区位环境】 东坝头农场，地处黄海之滨的大丰市境内，东濒国家一类口岸大丰港，南临国家级麋鹿保护区，西靠大中镇高新区，北邻上海光明乳业集团上海农场。228国道、疏港四级航道穿场而过，距大丰市区和大丰港各15分钟车程，地理位置优越。场区地势平坦，气候温和，四季分明，日照充足，雨量适中，无霜期长，适宜农作物生长。农场土地总面积1300公顷，耕地860公顷无公害农产品生产基地。农场按照发展现代农业的要求，达到田园林网化、渠道防渗化、道路硬质化、条田信息化4个100%。

【建制沿革】 农场的前身隶属江苏省第一劳改支队。1964年10月定名为“江苏省地方国营东坝头农场”对内称“江苏省东坝头劳动改造管教队”。建场至1969年10月为劳改农场时期，隶属于盐城地委专署，对外称“东坝头农场”；1969年10月至1975年6月，为生产建设兵团时期，称“南京军区江苏生产建设兵团第三师独立第四营”；1975年7月恢复“国营东坝头农场革命委员会”；1978年底变更为“江苏省国营东坝头农场”（简称江苏省东坝头农场），隶属于江苏省农垦集团有限公司。2014年末，区域内7个农业大队，1个卫生所和8个二、三产企业。全场人口1500人，其中在册职工374人，退休职工503人。

【农场小镇】 农场小镇从无到有，初具规模，2004年年初，按照集团公司的要求，结合农场发展规划，由上海同济城市规划设计院设计，制定了农场小城镇建设方案，农场六届一次职代会通过，并经地方政府批准后实施。同时，制订出台了小城镇建设实施方案和基层居民点拆除意见，用“两补一优惠”的政策来引导职工进区建房，即：凡在规定时间内到规划区内建房的职工家庭，农场按户补助，在办理房屋产权证和土地使用证时，农场再优惠一半的费用。通过“动员鼓励，环境吸引、政策引导、干部带头”，职工逐步认识到集中居住的好处，积极报名参与。为了将好事办好，实事办实，农场负责图纸设计、工程招标，并安排专门的部门和人员对工程建设质量进行全过程的跟踪监督。在每批房屋建成后，由建房职工集中组织验收，保证质量。截至2013年，全场有9[illegible]%的职工家庭居住到场部小集镇规划区内。

【经济发展】 1987年，社会总产值340万元，利润38.9万元，职工平均收入1058元。2004年起，实行先交钱，后种田方式。农场实行二级管理，一级核算。2006年，实行“骨干牵头联户承租”的方式在全场推广。

2014年末，江苏省国营东坝头农场下辖7个农业大队，1个卫生所和8个二、三产企业，连续12年被评为盐城市文明单位，连续10年被评为江苏省文明单位，5次被省农垦集团公司授予“先进集体”称号

东坝头农场小城镇 胡军华 摄

2014年，东坝头农场水稻插秧全面实现机械化 冯嘉祥 摄

2010年，农场社会总产值8657.33万元，利润总额721万元，缴纳税金176.74万元，职工平均收入22121元，人均纯收入16788元。2007年获江苏省五一劳动奖状，连续12年被评为盐城市文明单位，连续10年被评为江苏省文明单位，5次被集团公司授予"先进集体"称号。

种植业是农场主导产业。1988年，粮食种植面积1314.67公顷，总产2307吨；棉花种植面积33.3公顷，皮棉总产73吨。2010年，粮食种植面积1890.7公顷，总产14162.5吨；棉花35公顷，皮棉总产118吨。

【基础建设】 为配套和完善小城镇功能，农场在基础设施建设方面，先后投资1000多万元，用于社区水泥路、沥青路、下水道、街道两旁绿化、饮用水改造、环卫设施和老场部的环境整治。新建职工休闲文化广场两处5000平方米，配备了健身器材。2014年，为进一步推动农场职工文化阵地建设和职工文化活动的深入开展，满足职工日益增长的精神文化需求，投资180万元在职工休闲广场北侧新建职工文化活动中心。农场小城镇环境整洁优美、四季长绿、两季有花。职工也从过去基层连队的小平房中，搬迁到宽敞明亮的小别墅，全场职工居民居住楼房率达60%以上，生活质量和幸福指数提升。

【社会保障】 多年来，农场大力发展经济，不断改善职工生活待遇，先后出台一系列惠民爱民政策，让每1个职工都能享受到改革发展的成果。2009年，落实了在职和退休职工参加大丰市城镇职工医疗保险，243名非职工居民参加大丰市城镇居民医疗保险，184名未成年人参加的地方新型合作医疗保险。帮助非职工办理自由职业养老保险75人，医疗保险8人。参保率达100%，实现了"广覆盖、多层次、保基本、可持续"的保障体系。2012年，农场在原有两保的基础上为每1位在职职工全部交纳"五险一金"，同时，对离开土地自主创业的职工每月发放一定的生活补助，让职工无后顾之忧地自主择业和创业增收。每年重大节日农场还发给一定的福利，且为改善老场部职工的居住条件，从2011年争取危旧房改造政策，先后投资300余万元对150户职工住房进行了加固维修。

【再建新农场】 农场始终坚持职工增收，农场增效这一总目标。2004年起，农场内部推行"骨干牵头，联户承包"的土地承包经营制度。以统一作物布局、统一种子供应、统一农艺措施、统一机械作业、统一生资供应和统一收购销售的"六统一"措施，生产三麦良种，有效发挥了国有农场规模化和标准化优势。2011年底，集团公司资源整合后，农场从模拟股份制生产经营到由分公司生产经营，职工落实资源共享的经济待遇。职工劳动力解放后，农场积极引导有管理经验、善于经营、又懂得农业生产技术的部分骨干职工，以农场内部成熟的"骨干牵头，职工承包"的模拟股份制形式，由职工家庭自愿组成模拟股份制合作体，走出农场到社会上承包土地进行生产经营，从农场周边逐步扩展到外县，2014年，东坝头职工在大丰的华丰农场、沿海滩涂、射阳等地，共承包土地0.21万公顷，参股承包职工200多人，最大的合作体承包面积400多公顷，少的也有六七十公顷，提高了职工收益，有序转移劳动力。

（胡军华）

〖编辑 杨长国 刘洪芳〗

顾保荣

大丰市委宣传部副部长、市文明办主任。江苏大丰人。男。1963年10月生。大学学历。中共党员。

认真学习领会中央关于加强和改进未成年人思想道德建设的决策部署，积极宣传未成年人思想道德建设的法律法规和政策，并付诸行动，从关爱未成年人的每一件小事做起。经常组织座谈、讨论，结合大丰实际，找准工作定位，出色做好未成年人思想道德建设各项工作，在省内外产生重要影响。

他善于创新工作方式，把握未成年人思想道德建设的规律，研究新情况、解决新问题。牵头打造了未成年人思想道德建设特色品牌——“行知互动剧场”，带动大丰6万多名学生、家长、老师参与，并在盐城市推广，60多所中小学开展此项活动，学生、家长和社会群众互动，使未成年人思想道德建设变得接地气、有活力，受社会好评和上级关注，被列入2014年江苏省精神文明建设工作要点，还被中央电视台一套《新闻直播间》、新华社《江苏领导参考》、《精神文明报》等报道。

突出抓好“八礼四仪”养成教育，组织编印文明礼仪图书读本，征集、评选、传唱优秀童谣。“日行一善，月习一德”“我们的节日”“七彩夏日”“缤纷冬日”等道德实践活动丰富多彩，《精神文明报》、江苏卫视、盐城电视台、《盐阜大众报》等媒体专题报道。在大丰市建成1个江苏省未成年人社会实践基地和3个中央级、3个省级彩票公益金支持的乡村少年宫，规范运行和管理，拓展未成年人活动领域。组织开展以网络、网吧、荧屏声频视频、校园周边环境和出版物市场为重点的专项整治行动，为未成年人健康成长创新环境。2015年2月，被中央精神文明建设指导委员会表彰为全国未成年人思想道德建设先进工作者。

（姚卫祥）

吴宏祖

大丰市委政法委副书记、市综治办主任。男。江苏大丰人。1961年7月生。大学学历。中共党员。

牵头制订“提升社会管理创新整体水平方案”，并向市委、市政府汇报，推动落实市社会治理服务中心机构、编制、人员和经费等工作；新招录的4名事业编制人员，建成了融社会管理综合信息平台、“十户联防”信息平台、社区网格化管理信息平台、视频监控信息平台等为一体的社会管理信息系统，形成了8个部门进驻、10大中心运作、15个部门轮值的服务模式。积极推动成立“一站式”流动人口管理服务中心，促进流动人口常态化管控。推动建立苏北地区首支网上巡逻队伍，形成集网上巡逻、接处警、网上研判和技术保障为一体的指挥调度体系。抓好每日社情舆情研判工作。实行红、黄、绿三色管理，落实肇事肇祸精神病人管控包保责任，专门设立“市社区矫正监控中心”，对社区矫正对象进行实时定位监控。同时，积极开展基层政法综治干部轮训工作，提高基层政法综治干部素质。强化镇政法综治中心规范化建设，建立健全各项规章制度，加强基层综治维稳力量。

经常性接访和下访，怀着感情关心民生疾苦，畅通民情民意反映渠道，做到“小事不出村、大事不出镇、矛盾不上交”。协助担保公司发展、农村土地承包、土地征用拆迁以及民间借贷等涉众性的纠纷调查，做好预测预警。在吴宏祖的努力下，2014

年，大丰市政法委被省委、省政府表彰为2011~2014年度全省社会治安综合治理先进集体，连续3届（6年）进入全省法治县（市、区）创建工作先进单位行列；同时，被省推荐为“全国法治先进县（市、区）”。2014年11月，吴宏祖被江苏省委、省政府表彰为全省社会治安综合治理先进个人。

（夏　伟）

陈亚平

大丰市安全生产监督管理局党组成员、副局长。江苏大丰人。男。1963年10月生。中专毕业。中共党员。

自1982年10月从大丰化肥厂调入大丰县劳动局，后2001年调入大丰市安全生产监督管理局以来，一直从事安全生产监管监察工作。30多年来，曾多次婉拒一些企业的高薪邀请，始终以饱满的热情从事安全生产工作，积极推动大丰安监事业发展。7年前，因患上直肠癌动过两次大手术，但术后依然和其他人员一样，深入车间开展安全检查，走进企业组织培训教育，深入事故现场调查处置。2013年年底，因直肠癌转移至肺部而再次接受手术治疗和化疗。期间，仍然牵挂着工作。

在安监局组建初期，全局仅4人，作为唯一的副局长，所有工作都带头干，放好样子，以身作则。随着安监机构的逐步发展壮大，分管过安监工作的各项业务，均做出突出成绩。分管的镇安监机构能力建设工作在省内具有一定的影响，2012年全省基层安监机构能力建设推进会在大丰召开，并观摩、推广大丰的经验；分管的事故隐患排查治理体系建设工作为盐城市树立样板；主持市安委会办公室的日常工作，从文件起草，到督促指导，身体力行，认真负责。

他淡泊名利，多次将表彰的机会谦让给年轻人，以激励年轻人更好地工作。面对安监工作的新形势、新要求，以强烈的事业心和工作责任感，积极撰写安全生产工作心得和调研报告，《为企业落实主体责任提供内在动力》等多篇文章被《中国安全生产报》《江苏安全生产》等刊物采用。发挥“传帮带”作用，把多年工作经验和踏实做人、扎实工作、爱岗敬业、无私奉献的好传统、好作风传授给年轻人。2015年1月，被国家安全监管总局、国家煤矿安监局表彰为全国安全生产监管监察先进个人。

（朱云秋）

朱艳萍

大丰市人民法院少年审判庭副庭长，江苏大丰人。女。1977年10月生。大学学历、法律硕士。中共党员。

积极投身到未成年人保护的司法实践中，贯彻和谐司法的办案理念，90%以上的涉少抚养、损害赔偿等纠纷通过调解结案。结合审判实践向相关学校、单位、家庭发出司法建议，有多篇司法建议在上级法院获奖。组织开展法制讲座、旁听庭审、模拟法庭等多项法制宣传活动，预防青少年违法犯罪，取得良好社会效果。2014年，组织发放维权联系卡400余张，组织开展“送法入校园、社区、广场”主题教育活动5场次。

少年审判中，坚持“爱心审判、倾心维权”的办案理念，全力推进少年法庭参与“法治大丰”“平安大丰”建设。探索“三感”（感化、感动、感恩）帮教模式和“五心”（爱心司法、倾心维权、耐心服务、热心教育、诚心感化）维权机制，建立了前科封存、心理疏导、合适成年人等多项少年司法保护新机制。定期到未成年缓刑犯家回访帮教，并赠送法律生活书籍，成功帮教转化10余名少年犯，所判少年犯无一重新犯罪。牵头负责的青少年维权机制工作被省法院简报推广，在中央综治办、共青团中央、中国法学会组织的未成年人健康成长法治保障征文活动中，撰写的《异地未成年被告非监禁刑平等适用之程序考量》获三等奖。该院被团省委、省高院授予“全省青少年维权岗”称号。

凭着对审判事业的社会责任感，始终把注重司法能力提高作为恪尽职守的本分，刻苦钻研，不断提高司法能力。针对审判工作中的难点、热点问题，撰写多篇信息，并被上级法院采用，多篇调研文章被《法律适用》《审判研究》以及网络报刊等媒体采用，多篇学术论文在上级法院研讨会上获奖。《从无序到有序:非监禁刑执行对接程序之规范化》一文在全国法院系统第24届学术研讨会上获二等奖、全省一等奖。2014年，《胡发刚等诉吴红勤损害赔偿案》案例入编《中国审判案例要览》。

办案中，朱艳萍遵守“五个严禁”（即严禁接受案件当事人及相关人员的请客送礼；严禁违反规定与律师进行不正当交往；严禁插手过问他人办理的案件；严禁在委托评估、拍卖等活动中徇私舞弊；严禁泄露审判工作秘密），不办“三案”（人情案、关系案、金钱案），严格遵守法官职业道德和各项廉洁制度，多年来无一起廉政投诉。积极投身各项廉政文化建设活动，所承担法制文化的宣讲工作，曾多次代表该院参加上级法院以及省政法委举办的各类演讲比赛，获得优秀奖，并受到盐城政法委的通报表彰。2014年11月，被最高人民法院表彰为全国法院少年法庭工作先进个人。

（赵祥森）

〖编辑　刘洪芳〗

先进集体

国家部级

单　　位	荣誉称号	授予单位
大丰市	全国文明城市提名城市（县级）	中央精神文明建设指导委员会办公室
大丰市白驹镇老干部党支部	全国离退休干部先进集体	中共中央组织部
大丰市公安局交通警察大队车辆管理所	全国优秀县级车辆管理所	公安部
大丰市人民检察院	全国检察机关“文明接待示范窗口”	最高人民检察院
大丰市白驹镇	2012~2013年国家级生态乡镇	环境保护部
大丰市草庙镇	2012~2013年国家级生态乡镇	环境保护部
大丰市刘庄镇	2012~2013年国家级生态乡镇	环境保护部
大丰市南阳镇	2012~2013年国家级生态乡镇	环境保护部
大丰市三龙镇	2012~2013年国家级生态乡镇	环境保护部
大丰市西团镇	2012~2013年国家级生态乡镇	环境保护部
大丰市万盈镇	2012~2013年国家级生态乡镇	环境保护部
大丰市小海镇	2012~2013年国家级生态乡镇	环境保护部
大丰市新丰镇	2012~2013年国家级生态乡镇	环境保护部
大丰市丰收大地现代农业示范区	2013年全国青少年农业科普示范基地	农业部办公厅、共青团中央办公厅

省及部门级

单 位	荣誉称号	授予单位
大丰市	2011~2014年全省社会治安综合治理先进集体	中共江苏省委、江苏省人民政府
大丰市	双拥模范城	中共江苏省委、江苏省人民政府、江苏省军区
大丰市	2014年度绿化造林成效显著县（市、区）	江苏省绿化委员会、江苏省林业局
大丰市	全省第一批幸福家庭建设项目县	江苏省人口和计划生育委员会
大丰市人民法院	人民满意的政法单位（集体一等功）	中共江苏省委、江苏省人民政府
大丰市体育局	江苏省群众体育先进集体	江苏省体育局
大丰市体育总会	江苏省县级体育总会工作先进单位	江苏省体育总会
大丰市安全生产监督管理局	2014年度全省冶金等工贸行业安全生产工作先进集体	江苏省安全生产监督管理局
大丰市安全生产监督管理局	2013~2014年度全省烟花爆竹安全生产监督管理工作表现突出集体	江苏省安全生产监督管理局
大丰市国土资源局	2012~2013年度全省国土资源政务信息工作先进单位	江苏省国土资源厅
大丰市人民法院	2013年度集体二等功	江苏省高级人民法院
大丰市人民法院南阳法庭	2012~2013年度全省优秀人民法庭	江苏省高级人民法院
大丰市人民法院	江苏省公共机构节能示范单位	江苏省机关事务管理局、江苏省经济和信息化委员会
大丰市财政局	2013年度法治财政标准化建设先进单位	江苏省财政厅
大丰市公安局团委	江苏省五四红旗团委	共青团江苏省委
大丰市公安局交通警察大队	工人先锋号	江苏省总工会
大丰市丰收大地现代农业示范区	江苏省农产品加工集中区（2014~2015年）	江苏省农业委员会
大丰市丰收大地现代农业示范区	江苏省科普教育基地（2014~2018年）	江苏省科协、江苏省科技厅、江苏省教育厅
大丰市审计局	全省审计系统先进集体	江苏省人力资源和社会保障厅、江苏省审计厅、江苏省公务员局
大丰市档案局	2014年度全省档案宣传工作一等奖	江苏省档案局、江苏省档案学会
大丰市委农工办	全省农工办工作创新奖	中共江苏省委农村工作领导小组办公室、江苏省扶贫工作领导小组办公室
大丰风电产业园	江苏省特色产业集群	江苏省经济和信息化委员会
大丰风电产业研发展示中心	江苏省科普教育基地	江苏省科学技术协会、江苏省科学技术厅、江苏省教育厅
大丰市扶贫开发协会	国华中学招生工作先进集体	江苏省扶贫基金会、江苏省扶贫开发协会

单　　位	荣誉称号	授予单位
大丰市扶贫开发协会新丰镇分会	国华中学招生工作先进集体	江苏省扶贫基金会、江苏省扶贫开发协会
大丰市三圩初级中学	国华中学招生工作先进集体	江苏省扶贫基金会、江苏省扶贫开发协会
大丰市大桥镇	第三次全国经济普查先进集体	江苏省第三次全国经济普查领导小组
大丰市聚盈杂粮专业合作社	农民合作社示范社	江苏省供销合作总社

盐城市级

单　　位	荣誉称号	授予单位
大丰市白驹镇	盐城市调整农业结构推进联耕联种工作先进单位	中共盐城市委、盐城市人民政府
大丰市大桥镇	盐城市调整农业结构推进联耕联种工作先进单位	中共盐城市委、盐城市人民政府
大丰风电产业园	盐城市科技创新和转型升级工作奖	中共盐城市委、盐城市人民政府
江苏宝龙集团有限公司	2014年度十佳龙头企业	中共盐城市委、盐城市人民政府
大丰市麋鹿早酥梨专业合作社	2014年度十佳农民专业合作社	中共盐城市委、盐城市人民政府
大丰市万盈镇兄弟家庭农场	2014年度十佳家庭农场	中共盐城市委、盐城市人民政府
大丰市佳丰油脂有限公司	2014年度农业品牌创建工作先进单位（“恒喜”商标获中国驰名商标）	中共盐城市委、盐城市人民政府
大丰海瑞食品有限公司	2014年度农业品牌创建工作先进单位（“大丰东沙紫菜”获国家地理标志保护产品）	中共盐城市委、盐城市人民政府
大丰市南阳镇人口和计划生育服务中心	人民满意基层服务单位	盐城市人民政府
大丰市财政局	2013年度盐城财税工作先进集体	盐城市人民政府
江苏大丰港经济开发区人武部	盐城市基层民兵营（连）规范化建设优秀达标单位	盐城市人民政府、盐城军分区
大丰港经济区海港控股有限公司民兵营	盐城市基层民兵营（连）规范化建设优秀达标单位	盐城市人民政府、盐城军分区
大丰市大桥镇人武部	盐城市基层民兵营（连）规范化建设优秀达标单位	盐城市人民政府、盐城军分区
大丰市三龙镇人武部	盐城市基层民兵营（连）规范化建设优秀达标单位	盐城市人民政府、盐城军分区
大丰市万盈镇人武部	盐城市基层民兵营（连）规范化建设优秀达标单位	盐城市人民政府、盐城军分区
大丰市西团镇赵场村	盐城市基层民兵营（连）规范化建设优秀达标单位	盐城市人民政府、盐城军分区
大丰市南阳镇城乡村	盐城市基层民兵营（连）规范化建设优秀达标单位	盐城市人民政府、盐城军分区
大丰市三龙镇龙东村	盐城市基层民兵营（连）规范化建设优秀达标单位	盐城市人民政府、盐城军分区
大丰经济开发区和瑞村	盐城市基层民兵营（连）规范化建设优秀达标单位	盐城市人民政府、盐城军分区

先进个人

国家部级

姓 名	单位职务	荣誉称号	授予单位
顾保荣	大丰市委宣传部副部长	全国未成年人思想道德建设先进工作者	中央精神文明建设指导委员会
陈亚平	大丰市安全生产监督管理局副局长	全国安全生产监管监察先进个人	国家安全监管总局、国家煤矿安监局
朱艳萍	大丰市人民法院少年审判庭副庭长	全国法院少年法庭工作先进个人	最高人民法院

省及部门级

姓 名	单位职务	荣誉称号	授予单位
吴宏祖	大丰市委政法委员会副书记、综治办主任	2011~2014年全省社会治安综合治理先进工作者	中共江苏省委、江苏省人民政府
韩九江	大丰市公安局治安大队行动中队中队长	个人二等功	江苏省公安厅
冯晓晴	大丰市妇联主席	江苏省“巾帼建功”标兵	江苏省城镇妇女“巾帼建功”活动领导小组、江苏省妇女联合会
沈韶霞	大丰市刘庄镇党委副书记	江苏省“巾帼建功”标兵	江苏省城镇妇女“巾帼建功”活动领导小组、江苏省妇女联合会
成丽娟	大丰市档案局办公室副主任	2013年度全省档案宣传工作先进个人	江苏省档案局、江苏省档案学会
李元祥	大丰市白驹镇老干部党支部书记	江苏省离退休党支部书记先进个人	江苏省委组织部、江苏省委老干部局
周生涛	大丰市白驹镇农机化管理服务站站长	江苏省农机系统先进工作者	江苏省人力资源和社会保障厅、江苏省农业机械管理局、江苏省公务员局
李乃翔	大丰市林业工作站副站长	2014年度全省林业信息工作先进个人	江苏省林业局
孙怀顺	大丰市扶贫开发协会副会长	国华中学招生工作先进个人	江苏省扶贫基金会、江苏省扶贫开发协会
袁茂航	大丰市扶贫开发协会副秘书长	国华中学招生工作先进个人	江苏省扶贫基金会、江苏省扶贫开发协会
凌克华	大丰市扶贫开发协会刘庄镇分会会长	国华中学招生工作先进个人	江苏省扶贫基金会、江苏省扶贫开发协会
蔡 祥	大丰市方强初级中学校长	国华中学招生工作先进个人	江苏省扶贫基金会、江苏省扶贫开发协会
沈 霞	大丰港经济区经济发展局统计站副站长	第三次全国经济普查工作省级先进个人	江苏省第三次全国经济普查领导小组

盐城市级

姓 名	单位职务	荣誉称号	授予单位
杨荣富	大丰市白驹镇党委书记	盐城市2014年度目标绩效综合考核先进个人	中共盐城市委、盐城市人民政府
朱艳萍	大丰市人民法院少年法庭副庭长	2011~2013年度盐城市十佳政法干警	中共盐城市委、盐城市人民政府
郁 峰	江苏大丰盐土大地海洋生物产业科技园管理委员会海洋生物产业招商局局长	十大招商引资功臣	中共盐城市委

大丰市2014年度综合考核结果

一、综合先进

大中镇　新丰镇　草庙镇　白驹镇　小海镇　草堰镇
大丰港经济开发区　光明食品工业园
常州高新区大丰工业园　苏盐沿海合作开发园区
盐城经济开发区　大丰港产业园区　海洋科教城
东方1号创意产业园　风电产业园　专业市场集聚区
石化产业园　高新技术区
盐土大地海洋生物产业科技园
丰收大地现代农业示范区　住建局　农委　经信委
安监局　旅游局　环保局　发改委　财政局　项目办
科技局　文广新局　人社局　审计局　公安局
法院　检察院　卫生局　编办　档案局　口岸委
团市委　信访局　科协　地税局　供电公司　人行
农村商业银行　国税局　工商局　移动公司
江苏银行　质监局　消防大队　盐城边防检查站

二、经济发展突出贡献奖

经济开发区

三、单项工作先进

1. 招商引资和项目推进工作

大丰港经济开发区　经济开发区　光明食品工业园
常州高新区大丰工业园　大中镇　南阳镇　草庙镇
万盈镇　小海镇　风电产业园
盐土大地海洋生物产业科技园　专业市场集聚区
电子信息产业园　石化产业园　木材产业园
人社局　环保局　发改委　经信委
重型装备产业招商局　海洋生物产业招商局
境外招商一局　风电产业招商局
新能源与新材料招商局　高新技术区招商局
上海五站　上海十站　上海十三站
上海十一站　上海二站　上海四站

2. 转型升级工作

经济开发区　大丰港经济开发区　大中镇　草堰镇
刘庄镇　南阳镇

3. 开放型经济工作

大丰港经济开发区　南阳镇　大中镇　西团镇
常州高新区大丰工业园　新丰镇　经济开发区

4. 农业现代化和统筹城乡发展工作

大中镇　新丰镇　西团镇　大桥镇　白驹镇
万盈镇　大中镇恒北村　三龙镇斗龙港村
南阳镇民心村　草庙镇东灶村　草堰镇三元村
刘庄镇友谊村

★"3+1"工程和村庄环境整治工作

新丰镇　大中镇　西团镇　三龙镇　南阳镇
小海镇

5. 民生幸福和社会事业工作

刘庄镇　西团镇　大中镇　新丰镇
市残疾人医疗康复就业培训中心　大丰高级中学
市人民医院　市广播电视台新闻宣传中心
市福利院　市药品不良反应监测中心
市奥林匹克体育中心　市劳动就业管理处

6. 城镇化和基础设施建设工作

新丰镇　西团镇　草庙镇　万盈镇　三龙镇
小海镇　城东新区　经济开发区
大丰港经济开发区　住建局　港口局　交通运输局
城管局

7. 生态文明建设工作
大中镇　南阳镇　三龙镇　水利局　农委
检察院　法院

8. 社会管理创新和信访稳定工作
大中镇　小海镇　白驹镇　草堰镇　刘庄镇
草庙镇　万盈镇　人社局　法院　检察院
安监局　计生委　司法局

9. 党建、强基工程和五好班子建设工作
大中镇　新丰镇　刘庄镇　大丰港经济开发区
小海镇　行政服务中心　住建局　文广新局
人社局　科技局　检察院　审计局

10. 精神文明建设和宣传思想文化工作
大中镇　草堰镇　南阳镇　大丰港经济开发区
国土局　公安局　财政局　民政局　住建局
计生委　卫生局　工商局

11. 反腐倡廉和作风建设工作
西团镇　刘庄镇　白驹镇　小海镇　审计局
检察院　住建局　法院　行政服务中心
文广新局　安监局　财政局　农村商业银行

12. 服务发展创新创优和深化改革工作
行政服务中心　计生委　民政局　教育局
农工办　党校　统计局　水利局　城管局
药监局　粮食局　商务局　交通运输局　国土局
人防办　统战部　体育局　服务业办　中行
供销总社　总工会　妇联　港口局　海洋局
★市级机关十佳服务窗口
国土局窗口　住建局窗口　计生委窗口
水利局窗口　农委窗口　安监局窗口
交通运输局窗口　发改委窗口　地税局窗口
卫生局窗口

13. 百项重点工程推进工作
经济开发区　盐土大地海洋生物产业科技园
大丰港经济开发区　石化产业园　交通运输局
项目办　服务业办　住建局　旅游局
★“三重”工作
大丰港城　交通运输局
盐土大地海洋生物产业科技园　高新技术区
住建局　农工办
★沿海开发重点项目（工程）建设工作
大丰港城　大丰港石材产业园　港口局
大丰隆嘉木业有限公司
中汽中心盐城汽车试验场有限公司
大丰港城置业有限公司

14. 工业发展推进工作
经济开发区　小海镇　大丰港经济开发区
草堰镇　草庙镇　刘庄镇

15. 财税贡献奖
已表彰
★企业突出贡献奖
江苏博汇集团　江苏正大丰海制药有限公司
大丰市明进机械有限责任公司
江苏辉丰农化股份有限公司
大丰海聆梦家纺有限公司
江苏丰山集团有限公司
盐城市联鑫钢铁有限公司
江苏南车电机有限公司
江苏森威精锻有限公司
江苏金风科技有限公司
大丰万达纺织有限公司
大丰港华燃气有限公司
盐城理研精密锻造有限公司
大丰鑫源达化工有限公司

16. 全民创业工作
西团镇　大中镇　草堰镇　大桥镇　刘庄镇
人社局　农村商业银行创业支行

17. 科技与人才工作
大中镇　南阳镇　小海镇　西团镇
大丰港经济开发区　经济开发区　高新技术区
新能源海水淡化产业示范园区
江苏辉丰农化股份有限公司
江苏丰东热技术股份有限公司
江苏丰山集团有限公司
江苏正大丰海制药有限公司
江苏森威精锻有限公司

18. 安全生产工作
西团镇　小海镇　大丰港经济开发区
常州高新区大丰工业园　公安局　文广新局
卫生局

19. 服务业工作
大中镇　新丰镇　白驹镇　大丰港经济开发区
大丰港物流园　专业市场集聚区　经济开发区

20. 旅游业工作
大丰港经济开发区　新丰镇　大中镇　草堰镇
交通运输局　住建局　公安局　中华麋鹿园

知青农场 海洋世界

21. 人民武装工作

南阳镇 西团镇 白驹镇 草堰镇 大中镇

22. 人口和计划生育工作

大中镇 白驹镇 大桥镇 三龙镇 卫生局 财政局 人社局 文广新局 南阳镇计生服务中心 刘庄镇计生服务中心 万盈镇计生服务中心 小海镇计生服务中心

四、先进个人

1. 综合先进个人

镇:

草堰镇:夏红霞 商明华 金 晖 陈存金 王龙祥

白驹镇:杨荣富 王志建 朱 锐 肖洪珠 周 中

刘庄镇:沈韶霞 孙海华 朱建鹏

西团镇:吴君祥 杨安波 陈九昌

小海镇:骆 顺 陈杰峰 吴守祥 夏期进 肖 进

大桥镇:周 瑾 王庆松 施雨华

草庙镇:郁兴忠 钱锡军 吴少卿 黄中飞 单永祥

万盈镇:陈纪忠 陈 林 张 军

南阳镇:周红霞 王 权 殷益官

三龙镇:陈 兵 刘小荣 程应华

新丰镇:李实业 仇 飞 潘 勇 王 华 严亚军

大中镇:沈 刚 韩志勇 李晓霞 赵海雯

区(园):

赵晓庆 褚国栋 李国华 赵维海 郦思基 陈高亚 曹海忠 周 俊 邢 程 王继勇 陆卫红 张 莉 席 刚 金桂华 程 功

市直部门:

顾国华 曹建伟 杨国峰 丁仁俊 陆 斌 刘桂先 陶 耸 夏恒林 严如鹏 卞松岭 陈苏萍 汤云庆 王亚东 孙志强 杨进达 张 辉 宋长琴 张春山 徐向东 唐亚标 戚月兰 张锦生 王婷婷 陈 林 沈明智 赵 健 周克标 金 海 葛华根 朱达铭 卞玉叶 李纪荣 王世华 栾建军 刘 波 顾海燕 徐社文 郭 雷 陈宝田 笪洪斌 张本堂 臧正明 许玉明 冯天明 胡 俊 谢世平 曹锦平 周立新 吴 卫 张建忠 徐远峰 顾兴俊 宣维群 徐 玲 陆 波 周传邦 杨 毅 何 钢 吴汉钧 陈 黎 李 伟 叶海涛 韩翠萍 种修环 周正群 康达国 顾 宏 陆怀军 王 斌 王元海 沈庭永 宋菊华 钱刘留 王 伟 陈 存 徐耀之 王志华 李丁非 张海涛 顾卫东 陈 辉 朱爱刚 宗建华 肖正桃 金 鑫 高 杨 朱永进 丁楚兰 唐国安 王天霞 杨维平 朱广云 唐阿芹 房金钺 卢 刚 徐佳庆 孙 勇 朱鹏远 周雪梅 李惠娟 潘俊林 朱 琳 黄 萍 朱荣虎 黄永新 丁海强 徐忠俊

2. 项目推进招商引资先进个人

朱金瑜 金钟宏 吕文斌 顾德根 武 尚 朱国平 杨 娟 陈 勇 陈 亮 杨建生 金海涛 唐春银 季海波 蒋美萍 李 锋 钱如海 吴少平 姜小平 汤明涛 田 峰 黄晓梅 康 红 陈丰来 彭廷刚 沈卫兵 杨 俊 石晓虎 罗 星 戴子朋 密 云 董汉忠 冯 剑 冯 赟 单银冬 单激文 柏建荣 陈梦影 林 雁 魏蓝蓝 郁 峰 陈洪泉 周继荣 陶炳生 施国华 夏 冰 何志冲 景仰列 王锦堂 葛余柏 朱劲松 苏国存 王俊鸿 束长云 朱义平 王卫东 朱一鸣 唐 军 景小俊 金干生 杜正华 杨爱斌 陈 伟 杨新文 杨 燕 纪建军 管宏贵 汪应明 黄海峰 朱崇恺 杜国美 陆艳梅 马沈春 周 航 聂青松 李凤琴 朱锦华 晁心华 裔春婷 潘焕毅 杭玲玲 吴红俊 叶 凡 季小龙 刘阿平 张安林 周 健 张晓龙 吴 辉 朱兴榕 丁虎翼 邱 鹏 奚晓平 骆文喜 程少寒 王 路 李晓娟 徐 刚 缪勇峰 高金荣 丁 皓 葛 栋 黄典礼

〖编辑 丁彩前〗

中共大丰市委员会文件目录（摘要）

01-01 中共大丰市委常委会2014年工作要点

01-04 关于表彰“十佳政法单位”“十佳政法干警”的决定

01-07 关于印发大丰市安全生产责任制规定的通知

01-07 关于全面深化改革的实施意见

01-28 关于表彰2013年度全市平台建设（创牌）工作先进集体的决定

02-07 关于表彰全市“十佳招商引资能手”和“十佳项目服务标兵”的决定

02-07 关于表彰2013年度全市综合考核先进集体和先进个人的决定

02-08 关于转发《政协大丰市委员会2014年工作要点》的通知

02-15 关于全面深化改革加快推进全市统筹城乡发展工作的意见

02-20 印发《关于开展“重大项目推进年”活动的实施方案》的通知

02-20 关于建立市委常委、党员副市长党的群众路线教育实践活动联系点的通知

03-14 关于表彰2013年度全市扩大对外开放工作先进单位的决定

03-25 关于印发《2014年党风廉政和惩防体系建设市各有关单位责任分解意见》的通知

03-31 关于深入推进法治社会建设的实施意见

04-09 关于贯彻落实中共中央《建立健全惩治和预防腐败体系2013~2017年工作规划》的实施意见

04-09 关于印发《2014年镇工业化城镇化工作考核办法》的通知

04-16 关于确定“大丰市第三批创新创业领军人才引进计划”资助对象的决定

04-16 关于表彰2013年度全市人才工作先进集体和先进个人的决定

06-30 关于表彰先进基层党组织、优秀共产党员和优秀党务工作者的决定

07-29 关于成立大丰市旅游委员会的通知

07-29 关于对大丰市旅游发展突出贡献单位进行表彰的决定

07-30 关于全市2014年下半年主要经济指标目标任务分解的通知

08-13 关于明确大丰市军民融合式发展联席会议成员的通知

08-14 关于落实党风廉政建设党委主体责任、纪委监督责任的实施意见（试行）

09-01 印发《关于进一步深化经济体制改革的实施意见》的通知

09-05 关于表彰大丰市“最美教师”“优秀班主任”和“十佳校长”的决定

09-13 关于成立大丰市生态文明建设领导小组的通知

09-20 关于调整部分常委同志工作分工的通知

09-25 关于进一步加强和改进新形势下工会工作的意见

09-25 关于完善党员干部直接联系群众制度若干意见的实施办法

09-30 关于印发《中共大丰市委常委班子民主生活会实施办法》的通知

10-09 关于命名表彰2012~2013年度文明创建工作先进集体的决定

10-10 关于深化农业农村改革的实施意见

10-17 关于加强新形势下党外代表人士队伍建设的实施意见

10-20 关于成立大丰市创建全国

大丰市人大常委会文件目录（摘要）

大丰市人民政府文件目录（摘要）

03–21 关于进一步做好残疾人就业保障金征收工作通知
03–26 关于加快人力资源服务产业发展的意见
03–27 关于表彰2013年度全市人防工作先进集体和先进个人的决定
04–03 关于表彰2013年度全市科技工作先进集体和先进个人的决定
04–18 关于创建国家园林城市的实施意见
04–21 关于表彰2013年全市旅游工作先进集体和先进个人的决定
04–29 关于对持独生子女父母光荣证的城镇非从业居民实行一次性奖励的实施意见
05–06 关于进一步加强东沙养殖用海管理工作的通知
05–09 关于推进企业进入场外市场挂牌的补充意见
05–12 关于2014年秸秆综合利用工作的实施意见
05–15 关于成立大丰市农产品加工集中区管理委员会的通知
07–17 关于对部分在产企业及关闭和停产企业环境问题实施挂牌督办的通知
08–20 关于进一步加强直接融资工作的意见
09–01 关于加强政府性债务管理的意见
09–12 关于强化耕地保护工作的实施意见
09–12 关于全市深入推进国土资源节约集约利用“双提升”工作的意见
10–13 关于印发大丰市征地补偿和被征地农民社会保障实施办法的通知
10–31 关于进一步加强和规范国土资源管理的意见
11–05 关于大丰市2014年度保障性安居工程建设用地的审核意见
11–11 关于加快转变政府职能建设服务型政府的意见
11–12 关于加快电子商务发展的实施意见
11–12 关于印发《大丰市电子商务发展扶持政策（试行）》的通知
12–26 关于进一步做好2015年度水利建设工作的通知
12–26 关于2015年绿色大丰建设的实施意见
12–31 关于印发《大丰市城市管理相对集中行政处罚权实施办法》的通知

政协大丰市委员会文件目录（摘要）

03–03 市政协党组关于深入开展党的群众路线教育实践活动实施意见
05–15 关于推进我市转型发展的建议案
10–15 关于推进我市统筹城乡发展的建议案
10–24 关于开展向陈亚平委员学习活动的通知

〖编辑 丁彩前〗

大丰市主要经济指标在全省、苏中、苏北的位次

表56　　（2014年）

指　标	在全省44个县（市）的位次	在苏中12个县（市）的位次	在苏北22个县（市）的位次
地区生产总值	21	9	5
人均地区生产总值	16	6	1
一般公共预算收入	13	4	3
人均一般公共预算收入	7	1	1
居民人均可支配收入	21	9	2
城镇常住居民人均可支配收入	23	11	2
农村常住居民人均可支配收入	15	4	2
社会消费品零售总额	22	10	2
固定资产投资	23	10	6
规模以上工业增加值	29	12	7
工业用电量	10	2	1
出口总额	17	8	2
实际利用外资	14	6	1

国民经济与社会发展总量与速度指标

表57

指标	总量指标						环比速度指标%					
	2009年	2010年	2011年	2012年	2013年	2014年	2009年	2010年	2011年	2012年	2013年	2014年
一、人口（万人）												
年末总人口	72.41	72.54	72.53	72.53	72.54	72.54	-0.05	0.2	-0.01	—	0.01	—
非农业人口	26.49	26.53	26.56	26.56	26.64	26.65	3.8	0.2	0.1	—	0.3	0.04
常住人口	69.43	70.67	70.33	70.12	70.17	70.19	-0.4	1.8	-0.5	-0.3	0.07	0.03
二、就业（万人）												
单位从业人数	5.70	6.28	6.28	6.55	7.27	6.18	3.8	10.1	0.2	4.3	11.0	-15.0
国有经济	2.23	2.28	2.26	2.23	2.34	2.26	2.8	2.3	-0.9	-1.3	4.9	-3.4
城镇集体	0.22	0.23	0.23	0.23	0.15	0.15	37.5	0.9	4.5	0.0	-34.8	—
其他经济	3.25	3.77	3.79	4.09	4.79	3.77	2.8	16	0.5	7.9	17.1	-21.3
三、国民经济核算（亿元）												
地区生产总值	242.76	293.58	346.96	393.36	443.52	486.7	13.0	13.7	14.0	13.6	13.4	12.1
第一产业增加值	47.44	52.17	57.90	63.34	68.60	68.68	4.2	3.3	4.1	4.0	3.2	3.5
第二产业增加值	109.82	128.63	153.39	173.82	194.15	204.42	15.5	17.8	17.5	16.9	16.6	13.5
工业	93.02	110.03	131.51	151.25	168.43	175.65	15.0	18.1	18.0	18.4	17.9	13.9
第三产业增加值	85.50	112.78	135.67	156.20	180.77	213.60	15.3	14.0	14.8	13.9	13.5	12.0
人均地区生产总值（元）	34912	41910	49217	56014	63229	69350	14.0	13.5	13.9	13.8	13.3	12.1
四、工业（亿元）												
规模以上工业总产值	315.35	381.41	419.43	564.17	657.95	727.31	21.3	27.1	29.9	34.5	17.5	15.2
规模工业主营业务收入	313.19	378.83	416.95	557.02	689.06	741.08	24.3	26.8	30.3	33.6	20.5	9.0
规模工业增加值	70.54	97.80	105.24	130.55	157.95	176.48	15.0	16.2	15.8	17.8	17.4	13.9
工业用电量（亿千瓦时）	13.51	14.32	17.10	28.02	39.62	44.62	3.2	6.0	19.4	63.9	41.4	12.6
五、主要工业产品产量（规模以上）												
合成氨（万吨）	12.20	9.90	13.59	14.07	13.89	13.30	-23.4	-18.8	37.3	3.5	-1.3	-4.2
尿素（万吨）	10.18	11.81	8.51	9.00	8.27	7.28	-19.3	16.0	-27.9	5.8	-8.1	-12.0
纱（万吨）	9.67	10.31	11.13	12.43	11.56	9.76	-9.5	6.7	8.0	11.7	-7.0	-15.6
布（万米）	18832	17894	14903	15997	15867	12447	9.2	-5.0	-16.7	7.3	-0.8	-21.6
丝织品（万米）	340	330	380	432	543	119	-31.0	-2.9	15.2	13.7	25.7	-78.1
六、固定资产投资（亿元）												
固定资产投资	162.73	205.9	177.09	217.7	255.6	322.67	34.9	26.5	23.3	22.4	23.4	24.7

续表57

指 标	总量指标						环比速度指标%					
	2009年	2010年	2011年	2012年	2013年	2014年	2009年	2010年	2011年	2012年	2013年	2014年
工业投资	94.2	118.12	117.89	143.24	163.98	194.91	35.5	25.6	20.7	21.4	17.5	21.6
七、农业（亿元）												
农林牧渔业总产值	115.32	124.51	135.09	145.54	155.41	162.02	6.8	8.0	8.5	7.7	6.8	4.3
农业	68.16	74.48	67.18	70.32	74.1	78.91	5.7	9.3	-9.8	4.7	5.4	6.5
林业	2.18	2.2	2.79	3.1	3.38	3.84	10.1	0.9	26.8	11.0	9.0	13.6
牧业	16.18	18.68	31.18	34.72	36.27	34.67	3.9	15.5	66.9	11.4	4.5	-4.4
渔业	20.8	20.87	24.81	27.84	31.15	33.88	12.9	0.3	18.9	12.2	11.9	8.8
农林牧渔业服务业	8	8.28	9.12	9.56	10.51	10.72	6.7	3.5	10.1	4.8	9.9	2.0
八、主要农产品产量												
粮食（万吨）	68.04	77.44	76.09	77.64	77.92	79.26	6.3	13.8	-1.7	2.0	0.4	1.7
棉花（万吨）	4.12	4.72	4.53	4.27	4.16	2.59	-22.7	14.6	-4	-5.7	-2.6	-37.6
油料（万吨）	6.87	6.24	5.2	7.11	6.19	5.84	9.9	-9.2	-16.6	36.6	-12.9	-5.6
生猪年末存栏数（万头）	42.1	41.48	44.09	51.28	57.9	60.28	39.4	-1.5	6.3	16.3	12.9	4.1
水产品（万吨）	14.62	15.05	16	16.52	16.91	17.41	0.1	2.9	6.3	3.3	2.4	3
肉类总产量（万吨）	9.96	10.73	12.28	13.12	13.73	13.77	28.8	7.7	14.4	6.8	4.6	0.3
蚕茧（万吨）	0.19	0.2	0.17	0.18	0.1	0.12	-32.1	5.3	-15	3.3	-44.4	19.0
禽蛋（万吨）	6.5	6.96	8.15	9.14	8.12	7.07	22.4	7.1	17.1	12.1	-11.2	-13.0
九、运输和邮电												
客运量（万人）	776	786	884	913	958	990	3.2	1.3	12.5	3.2	4.9	3.3
货运量（万吨）	778	1062	1215	1339	1483	1660	8.1	36.5	14.4	10.2	10.8	11.9
旅客周转量（万人千米）	48987	49902	51884	51752	54340	56024	5.9	1.9	4	-0.3	5.0	3.1
货物周转量（万吨千米）	112153	139912	159639	174472	192629	213566	10.0	24.8	14.1	9.3	10.4	10.9
邮政业务总量（万元）	9250	9390	7833	7621	6594	6970	3.6	1.5	口径调整	-2.7	-13.5	5.7
出口计费函件（万件）	395	307	334	343	231	175	156.5	-22.3	8.8	2.8	-32.7	-24.2
订销报纸累计份数（万份）	1289	1272	1396	1398	1432	1411	3.0	-1.3	9.7	0.2	2.4	-1.5
十、贸易												
社会消费品零售总额（亿元）	68.8	81.59	95.85	108.8	123.48	139.36	20.1	18.1	17.5	13.5	13.5	12.9
自营出口额（亿美元）	2.63	3.12	3.88	4.68	5.71	7.75	-9.9	18.6	24.4	20.7	22.0	35.6
实际利用外资（万美元）	19425	23503	26500	31000	17639	20602	5.5	21	12.8	17	-43.1	16.8

续表57

指标	总量指标						环比速度指标%					
	2009年	2010年	2011年	2012年	2013年	2014年	2009年	2010年	2011年	2012年	2013年	2014年
十一、财政（亿元）												
财政收入	19.41	30.11	42.71	53.71	64.77	77.4	22.3	55.1	41.9	25.7	20.6	19.5
一般公共预算收入	13.29	20.67	30.07	40.01	50.07	60.02	32.6	55.5	45.5	33.1	25.1	19.9
一般公共预算支出	21.39	31.17	41.44	55.42	68.62	82.9	20.8	45.7	32.9	33.7	23.8	20.8
十二、金融（亿元）												
银行年末存款余额（本外币）	194.9	245.96	297.8	324.06	382.81	439.75	31.5	26.2	21.1	8.8	18.1	14.9
银行年末贷款余额（本外币）	105.63	131.62	166.18	205.39	242	286.22	52.5	24.6	26.3	23.6	17.8	18.3
城乡居民储蓄余额（本外币）	122.61	143.56	166.27	198.34	235.31	274.73	16.4	17.1	15.8	19.3	18.6	16.8
十三、物价（%）												
零售物价总指数	98.2	104.2	106.9	102.6	101.8	101.2	–1.8	4.2	6.9	2.6	1.8	1.2
居民消费价格总指数	98.2	104	107.7	103.1	102.9	102.5	–1.8	4	7.7	3.1	2.9	2.5
十四、教育（万人）												
各类在校学生	8.24	7.99	7.76	7.53	7.33	7.29	–1.4	–3	–2.9	–3.0	–2.6	–0.5
普通中学	3.16	3.02	2.87	2.78	2.56	2.42	–3.7	–4.4	–5	–3.1	–8	–5.5
小学	3.09	2.98	2.89	2.85	2.83	2.78	–3.4	–3.6	–3	–1.4	–0.7	–1.8
十五、卫生												
卫生机构数（个）	35	35	36	39	39	40	—	—	2.9	8.3	—	2.6
床位（张）	1667	1695	2116	2492	2895	3216	1.8	1.7	24.8	17.8	16.2	11.1
卫生技术人员（人）	2024	2072	2257	2352	2443	2740	4	2.4	8.9	4.2	3.9	12.2
十六、人民生活												
城镇居民人均可支配收入（老口径）（元）	14887	16952	19851	22471	24707		13.7	13.9	17.1	13.2	10	
农村居民人均纯收入（老口径）（元）	8750	10001	11941	13517	15166		10.7	14.3	19.4	13.2	12.2	
居民人均可支配收入（新口径）（元）					19382	21344						10.1
城镇常住居民人均可支配收入（新口径）（元）					24134	26354						9.2
农村常住居民人均可支配收入（新口径）（元）					14708	16414						11.6

全市人口、户数及构成

表58

指　　标	2013年	2014年
全市总人口(万人)	72.54	72.54
按性别分：		
男(万人)	36.19	36.22
比重(%)	49.89	49.93
女(万人)	36.35	36.32
比重(%)	50.11	50.07
按户口性质分：		
农业人口(万人)	45.90	45.89
比重(%)	63.28	63.26
非农业人口(万人)	26.64	26.65
比重(%)	36.72	36.74
按城镇和乡村分：		
城镇人口(万人)	39.75	40.62
比重(%)	54.80	55.99
乡村人口(万人)	32.79	31.92
比重(%)	45.20	44.01
全市总户数(万户)	27.78	27.59
平均每户人口(人)	2.61	2.63
年平均人口(万人)	72.54	72.54
人口密度(人/平方千米)	241.15	241.17
出生人数(人)	5718	6188
#男	2951	3199
女	2767	2989
出生率(‰)	7.88	8.53
死亡人数(人)	5864	5634
#男	3119	3024
女	2745	2610
死亡率(‰)	8.08	7.77
自然增长(人)	–146	554
自然增长率(‰)	–0.20	0.76

规模以上工业企业主要经济指标

表59 单位：万元

指　　标	2013年	2014年
企业单位数（个）	425	438
#亏损企业（个）	41	60
工业总产值（当年价）	6579521	7273106
工业销售产值	6654327	7247656
主营业务收入	6890563	7410764
利税总额	640317	688980
利润总额	368931	428727
亏损企业亏损额	14106	21713
工业增加值	1579500	1764800
工业产品销售率（%）	101.14	99.65
年平均用工人数（人）	76674	76753

固定资产投资

表60 单位：万元

指标及分类	2013年	2014年
规模以上投资	2556021	3226655
城镇投资	1968939	2591996
非房地产投资	1679017	2228704
房地产开发投资	289922	363292
农村投资	587082	634659
规模工业投资	1639801	1949124

城镇居民家庭人均收支情况

表61　（2014年）　单位：元

指　标	数　量	指　标	数　量
可支配收入	26354.25	4.赡养支出	13.22
一、工资性收入	14315.47	5.其他经常转移支出	13.53
（一）工资	12799.48	生活消费支出	15330.74
（二）实物福利	101.45	一、食品烟酒	4907.06
（三）其他	1414.54	（一）食品	2819.94
二、经营净收入	4118.70	（二）烟酒	974.60
（一）第一产业净收入	1092.23	（三）饮料	87.05
1.农业	1021.54	（四）饮食服务	1025.47
2.林业	13.36	二、衣着	1126.55
3.牧业	37.57	（一）衣类	881.61
4.渔业	19.76	（二）鞋类	244.94
（二）第二产业净收入	1117.55	三、居住	2201.25
（三）第三产业净收入	1908.92	（一）租赁房房租	40.45
三、财产净收入	1633.83	（二）住房维修及管理	335.50
（一）利息净收入	24.91	（三）水电燃料及其他	633.98
（二）红利收入	224.59	（四）自有住房折算租金	1191.32
（三）储蓄性保险净收益		四、生活用品及服务	815.91
（四）转让承包土地经营权租金净收入	302.64	（一）家具及室内装饰品	45.25
（五）出租房屋净收入	44.78	（二）家用器具	247.75
（六）出租其他资产净收入		（三）家用纺织品	81.70
（七）自有住房折算净租金	1035.01	（四）家庭日用杂品	309.44
（八）其他		（五）个人用品	98.20
四、转移净收入	6286.26	（六）家庭服务	33.57
（一）转移性收入	7401.16	五、交通通信	2512.37
1.养老金或离退休金	6122.78	（一）交通	1842.06
2.社会救济和补助	179.59	（二）通信	670.31
3.惠农补贴	98.87	六、教育文化娱乐	2181.10
4.政策性生活补贴		（一）教育	1580.19
5.报销医疗费	440.15	（二）文化娱乐	600.90
6.外出从业人员寄回带回收入		七、医疗保健	1108.35
7.赡养收入	527.14	（一）医疗器具及药品	255.78
8.其他经常转移收入	31.35	（二）医疗服务	852.57
（二）转移性支出	1114.89	八、其他用品及服务	478.16
1.个人所得税	25.02	（一）其他用品	218.21
2.社会保障支出	1011.95	（二）其他服务	259.95
3.外来从业人员寄给家人的支出	51.18		

分行业分类型城镇非私营单位从业人员平均工资

表62 （2014年） 单位：元/人

项目	合计	国有经济	集体经济	其他经济
总计	46317	54509	26862	42237
农、林、牧、渔业	42666	42666		
制造业	40678	33866		40964
电力、热力、燃气及水生产和供应业	42074			42074
建筑业	41240	28000	37068	41587
批发和零售业	34071	36107	25766	34004
交通运输、仓储和邮政业	35134	32610		35899
住宿和餐饮业	31948			31948
信息传输、软件和信息技术服务业	47548	49291		33880
金融业	113292	92466		138362
房地产业	42787	62296	27500	40878
租赁和商务服务业	32113	32926	38750	30499
科学研究、技术服务业	44379	44982	63877	40614
水利、环境和公共设施管理业	29233	46028	19662	25132
居民服务、修理和其他服务业	40806	56091	34120	37490
教育	61482	61783	43333	34891
卫生和社会工作	57139	57310	39450	56721
文化、体育和娱乐业	51437	44164	23929	68914
公共管理、社会保障和社会组织	58581	58581		

分经济类型总承包与专业承包建筑业主要生产指标

表63

（2014年）

指标名称	总计	国有企业	集体企业	有限责任公司	股份有限公司	私营企业
企业个数	63	1	1	21	4	36
一、合同情况（千元）						
签订的合同额	8783248	482761	258415	2550427	253329	5238316
1.上年结转合同额	3010133	262665	56110	726630	16855	1947873
2.本年新签合同额	5773115	220096	202305	1823797	236474	3290443
二、承包工程完成情况（千元）						
1.直接从建设单位承揽工程完成的产值	6466085	480768	240950	2110146	241908	3392313
#自行完成施工产值	6405108	480768	240950	2049169	241908	3392313
#分包出去工程的产值	60977	0	0	60977	0	0
2.从建设单位以外承揽工程完成的产值	140844	0	0	74081	0	66763
三、建筑业总产值（千元）	6545952	480768	240950	2123250	241908	3459076
#装饰装修产值	205382	0	0	47304	14800	143278
#在外省完成的产值	1133190	0	0	135625	0	997565
1.建筑工程产值	6430788	480768	240950	2115413	151908	3441749
2.安装工程产值	10810	0	0	5543	0	5267
3.其他产值	104354	0	0	2294	90000	12060
四、竣工产值（千元）	4939066	504418	270971	2099549	165028	1899100
五、房屋建筑施工面积（平方米）	4966289	0	0	1890325	134727	2941237
#本年新开工面积	2179623	0	0	711590	114497	1353536
#实行投标承包面积	4707220	0	0	1870225	134027	2702968
#本年新开工	2074110	0	0	708590	113697	1251823

分经济类型总承包与专业承包建筑业主要财务指标

表64　　（2014年）　　单位:千元

指标名称	总计	国有企业	集体企业	有限责任公司	股份有限公司	私营企业
一、年初存货	702740	9704	1807	293632	1173	396424
二、年末资产负债						
流动资产合计	5645641	1249595	362402	1723791	79930	2229923
应收工程款	1335326	0	57941	488709	38443	750233
其中:存货	998383	77400	0	340285	1522	579176
固定资产合计	654794	148534	25014	218773	6909	255564
固定资产原价	663691	5006	53663	291890	15368	297764
累计折旧	251867	2418	28649	123778	8479	88543
其中:本年折旧	29056	0	4924	3740	641	19751
在建工程	164066	145946	0	235	0	17885
资产合计	6669283	1425006	387416	2055007	88909	2712945
流动负债合计	3946424	1020825	330746	1007591	31936	1555326
应付账款	1493539	837567	63439	85141	2425	504967
非流动负债合计	89558	54000	4046	6512	0	25000
负债合计	4092046	1074825	334792	1017955	36636	1627838
所有者权益合计	2577237	350181	52624	1037052	52273	1085107
其中:实收资本	1406446	120000	30580	465120	38840	751906
三、损益及分配						
营业收入	5591715	489017	240987	1865952	190048	2805711
主营业务收入	5583183	488687	240987	1859021	190048	2804440
营业成本	4570740	400324	206920	1605059	168503	2189934
主营业务成本	4569240	400324	206920	1604182	168503	2189311
营业税金及附加	183778	13761	13163	63043	10132	83679
主营业务税金及附加	179983	13761	13163	62929	10132	79998
其他业务利润	5885	330	0	4284	0	1271
销售费用	20228	0	0	4212	1	16015
管理费用	133655	1021	8707	70898	5326	47703
其中:税金	6691	0	72	2875	6	3738
财务费用	64175	5123	362	31178	342	27170
利息收入	6996	0	0	6297	2	697
利息支出	41623	0	340	15697	344	25242
资产减值损失						
公允价值变动收益						
投资收益	12674	0	0	12213	0	461
营业利润	300307	68788	11835	103775	5744	110165
营业外收入	3411	14	3040	120	114	123
补贴收入	50	0	0	0	50	0
营业外支出	11344	3907	1122	2962	30	3323
利润总额	292371	64895	13753	100930	5828	106965
应交所得税	68959	16224	4324	23040	2521	22850
四、工资报酬						
应付职工薪酬	1024316	3560	10466	393945	47162	569183

利税总额前100名工业企业排名

表65

（2014年）

单位名称	名次	单位名称	名次	单位名称	名次
江苏海力化工有限公司	1	江苏北大荒米业有限公司	35	江苏珍鹿纺织有限公司	69
盐城市联鑫钢铁有限公司	2	江苏高昌机械制造有限公司	36	江苏洲达铸造机械有限公司	70
江苏丰山集团股份有限公司	3	盐城彩虹纺织品有限公司	37	大丰市洪联铸钢有限责任公司	71
江苏博汇纸业有限公司	4	大丰市橡塑制品有限公司	38	江苏和丰制铁新材料科技有限公司	72
江苏辉丰农化股份有限公司	5	大丰奥泰机械有限公司	39	江苏宝龙集团有限公司	73
江苏金风科技有限公司	6	盐城市丰特铸造机械有限公司	40	大丰恒卫针织品有限公司	74
江苏正大丰海制药有限公司	7	大丰市三元铸造有限公司	41	大丰市东华工艺品厂	75
江苏南车电机有限公司	8	大丰海嘉诺药业有限公司	42	盐城奥克阀门有限公司	76
大丰港鑫铜业有限公司	9	大丰鑫源达化工有限公司	43	江苏辉达建材有限公司	77
大丰市明进机械有限责任公司	10	大丰市凌云海热电有限公司	44	江苏凯嘉胶带有限公司	78
江苏海兴化工有限公司	11	大丰市创意工艺品有限公司	45	盐城市富先达机械有限公司	79
大丰丰泰流体机械科技有限公司	12	江苏省鑫磊铸造机械有限公司	46	盐城丰美羽绒制品有限公司	80
大丰市天生药业有限公司	13	江苏久昌机械有限公司	47	大丰市高昌蓝翔实业有限公司	81
大丰海聆梦家纺有限公司	14	江苏龙城铸造机械科技有限公司	48	大丰市亮亮纺织有限公司	82
龙源大丰风力发电有限公司	15	大丰市大龙铸造机械厂	49	江苏宏垒化纤有限公司	83
江苏丰东热技术股份有限公司	16	江苏金龙钢结构制造有限公司	50	大丰市荣达印染有限公司	84
江苏森威精锻有限公司	17	盐城杉童玩具有限公司	51	江苏劲力化肥有限责任公司	85
大丰市佳丰油脂有限责任公司	18	江苏新金达机械制造有限公司	52	盐城威尔斯玩具有限公司	86
江苏丰源热电有限公司	19	盐城恒昌汽车配件有限公司	53	大丰市佳诣电力燃料有限公司	87
盐城恒兴饲料有限公司	20	盐城大富豪酿酒科技发展有限公司	54	盐城市亚丰铸造机械总厂	88
江苏盛川材料科技有限公司	21	大丰新韩汽车配件有限公司	55	大丰华润燃气有限公司	89
江苏腾龙生物药业有限公司	22	江苏宏兴铸机有限公司	56	大丰市气流纺厂	90
大丰港华燃气有限公司	23	盐城科菲特生化技术有限公司	57	大丰市永鑫机械制造有限公司	91
盐城思达德民力阀门有限公司	24	江苏锐达机械制造有限公司	58	大丰市中信机械制造有限公司	92
大丰华盛皮业有限公司	25	江苏班德瑞不锈钢有限公司	59	大丰市水泥制造有限公司	93
盐城理研精密锻造有限公司	26	江苏焕鑫新材料股份有限公司	60	江苏鑫国机械铸造有限公司	94
盐城温氏畜牧有限公司	27	盐城神龙玩具有限公司	61	大丰市龙虎经纬科技有限公司	95
纽威工业材料（大丰）有限公司	28	盐城盈德气体有限公司	62	大丰市亿达铸造机械有限公司	96
无锡庆丰（大丰）纺织有限公司	29	大丰市乐丰纸业有限公司	63	大丰市草堰水泥制造有限公司	97
江苏金羚纸业有限公司	30	盐城通商阀门有限公司	64	盐城万达机械制造有限公司	98
江苏省华天机电设备有限公司	31	江苏多为泵业股份有限公司	65	大丰市鸣球车业有限公司	99
大丰万达纺织有限公司	32	大丰市舒润床上用品有限公司	66	大丰市海悦纺织有限公司	100
大丰市龙发铸造除锈设备有限公司	33	大丰百花纺织品有限公司	67	—	—
通威（大丰）饲料有限公司	34	盐城汇百实业有限公司	68	—	—

对外经济基本情况

表66

指标	2013年	2014年
外贸		
自营进出口总额（万美元）	87740	138192
自营出口（万美元）	57138	77464
自营进口（万美元）	30602	60728
外资		
新签协议（合同）数（个）	31	15
协议（合同）外资金额（万美元）	50128	18266
实际利用外资金额（含境外借款）（万美元）	38000	20602
外经		
对外承包工程及劳务合同额（万美元）	0	0
实际营业额（万美元）	0	0
劳务输出（人）		

各镇（区、场）土地面积

表67

（2014年）

镇（区、场）	土地面积（平方千米）	镇（区、场）	土地面积（平方千米）	镇（区、场）	土地面积（平方千米）
合计	3008	大桥	99	大中农场	79
大中	199	草庙	120	方强农场	27
草堰	96	万盈	142	东坝头农场	12
白驹	113	南阳	94	上海农场	98
刘庄	96	新丰	276	海丰农场	167
西团	88	三龙	153	川东农场	35
小海	124	开发区	73	其他	917

各镇户数与人口数

表68　（2014年）　单位：户、人

镇、场	总户数	总人口			非农业人口	性别比	出生人数合计			出生率（‰）	死亡人数合计			死亡率（‰）	自然增长人数合计			增长率（‰）
			男	女				男	女			男	女			男	女	
大丰市	275885	725433	362216	363217	266489	99.72	6188	3199	2989	8.53	5634	3024	2610	7.77	554	175	379	0.76
大中镇	71660	185616	91738	93878	127631	97.72	1733	901	832	9.38	1162	651	511	6.29	571	250	321	3.09
草堰镇	14772	39053	19640	19413	11299	101.17	314	153	161	8.00	331	171	160	8.43	-17	-18	1	-0.43
白驹镇	14618	39904	20057	19847	12259	101.06	312	164	148	7.80	346	188	158	8.65	-34	-24	-10	-0.85
刘庄镇	15428	43107	21820	21287	7455	102.50	350	179	171	8.08	407	214	193	9.40	-57	-35	-22	-1.32
西团镇	11417	29235	14675	14560	7124	100.79	229	121	108	7.82	262	141	121	8.95	-33	-20	-13	-1.13
小海镇	15192	39134	19409	19725	9954	98.40	300	150	150	7.66	374	196	178	9.55	-74	-46	-28	-1.89
大桥镇	13163	32731	16307	16424	5154	99.29	252	135	117	7.70	266	136	130	8.13	-14	-1	-13	-0.43
草庙镇	10633	27688	13760	13928	2403	98.79	182	94	88	6.57	227	116	111	8.20	-45	-22	-23	-1.62
万盈镇	17852	47606	23727	23879	12301	99.36	352	181	171	7.39	406	223	183	8.52	-54	-42	-12	-1.13
南阳镇	15264	36568	18161	18407	8493	98.66	266	131	135	7.25	306	166	140	8.34	-40	-35	-5	-1.09
新丰镇	40474	105764	53260	52504	37683	101.44	886	476	410	8.36	830	424	406	7.83	56	52	4	0.53
三龙镇	19053	54976	27680	27296	6253	101.41	532	275	257	9.66	446	249	197	8.10	86	26	60	1.56
经济开发区	8835	25591	12630	12961	6924	101.12	334	168	166	13.19	162	84	78	6.40	172	84	88	6.79
大丰港经济区	3046	8955	4498	4457	3438	100.92	103	51	52	11.52	35	19	16	3.91	68	32	36	7.61
大中农场	2338	4924	2521	2403	4924	104.91	26	12	14	5.24	29	17	12	5.84	-3	-5	2	-0.60
方强农场	1475	3000	1534	1466	3000	104.64	11	5	6	3.61	28	17	11	9.19	-17	-12	-5	-5.58
东坝头农场	553	1431	709	722	44	98.20	5	2	3	3.47	13	9	4	9.01	-8	-7	-1	-5.54
海丰农场	112	150	90	60	150	150.00	1	1	0	6.58	4	3	1	26.32	-3	-2	-1	-19.74

各镇基本情况（一）

表69　（2014年）　单位：人

各镇	一、村组织情况		二、乡村户数、人口		三、乡村实有从业人员	1.农业		2.工业	3.建筑业	4.交通运输仓储业和邮电通讯业	5.信息传输、计算机服务和软件业	6.批发和零售业	7.住宿和餐饮业
	村民委员会（个）	村民小组（个）	乡村总户数（户）	乡村总人口（人）			种植业						
合计	208	1296	209263	540673	310554	99035	77709	74781	27820	13904	1844	13441	4490
大中	28	153	30117	75546	47764	11466	10296	12508	4742	1937	403	2696	1132
草堰	12	78	13314	33289	18162	6389	4508	4592	1759	1568	25	951	235
白驹	16	100	13419	35715	19405	5814	4057	3768	2572	1382	347	976	248
刘庄	12	77	12611	34556	20416	6051	4368	5642	2170	1181	93	958	337
西团	11	69	9847	24623	15696	5475	4740	6087	912	487	49	344	207
小海	15	95	14687	35787	20697	5927	4229	5670	1898	1218	183	1001	209
大桥	13	69	11423	25681	15676	4689	3330	1486	1136	809	0	831	149
草庙	14	87	11061	27054	16962	6214	5221	2835	1001	429	98	677	207
万盈	18	109	18527	46556	25979	7281	6103	7690	1713	803	97	812	286
南阳	12	74	13432	33093	17287	7221	6455	3972	1611	463	25	451	166
新丰	29	218	32870	89248	46369	16119	11921	10833	3888	1741	199	2085	743
三龙	19	114	17797	51650	30122	10998	7716	5430	3123	1352	277	1259	406
开发区	8	49	7949	21152	13135	3859	3500	3502	1202	425	48	279	125
港区	1	4	2209	6723	2884	1532	1265	766	93	109	0	121	40

各镇基本情况（二）

表70　（2014年）　单位：人

各镇	8.金融保险业	9.房地产社会服务业	10.卫生体育和社会福利业	11.教育文化艺术和广播电视事业	12.科学研究和综合技术服务事业	13.乡村经济管理	14.其他	其中：外出合同工临时工	在从业人员中：		当年到境外从业的
									男	女	
合计	1625	1108	1359	1457	359	1917	67414	54930	162122	148432	392
大中	217	320	257	385	41	201	11459	8836	25755	22009	27
草堰	58	14	49	38	12	96	2376	1896	8978	9184	8
白驹	109	72	90	78	22	180	3747	2022	10190	9215	27
刘庄	109	155	103	106	13	154	3344	2646	10224	10192	27
西团	78	18	43	37	27	104	1828	1580	7940	7756	4
小海	106	42	86	81	28	86	4162	3546	10672	10025	6
大桥	96	0	65	65	0	106	6244	6229	8224	7452	22
草庙	121	46	81	86	25	169	4973	3671	8424	7538	33
万盈	125	37	151	212	56	140	6576	6028	13950	13029	13
南阳	58	179	68	44	22	110	2897	2550	8864	8423	71
新丰	295	93	168	222	77	337	9569	8157	24546	21823	68
三龙	179	86	152	59	27	164	6610	6235	16606	13516	62
开发区	63	41	36	40	7	55	3453	1437	6227	6908	24
港区	11	5	10	4	2	15	176	97	1522	1362	0

各镇（区）农村居民人均可支配收入

表71 单位：元

各 镇	2013年	2014年	增长（±%）	各 镇	2013年	2014年	增长（±%）
合 计	14708	16414	11.6	草 庙	15066	16814	11.6
大 中	16991	19030	12.0	万 盈	14751	16492	11.8
草 堰	14657	16387	11.8	南 阳	16021	17863	11.5
白 驹	15051	16842	11.9	新 丰	15888	1779[illegible]	12.0
刘 庄	15053	16845	11.9	三 龙	14872	16583	11.5
西 团	15136	16922	11.8	开发区	15249	17049	11.8
小 海	14621	16332	11.7	港 区	15048	16838	11.9
大 桥	14674	16391	11.7				

各镇农林牧渔业增加值

表72 （2014年） 单位：万元

各 镇	合 计	一、农业	二、林业	三、牧业	四、渔业	五、农林牧渔业服务业
合 计	732800	401600	22500	125800	152200	30700
#市属	723445	393987	21741	125414	151603	30700
大 中	88626	56903	2830	8643	14565	5685
草 堰	36213	20125	517	8035	5812	1724
白 驹	39929	23689	1276	6818	6237	1909
刘 庄	40568	19039	2482	8543	7855	2649
西 团	29347	17163	836	5259	3549	2540
小 海	42412	23714	996	9862	5674	2166
大 桥	36748	23260	1005	6495	4306	1682
草 庙	36021	22573	1293	4514	6025	1616
万 盈	46110	26685	1617	9404	6690	1714
南 阳	38472	24782	910	4572	6483	1725
新 丰	103997	58293	3689	17702	20478	3835
三 龙	78618	42997	1681	11093	20712	2135
开发区	14587	7077	743	2712	3061	994
港 区	50457	19918	603	782	28828	326
市属农场	41340	7769	1263	20980	11328	
省属农场	9355	7613	759	386	597	

各镇（区）居委会和村委会名称

表73　（2014年）　单位：个

镇别	居、村委会	居委会	居委会名称	村委会	村委会名称
合计	262	54		208	
大中	53	25	大刘、新村、育红、老街、新街、东宁、大华、城中、康平、健东、大新、飞达、人民、建业、建西、沿河、西河口、新团、裕华、滨河、新德、新东苑、朝阳、建丰、浦江	28	红花、恒南、恒丰、恒北、泰西、泰丰、双喜、利民、阜南、阜丰、阜北、大新、同德、德丰、八灶、新团、光明、元丰、老坝、晋丰、晋北、福丰、万丰、海防、朝荣、天祥、海丰、丰裕
草堰	13	1	竹溪	12	丁溪、界中、双河、双垛、合新、草堰、三元、西渣、成文、竹园、三新、三渣
白驹	17	1	海宁	16	沿堤、马家、民窑、七里桥、团结、三里树、狮子口、汤舍、唐西、肖坳、进步、新垛、朱舍、东窑、窑港、洋心
刘庄	15	3	紫林、三圩、云溪	12	光荣、龙心、竞赛、新桥、友谊、东联、东方、良好、民主、建成、润民、胜利
西团	13	2	建设、大龙	11	新中、描花、北团、西团、西灵、赵场、九一、黄浦、马港、众心、龙窑
小海	15			15	温泉、无泊、小洋、徐南、海团、江北、新圩、新村、新窑、北虹、海西、唐中、杨树、小海、南团
大桥	13			13	大桥、双丰、联丰、中港、中业、方向、中合、潘南、潘鳅、江岸、东塔、洋南、川南
草庙	16	2	草庙、川东	14	庆生、圩东、沿河、新场、新东、川竹、东灶、川洋、竹港、北灶、丁东、四灶、五总、新海
万盈	18			18	文达、六里、三合、益民、万盈、兆丰、苗丰、双福、双灶、康宁、金龙、六川、双星、殷灶、顾灶、西灶、天池、沈灶
南阳	13	1	南阳	12	沿海、裕海、民心、东旺、吉兴、城乡、诚心、广丰、祥北、祥南、祥西、通商
新丰	38	9	民主、团结、和平、新淮、新北、金墩、四岔河、龙堤、方强	29	鼎丰、群乐、时丰、裕南、裕北、仁南、仁北、金东、金西、同丰、全心、沙港、太兴、赤旗、车滩、永跃、万众、小团、大团、引水、圩中、五丰、长坍、腰港、老墩、安龙、三总、齐贤、大明
三龙	22	3	龙王庙、丰富、斗龙	19	龙西、龙东、丰余、龙南、丰富、下坝、斗龙港、前进、斗龙、东红、开明、新丰、洋桥、持久、久丰、增产、新坍、富强、和平
开发区	12	4	新民、新城、蝴蝶湾、上海花园	8	和瑞、七灶河、灶圩、同圣、建设、龙福、长安、河口
港区	4	3	王港、海湾、海港	1	南新

（市统计局）

〔编辑　丁彩前〕

建设幸福美满新农村

——李学勇在大丰市大中镇恒北村驻村调研纪实

《新华日报》 4月17日

陆 峰

4月10~13日，在党的群众路线教育实践活动深入开展之际，省长李学勇来到盐城大丰市大中镇恒北村进行“三解三促”驻点调研。

这是一个曾经叫做“美满村”的村庄。四天时间里，他住农家、干农活、话农经，与基层干部群众共同探讨，在统筹城乡发展中推进社会主义新农村建设，有哪些成功经验需要总结推广，又有哪些困难和问题亟待解决？

李学勇在与村民座谈时表示，幸福美满的生活，就是群众认可的小康！我们要在已有工作基础上，更好地贯彻落实习近平总书记的要求，通过不懈努力，让广大农民群众都能过上幸福美满的生活。

生产发展是新农村建设的基础，要在稳定粮食生产前提下因地制宜发展特色产业，促进农村经济全面繁荣

从草庙村到楼庄村，从聚贤村到恒北村，连续四年的“三解三促”，李学勇通过一个个苏北乡村“点”上的调研，思考着全面小康建设“面”上的问题。

仲春时节，恒北村上千亩连片果园内，千树万树的梨花竞相绽放，如烟似雪，生机盎然。

10日下午，李学勇轻车简从来到房东王德贵家。王德贵今年83岁，与老伴张朝凤结婚已63年。上世纪50年代曾担任过村支书的王德贵介绍，恒北村以前叫做“美满大队”“美满村”，这些年来村里的变化可大了。

说着说着，他乐呵呵地指着客厅一幅照片告诉省长，“这是我家重孙，小名‘牛牛’！”

“您四代同堂，多好啊！在美满村里过着美满生活，您这一家子可真是美满人家啊。”李学勇说，幸福美满，就是大家对全面小康最真切的感受。

恒北村党委书记李晓霞介绍：在各级党委、政府的关心支持下，恒北村已成为省新农村建设先进村、一村一品示范村。村里发展早酥梨产业，提高了村民收入水平，村集体收入也有了一定规模。大家的日子越过越好！

接下来几天中，李学勇走农家、访农户，全面了解恒北村发展情况。村民陈孝兵家的梨园里，梨花迎风绽放。11日一早，李学勇来到这里参加劳动，为果树施肥疏花。

陈孝兵说，眼下是盛花期，一般一簇花只留两三朵，挂果后还要再疏果。

“过去单纯追求产量，现在果子大、品质好才能卖高价。这也是种植理念的变化。”梨园内，李学勇拌肥、覆土，为一棵棵梨树施肥，给一簇簇梨花疏花。

在村早酥梨合作社内，李学勇了解合作社运作情况，对恒北村通过这一机制实现全村果树生产销售“五统一”的做法表示肯定。他说，新农村建设生产发展是基础，既要发挥骨干带头作用，又要坚持改革创新，探索建立新的农业经营体系，推动农业现代化经营。

种植大户何开勇向李学勇建议，随着林果种植规模扩大，应发展深加工，提高附加值。李学勇说，发展农村经济，要稳定粮食生产，发展特色产业，延长产业链条，大力发展流通业、加工业，构建现代农业产业链，拓展增收潜力。他希望当地加快引进果品深加工企业，促进村民持续增收。

以梨园风光为主题，乡村旅游在恒北风生水起。正在开展的梨花节活动中，不少国内外旅游者前来观光。李学勇专门考察了村里办起的恒北旅行社。他说，恒北春有花，夏有荫，秋有果，发展旅游业有自己的优势。要加强乡村旅游发展规划，加大推介力度，打造精品线路，叫响锦绣果园的品牌。

生活美满不但是一种状态，更是一种追求，实现这个目标，离不开共同富裕

虽然只有一路之隔，但相邻的恒丰村与恒北村人均收入还有不小差距。为了发挥恒北先富带后富的作用，从去年起，两个村实行一体化发展，带动恒丰村共同致富。

如何在新农村建设中缩小发展差距，实现共同富裕？李学勇走访村民，并召开座谈会听取建议。

在恒北、恒丰村，李学勇走访了五保户刘登明夫妇、困难群众王贵银、困难党员杨卫国、钱志桂等村民，在农家堂屋的长条凳上，在生病农户的病床前，详细询问他们的生产生活情况，要求当地各级多关心多扶持，帮助他们度过困难。

李学勇说，要认真落实习近平总书记的要求，在提高“平均数”、富裕“大多数”的同时，守住改善民生底线，切实加大对困难群众的帮扶力度，不让他们在小康路上“掉队”，努力实现共同富裕。

恒北村村民李福泉是种梨大户。他告诉省长，自己除了种好果树，还到邻村提供剪枝等技术服务。

李学勇表示，要通过这种实实在在的技术帮扶，提高恒丰村林果业发展水平。他来到恒丰村田头察看作物苗情，向村支书了解该村发展情况和下一步打算。

恒北村村民沈德荣的家前屋后，满是金黄的油菜花。在门前空地上，李学勇与乡亲们围坐在一起，面对面交流。

村民胡志祥说，现在，生活上除了有农保，村里还给70岁以上老人增加了补贴。

村民沈德海说，过去垃圾下河是常事，环境整治后大家舍不得再乱扔了，觉悟都变高了。

恒北村村委会主任周正涛说，群众路线教育实践活动开展以来，市镇干部进村入户，解决了大家反映比较多的危桥问题。希望能够坚持下去，让干部们为老百姓办更多实事。

恒丰村村支书徐祥保介绍，两村一体化发展后，便民服务中心、党员活动室、卫生室等配套设施得到了完善，河道疏浚、修路建桥步子加快了。今年，将调整传统的棉花种植，扩大苗木果树种植面积。

听了大家的发言，李学勇表示：生活美满既是一种状态，更应当是我们不懈的目标追求。推进新型城镇化促进城乡发展一体化，要注重统筹推进新农村建设。全省有1万多个行政村，在新农村建设中要牢固确立强村富民目标，通过典型引路，创新机制，不断提升共同富裕水平。

生态良好是群众对人居环境的期盼，要不断顺应人民群众对美好生活的新要求，努力打造文明和谐新家园

走在恒北村内，沟河成网，两旁果树吐露新芽。村民逐水而居，格局整齐有序。

如今的恒北，在建设新的集中居住区的同时，通过综合整治保留了老村庄原有风貌。全村垃圾统一收集处理，生活污水处理范围逐步扩大，村民们用自己的行动呵护着整洁的家园。

在村民胡俊宽的带领下，恒北村12位60岁以上的村民组建了“夕阳红保洁队”，为村里提供力所能及的保洁服务。考察中，李学勇与保洁队成员李真和随机交谈。李真和告诉省长，他们负责道路和河道的保洁，每月还能拿到1000多元工资。

李学勇对恒北因地制宜实施村庄环境整治的做法给予肯定。他说，建设美丽乡村要以人为本，突出特色，在环境整治基础上，着力提高村民文明程度和环保意识，建设生态宜居的幸福家园。

李学勇对村级基本公共服务情况十分关注，来到村便民服务中心的村镇建设、计生、社保、养老等服务台前，了解公共服务“六大体系”建设和一批新政策在基层落实的情况。在村卫生室，看到每位村民都建有健康档案，医疗信息与市级医院联网，他希望通过加强人才培养，优化资源配置，建好使农民更多受益的基本医疗卫生公共服务体系。要按照“织好网、保基本、兜住底”的原则，加大“六大体系”在农村的推进力度。

调研中，83岁的老党员朱德发告诉李学勇，村里每个月20号是党员活动日。现在，村里正开展群众路线教育实践活动，希望村干部更好地“从群众中来，到群众中去”。

老人家的话语打动了李学勇。他说，您说得非常好！我们各级干部都要认真落实总书记的重要指示，深入基层一线，改进工作作风，发扬优良传统，密切联系群众，共同推动新农村建设不断取得新进展。

李学勇强调，建设社会主义新农村，既要让农民的口袋鼓起来，又要让农民精神上富起来。培育践行社会主义核心价值观，要积极倡导尊老爱幼、家庭和睦，积极向上、安定祥和，邻里互助、生活文明等好的民风、村风、家风，努力建设文明和谐的新农村。

美丽的麋鹿之乡

《人民日报》3月1日

柳　萌

秋天去香山赏枫，是北京人的享受。只要腿脚能动弹，谁不想去看看呢？谁知此刻的北京城，被雾霾裹得严严实实，别说是攀登香山了，据说车堵得连路都难行，只好枯坐家中饮茶。就在此时友人邀请去苏北转转，几乎未加思索就答应了。再问去苏北什么地方，说是盐城的大丰市，就更让我心动了。

早听驯养动物的朋友说过，大丰是我国的麋鹿之乡，这就越发引起我的兴趣。我的家乡七里海湿地，前几年也引进几头麋鹿，只是数量上难成景观，我始终未去观赏。这次能有这样机会，去亲见这珍稀动物，对我简直是天赐良机。

说起这麋鹿来，不禁想起往事。童年的时候，跟姑姑们学剪纸，我的手不怎么灵巧，剪出的纸没有模样儿，奶奶说："你剪的是啥呀，人不像人，物不像物，简直是个'四不像'。"从此记住了"四不像"。可是，这"四不像"是神是鬼，是动物是植物，还是传说中的怪物，我一直未闹清楚。就这样，稀里糊涂地记住了"四不像"，而且当作一般成语，写文章说话都使用。几十年过去了，依然未弄清楚，这"四不像"是啥。

这次到大丰市，参观了麋鹿园，这才算知道，这"四不像"呀，敢情就是麋鹿。麋鹿属鹿科动物，却并非真正的鹿。由于头脸像马、角像鹿、颈像骆驼、尾像驴，说不准到底是啥，由此俗称"四不像"。我想正是这麋鹿，既像这又不像这，既像那又不像那，这才显得它珍奇。大画家齐白石老人，谈到画时曾说："学我者生，似我者死"，如果依此标准，来观赏这麋鹿，岂不是动物界的另类？何其尊贵，何其独特。大丰人应该以拥有麋鹿而骄傲。

麋鹿产于我国长江中下游沼泽地带。性好合群，善游泳，以嫩草和水生植物为食。曾经广布于东亚地区。后来由于自然气候变化和人为因素，在汉朝末年近乎绝种。元朝时为了供皇家游猎，残余的麋鹿被捕捉一起，运到皇家猎苑内饲养。到19世纪只剩北京南海子皇家猎苑一群。被八国联军捕捉窃走，从此在我国完全消失，不过"四不像"名字，依然在民间话语流传，像个多年远去的游子，家乡人隔不断悠悠思念，时不时会提起"四不像"名字。1898年英国人繁殖到255头，1983年将部分送到我国，麋鹿才回归自己家乡。这小小麋鹿从此结束传奇经历。

江苏盐城大丰麋鹿园，林木茂密，花草丛生，沼泽潮润，芦荡空旷，空气中弥漫着清新气息，是麋鹿的理想生活家园。据相关资料的统计，截至2013年，大丰的麋鹿，总数已达到2027头。可见在老祖宗的土地上，这些曾经流落异国的小家伙，生活得更快乐更舒适。当然，得到的呵护也是前所未有的，让它们真正体会到家的感觉，自然要繁衍生息绵延后代。

被授予"中国麋鹿之乡"的大丰，麋鹿园在世界上面积最大，麋鹿保护区拥有湿地7.8公顷，2002年被列入国际重要湿地名录。在这片广袤洁净的土地上，存在着2000多种动植物，陪伴着麋鹿安详自在地生活。唯恐惊扰胆小的麋鹿，我们老远地屏息观赏着，只见那一群群可爱的麋鹿，悠闲自在地玩耍漫步，享受着故乡的深情爱抚。

我很想靠得近便些，仔细看看麋鹿的模样，真切听听麋鹿的叫声，可惜这些小家伙惧怕打扰，只好远远地观赏着它。它那清爽爽的肤色，它那轻灵灵的身姿，虽说没有大熊猫的憨态，但是它的宁静性格却蛮招人喜爱，仿佛在告诉观赏的游人，在今天这个浮躁的世界上，能保持我麋鹿这样的生存状态，这才是真正的幸福与快乐。远离闹市，与世无争。好像只有麋鹿这种动物，经历过四海艰难漂泊，而后回归故乡安然生活，难怪跟大丰人相处，连客居者都有和谐感。

正是由于有麋鹿的存在，这大丰人就特别地注意整体环境的营造和发展。早年间贫穷落后的苏北，只留在老人们的回忆里，现在的苏北，现在的大丰，在改革开放如椽大笔点画下，呈现出一幅五彩缤纷的美丽风景图。

好像是为这麋鹿的存在，给了大丰人美化家园的机缘。有着异国情调的荷兰村，风车在蓝天白云下旋转，郁金香花海漫翻着细浪；散发着乡土气息的恒北村，梨园景色清新怡人，温泉吸引八方来客。就连工业创业园中，设计新颖的轻巧家具，都是那么多姿多彩，更不要说蛮荒依旧的湿地，仿佛都是在给麋鹿营造生存环境。

可能是看厌了北方的雾霾，当我们来到大丰市，这里竟是另一番天地。天空蓝得更显高远，海水静得更显温柔，树木绿得更显活力，花草艳得更显妩媚。为了这珍奇的麋鹿，大丰人正打造适宜人居的生态城市。

祝福你，大丰——美丽的麋鹿之乡。

路线教育成果长效化 解决问题立足在基层

大丰鼓励党员干部争当“解铃人”

《新华日报》 11月7日

林 培 杨树立 周 昕 吴 兵 沈 文

秋风从金黄一片的稻田那边吹过来,村部门前的小河水清亮亮地流过,有村民在河边钓鱼……这是记者10月20日在大丰市新丰镇长坍村见到的情景。

现今也许这已经算不得什么新闻。但是,当得知这个村正饲养着鸡10万羽、猪2万头时,探访长坍村就成为必须。

全面治理遏制养殖污染

长坍村是大丰的畜禽养殖第一村,饲养鸡和猪成为农民增收致富的一条重要途径。但是,缺少设施和技术,处理全村每天产生的大量鸡粪、猪粪成了难题。“您要是半年前进村,村子里的气味可不大好闻!”村党总支书记严亚军实话实说。

党的群众路线教育实践活动查摆问题,农村环境污染成了村民反映的热点。就此,盐城市委常委、大丰市委书记倪峰三次专程去长坍村调研和督查,发现畜禽粪便污染实质是多个相关部门的职能没有得到充分发挥。

记者来到6组村民柏友湖的家,就见他们家5800羽鸡的大棚旁边,已经建起了沼气池和发酵床。发酵床里经处理的鸡粪像是铺着一层糠,没有一点儿异味。“就是天热时也没有一只苍蝇,怪呢!”柏友湖介绍说,鸡粪经过生物菌发酵转化成有机肥,生成沼气生火照明,“沼气可以满足我们全家生活使用。”

在村民的热切期盼中,近几个月来,包括该市发改委、农委、环保、水利等多部门,都进入养殖粪便无害化处理的队伍之中。实施村组基础设施建设,延展便民服务功能。已经有30多家规模养殖户的棚舍边新建蓄粪池,村设立3个收集点专用箱坑,购置专用车辆,装运畜禽排泄物,建成沼气池64座,初步使害变成了利。

目前《大丰市畜禽养殖废弃物综合利用专项行动实施方案》已制定。市政府成立畜禽养殖污染综合治理工作领导小组,成员涉及市直8个部门。建立健全工作机制和目标责任考核体系,确保整治工作取得实效。

民生考核列入干部政绩考核

村卫生室宽敞明亮,药房干净整洁,治疗室里有几位村民正在接受治疗。“现在可以躺着输液,还能看电视,小毛小病都不用出村了,”正在输液的西团镇众心村村民吴俊告诉记者。

大丰是全国乡村医生签约服务15个重点联系县之一,近年来,建设农村三级医疗卫生服务网取得了新经验和新成效。但是,开展路线教育实践活动中查摆问题,基层卫生室设施亟须改造,特别是涉及多部门联手协同解决医疗卫生等问题,仍然被群众尖锐地提出来。

裕北村境内有一座露天垃圾填埋场,散发的不良气体让周边百姓烦恼。镇党委书记李实业介绍说,这次镇里下了决心,一次投入200多万元,建成垃圾压缩站,将垃圾压缩打包后送发电厂集中焚烧。当垃圾站投运时,群众自发燃起了鞭炮,近千名群众联名按手印写“感谢信”,感谢政府为民办实事。

为有针对性地真正能够管住人、管住事、管住权,市委制定出台《改进干部考核评价工作的实施办法》,严格考核措施。全市村卫生室建设成为今后几年内重要的民生项目,列入对各镇(区)的社会事业发展考核内容,力促全市村卫生室建设和管理水平进入全省先进行列。市政府组织定期检查通报各单位工作进展,并与年度考核成绩挂钩。

截至10月下旬,已经有53家村卫生室动工建设。其中保护村民服务对象隐私,首次也被列入达标考核。

激励更多党员帮扶困难村民

大中镇计生中心副主任陈雪看上去有点瘦弱,但她却是一名能干的“党建富民指导员”。镇里派驻她到八灶村,她听说有个特困户朱保同的日子过得很艰难,就登门看个究竟。

朱保同是2组村民,单身家庭,生活过得十分拮据。“我那天去时正下着雨,他那房子还漏雨,”陈雪说,“我首先得帮助他住安稳。”她和村干部多次跑民政部门,帮助朱保同争取到5000元困难救助资金,后又反复同有关部门沟通协商,争取资金5000元,帮助朱保同重新盖了两间新平房。朱保同没有什么技能,随后,她又把朱保同介绍到朋友的建筑队去打工,每月有二三千元的工资收入。

现在,大丰决定将“进村入户”转作风活动长期坚持,创设了“党建富民指导员”长效机制,选派138名机关干部对全市266个村居全覆盖。“党建富民指导员”工作与原单位脱钩,进村入户服务发展,同时形成相关单位在后方支援的新格局。

三十年坚守一条红线

——江苏大丰生态文明建设印象

《新民晚报》　6月17日

周修怡

大丰国家级麋鹿自然保护区里槐花飘香，绿草如茵，白鹭云集……这个时节，雌鹿身上散发出一种神秘的气味，成年麋鹿开始进入发情期。6月7日，数十头雄麋鹿聚集在大丰的自然保护区内，经过了数小时的鹿王角逐战，麋鹿们选出了最强壮的领袖——今年的“鹿王”。

这里，是目前世界上野生麋鹿种群数量最多的自然保护区。在这片南黄海湿地上，终于“回家”了的野生麋鹿们，在大丰人的帮助下，重建起了自己的乐园。芦荡、草滩、林地……麋鹿这一有着数百万年生存史，几度濒临灭绝的物种，正在它的原生地繁衍壮大。

海涂湿地　鹿鸣鹤舞

其实，大丰市境内有麋鹿以及珍禽两家国家级自然保护区——这在全国是绝无仅有。被称为“四不像”的麋鹿，曾是中华大地特有的野生动物，可100年前却在它的故乡绝迹。上世纪80年代中期，在海外生活的39头麋鹿故土，落户在大丰。麋鹿自然保护区占地4万亩，拥有世界上唯一的野生麋鹿种群。如今，走进保护区，只见广袤无垠的滩涂湿地，洋溢着原始、古朴的气息，紫红盐苔草随风摇曳，茂密的芦苇丛中常见鸟兽出没，成群的麋鹿就在这寂静旷野里悠闲地散步。据了解，二十多年来，麋鹿保护区的麋鹿由39头发展到1317头，创下了最大的麋鹿自然保护区、最大的野生麋鹿种群、最大的麋鹿基因库三个“世界之最”。毗邻麋鹿保护区的国家森林公园，占地4万亩。丛林深深，百鸟争鸣。

与此同时，大丰还拥有太平洋西岸最大的海涂湿地。110公里的黄海海岸线上，大部分区域仍处在原始半原始的状态，芦苇成荡，火红的盐蒿映红滩涂，洁白的槐花醇香着整座海岸，成为了中国沿海最理想的候鸟栖息地。仙鹤之家珍禽园也坐落在此。这些，都为大丰市的生态旅游提供了得天独厚的丰富资源。

黄海之滨“风光互补”

如今，当你漫步在南黄海湿地滩涂，在随风摇曳的芦苇荡的掩映间，寻找着远处草滩林地间的麋鹿，你会发现，海边还有着一座座风车“巨人”。国家一类口岸——大丰港港口之侧，亚洲风力场数百架银白色的风力架，高耸入云，俯瞰这片鲜花盛开的湿地；与风力场一河之隔，神奇的国家湿地公园——青纱岛上，港汊纵横，是蟛蜞与蛏蛤的王国、冒险者的乐园。

2011年，全国第一个真正意义上的“风光互补”大型绿色能源基地在大丰沿海滩涂精彩亮相。在中电国际200兆瓦风电场核心区，安装了6万块薄膜光伏发电板，风能和光能在这里转化成清洁能源，一起被源源不断地输送到电网。一个是国内单体最大的风力发电场，一个是国内最大的薄膜太阳能电站，按照设计规划，每年可发电4.33亿千瓦、可节约10多万吨标准煤、减少二氧化碳排放34万吨、节水80多万立方米。沐浴在阳光下、海风里，一个个风车“巨人”和一排排光伏电板为这片南黄海滩涂勾勒出了最美的景致。

八成耕地　种植“三品”

和中国很多农村一样，如今已是“国家级生态村”的大丰市恒北村，在上世纪90年代初时，也曾在搞工业项目还是因地制宜发展种植业的十字路口徘徊抉择。但正因为有了十多年生态建设的扎实基础，这一抉择，并不艰难。

在大丰市，生态办和环保局平级，这样的创新，给生态环保工作提供了有力支持。50岁的翟祖桥在生态办工作至今，参与了众多生态规划的拟定与实施，恒北村的生态规划也是其中之一。“要因地制宜发展果树种植和观光农业，而不是跟风上工业项目。”——当年大丰市正确的选择，成就了今天的“国家级生态村”。

恒北是大丰开发与保护并重、大力发展生态农业的一个缩影。在江苏全省首批现代农业产业园区——“丰收大地”，常丰园艺的花棚内凤梨怒放，立新食用菌的厂房里生产正忙，三维园艺花卉超市让前来选购的市民流连忘返……大丰市建成的江苏省级农业标准化生产示范基地，包括有机大米、有机早酥梨、有机荠菜、有机紫菜、有机碱蓬等五大有机食品基地。全市主要农产品中，21个产品获有机食品认证，6个产品获绿色食品认证，241个产品获无公害农产品认证，“三品”种植面积达221.66万亩，占耕地面积85%。

蓝天绿水　比GDP更重要

对于72万大丰人来说，生态是30年打造出的名片。

大丰的生态建设由来已久，1983年大丰提出创建“生态县”的构想，1987年，大丰在全国率先启动生态县规划与建设研究，并于1989年通过国家环保局评审，同年成立生态办……“项目未动，环评先行”——这是大丰港经济区探索经济发展的有效途径。每一项目在立项论证时，不仅有区域环评，同时还有项目环评。

环境准入制度的实施，筑起了控

制污染转移的有效“壁垒”，对新建化工项目实行“高门槛”准入。以大丰港毗邻麋鹿保护区的华丰工业园为例。2011年2月，园区在项目投资上实行统筹规划，明确规定，新投资化工项目属“限制类”“禁止类”和“淘汰类”的，一律不得投资新建和扩建。

“环保是大事，决不能以牺牲环境资源为代价，也不能走先污染再治理的老路。”华丰工业园管委会负责人说，“我们宁可放弃大企业落户，也要保护生态环境。任何项目进入园区，在环境保护上做到万无一失。”为此，仅2011年以来，他们就劝退了6个亿元以上的项目。同样的说法出自大丰市环境保护局海洋经济综合开发区分局张利建局长之口。近年来，大丰每年都要否决数十个不符合环保要求的项目。对大丰人来说，蓝天和绿水，是比GDP更重要的安全感和幸福感。

“人们常常觉得生态环境保护与经济发展是一对矛盾，会顾此失彼。通过近年的实践我们体会到，保护环境可以提高资源的增值能力和永续利用能力，经济发展与生态文明是完全能做到双赢的。”盐城市委常委、大丰市委书记倪峰说。

正因为此，大丰划定的生态红线区占辖区总面积的35.5%；境内麋鹿、珍禽两大国家级保护区面积逾962平方公里，保护区内没有一家工业企业；饮用水源保护面积96.65平方公里，区域内没有一个工业排污口。生态环境，已然成了大丰这座现代化港城最大的投资环境。

大丰蓝色“密钥”打开发展“藩篱”

《新华日报》 3月2日

林 培 杨树立 李东前 周 昕 吕银舟

早春二月，在盐城新能源淡化海水产业示范园高高矗立的风机塔筒上，“非并网风机”五个大字在蓝天白云下格外醒目。这一总投资2.88亿元的项目，建成后日产饮用水1万吨，被认为是建立在新能源研究与海水淡化技术上的集成创新。

资源成了发展的藩篱，拥有112公里海岸线的大丰市，在沿海县市中率先拿起走向海洋的钥匙，正打开一扇扇别有洞天的发展之门。盐城市委常委、大丰市委书记倪峰介绍，2013年，大丰发展海洋生物医药、生物能源、生物材料、生物食品等战略性新兴产业，实现累计开票销售超百亿元。

大丰与南京工业大学共建江苏海洋产业研究院，由中国工程院院士欧阳平凯担任名誉院长，致力于海洋科技资源与重点产业、重点企业的有效对接，突出海洋科技成果转化。苏北县级首家创投平台——大丰港海晶创投中心也在这里揭牌投运。建设中的大丰海洋科教城，正在建设海洋生物医药、海洋工程、新能源、食品加工等相关科研院所，盐土农业科技园与中科院生物研究所、青岛生物能源研究所共同进行能源微藻转化为生物柴油的课题研究；与南京农业大学共同进行菊芋综合利用和能源转化课题研究等已开始运行，已建成我省唯一的“国家科技兴海产业示范基地”“国家盐土农业科技园”，风电产业园成为国家首批区域战略性新兴产业集聚发展试点。

在大丰赐百年生物科技有限公司海洋微藻生物技术中心，研发人员正在对藻蓝蛋白进行提取试验。总投资13亿元的江苏明月海洋生物科技有限公司海洋生物产业化项目，计划用3年时间实现年销售30亿元至50亿元、年利税3亿元至5亿元。

海洋生物产业园围绕“黄海药谷、盐土大地、蓝色旅游、海洋硅谷”四大特色打造蓝色经济增长极。未来三年，拟投入研发经费4亿元，申请国家专利100件以上，实现产值超50亿元，形成集研发、孵化、生产、交易、培训、服务为一体的海洋生物产业集群。

在大丰海嘉诺药业有限公司，工作人员正在对生物素产品进行含量检测。海嘉诺是全球最大的维生素H生产商和世界第三大维生素B6生产商。大丰创诺海洋生物医药中试研发基地和年产200亿片口服固体药物制剂生产基地，正在全力推进维生素E油和维生素E粉两个项目的建设。

大丰以“海洋、生命、健康”为主题，正着力打造江苏海洋生物创新型产业集群。龙源海上风电、迪讯科技等项目开工建设，中汽试验场、黄海药谷研发中心等项目正加快建设。目前，已引进海洋生物产业企业70多家，规模以上企业30家。

海洋经济从逐步崛起到表现出强劲发展势头，已经成为大丰经济发展的重要增长极，撬动转型升级的“钥匙”。由中国最大风电设备制造商金风科技公司投资的大丰风电装备产业链项目，集研发、制造、总装、服务于一身。目前，大丰已经初步形成了新能源、新材料、海洋生物、高端重型装备制造等战略性新兴产业板块。去年，全市工业开票总量跃居苏北第一，增幅全省第一。

海洋服务业产业链逐步拉长。大丰港从2个5000吨泊位起，2013年临港现代物流服务业产值突破60亿元。

莎士比亚海港小镇，空气清新，蓝色旅游成为海洋经济后起之秀。2013年，大丰市旅游行业收入达到36亿元。

创出沿海现代农业发展新天地

——江苏省大丰市大力发展"设计农业"纪闻

《农民日报》　12月8日

沈建华　周　昕　吕银舟　朱明贵

传统农业与现代农业的根本区别是什么？江苏大丰人认为，是农业的产前、产中、产后是否具有更多人脑的预先设计；"预先设计"的元素越多，农业现代化的程度就越高。这种新理念，来自并印证于他们大力推进"设计农业"，加快沿海现代农业进程的探索和实践。为一探究竟，记者深入采访，所见所悟，新意颇多。

产业设计："盐土能种菜，海水能灌溉"

不是亲眼所见，你很难相信这"盐土能种菜，海水能灌溉"的奇迹：在大丰盐土大地农业科技园，满目翠绿的海水蔬菜大棚内，生产技术人员指着一丛丛、一盘盘海水蔬菜说："这是海英菜，那是绿菊苣……这海芦笋，亩产可达两吨，纯收入2万元以上，经常食用还可预防心脑血管疾病。"

人口增长、耕地减少、水资源匮乏、能源紧张和生态恶化等世纪性难题，向人类提出了严峻的挑战。然而我国大陆海岸线长达1.8万公里，沿海滩涂1.4亿多亩，浅海资源十分丰富。大丰市海岸线绵长，沿海滩涂面积列全国县域之最，而且每年以新增土地2万多亩向海边延伸，盐土资源开发潜力巨大。

于是，最能体现"设计农业"新理念的盐土农业产前的战略论证、规划布局、品种选择，产中的技术路线、生产规程、经营管理，产后的产品包装、市场拓展、品牌营销等，在全国率先践行，大丰打造出盐土农业产业的高平台、新天地。

作为蔬菜家族的新成员，海水蔬菜一亮相便成高品质新贵。盐碱环境下海水灌溉的蔬菜不容易得病生虫，基本不需要喷洒农药；不占良田，不争淡水，专喝免费海水。经济效益、生态效益和社会效益兼备，是公认的绿色健康有机食品。

占地1万多亩的抗盐耐海水蔬菜成果转化项目基地，培育出海水蔬菜10多个品种，取得国内外发明专利4项，并获得国家绿色食品证书。2013"大丰东沙紫菜"成为全国首个海藻类地理标志产品。当年就吸引了25家企业入驻园区。

在取得30多项科技成果转化效果，成为国家首批可持续发展先进示范区、全国科技进步先进市的同时，2013年，大丰实现盐土农业总产值93.1亿元，从事盐土农业的农民人均纯收入达到15231元，比全市农民人均纯收入高165元。

产品设计："大楼里种庄稼，吃喝的变穿戴"

"掀开装满包衣种子的门帘，走过脚下巨大透明的鱼缸，头顶上绿萝、吊竹梅、金冬草藤蔓条条，充满生机。左边是采用世界领先的橱壁式方式种植的罗莎、红掌，右边是蔬菜台灯、粮食画、易拉罐苗等几十种创意奇特的农产品……

这是一年前，记者采访丰收大地现代农业示范区的创意农业，记载下来的所见所感。一年后，已经放大为"设计农业"，并成为其中一个重要组成部分的创意农业及其产品，又让人大开眼界，进入一个认识现代农业的新境地。

丰收大地现代农业示范园是大丰的创意农业集中展示区，也是全国首家农业创意产业园。产业园吸引了80多个国内知名的创意团队，200多名国内外知名专家"坐镇"，将农业的融智融资融为一体，一批新、奇、特产业蓬勃成长。

园区内的现代育苗工厂，引进世界上最先进的脱毒苗和快繁技术，大规模生产草莓、马铃薯、铁皮石斛等优质试管苗，选育具有世界先进水平的蔬菜新品种，年生产蔬菜瓜果种苗两亿株。其中，铁皮石斛的亩效益可达20多万元。

园区的投入、运作机制的公司化、市场化设计，为包括农业企业、合作社、专业大户、家庭农场等"多层次"服务对象，提供策划、规划、成果转化、培训等"一站式"服务，进一步放大"设计农业"全新效应。

总体规划50万亩，核心区2万亩的"丰收大地"，如今成为江苏省首批认定的省级现代农业产业园区，总投资近30亿元。目前已形成农业、食品加工业、创意产业和旅游业等四大主导产业，成为全国休闲农业与乡村旅游示范点。

产销设计："金牌变名牌，环境出品牌"

大丰市多次获得中国国际农博会金牌，但大丰人并不满足。近年来，该市从产品、产业到产区、环境的优质生态设计，大力实施品牌农业战略，以"设计农业"的新理念，加快推进沿海现代农业发展进程。

该市先后投入10多亿元，探索出一条绿色规模化、生产监测全程化、生物保护多样化、经济生态一体化的生态农业模式。全市累计有220个农产品通过无公害认证，33个农产品获得绿色食品认证，21个农产品获得有机食品认证。无公害食品、绿色食品和有机食品种植面积达98.9万亩，成为全国拥有绿色食品论证最多的县（市）之一。

为了把优质品牌变成市场普遍认可的名牌，让名牌生金，大丰市多措并举，特别注重农业龙头企业的带动引导作用，实施全过程现代化设计和标准化生产。宝龙集团带动数千农户，实施稻虾生态种养，亩均收入超万元，小龙虾加工出口总量全国第一。

近年来，大丰市先后被联合国粮农组织确定为“持续农业与农村发展实验区”，被世界银行确定为“全球生态农业案例研究”五个基地之一。良好的农村生态生活环境，为农业休闲观光旅游业创造了新的机遇。

AAAAA级的中华麋鹿园，国家AAAA级的幸福公社，国家AAA级滩涂风光，5星级的汽车自驾游营地，全国最具规模和影响力的知青文化项目——大丰知青农场，享有“中国郁金香第一花海”美誉的新丰镇荷兰花海……

2013年，大丰新开工亿元以上旅游项目14个，全市完成旅游项目投资32亿元，吸引海内外游客320万人次、同比增长54.8%，旅游总收入36亿元、同比增长51.4%，继续保持盐城第一，入选“最美中国文化旅游城市”。

江苏大丰分级诊疗出新招

买个服务包 小病村医包

看不了的，村医联系市医院专家看，不需挂号

《人民日报》 12月9日

姚雪青

核心阅读

和村医签约，小病不出村，各地都有，江苏大丰有哪些新招呢?

当地在村医签约服务的基础上，推出个性化服务包，50元的初级包，能够免费进行健康评估，100元的中级包还能免费测血糖、做心电图，能满足多层需求。村里看不了的，可以联系市医院专家给看，不需挂号。

这些服务把小病留在了村里，同时也增加村医收入，倒逼村医提高水平。

生了病，打一个电话，医生就能上门看病，打针、挂水也在自家床上。以往国外电影电视中的场景，眼下已经在国内一些地区包括江苏不少乡村实现了，村民们甚至可以定制个性化的“服务包”，让看病成为“私人订制”。

在全国试点盐城大丰市，乡村医生对村民的签约服务，以服务包为载体。除了针对重点人群的免费基础包，更有参照医疗服务收费标准明码标价的初级包、中档包、尊享包，价格在50元到600元之间，农村居民根据需求自主选择购买。记者了解到，这为农村群众就近就医提供便利和有针对性的服务，也拓展了村医的增收渠道。江苏目前启动乡村医生签约服务试点的16个县（市、区）中，个性化服务包（个性化服务包统计时不包括免费的基础包）的签约率达到签约总人数的20% ~30%。

价格从50元到600元，提供不同层次服务

新丰镇裕北村卫生室村医潘小军告诉记者，签约个性化服务包的村民可以免费到镇医院做一次全面体检，平时村医定期随访，有个头疼脑热可以获得免费上门看诊，镇医院健康管理团队每月两次提供保健咨询，村卫生室没有条件看的病，可以通过“远程医疗”由市医院专家通过视频看病，或由村医联系专家直接前往看病。

根据具体实施方案，村里65岁以上老年人、0~6岁儿童、孕产妇、慢性病患者、重性精神疾病患者等为重点服务对象，向他们提供国家基本公共卫生服务项目，这属于不收费的基础包；在这基础上对有需要的村民推出个性化服务包，初级包、中档包和尊享包年收费分别为50元、100元和200~600元，中档包分为适宜慢阻肺、高血压、糖尿病、肿瘤、孕产妇等人群的1—7型；尊享包分为3型。

不同价格的服务包根据什么来制定？分别有什么内容呢?

“不同价格的服务包在制定和定价时，做了很多前期调研和探索，考虑到村民不同的经济承受能力和自身健康需求，提供有层次性的项目种类和服务程度。”大丰市卫生局局长徐向东介绍，其中不同病种的尊享包从200元到600元不等，则是由于药物价格和服务成本的差异。

徐向东告诉记者，以糖尿病为例，免费的基础包提供国家规定的、针对糖尿病患者每年4次的血糖检测，无论是否真实签约，自动向重点人群生效；购买50元初级包的村民，每个月到村卫生室看病的诊疗费中个人自理部分也能免除，还能每年免费进行一次由乡镇主治医生进行的健康评估，以及优先安排送医下乡的服务等；购买100元中档包的村民，在初级包的基础之上，同时获得每月一次免费测量血糖的机会，每年免费进行一次心电图、血脂的检测及肾功能、眼底等检查；购买600元尊享包的村民，在中档包的基础上，还能享受国家基本药物中自理部分的费用免除。

潘小军介绍，到目前为止，该村1800多户村民中已有340多户签约了个性化服务包，其中针对高血压、糖尿病这两种100元的中档包人数最多，占了70%左右，也有一些村民刚开始签订了初级包，过后不久提出“升级”转为中档包的。村民们特别是空巢老人、慢性病患者签约的人逐渐增多，一些老人舍不得花钱，子女

也会悄悄托人先垫上，有的家庭还同时购买了2个以上的服务包。

既可小病村治，也能提高村医收入

“我是受益者。”大丰市草堰镇双垛村村民陈保富告诉记者，今年56岁的他有着几十年的烟龄，喝酒也猛，年岁渐长，高血压、高血糖等慢性病找上了门。听了老乡的介绍，他在今年1月份分别购买了针对高血压和高血糖的各100元的中档包。

双垛村卫生室的村医杨春芳告诉记者，今年年中，在村里看了一段时间后，老陈的高血压控制得不太好，就通过“远程医疗”向大丰市人民医院求助。“当时，我和老陈在卫生室打开电脑连上线，市医院心内科主任李晓东坐在电脑另一头。我们通过视频面对面交流。”杨春芳说，李晓东仔细询问病史、症状后，提出了一些有针对性的建议，例如增加用药量、减轻体重、改变以往的生活方式等。最后，他告诉陈保富，如果一段时间后效果不明显，可以直接去医院找他看病，不需要挂号缴费走程序，通过村医联系即可。

村里卫生室严格执行李晓东提出的方案，并对老陈的病情进行跟踪，不出两个月，血压稳定了下来，目前已经基本达到正常水平。

谈及推行村医签约服务包的好处，江苏省卫生计生委基层卫生处处长姜仑介绍：签约服务最主要目的是方便群众就近、有针对性地就医，推进分级诊疗的医改任务，同时也能提高村医收入和积极性。大丰以服务包为载体的做法，是具有创新性的尝试和探索。以阑尾炎为例，由于医疗成本和物价水平等的不同，在乡镇看病需要千余元，在县级医院看病需要两三千元，在省级、市级医院看病则可能需要五六千元；另一方面，像高血压、糖尿病等，到了晚期将引起各种并发症，不仅病人痛苦，花钱也未必能取得良好治疗效果，但如能早期干预、建档管理、长期跟踪，患者少花钱就能起到明显控制效果。

目前，大丰全市的个性化服务包签约率已经达到当地重点人群的50%。截至目前，大丰当地签约村民中没有中途退出的，卫生部门没有接到一起对此的投诉，回访中也没有今年签约但表示明年不再继续参加的村民。“首诊在村、分级诊疗”的观念正在逐渐形成和确立，2014年1~6月份，当地村卫生室门诊总量达656091人次，比上年同期600981人次上升9.2%，其中72个签约村上升22.7%。

用脚投票选医生，倒逼提高业务能力

对村医来说，签约服务也为他们增收拓宽了途径。“签约服务包的收入中约有40%能用于村医提高收入。”潘小军算了一笔账，前几年一个月收入能拿到三四千元；签约后扣除成本费用，再按照6个村医折算下来，每人一年收入能增加三四千元。

有了增收获益，监管也要跟上。一方面，签约服务包以后，村医的工作量增加了不少，如何保证服务质量令村民满意？另一方面，目前未签约的普通患者还是大多数，在实际工作中这两者是否会发生顾此失彼的情况？

徐向东告诉记者，村医的收入是考核发放，乡镇管理团队定期或不定期进行巡视，如发现村医服务质量不合格或者有顾此失彼的情况，将严厉查处。

“给村民们看病是主业，签约服务是额外部分，这一点我们村医能够分得清楚，两方面都不敢放松。”潘小军说，签约服务包的村民，详细记录在档并输入电脑，以供考核；对没有签约重点人群，也会不折不扣地按照规定进行每季度一次的随访；针对签约的对象的上门随访，一般安排在早上上班前、午休时，平时保证卫生室必须有医生门诊。杨春芳也介绍，对普通患者的保健指导、上门看诊及协助就医等，是自己的“分内之事”。

村医们坦言，签约服务包以后，其实也是对自己专业务能力的一个倒逼，村民可以用脚投票选择医生，大家都想方设法提高业务水平和服务态度。潘小军和杨春芳已考取了乡镇执业助理医师资格，明年的培训进修也已有了规划，还将为考取更高级别的职业资格努力。

为提高村医的待遇、增加岗位吸引力，2007年，江苏出台政策，村医以“灵活就业人员”身份纳入企业职工基本养老保险，目前已覆盖全省97%的村医；同年推行“医疗责任险”，鼓励村医放手干事；2012年，大丰等地试点工伤保险；今年以来，大丰市的村医正式加入城镇职工医保，并投入160万元用于提高村医工资，也提高了新农合基金用于村级医疗服务的比重。此外，江苏从2010年起实行订单定向培养面向村卫生室就业的大专生，仅在大丰市目前已有33名定向大专生走上了基层工作岗位。

东向大海潮头立

——江苏沿海开发催生新时代“大丰港精神”

《盐阜大众报》4月11日

李东前　周　昕　吕银舟

3月22日，大丰港。海面潮平风静，5万吨的“香江8”号货轮缓缓停泊到三期通用码头。至此，大丰港万吨级以上生产泊位由5个上升为16个，年吞吐能力突破6000万吨，正式迈入中型港口行列。长长的栈桥似条条巨龙伸向大海，万吨巨轮可在码头外侧和内侧同时靠泊。一、二、三期码头集聚形成壮观的码头群，在巨大的码头平台上，14台门座式起重机昂然矗立，不停地挥舞“手臂”，运输车来回穿梭，一片繁忙。

一季度，大丰港经济开发区交出了一张令人瞩目的答卷：完成公共财政预算收入4.78亿元，同比增长25.13%；港口完成货物吞吐量1150万吨，同比增长156.17%。大丰港三期码头正式运营，石化码头首次靠泊万吨级巨轮，“大丰港”商标荣膺“中国驰名商标”称号……一个个不断刷新的数据，一项项不断创造的发展奇迹，使人们在惊叹于“大丰港速度”“大丰港奇迹”的同时，也引发了对自力更生、不等不靠，淡泊名利、甘于奉献，坚持不懈、接续奋斗，开拓创新、开放包容的“大丰港精神”的热烈讨论。

“大丰港从无到有、从小到大，成为长三角北翼的综合性商港。有人说，这样的速度和规模已经很不错了，可以歇歇脚了。我却告诉他，脚步不但不能缓，还要再加快！”在大丰市委中心组党的群众路线教育实践活动先进典型事迹报告会上，大丰市政协党组副书记、大丰港经济开发区管委会主任、大丰海港控股集团董事长、总裁倪向荣的发言充满奋进意味。这位大丰港的掌门人对形势的发展了然于胸，他掰手向大家介绍：北面，今年一季度，连云港同比增长6.41%，实现逆势增长。南面，宁波—舟山港实现“开门红”，同比增加20.56%。“我们不加快发展行吗？”

盐城市委要求大丰“当好沿海开发主力军”。只有抬高定位，做大沿海经济总量，才能始终走在盐城乃至全省沿海开发的前列。

回首港口建设一路走来的奋斗历程，坚持不懈、自力更生、不等不靠是大丰港人矢志不渝的精神追求。二十年前，一辆旧桑塔纳、35万元的启动资金，开启了大丰人的建港梦。8年论证，8年建设，一期工程2个万吨级泊位竣工通航。接续发展不停步，2007年启动二期码头建设，2009年总投资13.8亿元的二期码头建成通航。随后，三期码头、大件码头、集装箱专用码头相继开工建设。

“大丰港三期码头从开工建设到基本建成，仅用了1年零11个月。”大丰港口管理局副局长葛曙光深有感触地说：“三期码头工程量远比二期码头多，而建设时间缩短了7个月，堪称奇迹。正是源于一种敢于创新、埋头苦干的精神。”

为抢抓黄金施工天气，3条打桩船现场分段作业，多个工序套搭施工，四五百名工人轮班24小时连续上阵，项目负责人更是吃住在工地、指挥在一线。建设过程中还独创了新式架桥机技术，颠覆了我国海上修建码头沿用浮吊船架设的老传统，安装1片码头构建从过去10天时间缩短至5天。

多年来，大丰港敢为人先，码头吞吐量逐年翻番，临港产业井喷发展，贡献份额不断增加，成为江苏沿海开发的重要节点、盐城沿海开发的主阵地。盐城市委常委、大丰市委书记倪峰说：“当好江苏沿海开发主力军，是盐城市委对大丰提出的新的时代要求。我们的干部只有视野更宽、状态更好、作风更实、素质更高才能实现这一目标。”

建设江苏沿海特色产业港，全力打造沿海经济“升级版”。面对新的发展机遇和要求，“大丰港精神”展现出旺盛的活力和强大的生命力。

4月，现代洋气的海洋生物博览中心初具雏形，在蓝天白云的映衬下，三个造型别致的展馆显得格外美丽。整个博览中心采用“倒锥体”钢架结构，工程施工难度国内罕见。项目施工负责人告诉记者，这种“倒锥体”钢架都是由独特的弧形结构组成，几乎没有一个构件是一样的。工人们在90天内完成了12000支、4800多吨的钢构件焊接，光焊口和接头就有25000多个。在施工过程中还遭遇了罕见的连续高温天气，施工人员白天休息，夜晚轮换施工，最终确保工程如期竣工。

和他们一样，一代又一代的大丰港人，时不我待，忘我工作，以“五加二、白加黑、晴天加雨天、吃三睡五干十六”的精神，突破项目建设，赢得了宝贵的发展机遇；开拓创新，开放包容，坚持用建设国际化港口、集聚国际化人才的高目标要求和定位，抢占了融合发展的制高点。

吴光辉，盐城新能源淡化海水产业示范园管委会副主任。2013年6月，国内首个新能源淡化海水产业示范项目，在园区破土动工。吴光辉和他的团队，仅用了7个多月，就完成了从土建到设备安装的全部工程。去年3月，他外出考察项目突遇车祸，全身多处骨折。住院期间，身体不能动，就躺在床上阅读有关新能源淡化海水技术的书籍。稍微好点，就让驾驶员开车带他到工地看看。曾有人问吴光辉，你为什么要如此拼命？“新能源淡化海水项目意义重大，把它建成江苏沿海开发的示范性工程，这是责任，更是使命。”吴光辉如是说。

因为有了这样一群不求名、不求

利、甘于奉献的大丰港人，才让大丰港在创新求变的发展道路上，处处赢得先机。海洋生物产业、新能源产业的悄然兴起正是新时期大丰港人开拓创新、开放包容精神的生动再现。

随着海洋生物产业、新能源产业的蓬勃发展，大丰港已经形成了包括石化、特钢新材料、造纸与农产品加工、高端装备制造“六大主导产业”和汽车2.5、电子信息、蓝色旅游、现代物流、金融贸易“五大新兴产业”。2013年，全区开票销售亿元以上企业达35家，其中博汇集团达80亿元，联鑫钢铁超20亿元。

建设江苏沿海特色产业港，全力打造沿海经济“升级版”。面对新的发展机遇和要求，“大丰港精神”正展现出旺盛的活力和强大的生命力。

践行群众路线是“大丰港精神”的集中体现和真实写照。大丰市委、市政府提出“三年翻两番，再建一个大丰港”，最终跻身亿吨大港行列。

“国宝”大熊猫在大丰港安家啦！日前，大丰港熊猫馆正式落成，两只来自四川成都的大熊猫即将来此安家，大丰港旅游区成为苏北地区唯一拥有大熊猫的旅游景点。伴随熊猫馆的建成，大丰港蓝色旅游逐步形成“海洋世界、海盗王国、熊猫珍禽馆”三大板块。

在一片荒芜的滩涂，大丰港人凭着自力更生、不等不靠、坚持不懈、接续奋斗的勇气，让蓝色旅游实现了“从无到有”“从小到大”的跨越式发展。一座生态、现代、宜居的港城将吸引越来越多的人观光旅游。

在盐碱地上建起的港城，土壤中含盐量都在20‰左右，pH值在9.4~10.5以上，在这片地上植树，流传着这样一句顺口溜：“春天栽树一片绿，未到夏天一片黄，过了冬天死光光”。面对难题，大丰港人没有退缩。他们把获得国家专利的成熟技术和实多年的践经验相结合，多次大胆进行尝试，终于让不同品种的树木花草这片曾经的“不毛之地”上落地生根。他们还先后派人到苏州、上海等地学习，把“堆坡造型”“一步一景”的先进的绿化理念运用到了港城建设中。靠着这样点点滴滴的突破，精益求精的认真态度，让众多的“不可能”变为“可能”。

这种破解困局的创新精神，自力更生、不等不靠的发展理念，还被大丰港人成功地运用到金融创新上。他们成立海港控股集团，以资源换资金，以经营权换资金，以股权换资金。在国家金融宏观政策中寻求新的机遇，率先在北京成立金融租赁公司，入驻上海自贸区，成立上海股权中心大丰联络代表处，发行债券，开发金融信托项目。一系列的金融创新措施，给大丰港的高速发展提供了充足的动力。

倪向荣在报告会上说，正是源于大丰港精神，大丰港人才突破了淤涨型海岸不能建港的禁区；实现了跨过二类口岸直接申报一类口岸的奇迹；完成了从小型港口向中型港口跨越的壮举；解决了盐碱地上绿化的世界性难题，在这片茫茫的滩涂上书写了一个又一个传奇。

今天，党的群众路线教育实践活动在大丰深入开展。践行群众路线正是“大丰港精神”的集中体现和真实写照。大丰市委、市政府提出“三年翻两番，再建一个大丰港”，加快建设亿吨大港，在江苏沿海开发中当好主力军。

一棵梨树裂变富民传奇

——大丰女村官李晓霞领办现代农业纪事

《新华日报》 5月2日

杨树立　罗时荣　徐汉有　周　昕

“欢迎各位嘉宾！在这春色满园之时来到美丽的恒北村，梨花虽然刚刚谢去，但此时正是恒北村生态环境最好的时节！嫩芽初上，一切都显得生机盎然。”眼前这位剪着齐耳短发、向嘉宾热情推介恒北生态游的，不是导游，而是大丰市大中镇恒北村党委书记李晓霞。在她的身后，是连片面积达4500亩的全国最大早酥梨生产基地。

恒北村有11个村民小组，早在上世纪70年代，户户有梨树，但都是各自为战，小打小敲无法形成规模，遇到不景气的年景，村民甚至想砍掉梨树。后来，恒北村也像其他村一样尝试走工业化之路，办过汽修厂等，却背上80多万元的债务。村里接连换了三任书记，2010年，原本在大丰市区工作的李晓霞，调任村党支部副书记，成为该村历史上第一位大学生女村官。她看到该村早酥梨1999年就获得中国农业博览会二等奖，为什么不能长成群众发家致富的“摇钱树”？于是，李晓霞组织村委会一班人，成立恒北村经济合作社，对全村早酥梨进行统一培植、统一管理、统一收购、统一销售，着力提高早酥梨的品质。合作社与省农委和南京农业大学结成科研对接单位，不断推广新品种。现在，恒北村梨树品种达到20多种，早酥梨还申请了国家环保部有机认证。

新书记有新法。女村官与电信公司合作，建立手机互动信息平台，不断向村民发送果树技术指导、果品销售信息……村民由此触摸到了精彩的外面世界。恒北“麋鹿”牌早酥梨声名鹊起，销售网络遍布上海、山东等10多个省市。2013年全村生产果品3万吨，实现产值3500万元，农民人均纯收入19000元。

放大“恒北”效应，利用品牌增值，近几年来，“恒北”生态矿泉水、“恒北”绿色草鸡蛋、“恒北”小方柿等40多项注册恒北系列商标的特色农产品应运而生。

小鱼河中游，燕子天上飞。红瓦村居，青枝绿叶，李晓霞一心要把恒北建成“天蓝、地绿、水净”的生态村。利用市里统筹城乡发展的机遇，短短几年内，村里先后投入1000多万元，全村总长18.4公里的主干道全部实施了道路硬化，新建桥梁50座、涵闸11座、垃圾池206座，配备垃圾清运车1辆，清淤大中型沟塘20条。生态软件建设也紧锣密鼓地推进：建立“组保洁、村收集、镇运转、市处理”的四级处理体系，聘请保洁员12名，对全村的道路、河道、绿化、垃圾进行全天候的长效管理。

资金短缺，是农业发展的最大瓶颈。李晓霞积极争取上级部门支持，她主动跑省农委，建标准化生产基地，启动冷库扩建工程，为村民梨子保鲜、运输提供硬件；跑水利厅推进河道疏浚；跑国家相关部委争取国家级美丽乡村项目。李晓霞说，“我以微笑对待群众，以亲力亲为影响带动班子，以诚意争取部门支持”，营造了领导重视、社会关注、部门联动、群众支持的良好氛围。

4月8日上午，80多位游客从上海乘坐大巴赶到恒北村，参加该村的“梨花节”，可观赏梨花美景，参加风筝节和摄影征文比赛，期间还举办农家乐优惠酬宾、乡村大舞台等活动。“恒北—上海”旅游专线正式开通后，每个周末，都有大巴车接来上海市民。

由单纯卖梨到观赏梨花，带动壮大相关产业，实现梨果富民，成了李晓霞的新梦想。村里邀请上海园林工程公司规划设计院，精心编制了4.8平方公里村庄规划。启动“果林飘香、梨园风光、农家乐、梨园游、采摘节等15个乡村旅游项目，建设梨园风光主题公园。

为了引导村民发展农家乐，李晓霞多次到农委、组织部、教育局争取，全省首家“农村旅游培训班”去年在恒北开班，首批77名村民带薪免费接受培训。目前，在外创业的恒北村民沈峰投资的7000万元“恒北生态温泉”项目开工建设；40亩的“恒北工业园”正拔地而起，发展梨产品深加工；村游客接待中心、农家乐、宾馆、餐饮、旅游产品销售点也已对外开放。另外，恒北村还开通微博、微信、网站，与携程等知名旅游网站形成联盟，“以花为媒，以节会友”，成功举办两届梨花节活动，两年共接待游客15万人次，农业旅游效应初步显现。

黄海之滨尽享异域美景

——江苏大丰荷兰风情花海掠影

《新民晚报》 9月29日

周　昕　李晓娟

素有“中国郁金香第一花海”“中国最美花园”美誉的荷兰花海，位于江苏省大丰市区北部，紧邻徐大高速出口，距大丰市区5分钟车程，距盐城南洋国际机场25分钟车程，立足盐城、承接上海、辐射“长三角”，区位优势明显，交通便利。2013年，荷兰花海被评为“江苏省四星级乡村旅游点”。荷兰花海主要依托天然湖泊湿地资源，以“田园、河网、木屋、风车、花海”为设计元素，建设迪福尔小镇、羊角村、马肯村、梵高印象岛、库肯霍夫花园、鲜花港等，打造出一个颇具荷兰风情的浪漫花海，让游客不出国门也能尽享异域美景。

千亩花海一齐绽放

今年国庆期间，荷兰花海千亩百合花海、向日葵花海、格桑花海、柳叶马鞭草花海即将全面盛放，届时来自四面八方的游客可一睹千亩花海的壮丽奇景。行走在花丛中，闻花香四溢，看蝴蝶起舞，感受大自然的美。拿出手机拍几张美图，畅享全园免费Wi-Fi，分享给世界各地的朋友们！荷风园、春霞园、可秀园、临波岛、威汀广场等各个景点，原汁原味的荷兰传统乡村建筑、旋转弯曲似静似动的风车、一望无垠的浪漫花海，都让荷兰花海成为最佳摄影取景地。摄影家们可以在这里参加每年两届的摄影大赛，定格花海每一个精彩瞬间。

体验童话世界的浪漫

游览花海，在生态体验游步道慢行或是乘坐观光车游园都是不错的选择。当然，你还可以选择水上航线。乘着皮划艇入莲池采莲，观赏水天一色的美景。坐上游艇行船在斗龙湖畔，感受原生态自然风光。饱览异域风光后，不要忘了去凯西西餐厅点份牛排套餐，感受异域舌尖美味。闲暇假日，在维多利亚中餐厅品一杯咖啡，翻一本好书，享受下午茶的惬意时光。夜幕降临，月光下花影绰约迷人，与风车来一次完美邂逅。夜宿在别具一格的荷兰特色风车情侣馆，馆内设有小吧台、小书屋、仿真海底展示区等，别致且精致的袖珍客房，让你体验童话世界的浪漫之旅。

令人垂涎欲滴的美食

今年国庆期间，荷兰花海将举办“荷兰风情欢乐花海——大丰好玩呢”国庆特别活动，届时整个花海将从视觉、味觉、嗅觉等多方面，为广大游客带来震撼的视听盛宴。还未入园，美食节的各类特色小吃奶酪，已让人垂涎欲滴。在荷兰花海参加大型集体婚礼，分享恋人幸福的喜悦。荷兰花市内近千个品种的进口花卉、绿植盆栽、特色纪念品等，让人应接不暇。喷泉、植物迷宫、公主亭、廊架等元素组成的欧式庭院，创意味十足。花市内入驻的数家连锁加盟品牌餐饮店：恒记甜品、面包新语、迪欧咖啡、摩提工房、C多多、日出茶太等，牛排、咖啡、蛋糕、面包、泡芙、奶茶各色美味均享受开业大酬宾活动，在这里总有一款美味能刺激你的味蕾。不爱吃东西的小朋友也可以去儿童游乐场，释放孩子们的烂漫的天性。另外，与百合网等业外大型企业联合举办花博会、婚博会、千人相亲会、“花海宝贝”少儿选拔大赛、荷兰风情秀、2015金莎时尚造型发布会、国际瑜伽节等丰富多彩的活动，定会让你的国庆花海行精彩非凡。

未来的花海，荷兰花海将继续围绕“地上长花、湖中生花、树上开花”的整体规划目标，全力推进荷兰花海异域风情乡村旅游2平方公里项目建设，开发郁金香农园、荷花岛、木鞋广场、风情一条街等特色旅游项目，精心打造长三角异域风情特色婚庆基地和摄影基地，同时为市民星期假日休闲娱乐提供一个好去处。

（市委通讯站）

【编辑　刘洪芳】

老斗龙港换新颜　　　　周古凯　摄

说 明

1.本索引采用内容分析法编制，按汉语拼音顺序排列。

2.标引词后的数字表示内容所在页码，数字后的字母a、b、c分别表示左、中、右栏。

3.卷首、特载、大事记、荣誉栏、文件目录、附录等栏目内容未作索引。

4.本索引编有附见系统和参见系统。主款目下行空一格排列者为附见条目，标引词后的第二个页码起为参见页码。

5.栏目、分目标题用黑体字标示。表格均注明“（表）”字样。

6.索引标引词一般采用中心词或简称。“省”即江苏省，“盐”即盐城市，“市”即大丰市。

A

B

D

F

H

K

N

O

P

Q

R

S

T

W

X

Y

〖编辑　刘洪芳　周剑飞〗

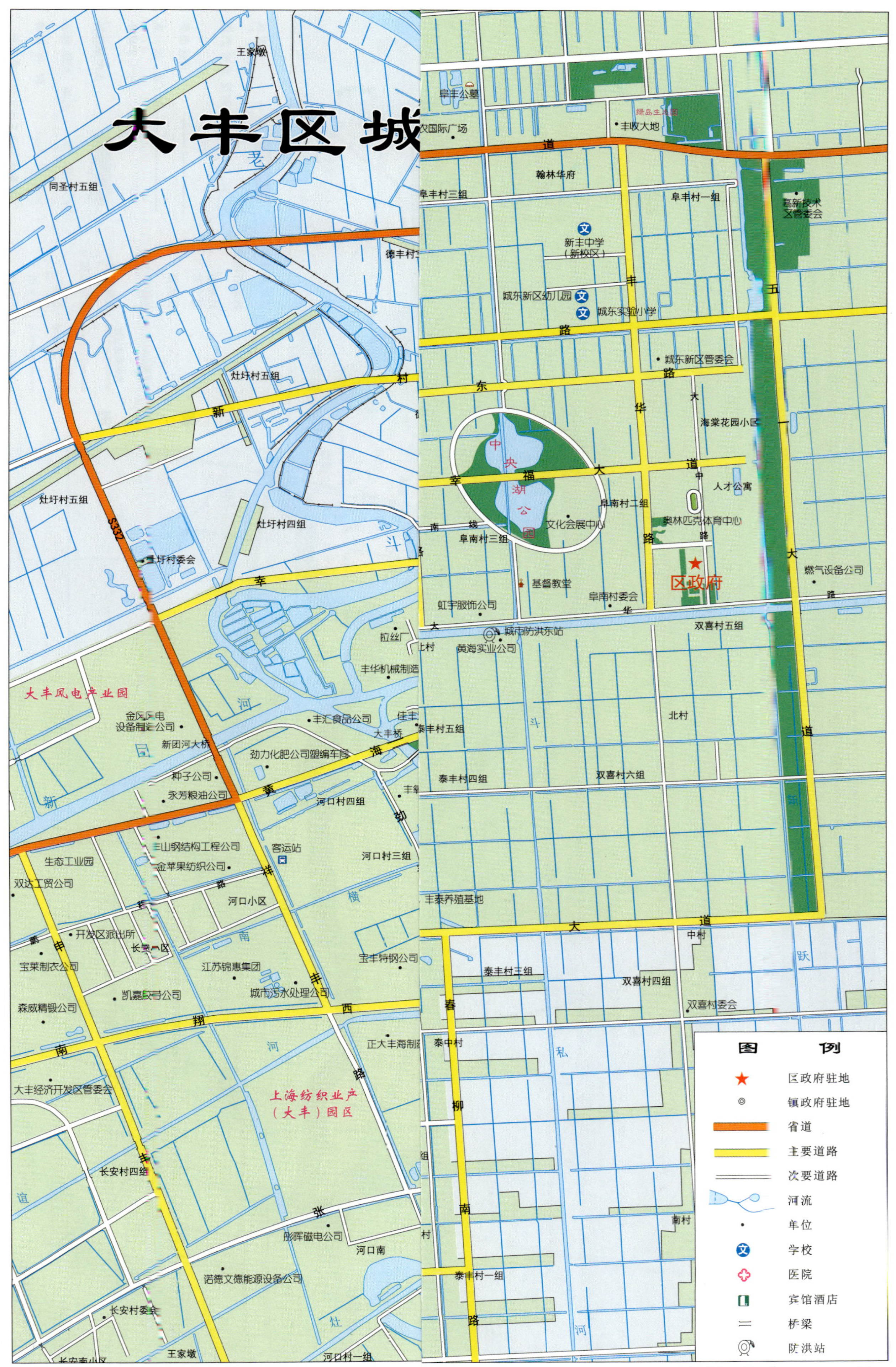

南京星光测绘科技有限公司 编制　　　　审图号 苏S(2014)130号